LA SALLE DE CLASSE DU XXIe SIÈCLE

UN CADRE POUR L'APPRENTISSAGE ET POUR COMBLER LE FOSSÉ NUMÉRIQUE MONDIAL DANS L'ÉDUCATION DE LA MATERNELLE À LA TERMINALE (K–12)

Par

Joseph K. Vermeille, PhD

Table des matières

Liste des Tableaux

Liste des Figures

Préface

L'histoire de la classe du XXIe siècle est, à bien des égards, celle de mon propre parcours de vie dans le domaine de l'éducation, des technologies et de l'humanité. Des salles de classe sans électricité aux amphithéâtres où résonne le bourdonnement des ordinateurs, j'ai vécu toute la palette des réalités de l'enseignement et de l'apprentissage en période de pénurie, de résilience et de transformation rapide.

Ce livre est né d'une conviction : l'éducation est un puissant facteur d'égalité, à condition de combler les fossés qui privent les enfants des outils d'apprentissage modernes. Au cours des soixante dernières années, j'ai constaté de visu comment les inégalités d'accès à la technologie creusent les divisions sociales. Parallèlement, j'ai également vu comment les outils les plus simples – une radio partagée, un livret imprimé, un ordinateur portable solaire – peuvent susciter l'envie d'apprendre et l'espoir, même dans les contextes les plus difficiles.

Le XXIe siècle est différent. Nous sommes à la convergence de plusieurs révolutions : numérique, informationnelle et désormais d'intelligence artificielle. Les systèmes éducatifs du monde entier sont soumis à une forte pression pour s'adapter. Pourtant, tandis que certaines classes expérimentent l'intelligence artificielle, la réalité virtuelle et les plateformes d'apprentissage adaptatif, d'autres s'appuient encore sur les tableaux noirs, quand ils existent. Cette double réalité – d'abondance et d'absence – explique l'urgence de cet ouvrage.

La classe du XXIe siècle n'est pas un simple panorama des technologies. C'est un appel à l'action. Il invite les décideurs politiques, les éducateurs et les communautés à reconnaître que chaque enfant mérite une chance égale de s'épanouir à l'ère du numérique. Que ce soit dans des contextes de haute technologie avec un accès internet haut débit, dans des contextes de faible technologie avec une connectivité intermittente, ou dans des contextes sans technologie où seuls l'imprimé et la radio sont possibles, des solutions existent.

Ce livre poursuit un double objectif. Premièrement, il vise à recenser les cadres, les outils et les études de cas susceptibles d'accompagner les établissements scolaires et les gouvernements dans leur transformation numérique. Deuxièmement, il propose des recommandations pratiques pour garantir la réussite de tous les enfants. Les annexes – des outils numériques d'apprentissage des langues aux systèmes de gestion de l'apprentissage en passant par les plateformes numériques éducatives – sont conçues comme des ressources immédiatement applicables.

Je dois beaucoup aux chercheurs, aux enseignants, aux décideurs politiques et aux communautés qui ont influencé ma réflexion au fil des ans. Des théories de Piaget, Vygotsky et Bruner à la résilience des enseignants dans les régions défavorisées, en passant par les enseignements tirés de mes propres étudiants et collègues, ce travail repose sur un socle collectif.

Je tiens également à exprimer ma profonde gratitude à celles et ceux qui, par leur conviction inébranlable que le savoir, l'innovation et l'humanité – scientia , innovatio , humanitas – doivent demeurer au cœur de l'éducation, sont une source d'inspiration constante. Sans leurs encouragements et leur collaboration, cet ouvrage n'aurait pu voir le jour.

Je propose cette préface non comme une conclusion, mais comme une invitation. Une invitation aux décideurs politiques à repenser l'éducation comme une infrastructure. Une invitation aux éducateurs à considérer la technologie non comme une menace, mais comme une alliée. Et une invitation aux communautés du monde entier à rester fidèles à la conviction que lorsque les enfants apprennent, les sociétés prospèrent.

Ce livre est dédié à ceux qui croient encore que les salles de classe — qu'elles soient animées par la craie, la radio ou l'intelligence artificielle — restent les moteurs les plus puissants du progrès humain.

Joseph Kenny Vermeille, PhD.

Docteur Vermeille Global EdTech & Research LLC

APERÇU GÉNÉRAL :

La salle de classe du XXIe siècle – Réduire la fracture numérique mondiale dans l'enseignement primaire et secondaire

Les révolutions numériques et de l'intelligence artificielle transforment l'éducation à l'échelle mondiale. Pourtant, des millions d'enfants restent menacés d'exclusion faute d'accès suffisant, voire inexistant, aux technologies. Le concept de « classe du XXIe siècle » propose un cadre visant à garantir à chaque enfant, quel que soit son contexte, l'accès à des apprentissages de qualité.

Cet aperçu met en lumière les principes clés et les recommandations concrètes destinées aux décideurs politiques et aux responsables de l'éducation dans les environnements à haute technologie, à faible technologie et sans technologie.

L'urgence d'agir

- L'exclusion numérique aggrave les inégalités — Sans intervention, le fossé mondial en matière d'apprentissage va se creuser.

- L'éducation est une infrastructure — La technologie n'est plus une option ; elle sous-tend la participation économique et civique.

- Pressions liées à l'IA et à l'automatisation — Les compétences en matière de culture numérique, d'adaptabilité et de pensée critique sont désormais des compétences de survie.

Principes directeurs à l'intention des décideurs politiques

1. L'équité d'abord — Les politiques technologiques doivent réduire, et non creuser, les inégalités.

2. Le contexte compte — Les solutions doivent s'adapter aux réalités technologiques, qu'elles soient de haute, basse ou inexistantes.

3. Autonomisation des enseignants — Le développement professionnel est essentiel à la réussite des technologies éducatives.

4. Partenariats — Les gouvernements, les ONG et le secteur privé doivent collaborer.

5. Durabilité — Les politiques doivent être rentables, évolutives et résilientes.

Contextes de haute technologie

- Intégrer l'IA et l'apprentissage adaptatif dans les programmes d'enseignement.

- Adopter les normes EdTech en matière de qualité et de confidentialité.

- Renforcer la cybersécurité et la citoyenneté numérique.

- Former les enseignants aux technologies émergentes.

- Utiliser l'analyse de données pour une amélioration continue.

Contextes à faible technologie

- Combiner les outils hors ligne et en ligne (USB, applications téléchargeables).

- Exploiter la radio, la télévision et les SMS pour l'apprentissage de masse.

- Créer des centres d'apprentissage communautaires alimentés à l'énergie solaire.

- Subventionner les appareils et la connectivité à prix abordable.

- Soutenir les méthodes d'enseignement hybrides.

Contextes sans technologie

- Déployer des salles de classe mobiles et des radios alimentées à l'énergie solaire.

- Distribuer des kits imprimés dans les langues locales.

- Former les enseignants à la pédagogie en milieu peu doté en ressources (narration, apprentissage entre pairs).

- Établir des partenariats avec les communautés et les ONG.

- Planifier des transitions progressives du monde sans technologie au monde numérique.

Actions politiques transversales

- Inclusion linguistique — Investir dans les plateformes multilingues et les outils de traduction.

- Développement professionnel des enseignants — Exiger une formation en littératie numérique pour tous les éducateurs.

- Suivi et évaluation — Créer des observatoires nationaux des technologies éducatives.

- Solidarité mondiale — Financement de soutien aux régions à faibles ressources.

Appel à l'action

Les décideurs politiques détiennent les clés de l'avenir de l'éducation. Grâce à une action concertée, l'égalité d'accès au numérique est possible. Des salles de classe numériques urbaines aux villages ruraux les plus reculés, chaque enfant mérite d'avoir accès à la scientia , à l'innovatio et à l'humanitas — le savoir, l'innovation et l'humanité.

Le moment d'agir, c'est maintenant.

RÉSUMÉ DU LIVRE

Ce livre présente un cadre intégré pour repenser l'éducation de la maternelle à la terminale (K–12) au XXIe siècle en reliant théorie, recherche et pratique. Il examine comment les théories classiques de l'apprentissage, la littérature contemporaine et les stratégies appliquées peuvent ensemble combler le fossé numérique mondial et promouvoir l'équité éducative.

La première partie explore les philosophies fondamentales de Jean Piaget, Lev Vygotsky et Jerome Bruner, montrant comment leurs idées sur le développement, la cognition et la collaboration continuent de guider la pédagogie moderne.

La deuxième partie relie ces théories aux recherches actuelles, structurées autour de cinq thèmes : l'apprentissage constructiviste, les technologies Web 2.0, la pratique de la technologie éducative, les standards et les applications. Ces thèmes mettent en lumière la manière dont la technologie défie et enrichit l'éducation, soulignant des enjeux urgents d'accès et d'inclusion.

La troisième partie traduit la théorie et la recherche en solutions concrètes, proposant des modèles pour des contextes à haute technologie, faible technologie et sans technologie dans le monde entier. Les exemples incluent l'apprentissage adaptatif piloté par l'IA, des outils hors ligne économiques et des innovations communautaires pour les régions mal desservies.

Le livre se conclut par un appel à l'action pour les éducateurs, les décideurs politiques et les parties prenantes afin de donner la priorité à l'équité numérique grâce à des politiques éclairées, une collaboration intersectorielle et des investissements dans des technologies éducatives durables. En fin de compte, il fournit une feuille de route pour une éducation inclusive, centrée sur l'apprenant et prête pour l'avenir dans un monde numériquement interconnecté.

RÉSUMÉ DES ANNEXES

Résumé de l'Annexe A : Aperçu complet des outils linguistiques de la technologie éducative K–12

L'Annexe A soutient que le fossé numérique K–12 est également un fossé linguistique, considérant la langue comme une infrastructure essentielle pour l'éducation. Elle avance trois perspectives :

1. La dominance de l'anglais en ligne et son impact sur la qualité des données, les interfaces et l'équité numérique.
2. Un annuaire vérifié de 50 plateformes d'apprentissage des langues et de traduction, évaluées selon la couverture, le tarif (gratuit, freemium, payant), l'origine géographique et les fonctions principales. Les résultats montrent que 56 % sont entièrement gratuits et qu'environ 70 % offrent une forme d'accès gratuit, bien que l'accès reste inégal selon les régions.
3. Les logiciels mondiaux et claviers virtuels qui permettent aux étudiants de lire et d'écrire dans différents scripts et avec des diacritiques, notamment dans des contextes à faible bande passante.

L'Annexe A met également en avant l'importance des écosystèmes de claviers multilingues pour les langues autochtones et minoritaires, reliant la saisie de texte à une participation plus large à l'éducation et à la vie économique. Elle souligne la nécessité de partenariats entre gouvernements, écoles, entreprises technologiques et communautés pour assurer une intégration des technologies linguistiques respectueuse de la vie privée, abordable et équitable.

Pris ensemble, ces points de vue passent du diagnostic à l'action, offrant une feuille de route pour combler les écarts linguistiques dans l'éducation numérique et renforcer la littératie numérique mondiale.

Résumé de l'Annexe B : Classification des outils technologiques éducatifs pour l'éducation K–12

L'Annexe B classe et évalue une large gamme d'outils numériques qui soutiennent l'enseignement et l'apprentissage modernes K–12. La classification met en évidence cinq domaines fonctionnels principaux :

1. **Systèmes de gestion de l'apprentissage (LMS)** : Plateformes telles que Moodle, Blackboard Learn et Canvas qui organisent la diffusion des cours numériques, les évaluations et la collaboration.
2. **Outils de création et de gestion de contenu** : Applications comme Adobe Spark for Education, Book Creator et Canva qui permettent aux étudiants et aux enseignants de concevoir des supports d'apprentissage interactifs et engageants.

3. **Intégration de la technologie dans l'enseignement** : Outils tels que Google Classroom, Microsoft Teams et Edmodo qui aident à intégrer les outils numériques dans les classes traditionnelles et en ligne.
4. **Logiciels STEM et éducatifs** : Plateformes telles que Khan Academy, Labster et Code.org qui offrent des simulations, un apprentissage interactif en STEM et des cours de codage.
5. **Évaluation et analyse de l'apprentissage** : Outils comme Kahoot, Quizizz et Socrative qui utilisent des quiz gamifiés et des analyses pour suivre et soutenir le progrès des étudiants.

L'annexe analyse également comment ces outils peuvent être appliqués dans des contextes à haute technologie, faible technologie et sans technologie, en abordant les défis d'équité et d'accès. Elle souligne le rôle transformateur de la technologie éducative dans la création d'environnements d'apprentissage interactifs, collaboratifs et adaptatifs dans le monde entier.

Résumé de l'Annexe C : Exploration des cours en ligne ouverts massifs (MOOCs) pour l'éducation K–12

L'Annexe C explore le rôle croissant des cours en ligne ouverts massifs (MOOCs) dans la transformation de l'éducation K–12. Les MOOCs offrent des opportunités d'apprentissage évolutives, rentables et flexibles dans diverses disciplines, y compris les STEM, les sciences humaines, le commerce et les sciences sociales, permettant aux étudiants d'apprendre de manière autonome et à leur propre rythme.

Les principales contributions des MOOCs à l'éducation K–12 comprennent

1. **Accès et équité mondiaux** – Les MOOCs éliminent les barrières géographiques et financières, offrant des cours gratuits ou à faible coût dispensés par des institutions de premier plan et rendant l'éducation de haute qualité largement accessible.
2. **Apprentissage personnalisé et adaptatif** – Les MOOCs alimentés par l'IA adaptent le contenu au progrès et aux préférences des apprenants, soutenant un enseignement différencié.
3. **Éducation STEM et codage** – Des MOOCs tels que CS50 de Harvard et Khan Academy initient les étudiants à la pensée computationnelle, au codage et à la résolution de problèmes.
4. **Développement professionnel des enseignants** – Des plateformes comme Google for Education et Microsoft Learn offrent une formation sur la pédagogie numérique, la gestion de classe et l'intégration des technologies éducatives.

L'annexe reconnaît également les défis : disparités d'accès à Internet, maintien de l'engagement des étudiants et alignement du programme sur les normes nationales. Elle souligne que les MOOCs doivent compléter et non remplacer les classes traditionnelles, fonctionnant mieux dans des modèles d'apprentissage hybrides et mixtes.

En conclusion, les MOOCs représentent une opportunité stratégique pour promouvoir l'apprentissage tout au long de la vie et l'équité numérique dans l'éducation K–12, surtout lorsqu'ils sont adaptés aux contextes locaux et soutenus par des cadres politiques solides.

Résumé de l'Annexe D : Courtiers en connaissances EdTech pour combler le fossé numérique

L'Annexe D explore le rôle central des courtiers en connaissances dans la réduction du fossé numérique mondial. Dans le secteur de l'éducation, les courtiers en connaissances agissent comme des intermédiaires qui traduisent les innovations numériques complexes en stratégies concrètes pour les enseignants, les administrateurs et les décideurs politiques. Leur mission est de garantir que le progrès technologique se traduise par des opportunités d'apprentissage équitables, évolutives et durables.

L'annexe identifie plusieurs modèles de courtiers en connaissances EdTech :

1. **Plateformes d'apprentissage pilotées par l'IA (contextes High-Tech)** : Utilisent l'apprentissage adaptatif, l'analyse des données et la personnalisation alimentée par l'IA pour optimiser l'instruction et suivre les résultats d'apprentissage.
2. **Classes numériques hybrides (contextes Low-Tech)** : Combinent ressources hors ligne, apprentissage mixte et centres communautaires pour étendre l'accès là où la connectivité est intermittente.
3. **Unités d'apprentissage mobile (contextes No-Tech)** : Fournissent des classes solaires, des leçons radiophoniques et un enseignement via SMS dans des régions éloignées disposant d'une infrastructure minimale.
4. **Entités de courtiers en connaissances dirigées par des entrepreneurs** : Fournissent des services de conseil, de développement professionnel et des programmes de littératie numérique évolutifs adaptés aux écoles sous-financées.

L'Annexe D souligne que les courtiers en connaissances ne sont pas de simples prestataires de services, mais des catalyseurs de changement systémique. En favorisant les partenariats entre écoles, gouvernements, entreprises EdTech et ONG, ils élargissent l'inclusion numérique, renforcent les capacités des enseignants et créent des écosystèmes d'apprentissage résilients.

En conclusion, les courtiers en connaissances EdTech représentent un pont stratégique entre innovation et équité, permettant à tous les apprenants – qu'ils se trouvent dans des contextes High-Tech, Low-Tech ou No-Tech – de participer pleinement à la salle de classe du XXIe siècle.

INTRODUCTION

Ce livre trouve son origine dans un Module de Domaine de Connaissances (KAM) sur les Principes du Développement Humain, que j'ai soumis à l'Université Walden dans le cadre des exigences pour un doctorat en Technologie Éducative. Le programme KAM est décrit comme « l'expérience d'apprentissage signature des programmes doctoraux de Walden » (). Le Manuel de l'Étudiant de l'Université Walden explique en outre que « le Module de Domaine de Connaissances (KAM) permet aux étudiants d'examiner un corpus de connaissances en analysant de manière critique ses fondements théoriques et en évaluant les recherches actuelles, et d'utiliser ce travail pour développer des solutions à des problèmes réels liés au changement social () ».

Le programme KAM se compose de trois sections : Étendue, Profondeur et Application. La composante Étendue couvre les fondements théoriques, la composante Profondeur relie la composante Étendue à la section Profondeur en examinant la littérature actuelle, et la composante Application illustre la solution résultante au problème réel ciblé.

Ce livre s'appuie sur les philosophies éducatives de Jean Piaget, Jerome Bruner et Lev Vygotsky, en se concentrant sur leurs similitudes, différences et complémentarités. Cette exploration a conduit à une revue de littérature approfondie sur les fondements théoriques, les thèmes technologiques, les meilleures pratiques, les méthodologies, les outils et les applications de la Technologie Éducative, en particulier son intégration dans l'éducation K–12.

L'application qui en résulte est un cadre complet de Technologie Éducative K–12 compatible avec les compétences requises, les besoins pressants et les exigences de l'économie du XXIe siècle. Étant donné le manque ou la disponibilité limitée des infrastructures technologiques, telles que l'électricité et Internet, dans les environnements Low-Tech et No-Tech, ce cadre fournit des lignes directrices pratiques pour la mise en œuvre d'outils et de processus éducatifs actualisés dans divers contextes d'apprentissage.

Initialement soumis en août 2011 comme KAM, ce manuscrit a été mis à jour pour inclure la littérature de 2011 à 2024. Il prend également en considération l'impact de la révolution industrielle, de la révolution numérique, de la révolution de l'IA (Intelligence Artificielle), ainsi qu'un appel urgent à l'action pour une humanité plus équitable. De plus, ce livre constitue un appel à l'action pour les éducateurs, les parties prenantes de l'éducation et les décideurs du monde entier afin de travailler à combler le fossé numérique mondial. Sans intervention, l'exclusion numérique menace d'aggraver les inégalités socio-économiques, en particulier dans les environnements Low-Tech et No-Tech, où l'accès limité à l'éducation pourrait avoir des conséquences à long terme.

À qui s'adresse ce livre

1. Éducateurs et enseignants

Les éducateurs et enseignants sont en première ligne dans l'intégration de la technologie dans l'éducation, ce qui fait d'eux des bénéficiaires clés du Cadre de Technologie Éducative K–12 au

XXIe siècle. Ils ont besoin de stratégies pratiques pour combler le fossé entre les méthodes d'enseignement traditionnelles et les outils technologiques modernes. Ce livre leur fournit des méthodologies innovantes pour favoriser des environnements d'apprentissage actifs et répondre à des besoins diversifiés. Alors que la technologie continue d'évoluer, les enseignants doivent rester informés des plateformes numériques, des systèmes d'apprentissage adaptatif et des classes virtuelles afin de mobiliser les étudiants et d'améliorer efficacement les résultats d'apprentissage.

Ce livre offre des perspectives concrètes sur l'utilisation efficace de la technologie éducative, des tableaux blancs interactifs aux plateformes d'apprentissage gamifiées. Grâce à des études de cas, des plans de cours et des guides étape par étape, il permet aux enseignants de mettre en œuvre ces outils avec confiance. De plus, il aborde des défis tels que l'équité numérique et le fossé numérique, garantissant que les enseignants sont préparés à créer une expérience d'apprentissage inclusive pour tous les élèves.

2. Administrateurs éducatifs et décideurs politiques

Les administrateurs éducatifs et les décideurs politiques jouent un rôle crucial dans la mise en place des infrastructures et des politiques qui soutiennent l'intégration de la technologie dans les systèmes éducatifs. Pour prendre des décisions éclairées, ils nécessitent une compréhension complète du potentiel et des limites de la technologie éducative. Ce livre guide l'allocation des ressources, la conception de programmes de développement professionnel et la création de stratégies durables pour l'intégration de la technologie dans les écoles et institutions.

Grâce aux cadres de mise en œuvre, le Cadre de Technologie Éducative K–12 au XXIe siècle aide les administrateurs à évaluer l'efficacité des différentes technologies et à garantir leur alignement avec les normes curriculaires. Il explore également les meilleures pratiques pour gérer le changement au sein des environnements éducatifs, en abordant la résistance et en promouvant une culture de l'innovation. Les décideurs bénéficieront de discussions basées sur des preuves pour combler le fossé entre les avancées technologiques et leur application pratique dans différents contextes éducatifs.

3. Entrepreneurs et startups EdTech

Les entrepreneurs et startups EdTech sont à la pointe du développement d'outils et de plateformes répondant aux besoins évolutifs des éducateurs et des apprenants. Cependant, pour créer des solutions efficaces, ils doivent comprendre en profondeur les défis de l'éducation et la manière dont la technologie peut les résoudre. Le Cadre de Technologie Éducative K–12 au XXIe siècle fournit des informations sur les tendances du marché, les comportements des utilisateurs et les opportunités émergentes, permettant aux entrepreneurs de concevoir des produits maximisant leur impact.

Ce livre sert de feuille de route pour naviguer sur le marché compétitif de l'EdTech, de l'idéation à la mise en œuvre. Les entrepreneurs apprendront des études de cas réussies, comment éviter les pièges courants et découvrir des stratégies pour étendre leurs solutions. De plus, il offre des conseils sur l'alignement des innovations avec les objectifs éducatifs, garantissant que leurs outils réussissent non seulement commercialement, mais transforment également l'expérience d'apprentissage.

4. Formateurs en développement professionne

Les formateurs en développement professionnel sont responsables de l'équipement des éducateurs avec les compétences et connaissances nécessaires pour intégrer la technologie dans leurs pratiques pédagogiques. Pour ce faire efficacement, ils doivent avoir accès aux dernières recherches, outils et stratégies dans le domaine EdTech. Le Cadre de Technologie Éducative K–12 au XXIe siècle constitue une ressource précieuse, offrant des perspectives sur les principes d'apprentissage des adultes et leur intersection avec les avancées technologiques.

Le livre comprend des modules sur la conception de sessions de formation impactantes, l'utilisation de la technologie pour améliorer les communautés d'apprentissage professionnel et la mesure de l'efficacité des programmes de formation. Il fournit également des stratégies pour surmonter les obstacles courants, tels que la résistance au changement et les niveaux variés de littératie numérique chez les éducateurs. En restant informés, les formateurs peuvent s'assurer que leurs programmes de développement professionnel restent pertinents et pratiques.

5. Parents et tuteurs

Les parents et tuteurs jouent un rôle essentiel dans le soutien du parcours éducatif de leurs enfants, surtout à mesure que la technologie devient une composante intégrante de l'apprentissage. Cependant, beaucoup peinent à suivre le rythme rapide des changements technologiques et leurs implications pour l'éducation de leurs enfants. Le Cadre de Technologie Éducative K–12 au XXIe siècle aide à combler ce fossé en fournissant aux parents une compréhension claire des avantages et défis de la technologie éducative.

Le livre peut offrir des conseils pratiques pour développer une approche équilibrée de l'utilisation de la technologie à la maison, garantissant que les enfants restent engagés sans être surchargés. Il peut également guider les parents sur la manière de surveiller et soutenir l'utilisation des outils numériques par leurs enfants pour l'apprentissage. En abordant des préoccupations telles que le temps d'écran, la confidentialité des données et la sécurité en ligne, le livre permet aux parents de créer un environnement propice à la réussite éducative.

6. Passionnés de technologie et innovateurs

Les passionnés de technologie et innovateurs, désireux d'utiliser la technologie pour résoudre les défis éducatifs, trouveront dans le Cadre de Technologie Éducative K–12 au XXIe siècle une source précieuse d'inspiration et de guidance. À mesure que l'éducation croise l'intelligence artificielle, l'apprentissage automatique et d'autres technologies avancées, les innovateurs doivent comprendre clairement les besoins et dynamiques uniques des systèmes éducatifs.

Le livre fournit des perspectives sur la manière dont la technologie peut enrichir l'expérience d'apprentissage, des algorithmes d'apprentissage personnalisés aux environnements immersifs de réalité virtuelle. Il explore également les considérations éthiques et l'importance de l'équité dans les innovations EdTech. En présentant une vision de ce qui est possible, le livre encourage les passionnés de technologie à développer des solutions non seulement révolutionnaires, mais aussi profondément impactantes.

7. Chercheurs et universitaires

Les chercheurs et universitaires en éducation et technologie sont des acteurs clés pour faire progresser notre compréhension de l'impact de la technologie sur l'apprentissage. Ils ont besoin d'accès à des données, des cadres théoriques et des études de cas pour informer leurs recherches et enseignements. Le Cadre de Technologie Éducative K–12 au XXIe siècle fournit une base académique pour explorer les intersections entre technologie, pédagogie et politique.

Le livre peut inclure des discussions fondées sur des preuves concernant l'efficacité des différentes technologies, les défis de leur mise en œuvre et les orientations futures dans le domaine. Il met en évidence les lacunes dans la recherche actuelle, incitant les universitaires à explorer ces domaines plus avant. En offrant une vue d'ensemble complète du paysage EdTech, le livre soutient les chercheurs dans la génération de connaissances qui entraînent des changements significatifs dans l'éducation.

8. Décideurs nationaux et mondiaux

Les décideurs nationaux et mondiaux, y compris les responsables gouvernementaux, organisations internationales et ONG axées sur l'éducation, jouent un rôle central dans la définition des politiques et cadres régissant les systèmes éducatifs dans le monde entier. En tant que gestionnaires de réformes éducatives à grande échelle, ces acteurs ont besoin d'une compréhension nuancée des opportunités et défis présentés par la technologie éducative. Le Cadre de Technologie Éducative K–12 au XXIe siècle fournit des perspectives basées sur des preuves sur la manière dont la technologie peut répondre à des enjeux critiques tels que l'accès, l'équité et la qualité de l'éducation à l'échelle nationale et mondiale.

Le livre explore des études de cas de mises en œuvre EdTech réussies à grande échelle, mettant en évidence les conditions qui ont permis leur succès. De plus, il propose des cadres pour évaluer le retour sur investissement dans les technologies éducatives, garantissant une allocation efficace des ressources. En examinant les tendances mondiales et les défis locaux, le livre permet aux décideurs de concevoir des politiques équilibrant innovation et inclusion. Il peut également traiter de questions mondiales critiques telles que le fossé numérique, l'accès à l'éducation dans les régions éloignées ou mal desservies et le rôle de la technologie dans la réalisation de l'Objectif de Développement Durable 4 (éducation de qualité pour tous). Ces perspectives permettent aux décideurs de mieux comprendre comment exploiter la technologie pour transformer les systèmes éducatifs, favoriser l'apprentissage tout au long de la vie et préparer les apprenants aux exigences d'un monde en évolution rapide.

9. Consultants en education

Les consultants en éducation jouent un rôle central pour guider les institutions, éducateurs et décideurs dans le processus d'intégration de la technologie dans les systèmes éducatifs. Ils agissent comme intermédiaires, offrant des solutions sur mesure basées sur les besoins spécifiques de leurs clients. Le Cadre de Technologie Éducative K–12 au XXIe siècle constitue une ressource essentielle pour les consultants, leur fournissant une compréhension complète des dernières tendances, outils et stratégies en technologie éducative.

Le livre inclut des cadres pour réaliser des évaluations des besoins, concevoir des stratégies de mise en œuvre et évaluer l'efficacité des interventions EdTech. En présentant des études de cas et des meilleures pratiques, il permet aux consultants de fournir des conseils et solutions basés sur des preuves. Il peut également traiter des défis courants rencontrés lors de l'adoption de la technologie, tels que la résistance au changement, les contraintes budgétaires et les problèmes techniques, permettant aux consultants de développer des stratégies proactives.

10. Podcasteurs éducatifs

Les podcasteurs éducatifs jouent un rôle crucial dans la diffusion du savoir et l'initiation de discussions sur les tendances, innovations et défis de l'éducation. Leur portée et influence en font un public clé pour le Cadre de Technologie Éducative K–12 au XXIe siècle. Le livre fournit aux podcasteurs un contenu riche à explorer dans leurs épisodes, couvrant des sujets tels que les technologies émergentes et les considérations éthiques en EdTech.

Le livre inclut des questions stimulantes, des résultats de recherche et des exemples concrets que les podcasteurs peuvent utiliser pour engager leur audience. En présentant une vue équilibrée des avantages et défis de la technologie en éducation, il favorise des discussions éclairées. De plus, il peut inspirer les podcasteurs à interviewer des experts, mettre en avant des réussites et explorer des perspectives diverses dans le domaine EdTech.

11. Acteurs médiatiques de l'éducation

Les acteurs médiatiques de l'éducation, y compris les journalistes et professionnels des médias couvrant l'éducation, jouent un rôle clé dans la formation du discours public sur la technologie éducative. Leur couverture influence les décideurs, éducateurs et le grand public. Le Cadre de Technologie Éducative K–12 au XXIe siècle leur fournit des informations crédibles, des données et des récits pour élaborer des articles précis et impactants sur la technologie éducative.

Le livre offre des perspectives sur des enjeux clés tels que le fossé numérique, le rôle de l'intelligence artificielle dans l'éducation et l'impact de la technologie sur les résultats des élèves. En présentant des analyses basées sur les données et des études de cas, il permet aux journalistes de traiter des sujets complexes avec profondeur et clarté. Il aide également les journalistes à identifier les tendances et défis émergents, garantissant que leur couverture reste pertinente et prospective. Cela contribue à une plus grande sensibilisation et compréhension du public sur la manière dont la technologie transforme l'éducation à l'échelle locale, nationale et mondiale.

Partie 1

Fondements théoriques (étendue)

Les fondements théoriques, ou la « portée » de ce livre, visent à analyser, discuter et comparer les philosophies de Jean Piaget, Lev Vygotsky et Jerome Bruner concernant le développement humain, les théories de l'apprentissage et les systèmes éducatifs dans les environnements K–12. L'établissement de la relation entre le développement humain et l'éducation K–12 à travers les perspectives de ces théoriciens constituera le thème central de cette section. Leurs points de vue sur le cognitivisme et le constructivisme ont influencé de manière significative la nature et l'orientation de l'enseignement et de l'apprentissage au XXIe siècle. Cette section évaluera de manière critique les similitudes et les différences dans leurs contributions à la compréhension du développement humain. De plus, elle cherchera à inspirer des méthodologies et des pratiques efficaces en matière d'enseignement, d'apprentissage et de développement curriculaire dans l'éducation K–12.

Il y a eu une évolution continue des processus de réflexion des philosophes concernant le développement humain appliqué aux théories de l'apprentissage et à l'éducation. De la méthode socratique au cognitivisme, au constructivisme et à l'approche plus récente du connectivisme de George Siemens, différentes philosophies ont façonné notre pensée critique sur les méthodologies d'enseignement et d'apprentissage. Des théoriciens issus de différents horizons philosophiques et générations ont contribué à notre compréhension du développement humain optimal. Parmi ces théories, aucune n'a eu un impact plus significatif sur l'éducation K–12 que le cognitivisme et le constructivisme. Cette constatation constitue la justification de la focalisation de cette section sur les similitudes et différences entre Jean Piaget, Lev Vygotsky et Jerome Bruner, puisqu'ils étaient des contemporains éminents dans le développement des philosophies cognitivistes et constructivistes sur le développement humain et leur impact sur l'éducation K–12.

Après un bref profil de chaque théoricien, cette section aura pour objectifs de :

1. Analyser les philosophies éducatives de Jean Piaget, Jerome Bruner et Lev Vygotsky, en se concentrant sur leurs principes fondamentaux concernant la relation entre éducation et développement humain.
2. Discuter des forces et des limites de leurs philosophies dans la promotion de l'enseignement et de l'apprentissage en tant que mécanisme efficace de transfert de connaissances.
3. Documenter, comparer et mettre en contraste les contributions théoriques de Piaget, Bruner et Vygotsky au développement curriculaire et à l'éducation dans le secteur K–12.
4. Offrir une évaluation critique de leurs philosophies, en particulier dans le contexte du développement de programmes de technologie éducative pour l'éducation K–12.

Cette section explore ces perspectives afin d'approfondir notre compréhension de la manière dont ces théories fondamentales continuent de façonner les pratiques et les politiques éducatives à l'ère numérique.

Chapitre 1

Un bref profil de Jean Piaget, Lev Vygotsky et Jerome Bruner

Jean Piaget, Jerome Bruner et Lev Vygotsky, en tant que contemporains d'un point de vue philosophique et épistémologique, présentent à la fois des similitudes et des différences dans leurs théories. Ils comptent parmi les théoriciens les plus influents dont les idées ont profondément façonné les domaines de la psychologie, de l'éducation et du développement humain. Leurs contributions couvrent un large spectre de théories de l'apprentissage, impactant profondément notre compréhension de la croissance cognitive et du processus d'apprentissage. Ce livre explore leurs riches perspectives théoriques, offrant des éclairages et des orientations pour répondre aux besoins et défis actuels de l'éducation K–12. Avant de plonger plus en profondeur, il est essentiel de fournir un bref profil de ces trois chercheurs—Jean Piaget de Suisse, Lev Vygotsky de Russie et Jerome Bruner des États-Unis, chacun ayant défendu une approche unique de la théorie de l'apprentissage constructiviste.

Un bref profil de Jean Piaget

Jean Piaget est né le 9 août 1896 à Neuchâtel, en Suisse, et est décédé en 1980 à l'âge de 84 ans. Réputé comme l'un des penseurs les plus prolifiques en psychologie et en éducation, Piaget a publié plus de 50 livres et 500 articles, ainsi que 37 volumes de la série *Études d'Épistémologie Génétique* (Récupéré le 18 janvier 2025, depuis https://piaget.org/about-piaget/).

Au cours de sa carrière, il a reçu des diplômes honorifiques de prestigieuses institutions, notamment Harvard, la Sorbonne, Pennsylvania et Yale. En 1923, il épouse Valentine Châtenay, et leurs trois enfants deviennent des sujets centraux de ses recherches sur le développement cognitif. La théorie du développement cognitif de Piaget, connue sous le nom d'épistémologie génétique, explore les origines de la connaissance humaine, retraçant sa progression des formes simples à une compréhension scientifique avancée. Il identifie quatre stades de développement successifs—sensorimoteur, préopératoire, opératoire concret et opératoire formel—soutenant que la croissance intellectuelle est intimement liée au développement physique.

Piaget appelait son approche « épistémologie génétique », qu'il décrivait ainsi : « Ce que propose l'épistémologie génétique est de découvrir les racines des différentes variétés de connaissance, depuis ses formes élémentaires, en suivant les niveaux suivants, qui incluent également la connaissance scientifique » (Piaget, 1970, p. 15). Sa théorie postule que le développement cognitif se déroule en quatre stades successifs entre 0 et 16 ans. Ce livre explorera l'influence de Piaget sur l'éducation K–12 en analysant *L'Enfant et la Réalité* (Piaget, 1973) et *La Science de l'Éducation* (Piaget, 1970).

Un bref profil de Lev Vygotsky

Lev Vygotsky est né dans l'Empire russe le 17 novembre 1896 et est décédé à Moscou le 11 juin 1934, à l'âge de 37 ans, des suites de la tuberculose. Malgré sa vie courte, il a apporté des contributions significatives à la psychologie et à l'éducation, notamment dans la psychologie historique-culturelle et la théorie du développement social. Sa carrière peut être divisée en deux phases distinctes : la première, allant de sa naissance à 1924, où il émerge comme figure intellectuelle majeure en URSS, et la seconde, de 1924 à sa mort en 1934, au cours de laquelle il produit ses travaux les plus influents.

Au cours de sa carrière de dix ans en psychologie (1924–1934), Vygotsky a produit de nombreux livres et articles, dont beaucoup ont été publiés à titre posthume par ses étudiants et collaborateurs. Sa théorie du développement social souligne le rôle fondamental de l'interaction sociale dans le développement cognitif. Il introduit le concept de Zone de Développement Proximal (ZDP), qui décrit l'écart entre ce qu'un apprenant peut accomplir de manière autonome et ce qu'il peut réaliser avec l'aide d'une personne plus expérimentée (MKO). Ses principales œuvres, notamment *Pensée et Langage* (Vygotsky, 1934) et l'ouvrage compilé *Mind in Society* (Cole et al., 1978), restent centrales dans les discussions contemporaines sur l'apprentissage collaboratif et le développement cognitif.

Un bref profil de Jerome Bruner

Jerome Bruner, psychologue américain, est né le 1er octobre 1915 et est décédé le 5 juin 2016 à l'âge de 100 ans. En 2010, il était professeur de recherche en psychologie et chercheur principal à la School of Law de l'Université de New York (). Bruner a obtenu son doctorat en psychologie à Harvard en 1941 et a reçu des doctorats honorifiques de Yale, Columbia et de la Sorbonne, entre autres. Pendant la Seconde Guerre mondiale, Bruner a servi sous le commandement du général Eisenhower dans la Division de guerre psychologique du Quartier général suprême des forces alliées en Europe (Bruner, 1983). Après la guerre, il rejoint la faculté de Harvard en 1945 et devient par la suite une figure clé de la réforme de l'éducation américaine. Bruner a écrit au moins quinze livres et de nombreux articles, façonnant de manière significative les pratiques éducatives modernes. Ses travaux, en particulier *The Relevance of Education* (Bruner, 1973), *On Knowing* (Bruner, 1962) et *Beyond the Information Given* (Bruner, 1984), soulignent l'importance de l'apprentissage actif, de l'accompagnement (scaffolding) et du curriculum en spirale, où les connaissances sont revisitées et approfondies au fil du temps.

En établissant les contributions fondamentales de Piaget, Vygotsky et Bruner, le chapitre 1 fournit un contexte essentiel pour comprendre leur impact sur la psychologie, l'éducation et le développement humain. Ces théoriciens mettent collectivement en lumière la relation complexe entre les influences biologiques, sociales et culturelles dans la croissance cognitive et l'apprentissage. Ce chapitre prépare le terrain pour le chapitre 2, où nous analyserons de manière critique leurs perspectives théoriques, en comparant les stades de développement de Piaget, l'approche socioculturelle de Vygotsky et le cadre constructiviste de Bruner. Cette transition d'un aperçu biographique à une analyse théorique permettra une compréhension plus approfondie de leur influence durable sur l'éducation et la psychologie contemporaines.

Chapitre 2

Analyse des philosophies du développement humain de Piaget, Vygotsky et Bruner

Les contributions de Jean Piaget, Jerome Bruner et Lev Vygotsky constituent la pierre angulaire de la psychologie du développement et de la théorie de l'éducation. Chacune de leurs perspectives offre un angle unique pour comprendre la croissance cognitive et les processus d'apprentissage. La théorie du développement cognitif de Piaget met l'accent sur la maturation biologique et l'interaction avec l'environnement dans la construction des connaissances à travers des stades de développement distincts (Piaget, 1952). En revanche, l'approche constructiviste de Bruner souligne les outils culturels et le rôle actif des apprenants dans la formation de leur compréhension, avec un accent sur le curriculum en spirale et les modes de représentation (Bruner, 1960). La théorie socioculturelle de Vygotsky met en avant l'importance de l'interaction sociale dans l'apprentissage, en introduisant des concepts clés tels que la Zone de Développement Proximal (ZDP) et le soutien pédagogique (scaffolding) (Vygotsky, 1978). Ensemble, ces théories offrent des cadres complémentaires mais distincts pour comprendre l'interaction entre développement individuel, médiation culturelle et collaboration sociale dans l'apprentissage.

La théorie du développement humain de Jean Piaget

La théorie du développement cognitif de Jean Piaget constitue un cadre fondamental en psychologie du développement, expliquant comment les individus acquièrent et construisent des connaissances à travers différents stades. Il a proposé que le développement cognitif soit un processus actif influencé par la croissance biologique et les expériences environnementales, structuré autour de schémas mentaux appelés *schémas* (Piaget, 1952).

Piaget a identifié quatre stades clés : le stade sensorimoteur (de la naissance à 2 ans), où les nourrissons apprennent par l'exploration sensorielle et les activités motrices ; le stade préopératoire (2 à 7 ans), caractérisé par la pensée symbolique et l'égocentrisme ; le stade opératoire concret (7 à 11 ans), où se développent le raisonnement logique et la compréhension de la conservation ; et le stade opératoire formel (à partir de 12 ans), qui implique la pensée abstraite et hypothétique.

Au cœur de la théorie de Piaget se trouve le concept d'équilibration, le processus par lequel les individus s'adaptent aux nouvelles informations par assimilation (incorporer de nouvelles expériences dans des schémas existants) et accommodation (modifier les schémas pour intégrer de nouvelles informations). Ses recherches soulignent l'importance de l'apprentissage actif et de la préparation au développement, façonnant profondément les méthodologies éducatives en mettant l'accent sur l'apprentissage expérientiel et l'enseignement basé sur l'investigation.

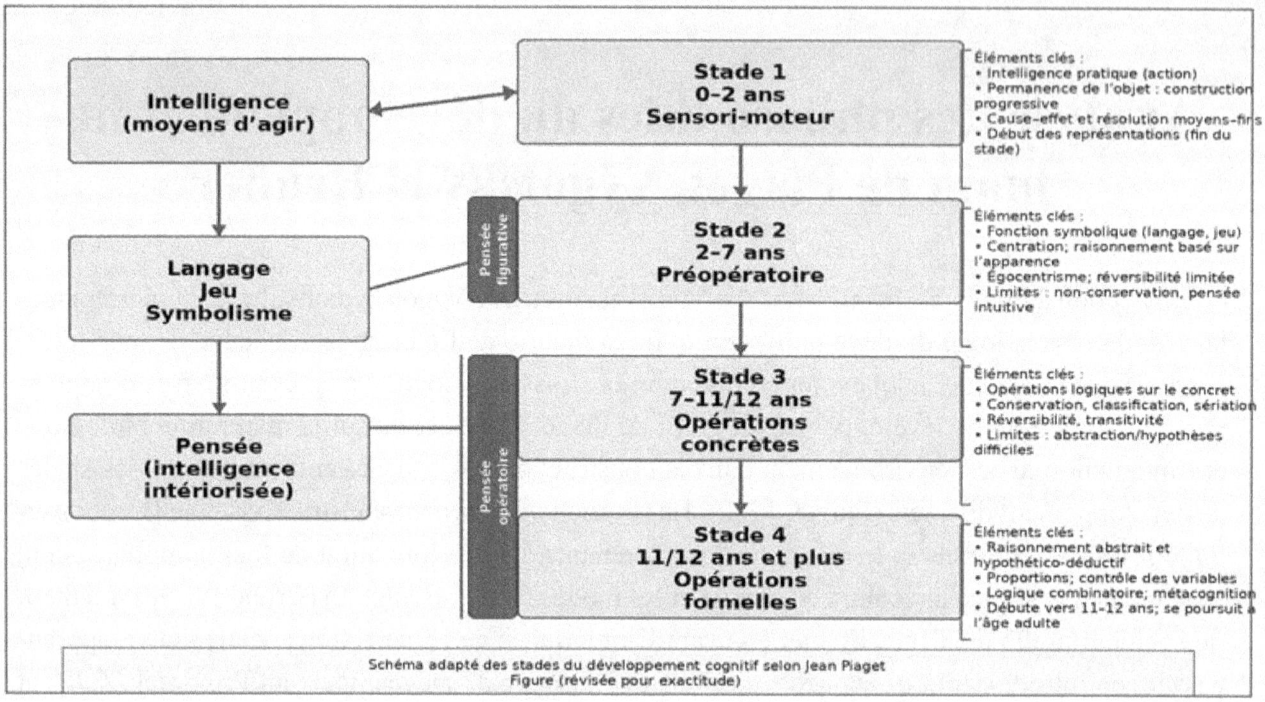

Figure 1: Illustration graphique de la théorie du développement humain de Jean Piaget

La théorie du développement humain de Jean Piaget, illustrée à la Figure 1, suggère que le développement cognitif suit le développement biologique à travers quatre stades successifs, allant de la naissance à environ seize ans. Ces stades correspondent à la maturation parallèle de l'intelligence, du langage et de la pensée. Selon Piaget, il existe un âge spécifique auquel certains concepts peuvent être appris efficacement, et le succès de cet apprentissage dépend du développement des facultés mentales et biologiques par rapport à l'âge. La section suivante explore chacun des stades de développement de Piaget, mettant en évidence les processus de maturation et les changements psychologiques que les enfants connaissent à mesure qu'ils progressent de la petite enfance à l'adolescence.

La théorie de Piaget postule que l'intelligence, définie comme « le moyen de faire les choses », précède le langage. Il soutient que le langage et le jeu évoluent en moyens symboliques d'expression à travers la langue, tandis que la pensée se développe en ce qu'il appelle « l'intelligence intériorisée ». À mesure que les enfants grandissent, ils utilisent l'assimilation, un processus qui leur permet d'associer de nouvelles informations à des connaissances existantes, lesquelles sont ensuite modifiées par l'accommodation pour intégrer de nouveaux concepts. Piaget identifie le déséquilibre comme l'état dans lequel il existe un écart entre les connaissances actuelles d'un enfant et les nouvelles informations à maîtriser. Ce processus cognitif se déroule à travers quatre stades de développement : le stade sensorimoteur, le stade préopératoire, le stade opératoire concret et le stade opératoire formel.

Le stade sensorimoteur

Le stade sensorimoteur dure de la naissance à environ deux ans et se divise en six sous-stades, comme détaillé dans *L'Enfant et la réalité* (p. 54). Cette période est caractérisée par des comportements réflexes tels que la succion et la préhension. Malgré l'absence de langage compréhensible, Piaget affirme que l'intelligence fonctionne activement, permettant à l'enfant de s'adapter à son environnement. L'une des citations célèbres de Piaget, « L'intelligence est ce que vous utilisez lorsque vous ne savez pas quoi faire », illustre ce concept. Par exemple, bien que les nourrissons n'aient pas la capacité physique de changer leurs couches, ils sont assez intelligents pour signaler leur inconfort en pleurant. Durant ce stade, les enfants développent des schémas ou structures cognitives qui leur permettent d'interagir avec leur environnement et de s'y adapter. Cependant, Piaget suggère que les nourrissons à ce stade ne possèdent pas encore de notion de permanence de l'objet ni de conscience spatiale.

Le stade préopératoire

Le stade préopératoire, s'étendant d'environ deux à sept ans, correspond aux années préscolaires où les enfants commencent à expérimenter la communication symbolique, y compris le langage, les couleurs et les noms, et où l'imitation et le jeu jouent un rôle crucial dans la socialisation. Piaget caractérise ce stade comme une période d'égocentrisme, où les enfants ont du mal à comprendre des perspectives différentes de la leur. De plus, ils ont des difficultés à saisir des concepts tels que la réversibilité, la transitivité et la conservation, qui se développeront aux stades ultérieurs.

Le stade opératoire concret

Le stade opératoire concret, se produisant entre environ six ou sept ans et onze ou douze ans, coïncide avec les premières années scolaires. Durant cette période, les enfants commencent à utiliser la logique, l'arithmétique et une pensée abstraite essentielle. L'égocentrisme du stade précédent diminue, et les enfants peuvent désormais comprendre des concepts tels que la réversibilité, la transitivité et la conservation. Cependant, bien qu'ils puissent résoudre des problèmes impliquant des objets concrets, ils ne sont pas encore capables de raisonner de manière proportionnelle, de penser hypothétiquement ou de développer une pensée abstraite, qui se développeront au stade suivant.

Le stade opératoire formel

Le stade opératoire formel est le stade final du développement cognitif, apparaissant vers l'âge de douze ans. À ce stade, les enfants développent la capacité de pensée critique de haut niveau, incluant l'abstraction, l'induction et la déduction. Comme le décrit Piaget dans *L'Enfant et la réalité* (1971, p. 79) : « Enfin, vers l'âge de onze ou douze ans, les opérations propositionnelles ou hypothético-déductives sont constituées, pouvant fonctionner au-delà de toute manipulation d'objet et ne concernant plus la praxis. » À ce stade, les enfants peuvent penser systématiquement à des concepts abstraits, tester des hypothèses et s'engager dans une résolution de problèmes complexe.

La théorie du développement humain de Lev Vygotsky

Alors que la théorie de Piaget met l'accent sur une approche par stades du développement cognitif, la théorie du développement humain de Lev Vygotsky diffère à bien des égards. Bien que les deux théoriciens aient contribué de manière significative au mouvement constructiviste, la théorie socioculturelle du développement cognitif de Vygotsky accorde une plus grande importance au rôle de l'interaction sociale et du contexte culturel dans la formation de la cognition humaine. Au cœur de la théorie de Vygotsky se trouve la Zone de Développement Proximal (ZDP), qui définit l'éventail des tâches qu'un apprenant peut réaliser avec assistance, mais qu'il ne peut pas encore accomplir de manière autonome (Vygotsky, 1978). Il soutient que l'apprentissage se produit plus efficacement dans cette zone grâce au *scaffolding*, un processus par lequel une personne plus expérimentée, comme un enseignant ou un pair, fournit un soutien temporaire pour aider l'apprenant à maîtriser une tâche.

Vygotsky a également introduit le concept d'internalisation, qui décrit comment les activités sociales et les outils culturels, y compris le langage, se transforment en processus cognitifs internes. Le langage joue un double rôle dans sa théorie : il fonctionne à la fois comme outil de communication et comme mécanisme de pensée. Un aspect clé de ce concept est le langage privé, où les enfants se parlent à eux-mêmes pour réguler leur comportement. Contrairement à Piaget, qui proposait des stades de développement universels, Vygotsky considérait le développement cognitif comme un processus continu et dépendant du contexte, façonné par les influences culturelles et sociales. Son travail a eu un impact profond sur les pratiques éducatives, notamment dans l'apprentissage collaboratif, l'évaluation dynamique et l'intégration d'outils artistiques dans la pédagogie, soulignant l'interconnexion entre le contexte social et la croissance cognitive.

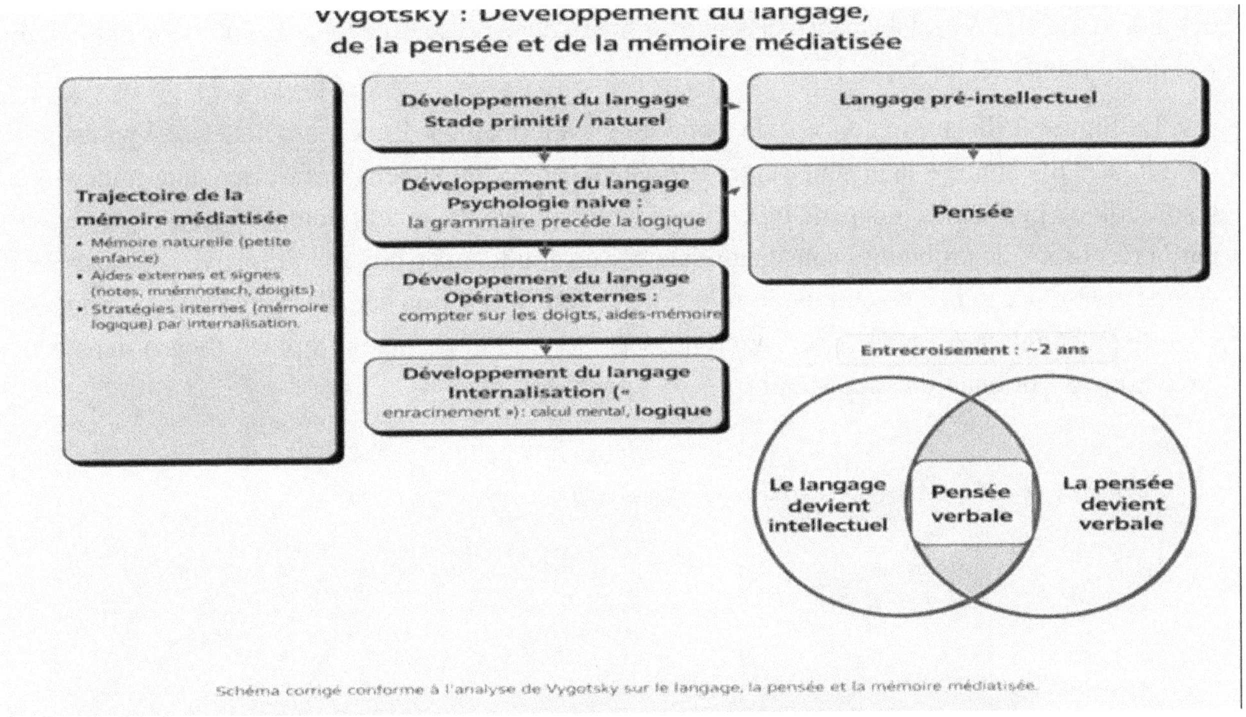

Figure 2: Illustration graphique de la théorie de Vygotsky : développement de la mémoire, de la pensée et du langage

La Figure 2 illustre ma compréhension de la théorie de Vygotsky. Vygotsky soutient que le langage et la pensée trouvent leur origine dans des racines génétiques différentes. Initialement, il théorise l'existence d'un langage pré-intellectuel et d'une pensée pré-verbale. À un certain stade du développement humain, le langage pré-intellectuel évolue en langage, tandis que la pensée pré-verbale se développe en langage rationnel. En conséquence, la pensée devient verbale, convergeant finalement vers ce que Vygotsky appelle la « pensée verbale ».

Vygotsky identifie trois stades de développement de la mémoire. Le premier stade coïncide avec l'âge préscolaire, le deuxième stade se situe pendant l'âge scolaire, et le troisième stade émerge à l'âge adulte. Parallèlement, sa théorie décrit quatre niveaux distincts de développement du langage. Le premier niveau est le « stade primitif ou naturel », correspondant au langage pré-intellectuel et à la pensée pré-verbale. Le deuxième niveau, appelé « psychologie naïve », est celui où l'enfant commence à expérimenter les propriétés physiques de son propre corps et de son environnement. Durant ce stade, l'enfant commence à utiliser une grammaire correcte, ce qui conduit Vygotsky à affirmer : « Il maîtrise la syntaxe du langage avant la syntaxe de la pensée » (*Thought and Language*, p. 46).

Le troisième stade est associé au « langage égocentrique », qui implique l'utilisation d'aides externes, telles que compter sur les doigts ou utiliser des outils de mémoire, pour résoudre des problèmes internes. Le dernier stade du développement du langage, que Vygotsky appelle « internalisation », survient lorsque l'enfant commence à compter mentalement plutôt que de se fier à des aides externes. Vygotsky décrit ce stade comme l'émergence du « langage intérieur, silencieux » (*Thought and Language*, p. 47).

La Figure 3 illustre le concept de Zone de Développement Proximal (ZDP) de Vygotsky. Il définit la ZDP comme « la distance entre le niveau de développement réel tel que déterminé par la résolution de problèmes indépendante et le niveau de développement potentiel tel que déterminé par la résolution de problèmes sous la guidance d'un adulte ou en collaboration avec d'autres plus compétents ». Ce concept souligne le rôle crucial de l'interaction sociale dans le développement cognitif, mettant en évidence que l'apprentissage se produit de manière plus efficace dans cette zone grâce à l'orientation et au soutien.

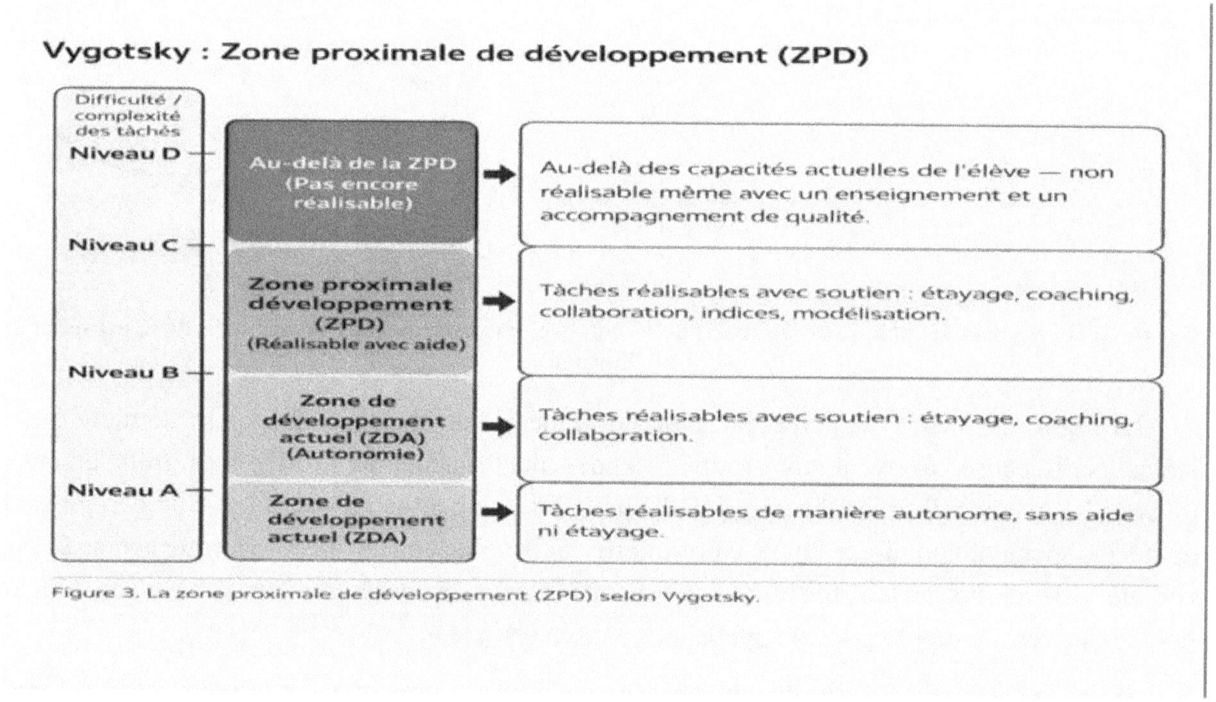

Figure 3: Illustration graphique de la zone de développement proximal de Vygotsky

La théorie de Vygotsky place l'apprentissage au cœur de l'environnement social, en soulignant les rôles cruciaux de la culture et du langage dans le développement cognitif. Connue sous le nom de théorie du développement social ou socio-culturelle, son approche soutient une pédagogie centrée sur l'apprenant, où les enfants participent activement à la création de sens et de connaissances. Sa théorie, combinée à son concept de curriculum avec étayage (*scaffolding*), son accent sur les outils culturels tels que les ordinateurs et les livres, et sa promotion d'un système de mentorat par les pairs avec des Autres Plus Savants (*More Knowledgeable Others*), s'aligne étroitement sur les pratiques éducatives modernes. De plus, les avancées actuelles en technologies éducatives renforcent encore la pertinence de l'approche constructiviste de Vygotsky dans l'éducation K–12.

La théorie du développement humain de Jerome Bruner

Avant de comparer les philosophies éducatives de Jean Piaget, Lev Vygotsky et Jerome Bruner, il est essentiel de présenter un aperçu de la théorie du développement humain de Bruner. La théorie du développement cognitif de Bruner met en évidence le rôle actif des apprenants dans la construction des connaissances, en soulignant l'influence de la culture, du langage et de l'éducation sur le développement humain. Il a proposé trois modes de représentation — énaction, iconique et symbolique — comme principales façons dont les humains traitent et stockent l'information (Bruner, 1960). Le mode énaction implique l'apprentissage par des actions physiques directes, le mode iconique repose sur des images mentales ou des représentations visuelles, et le mode symbolique utilise le langage et les symboles abstraits pour encoder et manipuler l'information.

Un élément central de la théorie de Bruner est le concept de *curriculum en spirale*, qui encourage à revisiter les idées clés à différents stades de développement avec une complexité croissante, permettant aux apprenants de construire une compréhension plus profonde au fil du temps. Il a également souligné l'importance de l'étayage (*scaffolding*), où les apprenants reçoivent un soutien d'individus plus expérimentés pour accomplir des tâches au-delà de leurs capacités indépendantes. Contrairement à Piaget, qui se concentrait sur les stades de développement, Bruner soutenait que le développement cognitif est continu et profondément influencé par le contexte culturel. Ses travaux ont jeté les bases des approches constructivistes en éducation, favorisant l'apprentissage par la découverte, la résolution de problèmes et le rôle des éducateurs dans la création d'un environnement centré sur l'apprenant.

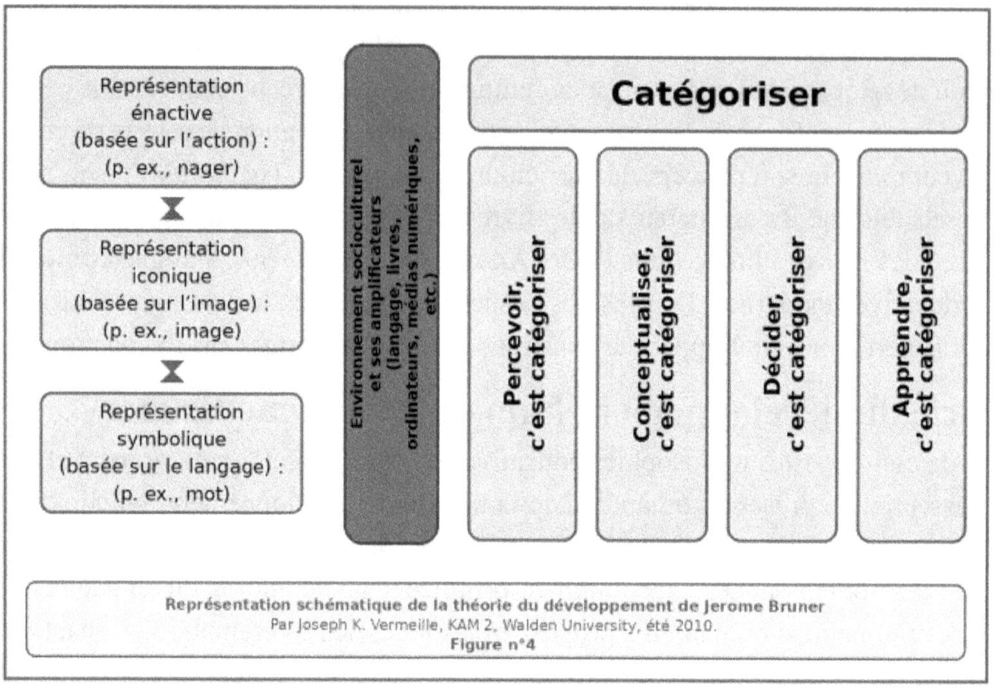

Figure 4 : Illustration graphique de la théorie du développement humain de Jerome Bruner

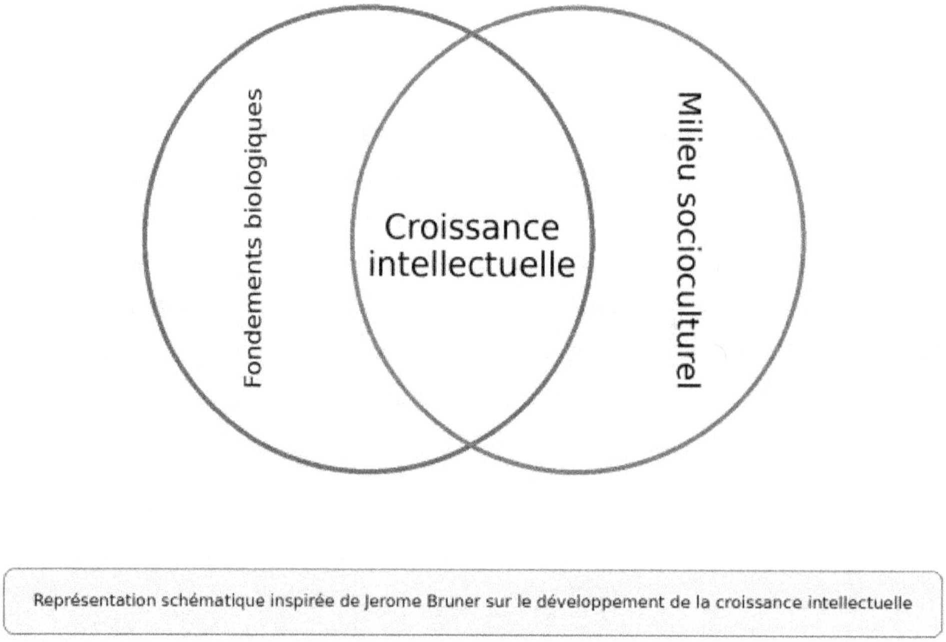

Figure 5: Illustration graphique de la zone de croissance intellectuelle de Bruner

Figures 4 et 5 illustrent l'interprétation de la théorie du développement cognitif de Jerome Bruner. Bruner propose que la catégorisation et son modèle de représentation en trois stades constituent la base de cette théorie. De plus, il suggère que l'intersection entre les antécédents biologiques et l'environnement socioculturel détermine l'étendue de la croissance intellectuelle. Selon Bruner, le développement intellectuel trouve sa source dans l'interaction de l'enfant avec sa communauté, soulignant que les individus interprètent la réalité à travers la catégorisation, fondée sur les similitudes et les différences. Dans *The Relevance of Education*, Bruner fait référence à « trois modes de connaissance, caractéristiques des opérations cognitives humaines — par l'action, par l'image et par le symbole » (p. 18). D'après sa théorie, on peut affirmer qu'il existe une forte corrélation entre la croissance intellectuelle au sein d'une culture donnée et le taux de réussite ou d'échec scolaire chez les jeunes, tant dans les sociétés privilégiées que défavorisées.

Dans *The Relevance of Education*, Bruner commence par analyser les limitations mentales qui distinguent les êtres humains des autres mammifères, un concept qu'il décrit comme « la perfectibilité de l'intellect humain » (p. 3). Il explore ensuite la nature de diverses cultures humaines, comme celle des Kung, à propos desquels il écrit :

« Il n'y a rien qui ressemble à une école, rien qui ressemble à des leçons. En réalité, chez les Kung, il y a très peu de "dire". La plupart de ce que vous appelez instruction se fait par la démonstration. En fin de compte, tout le monde dans la culture sait presque tout ce qu'il y a à savoir sur la manière de vivre comme un homme ou une femme. »

La théorie de Bruner met l'accent sur la culture et ses amplificateurs comme moteurs essentiels de la croissance intellectuelle. Cela soulève une question importante : si un enfant est élevé par des parents hautement instruits, tels qu'un professeur d'université et un médecin, ce contexte offre-t-il un avantage intellectuel par rapport aux enfants issus de milieux socio-économiques très différents, y compris ceux vivant dans des régions reculées d'Haïti, d'Afrique ou d'Asie ?

Bruner semble profondément conscient, voire alarmé, par les conséquences potentielles de tels écarts socioculturels. Il met en garde contre les risques liés à l'inaction face à ces disparités, déclarant :
« Si nous ne pouvons pas produire ce genre de changement, alors notre système, qui a plutôt bien fonctionné (quoique de manière exploiteuse) depuis la Révolution industrielle, s'effondrera sans doute, probablement pour être remplacé par quelque chose de bien plus coercitif pour tous et non pour certains seulement. C'est pourquoi la génération à élever est une ressource si cruciale. Ce pourrait être notre dernière chance. » (p. 161).

Les réflexions de Bruner suggèrent la nécessité urgente de réformes éducatives et sociales visant à combler ces écarts et à garantir un environnement intellectuel plus équitable pour les générations futures.

Le chapitre 2 a offert une exploration approfondie des philosophies du développement humain de Jean Piaget, Lev Vygotsky et Jerome Bruner, en soulignant à la fois leurs contributions uniques et leurs perspectives communes. Piaget a mis l'accent sur la maturation biologique et les stades de développement séquentiels, Vygotsky s'est concentré sur les influences socioculturelles de l'apprentissage, et Bruner a développé un cadre constructiviste fondé sur les outils culturels et l'étayage (*scaffolding*). Ensemble, leurs théories ont considérablement enrichi notre compréhension de la croissance cognitive et des pratiques éducatives. Cette discussion a mis en lumière l'interaction entre les capacités individuelles, le contexte social et les médiateurs culturels dans la formation du développement humain. À mesure que nous passons au chapitre 3, nous procéderons à une analyse comparative et contrastée de leurs philosophies, en explorant leurs perspectives sur les théories de l'apprentissage et le développement humain. En juxtaposant leurs points de vue, ce chapitre mettra en évidence à la fois les convergences et les divergences de leurs approches, offrant une compréhension plus profonde de la manière dont leurs théories continuent d'éclairer et de remettre en question les pratiques éducatives et psychologiques contemporaines.

Similarités entre Piaget, Vygotsky et Bruner

Les théories de Jean Piaget, Lev Vygotsky et Jerome Bruner ont profondément influencé la psychologie du développement et l'éducation, en proposant des perspectives uniques mais interconnectées sur le développement cognitif. Bien que leurs approches diffèrent en méthodologie et en accent, elles partagent plusieurs principes fondamentaux reflétant leur engagement commun à comprendre et à améliorer l'apprentissage humain.

Les trois théoriciens défendent un cadre constructiviste, insistant sur le rôle actif des apprenants dans la construction de leur compréhension du monde. Ils reconnaissent le développement cognitif comme un processus dynamique et progressif, façonné par des facteurs biologiques, sociaux et culturels. De plus, ils soulignent le rôle crucial de l'interaction — qu'elle soit avec l'environnement, les groupes sociaux ou les outils culturels — dans la formation de la croissance intellectuelle.

En examinant ces principes communs, il devient évident que Piaget, Vygotsky et Bruner offrent collectivement une base théorique solide pour l'éducation et la psychologie du développement. Leurs travaux relient les dimensions individuelles et sociétales de l'apprentissage, soulignant l'importance à la fois des expériences personnelles et des influences externes. Comprendre leurs points communs met non seulement en valeur la force de leurs théories, mais renforce également leur pertinence continue face aux défis éducatifs et développementaux contemporains.

1. Approche constructiviste

Piaget, Vygotsky et Bruner prônent tous une approche constructiviste, insistant sur le fait que les apprenants construisent activement leurs connaissances plutôt que de les recevoir passivement. Piaget considère ce processus comme interne, guidé par l'interaction avec l'environnement, où les apprenants construisent des schémas par assimilation et accommodation (Piaget, 1952). Vygotsky élargit cette idée en soulignant le rôle de l'interaction sociale, affirmant que l'apprentissage est médié par des outils culturels et un étayage fourni par des individus plus compétents (Vygotsky, 1978). Bruner s'aligne sur cette perspective, proposant que les apprenants interprètent activement leurs expériences et que l'enseignement devrait les guider par la découverte et la résolution de problèmes (Bruner, 1960).

2. Accent sur le développement cognitif

Les trois théoriciens se concentrent sur la compréhension du développement des capacités cognitives et sur la manière dont les individus acquièrent et traitent les connaissances. Piaget identifie quatre stades du développement cognitif, chacun caractérisé par des modes de pensée distincts, allant des compétences sensori-motrices au raisonnement abstrait (Piaget, 1952). Vygotsky, en revanche, met l'accent sur la nature continue de la croissance cognitive, stimulée par les interactions sociales et culturelles au sein de la Zone de développement proximal (ZDP) (Vygotsky, 1978). Bruner, de son côté, met en avant les modes de représentation — énactif, iconique et symbolique — comme des étapes par lesquelles la compréhension cognitive devient de plus en plus abstraite et complexe (Bruner, 1960).

3. Perspective développementale

Les théories de Piaget, Vygotsky et Bruner reconnaissent toutes que l'apprentissage et le développement se produisent de manière progressive au fil du temps. Piaget propose un modèle fondé sur des stades dans lesquels les capacités cognitives se déploient selon une séquence prédéterminée liée à la maturation biologique. Bien que Vygotsky ne définisse pas de stades rigides, il souligne que le développement est façonné par l'interaction sociale et le contexte culturel à différents moments de la vie. Le concept de Bruner de curriculum en spirale complète cette perspective, suggérant que les apprenants revisitent les concepts à des niveaux de complexité croissants à mesure qu'ils se développent cognitivement.

4. Rôle de l'interaction

L'interaction joue un rôle central dans la compréhension de l'apprentissage selon ces trois théoriciens. Piaget met en avant l'importance de l'interaction de l'apprenant avec son environnement pour construire le savoir et atteindre un équilibre cognitif. Vygotsky insiste sur le rôle des interactions sociales et de l'apprentissage collaboratif, où les pairs et les mentors aident les apprenants à atteindre leur potentiel dans la ZDP. Bruner prolonge cette idée en affirmant que l'interaction avec les outils culturels, tels que le langage et les systèmes symboliques, fournit un cadre pour l'apprentissage et soutient la croissance intellectuelle.

5. Accent sur l'éducation

Le travail de chaque théoricien a des implications profondes pour l'éducation, préconisant des approches centrées sur l'apprenant qui favorisent l'engagement actif. La théorie de Piaget inspire des stratégies pédagogiques alignées sur la maturité développementale, telles que l'exploration pratique et la découverte. Vygotsky met l'accent sur l'utilisation de l'étayage, où les éducateurs fournissent un soutien adapté pour combler l'écart entre les capacités actuelles d'un apprenant et son potentiel de croissance. Bruner, pour sa part, défend le curriculum en spirale, permettant aux enseignants de revisiter les idées fondamentales avec une complexité croissante afin d'assurer une compréhension durable.

6. Adaptabilité des connaissances

Pour ces trois théoriciens, l'apprentissage est perçu comme un processus adaptatif qui intègre de nouvelles informations aux connaissances antérieures. Piaget décrit cela à travers l'assimilation et l'accommodation, processus par lesquels les apprenants modifient leurs schémas pour incorporer de nouvelles expériences. Vygotsky se concentre sur l'étayage et la ZDP, où les apprenants s'adaptent grâce aux interactions guidées avec des personnes plus compétentes. Bruner souligne l'adaptabilité à travers son insistance sur l'apprentissage par la découverte et le processus itératif de révision et d'approfondissement de la compréhension dans le curriculum en spirale.

7. Importance du langage

Le langage joue un rôle essentiel dans les théories de Piaget, Vygotsky et Bruner, bien que sous des formes légèrement différentes. Piaget voit le langage comme un reflet du développement cognitif, émergeant comme produit de la progression développementale et permettant la pensée symbolique. Vygotsky, en revanche, positionne le langage au centre du développement cognitif, à la fois comme outil de communication et comme mécanisme d'internalisation du savoir culturel à travers le discours privé et social. Bruner considère le langage comme un système symbolique facilitant la pensée de haut niveau et soutenant l'apprentissage en permettant aux individus de coder, d'interpréter et de communiquer leurs connaissances.

Les principes partagés par Piaget, Vygotsky et Bruner révèlent une profonde convergence dans leur engagement à comprendre les processus d'apprentissage et de développement cognitif. Leur insistance collective sur le rôle actif des apprenants, la progression de la croissance intellectuelle et l'influence de l'interaction et du langage souligne la richesse de leurs contributions à la psychologie du développement et à l'éducation. En prônant des approches constructivistes et des pédagogies centrées sur l'apprenant, leurs théories continuent d'inspirer des pratiques éducatives efficaces et des interventions adaptées à divers contextes culturels et sociaux. Bien que leurs points communs démontrent une vision unifiée du développement humain, leurs approches distinctes et leurs accentuations théoriques uniques offrent des perspectives complémentaires précieuses. Pour apprécier pleinement la portée et la profondeur de leurs contributions, il est essentiel d'explorer ce qui distingue Piaget, Vygotsky et Bruner les uns des autres. L'examen de leurs perspectives uniques mettra en lumière les éléments spécifiques de leurs philosophies qui rendent le travail de chaque théoricien particulièrement significatif pour l'étude de l'apprentissage et du développement.

Chapitre 3

Comparaison entre Piaget, Bruner et Vygotsky sur l'apprentissage et le développement.

Les théories de Jean Piaget, Lev Vygotsky et Jerome Bruner ont profondément influencé notre compréhension du développement humain et de l'apprentissage. Chacun de ces théoriciens présente une perspective distincte, fondée sur des aperçus uniques de la cognition, de l'interaction sociale et de l'influence culturelle. Cependant, ils partagent un objectif commun: expliquer comment les individus acquièrent des connaissances et développent leurs capacités intellectuelles.

La théorie de Piaget met en avant les stades du développement cognitif, soulignant le rôle de la maturation biologique et de l'interaction avec l'environnement dans la construction des connaissances (Piaget, 1952). En revanche, Vygotsky met l'accent sur le contexte socio-culturel de l'apprentissage, introduisant des concepts tels que la Zone de Développement Proximal (ZDP) et l'étayage afin de souligner le rôle de l'interaction sociale et des outils culturels dans la croissance cognitive (Vygotsky, 1978). Bruner, quant à lui, adopte une approche constructiviste en se concentrant sur les modes de représentation — énactif, iconique et symbolique — et en défendant le programme d'enseignement en spirale, dans lequel les apprenants revisitent les concepts avec une complexité croissante (Bruner, 1960).

Ce chapitre vise à comparer et à contraster leurs philosophies, en analysant leurs points de vue respectifs sur les processus d'apprentissage et le développement humain. À travers ce cadre comparatif, nous explorerons comment leurs théories se complètent et se défient mutuellement, offrant ainsi une compréhension plus riche et plus complète de l'apprentissage et de ses implications pour l'éducation et la croissance humaine. En outre, cette discussion replacera leurs contributions dans le champ plus large de la psychologie du développement, démontrant leur pertinence durable face aux défis éducatifs contemporains.

Piaget, Vygotsky et Bruner appartiennent à la même école de psychologie du développement, qui définit le constructivisme cognitif. Cette branche de la psychologie est apparue comme une réponse ou une alternative au béhaviorisme, plaçant l'esprit comme le lieu central où l'apprentissage et le développement humain se produisent. Dans ce cadre, la connaissance est continuellement créée à travers l'expérience et l'interaction avec l'environnement. Bien que ces théoriciens partagent des similitudes fondamentales, ils présentent également des différences clés, que la section suivante explorera plus en détail.

Contributions uniques de Piaget, Vygotsky et Bruner

1) Les attributs uniques de Jean Piaget

Jean Piaget, Lev Vygotsky et Jerome Bruner prônent tous une approche constructiviste, soulignant que les apprenants construisent activement leurs connaissances plutôt que de les recevoir passivement. Piaget considère le développement cognitif comme un processus interne motivé par les interactions avec l'environnement, au cours duquel les apprenants construisent des schémas par assimilation et accommodation. Vygotsky développe cette idée en mettant l'accent sur le rôle des interactions sociales et culturelles, soutenant que l'apprentissage est médié par des outils culturels et l'étayage fourni par des individus plus compétents. Bruner s'aligne sur cette perspective, mais se concentre sur la manière dont les apprenants interprètent activement leurs expériences et comment l'enseignement doit les guider à travers la découverte et la résolution de problèmes.

2) Les attributs uniques de Lev Vygotsky

La théorie socio-culturelle de Lev Vygotsky se distingue par son accent sur le rôle crucial du contexte social et culturel dans le développement cognitif. Contrairement aux stades biologiquement déterminés de Piaget, Vygotsky soutient que les interactions au sein de l'environnement socio-culturel façonnent principalement le développement cognitif. Son concept de la Zone de Développement Proximal (ZDP) met en évidence le potentiel d'apprentissage qui se produit lorsque les individus reçoivent des conseils de la part d'Autres Plus Compétents (APC), tels que des enseignants, des pairs ou des mentors. Vygotsky propose également que le développement cognitif précède le développement physique, en soulignant que les fonctions mentales supérieures, telles que le langage et la pensée, émergent à travers les outils culturels et la communication sociale. Sa théorie privilégie l'apprentissage collaboratif et étayé, contrastant avec l'approche plus individualiste de Piaget et l'accent mis par Bruner sur la représentation symbolique.

3) Les attributs uniques de Jerome Bruner

L'approche constructiviste de Jerome Bruner se distingue par son accent sur trois modes de représentation — énactif, iconique et symbolique — qui servent de base à l'apprentissage et à la construction des connaissances. Sa théorie intègre de manière unique l'idée de la catégorisation comme processus cognitif fondamental, en soulignant que les apprenants organisent et interprètent l'information en découvrant des motifs et des structures. Contrairement aux stades biologiques de Piaget ou à l'interaction socio-culturelle de Vygotsky, le programme d'enseignement en spirale de Bruner préconise la révision récurrente des concepts clés à des niveaux de complexité croissants, permettant aux apprenants de développer une compréhension plus approfondie au fil du temps. Bruner définit également la croissance intellectuelle comme l'intersection entre les prédispositions biologiques et l'environnement socio-culturel, combinant des éléments des théories de Piaget et de Vygotsky tout en maintenant son accent distinct sur l'apprentissage par la découverte. De plus, il met en avant le rôle des amplificateurs culturels, tels que le langage et les outils, dans la formation du développement cognitif. Son travail se distingue particulièrement par son orientation vers l'éducation, soulignant le rôle des enseignants dans l'étayage des connaissances et la stimulation de la créativité à travers la résolution de problèmes et l'exploration.

Résumé et transition

Les aspects uniques des théories de Piaget, Vygotsky et Bruner reflètent leurs perspectives sur l'interaction entre la biologie, la culture et l'interaction sociale dans le développement cognitif. Bien que leurs contributions distinctes mettent en évidence des voies différentes vers la compréhension de l'apprentissage humain, leurs idées collectives révèlent également des chevauchements significatifs qui méritent une exploration approfondie. La section suivante synthétisera les similitudes et les différences entre les approches de ces trois théoriciens, offrant une analyse comparative de leurs contributions au constructivisme cognitif.

Quelles sont les similitudes et les différences entre Piaget, Vygotsky et Bruner ?

Les théories de Jean Piaget, Lev Vygotsky et Jerome Bruner ont profondément influencé la compréhension du développement cognitif et son application à l'éducation primaire et secondaire (K–12). Chaque théoricien apporte une perspective unique sur la manière dont les enfants apprennent et se développent, en mettant l'accent sur divers aspects du processus d'apprentissage. Piaget se concentre sur la maturation biologique et les stades de développement, Vygotsky souligne le rôle des influences socio-culturelles et de l'étayage, tandis que Bruner insiste sur les modes de représentation et le programme en spirale. Leurs théories offrent des cadres précieux pour concevoir des stratégies pédagogiques adaptées aux besoins développementaux des élèves, favorisant la collaboration et encourageant la pensée critique. Cependant, bien que ces théories conservent une grande pertinence pour l'éducation moderne, leur mise en œuvre pratique peut présenter des défis spécifiques.

Malgré leurs différences, Piaget, Vygotsky et Bruner partagent une approche constructiviste fondamentale, mettant en avant l'engagement actif dans la construction des connaissances. Toutefois, leurs visions divergent quant aux principaux moteurs de l'apprentissage. Le modèle par stades de Piaget privilégie la maturation interne, suggérant que les enfants progressent à travers des étapes cognitives distinctes fondées sur leur préparation biologique. En revanche, la théorie socio-culturelle de Vygotsky affirme que l'apprentissage est façonné par l'interaction sociale, où les conseils d'individus plus compétents jouent un rôle essentiel. Le cadre constructiviste de Bruner intègre des éléments des deux perspectives, en soulignant l'importance des modes de représentation et du rôle d'un programme progressif dans la facilitation de l'apprentissage. En examinant les similitudes et les différences entre ces trois théoriciens, nous pouvons approfondir notre compréhension des aspects complémentaires et divergents de leurs contributions ainsi que de leurs implications pour l'éducation et la psychologie contemporaines.

Similitudes et différences entre Jean Piaget, Lev Vygotsky et Jerome Bruner

Les philosophies de Jean Piaget, Lev Vygotsky et Jerome Bruner ont eu un impact profond sur l'enseignement et l'apprentissage dans l'éducation primaire et secondaire (K–12), offrant des perspectives uniques sur le développement cognitif et la pédagogie. Chacun de ces théoriciens fournit des aperçus précieux sur la manière dont les élèves acquièrent des connaissances et se développent intellectuellement. Piaget met l'accent sur les stades de développement, Vygotsky sur les influences socio-culturelles de l'apprentissage, et Bruner sur l'étayage et les modes de représentation. Bien que ces théories aient grandement contribué aux pratiques éducatives, leur application dans des environnements de classe diversifiés présente des défis. En examinant leurs forces et leurs limites, les éducateurs peuvent mieux comprendre comment ces théories éclairent les stratégies d'enseignement et répondent aux complexités de l'enseignement réel.

Une analyse comparative de Piaget, Vygotsky et Bruner permet de clarifier leurs similitudes et leurs différences dans l'explication du développement cognitif et de l'apprentissage. Bien que les trois adoptent une approche constructiviste et insistent sur le rôle actif des apprenants dans la construction du savoir, leurs perspectives divergent sur des points essentiels. La théorie de Piaget repose sur la maturation biologique, proposant des stades de développement distincts que les enfants traversent de manière indépendante. Vygotsky, en revanche, met l'accent sur le rôle de l'interaction sociale et de l'étayage dans la formation de la croissance cognitive. Bruner, pour sa part, intègre des aspects des deux, en soulignant l'importance des modes de représentation et du programme d'enseignement en spirale pour favoriser une compréhension plus approfondie au fil du temps. En analysant ces perspectives, nous pouvons obtenir une vision plus complète de la cognition humaine et de ses implications pour un enseignement et un apprentissage efficaces.

Tableau 1

Tableau récapitulatif des philosophies de Piaget, Vygotsky et Bruner

Attributs communs entre Piaget, Vygotsky et Bruner	**Attributs uniques de Piaget**	**Attributs uniques de Vygotsky**	**Attributs uniques de Bruner**
Le développement cognitif est lié à l'apprentissage dans le milieu social. Ils sont cognitivistes et constructivistes, mettant l'accent sur l'apprentissage actif et la construction des connaissances.	Met l'accent sur la maturation biologique et les stades de développement (sensorimoteur, préopératoire, opératoire concret, opératoire formel) qui sont universels.	Met l'accent sur la Zone de Développement Proximal (ZDP), où l'apprentissage se produit avec l'accompagnement de personnes plus expérimentées (PPE).	Se concentre sur les modes de représentation (énactif, iconique, symbolique) et sur le curriculum en spirale, où les concepts sont revisités à des niveaux de complexité croissants.
Met en évidence le rôle de l'interaction dans le développement cognitif (bien que leurs points de vue diffèrent).	Le développement cognitif précède l'apprentissage et est motivé par l'exploration individuelle et l'interaction avec l'environnement.	Le développement cognitif suit l'apprentissage, qui est stimulé par l'interaction sociale et les outils culturels tels que le langage.	Il définit la croissance intellectuelle comme l'intersection entre le bagage biologique et l'environnement socioculturel, en mettant l'accent sur la catégorisation comme un processus cognitif fondamental.
Ils préconisent des approches constructivistes et centrées sur l'apprenant dans l'éducation.	Il propose que le conflit cognitif, souvent stimulé par l'interaction avec des pairs diversifiés, favorise la croissance intellectuelle.	Il souligne l'importance de l'accompagnement (scaffolding) pour aider les apprenants à combler l'écart entre ce qu'ils savent et ce qu'ils peuvent accomplir avec un soutien.	Il met en évidence le rôle des amplificateurs culturels, tels que les outils et le langage, dans la facilitation du développement cognitif et la promotion de l'apprentissage par la découverte.
Attributs communs entre Piaget, Vygotsky et Bruner	Attributs uniques de Piaget	Attributs uniques de Vygotsky	Attributs uniques de Bruner
Le développement cognitif est lié à l'apprentissage dans le milieu social. Ils sont cognitivistes et constructivistes, mettant l'accent sur l'apprentissage actif et la construction des connaissances.	Met l'accent sur la maturation biologique et les stades de développement (sensorimoteur, préopératoire, opératoire concret, opératoire formel) qui sont universels.	Met l'accent sur la Zone de Développement Proximal (ZDP), où l'apprentissage se produit avec l'accompagnement d'Autres Plus Savants (APS).	Se concentre sur les modes de représentation (actif, iconique, symbolique) et sur le curriculum en spirale, où les concepts sont revisités à des niveaux de complexité croissants.
Met en évidence le rôle de l'interaction dans le développement cognitif (même si leurs points de vue diffèrent).	Le développement cognitif précède l'apprentissage et est stimulé par l'exploration individuelle et l'interaction avec l'environnement.	Le développement cognitif suit l'apprentissage, qui est stimulé par l'interaction sociale et les outils culturels tels que le langage.	Définit la croissance intellectuelle comme l'intersection entre le bagage biologique et l'environnement socioculturel, en soulignant la catégorisation comme un processus cognitif fondamental.
Prônent des approches constructivistes et centrées sur l'apprenant dans l'éducation.	Propose que le conflit cognitif, souvent stimulé par l'interaction avec des pairs divers, favorise le développement intellectuel.	Souligne l'importance de l'étayage (scaffolding) pour aider les apprenants à combler l'écart entre ce qu'ils savent et ce qu'ils peuvent accomplir avec un soutien.	Met en évidence le rôle des amplificateurs culturels, tels que les outils et le langage, dans la facilitation du développement cognitif et la promotion de l'apprentissage par la découverte.

Piaget, Vygotsky et Bruner sont tous des constructivistes qui prônent des approches actives centrées sur l'apprenant et mettent l'accent sur le rôle de l'interaction dans le développement cognitif. Contrairement à d'autres théoriciens cognitifs, Piaget estime que la maturation biologique et le développement précèdent l'apprentissage, de sorte que la croissance cognitive survient avant l'apprentissage par la découverte personnelle. La trajectoire restreinte et contextuelle de l'apprentissage dans la théorie de Vygotsky se manifeste dans la Zone de Développement Proximal (ZPD), concept central dans la théorie de Vygotsky, qui souligne que l'outil culturel, tel que le langage, joue un rôle principal dans la réalisation de la séquence sociale de l'apprentissage. Bruner ajoute l'échafaudage, les modes de représentation et le curriculum en spirale, où les concepts d'apprentissage se développent progressivement à travers des indices graduels et le retour à des concepts à des niveaux de profondeur supérieurs.

Les forces et les limites des théories de Piaget, Vygotsky et Bruner mettent en évidence leur nature complémentaire, chaque théorie abordant différents aspects du développement cognitif et de l'apprentissage. Les stades structurés de Piaget offrent un cadre clair pour concevoir un enseignement adapté à l'âge, aidant les éducateurs à comprendre comment les enfants progressent à travers différents niveaux de développement mental. L'approche socioculturelle de Vygotsky met l'accent sur l'importance de la collaboration, de l'interaction sociale et des outils culturels dans la formation de l'apprentissage, ce qui la rend particulièrement pertinente dans des environnements d'apprentissage diversifiés et coopératifs. Quant au curriculum en spirale de Bruner, il encourage une approche dynamique de l'éducation, permettant aux apprenants de revisiter et d'approfondir leur compréhension des concepts au fil du temps. Cependant, les limites de ces théories rappellent aux éducateurs l'importance de les adapter aux contextes éducatifs modernes, en veillant à adopter une approche équilibrée qui prend en compte le développement individuel, les influences sociales et les facteurs culturels. Ensemble, ces perspectives fournissent une base solide pour concevoir des stratégies pédagogiques efficaces qui répondent aux besoins des apprenants divers tout en favorisant la croissance intellectuelle et l'engagement.

Similarités et différences entre Jean Piaget et Lev Vygotsky

Jean Piaget et Lev Vygotsky reconnaissent tous deux l'importance de l'interaction dans l'environnement social comme facteur clé du développement cognitif, soulignant que la croissance intellectuelle implique la formation et le perfectionnement des schémas mentaux. Cependant, leurs théories diffèrent significativement dans leurs principes fondamentaux. Piaget propose un modèle de développement basé sur des stades, affirmant que la croissance cognitive est intrinsèquement liée à la maturation biologique, certains types de connaissances n'étant accessibles qu'à certains âges (Piaget, 1952). Il soutient que le développement cognitif suit le développement physique, progressant à travers une série de stades chronologiques et séquentiels. En revanche, Vygotsky situe le développement cognitif dans un cadre socioculturel, mettant l'accent sur le rôle de l'interaction sociale dans l'apprentissage. Il introduit le concept de Zone de Développement Proximal (ZPD), où l'apprentissage est facilité par l'interaction avec des personnes plus compétentes (Vygotsky, 1978). Contrairement à Piaget, Vygotsky soutient que la croissance cognitive stimule le développement physique et souligne l'importance de l'échafaudage pour aider les apprenants à accomplir des tâches dépassant leurs capacités indépendantes. Ces différences fondamentales illustrent l'accent mis par Piaget sur la préparation interne et l'exploration individuelle, tandis que Vygotsky met l'accent sur la guidance externe et la collaboration sociale comme composantes essentielles du développement cognitif.

Similarités et différences entre Jean Piaget et Jerome Bruner

Jean Piaget et Jerome Bruner partagent la conviction fondamentale que le développement cognitif implique l'acquisition et l'utilisation de symboles, soutenue par le développement de structures mentales façonnées par l'interaction avec l'environnement social. Piaget insiste sur l'organisation des connaissances à travers des processus tels que la classification et la correspondance, affirmant que penser implique fondamentalement de catégoriser : « Penser… c'est classifier, organiser, mettre en correspondance » (Piaget, 1973, p. 13). De même, Bruner souligne que la catégorisation est centrale dans le développement cognitif : « Percevoir, c'est catégoriser ; conceptualiser, c'est catégoriser » (Bruner, 1960, p. 413). Malgré cette perspective partagée, leurs vues sur les mécanismes de la croissance cognitive diffèrent significativement. Piaget propose un modèle de développement par stades, identifiant quatre phases distinctes qu'il considère biologiquement déterminées et qu'il ne faut pas accélérer : « Je ne crois pas qu'il y ait même un avantage à tenter d'augmenter le développement de l'enfant au-delà de certaines limites » (Piaget, 1973, p. 30). En revanche, Bruner rejette l'idée de stades de développement rigides, estimant que tout sujet peut être enseigné à n'importe quel enfant à n'importe quel stade tant qu'il est présenté de manière intellectuellement honnête et adaptée au développement : « L'enseignement de ces matières devrait commencer intellectuellement honnêtement et aussi tôt que possible, d'une manière compatible avec les formes de pensée de l'enfant » (Bruner, 1960, p. 424). Ces différences soulignent l'accent mis par Piaget sur la maturation biologique et la préparation, tandis que Bruner défend l'échafaudage pédagogique et le rôle transformateur de l'éducation dans le développement cognitif.

Similarités et différences entre Lev Vygotsky et Jerome Bruner

Lev Vygotsky et Jerome Bruner partagent la conviction que le développement cognitif implique la construction de structures mentales et l'acquisition de systèmes symboliques à travers une interaction sociale active. Les deux théoriciens soulignent l'importance de la guidance externe, Vygotsky introduisant le concept de personnes plus compétentes dans la Zone de Développement Proximal (ZPD) et Bruner développant l'idée de l'échafaudage et du curriculum en spirale. Bruner s'aligne sur l'idée de Vygotsky selon laquelle l'apprentissage doit être progressif, en affirmant que les matières devraient être introduites tôt de manière compatible avec le niveau cognitif de l'enfant : « L'enseignement de ces matières devrait commencer intellectuellement honnêtement et aussi tôt que possible » (Bruner, 1960, p. 424). Les deux théories soutiennent l'apprentissage collaboratif et les stratégies de classe multi-âges, reconnaissant le rôle de l'engagement social dans la construction des connaissances. Cependant, Bruner diverge de Vygotsky en insistant sur la catégorisation comme processus cognitif fondamental et en identifiant trois modes de représentation —

enactif, iconique et symbolique — comme essentiels à la croissance cognitive. De plus, l'accent de Bruner sur l'apprentissage par la découverte met en lumière le rôle actif de l'apprenant dans la résolution de problèmes et l'exploration, contrastant avec l'accent de Vygotsky sur l'apprentissage guidé au sein de la ZPD. Ces distinctions illustrent comment Bruner s'appuie sur les idées de Vygotsky tout en les adaptant, en les combinant avec ses propres contributions au constructivisme cognitif.

Une analyse comparative de Jean Piaget, Lev Vygotsky et Jerome Bruner révèle leur engagement commun à comprendre le développement cognitif et ses implications pour l'éducation, ainsi que leurs emphases théoriques distinctes. Le modèle par stades de Piaget met en évidence les fondements biologiques de la croissance cognitive, l'apprentissage émergeant à travers l'exploration individuelle et l'interaction avec l'environnement. L'approche socioculturelle de Vygotsky déplace le focus vers le contexte social et culturel, soulignant le rôle transformateur de la guidance de personnes plus compétentes et de l'apprentissage collaboratif au sein de la ZPD. Bruner synthétise des aspects des deux théories, mettant l'accent sur les modes de représentation, la nature itérative du curriculum en spirale et l'engagement actif des apprenants dans les processus de découverte. Ces similitudes et différences fournissent une compréhension multifacette de la manière dont les individus acquièrent, traitent et appliquent les connaissances. En passant de la comparaison de leurs philosophies, l'étape suivante consiste à examiner de manière critique les forces et les limites de chaque théorie. Évaluer leur efficacité face aux défis éducatifs contemporains mettra en évidence non seulement leur pertinence durable, mais aussi les opportunités d'intégrer leurs idées dans les pratiques pédagogiques modernes. Cette exploration conduira à une appréciation plus profonde de la manière dont leurs contributions peuvent éclairer et améliorer l'enseignement, l'apprentissage et le développement cognitif dans divers contextes éducatifs.

Forces et limites de l'enseignement selon Piaget, Bruner et Vygotsky

Les philosophies de Jean Piaget, Lev Vygotsky et Jerome Bruner ont profondément influencé l'enseignement et l'apprentissage dans les environnements scolaires de la maternelle au lycée (K–12), offrant des perspectives uniques sur le développement cognitif et la pédagogie. Le Tableau 2 met en évidence les forces et les limites de leurs théories dans la promotion d'une instruction efficace, fournissant une analyse comparative de leurs contributions aux pratiques éducatives. L'accent de Piaget sur les stades de développement, l'approche socioculturelle de Vygotsky et l'insistance de Bruner sur l'échafaudage et la représentation offrent chacun des perspectives précieuses. Cependant, leur applicabilité dans des contextes éducatifs divers pose des défis. L'examen de ces aspects constitue un cadre pour comprendre comment ces théories peuvent éclairer les stratégies d'enseignement tout en tenant compte des complexités des salles de classe réelles.

Tableau 2
Forces et limites des philosophies de Piaget, Bruner et Vygotsky

Forces et limites des philosophies de Piaget, Bruner et Vygotsky dans la promotion de l'enseignement dans les environnements scolaires K–12		
Théoricien	**Forces**	**Limites**
Jean Piaget	Fournit des stades de développement clairs (sensorimoteur, préopératoire, opératoire concret, opératoire formel) qui guident l'enseignement approprié à l'âge, garantissant une correspondance avec la maturité cognitive des élèves (Piaget, 1952).	Les stades peuvent simplifier excessivement le développement cognitif, car tous les enfants ne progressent pas au même rythme ni dans le même ordre (Piaget, 1952).
	Il met l'accent sur un apprentissage pratique et exploratoire, encourageant les élèves à s'engager activement dans la résolution de problèmes et à construire leur compréhension des concepts (Piaget, 1970).	Il sous-estime le rôle de l'interaction sociale et de la collaboration, qui sont essentiels dans les environnements scolaires réels (Piaget, 1952).
	Met en évidence l'importance du déséquilibre (conflit cognitif) dans le développement intellectuel, favorisant la pensée critique (Piaget, 1952).	Ne prend pas en compte la manière dont l'étayage (scaffolding) par les enseignants ou les pairs peut accélérer ou approfondir l'apprentissage au-delà des stades de développement naturels (Vygotsky, 1978).
Lev Vygotsky	Reconnaît le rôle central de l'interaction sociale et de la collaboration, en soulignant l'importance du contexte culturel dans la formation de l'apprentissage (Vygotsky, 1978).	Une forte dépendance au soutien (scaffolding) des enseignants ou des pairs peut être difficile à mettre en œuvre de manière cohérente, en particulier dans les classes disposant de ressources limitées (Vygotsky, 1978).
	La Zone de Développement Proximale (ZDP) et le soutien (scaffolding) offrent des cadres pratiques pour l'enseignement différencié, permettant aux élèves d'accomplir des tâches qu'ils ne peuvent pas réaliser de manière autonome (Vygotsky, 1978).	L'absence de stades de développement clairement définis rend la conception systématique du programme plus difficile par rapport à l'approche basée sur les stades de Piaget (Piaget, 1952).
	Met l'accent sur les outils culturels et linguistiques, les rendant adaptables à divers environnements éducatifs et sensibles aux besoins des apprenants multilingues (Vygotsky, 1978).	Recherche empirique limitée validant directement certains aspects de la théorie socioculturelle, laissant certaines applications ouvertes à l'interprétation (Vygotsky, 1978).
Jerome Bruner	Introduit le curriculum en spirale, qui préconise de revisiter les concepts à des niveaux de complexité croissants, favorisant la compréhension et la rétention à long terme (Bruner, 1960).	Le curriculum en spirale peut être difficile à concevoir et à mettre en œuvre efficacement dans des systèmes standardisés avec des programmes rigides (Bruner, 1960).
	Met l'accent sur l'apprentissage par la découverte, qui encourage la curiosité et un engagement plus profond avec le contenu grâce à l'exploration active (Bruner, 1960).	Un accent excessif sur l'apprentissage par la découverte peut négliger l'importance de l'enseignement direct, en particulier dans les matières fondamentales (Bruner, 1960).

	Les modes de représentation (énactif, iconique, symbolique) offrent des stratégies pratiques pour présenter le contenu de manière adaptée aux stades de développement des élèves (Bruner, 1960).	Ne traite pas la préparation au développement aussi explicitement que la théorie des stades de Piaget, ce qui peut entraîner des lacunes dans la compréhension si les élèves ne sont pas prêts (Piaget, 1952).
	Instruction personnalisée adaptée aux prédispositions et aux intérêts de l'apprenant. Approche d'apprentissage par la pratique. Compatibilité du contenu avec les capacités des apprenants. Amplificateurs Curriculum en spirale.	La nature de l'environnement culturel peut dicter le succès ou l'échec académique.

Les forces et les limites des philosophies de Piaget, Vygotsky et Bruner mettent en évidence leur nature complémentaire, car chacune aborde différents aspects du développement cognitif et de l'apprentissage. Les stades structurés de Piaget offrent un cadre clair pour un enseignement adapté à l'âge, garantissant que l'apprentissage corresponde à la maturité développementale de l'enfant. La théorie socio-culturelle de Vygotsky souligne l'importance de la collaboration et des outils culturels dans la formation de la croissance cognitive, en insistant sur le rôle de l'interaction sociale dans l'apprentissage. Pendant ce temps, le programme en spirale de Bruner préconise la révision des concepts à des niveaux croissants de complexité, permettant une compréhension plus approfondie au fil du temps. Cependant, les limites de ces théories rappellent aux éducateurs la nécessité d'adapter leurs approches aux contextes éducatifs contemporains, en tenant compte des différences individuelles, des influences sociales et des facteurs culturels. Ensemble, ces perspectives fournissent une base solide pour développer des stratégies d'enseignement efficaces répondant à la diversité des apprenants tout en favorisant la croissance intellectuelle et l'engagement.

Forces et limites de la théorie de Jean Piaget

La théorie du développement cognitif de Jean Piaget offre un cadre précieux pour les parents et les éducateurs afin de comprendre ce que les enfants peuvent apprendre à différents stades de leur développement physique et intellectuel. Son insistance sur les processus d'assimilation et d'accommodation, par lesquels les enfants construisent du sens en s'adaptant à leur environnement, a eu une influence significative sur la conception des programmes scolaires. Cela a conduit à l'intégration d'activités d'apprentissage pratiques, exploratoires et adaptées à l'âge, qui favorisent la croissance cognitive. De plus, les observations de Piaget sur le rôle du langage, du jeu et du symbolisme dans l'apprentissage ont contribué au développement d'outils éducatifs attrayants et interactifs, y compris des plateformes basées sur la technologie.

Cependant, la théorie de Piaget présente également des limites notables. La distinction entre les stades opératoire concret et opératoire formel est parfois floue, car il existe peu de différences dans les compétences de raisonnement critique entre les enfants de 9 à 12 ans. En outre, bien que Piaget ait reconnu que les facteurs sociaux et environnementaux peuvent influencer le moment des stades de développement, cette reconnaissance remet en question l'universalité de son modèle fondé sur les stades. Sa théorie s'applique également moins à l'éducation des adultes, car elle se concentre principalement sur le développement de l'enfant sans traiter adéquatement l'apprentissage tout au long de la vie. De plus, les recherches de Piaget ont été menées principalement auprès d'enfants issus de milieux socio-économiques similaires dans des contextes scolaires traditionnels, ce qui soulève des interrogations sur leur pertinence pour les enfants de milieux divers, tels que les communautés rurales, où l'apprentissage se déroule souvent dans des contextes moins formels.

Forces et limites de la théorie de Lev Vygotsky

La théorie socio-culturelle de Lev Vygotsky met fortement l'accent sur le rôle de l'interaction sociale, de la collaboration et des outils culturels dans le développement cognitif. Son concept de la Zone de Développement Proximal (ZDP), où l'apprentissage se produit avec l'aide de personnes plus compétentes (MKOs), offre un cadre flexible et pratique pour un enseignement différencié. L'accent mis par Vygotsky sur l'étayage encourage les classes multi-âges et les environnements d'apprentissage collaboratifs, permettant aux élèves de travailler avec des pairs ayant des capacités variées. Cette approche favorise une expérience d'apprentissage dynamique et inclusive où les élèves bénéficient de la connaissance partagée et du soutien mutuel.

Cependant, malgré ses points forts, la théorie de Vygotsky présente aussi des limites. La qualité de l'apprentissage dans la ZDP dépend fortement de la compétence de la personne plus compétente, ce qui peut varier considérablement dans les contextes scolaires réels. De plus, l'efficacité de la ZDP est fortement dépendante du contexte, car l'environnement socio-culturel peut soit renforcer, soit entraver l'apprentissage. Bien que l'approche de Vygotsky offre de la flexibilité, elle manque des stades de développement clairement définis présents dans la théorie de Piaget, ce qui peut rendre difficile pour les éducateurs l'établissement de repères précis pour la conception des programmes.

Forces et limites de la théorie de Jerome Bruner

La théorie de Jerome Bruner met en évidence le rôle essentiel de la culture dans la formation de l'apprentissage et préconise une approche personnalisée et exploratoire de l'éducation. Sa conviction que toute matière peut être enseignée efficacement à tout apprenant, pourvu qu'elle soit présentée de manière intellectuellement honnête, sous-tend la flexibilité et l'adaptabilité de son modèle de programme en spirale. Cette approche implique la révision itérative des concepts à des niveaux croissants de complexité, garantissant une compréhension et une rétention plus profondes. De plus, la reconnaissance par Bruner des amplificateurs, tels que les outils technologiques, reflète son approche avant-gardiste de l'intégration des ressources modernes dans l'enseignement. Son insistance sur l'apprentissage par la découverte encourage la curiosité et la résolution active de problèmes, permettant aux élèves de s'approprier leurs processus d'apprentissage.

Malgré ses atouts, la théorie de Bruner présente également des défis pratiques. L'accent mis sur l'instruction personnalisée et l'apprentissage par la découverte peut être difficile à mettre en œuvre dans des classes où le rapport élèves-enseignant est élevé et où les contraintes de temps sont importantes, rendant l'attention individuelle moins réalisable. En outre, l'efficacité de l'approche de Bruner dépend de la disponibilité et de la qualité des amplificateurs, qui peuvent ne pas être accessibles de manière équitable dans différents contextes socio-culturels. Bruner lui-même a reconnu cette limite, soulignant la nécessité de remédier aux disparités dans les ressources éducatives afin de garantir un développement intellectuel équitable.

Les forces et les limites des théories de Piaget, Vygotsky et Bruner mettent en lumière leurs contributions profondes à notre compréhension du développement cognitif et leur influence durable sur les pratiques éducatives. Le cadre fondé sur les stades de Piaget offre des perspectives précieuses sur l'apprentissage adapté à l'âge, tandis que la perspective socio-culturelle de Vygotsky souligne l'importance de l'interaction sociale et de l'étayage dans la promotion de la croissance intellectuelle. L'accent mis par Bruner sur l'apprentissage par la découverte et le programme en spirale met en avant le potentiel transformateur de l'enseignement personnalisé et de l'enseignement itératif. Cependant, ces théories présentent également des défis dans leur application pratique, notamment les difficultés liées à la prise en compte des contextes socio-culturels divers, à la disponibilité des ressources et à la complexité des salles de classe modernes. À l'avenir, il est essentiel d'explorer comment ces perspectives théoriques peuvent être traduites en stratégies concrètes pour la conception des programmes et les pratiques d'enseignement dans les environnements K–12. La section suivante examinera les contributions de Piaget, Vygotsky et Bruner au développement des programmes scolaires, en explorant comment leurs philosophies peuvent être intégrées pour créer des expériences éducatives efficaces et inclusives.

Piaget, Bruner et Vygotsky : Contributions au développement des programmes scolaires

Les contributions de Jean Piaget, Jerome Bruner et Lev Vygotsky au développement des programmes scolaires ont profondément façonné les pratiques éducatives modernes, en offrant des cadres divers mais complémentaires pour comprendre comment les enfants apprennent et se développent. Les perspectives de chaque théoricien sur le développement cognitif, les processus d'apprentissage et le rôle des facteurs sociaux et culturels fournissent des orientations inestimables pour concevoir des programmes efficaces et inclusifs. La théorie fondée sur les stades de Piaget souligne l'importance d'adapter l'enseignement à la maturité développementale des enfants, en favorisant l'apprentissage actif par l'exploration et les activités pratiques.

La perspective socio-culturelle de Vygotsky met en avant le rôle transformateur de l'interaction sociale, de l'étayage et des outils culturels dans l'apprentissage, en préconisant un enseignement collaboratif et différencié pour répondre aux divers besoins des élèves. L'accent mis par Bruner sur l'apprentissage par la découverte et son programme en spirale innovant souligne la valeur de la révision des concepts fondamentaux à des niveaux croissants de complexité, permettant aux élèves de construire une compréhension plus profonde et plus complète au fil du temps.

Ensemble, ces théories offrent une base solide pour le développement des programmes en intégrant les dimensions développementales, sociales et culturelles dans la conception éducative. Ce chapitre examine comment les philosophies de Piaget, Bruner et Vygotsky ont influencé la planification, la mise en œuvre et la pédagogie des programmes, en soulignant leur pertinence pour répondre aux besoins dynamiques de l'éducation contemporaine K–12.

Un programme conçu selon les principes de Vygotsky est intrinsèquement centré sur l'apprenant, mettant l'accent sur la collaboration, le dialogue et l'interaction au sein de l'environnement socioculturel. L'apprentissage est considéré comme un processus dynamique au cours duquel les élèves s'appuient sur leurs connaissances antérieures et intègrent continuellement de nouveaux concepts et compétences. Cette approche s'aligne sur les principes constructivistes, en soulignant l'importance de la participation active et des expériences d'apprentissage contextualisées. De plus, les programmes inspirés de Vygotsky mettent l'accent sur l'utilisation d'outils culturels tels que le langage, la technologie et les systèmes symboliques pour médiatiser l'apprentissage et améliorer le développement cognitif.

La théorie de Vygotsky a profondément influencé les modèles d'apprentissage collaboratif, l'enseignement différencié et les classes multi-âges. En reconnaissant le rôle des contextes sociaux et culturels, un programme vygotskien favorise l'inclusivité et la diversité, répondant aux besoins des élèves de divers horizons et capacités. Ses travaux encouragent également les éducateurs à créer des environnements riches et interactifs qui privilégient l'exploration, la discussion et la co-construction du savoir.

Contributions de Jerome Bruner à la théorie du développement des programmes scolaires

Les contributions de Jerome Bruner au développement des programmes scolaires s'ancrent dans ses théories constructivistes de l'apprentissage, qui mettent l'accent sur la découverte, la catégorisation et la représentation. Sa théorie du développement souligne trois modes de représentation — enactif (basé sur l'action), iconique (basé sur l'image) et symbolique (basé sur le langage) — qui sous-tendent la manière dont les apprenants traitent et stockent les connaissances (Bruner, 1960). Ces modes guident les concepteurs de programmes dans la présentation des contenus de manière appropriée au développement et accessible aux apprenants.

Un élément central de la contribution de Bruner est le programme en spirale, une approche pédagogique qui revisite les concepts fondamentaux à des niveaux croissants de complexité à mesure que les apprenants progressent. Ce modèle garantit que les élèves approfondissent leur compréhension des idées clés au fil du temps, en s'appuyant sur les connaissances antérieures et en les connectant aux nouveaux apprentissages. La promotion par Bruner de l'apprentissage par la découverte souligne l'importance de l'exploration active, de la résolution de problèmes et de l'instruction basée sur l'investigation, où les apprenants sont encouragés à développer leur compréhension plutôt que de recevoir passivement l'information.

L'influence de Bruner s'étend au-delà des contributions théoriques pour inclure des applications pratiques en éducation. Ses travaux ont inspiré des initiatives telles que *Man: A Course of Study* (MACOS), qui ont intégré ses idées dans des approches interdisciplinaires favorisant la pensée critique et l'exploration du comportement humain. Le programme en spirale et les modèles d'apprentissage par la découverte soutiennent également l'enseignement différencié, permettant aux éducateurs d'adapter les leçons aux besoins individuels et aux niveaux cognitifs des apprenants. De plus, l'accent mis par Bruner sur le contexte culturel de l'apprentissage souligne l'importance d'intégrer des amplificateurs culturels — tels que les outils technologiques et les systèmes symboliques — dans le programme. Son approche favorise la créativité, l'adaptabilité et la pensée critique, préparant les élèves à un apprentissage tout au long de la vie dans un monde de plus en plus complexe et en rapide évolution.

Les contributions de Jean Piaget, Jerome Bruner et Lev Vygotsky au développement des programmes scolaires ont profondément façonné les pratiques éducatives modernes en fournissant des cadres uniques mais complémentaires pour comprendre comment les apprenants acquièrent des connaissances et se développent cognitivement. Le modèle fondé sur les stades de Piaget met l'accent sur l'exploration pratique et adaptée à l'âge afin de favoriser la croissance cognitive individuelle. Le programme en spirale de Bruner et l'apprentissage par la découverte promeuvent une approche progressive et engageante pour revisiter et approfondir les connaissances. La théorie socio-culturelle de Vygotsky souligne le rôle transformateur de l'interaction sociale, de l'étayage et des outils culturels dans la création d'environnements d'apprentissage inclusifs et collaboratifs. Ensemble, leurs théories offrent des perspectives précieuses pour concevoir des programmes scolaires adaptés au développement, culturellement sensibles et intellectuellement stimulants.

À mesure que l'éducation intègre de plus en plus la technologie dans les programmes K–12, les principes du cognitivisme et du constructivisme prennent une nouvelle importance. La section suivante évalue de manière critique comment ces cadres théoriques peuvent guider le développement et la mise en œuvre des technologies éducatives, en explorant leur applicabilité pour favoriser l'engagement actif, l'apprentissage personnalisé et la résolution collaborative de problèmes dans les environnements d'apprentissage numériques. Cette analyse mettra en évidence les opportunités et les défis liés à l'exploitation de la technologie pour s'aligner sur les principes cognitifs et constructivistes établis par Piaget, Bruner et Vygotsky.

Fondements de l'apprentissage : les contributions et impacts de Piaget, Vygotsky et Bruner sur la technologie éducative

Les théories fondamentales de Jean Piaget, Lev Vygotsky et Jerome Bruner ont influencé de manière significative l'intégration de la technologie éducative dans les environnements d'apprentissage modernes. Leurs perspectives sur le développement cognitif, l'apprentissage social et la conception pédagogique ont non seulement façonné les pratiques éducatives traditionnelles, mais ont également fourni des cadres essentiels pour exploiter la technologie afin d'améliorer l'apprentissage. L'accent mis par Piaget sur les stades de développement souligne l'importance de créer des outils numériques adaptés à l'âge et correspondant aux capacités cognitives des apprenants. La théorie socio-culturelle de Vygotsky met en avant le potentiel de la technologie pour favoriser la collaboration et l'étayage de l'apprentissage dans des contextes virtuels et hybrides. Parallèlement, les idées de Bruner sur l'apprentissage par la découverte et le programme en spirale offrent des orientations précieuses pour concevoir des technologies éducatives interactives et adaptatives qui engagent les apprenants dans une exploration significative. Ensemble, leurs contributions constituent la base théorique pour transformer l'éducation en une expérience dynamique centrée sur l'apprenant.

Contributions et impacts de Jean Piaget (1896–1980)

Les travaux révolutionnaires de Jean Piaget sur le développement cognitif ont transformé la compréhension de la manière dont les enfants construisent leurs connaissances à travers les interactions avec leur environnement. Sa théorie fondée sur les stades met l'accent sur l'importance d'aligner les pratiques éducatives sur les capacités cognitives des apprenants à différentes phases de développement. Le cadre constructiviste de Piaget continue d'influencer la conception de technologies éducatives favorisant un apprentissage actif et pratique.

Stades de développement cognitif

La théorie du développement cognitif de Piaget fournit un cadre crucial pour concevoir des technologies éducatives adaptées aux différents stades de développement. Des outils numériques tels que des applications d'apprentissage gamifiées et des simulations interactives sont désormais conçus pour s'aligner sur les stades de Piaget, garantissant qu'ils correspondent aux capacités cognitives des groupes d'âge ciblés. Par exemple, les apprenants au stade sensorimoteur bénéficient de stimuli tactiles et visuels dans des applications conçues pour encourager l'exploration sensorielle. En revanche, les apprenants au stade opératoire formel interagissent avec des technologies qui soutiennent le raisonnement abstrait, telles que des plateformes de codage ou des simulations en réalité virtuelle pour l'exploration scientifique. En alignant les outils numériques sur ces stades, la technologie devient un moyen qui renforce et respecte le développement cognitif naturel des apprenants.

Constructivisme

L'approche constructiviste de Piaget a directement influencé la conception de technologies éducatives favorisant un apprentissage actif. Les plateformes numériques, telles que les tableaux interactifs, les environnements de codage et les outils de simulation, permettent aux apprenants d'explorer et de construire leur propre compréhension par l'interaction pratique. Par exemple, des plateformes comme Scratch permettent aux élèves de créer et de perfectionner leurs propres projets numériques, incarnant le principe constructiviste selon lequel les connaissances se construisent par l'engagement actif avec l'environnement. Ces technologies favorisent un apprentissage plus approfondi en permettant aux élèves d'expérimenter, d'émettre des hypothèses et d'affiner leur compréhension dans un cadre itératif et à faible risque.

Théorie des schémas

Le concept de schémas de Piaget — structures cognitives aidant les individus à organiser et interpréter l'information — offre des perspectives précieuses sur la manière dont les apprenants s'adaptent et se développent intellectuellement. Selon Piaget, le développement cognitif se produit par assimilation, où de nouvelles informations sont intégrées aux schémas existants, et accommodation, où les schémas sont modifiés pour incorporer de nouvelles informations. Les plateformes d'apprentissage adaptatif, telles que Khan Academy, tirent parti de la théorie des schémas pour adapter la présentation du contenu en fonction des connaissances et des performances de l'apprenant. Ces systèmes garantissent que les élèves sont confrontés à des défis qui élargissent leur compréhension tout en fournissant le soutien nécessaire à leur croissance cognitive.

Contributions et impacts de Lev Vygotsky (1896–1934)

La théorie socio-culturelle de Lev Vygotsky souligne le rôle crucial de l'interaction sociale et des outils culturels dans le développement cognitif. Ses concepts, tels que la Zone de Développement Proximal (ZDP) et l'étayage, sont devenus fondamentaux pour créer des environnements d'apprentissage collaboratifs et adaptatifs. Les idées de Vygotsky sont largement appliquées dans les technologies éducatives qui favorisent la collaboration entre pairs et offrent un soutien personnalisé.

Zone de Développement Proximal (ZDP)

Le concept de la zone de développement proximal (ZDP) de Vygotsky offre une compréhension approfondie de la manière dont les apprenants progressent lorsqu'ils bénéficient d'une guidance appropriée. La ZDP représente l'écart entre ce qu'un apprenant peut accomplir de manière indépendante et ce qu'il peut réaliser avec un soutien. Cette théorie sous-tend la conception des systèmes de tutorat intelligent (ITS) et des plateformes d'apprentissage pilotées par l'IA, qui adaptent dynamiquement l'instruction pour répondre aux besoins des apprenants au sein de leur ZDP. Par exemple, des plateformes telles que ALEKS et DreamBox Learning fournissent des parcours d'apprentissage personnalisés qui s'adaptent aux progrès de l'apprenant, garantissant une croissance continue et une maîtrise des compétences.

Constructivisme social

L'accent mis par Vygotsky sur la nature sociale de l'apprentissage s'est concrétisé grâce aux technologies collaboratives qui relient les apprenants sur de longues distances. Des outils comme Microsoft Teams, Google Workspace et des plateformes d'apprentissage virtuelles telles que Blackboard créent des environnements où les étudiants peuvent participer à des discussions, partager leurs connaissances et co-construire la compréhension. Ces outils incarnent le principe de Vygotsky selon lequel le savoir se construit par l'interaction avec les pairs et les outils culturels, transformant les salles de classe en communautés d'apprentissage dynamiques et connectées.

Étayage (Scaffolding)

Le concept d'étayage de Vygotsky a considérablement influencé les technologies éducatives qui offrent un soutien étape par étape aux apprenants. Des applications telles que Duolingo et les systèmes de tutorat adaptatifs guident les étudiants dans leurs tâches d'apprentissage en proposant des indices, un retour immédiat et des défis progressivement plus complexes. Cette approche permet aux apprenants de développer leur confiance et leurs compétences tout en réduisant progressivement leur dépendance à l'aide extérieure.

En intégrant les théories de Piaget et de Vygotsky dans la technologie éducative, les expériences d'apprentissage peuvent être adaptées pour soutenir la croissance cognitive, l'interaction sociale et le progrès individualisé. Ces contributions théoriques continuent de façonner l'évolution des environnements d'apprentissage numériques, garantissant que l'éducation reste engageante, accessible et efficace pour des apprenants diversifiés.

Contributions et impacts de Jerome Bruner (1915–2016)

Apprentissage par découverte

Le plaidoyer de Bruner pour l'apprentissage par découverte se reflète dans les technologies qui encouragent l'exploration et la créativité. Des outils interactifs tels que Minecraft Education Edition et les simulations de laboratoire virtuelles favorisent la pensée critique et la résolution de problèmes en permettant aux apprenants d'expérimenter et de tirer leurs propres conclusions. Ces plateformes s'alignent sur la conviction de Bruner selon laquelle un apprentissage significatif se produit lorsque les étudiants s'engagent activement dans la découverte et la construction de leur compréhension.

Curriculum en spirale

Le concept de curriculum en spirale de Bruner trouve son application dans les technologies éducatives adaptatives qui revisitent les concepts avec une complexité croissante. Des plateformes telles que IXL et CK-12 assurent que les apprenants rencontrent à plusieurs reprises les sujets fondamentaux, chaque itération s'appuyant sur les connaissances antérieures pour approfondir la compréhension. Cette conception favorise un apprentissage cumulatif et une rétention à long terme, conformément à la vision de Bruner d'un curriculum évolutif en fonction de l'apprenant.

Modes de représentation

La théorie des modes de représentation de Bruner a influencé les plateformes d'apprentissage multimodales qui répondent aux préférences cognitives diverses. Des outils tels que Nearpod et Edpuzzle intègrent des éléments énactifs (activités pratiques), iconiques (supports visuels) et symboliques (textuels), garantissant que le contenu soit accessible et engageant pour tous les apprenants. Ces plateformes démontrent comment la technologie peut incarner les idées de Bruner pour soutenir les étudiants à différents stades de développement cognitif.

Le rôle de l'IA dans la technologie éducative selon Piaget, Vygotsky et Bruner

Les avancées récentes en intelligence artificielle (IA) ont amplifié la pertinence de ces théories fondamentales à l'ère numérique. Les systèmes pilotés par l'IA, tels que Squirrel AI et Coursera, utilisent les connaissances de Piaget, Vygotsky et Bruner pour offrir des expériences d'apprentissage adaptatives répondant aux besoins individuels. Ces plateformes utilisent des algorithmes basés sur les données pour analyser les performances, prédire les lacunes d'apprentissage et ajuster la diffusion du contenu, en intégrant les principes de l'étayage, de la Zone de Développement Proximal (ZDP) et du constructivisme. De plus, l'IA facilite l'apprentissage collaboratif en connectant les étudiants dans des communautés virtuelles, favorisant des interactions sociales qui améliorent la compréhension.

Les contributions de Piaget, Vygotsky et Bruner ont non seulement transformé l'éducation traditionnelle, mais ont également jeté les bases de l'intégration de la technologie dans les environnements d'apprentissage. Leurs théories sur le développement cognitif, l'interaction sociale et l'apprentissage actif offrent une base solide pour concevoir des technologies éducatives centrées sur l'apprenant, adaptatives et collaboratives. Des systèmes d'apprentissage pilotés par l'IA aux plateformes multimodales, leur héritage est visible dans les outils qui continuent de révolutionner l'éducation. Alors que la technologie éducative évolue, ces principes fondamentaux restent essentiels pour garantir que la technologie améliore—plutôt que ne remplace—la nature dynamique et centrée sur l'humain de l'apprentissage.

Le chapitre 3 a mis en évidence les riches contributions théoriques de Jean Piaget, Jerome Bruner et Lev Vygotsky, chacun offrant des perspectives distinctes mais complémentaires sur l'apprentissage et le développement. Le modèle par étapes de Piaget souligne la construction progressive des connaissances par l'exploration individuelle, tandis que les théories de Bruner mettent en avant l'importance de l'apprentissage par découverte et la nature récursive du curriculum en spirale. Le cadre socioculturel de Vygotsky souligne le rôle essentiel de l'interaction sociale et des outils culturels dans la promotion de la croissance cognitive. Ensemble, ces théories définissent les diverses voies du développement humain et éclairent un large éventail de pratiques éducatives et d'applications technologiques. En comparant les contributions de ces chercheurs, ce chapitre souligne leur impact collectif sur la création d'environnements centrés sur l'apprenant qui s'adaptent aux besoins individuels et contextuels. Leurs théories demeurent essentielles pour comprendre la complexité de la manière dont les humains apprennent, grandissent et interagissent dans des contextes éducatifs et sociétaux.

Partie 1 : a fourni une exploration complète des théories fondamentales qui façonnent les approches modernes de l'apprentissage et du développement. À travers l'analyse comparative de Piaget, Bruner et Vygotsky, nous avons établi un cadre théorique mettant en lumière l'interaction dynamique des influences cognitives, sociales et culturelles sur l'éducation. Ces connaissances informent non seulement les stratégies pédagogiques, mais démontrent également la pertinence durable de ces théories à l'ère de la technologie éducative et de la connectivité mondiale. Cette base servira de prisme pour examiner les dimensions littéraires de l'acquisition, de l'interprétation et de la communication des connaissances.

Partie 2 : la composante littéraire de ce module sur les domaines de connaissances (KAM) se tournera des théories psychologiques et pédagogiques vers le rôle de la littérature comme moyen d'apprentissage et de développement. En analysant comment les œuvres littéraires transmettent des connaissances, remettent en question les normes sociales et favorisent la pensée critique, la Partie 2 explorera la relation symbiotique entre l'étude de la grammaire littéraire et l'éducation. Cette transition reflète la nature interdisciplinaire de l'apprentissage, reliant les perspectives théoriques au pouvoir expressif du langage et du récit. La section à venir examinera comment la littérature complète et enrichit notre compréhension du développement humain et des processus d'apprentissage, offrant de nouvelles perspectives sur le potentiel transformateur de l'éducation.

Partie 2

Introduction à la composante de profondeur (fondements littéraires)

Partie 2 :

Cette partie du livre se penche sur les recherches éducatives actuelles portant sur la théorie de l'apprentissage constructiviste, les technologies Web 2.0, le stage en technologie éducative, les normes et l'application de la technologie éducative dans les environnements K–12.

L'objectif est d'établir un lien entre la Partie 1, qui a défini le cadre théorique fondé sur les philosophies éducatives de Jean Piaget, Lev Vygotsky et Jerome Bruner, et la Partie 3, qui met l'accent sur l'application pratique de ces théories dans un cadre technologique éducatif du XXIe siècle pour l'enseignement K–12.

Cette section explore les fondements littéraires qui alimentent le dialogue amorcé dans le cadre théorique, en l'étendant au domaine de la technologie éducative et à sa relation avec le développement humain et l'éducation K–12.

Ancrés dans les théories constructivistes de l'apprentissage de Piaget, Bruner et Vygotsky, les fondements littéraires abordés dans cette section englobent des thèmes tels que le constructivisme, les technologies Web 2.0, le stage en technologie éducative, les normes en technologie éducative et leurs applications pratiques. Ces thèmes, comme illustré dans les chapitres à venir, offrent une perspective critique sur la manière dont la littérature soutient, remet en question et enrichit notre compréhension de l'apprentissage et du développement.

En reliant les perspectives théoriques au pouvoir expressif du langage et du récit, la Partie 2 explorera la relation symbiotique entre les études littéraires et l'éducation, offrant de nouvelles perspectives sur le potentiel transformateur de l'apprentissage.

La technologie éducative dans l'environnement K–12 a le potentiel d'améliorer l'apprentissage en intégrant des outils, des processus et des ressources innovants qui soutiennent divers besoins académiques.

Cette section vise à identifier et à analyser les thèmes actuels de la technologie éducative, en explorant sa nature, sa portée et son importance dans différents contextes d'apprentissage, notamment les environnements High-Tech, Low-Tech et No-Tech.

De plus, elle examinera les dernières normes en matière de technologie éducative pour l'enseignement K–12, afin d'assurer leur alignement sur les meilleures pratiques. Les connaissances recueillies serviront de base à l'élaboration de la section d'application de ce module de domaine de connaissance (KAM), qui présentera un cadre complet de technologie éducative K–12 adapté au paysage d'apprentissage du XXIe siècle.

Les fondements littéraires de cette recherche ont été établis à partir d'articles issus de sources académiques publiées entre 2006 et 2024.

Les requêtes de recherche ont utilisé diverses combinaisons des termes « (Constructivism OR Constructivist) AND (Piaget OR Vygotsky OR Bruner) AND (Communication OR Collaboration OR Interaction OR Scaffolding OR Imitation OR Simulation OR Play) ».

Ces requêtes ont été affinées avec des mots-clés supplémentaires pertinents et exécutées à l'aide de l'outil de recherche Navigator de la bibliothèque de la National University.

L'analyse des articles récupérés a conduit à l'identification de thèmes clés comprenant le constructivisme, les technologies Web 2.0, le stage en technologie éducative, la technologie et la littératie, ainsi que les compétences du XXIe siècle, comme illustré dans la Figure 6. Ces thèmes, ainsi que leurs sous-thèmes associés, sont résumés dans le Tableau 3.

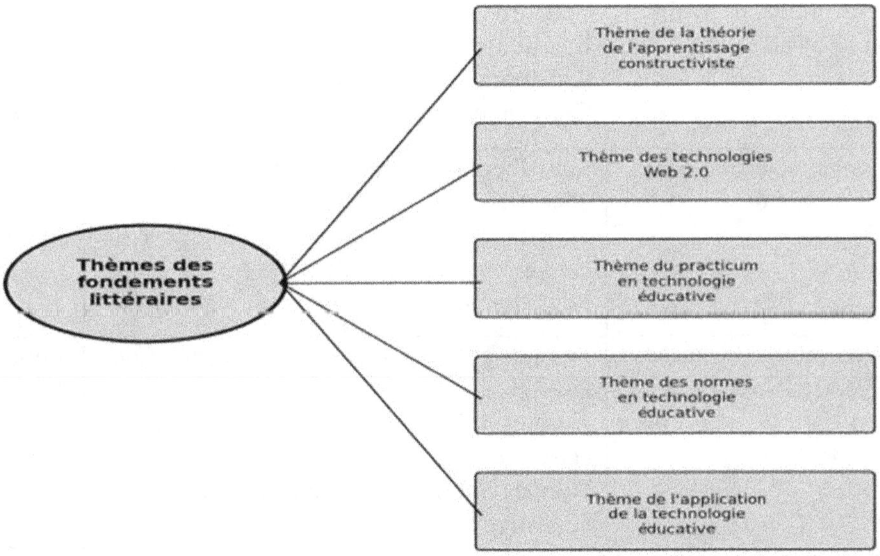

Figure 6: Illustration graphique des thèmes clés issus de la littérature étudiée

Les paramètres utilisés pour exécuter la requête ont été dérivés de la dimension constructiviste du cadre conceptuel dans une étude phénoménologique qualitative. Cette étude a examiné les expériences vécues, les croyances et les perceptions des enseignants, en particulier en ce qui concerne leur manque de compétences, de formation d'urgence et de préparation pendant la pandémie de COVID-19 dans la région des trois États de New York, du New Jersey et du Connecticut (Vermeille, 2024, p. 7).

Une revue thématique de la littérature sélectionnée sera menée afin d'examiner chaque thème et ses sous-thèmes associés. Cette revue comprendra l'élaboration d'un tableau définissant les sous-thèmes, fournissant une analyse contextuelle de chaque article sélectionné, examinant les sous-thèmes pour en dégager des perspectives thématiques critiques, et identifiant les attributs essentiels propres à chaque sous-thème à travers les articles analysés.

Tableau 3
Thèmes et sous-thèmes persistants

Tableau des thèmes persistants et de leurs sous-thèmes respectifs		
Thèmes et chapitres et tableaux associés	**Sous-thèmes**	**Tableaux des sous-thèmes, des articles pertinents et des attributs**
Théorie de l'apprentissage constructiviste, Chapitre 4, (Tableau 4)	Fondements constructivistes Pensée critique Pensée computationnelle	Tableau 5 Tableau 6 Tableau 7
Thème des technologies Web 2.0, Chapitre 5 (Tableau 8)	Fracture numérique Réseaux sociaux Collaboration/Communication Citoyenneté numérique	Tableau 9 Tableau 10 Tableau 11 Tableau 12
Thème du stage en technologie éducative, Chapitre 6 (Tableau 13)	Sous-thème : Curriculum en technologie éducative Sous-thème : Littératie en technologie éducative Sous-thème : Compétences du XXIe siècle	Tableau 14 Tableau 15 Tableau 16
Thème des normes en technologie éducative, Chapitre 7, (Tableau 17)	Normes gouvernementales en technologie éducative Normes industrielles en technologie éducative Normes internationales en technologie éducative	Tableau 18 Tableau 19 Tableau 20
Thème des applications de la technologie éducative, Chapitre 8 (Tableau 21)	Meilleures pratiques en technologie éducative Méthodologies et processus en technologie éducative Outils de technologie éducative	Tableau 22 Tableau 23 Tableau 24

Tableau 3 est structuré en trois colonnes intitulées « Thèmes et chapitres et tableaux associés », « Sous-thèmes » et « Tableaux des sous-thèmes, articles pertinents et attributs ». La théorie de l'apprentissage constructiviste est définie dans le Tableau 4 et comprend les sous-thèmes fondations constructivistes, pensée critique et pensée computationnelle, détaillés dans les Tableaux 5, 6 et 7.

Le thème des technologies Web 2.0, défini dans le Tableau 8, englobe les sous-thèmes fracture numérique, réseautage social, collaboration et communication, et citoyenneté numérique, avec des analyses présentées dans les Tableaux 9, 10, 11 et 12.

Le thème du stage en technologie éducative, présenté dans le Tableau 13, couvre les sous-thèmes curriculum en technologie éducative, maîtrise de la technologie éducative et compétences du XXIe siècle, qui sont analysés dans les Tableaux 14, 15 et 16.

De plus, le thème des normes en technologie éducative est illustré dans le Tableau 17 et est divisé en sous-thèmes normes gouvernementales, normes industrielles et normes internationales, avec des résultats présentés dans les Tableaux 18, 19 et 20.

Enfin, le thème des applications de la technologie éducative, défini dans le Tableau 21, inclut les sous-thèmes meilleures pratiques, méthodologies et processus, et outils technologiques, qui sont examinés dans les Tableaux 22, 23 et 24.

La section suivante, le Chapitre 4, se concentrera sur le thème de la théorie de l'apprentissage constructiviste, explorant ses sous-thèmes associés et les tableaux correspondants de manière plus approfondie.

Chapitre 4

Le thème de la théorie de l'apprentissage constructiviste.

Ce chapitre explore la théorie de l'apprentissage constructiviste, qui est devenue une pierre angulaire des pratiques éducatives modernes. La composante de largeur de ce livre a introduit le constructivisme à travers l'analyse, la discussion et la comparaison des philosophies de Jean Piaget, Lev Vygotsky et Jerome Bruner sur le développement humain. Les forces et les limites de leurs philosophies dans l'orientation de l'enseignement et de l'apprentissage en éducation K–12 sont résumées dans le Tableau 2. Vermeille (2024) souligne la collaboration, la communication et l'imitation comme éléments clés à l'intersection du constructivisme, du connectivisme et de la théorie de la conception connectiviste.

Thompson (2020) définit le constructivisme comme un modèle pédagogique fondé sur l'apprentissage expérientiel—apprendre en faisant, apprendre de ses échecs et expérimenter. Cette théorie remet en question les modèles traditionnels d'éducation basés sur la transmission en prônant des approches centrées sur l'apprenant qui mettent l'accent sur la construction du sens et la résolution de problèmes plutôt que sur la mémorisation par cœur. Le constructivisme postule que le savoir n'est pas reçu passivement, mais activement construit par les apprenants à travers l'interaction avec leur environnement, leurs expériences et les contextes sociaux.

Ancré dans les travaux de penseurs influents tels que Jean Piaget, Lev Vygotsky, Jerome Bruner et John Dewey, le constructivisme privilégie l'engagement cognitif et social comme central pour la réussite éducative. Ce chapitre examine trois sous-thèmes interconnectés—Fondations constructivistes, Pensée critique et Pensée computationnelle—pour offrir une compréhension approfondie de l'impact du constructivisme sur les paradigmes d'apprentissage contemporains.

Tableau 4
Le thème de la théorie de l'apprentissage constructiviste et définitions des sous-thèmes

	Sous-thème	Définition
1	Fondations Constructivistes	Les Fondations Constructivistes se réfèrent à une approche théorique et épistémologique qui met l'accent sur le rôle de l'activité humaine, de l'interaction et de la cognition dans la construction du savoir.
2	Pensée Critique	La pensée critique est le processus d'analyse, d'évaluation et de synthèse active et habile des informations recueillies par l'observation, l'expérience, la réflexion, le raisonnement ou la communication afin de guider les croyances et les actions.
3	La pensée computationnelle	La pensée computationnelle est une approche de résolution de problèmes qui consiste à décomposer des problèmes complexes en parties gérables, à identifier des motifs, à abstraire les éléments essentiels et à concevoir des solutions étape par étape pouvant être exécutées par un ordinateur ou comprises de manière algorithmique. Il s'agit d'une compétence fondamentale pour la programmation et l'informatique, mais elle est également applicable dans diverses disciplines.

Les principes fondamentaux du constructivisme soulignent que l'apprentissage est un processus actif et contextuel. Les théories constructivistes suggèrent que les apprenants apportent leurs connaissances préexistantes, leurs expériences et leurs perspectives dans les environnements éducatifs, ce qui influence la manière dont ils interprètent et intègrent de nouvelles informations. Les stades de développement cognitif de Piaget illustrent la nature progressive de la construction des connaissances, où les apprenants passent d'une compréhension concrète à une compréhension abstraite par assimilation et accommodation.

Le concept de Zone de Développement Proximal (ZDP) de Vygotsky met en évidence le rôle de l'interaction sociale et de l'accompagnement (scaffolding), en soulignant que la collaboration avec des individus plus compétents aide les apprenants à atteindre des niveaux de compréhension plus élevés. De même, la théorie de l'apprentissage par la découverte de Bruner souligne l'importance de la résolution active de problèmes et du curriculum en spirale, où les apprenants revisitent les sujets à des niveaux de complexité croissants pour renforcer et approfondir leur compréhension.

Ces principes constituent la base de la pédagogie constructiviste, favorisant l'apprentissage par enquête, la résolution de problèmes et la collaboration comme méthodes essentielles pour encourager un engagement plus profond et une rétention à long terme.

Le sous-thème des Fondations Constructivistes — Revue des articles sélectionnés

La théorie de l'apprentissage constructiviste, comme l'illustre la Figure 7, constitue un élément fondamental des pratiques éducatives modernes, mettant l'accent sur la participation active, l'engagement collaboratif et les expériences contextuelles dans la formation de la compréhension des apprenants. Au cœur de cette théorie, il est affirmé que les apprenants construisent leurs connaissances à travers les interactions avec leur environnement et leurs pairs. Cette revue examine une sélection d'articles scientifiques explorant la théorie de l'apprentissage constructiviste, en se concentrant sur ses thèmes centraux et ses sous-thèmes fondamentaux.

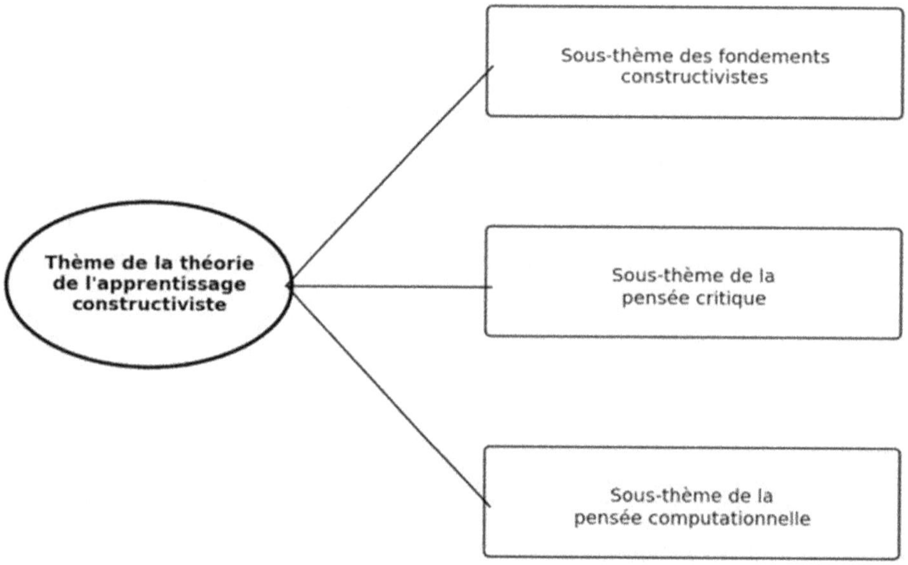

Figure 7: Thème et sous-thèmes de la théorie de l'apprentissage constructiviste

En analysant les travaux d'Aghabagheri et al. (2024), Almadrones et Tadifa (2024), Almala (2006), Aydede et al. (2010), Bettoni et Castellini (2021), Hof (2021) et Saudelli et al. (2021), nous visons à comprendre comment le constructivisme influence les pratiques éducatives modernes et le développement d'environnements d'apprentissage efficaces. Ces études fournissent des informations précieuses sur la manière dont les principes constructivistes façonnent les méthodologies d'enseignement, améliorent l'engagement des étudiants et favorisent des expériences d'apprentissage plus profondes.

Aghabagheri et al. (2024) explorent l'application de la théorie de l'apprentissage constructiviste dans les environnements d'apprentissage numériques modernes, en mettant l'accent sur l'engagement actif des apprenants et la construction de connaissances contextuelles via des plateformes numériques collaboratives. L'étude préconise des stratégies adaptatives centrées sur l'apprenant, telles que l'étayage et l'interaction entre pairs, pour soutenir des parcours d'apprentissage individualisés. Les auteurs soulignent l'importance d'intégrer la technologie de manière à promouvoir la construction active des connaissances plutôt que la consommation passive, conformément aux principes fondamentaux du constructivisme.

De même, Almadrones et Tadifa (2024) examinent les principes constructivistes dans le cadre d'une pédagogie culturellement adaptée, en insistant sur l'influence des contextes culturels des apprenants sur la construction des connaissances. Leur étude illustre comment les fondations constructivistes permettent aux éducateurs de concevoir des expériences inclusives et centrées sur l'apprenant. À travers des exemples d'apprentissage collaboratif et basé sur la résolution de problèmes, les auteurs montrent comment le constructivisme permet aux apprenants diversifiés de s'engager activement avec le contenu, de co-construire les connaissances et d'atteindre une compréhension plus profonde dans leurs contextes culturels spécifiques.

Almala (2006) propose une analyse fondamentale de la théorie de l'apprentissage constructiviste, en mettant l'accent sur son rôle dans la promotion de la pensée critique et de la résolution de problèmes. L'étude souligne l'importance de l'implication active des apprenants dans la construction des connaissances à travers des tâches concrètes et des interactions sociales. Almala met en avant des stratégies clés telles que l'apprentissage coopératif, la réflexion et les activités expérientielles, montrant comment les principes constructivistes favorisent un environnement éducatif où les apprenants deviennent des participants actifs à leur éducation plutôt que de simples récepteurs d'informations.

Aydede et al. (2010) ont examiné l'application des approches constructivistes dans l'enseignement des sciences, en mettant particulièrement l'accent sur l'apprentissage pratique et basé sur l'investigation. Leur étude a démontré comment des stratégies constructivistes, telles que l'apprentissage expérientiel et la découverte guidée, aident les étudiants à développer une compréhension conceptuelle et des compétences de pensée critique. En engageant les apprenants dans des activités de résolution de problèmes et de réflexion, la recherche a renforcé l'alignement des principes constructivistes avec la compréhension profonde et la rétention à long terme des concepts scientifiques, soulignant l'importance des méthodologies centrées sur l'apprenant dans l'éducation STEM.

Bettoni et Castellini (2021) explorent le constructivisme à travers le prisme de la gestion des connaissances dans l'apprentissage organisationnel. Leur étude relie les principes constructivistes aux pratiques collaboratives et réflexives dans les environnements professionnels, en mettant l'accent sur la co-construction active des connaissances au sein des équipes. En appliquant des stratégies constructivistes clés telles que la compréhension partagée et l'apprentissage itératif, les auteurs préconisent la création d'environnements de travail dynamiques et adaptatifs où l'apprentissage est continu et directement lié à la résolution de problèmes concrets.

Hof (2021) examine l'utilisation des approches constructivistes dans l'éducation numérique, en se concentrant spécifiquement sur l'intégration des outils de réalité virtuelle et augmentée pour améliorer l'apprentissage expérientiel. L'étude montre comment ces technologies s'alignent avec les principes constructivistes en plongeant les apprenants dans des scénarios interactifs basés sur la résolution de problèmes, encourageant la pensée critique et la participation active. Hof soutient que les environnements virtuels offrent des opportunités uniques pour des expériences d'apprentissage authentiques et situées, renforçant des concepts constructivistes clés tels que l'engagement, la réflexion et la construction des connaissances.

Saudelli et al. (2021) discutent de l'application de la théorie de l'apprentissage constructiviste dans des contextes éducatifs mondiaux, en soulignant son rôle dans le développement de la compétence interculturelle. Leur étude illustre comment les expériences d'apprentissage collaboratif et basé sur des projets, fondées sur les principes constructivistes, aident les étudiants à développer une conscience critique de la diversité culturelle. En engageant les apprenants dans des tâches significatives et contextuellement pertinentes, les auteurs soutiennent que les approches constructivistes facilitent non seulement la construction des connaissances, mais encouragent également l'empathie et la citoyenneté mondiale.

Les articles examinés mettent collectivement en évidence la pertinence durable et l'adaptabilité de la théorie de l'apprentissage constructiviste dans l'éducation moderne. Du récit numérique et de l'apprentissage collaboratif à l'enseignement culturellement adapté et à l'éducation scientifique, les principes constructivistes offrent une base solide pour concevoir des expériences d'apprentissage engageantes et significatives. Des thèmes fondamentaux tels que l'autonomie des apprenants, la collaboration et l'inclusivité soulignent le potentiel transformateur du constructivisme pour favoriser la pensée critique, la créativité et la compréhension mutuelle.

À mesure que les paysages éducatifs continuent d'évoluer, la théorie de l'apprentissage constructiviste reste une force motrice derrière les pratiques pédagogiques innovantes et les outils d'apprentissage émergents. En intégrant soigneusement ces principes, les éducateurs peuvent créer des environnements qui permettent aux étudiants de construire des connaissances, de développer des compétences essentielles et de s'engager pleinement dans le monde qui les entoure. Les conclusions de ces études soulignent l'importance de fonder les pratiques éducatives sur des principes constructivistes pour promouvoir l'apprentissage tout au long de la vie et la capacité d'adaptation.

Analyse thématique et perspectives : Sous-thème des fondations constructivistes : Revue de littérature Essai

La théorie de l'apprentissage constructiviste, qui affirme que les apprenants construisent des connaissances par l'engagement actif et l'interaction avec leur environnement, a considérablement influencé les pratiques éducatives et les cadres théoriques. Cette revue synthétise les perspectives des travaux d'Aghabagheri et al. (2024), Almadrones et Tadifa (2024), Almala (2006), Aydede et al. (2010), Bettoni et Castellini (2021), Hof (2021) et Saudelli et al. (2021). En examinant les liens, similitudes et différences au sein du thème plus large de la théorie de l'apprentissage constructiviste et du sous-thème des fondations constructivistes, cette analyse met en lumière la pertinence durable et la nature évolutive de la pensée constructiviste dans l'éducation.

Fondations constructivistes : un noyau théorique partagé

Un fil conducteur dans les travaux examinés est l'accent mis sur l'apprentissage actif et le rôle du contexte dans la construction des connaissances. Almala (2006) préconise des environnements d'apprentissage centrés sur l'étudiant, mettant en avant des stratégies pédagogiques qui encouragent les apprenants à explorer, hypothétiser et construire du sens à partir de leur expérience personnelle. Cette perspective fondamentale s'aligne avec l'exploration par Bettoni et Castellini (2021) des communautés collaboratives de construction des connaissances, qui souligne les dimensions sociales du constructivisme. De même, Aydede et al. (2010) se concentrent sur les processus cognitifs impliqués dans l'apprentissage constructiviste, en particulier l'interaction entre les connaissances préalables et les nouvelles informations.

L'accent partagé sur l'engagement actif, l'apprentissage contextuel et l'intégration des connaissances antérieures illustre une fondation théorique unifiée du constructivisme. Cependant, les méthodologies distinctes et les points focaux de ces études montrent la polyvalence des principes constructivistes. Alors qu'Almala (2006) et Aydede et al. (2010) adoptent principalement une approche constructiviste cognitive, centrée sur la construction individuelle des connaissances, Bettoni et Castellini (2021) intègrent des perspectives socio-constructivistes en mettant l'accent sur les processus collectifs de construction des connaissances. Ces variations reflètent l'adaptabilité de la théorie constructiviste à différents contextes éducatifs et disciplines, renforçant son importance dans la pédagogie moderne.

Perspectives divergentes sur la mise en œuvre du constructivisme

Bien que les principes fondamentaux de la théorie constructiviste restent constants, son application varie selon les contextes. Aghabagheri et al. (2024) explorent les environnements d'apprentissage enrichis par la technologie, mettant en avant le rôle des outils numériques dans la facilitation de la pédagogie constructiviste. Leurs résultats soulignent le potentiel des technologies interactives pour favoriser l'engagement et l'apprentissage autonome. De même, Almadrones et Tadifa (2024) examinent l'utilisation de la technologie dans les environnements d'apprentissage hybrides, en se concentrant sur les défis liés au maintien des principes constructivistes dans des contextes mixtes. Leur recherche souligne les enjeux d'équité et d'accès, insistant sur la nécessité de stratégies inclusives qui garantissent que tous les apprenants bénéficient des approches constructivistes.

En revanche, Saudelli et al. (2021) examinent le constructivisme dans des classes culturellement diversifiées, soulignant l'importance du contexte culturel dans la formation des expériences d'apprentissage. Leur étude suggère que les pratiques constructivistes doivent être adaptables pour répondre aux besoins variés des apprenants, renforçant l'importance d'une pédagogie culturellement réactive. Hof (2021) apporte une autre dimension à cette discussion en explorant les principes constructivistes dans le développement professionnel. Il plaide pour des pratiques d'enseignement réflexives qui aident les éducateurs à intégrer efficacement les approches constructivistes dans leur instruction. Ces perspectives variées illustrent la flexibilité de la théorie constructiviste et sa capacité à informer les pratiques éducatives dans différents environnements d'apprentissage.

Points de convergence et de divergence parmi les articles sélectionnés

Les études examinées mettent collectivement en avant l'importance de l'apprentissage actif et centré sur l'étudiant, mais diffèrent dans leurs approches du contexte et de la mise en œuvre. Aghabagheri et al. (2024) et Almadrones et Tadifa (2024) se concentrent sur le potentiel transformateur de la technologie dans l'apprentissage constructiviste, illustrant comment les outils numériques peuvent renforcer l'engagement et faciliter la construction des connaissances. En revanche, Saudelli et al. (2021) et Hof (2021) privilégient les facteurs humains et culturels, mettant en lumière le rôle des interactions sociales et des influences contextuelles dans la formation des expériences d'apprentissage. Ces différences démontrent l'adaptabilité de la théorie constructiviste, renforçant sa pertinence à travers divers contextes éducatifs et défis.

Tableau des attributs des fondations constructivistes selon la littérature examinée

Le Tableau 5 présente un résumé complet de cinq articles clés sur la théorie de l'apprentissage constructiviste, décrivant leurs principes fondamentaux et contributions. Chaque étude explore différents aspects du constructivisme, les reliant à la fois aux perspectives cognitives et socioculturelles. Le tableau fournit un aperçu des contributions des auteurs, des descriptions des méthodes constructivistes abordées, des fondations théoriques sous-jacentes à leurs arguments et du contexte géographique de leurs recherches. Cette synthèse met en évidence la diversité des manières dont les principes constructivistes sont appliqués, démontrant la polyvalence de la théorie dans l'éducation moderne.

Tableau 5
Attributs du sous-thème : Fondations constructivistes

Table des attributs du sous-thème : Fondations constructivistes						
Rang	**Citation de l'article**	**Approche constructiviste**	**Description de l'approche constructiviste**	**Pays de publication de l'article**	**Description des fondations constructivistes**	**Fondations constructivistes**
1	Aghabagheri et al. (2024)	Constructivisme collaboratif	Accent mis sur la co-construction des connaissances dans des contextes de travail en équipe.	Constructivisme socioculturel et collaboratif	Intègre les théories sociales de Vygotsky avec des cadres collaboratifs.	Iran

2	Almadrones et Tadifa (2024)	Constructivisme culturel	Met l'accent sur l'intégration des récits culturels dans les processus d'apprentissage.	Constructivisme culturel	Se concentre sur les influences culturelles dans les philosophies de Vygotsky et Dewey.	Philippines
3	Almala (2006)	Apprentissage en ligne	Met l'accent sur la participation active et l'autonomie de l'apprenant dans les environnements en ligne.	Constructivisme cognitif et social	Combine l'autonomie individuelle selon Piaget avec l'interaction sociale selon Vygotsky.	États-Unis
4	Aydede et al. (2010)	Apprentissage par enquête	Met l'accent sur la pensée critique et l'engagement par l'enquête dans l'enseignement des sciences.	Constructivisme cognitif et socioculturel	Ancré dans les stades de Piaget et la ZPD de Vygotsky.	Turquie
5	Bettoni et Castellini (2021)	Communautés de construction des connaissances	Favorise la collaboration et les objectifs partagés dans les espaces numériques et physiques.	Constructivisme socioculturel	Basé sur l'accent mis par Vygotsky sur l'apprentissage collaboratif.	Italie
6	Hof (2021)	Apprentissage expérientiel	Intègre des expériences pratiques avec un apprentissage réflexif.	Constructivisme expérientiel et socioculturel	S'inspire du pragmatisme de Dewey et de la médiation sociale de Vygotsky.	États-Unis
7	Saudelli et al. (2021)	Constructivisme culturellement adapté	Adapte les principes constructivistes pour tenir compte de la diversité culturelle et mondiale.	Constructivisme socioculturel	S'appuie sur l'accent mis par Vygotsky sur les outils culturels et la diversité.	Canada

Le Tableau 5 synthétise les diverses applications et fondements théoriques du constructivisme en éducation, démontrant comment les théoriciens fondamentaux tels que Piaget, Vygotsky et

Bruner continuent d'influencer les pratiques pédagogiques contemporaines. La répartition mondiale de ces articles souligne également la pertinence générale des principes constructivistes, mettant en évidence leur capacité d'adaptation à différents contextes culturels et technologiques. Cette synthèse met en lumière l'impact durable de la théorie constructiviste sur la formation de pédagogies centrées sur l'apprenant au XXIe siècle.

La théorie de l'apprentissage constructiviste et ses principes fondamentaux continuent de façonner la recherche et la pratique éducatives, offrant un cadre solide pour comprendre et améliorer l'apprentissage. Les études examinées illustrent la polyvalence de la pensée constructiviste, mettant en évidence son adaptabilité aux domaines technologiques, culturels et professionnels. En explorant les liens, similitudes et différences entre ces études, cette analyse réaffirme la pertinence durable du constructivisme comme approche dynamique et sensible au contexte en éducation. À mesure que les enseignants et les chercheurs continuent d'innover dans ce paradigme, le potentiel des principes constructivistes pour transformer les expériences d'apprentissage demeure vaste et prometteur.

Le sous-thème de la pensée critique constructiviste – Articles sélectionnés

La théorie de l'apprentissage constructiviste souligne que la connaissance est activement construite à travers l'engagement des apprenants avec le contenu, l'environnement et leurs pairs. Ce cadre favorise le développement des compétences en pensée critique en encourageant la réflexion, l'analyse et la résolution de problèmes dans des contextes significatifs. La revue suivante examine le lien entre le constructivisme et la pensée critique à travers les travaux de Aghabagheri et al. (2024), Almala (2006), Fletcher (2009), Keengwe et al. (2015), Killam et al. (2022), Scheibe (2004), Thormann et al. (2013), et Zawilinski (2009). Ces études mettent en avant l'interaction des facteurs cognitifs et sociaux dans le renforcement des capacités de pensée critique des apprenants.

Aghabagheri et al. (2024) explorent le rôle des environnements d'apprentissage collaboratif dans le développement de la pensée critique en classe constructiviste. Leur étude montre comment les interactions entre pairs et les méthodes dialogiques créent des opportunités pour les apprenants d'évaluer de manière critique les idées, favorisant un engagement cognitif plus profond. Les résultats révèlent que lorsque les apprenants débattent activement et négocient le sens, ils développent des compétences essentielles à l'analyse critique. Cette recherche s'aligne sur le constructivisme socioculturel de Vygotsky en mettant l'accent sur l'importance de la médiation sociale dans le processus d'apprentissage.

Almala (2006) se concentre sur l'application des principes constructivistes dans les environnements d'e-learning, en soulignant le rôle de l'autonomie et de l'interaction dans le développement de la pensée critique. L'étude soutient que les outils numériques, lorsqu'ils sont conçus pour promouvoir la participation active, aident les apprenants à s'engager de manière critique avec le contenu et leurs pairs. Almala insiste également sur le fait que les enseignants doivent guider les apprenants à travers des techniques de questionnement gradué, une pratique issue du concept de «

scaffolding » de Bruner. L'intégration du constructivisme dans l'éducation en ligne illustre la flexibilité de la théorie pour s'adapter aux contextes éducatifs modernes.

Fletcher (2009) examine les approches constructivistes dans l'enseignement secondaire et leur impact sur le développement des compétences en pensée critique. L'étude met en avant l'importance de l'apprentissage par problèmes (PBL) comme moyen de pousser les élèves à analyser des problèmes concrets. Fletcher critique les méthodes d'enseignement traditionnelles pour leur limitation des occasions de réflexion critique et préconise plutôt des tâches basées sur l'investigation, en accord avec l'apprentissage expérientiel de Dewey. Cette approche encourage les apprenants à relier les connaissances théoriques à des applications pratiques, renforçant la pensée critique grâce à l'engagement actif.

Keengwe et al. (2015) examinent l'intégration des principes constructivistes dans les classes enrichies par la technologie, en se concentrant sur leur impact sur la pensée critique. L'étude met en évidence le potentiel des outils interactifs pour créer des environnements d'apprentissage dynamiques où les étudiants analysent et résolvent des problèmes de manière collaborative. Les auteurs soutiennent que ces environnements s'alignent sur l'accent de Piaget sur l'exploration active et sur le concept de « scaffolding » de Vygotsky par l'interaction sociale. Ce travail démontre comment les plateformes numériques peuvent relier la cognition individuelle et les processus collaboratifs pour soutenir le développement de la pensée critique.

Killam et al. (2022) explorent les stratégies constructivistes pour développer la pensée critique dans l'enseignement infirmier, en mettant l'accent sur l'utilisation de simulations reproduisant des scénarios réels. Ces scénarios exigent des étudiants qu'ils analysent de manière critique des cas de patients et prennent des décisions éclairées. Cette approche, fondée sur le pragmatisme de Dewey, met l'accent sur l'apprentissage expérientiel comme voie d'acquisition de compétences critiques. Les résultats montrent que les environnements d'apprentissage constructivistes en formation professionnelle favorisent la réflexion critique, la résolution de problèmes et la prise de décision.

Scheibe (2004) examine l'intersection du constructivisme et de la littératie médiatique, en soulignant le rôle de la pensée critique dans l'analyse des contenus médiatiques. L'étude affirme que les pédagogies constructivistes, telles que l'apprentissage par investigation, offrent un cadre permettant aux apprenants de déconstruire et d'évaluer de manière critique les messages médiatiques. En intégrant les dimensions cognitives et socioculturelles, Scheibe met en avant l'importance d'équiper les étudiants des outils nécessaires pour naviguer et analyser la complexité du paysage informationnel moderne.

Thormann et al. (2013) se concentrent sur l'apprentissage collaboratif en ligne en tant qu'outil constructiviste pour favoriser la pensée critique dans l'enseignement supérieur. L'étude identifie les forums de discussion et les projets de groupe comme composants clés permettant aux étudiants d'articuler et de critiquer des idées. Les auteurs s'appuient sur le concept de Zone de Développement Proximal de Vygotsky, illustrant comment les interactions entre pairs soutiennent la pensée de haut niveau. Leur recherche souligne que les approches constructivistes en éducation en ligne peuvent reproduire efficacement les éléments collaboratifs et réflexifs des cours traditionnels.

Zawilinski (2009) explore l'utilisation des blogs dans les classes constructivistes pour promouvoir la pensée critique et les compétences en littératie. L'étude montre comment les blogs offrent aux apprenants une plateforme pour réfléchir sur leurs idées, dialoguer avec leurs pairs et analyser de manière critique diverses perspectives. S'appuyant sur le « scaffolding » de Bruner, Zawilinski souligne le rôle des enseignants dans l'encadrement des pratiques réflexives des étudiants. Cette recherche démontre comment la technologie peut renforcer à la fois les aspects individuels et collectifs de l'apprentissage constructiviste, favorisant la pensée critique à travers des expériences authentiques et interactives.

Les études examinées mettent collectivement en évidence le lien intrinsèque entre la théorie de l'apprentissage constructiviste et le développement de la pensée critique. Dans divers contextes—de l'e-learning à la formation professionnelle—les principes constructivistes favorisent l'engagement actif, les pratiques réflexives et l'apprentissage collaboratif. Bien que ces études s'appuient sur les théories fondamentales de Piaget, Vygotsky et Bruner, elles montrent également l'adaptabilité du constructivisme aux défis contemporains de l'éducation. Cette synthèse réaffirme la pertinence durable des approches constructivistes dans la formation de penseurs critiques préparés à résoudre des problèmes complexes du monde réel.

Analyse Thématique et Perspectives : Sous-thème de la Pensée Critique

Le constructivisme, en tant que théorie de l'apprentissage, met l'accent sur l'engagement actif, la collaboration et la réflexion dans la construction des connaissances. Ses théoriciens fondateurs — Jean Piaget, Lev Vygotsky et Jerome Bruner — soulignent le rôle crucial des processus cognitifs, de l'interaction sociale et de l'accompagnement dans l'apprentissage. L'un des résultats les plus significatifs des approches constructivistes est le développement de la pensée critique, compétence essentielle pour naviguer dans les complexités du monde moderne. Cette revue examine comment les huit travaux scientifiques relient le constructivisme à la pensée critique, en identifiant les similitudes, les différences et l'évolution des perspectives.

Le Constructivisme comme Fondation de la Pensée Critique

À travers les études examinées, le constructivisme sert systématiquement de fondation pour le développement de la pensée critique. La théorie du développement cognitif de Piaget, qui met l'accent sur l'assimilation et l'accommodation, se retrouve dans les travaux d'Almala (2006) et de Fletcher (2009). Les deux chercheurs soulignent l'importance de la résolution de problèmes et de l'apprentissage par enquête. Almala soutient que lorsque les environnements d'apprentissage en ligne sont structurés selon des principes constructivistes, ils encouragent les apprenants à évaluer l'information et à développer leur compréhension de manière critique. De même, Fletcher explore les pratiques constructivistes dans l'enseignement secondaire, mettant l'accent sur l'apprentissage basé sur des problèmes, qui pousse les élèves à aborder des enjeux réels par une réflexion critique.

En outre, Aghabagheri et al. (2024) et Keengwe et al. (2015) s'appuient sur le constructivisme socioculturel de Vygotsky pour souligner le rôle de la collaboration dans le développement de la pensée critique. Aghabagheri et al. se concentrent sur les interactions entre pairs dans des environnements d'apprentissage dialogique, démontrant comment la médiation sociale améliore la capacité des apprenants à évaluer de multiples perspectives de manière critique. Keengwe et al., quant à eux, mettent en avant l'intégration de la technologie dans l'apprentissage collaboratif. Ils illustrent comment les outils numériques soutiennent les processus cognitifs des étudiants en accord avec le concept de Zone de Développement Proximal (ZPD) de Vygotsky, aidant les apprenants à progresser dans leurs compétences de pensée critique grâce à une interaction guidée.

Accompagnement et Apprentissage Expérientiel

Le concept d'accompagnement de Bruner est un thème commun dans ces études. Zawilinski (2009) et Thormann et al. (2013) insistent sur l'importance d'une instruction guidée pour développer les compétences de pensée critique. L'analyse de Zawilinski sur le blogging en classe démontre comment l'écriture réflexive et les retours des pairs créent des opportunités pour que les élèves s'engagent de manière critique avec le contenu. De même, Thormann et al. mettent en avant le rôle des forums de discussion et des projets de groupe dans l'apprentissage en ligne comme supports pour l'analyse critique. Ces approches s'alignent sur l'affirmation de Bruner selon laquelle les apprenants peuvent atteindre des niveaux cognitifs supérieurs lorsqu'ils bénéficient d'un soutien structuré adapté à leurs besoins développementaux.

Divergences et Différences — Contextes d'Application

Bien que toutes les études soulignent le rôle du constructivisme dans le développement de la pensée critique, leurs domaines d'application spécifiques diffèrent de manière significative. Killam et al. (2022) explorent le constructivisme dans l'enseignement en soins infirmiers, mettant l'accent sur l'apprentissage par simulation comme outil pour développer les compétences décisionnelles critiques. Ce contexte de formation professionnelle contraste avec l'approche plus générale de Scheibe (2004), qui examine l'éducation à la littératie médiatique et sa dépendance aux méthodes constructivistes pour favoriser l'analyse critique des messages médiatiques. Bien que les deux études s'appuient sur la théorie de l'apprentissage expérientiel de Dewey, Killam et al. insistent sur son application dans la formation professionnelle, tandis que Scheibe se concentre sur son rôle dans l'éducation aux médias. Ces différences soulignent l'adaptabilité des principes constructivistes à divers contextes éducatifs.

Le Rôle de la Technologie

La technologie joue un rôle important mais variable dans ces études. Almala (2006), Keengwe et al. (2015) et Zawilinski (2009) mettent en avant le potentiel transformateur des outils numériques pour favoriser la pensée critique via les principes constructivistes. En revanche, Fletcher (2009) et Scheibe (2004) mettent davantage l'accent sur des activités pratiques et en présentiel. Cette divergence illustre comment le constructivisme s'adapte à différents paradigmes éducatifs, des environnements de classe traditionnels aux environnements d'apprentissage enrichis par la technologie.

Dimensions Culturelles et Sociales

Bien que le constructivisme socioculturel de Vygotsky soit un thème central, la mesure dans laquelle la diversité culturelle est abordée varie selon les études. Aghabagheri et al. (2024) soulignent l'importance de l'apprentissage dialogique dans les classes multiculturelles, prônant des approches intégrant diverses perspectives. En revanche, Thormann et al. (2013) se concentrent plus étroitement sur les stratégies collaboratives dans l'enseignement supérieur, avec moins d'accent sur la variabilité culturelle. Cette différence met en lumière une reconnaissance évolutive du rôle du contexte culturel dans les approches constructivistes de la pensée critique.

Les études examinées démontrent la pertinence durable du constructivisme dans le développement de la pensée critique à travers divers contextes éducatifs. En s'appuyant sur les théories fondamentales de Piaget, Vygotsky et Bruner, ces travaux mettent en évidence l'interaction entre processus cognitifs, interaction sociale et instruction guidée dans le développement des compétences d'analyse critique. Bien que les principes constructivistes soutiennent clairement la pensée critique, leurs applications varient — de l'intégration technologique à la formation professionnelle — démontrant l'adaptabilité de la théorie. Ensemble, ces études soulignent le potentiel du constructivisme pour former des apprenants réflexifs et analytiques, capables de naviguer dans des défis complexes dans un monde en constante évolution.

Tableau des Attributs de la Pensée Critique Constructiviste selon la Littérature Revue

Ce tableau fournit un examen détaillé de huit articles clés analysant l'interaction entre la théorie de l'apprentissage constructiviste et la pensée critique. Chaque article met en évidence une approche constructiviste unique et son application dans le développement des compétences de pensée critique. La synthèse de ces études souligne les liens avec les théories fondamentales de Piaget, Vygotsky et Bruner, illustrant la pertinence des principes constructivistes dans divers contextes éducatifs.

Tableau 6
Attributs du sous-thème : Pensée Critique

Rang	Référence de l'article	Pensée Critique Constructiviste	Description de l'Approche Constructiviste	Pays de Publication de l'Article	Description de la Pensée Critique Constructiviste	Approche Constructiviste
1	Aghabagheri et al. (2024)	Constructivisme Collaboratif	Se concentre sur la co-construction des connaissances dans des contextes de travail en équipe.	Prise de Décision Collaborative	Encourage le raisonnement partagé et la prise de décision dans les tâches de groupe.	Iran
2	Almadrones & Tadifa (2024)	Constructivisme Culturel	Met l'accent sur l'intégration des récits culturels dans les processus d'apprentissage.	Analyse Contextuelle Culturelle	Se concentre sur l'analyse des perspectives et des implications culturelles.	Philippines
3	Almala (2006)	Apprentissage en ligne	Se concentre sur la participation active et l'autonomie de l'apprenant dans les environnements en ligne.	Littératie Numérique Critique	Favorise l'évaluation critique des ressources et outils numériques.	États-Unis
4	Fletcher (2009)	Apprentissage Basé sur les Problèmes	Implique les apprenants dans la résolution de problèmes réels afin de renforcer la pensée critique.	Résolution de Problèmes Analytique	Renforce les compétences analytiques grâce à la résolution de problèmes complexes.	Royaume-Uni
5	Keengwe et al. (2015)	Intégration de la Technologie	Intègre la technologie pour favoriser la collaboration et l'apprentissage personnalisé.	Raisonnement Amélioré par la Technologie	Développe le raisonnement grâce à l'utilisation de technologies interactives.	États-Unis
6	Killam et al. (2022)	Simulation Virtuelle	Utilise des environnements virtuels pour simuler des scénarios réels.	Évaluation de Scénarios Réels	Renforce les compétences d'évaluation en s'engageant dans des simulations réalistes.	Canada

7	Scheibe (2004)	Littératie Médiatique	Développe la pensée critique grâce à l'analyse du contenu médiatique.	Analyse Critique des Médias	Améliore la capacité à critiquer les sources médiatiques et leurs messages.	Allemagne
8	Thormann et al. (2013)	Collaboration en Ligne	Favorise le travail d'équipe et la discussion sur des plateformes virtuelles.	Raisonnement Fondé sur la Discussion	Facilite le raisonnement grâce à des discussions en ligne structurées.	États-Unis
9	Zawilinski (2009)	Compétences Numériques	Renforce les compétences en littératie critique grâce aux plateformes numériques.	Pratiques de Littératie Critique	Fait progresser les compétences critiques dans l'évaluation et la production de textes numériques.	États-Unis

Le tableau met en évidence la polyvalence de la théorie de l'apprentissage constructiviste dans le développement de la pensée critique à travers divers domaines, y compris l'apprentissage numérique, l'apprentissage basé sur les problèmes et la formation professionnelle. En intégrant les principes de collaboration, d'accompagnement et de réflexion, ces études renforcent la pertinence durable du constructivisme pour répondre aux exigences complexes de l'éducation moderne. La portée mondiale de ces articles illustre également l'adaptabilité des approches constructivistes à des contextes culturels et technologiques variés.

Le sous-thème de la pensée computationnelle constructiviste — Revue d'articles sélectionnés

La théorie de l'apprentissage constructiviste, ancrée dans les travaux de Piaget, Vygotsky et Bruner, souligne que les apprenants construisent activement leurs connaissances à travers l'expérience, l'exploration et la collaboration. Cette approche a de plus en plus influencé l'intégration de la pensée computationnelle dans l'éducation K–12, où la résolution de problèmes et le raisonnement logique sont des compétences essentielles du XXIe siècle. La pensée computationnelle, qui consiste à décomposer des problèmes complexes et à concevoir des algorithmes pour les résoudre, s'aligne parfaitement avec les principes constructivistes. Elle permet aux élèves de s'engager profondément dans les tâches technologiques et de pensée critique. Cette revue examine six articles scientifiques — Csizmadia et al. (2019), Ghosh et al. (2023), Khalid et al. (2025), Grover & Pea (2013), Vassallo (2025), Zawacki-Richter et al. (2019), Bers (2018), et Kafai & Burke (2015) — pour explorer l'interaction entre la théorie de l'apprentissage constructiviste et la pensée computationnelle. Chaque article est analysé pour sa pertinence dans l'éducation K–12, ses liens avec les théories fondamentales de Piaget, Vygotsky et Bruner, et ses implications pour préparer les élèves aux exigences de l'ère numérique.

Grover & Pea (2013)

Grover et Pea (2013) examinent l'intégration des principes constructivistes et de la pensée computationnelle dans l'éducation K–12 en analysant comment les environnements de programmation et les stratégies d'accompagnement soutiennent l'apprentissage par enquête. Leur analyse met en avant l'exploration centrée sur l'élève et la résolution itérative de problèmes, s'alignant sur le concept d'apprentissage actif de Bruner, dans lequel les apprenants construisent leurs connaissances grâce à la découverte structurée. L'étude renforce également la vision de Vygotsky sur la nature sociale de l'apprentissage, illustrant comment la collaboration entre pairs dans les tâches de codage améliore la compréhension conceptuelle. Bien que les stades de développement de Piaget ne soient pas directement abordés, la progression incrémentale de la complexité des problèmes reflète sa théorie de la préparation cognitive et la nécessité d'aligner les expériences d'apprentissage sur les stades de développement des apprenants.

Vassallo (2025)

Vassallo (2025) a exploré l'intégration des principes d'apprentissage constructivistes dans les programmes de pensée computationnelle axés sur les STEM dès le primaire à travers une approche de recherche basée sur la conception. L'étude a mis l'accent sur les cycles itératifs de résolution de problèmes et les boucles de rétroaction accompagnées dans des activités numériques et hors ligne. Le cadre de Bruner était évident dans la progression structurée des tâches, soutenant la découverte et l'enquête. En s'appuyant sur le constructivisme social de Vygotsky, la recherche a souligné la collaboration entre pairs et la réflexion guidée comme éléments essentiels au développement de la pensée computationnelle. Bien que Piaget ne soit pas cité directement, l'étude a soigneusement aligné les défis avec les stades de développement des apprenants, garantissant un engagement cognitif adapté à l'âge.

Zawacki-Richter et al. (2019)

Zawacki-Richter et al. (2019) ont réalisé une revue systématique des applications de l'intelligence artificielle dans l'éducation, mettant en lumière l'intégration de systèmes d'apprentissage adaptatifs et personnalisés basés sur des principes constructivistes. Leurs résultats soulignent comment les plateformes alimentées par l'IA soutiennent un enseignement centré sur l'apprenant grâce à des retours en temps réel, à la résolution itérative de problèmes et à un accompagnement structuré — des caractéristiques qui s'alignent sur l'accent mis par Piaget sur l'apprentissage expérientiel et les stades de développement. La revue reflète également le concept de Zone de Développement Proximal de Vygotsky, car les outils d'IA médiatisent l'apprentissage à portée cognitive des élèves grâce à un soutien et des retours dynamiques. L'influence de Bruner est visible dans l'accent mis sur la découverte et les environnements d'apprentissage par enquête, où les élèves affinent leurs stratégies computationnelles en interagissant avec des systèmes intelligents qui s'adaptent à leurs besoins évolutifs.

Bers (2018)

Bers (2018) explore comment les stratégies d'enseignement constructivistes et constructionnistes améliorent la pensée computationnelle dans les classes précoces et diversifiées. Le travail met l'accent sur l'importance d'un accompagnement adapté au développement et sur l'expression créative, fondée sur le constructivisme social de Vygotsky, afin que tous les apprenants — quel que soit leur contexte — puissent s'engager de manière significative avec les concepts de programmation. Les environnements de codage collaboratifs, tels que ceux supportés par des plateformes comme ScratchJr, sont utilisés pour favoriser l'interaction entre pairs, en accord avec les théories de Bruner sur l'apprentissage actif et social. Bien que Piaget ne soit pas explicitement mentionné, l'accent mis sur la préparation cognitive, la progression par étapes et les expériences d'apprentissage pratiques reflète son cadre développemental.

Kafai et Burke (2015)

Kafai et Burke (2015) explorent le rôle des méthodologies constructionnistes dans le développement de la pensée computationnelle, notamment à travers la conception de jeux et les environnements de codage participatif. Leur recherche met en avant la valeur des tâches interactives et orientées vers des objectifs, en accord avec le cadre d'apprentissage par découverte de Bruner, permettant aux élèves de construire leurs connaissances à travers des défis auto-dirigés. Les théories de Vygotsky se reflètent dans les dimensions collaboratives de l'environnement d'apprentissage, où l'interaction entre pairs et les expériences partagées soutiennent la croissance cognitive. De plus, leur approche prend en compte les stades de développement de Piaget en insistant sur la conception adaptée à l'âge, garantissant que la complexité des tâches correspond à la préparation cognitive des élèves du primaire et du secondaire.

Les articles examinés mettent collectivement en évidence la forte synergie entre la théorie de l'apprentissage constructiviste et la pensée computationnelle pour favoriser des expériences d'apprentissage actives et significatives dans l'éducation K–12. Les concepts de Vygotsky sur l'accompagnement et l'interaction sociale émergent comme des thèmes centraux, soulignant l'importance du soutien guidé et de la collaboration dans les tâches computationnelles. Les principes d'apprentissage par découverte de Bruner sont visibles dans l'accent mis sur l'exploration et la résolution itérative de problèmes, tandis que la théorie du développement de Piaget informe la conception d'activités adaptées à l'âge et engageantes sur le plan cognitif. Ensemble, ces cadres théoriques fournissent une base solide pour intégrer la pensée computationnelle dans les programmes K–12, permettant aux élèves de développer le raisonnement critique, la résolution de problèmes et la maîtrise technologique. À mesure que les pratiques éducatives évoluent pour répondre aux défis du XXIe siècle, l'alignement des principes constructivistes avec la pensée computationnelle garantit que les élèves sont non seulement préparés à naviguer dans un monde axé sur la technologie, mais aussi capables d'innover et de s'adapter dans des contextes divers.

La théorie de l'apprentissage constructiviste a longtemps souligné l'importance d'approches éducatives actives et centrées sur l'apprenant, où les connaissances sont construites à travers l'interaction avec le contenu, le contexte et les pairs. Dans ce cadre, la pensée computationnelle (CT) a émergé comme un sous-thème essentiel, en particulier dans son applicabilité aux contextes numériques et de résolution de problèmes. Cette revue synthétise les enseignements de six articles clés — Allman et al. (2024), Chytas et al. (2024), Fletcher & Lu (2009), Georgantaki & Retalis (2007), Li et al. (2024) et Ma (2024) — qui explorent comment les principes constructivistes sont appliqués et étendus dans la pensée computationnelle. Ces études révèlent des stratégies pédagogiques innovantes et offrent des implications importantes pour l'éducation moderne.

Allman et al. (2024)

Allman et al. (2024) explorent l'application des principes constructivistes dans la pensée computationnelle à travers des environnements d'apprentissage gamifiés. Leur étude met en évidence comment les tâches basées sur le jeu favorisent l'engagement actif, la pensée critique et la résolution itérative de problèmes. Les auteurs soutiennent que ces environnements offrent aux apprenants des opportunités de construire des connaissances en expérimentant avec le code et les algorithmes, en accord direct avec les idéologies constructivistes. De plus, ils soulignent le rôle de l'accompagnement pour soutenir les apprenants novices dans le développement progressif de compétences computationnelles, mettant en avant l'importance de l'exploration guidée par l'instructeur. L'article démontre efficacement comment la pensée computationnelle peut être intégrée dans des modèles constructivistes pour rendre des concepts abstraits tangibles et accessibles à des apprenants de différentes capacités.

Chytas et al. (2024)

Chytas et al. (2024) examinent comment les activités collaboratives de résolution de problèmes computationnels illustrent le paradigme constructiviste. Leur recherche se concentre sur des activités centrées sur l'élève, où de petits groupes travaillent ensemble pour concevoir et déboguer des programmes. Les résultats montrent que l'interaction sociale et l'apprentissage entre pairs améliorent considérablement à la fois la compétence computationnelle et la compréhension conceptuelle. Les auteurs abordent également les dimensions métacognitives de la pensée computationnelle, montrant comment les pratiques réflexives — telles que la revue par les pairs et l'itération — s'alignent sur l'accent constructiviste mis sur un apprentissage plus profond. L'étude se distingue par sa discussion sur la manière dont des dynamiques de groupe diverses peuvent favoriser des opportunités d'apprentissage computationnel inclusives et équitables, fournissant un lien convaincant entre le constructivisme social et la pensée computationnelle.

Fletcher & Lu (2009)

Fletcher et Lu (2009) présentent une perspective fondamentale sur l'intersection entre le constructivisme et la pensée computationnelle, en se concentrant sur les premières tentatives d'intégrer la programmation dans l'éducation K–12. Ils soutiennent que la pensée computationnelle constitue une application pratique de la théorie constructiviste en engageant les élèves dans la création d'artefacts reflétant leur compréhension. L'article met en évidence comment des tâches telles que la programmation de robots et les simulations offrent aux apprenants des occasions de tester des hypothèses et d'affiner leurs stratégies de manière itérative. Bien que l'étude précède de nombreuses avancées récentes en pensée computationnelle, elle fournit un contexte historique crucial, montrant comment les premières approches constructivistes ont influencé l'éducation computationnelle contemporaine. Leur analyse souligne le caractère intemporel des pr1incipes constructivistes dans le développement des compétences de résolution de problèmes.

Georgantaki & Retalis (2007)

Georgantaki et Retalis (2007) examinent la conception d'environnements d'apprentissage numériques informés par les théories constructivistes, en mettant l'accent sur les tâches computationnelles. Ils proposent un cadre pour intégrer des outils interactifs permettant aux apprenants de visualiser les algorithmes et les processus computationnels. Les auteurs soulignent que les activités pratiques et exploratoires permettent aux étudiants de développer des compétences en pensée computationnelle tout en construisant leur propre compréhension. Une force notable de l'article réside dans son accent sur la personnalisation, en préconisant des parcours d'apprentissage adaptatifs répondant aux besoins individuels des apprenants — un principe fondamental du constructivisme. Cette recherche fournit des perspectives précieuses sur les principes de conception nécessaires pour aligner les environnements d'apprentissage enrichis par la technologie avec la pédagogie constructiviste.

Li et al. (2024)

Li et al. (2024) se penchent sur le rôle de l'apprentissage par projet (PBL) dans le développement de la pensée computationnelle au sein des cadres constructivistes. Leur étude démontre que les environnements PBL, où les élèves conçoivent et mettent en œuvre des projets computationnels réels, favorisent la créativité et la pensée critique. Ils mettent en évidence comment, lorsqu'ils bénéficient d'autonomie, les étudiants construisent des stratégies complexes de résolution de problèmes et s'engagent dans un design itératif, caractéristiques de l'apprentissage constructiviste. Les auteurs explorent également les défis liés à la mise en œuvre du PBL dans des contextes de classe divers, proposant des stratégies pour surmonter les limitations de ressources et les différents niveaux de préparation des élèves. Leurs résultats confirment la synergie entre la pensée computationnelle et le constructivisme, notamment dans le développement de compétences d'apprentissage tout au long de la vie.

Ma (2024)

Ma (2024) offre une perspective innovante en examinant comment la pensée computationnelle peut combler le fossé entre la théorie constructiviste et l'éducation interdisciplinaire. L'étude met en lumière l'intégration de la pensée computationnelle à travers des disciplines telles que les mathématiques, les sciences et les arts, illustrant comment elle sert de vecteur pour un apprentissage constructiviste appliqué. L'auteur démontre que lorsque les étudiants s'engagent dans le codage ou la résolution de problèmes algorithmiques dans des contextes académiques plus larges, ils construisent non seulement des connaissances spécifiques aux matières, mais développent également des compétences transférables. L'article souligne en outre le rôle des retours et de l'itération, reflétant l'approche constructiviste de l'accompagnement et de l'acquisition progressive des connaissances.

Collectivement, ces articles soulignent la compatibilité profonde entre la théorie de l'apprentissage constructiviste et la pensée computationnelle, révélant des manières innovantes de concevoir des environnements d'apprentissage favorisant un engagement et une compréhension plus profonds. En mettant l'accent sur l'autonomie de l'apprenant, la collaboration et la résolution itérative de problèmes, ces études mettent en évidence le potentiel de la pensée computationnelle en tant qu'outil constructiviste pour le XXIe siècle. Ensemble, elles fournissent un cadre solide pour les éducateurs et chercheurs souhaitant renforcer la littératie computationnelle à travers les principes constructivistes, en reliant les fondements théoriques aux applications pratiques et interdisciplinaires.

Analyse thématique et perspectives : Sous-thème de la pensée computationnelle — Essai de revue de la littérature

La théorie de l'apprentissage constructiviste, fondatrice des travaux de Piaget, Vygotsky et Bruner, met l'accent sur la construction active des connaissances, l'interaction sociale et l'apprentissage expérientiel. Ces principes forment la base de l'intégration de la pensée computationnelle dans l'éducation, en particulier dans les contextes où la résolution de problèmes et le raisonnement algorithmique sont essentiels. La pensée computationnelle, qui inclut l'abstraction, la décomposition et les processus itératifs, s'aligne étroitement sur les principes constructivistes en favorisant l'investigation, la collaboration et l'apprentissage par découverte. Cette revue examine six articles scientifiques — Csizmadia et al. (2019), Ghosh et al. (2023), Khalid et al. (2025), Grover & Pea (2013), Vassallo (2025), Zawacki-Richter et al. (2019), Bers (2018), et Kafai & Burke (2015) — afin d'explorer comment la théorie de l'apprentissage constructiviste informe la conception et la mise en œuvre des programmes de pensée computationnelle. L'analyse met en évidence les liens, similitudes et différences entre ces études, en se référant aux contributions théoriques de Piaget, Vygotsky et Bruner lorsque pertinent.

Analyse des liens et similitudes

Les articles soulignent collectivement le rôle fondamental de l'apprentissage actif dans le développement de la pensée computationnelle, en accord avec la théorie piagétienne de l'apprentissage expérientiel. Csizmadia et al. (2019), Ghosh et al. (2023), Khalid et al. (2025) et Vassallo (2025) préconisent l'apprentissage par projet, où les étudiants participent à la résolution de problèmes réels via un design itératif et des retours d'information. De même, Kafai et Burke (2015) mettent en avant les avantages des environnements de codage gamifiés encourageant l'exploration, en accord avec le concept d'apprentissage par découverte de Bruner. La collaboration et l'interaction sociale émergent comme des thèmes récurrents, résonnant avec l'accent mis par Vygotsky sur le constructivisme social. Grover & Pea (2013) et Bers (2018) explorent des tâches de programmation collaboratives où l'interaction entre pairs améliore la compréhension, tandis que Zawacki-Richter et al. (2019) examinent le rôle des systèmes pilotés par l'IA et des technologies adaptatives pour favoriser la réflexion et la résolution collaborative de problèmes, soulignant la collaboration renforcée par la technologie dans les environnements d'apprentissage.

L'accompagnement joue un rôle crucial dans le soutien au développement cognitif des apprenants, comme le soulignent Csizmadia et al. (2019), Ghosh et al. (2023), Khalid et al. (2025) et Bers (2018), où l'instruction guidée comble les lacunes de compréhension. Cette approche s'aligne sur la Zone de Développement Proximal de Vygotsky. Kafai et Burke (2015) complètent cela en introduisant des plateformes gamifiées adaptatives offrant des défis sur mesure, garantissant que les tâches correspondent aux capacités cognitives des apprenants. L'apprentissage par investigation et itératif, caractéristiques de la pensée computationnelle, est au cœur de Vassallo (2025) et Zawacki-Richter et al. (2019), où les systèmes d'apprentissage adaptatifs favorisent la pratique répétée et le raffinement réflexif des stratégies de résolution de problèmes. Cette approche est cohérente avec le curriculum en spirale de Bruner, qui consiste à revisiter des concepts avec une complexité croissante afin d'approfondir la compréhension dans le temps.

Différences d'approche et d'accent

Bien que tous les articles abordent l'intégration de la pensée computationnelle dans les cadres éducatifs, leurs approches révèlent des différences notables. Une distinction significative réside dans le rôle de la technologie. Grover & Pea (2013) et Kafai et Burke (2015) privilégient les outils numériques tels que les plateformes de codage et les environnements gamifiés pour renforcer l'engagement, tandis que Zawacki-Richter et al. (2019) mettent l'accent sur les technologies adaptatives et pilotées par l'IA, soutenant un apprentissage personnalisé et enrichi par la technologie, illustrant un virage vers l'intégration de la pensée computationnelle via des systèmes numériques intelligents.

Une autre différence clé concerne les stratégies adaptées à l'âge des apprenants. Kafai et Burke (2015), Csizmadia et al. (2019), Ghosh et al. (2023) et Khalid et al. (2025) centrent leurs discussions sur les jeunes apprenants, concevant des activités alignées sur les stades de développement cognitif de Piaget pour correspondre aux capacités évolutives des élèves. En revanche, Vassallo (2025) et Bers (2018) se concentrent sur des étudiants plus âgés, mettant l'accent sur des compétences computationnelles avancées et des applications concrètes nécessitant un traitement cognitif de haut niveau.

Des variations culturelles et contextuelles apparaissent également dans ces études. Csizmadia et al. (2019), Ghosh et al. (2023) et Khalid et al. (2025) mettent en avant une pédagogie culturellement réactive en adaptant les tâches de pensée computationnelle aux contextes locaux, garantissant leur pertinence pour des environnements éducatifs spécifiques. À l'inverse, Grover & Pea (2013) et Vassallo (2025) adoptent une approche plus universelle, soulignant la transférabilité des compétences en pensée computationnelle à travers divers contextes mondiaux.

Constructivisme et références théoriques

Les articles examinés démontrent un fort alignement avec les fondements théoriques de Piaget, Vygotsky et Bruner, chacun contribuant de manière unique à la compréhension constructiviste de la pensée computationnelle. L'accent mis par Piaget sur la préparation au développement et l'exploration active se reflète dans Kafai et Burke (2015) et Zawacki-Richter et al. (2019), où les activités sont conçues pour correspondre aux stades cognitifs des apprenants, assurant un engagement significatif. Le concept de Vygotsky d'accompagnement et de Zone de Développement Proximal est évident dans Csizmadia et al. (2019), Ghosh et al. (2023), Khalid et al. (2025) et Bers (2018), illustrant comment l'instruction guidée et les activités collaboratives améliorent la compréhension et comblent les lacunes dans les capacités des apprenants.

L'interaction sociale, pierre angulaire de la théorie de Vygotsky, est centrale dans de nombreuses études, notamment dans Grover & Pea (2013) et Bers (2018), où les tâches de programmation collaboratives favorisent la résolution de problèmes partagée et l'apprentissage mutuel. Les principes d'apprentissage par découverte et le curriculum en spirale de Bruner sous-tendent Grover & Pea (2013) et Vassallo (2025), mettant l'accent sur les méthodologies basées sur l'investigation et la révision itérative des concepts avec complexité croissante. Ensemble, ces références théoriques mettent en lumière la pertinence durable des principes constructivistes dans la conception des programmes de pensée computationnelle, offrant un cadre solide pour le développement des compétences de raisonnement et de résolution de problèmes critiques chez les apprenants.

Les six articles examinés ici illustrent la profonde interconnexion entre la théorie de l'apprentissage constructiviste et la pensée computationnelle. Les thèmes communs d'apprentissage actif, de collaboration et de résolution itérative de problèmes montrent comment les principes constructivistes informent la pédagogie de la pensée computationnelle. Les différences dans l'accent technologique, les stratégies adaptées à l'âge et les contextes culturels reflètent l'adaptabilité de ces cadres aux besoins éducatifs divers. Les contributions théoriques de Piaget, Vygotsky et Bruner fournissent une base solide pour intégrer la pensée computationnelle dans les programmes K–12, garantissant que les élèves développent des compétences critiques et transférables pour le XXIe siècle. En favorisant l'investigation, la collaboration et l'adaptabilité, la pensée computationnelle informée par le constructivisme prépare les apprenants à naviguer et à innover dans un monde axé sur la technologie.

Tableau des attributs de la pensée computationnelle selon la littérature examinée

La théorie de l'apprentissage constructiviste, promue par les travaux de Piaget, Vygotsky et Bruner, met l'accent sur l'engagement actif des apprenants dans la construction des connaissances à travers des expériences pratiques, la collaboration et l'exploration guidée. Ce fondement théorique s'aligne parfaitement avec la mise en œuvre pédagogique de la pensée computationnelle, qui favorise le raisonnement logique, la résolution de problèmes et l'apprentissage adaptatif dans les contextes éducatifs. Le tableau présente une analyse complète des articles scientifiques, détaillant les approches, descriptions et pertinence contextuelle des pratiques constructivistes et des méthodologies de pensée computationnelle tout en soulignant leur diversité géographique et leurs applications dans l'éducation moderne.

Tableau 7
Attributs du sous-thème Pensée Computationnelle

Rang	Référence de l'article	Approche constructiviste	Description de l'approche constructiviste	Pensée computationnelle	Pays de publication de l'article	Description de la pensée computationnelle
1	Csizmadia et al. (2019)	Apprentissage constructionniste	Utilise des activités pratiques et basées sur des projets, fondées sur la théorie constructionniste, pour favoriser l'autonomie et la créativité.	Conception basée sur des projets	Applique l'apprentissage basé sur des projets pour développer la pensée computationnelle à travers des tâches de codage créatif.	Royaume-Uni
2	Ghosh et al. (2023)	Apprentissage guidé par des échafaudages	Met en œuvre des techniques d'échafaudage adaptatif pour soutenir le développement cognitif des élèves dans la Zone de Développement Proximal (ZDP) de Vygotsky.	Résolution de problèmes guidée	Utilise des quiz synthétiques pour adapter les expériences d'apprentissage en fonction des progrès des élèves.	Suisse
3	Khalid et al. (2025)	Apprentissage par projet basé sur les capteurs	Combine la programmation basée sur les capteurs avec l'apprentissage par projet pour améliorer la compréhension des concepts computationnels abstraits.	Analyse basée sur les blocs	Développe la pensée computationnelle à travers l'analyse de données réelles en utilisant la programmation basée sur des blocs.	États-Unis
4	Grover & Pea (2013)	Apprentissage exploratoire	Soutient l'enquête constructiviste où les élèves construisent leur compréhension à travers l'exploration, l'itération et la collaboration.	Tâches de programmation guidées par des échafaudages	Des tâches de codage progressivement structurées favorisent la pensée algorithmique, la logique et les compétences en résolution de problèmes.	États-Unis
5	Vassallo (2025)	Résolution de problèmes itérative avec échafaudage	Vassallo explore les cycles de résolution de problèmes itératifs et les boucles de rétroaction guidée à travers des activités STEM débranchées et numériques, en	Pensée itérative guidée par des échafaudages	Se concentre sur la révision de problèmes avec une complexité croissante grâce à la découverte guidée, en accord avec les modèles constructivistes	Italie

			mettant l'accent sur un engagement adapté à l'âge.		de Bruner et Vygotsky.	
6	Zawacki-Richter et al. (2019)	Apprentissage constructiviste amélioré par l'IA	Exploite des systèmes d'apprentissage intelligents et adaptatifs pour soutenir des environnements d'apprentissage constructivistes personnalisés et améliorés par la technologie.	Pensée computationnelle adaptative	Applique la personnalisation pilotée par l'IA pour favoriser le développement itératif et basé sur l'enquête de la pensée computationnelle.	Allemagne
7	Bers (2018)	Apprentissage ludique constructionniste	Encourage des activités de codage ludiques et pratiques, basées sur la pédagogie constructiviste et constructionniste.	Codage créatif et littératie numérique	Favorise les compétences computationnelles de base à travers la narration, la créativité et le codage collaboratif en utilisant des outils tels que ScratchJr.	États-Unis
8	Kafai & Burke (2015)	Conception de jeux constructionnistes	Utilise la conception de jeux comme moyen d'apprentissage constructionniste, encourageant les étudiants à créer leurs propres jeux éducatifs pour améliorer la compréhension.	Pensée computationnelle basée sur le design	Favorise la pensée computationnelle à travers la conception itérative, le débogage et la réflexion intégrés dans des jeux numériques créés par les apprenants.	États-Unis

La synthèse des articles met en évidence le lien étroit entre la théorie de l'apprentissage constructiviste et la pensée computationnelle, en présentant un éventail de stratégies innovantes telles que le soutien structuré (scaffolding), l'apprentissage ludifié et le codage collaboratif. Ces approches, mises en œuvre dans divers contextes culturels et éducatifs, démontrent l'adaptabilité des principes constructivistes pour favoriser la pensée critique et la maîtrise technologique. Ce qui ressort particulièrement, c'est l'engagement mondial à doter les apprenants des compétences essentielles du XXIe siècle, un mouvement que soutiennent activement les éducateurs et les institutions à travers le monde. Cet engagement fait le lien entre les cadres théoriques et les applications pratiques, préparant les étudiants à naviguer et à exceller dans un monde guidé par la technologie. Il constitue également un témoignage des efforts collectifs dans le domaine de l'éducation pour créer des expériences d'apprentissage significatives et stimulantes.

La théorie de l'apprentissage constructiviste offre un cadre solide pour comprendre et améliorer l'éducation dans divers contextes. En mettant l'accent sur les fondements constructivistes, la pensée critique et la pensée computationnelle, cette approche favorise le développement d'apprenants holistiques, adaptables et autonomes. Les fondements constructivistes sont essentiels aux pratiques éducatives modernes, car ils soulignent que l'apprentissage est un processus actif et collaboratif. Le savoir se construit à travers des interactions et des expériences significatives, permettant aux étudiants de s'engager profondément avec le contenu. Ce socle joue un rôle crucial dans le développement de la pensée critique et aide les apprenants à analyser, synthétiser et évaluer l'information dans des contextes variés.

De même, la pensée computationnelle étend ces principes en favorisant le raisonnement logique et les compétences en résolution de problèmes, deux éléments essentiels à l'ère numérique actuelle. Elle encourage les étudiants à aborder les problèmes de manière systématique, à décomposer des tâches complexes et à développer des solutions structurées. Ensemble, ces éléments illustrent le pouvoir transformateur de la théorie de l'apprentissage constructiviste pour préparer les étudiants à évoluer dans des environnements dynamiques et interconnectés.

À mesure que l'éducation continue d'évoluer, l'intégration des technologies Web 2.0 renforce davantage les principes constructivistes en améliorant la collaboration, l'interactivité et la personnalisation. Les outils numériques, tels que les plateformes d'apprentissage en ligne, les simulations interactives et les applications ludiques, créent de nouvelles opportunités pour que les étudiants construisent, partagent et affinent activement leurs connaissances. Ces innovations comblent le fossé entre le constructivisme et l'apprentissage numérique, garantissant que les apprenants soient bien préparés à s'épanouir dans un monde de plus en plus orienté vers la technologie.

Chapitre 5

Le thème des technologies Web 2.0

L'avènement des technologies Web 2.0 a révolutionné le paysage numérique, modifiant profondément la manière dont les individus accèdent à l'information, communiquent et collaborent. Contrairement à la nature statique des premiers systèmes web, les technologies Web 2.0 mettent l'accent sur l'interactivité, le contenu généré par les utilisateurs et la connectivité sociale. Ces avancées ont transformé l'expérience en ligne, passant d'une consommation passive à une participation active, créant ainsi de nouvelles opportunités dans les domaines de l'éducation, du commerce et du développement communautaire. Cependant, bien que ces technologies offrent des avantages importants, elles soulèvent également des préoccupations essentielles concernant l'accès équitable, l'usage responsable et les implications sociétales plus larges de l'interconnectivité numérique.

Ce chapitre explore quatre sous-thèmes clés qui mettent en lumière à la fois le potentiel transformateur et les complexités des technologies Web 2.0 : la fracture numérique, les réseaux sociaux, la collaboration et la communication, ainsi que la citoyenneté numérique, illustrés sur la Figure 8. Comprendre ces aspects offre une perspective globale sur la manière dont les technologies Web 2.0 continuent de façonner la société contemporaine, influençant tout, des environnements d'apprentissage à la connectivité mondiale.

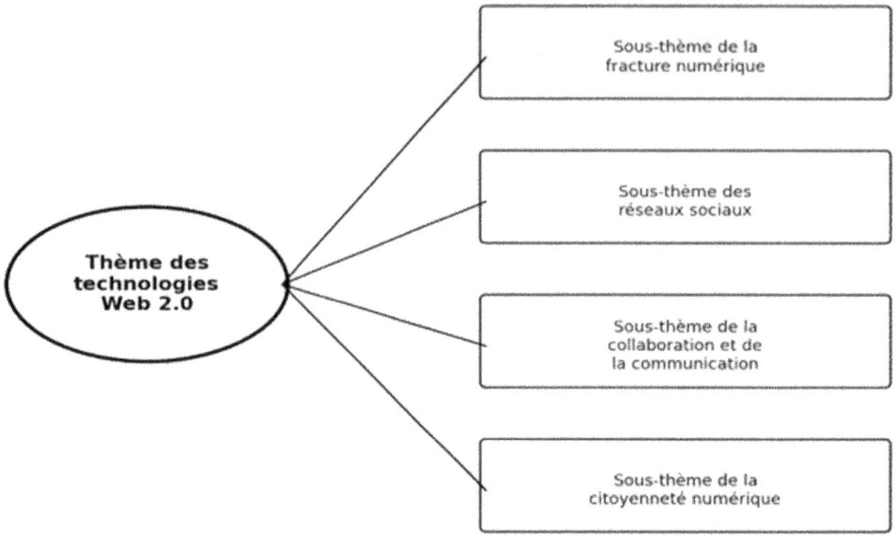

Figure 8: Technologies Web 2.0 : Thèmes et sous-thèmes

Tableau 8
Thème des technologies Web 2.0

	Sous-thème	Définition
1	Fracture numérique	La fracture numérique désigne l'écart entre les individus, les communautés et les régions qui ont accès aux technologies de l'information et de la communication (TIC) modernes, telles que l'internet haut débit, les plateformes de médias sociaux et les outils de création de contenu généré par les utilisateurs, et ceux qui n'y ont pas accès. Cette fracture est influencée par des facteurs tels que le statut socioéconomique, la localisation géographique, le niveau d'éducation, la disponibilité des infrastructures et la littératie numérique.
2	Réseautage social	ligne permettant la création de contenu par les utilisateurs, la collaboration interactive et les connexions sociales dynamiques dans un environnement numérique participatif et orienté vers la communauté. Le Web 2.0 met l'accent sur le passage d'une diffusion d'information statique et unidirectionnelle à des plateformes interactives centrées sur l'utilisateur, où les utilisateurs

		peuvent créer, partager et remixer du contenu tout en formant des réseaux et en interagissant avec les autres.
3	Collaboration et Communication	La collaboration, dans le contexte des technologies Web 2.0, fait référence à la capacité des individus et des groupes à travailler ensemble en temps réel ou de manière asynchrone en utilisant des outils et des plateformes en ligne. Le Web 2.0 favorise la collaboration en offrant des environnements interactifs, conviviaux et accessibles, où les utilisateurs peuvent contribuer, partager et co-créer du contenu. La communication, dans le contexte du Web 2.0, met l'accent sur un échange d'informations interactif, dynamique et multidirectionnel à travers les plateformes numériques. Elle dépasse la diffusion traditionnelle unidirectionnelle en permettant le dialogue et l'engagement participatif entre les utilisateurs.
4	Citoyenneté numérique	La citoyenneté numérique (ou Net Citizenship) dans le contexte des technologies Web 2.0 se réfère à l'utilisation responsable, éthique et participative des plateformes et outils en ligne pour s'engager, communiquer et collaborer dans le monde numérique. Avec l'accent mis par le Web 2.0 sur le contenu généré par les utilisateurs, l'interactivité et la connectivité sociale, la citoyenneté numérique implique de contribuer activement à la communauté en ligne et de la façonner tout en respectant ses normes et principes.

Table des Thèmes des Technologies Web 2.0		
#	**Sous-thème**	**Définition**
1	Fracture numérique	La fracture numérique fait référence à l'écart entre les individus, les communautés et les régions qui ont accès aux technologies modernes de l'information et de la communication (TIC), telles que l'internet haut débit, les plateformes de médias sociaux et les outils de création de contenu par les utilisateurs, et ceux qui n'y ont pas accès. Cette fracture est influencée par des facteurs tels que le statut socioéconomique, la localisation géographique, le niveau d'éducation, la disponibilité des infrastructures et la maîtrise des compétences numériques.
2	Réseaux sociaux	Du point de vue des technologies Web 2.0, les réseaux sociaux se réfèrent à l'utilisation de plateformes en ligne permettant la création de contenu par les utilisateurs, la collaboration interactive et les connexions sociales dynamiques dans un environnement numérique participatif et orienté vers la communauté. Le Web 2.0 met l'accent sur le passage d'une diffusion d'information statique et unidirectionnelle à des plateformes interactives centrées sur l'utilisateur, où les utilisateurs peuvent créer, partager et remixer du contenu tout en formant des réseaux et en interagissant avec les autres.
3	Collaboration et Communication	La collaboration, dans le contexte des technologies Web 2.0, fait référence à la capacité des individus et des groupes à travailler ensemble en temps réel ou de manière asynchrone en utilisant des outils et des plateformes en ligne. Le Web 2.0 favorise la collaboration en offrant des environnements interactifs, conviviaux et accessibles, où les utilisateurs peuvent contribuer, partager et co-créer du contenu. La communication, dans le contexte du Web 2.0, met l'accent sur un échange d'informations interactif, dynamique et multidirectionnel à travers les plateformes numériques. Elle dépasse la diffusion traditionnelle unidirectionnelle en permettant le dialogue et l'engagement participatif entre les utilisateurs.
4	Citoyenneté numérique	La citoyenneté numérique (ou Net Citizenship) dans le contexte des technologies Web 2.0 se réfère à l'utilisation responsable, éthique et participative des plateformes et outils en ligne pour s'engager, communiquer et collaborer dans le monde numérique. Avec l'accent mis par le Web 2.0 sur le contenu généré par les utilisateurs, l'interactivité et la connectivité sociale, la citoyenneté numérique implique de contribuer activement à la communauté en ligne et de la façonner tout en respectant ses normes et principes.

L'intégration des technologies Web 2.0 dans l'éducation a provoqué un changement transformateur dans les paradigmes d'enseignement et d'apprentissage, notamment en abordant les défis posés par la fracture numérique. Fondés sur la théorie de l'apprentissage constructiviste, ces outils — y compris les wikis, les blogs, les plateformes gamifiées et les médias sociaux — favorisent des expériences d'apprentissage collaboratives, interactives et centrées sur l'étudiant. Les perspectives théoriques de Piaget, Vygotsky et Bruner fournissent une base solide pour comprendre comment ces technologies soutiennent le développement cognitif, l'interaction sociale et la découverte guidée.

Cette revue examine 13 articles scientifiques explorant la relation entre les technologies Web 2.0 et la fracture numérique, mettant en évidence la manière dont les principes constructivistes s'alignent sur des pratiques éducatives innovantes. En analysant les connexions, les stratégies et les défis présentés dans ces études, cette revue souligne le potentiel des outils Web 2.0 pour améliorer l'accès équitable à une éducation de qualité et combler les lacunes en matière d'opportunités d'apprentissage numérique.

Revue des articles sélectionnés

Altermatt et Rorrer (2024) étudient l'efficacité des outils Web 2.0, tels que les wikis collaboratifs, les blogs et les plateformes de documents partagés, pour promouvoir l'équité éducative. Leur étude souligne comment ces technologies créent des opportunités pour des apprenants divers de s'engager dans un apprentissage entre pairs et de contribuer à la création de connaissances partagées. En appliquant le constructivisme social de Vygotsky, les auteurs mettent en avant que la collaboration entre pairs constitue un mécanisme crucial pour réduire la fracture numérique en favorisant la résolution collective de problèmes et la compréhension mutuelle. De plus, la théorie de l'étayage de Bruner se reflète dans leur recommandation de fournir un soutien structuré dirigé par l'enseignant afin d'assurer une participation équitable. Ils abordent également l'importance des programmes d'alphabétisation numérique pour remédier aux inégalités causées par l'accès différentiel aux outils numériques, plaidant ainsi pour des interventions ciblées.

Bright et Calvert (2023) explorent le rôle des plateformes de médias sociaux dans l'éducation et leur potentiel à réduire la fracture numérique. Ils mettent en avant des plateformes comme Facebook et Twitter comme espaces d'apprentissage collaboratif et de partage d'informations, tout en reconnaissant que les disparités d'accès technologique peuvent exacerber les inégalités. Les auteurs appliquent la Zone de Développement Proximal (ZPD) de Vygotsky, soutenant que les technologies Web 2.0 doivent être accompagnées d'un étayage approprié pour aider les étudiants à atteindre des niveaux de compréhension supérieurs. Ils préconisent également l'utilisation des principes de découverte guidée de Bruner pour concevoir des environnements numériques inclusifs favorisant la participation active, notamment pour les apprenants défavorisés. Cependant, ils soulignent que sans traiter les obstacles systémiques tels que la disponibilité des appareils et la connectivité Internet, le potentiel transformateur des outils Web 2.0 reste limité.

Broussard (2009) examine l'intégration des technologies Web 2.0, y compris les blogs multimédias, les outils de narration numérique et les plateformes de partage vidéo, dans les contextes de classe. L'étude identifie ces outils comme essentiels pour favoriser la pensée critique et les compétences collaboratives, en accord avec la ZPD de Vygotsky en mettant l'accent sur l'importance d'un étayage opportun lors des travaux de groupe. Broussard relie également ces technologies au cadre d'apprentissage expérientiel de Piaget, qui souligne l'importance de l'engagement actif des étudiants à travers l'exploration et la réflexion. Bien que l'étude démontre que les outils numériques peuvent aider à réduire les disparités éducatives, elle souligne également les défis tels que les lacunes en compétences technologiques et les inégalités d'infrastructure qui entravent leur adoption généralisée.

Greenhow et Askari (2017) fournissent une analyse approfondie de la manière dont les plateformes de médias sociaux et les technologies collaboratives contribuent à l'engagement des étudiants et au partage des connaissances. Les auteurs soutiennent que les outils Web 2.0 sont intrinsèquement constructivistes, car ils permettent aux apprenants de construire activement du sens à travers le dialogue et des artefacts numériques partagés. Le constructivisme social de Vygotsky est évident dans l'accent mis sur le travail de groupe collaboratif, tandis que les principes d'apprentissage par découverte de Bruner se reflètent dans la nature itérative des interactions sur les médias sociaux. Cependant, les auteurs avertissent que l'accès inégal à ces outils perpétue la fracture numérique, notamment pour les étudiants à faible revenu et en zones rurales. Ils appellent à des politiques équitables pour soutenir le développement des infrastructures afin d'atténuer ces disparités.

Keengwe et al. (2015) examinent le rôle des outils Web 2.0 dans les initiatives de littératie mondiale, en soulignant leur potentiel à favoriser la collaboration interculturelle. Les auteurs explorent comment les wikis, blogs et plateformes d'écriture collaborative améliorent l'inclusivité en connectant des étudiants de divers horizons culturels et socioéconomiques. Ils situent ces outils dans la théorie de l'interaction sociale de Vygotsky, en soulignant que le dialogue interculturel construit un savoir collectif. Les principes d'étayage de Bruner sont également appliqués, les éducateurs devant guider les étudiants dans la navigation de ces plateformes pour garantir un engagement significatif. L'étude identifie la fracture numérique comme un obstacle majeur et propose des interventions ciblées telles que des programmes d'accès abordables et la formation des enseignants pour réduire les inégalités.

Klein (2008) se concentre sur l'instruction personnalisée grâce aux outils Web 2.0, notamment les blogs et forums, qui offrent des plateformes pour l'expression de soi et l'engagement critique. L'étude met en évidence le potentiel de ces technologies pour démocratiser l'apprentissage en permettant à des apprenants divers de participer activement à la création de connaissances numériques. L'apprentissage par découverte de Bruner est perceptible dans la conception d'activités encourageant l'exploration, tandis que la ZPD de Vygotsky informe le rôle du soutien guidé par les pairs dans des contextes collaboratifs. Klein discute également des défis persistants posés par la fracture numérique et plaide pour des initiatives visant à améliorer la littératie numérique et l'allocation équitable des ressources.

Kulaca et al. (2024) étudient l'application des outils Web 2.0 gamifiés pour engager les étudiants défavorisés. Leur étude démontre comment les plateformes gamifiées créent des environnements d'apprentissage interactifs et inclusifs qui répondent aux défis de motivation et d'accessibilité. Les auteurs relient leurs résultats à la théorie du développement de Piaget, en veillant à ce que les tâches gamifiées soient adaptées à l'âge et alignées sur les stades cognitifs des apprenants. L'accent mis par Vygotsky sur la collaboration entre pairs est également central, car les plateformes gamifiées permettent le travail en équipe et la résolution collective de problèmes. L'étude conclut par des recommandations pour garantir un accès équitable à ces outils, en particulier pour les populations marginalisées.

Morgan et VanLengen (2005) explorent l'utilisation des outils collaboratifs, tels que les forums et les documents partagés, pour améliorer l'interactivité en classe. Leur étude souligne l'importance de l'étayage, enraciné dans la ZPD de Vygotsky, pour soutenir les apprenants divers dans la navigation efficace des plateformes numériques. La théorie de l'apprentissage expérientiel de Piaget est également évidente dans leur attention aux activités pratiques et interactives encourageant les étudiants à s'engager activement avec le contenu. Les auteurs plaident pour des investissements ciblés dans les infrastructures afin de remédier aux inégalités d'accès et de garantir que tous les étudiants puissent bénéficier de ces technologies.

Pacino et Noftle (2011) discutent du rôle des outils Web 2.0 dans les programmes de développement professionnel pour les enseignants, leur permettant de réduire la fracture numérique dans leurs classes. Ils mettent en avant le potentiel collaboratif d'outils tels que les forums de discussion en ligne et les plateformes de partage de ressources. Le constructivisme social de Vygotsky soustend leur analyse des réseaux d'enseignants, qui facilitent l'apprentissage collectif et le mentorat par les pairs. L'étude met en évidence les principes d'étayage de Bruner dans le soutien structuré fourni aux enseignants, garantissant qu'ils puissent intégrer efficacement la technologie dans l'enseignement.

Plair (2008) examine la préparation des enseignants à l'intégration du Web 2.0, en soulignant l'importance du développement professionnel pour réduire la fracture numérique. L'étude souligne le rôle des éducateurs dans l'étayage de l'apprentissage des étudiants via les plateformes numériques, en accord avec la ZPD de Vygotsky. Le concept de découverte guidée de Bruner est également central, les enseignants étant encouragés à concevoir des activités exploratoires permettant aux étudiants de construire activement leurs connaissances. Plair insiste sur la nécessité d'un soutien institutionnel pour combler les lacunes en ressources et en formation qui entravent l'utilisation équitable de la technologie.

Robertson (2009) explore l'impact des outils Web 2.0, tels que les blogs et les podcasts, sur le développement de la littératie numérique et la participation équitable. L'étude s'aligne sur le cadre d'apprentissage par découverte de Bruner, mettant l'accent sur la création et la critique de contenu numérique comme moyen de construction des connaissances. La ZPD de Vygotsky est évidente dans les environnements d'apprentissage collaboratif décrits, où les étudiants travaillent ensemble pour développer des compétences numériques. L'article souligne la nécessité d'un soutien ciblé pour garantir un accès équitable à ces outils à travers les divisions socioéconomiques.

Saad (2021) examine le rôle des technologies Web 2.0 dans la création d'environnements d'apprentissage inclusifs. L'étude discute de la manière dont les outils collaboratifs favorisent l'engagement et l'équité, en particulier pour les groupes marginalisés. La théorie de la préparation au développement de Piaget est appliquée à la conception de plateformes accessibles, tandis que le constructivisme social de Vygotsky sous-tend les processus collaboratifs de construction des connaissances facilités par ces outils. Saad plaide pour des réformes politiques afin de traiter les inégalités systémiques d'accès et d'infrastructure.

Thomas (2007) examine comment les outils Web 2.0, tels que les wikis et les forums, favorisent la pensée critique et l'apprentissage collaboratif en classe. L'étude met en évidence le potentiel transformateur de ces outils pour réduire la fracture numérique, en particulier pour les populations défavorisées. L'accent mis par Vygotsky sur l'interaction sociale et les principes d'étayage de Bruner est central, démontrant comment l'exploration guidée améliore l'engagement des étudiants. Thomas souligne la nécessité d'interventions systémiques pour garantir un accès équitable à la technologie.

Analyse thématique et perspectives : Sous-thème de la fracture numérique — Essai de revue de la littérature

Les technologies Web 2.0, englobant des plateformes collaboratives telles que les wikis, blogs, médias sociaux et outils gamifiés, ont redéfini l'éducation en favorisant l'interaction, la créativité et l'inclusivité. Ces outils jouent un rôle crucial dans la réduction de la fracture numérique, qui désigne l'écart entre les individus ayant accès aux technologies modernes et ceux qui n'y ont pas accès. Fondées sur les théories constructivistes de l'apprentissage, incluant les stades de développement de Piaget, le constructivisme social de Vygotsky et les principes d'étayage et de découverte de Bruner, les technologies Web 2.0 offrent des opportunités pour combler les disparités et créer des environnements d'apprentissage équitables. Cette revue examine 13 articles scientifiques explorant l'intersection entre les technologies Web 2.0 et la fracture numérique, analysant leurs similitudes, connexions et différences. En se concentrant sur la manière dont ces outils s'alignent sur les principes constructivistes, la revue met en lumière des stratégies visant à promouvoir un accès et un engagement équitables dans divers contextes éducatifs.

Connexions et similitudes

Les articles soulignent collectivement que les technologies Web 2.0 s'alignent sur les principes constructivistes, offrant des plateformes interactives et centrées sur l'apprenant qui favorisent la collaboration et l'engagement actif. Altermatt et Rorrer (2024) ainsi que Greenhow et Askari (2017) mettent en évidence le potentiel collaboratif d'outils tels que les wikis et les blogs pour favoriser l'apprentissage entre pairs. Ce concept repose sur la théorie du constructivisme social de

Vygotsky, qui postule que le savoir est co-construit à travers l'interaction. De même, Klein (2008) et Robertson (2009) expliquent comment ces outils permettent aux étudiants de créer et de critiquer du contenu, en accord avec le cadre d'apprentissage par découverte de Bruner, où les apprenants participent activement à la construction du sens.

Une autre similitude clé réside dans le rôle de l'étayage pour réduire la fracture numérique. Bright et Calvert (2023) et Plair (2008) insistent sur l'importance de l'accompagnement pédagogique pour aider les étudiants à naviguer sur ces outils, en particulier ceux issus de milieux défavorisés. Leurs conclusions s'alignent sur la Zone de Développement Proximal (ZPD) de Vygotsky, qui suggère que les apprenants peuvent accomplir des tâches au-delà de leurs capacités indépendantes avec le soutien de l'enseignant. Keengwe et al. (2015) prolongent cette notion en soulignant comment les technologies Web 2.0 facilitent la communication interculturelle, favorisant l'inclusion et la littératie mondiale.

Les articles soulignent également le potentiel des outils Web 2.0 pour réduire les obstacles à l'accès. Morgan et VanLengen (2005) et Thomas (2007) discutent de la manière dont les plateformes interactives telles que les forums en ligne et les outils d'écriture collaborative démocratisent l'apprentissage en offrant aux étudiants défavorisés la possibilité de participer activement à la construction des connaissances. Kulaca et al. (2024) et Saad (2021) mettent en avant les bénéfices motivationnels des environnements gamifiés, qui engagent les apprenants marginalisés et favorisent la collaboration.

Différences d'approche et d'accent

Malgré ces perspectives partagées, les articles diffèrent dans leurs approches d'intégration des technologies Web 2.0 et de traitement de la fracture numérique. Altermatt et Rorrer (2024) se concentrent sur la conception équitable des outils collaboratifs, en veillant à ce que les tâches soient conformes à la théorie des stades de développement cognitif de Piaget. En revanche, Bright et Calvert (2023) privilégient des recommandations politiques visant à améliorer l'accès aux appareils et à la connectivité Internet, adoptant une perspective systémique plus large.

L'importance accordée à l'utilisation des outils numériques varie également. Robertson (2009) et Broussard (2009) mettent l'accent sur l'utilisation des blogs multimédias et de la narration numérique comme principales plateformes pour renforcer la littératie numérique. Parallèlement, Zawacki-Richter et al. (2019) et Pacino et Noftle (2011) préconisent des programmes complets de développement professionnel visant à renforcer la capacité des enseignants à intégrer efficacement les technologies Web 2.0. Plair (2008) se distingue en se concentrant sur la préparation des enseignants, soulignant la nécessité d'un soutien professionnel pour combler l'écart entre l'accès et l'utilisation effective.

Les différences culturelles et contextuelles influencent également la discussion. Keengwe et al. (2015) explorent la littératie mondiale et la communication interculturelle comme thèmes centraux, tandis que Kulaca et al. (2024) se concentrent sur l'engagement des populations défavorisées dans des contextes locaux par la gamification. Cette diversité reflète l'adaptabilité des outils Web 2.0 aux besoins et environnements éducatifs variés.

Fondements constructivistes

Les fondements théoriques de Piaget, Vygotsky et Bruner sont tissés à travers tous les articles, démontrant comment les technologies Web 2.0 s'alignent sur les principes constructivistes. La théorie du développement de Piaget est particulièrement évidente dans Kafai et Burke (2015) et Kulaca et al. (2024), où la conception de tâches gamifiées et collaboratives tient compte de la préparation cognitive des apprenants. La ZPD de Vygotsky sous-tend le rôle de l'étayage et de l'interaction sociale dans Greenhow et Askari (2017) et Keengwe et al. (2015), illustrant comment les plateformes collaboratives permettent aux apprenants de construire collectivement des connaissances. L'accent mis par Bruner sur la découverte guidée est central dans Robertson (2009) et Thomas (2007), où les étudiants sont encouragés à explorer, critiquer et créer du contenu dans un environnement structuré mais ouvert.

La revue de ces 13 articles met en évidence le potentiel transformateur des technologies Web 2.0 pour réduire la fracture numérique et promouvoir des opportunités éducatives équitables. En tirant parti des principes constructivistes de Piaget, Vygotsky et Bruner, ces outils favorisent la pensée critique, la collaboration et l'engagement actif, en dotant les apprenants des compétences nécessaires pour le XXIe siècle. Bien que ces technologies soient prometteuses pour réduire les inégalités, des obstacles systémiques tels que l'accès aux appareils, la connectivité Internet et la littératie numérique persistent, soulignant la nécessité d'interventions ciblées. Alors que les éducateurs et les décideurs travaillent à l'intégration des technologies Web 2.0 dans divers contextes éducatifs, un engagement en faveur de l'équité, d'un soutien guidé et de pratiques inclusives demeure essentiel pour réaliser pleinement leur potentiel de transformation de l'éducation pour tous les apprenants.

Tableau des attributs divisés selon la littérature examinée

L'intégration des technologies Web 2.0 dans l'éducation présente des opportunités significatives pour améliorer la collaboration, la créativité et l'accessibilité tout en abordant le défi persistant de la fracture numérique. Des outils tels que les wikis, blogs, médias sociaux et plateformes gamifiées s'alignent sur les théories constructivistes de l'apprentissage, y compris les stades de développement de Piaget, le constructivisme social de Vygotsky et les principes d'étayage et de découverte de Bruner. Lorsqu'elles sont mises en œuvre de manière réfléchie, ces technologies peuvent démocratiser l'accès à une éducation de qualité, favoriser l'engagement actif et doter les apprenants de compétences essentielles pour le XXIe siècle. Le tableau synthétise les contributions académiques explorant les approches diverses et les défis liés à l'utilisation des technologies Web 2.0 pour réduire les inégalités numériques dans les contextes éducatifs mondiaux.

Tableau 9
Attributs du sous-thème Fracture numérique

Classement	Référence de l'article	Approche des technologies Web 2.0	Définition de l'approche des technologies Web 2.0	Fracture numérique Web 2.0	Description de la fracture numérique Web 2.0	Pays de publication de l'article
1	Altermatt et Rorrer (2024)	Outils collaboratifs	Utilisation de wikis, blogs et plateformes partagées pour l'apprentissage entre pairs.	Conception équitable	Assurer que les outils sont accessibles et adaptés au développement.	États-Unis
2	Bright et Calvert (2023)	Plateformes de médias sociaux	Exploiter les médias sociaux pour l'interaction et l'engagement des étudiants.	Interventions politiques	Répondre aux inégalités systémiques par le biais du soutien politique.	Royaume-Uni
3	Broussard (2009)	Blogs multimédias	Intégration de la narration multimédia pour la pensée critique.	Accès et alphabétisation	Réduire les écarts d'accès et d'alphabétisation pour un usage équitable.	États-Unis
4	Greenhow et Askari (2017)	Médias sociaux et plateformes collaboratives	Utilisation des médias sociaux et des plateformes collaboratives pour un apprentissage actif.	Obstacles à l'engagement	Surmonter les obstacles à l'engagement et à la participation active.	Canada
5	Keengwe et al. (2015)	Outils d'écriture collaborative	Renforcer l'inclusivité grâce à des outils collaboratifs interculturels.	Lacunes en matière d'infrastructure	Mettre en place des infrastructures pour permettre un accès universel aux outils.	États-Unis

6	Klein (2008)	Forums et blogs	Faciliter l'apprentissage personnalisé grâce à des blogs et forums interactifs.	Allocation des ressources	Allouer des ressources pour garantir une distribution équitable de la technologie.	États-Unis
7	Kulaca et al. (2024)	Plateformes gamifiées	Mobiliser les populations défavorisées grâce à des tâches numériques gamifiées.	Solutions adaptées au contexte local	Concevoir des solutions gamifiées adaptées aux étudiants défavorisés.	Turquie
8	Morgan and VanLengen (2005)	Forums collaboratifs	Renforcer l'interactivité et la participation grâce aux forums en ligne.	Soutien infrastructurel	Investir dans l'infrastructure pour une participation équitable.	États-Unis
9	Pacino and Noftle (2011)	Outils de développement professionnel	Améliorer la formation des enseignants pour intégrer le Web 2.0 dans les salles de classe.	Renforcement des capacités des enseignants	Développer les compétences des enseignants pour réduire les disparités d'accès.	États-Unis
10	Plair (2008)	Plateformes de formation des enseignants	Développement professionnel axé sur l'utilisation efficace du Web 2.0.	Initiatives de préparation	Préparer les enseignants à encadrer efficacement l'apprentissage via le Web 2.0.	États-Unis
11	Robertson (2009)	Blogs et podcasts	Renforcer la littératie numérique grâce aux outils de création de contenu.	Défis en matière d'équité	Réduire les défis liés à l'équité dans les programmes de littératie numérique.	Royaume-Uni
12	Saad (2021)	Outils collaboratifs	Promouvoir l'équité grâce à des plateformes	Programmes d'inclusion	Se concentrer sur l'inclusion des apprenants marginalisés.	Canada

			collaboratives accessibles.			
13	Thomas (2007)	Wikis et forums	Encourager la pensée critique grâce aux wikis et aux forums de discussion.	Problèmes d'accès systémiques	Addressing systemic barriers to digital participation.	États-Unis

Les articles examinés soulignent le potentiel transformateur des technologies Web 2.0 pour promouvoir un accès équitable à l'éducation tout en abordant les barrières systémiques posées par la fracture numérique. En s'appuyant sur les principes constructivistes, ces technologies favorisent des expériences éducatives interactives, inclusives et centrées sur l'apprenant. Cependant, des défis tels que les lacunes en matière d'infrastructure, les ressources limitées et les contraintes liées aux capacités des enseignants soulignent la nécessité d'interventions ciblées pour maximiser leur impact. Dans l'ensemble, ces observations reflètent un engagement mondial à exploiter l'innovation numérique afin de créer des opportunités d'apprentissage équitables et significatives pour tous les étudiants.

Le sous-thème du Web 2.0 et des réseaux sociaux

Les plateformes de réseautage social sont une caractéristique déterminante des technologies Web 2.0, transformant la manière dont les individus forment et maintiennent des relations. Des plateformes telles que Facebook, Twitter et LinkedIn facilitent la communication instantanée, le partage d'informations et la création de communautés virtuelles transcendant les frontières géographiques. Ces réseaux permettent aux utilisateurs d'amplifier leur voix, de s'engager dans l'activisme social et d'accéder à des perspectives diverses. Cependant, l'utilisation généralisée des réseaux sociaux soulève également des préoccupations concernant la vie privée, la sécurité des données et la propagation de la désinformation. Comprendre la double nature des réseaux sociaux — à la fois outil d'autonomisation et source potentielle de préjudice — est crucial pour maximiser leurs avantages tout en atténuant leurs risques.

Sous-thème du Web 2.0 et réseaux sociaux — Revue des articles sélectionnés

Introduction

Cette revue explore le potentiel transformateur des outils de réseautage social dans l'éducation, en particulier leur rôle dans la promotion de la collaboration, de l'apprentissage centré sur l'étudiant et des approches constructivistes. Les articles sélectionnés s'alignent sur des théories éducatives clés, notamment les stades de développement de Piaget, le constructivisme social de Vygotsky et l'apprentissage par la découverte de Bruner, démontrant comment ces outils enrichissent les expériences d'apprentissage. Cependant, des défis tels que la fracture numérique, les inégalités d'accès et les préoccupations en matière de confidentialité persistent, soulignant la nécessité de solutions systémiques pour garantir que tous les apprenants puissent bénéficier des technologies de réseautage social.

Les outils de réseautage social sont devenus des plateformes puissantes pour l'éducation, facilitant la collaboration, la communication et la création de contenu tout en abordant des défis systémiques tels que la fracture numérique. Des études telles que celles de Csizmadia et al. (2019), Ghosh et al. (2023), Khalid et al. (2025) et Kulaca et al. (2024) mettent en évidence le potentiel de plateformes telles que ClassDojo et les réseaux sociaux gamifiés pour favoriser l'apprentissage collaboratif et la motivation, en particulier pour les populations défavorisées. Almala (2006) et Greenhow & Askari (2017) soulignent le rôle des outils de réseautage social dans le rapprochement des apprentissages formels et informels, en favorisant un engagement actif conforme au constructivisme social de Vygotsky et à l'apprentissage par la découverte de Bruner. De même, Robertson (2009) et Broussard (2009) discutent de la manière dont les blogs et les réseaux basés sur le multimédia renforcent la réflexion critique et la littératie médiatique, dotant les étudiants des compétences nécessaires pour naviguer efficacement dans les espaces numériques. Cependant, des défis tels que l'accès inéquitable et les lacunes en matière de littératie numérique, comme le notent Saad (2021) et Keengwe et al. (2015), persistent, nécessitant des interventions systémiques pour garantir que ces avantages atteignent tous les apprenants. Cette revue examine comment les outils de réseautage social s'alignent sur les théories d'apprentissage constructivistes et leur potentiel à transformer l'éducation.

Csizmadia et al. (2019), Ghosh et al. (2023), et Khalid et al. (2025)

Des études récentes explorent l'intégration des principes constructivistes dans la pédagogie de la pensée computationnelle, en mettant l'accent sur la résolution active de problèmes et l'apprentissage collaboratif. Csizmadia et al. (2019) démontrent comment l'apprentissage par projet et les activités de conception itérative favorisent la pensée computationnelle par des expériences pratiques, s'alignant étroitement sur le cadre de l'apprentissage par la découverte de Bruner. Ghosh et al. (2023) discutent du rôle de l'étayage dans les tâches computationnelles, un concept directement lié à la Zone de Développement Proximal de Vygotsky. Leur étude illustre comment un soutien adaptatif permet aux apprenants de progresser du niveau novice au niveau avancé de résolution de problèmes. De plus, Khalid et al. (2025) soulignent l'importance de l'exploration structurée, en résonance avec l'accent mis par Piaget sur le développement cognitif, les jeunes apprenants étant progressivement introduits à des concepts computationnels de plus en plus complexes.

Almala (2006)

Almala examine l'intégration des principes constructivistes dans les environnements d'apprentissage en ligne, mettant en lumière le rôle des outils de réseautage social dans la création d'espaces collaboratifs et centrés sur l'apprenant. L'étude identifie des plateformes telles que MySpace et les premiers outils de blog comme étant essentielles pour favoriser la participation des étudiants et la pensée critique. L'accent de Vygotsky sur l'interaction sociale soutient l'argument d'Almala selon lequel l'engagement des pairs sur ces plateformes enrichit la co-construction des connaissances. L'étude fait également référence à l'apprentissage par la découverte de Bruner, montrant comment les étudiants utilisent les réseaux sociaux pour explorer et créer du contenu de manière autonome. Cependant, des défis tels que l'accès inéquitable et les lacunes en matière de littératie numérique sont discutés, avec des recommandations pour un étayage afin de soutenir les apprenants défavorisés.

Broussard (2009)

Broussard examine l'utilisation de réseaux sociaux basés sur le multimédia, tels que YouTube et les premières versions de Facebook, pour promouvoir la pensée critique et la littératie médiatique dans l'éducation. L'étude met en évidence la manière dont ces plateformes permettent aux étudiants de créer, partager et critiquer du contenu multimédia, favorisant l'engagement et la collaboration. La Zone de Développement Proximal (ZPD) de Vygotsky est manifeste dans l'utilisation structurée de ces outils, où les enseignants fournissent un étayage pour guider les étudiants dans des tâches complexes telles que le montage vidéo et la curation de contenu. Le cadre de Bruner soutient également l'apprentissage exploratoire, encourageant les étudiants à naviguer activement et à contribuer aux communautés numériques. Cependant, Broussard soulève également des préoccupations concernant l'équité numérique, soulignant la nécessité d'un soutien institutionnel pour remédier aux disparités d'accès et de compétences.

Greenhow & Askari (2017)

Greenhow et Askari analysent l'utilisation de plateformes sociales telles que Twitter et Facebook pour améliorer l'apprentissage collaboratif et l'engagement des étudiants. Leur étude soutient que ces plateformes s'alignent sur les principes constructivistes en permettant aux apprenants de co-construire des connaissances par le biais d'interactions numériques et d'artefacts partagés. Le constructivisme social de Vygotsky est central dans la discussion, les discussions entre pairs et les projets collaboratifs étant facilités par les médias sociaux. L'étude fait également référence au concept d'étayage de Bruner, mettant en évidence la nécessité d'un soutien enseignant pour aider les étudiants à évaluer et synthétiser l'information de manière critique. Greenhow et Askari soulignent le potentiel des réseaux sociaux pour combler le fossé entre l'apprentissage formel et informel, tout en mettant en garde contre les problèmes de confidentialité et la fracture numérique.

Keengwe et al. (2015)

Keengwe et ses collègues examinent l'intégration des outils Web 2.0, y compris les plateformes de réseautage social, pour promouvoir la littératie globale et la collaboration interculturelle. L'étude met en évidence des plateformes telles qu'Edmodo et Google+ pour leur capacité à connecter des étudiants de contextes culturels et géographiques divers, favorisant l'inclusivité et la compréhension mutuelle. S'appuyant sur les théories de Vygotsky, l'étude souligne le rôle de l'interaction sociale dans l'expansion des horizons culturels et cognitifs des apprenants. L'étayage de Bruner est manifeste dans les activités structurées conçues pour assurer un engagement significatif avec ces plateformes. L'article aborde également les défis liés à l'accès équitable, en particulier dans les communautés défavorisées, et recommande des interventions systémiques pour remédier à ces barrières.

Klein (2008)

Klein explore la manière dont les premières plateformes de réseautage social, telles que Ning et les sites de blogs, ont été utilisées pour favoriser un apprentissage personnalisé et collaboratif. L'article souligne comment ces outils ont démocratisé l'éducation en permettant aux étudiants de partager des perspectives et de participer à un discours critique. Le constructivisme social de Vygotsky est évident dans les projets collaboratifs facilités par ces plateformes, tandis que les stades de développement de Piaget informent l'intégration appropriée à l'âge de ces technologies. L'apprentissage par la découverte de Bruner est également mentionné, les étudiants étant encouragés à explorer et expérimenter au sein des communautés numériques. Klein souligne la nécessité de former les enseignants et d'allouer des ressources pour garantir que tous les étudiants, quel que soit leur milieu socio-économique, puissent bénéficier des outils de réseautage social.

Kulaca et al. (2024)

Kulaca et ses collègues ont étudié l'application d'outils de réseautage social gamifiés pour favoriser l'engagement et réduire les disparités éducatives. L'étude met en lumière des plateformes telles que Classcraft, qui intègrent des fonctionnalités de réseautage social avec des mécanismes de jeu pour motiver les apprenants par le biais de tâches collaboratives et de réussites partagées. La théorie du développement de Piaget informe la conception des activités gamifiées afin d'assurer leur alignement avec les capacités cognitives des étudiants, tandis que la zone de développement proximal (ZPD) de Vygotsky est manifeste dans la collaboration entre pairs que ces outils facilitent. L'étayage de Bruner est central dans l'étude, les auteurs plaidant pour une intégration dirigée par l'enseignant afin de maximiser les résultats d'apprentissage. L'article conclut par des recommandations visant à élargir l'accès à ces plateformes dans les écoles défavorisées.

Robertson (2009)

Robertson examine comment les blogs et les réseaux sociaux basés sur les podcasts améliorent la littératie numérique et favorisent des opportunités d'apprentissage équitables. L'étude met en évidence la manière dont ces outils permettent aux étudiants de s'engager dans la réflexion critique et la création de contenu, favorisant une participation active. L'accent mis par Vygotsky sur l'apprentissage collaboratif est évident dans les retours et interactions entre pairs que ces plateformes encouragent. L'apprentissage par la découverte de Bruner se reflète également, les étudiants utilisant ces outils pour naviguer et construire des connaissances de manière autonome. Robertson insiste sur l'importance de traiter les barrières d'accès et de fournir un développement professionnel aux enseignants afin d'intégrer efficacement les outils de réseautage social dans le programme.

Saad (2021)

Saad explore comment les plateformes contemporaines de réseautage social, telles qu'Instagram et TikTok, transforment l'engagement éducatif, en particulier pour les groupes marginalisés.

L'étude met en lumière le potentiel de ces plateformes à amplifier les voix des étudiants et à favoriser la création de communautés. Le constructivisme social de Vygotsky est central dans la discussion, la nature collaborative de ces réseaux promouvant le partage des connaissances et l'apprentissage entre pairs. Les théories de Piaget sur la préparation au développement informent l'usage approprié à l'âge de ces outils, tandis que l'étayage de Bruner est visible dans les activités guidées conçues pour développer la littératie critique des médias. Saad souligne la nécessité de traiter la fracture numérique afin de garantir un accès équitable à ces plateformes pour tous les étudiants.

Les articles examinés mettent collectivement en évidence le rôle significatif des outils de réseautage social dans l'amélioration des expériences éducatives, la promotion de la collaboration et la réduction de la fracture numérique. Csizmadia et al. (2019), Ghosh et al. (2023), Khalid et al. (2025) et Greenhow & Askari (2017) démontrent comment des plateformes comme LinkedIn et Facebook facilitent l'apprentissage entre pairs et la construction de communautés, en accord avec les cadres théoriques de Vygotsky et Bruner. Kulaca et al. (2024) et Saad (2021) explorent les capacités uniques des plateformes gamifiées et des réseaux contemporains tels que TikTok pour engager les apprenants marginalisés. De même, Broussard (2009) et Robertson (2009) soulignent le potentiel des outils de création de contenu pour développer la pensée critique et la littératie médiatique, tout en reconnaissant la nécessité d'étayage et d'un accès équitable. L'intégration de ces outils avec les principes constructivistes souligne leur potentiel à démocratiser l'éducation. Cependant, des défis tels que la fracture numérique et la préparation des enseignants, comme le discutent Almala (2006) et Plair (2008), doivent être abordés. En appliquant les enseignements de ces études, les éducateurs et les décideurs peuvent exploiter les technologies de réseautage social pour créer des environnements d'apprentissage inclusifs, interactifs et impactants.

Analyse thématique et perspectives : Sous-thème du Web 2.0 et réseaux sociauxRevue de littérature : Technologies Web 2.0 et réseautage social

L'essor des technologies Web 2.0, en particulier les plateformes de réseautage social, a transformé les pratiques éducatives en favorisant l'interaction, la collaboration et les environnements centrés sur l'apprenant. Des plateformes telles que les blogs, wikis et réseaux sociaux offrent des espaces dynamiques où les étudiants s'engagent activement, créent du contenu et se connectent avec leurs pairs à l'échelle mondiale. Ancrés dans les théories constructivistes de l'apprentissage, ces outils s'alignent sur les stades de développement de Piaget, le constructivisme social de Vygotsky et l'étayage et l'apprentissage par la découverte de Bruner. Les plateformes de réseautage social facilitent non seulement le partage des connaissances, mais aident également à relever des défis tels que la fracture numérique et la littératie numérique.

Cette revue examine onze études — Csizmadia et al. (2019), Ghosh et al. (2023), Khalid et al. (2025), Almala (2006), Broussard (2009), Greenhow & Askari (2017), Keengwe et al. (2015), Klein (2008), Kulaca et al. (2024), Robertson (2009) et Saad (2021) — pour analyser les liens, similitudes et différences dans l'application des outils de réseautage social en milieu éducatif. La revue met en évidence leur potentiel transformateur ainsi que les défis associés à leur mise en œuvre.

Connexions et similitudes

Les articles examinés soulignent systématiquement la capacité des outils de réseautage social à améliorer la collaboration et l'engagement actif des apprenants. Csizmadia et al. (2019), Ghosh et al. (2023), Khalid et al. (2025) et Greenhow & Askari (2017) discutent de la manière dont des plateformes comme ClassDojo et Facebook créent des environnements d'apprentissage interactifs et collaboratifs. Les deux études s'alignent sur le constructivisme social de Vygotsky, démontrant comment l'interaction sociale et les activités partagées contribuent à la construction des connaissances.

De même, Broussard (2009) et Robertson (2009) mettent en évidence le rôle de plateformes comme YouTube et les blogs dans le développement de la pensée critique et la création de contenu. Ces outils encouragent les étudiants à explorer, critiquer et générer du contenu numérique, reflétant le cadre d'apprentissage par la découverte de Bruner. Dans ces études, un thème commun consiste à permettre aux étudiants de naviguer et de contribuer de manière autonome aux espaces numériques.

L'impact motivationnel des outils de réseautage social gamifiés constitue un autre thème récurrent. Kulaca et al. (2024) et Saad (2021) explorent comment des plateformes telles que Classcraft et TikTok engagent les apprenants grâce à la gamification et aux activités collaboratives. Ces approches s'alignent sur la théorie du développement de Piaget, garantissant que les tâches sont adaptées à l'âge et correspondent aux capacités cognitives des étudiants. De plus, Keengwe et al. (2015) et Klein (2008) soulignent comment ces outils favorisent l'inclusivité en connectant les étudiants de divers horizons culturels et socioéconomiques, promouvant la littératie globale et la compréhension mutuelle.

Différences d'approche et d'accent

Bien que les articles s'accordent sur les bénéfices éducatifs des outils de réseautage social, ils diffèrent dans leurs domaines de concentration et leurs méthodes d'intégration. Csizmadia et al. (2019), Ghosh et al. (2023), Khalid et al. (2025) et Robertson (2009) mettent l'accent sur le réseautage professionnel et la littératie numérique, en valorisant des plateformes comme LinkedIn et les blogs pour développer des compétences académiques et professionnelles. En revanche, Saad (2021) et Kulaca et al. (2024) se concentrent sur des plateformes orientées divertissement comme TikTok, démontrant leur efficacité pour engager les apprenants marginalisés et favoriser la créativité.

Le niveau d'implication des enseignants varie également selon les études. Almala (2006) et Keengwe et al. (2015) insistent sur l'importance de l'étayage, fondé sur la Zone de Développement Proximal (ZPD) de Vygotsky, où les éducateurs jouent un rôle crucial pour guider les étudiants dans l'utilisation efficace des outils de réseautage social. À l'inverse, Broussard (2009) et

Greenhow & Askari (2017) plaident pour l'autonomie des étudiants, encourageant les apprenants à explorer et s'engager de manière indépendante avec ces plateformes afin de développer l'autorégulation et la pensée critique.

Les facteurs culturels et contextuels distinguent également ces études. Keengwe et al. (2015) se concentrent sur la manière dont le réseautage social favorise la collaboration globale, tandis que Klein (2008) et Saad (2021) examinent des applications localisées, notamment pour relever les défis liés à la réduction de la fracture numérique dans les communautés défavorisées. Ces variations soulignent l'adaptabilité des outils de réseautage social à différents contextes éducatifs.

Fondations constructivistes

Les perspectives théoriques de Piaget, Vygotsky et Bruner sont profondément intégrées dans les articles examinés. L'accent de Vygotsky sur l'interaction sociale et la collaboration est central dans des études telles que Csizmadia et al. (2019), Ghosh et al. (2023), Khalid et al. (2025) et Greenhow & Askari (2017), où les interactions entre pairs jouent un rôle crucial dans l'apprentissage. Le concept d'étayage de Bruner est visible dans Almala (2006) et Keengwe et al. (2015), qui soulignent le rôle des enseignants pour guider et soutenir les apprenants dans l'utilisation des outils de réseautage social. Les stades de développement de Piaget sont particulièrement référencés dans des études comme Kulaca et al. (2024) et Saad (2021), garantissant que les tâches sur les réseaux sociaux sont adaptées sur le plan cognitif et alignées avec la préparation au développement des apprenants.

Les articles examinés soulignent collectivement le potentiel transformateur des outils de réseautage social dans l'éducation, mettant en avant leur capacité à favoriser la collaboration, la créativité et l'inclusivité. Ces plateformes, fondées sur des principes constructivistes, offrent aux apprenants l'opportunité de s'engager activement dans la construction des connaissances tout en relevant des défis critiques tels que la fracture numérique et les lacunes en littératie numérique. Cependant, des obstacles importants à leur adoption généralisée subsistent, notamment des questions d'accès équitable, de préparation des enseignants et de confidentialité.

En appliquant les enseignements de Piaget, Vygotsky et Bruner, les éducateurs et décideurs peuvent exploiter le potentiel des outils de réseautage social pour créer des environnements éducatifs inclusifs, impactants et centrés sur l'apprenant. Cette synthèse souligne la nécessité d'interventions ciblées et de stratégies d'intégration réfléchies afin de garantir que les avantages des technologies Web 2.0 soient accessibles à tous les apprenants.

Tableau des attributs du sous-thème Web 2.0 et réseaux sociaux selon la littérature examinée

Ce tableau résume les attributs du sous-thème Web 2.0 et réseaux sociaux tels qu'analysés à partir de la littérature examinée. Il met en évidence les approches, descriptions et contextes de publication, offrant une vue d'ensemble complète de l'impact et de la mise en œuvre des technologies Web 2.0 dans l'éducation.

Tableau 10
Sous-thème des réseaux sociaux Web 2.0

Table du sous-thème des réseaux sociaux Web 2.0						
#	**Citation de l'article**	**Approche des technologies Web 2.0**	**Description de l'approche des technologies Web 2.0**	**Réseautage numérique Web 2.0**	**Description du réseautage numérique Web 2.0**	**Pays de publication de l'article**
1	Broussard (2009)	Intégration prudente	Met en garde contre une dépendance excessive et souligne la nécessité de la pensée critique.	Limité	Se concentre sur la réduction des distractions.	États-Unis
2	Greenhow et Askari (2017)	Soutien empirique	Souligne le potentiel transformateur pour favoriser l'engagement.	Étendu	Promeut l'apprentissage collaboratif via les plateformes sociales.	États-Unis
3	Keengwe et al. (2015)	Intégration inclusive	Prône un accès équitable et les échanges culturels.	Mondial	Favorise la collaboration internationale.	États-Unis
4	Klein (2008)	Accent sur la motivation	Met l'accent sur la culture participative et la responsabilité des étudiants.	Mondial	Utilise des fonctionnalités de ludification.	États-Unis
5	Kulaca et al. (2024)	Co-création de contenu	Promeut la création de contenu collaborative et l'accompagnement pédagogique.	Étendu	Encourage la résolution de problèmes et l'apprentissage entre pairs.	Turquie
6	Robertson (2009)	Perspective critique	Aborde les disparités d'accès et de littératie numérique.	Limité	Se concentre sur l'accès équitable.	Royaume-Uni
7	Saad (2021)	Apprentissage ludifié	Explore la ludification pour renforcer l'engagement.	Modéré	Intègre des badges et des récompenses.	Malaisie

En conclusion, la littérature examinée démontre des approches diverses de l'intégration des technologies Web 2.0 dans les contextes éducatifs, avec des emphases variées sur la collaboration, l'engagement et l'accès. Ce tableau sert de base pour une exploration et une application supplémentaires de ces outils afin d'améliorer les résultats d'apprentissage.

Le sous-thème Collaboration et Communication du Web 2.0 — Revue des articles sélectionnés

Les technologies Web 2.0 ont transformé les modèles traditionnels de collaboration et de communication, permettant une interaction en temps réel et le partage des connaissances dans divers contextes. Des outils tels que Google Docs, Slack et Zoom illustrent le potentiel collaboratif du Web 2.0, facilitant le travail d'équipe dans les environnements professionnels, académiques et sociaux. Ces plateformes ont également révolutionné l'éducation, ouvrant la voie à l'apprentissage en ligne et aux modèles hybrides qui mettent l'accent sur l'interactivité et la participation. Cependant, ce changement nécessite une compréhension approfondie des dynamiques de collaboration virtuelle, y compris les défis tels que la fatigue numérique, le maintien de l'engagement et l'assurance d'une participation inclusive. L'utilisation efficace des outils Web 2.0 pour la collaboration et la communication exige à la fois une maîtrise technique et une mise en œuvre stratégique.

L'essor du Web 2.0 a considérablement remodelé la manière dont les individus collaborent et communiquent, favorisant des environnements interactifs et participatifs dans les sphères éducative, professionnelle et sociale. Le sous-thème Collaboration et Communication du Web 2.0 explore comment des outils tels que les blogs, les wikis, les plateformes de médias sociaux et les logiciels collaboratifs ont influencé ces interactions. Cette revue examine les études clés d'Almala (2006), Aydede (2010), Broussard (2009), Keengwe et al. (2015), Kim et al. (2005), Kinzer (2010), Okolo et al. (2007), Saad (2021) et Scheibe (2004), en analysant leurs contributions à la compréhension de la relation entre les technologies Web 2.0 et la collaboration et la communication. Ces travaux fournissent des informations précieuses sur les opportunités et les défis présentés par le Web 2.0 pour favoriser la connectivité et la coopération.

Almala (2006) examine le rôle des outils Web 2.0 dans la promotion d'environnements d'apprentissage collaboratifs, en soulignant l'importance de l'interaction dans la construction des connaissances. Son travail s'aligne sur la théorie socioculturelle de Vygotsky, qui souligne la valeur de l'interaction sociale dans le développement cognitif. Almala met en évidence comment des plateformes telles que les wikis et les forums de discussion permettent aux apprenants de s'engager dans un dialogue significatif, mais avertit également que l'accès inégal à la technologie peut limiter ces opportunités.

Cet article a été examiné dans la sous-section du Sous-thème des fondements constructivistes, puisque la collaboration et la communication sont au cœur de la théorie de l'apprentissage constructiviste (Vermeille, 2024). L'étude a mis en avant les contributions de la communication à la conception de l'enseignement assisté par ordinateur et des environnements d'apprentissage synchrones et asynchrones. Almala (2006) a en outre souligné le rôle de la collaboration et de la communication dans la construction des connaissances en tant qu'attributs du constructivisme individuel et social, initié par Jean Piaget et Lev Vygotsky. L'article présente le constructivisme social comme le processus de création et d'acquisition de connaissances par la collaboration et l'interaction avec les autres.

L'article promeut « une collaboration efficace et un engagement significatif entre étudiants et enseignants pour établir un discours productif ; des solutions constructives aux problèmes réels, projets et activités d'apprentissage ; et des approches d'évaluation diversifiées pour mesurer l'apprentissage des étudiants » (p. 33). L'auteur fait également référence aux « communications synchrones et asynchrones basées sur le constructivisme » via la communication assistée par ordinateur (CMC), l'apprentissage assisté par ordinateur (CAL), les systèmes eCollege, les microworlds et les environnements internationaux d'apprentissage assisté par ordinateur (CSILE) comme stratégies efficaces de collaboration et de communication dans la conception d'environnements d'e-learning performants.

Aydede (2010) se concentre sur l'utilisation des technologies Web 2.0 dans les contextes professionnels, en particulier leur capacité à améliorer la collaboration d'équipe et la gestion de projet. L'étude met en évidence des outils tels que l'édition collaborative de documents et les plateformes de communication en temps réel, qui s'alignent sur le concept de soutien structuré de Bruner en fournissant un accompagnement pour les tâches complexes. Cependant, Aydede identifie des défis tels que la courbe d'apprentissage liée à l'adoption de nouvelles technologies et le risque de dépendance excessive aux outils numériques, ce qui peut réduire les interactions en face à face. L'article se réfère à la même forme de constructivisme social, qui « fournit une base pour des activités collaboratives, argumentatives et réflexives dans des environnements d'apprentissage enrichis par la technologie », comme cité par Blake et Scanlon (2008) (p. 2764). Cherchant à établir « Les opinions des étudiants concernant l'utilisation des technologies informatiques dans l'apprentissage constructiviste », cette enquête a révélé que quatre étudiants du groupe expérimental et quatre du groupe témoin décrivent l'ordinateur comme « un moyen de communication » (p. 2765). Dans l'ensemble, les résultats de cette étude soutiennent la justification de l'utilisation des technologies interactives en suggérant que : « Afin que les étudiants comprennent mieux la matière, les simulations informatiques, les programmes instructifs et les zones de partage d'informations peuvent être augmentés et développés » (p. 2767).

Broussard (2009) explore le potentiel démocratisant des technologies Web 2.0, en particulier leur capacité à permettre à des voix diverses de collaborer et de communiquer efficacement. Son analyse reflète la théorie constructiviste de Bruner, mettant l'accent sur la co-construction des connaissances grâce aux efforts collaboratifs. Cependant, Broussard souligne également les obstacles posés par l'accès inégal et la littératie numérique, qui peuvent empêcher les groupes marginalisés de participer pleinement à ces plateformes. L'article décrit la collaboration des outils de communication et la vision du Web 2.0, identifiant la nouvelle génération d'étudiants entrants à l'Université de New York. Le concept clé ici est ce que l'article appelle Pédagogie 2.0, qui définit l'intégration de la dernière génération de technologies interactives de communication et de collaboration dans l'enseignement et l'apprentissage. Ces outils incluent les e-mails, les bases de données en ligne, les réseaux sociaux, le social bookmarking, les sites de partage de vidéos, les wikis, les blogs, la messagerie instantanée, les textos, les podcasts, les pages de cours et autres ressources numériques, que l'article affirme « peuvent compléter l'apprentissage en classe, compléter le texte du cours et créer un environnement interactif structuré qui favorise la discussion hors classe et l'apprentissage collaboratif » (p. 907). Parmi ces outils, l'auteur mentionne explicitement « Classcaster », qui permet la création de podcasts et de blogs, et « eLangdell », qui « offre un ensemble d'outils pour aider le corps enseignant à créer et partager collaborativement des supports pédagogiques et des packs de cours étudiants » (p. 906).

Keengwe et al. (2015) examinent l'intégration des outils Web 2.0 dans les contextes éducatifs, en se concentrant sur leur capacité à favoriser la collaboration entre étudiants et enseignants. Leurs conclusions s'alignent sur le concept de Zone de Développement Proximal (ZPD) de Vygotsky, car les technologies collaboratives aident les apprenants à atteindre des objectifs dépassant leurs capacités. L'étude identifie également des obstacles systémiques, tels que les disparités de ressources, qui doivent être abordés pour réaliser le plein potentiel du Web 2.0 pour la collaboration.

Kim et al. (2005) ont étudié comment les technologies Web 2.0 améliorent la communication et la collaboration interculturelles, en particulier dans les environnements d'équipes virtuelles. Leur travail souligne le rôle de ces plateformes pour briser les barrières géographiques et favoriser la coopération mondiale. Cependant, ils abordent également des défis tels que les différences linguistiques et les malentendus culturels, mettant en avant la nécessité d'une formation à la compétence culturelle pour maximiser les avantages des outils Web 2.0 dans des contextes divers. Kim et al. (2005) visaient à ouvrir un dialogue sur les technologies modernes dans l'éducation, en se concentrant spécifiquement sur la technologie mobile sans fil. Les auteurs ont cherché à explorer les avantages et défis potentiels de l'intégration de ces technologies en classe et à fournir des informations aux éducateurs et décideurs. Cet article explore l'utilisation des environnements d'apprentissage en ligne pour enseigner l'histoire, en se concentrant sur la manière dont ces plateformes peuvent soutenir des apprenants divers, y compris ceux en situation de handicap. Les auteurs examinent le potentiel de la technologie pour rendre l'histoire plus engageante, accessible et pertinente grâce aux outils multimédias, aux fonctionnalités interactives et à l'enseignement différencié. L'article met en évidence des exemples spécifiques de ressources historiques en ligne qui facilitent l'apprentissage actif et la pensée critique. Il traite également des défis liés à la mise en œuvre de ces outils, tels que la préparation des enseignants et le besoin d'un accès équitable à la technologie.

Les résultats indiquent que la technologie mobile sans fil peut améliorer de manière significative les résultats d'apprentissage des étudiants en fournissant un accès aux ressources éducatives, en facilitant la collaboration et en soutenant des expériences d'apprentissage personnalisées. L'article souligne également l'importance de la formation et du soutien des enseignants pour mettre en œuvre ces technologies avec succès. Les technologies mobiles sans fil offrent des opportunités d'apprentissage personnalisé, de collaboration et d'accès à des ressources diversifiées. Ces technologies peuvent favoriser l'engagement des étudiants en soutenant des activités d'apprentissage interactives et pratiques. Les obstacles majeurs à l'adoption comprennent le coût, le manque de formation des enseignants et les limitations d'infrastructure. Une mise en œuvre réussie nécessite une vision claire, une planification stratégique, un développement professionnel pour les enseignants et un accès équitable pour tous les étudiants. Les implications de la recherche suggèrent que l'intégration de la technologie mobile sans fil dans l'éducation peut conduire à des environnements d'apprentissage plus engageants et efficaces. Cependant, elle met également en avant la nécessité d'une infrastructure adéquate, d'un développement professionnel des enseignants et d'un soutien continu pour garantir une mise en œuvre réussie.

Kim et al. (2005) ont synthétisé diverses études et exemples de cas pour présenter une vue d'ensemble complète de l'impact de la technologie mobile sans fil sur l'éducation. Ils soutiennent que ces technologies ont le potentiel de transformer les méthodes d'enseignement traditionnelles et de créer des expériences d'apprentissage plus dynamiques et interactives. Pour l'éducation K–12, l'article suggère que la technologie mobile sans fil peut améliorer l'engagement des étudiants, fournir l'accès à une large gamme de ressources éducatives et soutenir l'enseignement différencié. Il souligne également la nécessité pour les écoles d'investir dans l'infrastructure nécessaire et de former les enseignants à utiliser efficacement ces technologies. Les écoles peuvent utiliser les technologies mobiles sans fil pour intégrer des expériences d'apprentissage interactives et personnalisées en classe. Les enseignants doivent recevoir une formation complète pour utiliser ces outils et adapter efficacement leurs pratiques pédagogiques.

Les écoles K–12 doivent s'assurer que tous les étudiants, quel que soit leur contexte socioéconomique, ont accès aux appareils et à la connectivité Internet nécessaires. Les technologies mobiles sans fil peuvent soutenir la collaboration entre étudiants, enseignants et parents en permettant la communication en temps réel et le partage de ressources numériques. En termes de compétences du XXIe siècle, l'article met en avant le rôle de la technologie mobile sans fil dans le renforcement de la littératie numérique et de la pensée critique des étudiants. Ces technologies peuvent aider à préparer les étudiants aux exigences du marché du travail moderne en favorisant la collaboration et l'innovation. Cet article fournit une feuille de route précieuse pour les éducateurs et les décideurs alors qu'ils explorent le potentiel des technologies mobiles sans fil pour moderniser et améliorer les pratiques éducatives. Les implications globales des compétences du XXIe siècle incluent la pensée critique, la littératie technologique, la créativité, la collaboration et la communication. Cet article fournit une feuille de route précieuse pour les éducateurs et les décideurs alors qu'ils explorent le potentiel des technologies mobiles sans fil pour moderniser et améliorer les pratiques éducatives.

Kinzer (2010). Kinzer explore l'utilisation des outils Web 2.0 dans l'enseignement précoce, en particulier leur potentiel à promouvoir l'apprentissage collaboratif et les compétences en communication. Il soutient que des outils tels que les jeux interactifs et les plateformes de narration offrent des moyens engageants pour que les jeunes apprenants collaborent. Cependant, Kinzer note que l'efficacité de ces outils dépend de la disponibilité de la formation des enseignants et des ressources appropriées, souvent absentes dans les écoles sous-financées. L'objectif de l'étude de Kinzer (2010) était d'examiner comment les environnements numériques transforment l'alphabétisation et de fournir des recommandations aux décideurs politiques, aux éducateurs et aux chercheurs sur la manière d'adapter l'éducation à l'alphabétisation pour répondre aux exigences de l'ère numérique. L'article de Kinzer a étudié comment les environnements numériques redéfinissent l'alphabétisation et les implications pour la politique éducative. L'auteur a discuté du passage de l'alphabétisation traditionnelle basée sur l'impression à de nouvelles littéracies impliquant les médias numériques, tels que le texte, les images, l'audio et la vidéo. Kinzer souligne la nécessité de mettre à jour les standards d'alphabétisation, les évaluations et les pratiques pédagogiques pour tenir compte de ces nouvelles littéracies.

Kinzer utilise une approche d'analyse théorique, s'appuyant sur la littérature existante, des études de cas et des documents politiques pour étayer ses arguments. L'article synthétise les résultats de la recherche et les opinions d'experts pour présenter une vue d'ensemble de l'impact des environnements numériques sur l'alphabétisation. Les résultats suggèrent que les définitions traditionnelles de l'alphabétisation sont insuffisantes pour répondre aux compétences requises dans les environnements numériques. Kinzer soutient que les nouvelles littéracies impliquent la lecture, l'écriture, la navigation, l'évaluation et la création de contenu numérique. L'article souligne l'importance d'intégrer ces nouvelles littéracies dans les programmes éducatifs et les évaluations. L'alphabétisation dans les environnements numériques dépasse la lecture et l'écriture pour inclure l'évaluation critique, la composition multimédia et les compétences de résolution collaborative de problèmes. L'alphabétisation numérique est répartie de manière inégale en raison des disparités socio-économiques, ce qui nécessite des politiques et des interventions ciblées. Une éducation efficace à la littératie numérique exige un changement de pédagogie, mettant l'accent sur l'apprentissage expérientiel et basé sur l'investigation plutôt que sur la mémorisation par cœur.

Les implications de la recherche sont significatives pour les éducateurs et les décideurs politiques. Kinzer appelle à l'élaboration de nouveaux standards d'alphabétisation reflétant les réalités de l'ère numérique. Il suggère également que les programmes de formation des enseignants incluent des stratégies pour enseigner les nouvelles littéracies et que les évaluations soient mises à jour pour mesurer ces compétences. L'article de Kinzer offre une vue d'ensemble complète de la manière dont les technologies numériques redéfinissent l'alphabétisation et des implications pour la politique et la pratique éducatives. L'auteur plaide pour une approche holistique de la redéfinition de l'éducation à l'alphabétisation au XXIe siècle en mettant en lumière l'intersection de l'équité, des politiques et de la pédagogie. L'article souligne que relever ces défis nécessite la collaboration entre éducateurs, décideurs politiques et communautés.

Pour l'éducation K–12, l'article souligne la nécessité d'intégrer les compétences en littératie numérique dans le programme. Cela inclut l'enseignement aux élèves de la manière d'évaluer de manière critique l'information en ligne, de créer du contenu numérique et d'utiliser la technologie de manière responsable. Les écoles doivent également offrir un développement professionnel aux enseignants pour les aider à intégrer ces compétences dans leur enseignement. Concernant les compétences du XXIe siècle, l'article met l'accent sur l'importance de la littératie numérique, de la pensée critique et de la résolution de problèmes. Kinzer soutient que ces compétences sont essentielles pour que les élèves réussissent dans un monde en évolution rapide et que les systèmes éducatifs doivent s'adapter pour préparer les élèves à ces défis.

Okolo et al. (2007). Okolo et ses collègues se concentrent sur l'utilisation des technologies Web 2.0 pour soutenir l'apprentissage collaboratif chez les élèves en situation de handicap. Leur étude met en avant les fonctionnalités d'accessibilité des plateformes telles que les espaces de travail partagés et les forums de discussion virtuels, qui permettent une participation inclusive. Cependant, les auteurs identifient des défis dans l'adaptation de ces outils pour répondre à des besoins divers et soulignent l'importance de concevoir les technologies Web 2.0 en tenant compte de l'accessibilité. Okolo et al. (2007) visaient à examiner comment les environnements d'apprentissage de l'histoire basés sur le web peuvent améliorer l'enseignement de l'histoire et l'engagement de tous les élèves, y compris ceux en situation de handicap. Les auteurs souhaitent fournir des perspectives et des recommandations aux éducateurs sur l'intégration efficace de ces technologies dans leurs pratiques pédagogiques. L'article explore les avantages des environnements d'apprentissage de l'histoire en ligne, en particulier le Virtual History Museum (VHM), pour améliorer l'enseignement de l'histoire pour tous les apprenants. Les auteurs décrivent comment le VHM aide les enseignants à créer des unités d'histoire motivantes et basées sur l'investigation, et soutient les apprenants avec des handicaps ou d'autres difficultés d'apprentissage. Une étude pilote a démontré l'impact positif du VHM sur l'apprentissage de l'histoire et la participation des élèves de huitième année présentant des handicaps légers. Les auteurs ont utilisé une approche qualitative, incluant des études de cas, des entretiens avec des éducateurs et une étude pilote impliquant des élèves de huitième année présentant des handicaps légers.

La méthodologie impliquait l'analyse de l'efficacité du Virtual History Museum pour améliorer l'apprentissage et l'engagement en histoire. Les résultats indiquent que le Virtual History Museum a considérablement amélioré l'apprentissage de l'histoire et la participation des élèves. L'environnement en ligne a fourni des expériences d'apprentissage interactives et basées sur l'investigation, particulièrement bénéfiques pour les élèves avec des handicaps légers. L'étude a montré une participation accrue et un intérêt plus grand pour l'histoire parmi les élèves impliqués. Les implications de la recherche suggèrent que les environnements d'apprentissage de l'histoire en ligne peuvent être un outil précieux pour améliorer l'enseignement de l'histoire et le rendre plus accessible à tous les élèves. Les résultats mettent en avant l'importance de fournir un soutien et une formation adéquats aux enseignants pour utiliser ces technologies et les intégrer efficacement dans leur programme.

Okolo et al. (2007) soulignent le potentiel transformateur des environnements d'apprentissage de l'histoire en ligne pour pallier les limites de l'enseignement traditionnel de l'histoire. En tirant parti des outils interactifs et des ressources multimédias, ces plateformes peuvent améliorer l'engagement, l'accessibilité et la pensée critique. Les auteurs mettent l'accent sur l'importance de la formation des enseignants, de l'accès équitable et d'une mise en œuvre réfléchie pour maximiser les avantages de ces outils. L'article synthétise les résultats de la recherche et des exemples pratiques pour présenter une vue d'ensemble de l'impact des environnements d'apprentissage de l'histoire en ligne sur l'apprentissage et l'engagement des élèves. Il combine des perspectives théoriques avec des preuves empiriques pour soutenir l'utilisation de ces technologies dans l'éducation historique. Pour l'éducation K–12, l'article souligne la nécessité d'intégrer les environnements d'apprentissage de l'histoire en ligne dans le programme pour améliorer l'engagement et les résultats d'apprentissage des élèves. Il met également en évidence l'importance de fournir un développement professionnel aux enseignants pour les aider à utiliser efficacement ces outils et à soutenir les élèves aux besoins diversifiés. Concernant les compétences du XXIe siècle, l'article souligne le rôle des environnements d'apprentissage de l'histoire en ligne dans le développement de la littératie numérique, de la pensée critique et des compétences de résolution de problèmes. Ces technologies peuvent aider à préparer les élèves aux exigences du marché du travail moderne en favorisant des expériences d'apprentissage interactives et collaboratives.

Saad (2021) examine les dimensions psychologiques et sociales des outils Web 2.0 dans la promotion de la collaboration, en particulier leur impact sur la dynamique de groupe et la confiance. Ses résultats révèlent que bien que ces technologies puissent améliorer le travail d'équipe et la communication, elles introduisent également des risques tels que la mauvaise communication et la pensée de groupe. Saad souligne l'importance de développer des stratégies pour atténuer ces risques et assurer une collaboration productive. L'article a étudié le rôle des blogs dans une approche de gestion de projet pour l'enseignement et l'apprentissage, ciblant les étudiants considérés comme « à risque ». Cette étude exploratoire intègre la technologie dans l'éducation et met l'accent sur les aspects collaboratifs et communicatifs via les plateformes numériques, en accord avec les théories éducatives constructivistes. L'étude exploite le blogging comme outil collaboratif où les étudiants contribuent et interagissent avec le contenu de leurs pairs. Cela s'aligne sur la perspective constructiviste de Vygotsky selon laquelle l'apprentissage est amélioré par l'interaction sociale.

Les blogs facilitent la communication asynchrone, permettant aux étudiants d'articuler leurs pensées, de recevoir des retours et de perfectionner leurs idées. Ce processus réflexif est essentiel dans l'apprentissage constructiviste car il favorise l'enquête autonome. Les étudiants résolvent des problèmes de manière collaborative et créent du contenu pour le blog, reflétant les dynamiques de travail en équipe réelles. Ce processus reflète des expériences d'apprentissage authentiques, caractéristique du constructivisme. Saad (2021) démontre efficacement l'intégration des principes constructivistes de collaboration et de communication à travers les blogs dans l'enseignement et l'apprentissage. L'étude souligne comment une telle approche peut soutenir les « étudiants à risque » en favorisant un engagement actif, des expériences d'apprentissage partagées et une communication significative. Elle met également en évidence le potentiel des blogs comme outil éducatif transformateur dans un cadre de gestion de projet.

Scheibe (2004) explore l'adoption précoce des technologies Web 2.0 pour la communication professionnelle, en se concentrant sur leur capacité à rationaliser les flux de travail et à faciliter le partage des connaissances. Il souligne le potentiel de ces outils pour améliorer l'efficacité et la collaboration au sein des organisations. Cependant, Scheibe met également en garde contre une dépendance excessive à la communication numérique, qui pourrait entraîner une réduction des interactions interpersonnelles et une augmentation de l'isolement au travail. L'article plaide pour une redéfinition de l'alphabétisation pour inclure l'utilisation de la littératie médiatique afin de promouvoir « la pensée critique, la communication et les compétences technologiques » (p. 60) comme « un moyen efficace de répondre aux différents styles d'apprentissage » (p. 61). L'auteur conclut que ce projet a été un succès, ce qui, d'un point de vue de multi-littératie, permet aux étudiants et aux enseignants de travailler ensemble, de partager leurs efforts avec les autres et d'apprendre les uns des autres en créant un environnement d'apprentissage collaboratif. Par exemple, dans le cadre d'un projet spécifique, « Les étudiants des écoles élémentaires rurales, urbaines et suburbaines ont ensuite produit des vidéos numériques sur leurs communautés et les ont partagées avec les classes des autres écoles. Les étudiants ont été surpris de constater qu'il y avait de nombreuses similitudes dans leurs vidéos » (p. 61).

Les études examinées mettent collectivement en évidence l'impact transformateur des technologies Web 2.0 sur la collaboration et la communication dans divers contextes. Ces outils ont redéfini la manière dont les individus et les groupes se connectent, partagent des connaissances et travaillent ensemble, franchissant les barrières traditionnelles de temps et d'espace. Cependant, des défis tels que l'inégalité numérique, les problèmes d'accessibilité et les différences culturelles soulignent la nécessité d'une conception et d'une mise en œuvre réfléchies. En abordant ces défis et en tirant parti des perspectives de chercheurs tels qu'Almala, Aydede, Broussard et d'autres, les technologies Web 2.0 peuvent continuer à favoriser une collaboration et une communication significatives, stimulant l'innovation et l'inclusion à l'ère numérique.

Analyse thématique et perspectives : Collaboration et communication dans le Web 2.0 — Perspectives issues de la littérature

L'avènement des technologies Web 2.0 a révolutionné l'éducation en créant des opportunités dynamiques pour la collaboration et la communication. Ces technologies permettent aux éducateurs et aux apprenants de co-construire des connaissances, favorisant des expériences d'apprentissage interactives et participatives. Les théories de Piaget, Vygotsky et Bruner fournissent des perspectives critiques pour examiner le potentiel pédagogique de ces outils. Cette revue de littérature explore les liens, similitudes et différences entre les études clés, en se concentrant sur la manière dont les technologies Web 2.0 contribuent à la collaboration et à la communication dans l'éducation.

Technologies Web 2.0 : un changement de paradigme collaborative

Almala (2006) souligne le rôle transformateur des technologies Web 2.0 dans la création d'environnements centrés sur l'apprenant. En intégrant des outils tels que les blogs, wikis et médias sociaux, ces technologies facilitent la construction collaborative des connaissances. La perspective d'Almala s'aligne sur le constructivisme social de Vygotsky, qui met l'accent sur le rôle de l'interaction sociale et des outils culturels dans le développement cognitif. De même, Kim et al. (2005) soulignent la nature participative des plateformes Web 2.0, notant leur potentiel à favoriser la collaboration entre pairs et à renforcer la pensée critique.

En revanche, Broussard (2009) critique la dépendance excessive à la technologie comme solution autonome, affirmant que la collaboration efficace dépend de stratégies pédagogiques bien conçues. Cette vision résonne avec le concept d'étayage de Bruner, suggérant que les outils Web 2.0 sont les plus efficaces lorsqu'ils sont intégrés à des activités d'apprentissage structurées. Alors qu'Almala (2006) et Kim et al. (2005) célèbrent la démocratisation des connaissances, Broussard

(2009) préconise une approche équilibrée qui intègre la médiation des enseignants et la conception pédagogique.

Communication dans les environnements Web 2.0

La communication est au cœur des technologies Web 2.0. Kinzer (2010) explore comment la vidéoconférence et les forums en ligne soutiennent la communication synchrone et asynchrone. Ces plateformes étendent l'interaction en classe au-delà des limites physiques, permettant aux apprenants de participer à des discussions significatives à travers différentes localisations géographiques. Le concept de Zone de Développement Proximal (ZPD) de Vygotsky est particulièrement pertinent ici, car ces technologies offrent des opportunités d'étayage grâce au soutien des pairs et des mentors.

Keengwe et al. (2015) approfondissent cette discussion en examinant comment les outils Web 2.0 s'adaptent aux besoins d'apprentissage divers. Ils soulignent l'inclusivité de ces plateformes, permettant aux étudiants de communiquer en utilisant différents formats, notamment le texte, l'audio et la vidéo. Cependant, Okolo et al. (2007) mettent en garde contre les inégalités numériques, affirmant que les disparités d'accès et de littératie numérique peuvent créer des obstacles pour certains apprenants. Cette préoccupation s'aligne sur l'affirmation de Piaget selon laquelle la préparation développementale est cruciale pour un apprentissage significatif, mettant en évidence le besoin d'un accès équitable et d'un soutien adapté.

Collaboration et co-construction des connaissances

Aydede (2010) explore l'intersection entre la collaboration et la construction des connaissances dans les environnements Web 2.0, en se concentrant sur la manière dont ces outils facilitent la cognition partagée. Ses résultats s'alignent sur la vision de Bruner de l'apprentissage comme processus actif, où les individus construisent à partir des idées des autres pour co-créer la compréhension. Saad (2021) approfondit cette dynamique, soulignant le rôle des plateformes gamifiées et des outils d'apprentissage collaboratif dans la promotion de l'engagement et du travail d'équipe.

Scheibe (2004), quant à lui, offre une perspective historique sur l'évolution des technologies collaboratives, mettant en évidence le passage progressif des modèles d'apprentissage individualistes aux modèles collectifs. Alors que Saad (2021) se concentre sur le potentiel innovant des outils Web 2.0, Scheibe (2004) adopte une approche plus prudente, invitant les éducateurs à évaluer de manière critique les implications pédagogiques de l'intégration de la technologie dans les environnements d'apprentissage.

Similarités et divergences

Les études examinées s'accordent sur le fait que les technologies Web 2.0 ont un potentiel immense pour améliorer la collaboration et la communication. Les thèmes communs incluent l'importance de l'interaction, de l'inclusivité et de l'engagement des apprenants. Les théories de Piaget, Vygotsky et Bruner servent de cadre unificateur, mettant en évidence l'interaction entre la cognition individuelle, l'interaction sociale et l'étayage.

Cependant, des différences apparaissent dans l'accent mis sur la technologie par rapport à la pédagogie. Alors qu'Almala (2006) et Kim et al. (2005) se concentrent sur les avantages des outils Web 2.0, Broussard (2009) et Scheibe (2004) insistent sur la nécessité d'une évaluation critique et d'une conception pédagogique intentionnelle. Okolo et al. (2007) soulignent également les préoccupations concernant les inégalités numériques, un facteur souvent négligé dans les discussions plus optimistes sur le potentiel du Web 2.0.

Les technologies Web 2.0 ont transformé l'éducation, offrant des opportunités sans précédent pour la collaboration et la communication. En intégrant les perspectives de Piaget, Vygotsky et Bruner, cette revue met en évidence à la fois le potentiel transformateur de ces outils et les défis qu'ils posent. Les études soulignent l'importance de trouver un équilibre entre innovation technologique et pédagogie réfléchie afin de créer des environnements d'apprentissage équitables et efficaces. Alors que les éducateurs et les chercheurs continuent d'explorer les possibilités du Web 2.0, les principes d'apprentissage constructivistes resteront essentiels pour guider leurs efforts.

Tableau des attributs du sous-thème Collaboration et Communication Web 2.0 selon la littérature examinée

Ce tableau fournit un aperçu des approches et des descriptions des technologies Web 2.0 et de leur impact sur la collaboration et la communication tels qu'analysés dans des études sélectionnées. Il met en évidence les principaux thèmes, les fondements théoriques et les contextes géographiques des publications.

Tableau 11
Sous-thème Collaboration et Communication Web 2.0

Sous-thème Collaboration et Communication Web 2.0						
Classement	**Citation de l'article**	**Approche des technologies Web 2.0**	**Description de l'approche des technologies Web 2.0**	**Collaboration et communication Web 2.0**	**Description de la collaboration et de la communication Web 2.0**	**Pays de publication de l'article**
1	Almala (2006)	Environnements centrés sur l'apprenant	Intégration des blogs, des wikis et des médias sociaux pour permettre la construction collaborative des connaissances.	Collaboration interactive	L'accent est mis sur le constructivisme social à travers des outils participatifs.	États-Unis
2	Aydede (2010)	Construction collaborative des connaissances	Mettre l'accent sur la cognition partagée facilitée par les outils du Web 2.0.	Co-création des connaissances	Engagement par le biais de la construction collective d'idées.	Turquie
3	Broussard (2009)	Critique de la dépendance technologique	Plaidoyer pour une intégration équilibrée de la technologie et de la pédagogie.	Collaboration médiatisée par l'enseignant	Mettez l'accent sur la conception pédagogique et l'échafaudage.	États-Unis
4	Keengwe et al. (2015)	Diversité des besoins d'apprentissage	Utilisation d'outils de communication multimodaux pour favoriser l'inclusion.	Communication multimodale	Favoriser divers formats de communication pour la collaboration.	États-Unis
5	Kim et al. (2005)	Apprentissage participatif	Tirer parti de la collaboration entre pairs pour améliorer la pensée critique.	Interaction entre pairs	Encourager l'apprentissage collaboratif grâce à des outils participatifs.	Corée du Sud

6	Kinzer (2010)	Élargir les frontières de l'interaction	Utilisation de la vidéoconférence et des forums pour la communication mondiale.	Communication globale	Faciliter le dialogue interrégional.	États-Unis
7	Okolo et al. (2007)	Lutter contre les inégalités numériques	Mettre l'accent sur l'accès équitable à la technologie.	Équité dans la collaboration	Garantir l'inclusion dans les activités collaboratives.	États-Unis
8	Saad (2021)	Plateformes ludifiées	Intégration d'éléments de jeu pour renforcer l'engagement.	Apprentissage en équipe	Promouvoir la collaboration par la gamification.	Malaisie
9	Scheibe (2004)	Perspectives historiques	Analyse du passage des paradigmes individuels aux paradigmes collaboratifs.	Évaluation critique	Mettre en lumière les implications pédagogiques des outils collaboratifs.	Allemagne

En conclusion, le tableau souligne l'impact multifacette des technologies Web 2.0 sur l'amélioration de la collaboration et de la communication. Ces études offrent des perspectives en intégrant diverses approches et en reconnaissant les contributions théoriques des théoriciens constructivistes.

Le sous-thème Citoyenneté numérique Web 2.0 — Revue des articles sélectionnés

La citoyenneté numérique, ou citoyenneté en ligne, fait référence au comportement responsable et éthique attendu des individus dans les environnements numériques. Les technologies Web 2.0 encouragent la participation active, rendant essentiel pour les utilisateurs de connaître leurs droits numériques, leurs responsabilités et les considérations éthiques. Les aspects clés de la citoyenneté numérique incluent la compréhension de la confidentialité en ligne, la lutte contre le cyberharcèlement et la reconnaissance de l'impact à long terme des empreintes numériques. De plus, promouvoir une culture de responsabilité numérique nécessite de favoriser la littératie médiatique, d'encourager un discours respectueux en ligne et de traiter les dilemmes éthiques posés par les technologies émergentes. En donnant la priorité à la citoyenneté numérique, les sociétés peuvent créer des écosystèmes numériques plus sains et équitables, maximiser les avantages des technologies Web 2.0 tout en atténuant leurs défis.

L'évolution rapide des technologies Web 2.0 a redéfini la manière dont les individus interagissent, communiquent et s'engagent dans les espaces numériques. Ces avancées ont également donné naissance à la citoyenneté numérique, mettant en évidence les responsabilités et les considérations éthiques inhérentes aux interactions en ligne. Cette revue thématique examine comment divers chercheurs ont exploré la relation entre les technologies Web 2.0 et la citoyenneté numérique. Chaque article est analysé pour ses contributions à la compréhension de la manière dont ces technologies influencent le comportement numérique, la collaboration et l'engagement éthique. Les critiques suivantes fournissent des perspectives sur la manière dont les outils Web 2.0 s'alignent sur les principes de la citoyenneté numérique, notamment dans l'éducation, les interactions sociales et les considérations éthiques.

Broussard (2009)

L'étude de Broussard examine l'impact des technologies Web 2.0 sur les environnements collaboratifs, particulièrement dans les contextes académiques. L'article met en évidence le potentiel transformateur d'outils tels que les blogs, les wikis et les réseaux sociaux pour favoriser l'apprentissage participatif. Broussard souligne le double rôle de ces technologies : elles offrent des opportunités de partage des connaissances tout en posant des défis pour le maintien des normes éthiques et de la responsabilité en ligne. Un enseignement clé de cette étude est la nécessité pour les systèmes éducatifs d'intégrer efficacement les outils Web 2.0, afin que les apprenants deviennent des citoyens numériques responsables. L'article insiste sur l'importance de concilier innovation technologique et gestion des risques tels que la désinformation.

Keengwe et al. (2015)

Keengwe et ses collègues explorent l'intégration des technologies Web 2.0 dans les pratiques éducatives, en mettant l'accent sur l'amélioration de la collaboration et de l'engagement des étudiants. L'étude souligne la nécessité de cultiver les compétences de citoyenneté numérique, telles que le comportement éthique en ligne et la pensée critique, chez les étudiants. Une contribution majeure de cette recherche est la discussion sur le rôle des enseignants en tant que facilitateurs, aidant les étudiants à naviguer dans la complexité des outils Web 2.0 et à en assurer une utilisation responsable. Les auteurs abordent également des défis tels que l'équité numérique et la fracture numérique, soulignant l'importance de stratégies inclusives permettant à tous les apprenants de bénéficier de ces avancées technologiques.

Kulaca et al. (2024)

Kulaca et al. étudient la relation entre les technologies Web 2.0 et la citoyenneté numérique, notamment dans le contexte de l'engagement des jeunes. Leurs résultats montrent que les jeunes utilisent activement les outils Web 2.0 pour l'activisme social, démontrant leur potentiel comme plateformes favorisant la participation civique. L'étude souligne le rôle de l'éducation pour guider les étudiants à s'engager de manière responsable dans les espaces en ligne tout en promouvant la littératie numérique. Une conclusion clé est le potentiel des outils Web 2.0 pour donner voix aux groupes marginalisés, à condition que les considérations éthiques et l'étiquette numérique soient mises en avant. Les auteurs plaident pour un cadre global intégrant la citoyenneté numérique dans les programmes éducatifs numériques.

Martin et al. (2018)

Martin et ses collègues examinent comment les outils Web 2.0 contribuent à l'apprentissage collaboratif et au développement des compétences de citoyenneté numérique. Ils soutiennent que les forums de discussion et les documents collaboratifs encouragent l'engagement critique et la construction de communauté. Cependant, ils mettent également en garde contre une mauvaise utilisation de ces outils, soulevant des préoccupations telles que le cyberharcèlement et le plagiat. L'étude souligne l'importance de cultiver un sens de responsabilité et de reddition de comptes dans les espaces numériques, conformément aux principes de la citoyenneté numérique. Les auteurs suggèrent que les éducateurs jouent un rôle central en modélisant un comportement éthique et en cultivant une culture de respect dans les interactions en ligne.

Önür et Kozikoglu (2020)

Önür et Kozikoglu (2020) étudient le rôle des technologies Web 2.0 dans la formation des perceptions des étudiants sur la citoyenneté numérique. Leur étude montre que les étudiants équipés d'outils Web 2.0 sont plus susceptibles de participer activement en ligne, par exemple en partageant des connaissances et en contribuant à des discussions communautaires. Cependant, les auteurs soulignent des défis, notamment les pratiques non éthiques comme le plagiat et la diffusion de désinformation. L'étude insiste sur la nécessité d'interventions ciblées pour promouvoir un comportement éthique et la littératie numérique. Une recommandation clé est d'intégrer les principes de citoyenneté numérique dans les cadres éducatifs, afin que les étudiants soient préparés de manière responsable à naviguer dans le monde numérique.

Pacino et Noftle (2011)

Pacino et Noftle (2011) se concentrent sur le potentiel transformateur des technologies Web 2.0 dans l'éducation, en particulier leur rôle dans la promotion de la collaboration et de la littératie numérique. Ils affirment que ces outils offrent des opportunités uniques pour que les étudiants développent des compétences en pensée critique et en résolution de problèmes. Cependant, l'étude met également en évidence des défis liés à l'utilisation éthique des ressources numériques et à l'importance de la responsabilité en ligne. Les auteurs proposent des stratégies permettant aux enseignants d'intégrer les principes de citoyenneté numérique dans les programmes, garantissant que les étudiants maîtrisent les outils numériques et comprennent leurs implications éthiques.

Robertson (2009)

Robertson (2009) examine de manière critique les implications des technologies Web 2.0 pour la citoyenneté numérique, notamment dans la promotion de cultures collaboratives et participatives. L'article met en avant le potentiel de ces outils pour démocratiser l'accès à l'information et faciliter la construction de communauté. Cependant, Robertson aborde également les aspects négatifs du Web 2.0, tels que le harcèlement en ligne et l'érosion de la vie privée. L'étude appelle à une approche équilibrée, plaidant pour l'intégration de directives éthiques et d'une éducation à la citoyenneté numérique afin d'assurer une utilisation constructive et responsable des technologies Web 2.0.

Scheibe (2004)

Bien que le travail de Scheibe précède de nombreux outils modernes du Web 2.0, il fournit des perspectives fondamentales sur les considérations éthiques des technologies émergentes. L'article explore comment les plateformes numériques influencent les interactions sociales et discute des responsabilités des utilisateurs dans la navigation de ces espaces. Scheibe souligne l'importance de favoriser la littératie médiatique critique comme pierre angulaire de la citoyenneté numérique. Bien que les technologies numériques aient évolué depuis la publication de cette étude, les principes d'engagement éthique et de participation éclairée restent très pertinents. L'étude offre des orientations intemporelles sur l'intégration de la citoyenneté numérique à l'ère du Web 2.0.

Les articles examinés soulignent collectivement l'impact transformateur des technologies Web 2.0 sur l'interaction numérique et le besoin correspondant de cultiver la citoyenneté numérique. Ils mettent en évidence la double nature de ces technologies — servant d'outils pour la collaboration et l'autonomisation tout en posant des défis éthiques. À travers les études, l'accent est systématiquement mis sur le rôle de l'éducation pour guider les utilisateurs, en particulier les étudiants, vers une participation responsable et éthique dans les espaces numériques. En intégrant les principes de citoyenneté numérique dans les programmes et les pratiques numériques, la société peut exploiter pleinement le potentiel des outils Web 2.0 pour favoriser un monde numérique plus inclusif, éthique et participatif.

Analyse thématique et perspectives : le sous-thème Citoyenneté numérique Web 2.0 et les enseignements tirés de la littérature examinée

L'avènement des technologies Web 2.0 a transformé les interactions numériques, favorisant la collaboration, le contenu généré par les utilisateurs et les espaces en ligne participatifs. Cependant, ces innovations ont également soulevé des questions critiques concernant l'éthique numérique, la responsabilité et la citoyenneté numérique, c'est-à-dire les attitudes et pratiques nécessaires pour un engagement constructif dans la sphère numérique. Les théories de Piaget, Vygotsky et Bruner fournissent des perspectives précieuses sur la manière dont les individus construisent des connaissances, naviguent dans les dynamiques sociales et développent un comportement éthique dans les contextes numériques. Cette revue examine les liens, similitudes et différences entre huit articles scientifiques explorant les technologies Web 2.0 et la citoyenneté numérique, en mettant l'accent sur l'interaction entre la littératie numérique, l'engagement éthique et les pratiques éducatives.

Les technologies Web 2.0 comme outils collaboratifs

De nombreux articles examinés soulignent le rôle des outils Web 2.0 dans la promotion de la collaboration et de l'apprentissage participatif. Broussard (2009) explique comment les blogs, wikis et plateformes de médias sociaux créent des environnements académiques interactifs, reprenant le concept de zone de développement proximal (ZDP) de Vygotsky, où les apprenants progressent grâce à l'interaction sociale et aux expériences partagées. De même, Keengwe et al. (2015)

explorent l'intégration des outils Web 2.0 dans l'éducation, en insistant sur leur potentiel à améliorer l'engagement et la collaboration tout en plaidant pour un encadrement par les enseignants afin d'assurer une utilisation responsable. Martin et al. (2018) soutiennent cette perspective, notant que les forums de discussion favorisent l'apprentissage entre pairs, en accord avec l'accent mis par Bruner sur l'étayage, où les apprenants co-construisent les connaissances grâce à un soutien structuré.

Kulaca et al. (2024) prolongent cette discussion en examinant comment les technologies Web 2.0 favorisent l'activisme des jeunes, soulignant leur rôle dans l'amplification des voix marginalisées. Cela s'aligne sur la théorie de l'apprentissage actif de Piaget, qui suggère que les individus construisent la compréhension par l'engagement avec leur environnement. Alors qu'Önür et Kozikoglu (2020) mettent également l'accent sur la collaboration, leur étude sur les perceptions des étudiants révèle des lacunes dans l'application éthique, telles que la prévalence du plagiat. Leurs résultats suggèrent que la technologie seule ne peut garantir une participation responsable, renforçant la nécessité d'une éducation numérique éthique.

Citoyenneté numérique et engagement éthique

Le thème de la citoyenneté numérique émerge de manière prépondérante dans la littérature, en se concentrant sur l'éthique numérique, la pensée critique et le comportement responsable. Robertson (2009) critique la double nature des technologies Web 2.0, reconnaissant leur potentiel à favoriser la participation démocratique tout en exposant les utilisateurs à des risques tels que le cyberharcèlement et la désinformation. Cette perspective s'aligne sur la théorie de Vygotsky selon laquelle les outils sociaux façonnent le comportement et la cognition, soulignant la nécessité de cadres éthiques pour l'engagement numérique. Pacino et Noftle (2011) insistent sur le rôle des enseignants dans l'intégration des principes de citoyenneté numérique dans les programmes, en plaidant pour des stratégies favorisant la responsabilité et le respect dans les espaces en ligne.

Bien que précédant l'essor de nombreuses technologies Web 2.0 modernes, l'analyse fondamentale de Scheibe (2004) sur l'éthique numérique et la littératie médiatique reste très pertinente. Son travail souligne la nécessité de s'engager de manière critique avec les médias, en résonance avec les théories de Piaget sur le développement moral et la construction de cadres éthiques personnels. De manière similaire, Önür et Kozikoglu (2020) examinent les perceptions des étudiants sur la citoyenneté numérique, révélant que, bien que les outils Web 2.0 favorisent la participation active, des lacunes éthiques demeurent. Leur recherche met en évidence l'importance de mettre en place des stratégies éducatives structurées pour enseigner efficacement la citoyenneté numérique et promouvoir un comportement responsable dans le numérique.

Défis et limites des outils Web 2.0

Malgré leur potentiel, les articles examinés mettent en évidence des défis importants liés à l'utilisation des technologies Web 2.0 pour un engagement éthique et pratique. Broussard (2009) et Robertson (2009) soulignent les risques liés à la désinformation et à la diminution de la responsabilité dans le contenu généré par les utilisateurs, appelant à des initiatives de littératie numérique plus substantielles. Keengwe et al. (2015) abordent la question de l'équité numérique, notant que l'accès inégal aux outils Web 2.0 exacerbe la fracture numérique et limite la participation inclusive. De même, Önür et Kozikoglu (2020) et Martin et al. (2018) mettent en avant la prévalence des pratiques non éthiques, telles que le plagiat et le cyberharcèlement, soulignant la nécessité de renforcer l'éducation éthique.

Le rôle des éducateurs émerge comme un thème central pour relever ces défis. Pacino et Noftle (2011) soutiennent que les enseignants doivent être des modèles numériques en intégrant les principes de la citoyenneté numérique dans leurs pratiques pédagogiques. Cela s'aligne sur la théorie du curriculum spiralé de Bruner, qui suggère que les apprenants revisitent les concepts fondamentaux — tels que le comportement éthique — à des niveaux de complexité croissants. Kulaca et al. (2024) insistent également sur le fait que les cadres éducatifs devraient enseigner la littératie numérique et permettre aux étudiants d'utiliser les outils Web 2.0 pour l'engagement civique et l'activisme, favorisant ainsi un sens de la responsabilité et de l'autonomie.

Connexions, similitudes et differences

Dans l'ensemble des articles examinés, un accent partagé sur la collaboration, le comportement éthique et les stratégies éducatives souligne le potentiel transformateur des technologies Web 2.0. La plupart des chercheurs s'accordent sur l'importance de favoriser la littératie numérique et d'intégrer les principes de citoyenneté numérique dans les cadres éducatifs. Cependant, des différences apparaissent dans leur focus et leur approche. Par exemple, tandis que Broussard (2009) et Keengwe et al. (2015) se concentrent sur l'intégration en classe, Kulaca et al. (2024) et Robertson (2009) se penchent sur des implications sociétales plus larges, telles que l'activisme et la participation démocratique.

Une autre distinction clé réside dans la manière dont ces défis sont abordés. Keengwe et al. (2015) et Pacino & Noftle (2011) mettent l'accent sur le rôle des éducateurs pour atténuer les risques, tandis que Robertson (2009) et Önür et Kozikoglu (2020) soulignent les problèmes systémiques tels que la fracture numérique et la nécessité d'interventions politiques. Ces différences mettent en lumière la complexité de l'intégration des technologies Web 2.0 et la nature multifacette de la citoyenneté numérique, nécessitant à la fois des efforts individuels par l'éducation et un soutien institutionnel plus large.

La littérature examinée démontre que les technologies Web 2.0 ont un immense potentiel pour favoriser la collaboration, l'apprentissage participatif et l'engagement civique. Cependant, elles présentent également des défis importants, notamment pour garantir un comportement éthique et un accès équitable. Le concept de citoyenneté numérique émerge comme un cadre crucial pour aborder ces questions, soulignant la nécessité de littératie numérique, d'éducation éthique et de participation responsable.

Fondées sur les théories de Piaget, Vygotsky et Bruner, ces études mettent en évidence l'interaction entre l'interaction sociale, le développement moral et l'apprentissage guidé dans la navigation du monde numérique. En incorporant ces principes dans les pratiques éducatives et les cadres politiques, la société peut maximiser les bénéfices des technologies Web 2.0 tout en favorisant un avenir numérique plus inclusif et éthique.

Le tableau des attributs du sous-thème Citoyenneté numérique Web 2.0 selon la littérature examinée

Ce tableau présente une analyse comparative des articles scientifiques traitant des technologies Web 2.0 et de la citoyenneté numérique. Il met en évidence l'approche de chaque article à l'égard de ces technologies, décrit leurs implications éducatives et sociétales, et identifie le pays de publication.

Tableau 12
Tableau du sous-thème Citoyenneté numérique Web 2.0

Tableau du sous-thème Citoyenneté numérique Web 2.0						
#	**Citation de l'article**	**Approche des technologies Web 2.0**	**Description de l'approche des technologies Web 2.0**	**Citoyenneté numérique Web 2.0**	**Description de la citoyenneté numérique Web 2.0**	**Pays de publication de l'article**
1	Broussard (2009)	Outils collaboratifs	Se concentre sur les blogs, les wikis et les médias sociaux pour des environnements académiques interactifs.	Responsabilité numérique	Favorise les normes éthiques et la responsabilité dans la collaboration en ligne.	États-Unis
2	Keengwe et al. (2015)	Intégration éducative	Souligne le rôle des enseignants dans l'intégration d'outils visant à renforcer l'engagement et la collaboration.	Pensée critique	Favorise l'évaluation critique des outils numériques afin de développer des habitudes d'utilisation responsables.	États-Unis
3	Kulaca et al. (2024)	Engagement des jeunes	Met en lumière le rôle du Web 2.0 dans l'amplification des voix marginalisées et la promotion de l'activisme.	Participation civique	Permet aux étudiants de s'engager dans des actions civiques grâce aux plateformes Web 2.0.	Turquie
4	Martin et al. (2018)	Apprentissage collaboratif	Explore les forums et les plateformes d'échange entre pairs favorisant la pensée critique et la co-construction des connaissances.	Responsabilité numérique	Encourage la responsabilisation et les comportements responsables dans les interactions numériques.	États-Unis
5	Önür and Kozikoglu (2020)	Perceptions des étudiants	Analyser les points de vue des étudiants sur la collaboration et les questions	Comportement éthique	Il aborde les manquements à l'éthique et souligne la nécessité d'interventions ciblées.	Turquie

			éthiques telles que le plagiat.			
6	Pacino & Noftle	Stratégies éducatives	Aborde l'intégration de pratiques numériques responsables dans les stratégies pédagogiques.	Responsabilité et respect	Met l'accent sur le respect et la responsabilité dans les environnements d'apprentissage en ligne entre élèves et enseignants.	États-Unis
7	Robertson, M. (2009)	Cultures participatives	Critique des risques liés aux contenus générés par les utilisateurs tout en soulignant la démocratisation de l'information.	Engagement démocratique	Met en lumière les risques et les avantages des espaces numériques participatifs.	Australie
8	Scheibe (2004)	Éducation aux médias	Met l'accent sur l'engagement critique et les cadres éthiques dans la navigation sur les médias numériques.	Utilisation éthique des médias	Offre des perspectives fondamentales sur l'engagement éthique avec les médias.	États-Unis

En conclusion, le tableau illustre les diverses approches et perspectives adoptées par les chercheurs pour analyser les technologies Web 2.0 et leurs implications pour la citoyenneté numérique. Les résultats mettent en évidence la pertinence mondiale de ces thèmes tout en reflétant des contextes culturels et éducatifs variés.

Le thème des technologies Web 2.0 englobe un large éventail d'innovations qui ont transformé les interactions numériques, permettant aux utilisateurs de créer, partager et se connecter de manière autrefois inimaginable. Cependant, ces avancées introduisent également des défis importants, notamment le rapprochement de la fracture numérique, l'assurance de l'utilisation responsable des plateformes de réseaux sociaux et la promotion de la collaboration tout en favorisant une citoyenneté numérique éthique. En abordant ces sous-thèmes interconnectés, nous pouvons exploiter pleinement le potentiel des technologies Web 2.0 pour créer un écosystème numérique plus inclusif, collaboratif et responsable. Cette compréhension globale est essentielle pour façonner un avenir où les avantages du Web 2.0 sont accessibles à tous.

Les technologies Web 2.0 ont fondamentalement transformé la manière dont les individus interagissent, collaborent et s'engagent dans le monde numérique. Cette discussion explore quatre sous-thèmes clés — la fracture numérique, les réseaux sociaux, la collaboration et la communication, et la citoyenneté numérique — afin de mettre en évidence l'impact multifacette du Web 2.0.

Bien que ces technologies offrent de vastes opportunités d'innovation et de connectivité, leur adoption nécessite également une prise en compte attentive des implications sociales, éthiques et pratiques. Comprendre ces sous-thèmes est crucial pour tirer parti des technologies Web 2.0 afin de construire des environnements numériques plus inclusifs, participatifs et éthiques.

Chapitre 6

Le thème du stage en technologie éducative

Le stage en technologie éducative définit une occasion d'apprentissage pratique et expérientiel généralement intégrée aux programmes académiques axés sur la technologie éducative, la conception pédagogique ou des domaines connexes. Ce stage comble l'écart entre les connaissances théoriques et leur application concrète en immergeant les étudiants dans des expériences pratiques au sein de milieux éducatifs ou d'organisations. Un stage en technologie éducative prépare les étudiants à relever les défis dynamiques liés à l'intégration de la technologie dans l'éducation.

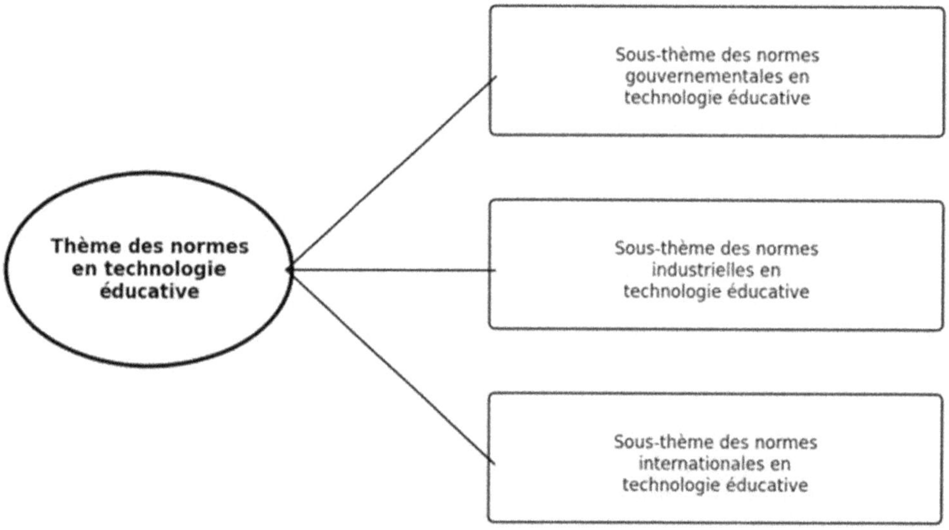

Figure 9: Thème du stage en technologie éducative et sous-thèmes

Cette approche garantit que les individus sont dotés des connaissances théoriques et des compétences pratiques nécessaires pour prospérer dans des environnements d'apprentissage axés sur la technologie. Le thème du stage en technologie éducative dans ce livre englobe trois sous-thèmes essentiels à l'enseignement et à l'apprentissage au XXIᵉ siècle : le curriculum en technologie éducative, la littératie technologique et les compétences du XXIᵉ siècle, comme illustré à la Figure 9. Ces sous-thèmes seront explorés en détail dans cette section.

Un curriculum en technologie éducative est un cadre structuré conçu pour guider les étudiants, les enseignants et d'autres parties prenantes dans l'intégration et l'utilisation efficaces de la technologie afin d'améliorer l'enseignement, l'apprentissage et les processus administratifs dans les milieux éducatifs. Ce curriculum combine des connaissances théoriques avec une application pratique, en mettant l'accent sur l'utilisation pédagogique de la technologie pour atteindre des objectifs académiques.

La littératie technologique est la capacité d'utiliser, d'évaluer et de s'adapter efficacement à la technologie pour accéder à l'information, l'analyser, la gérer et la communiquer. Elle implique des compétences techniques, de la pensée critique et une compréhension éthique, permettant aux individus d'interagir avec les outils et technologies numériques et d'en bénéficier dans la vie moderne.

Les compétences du XXIe siècle englobent un ensemble de compétences et de capacités essentielles nécessaires pour réussir dans un monde contemporain axé sur la technologie et connecté à l'échelle mondiale. Ces compétences dépassent les connaissances académiques traditionnelles et mettent l'accent sur la pensée critique, la résolution de problèmes, la communication, la collaboration, la créativité et la littératie numérique—toutes cruciales pour naviguer dans les défis dynamiques et complexes de la vie personnelle, professionnelle et civique.

Tableau 13
Tableau du thème du stage en technologie educative

Thème du stage en technologie éducative		
	Sous-thème	**Définition**
1	Technologie éducative – Programme d'études.	Le programme d'études en technologie éducative définit ce que les apprenants doivent savoir et être capables de faire avec la technologie, comme développer la littératie numérique, créer du contenu numérique ou utiliser l'analyse de données pour orienter l'enseignement. Dans le contexte de l'éducation de la maternelle à la terminale (K–12), le programme d'études en technologie éducative se concentre sur le développement de la littératie numérique et de l'utilisation responsable de la technologie chez les élèves, en intégrant des outils tels que les programmes de codage et les plateformes collaboratives.

2	Littératie technologique.	La littératie technologique implique l'acquisition de compétences techniques, la maîtrise de l'information, la communication numérique, la compréhension des implications éthiques de l'utilisation de la technologie, telles que la vie privée, le droit d'auteur et la sécurité des données, le suivi des technologies émergentes et l'adaptation aux nouveaux outils et plateformes, l'adoption des principes de l'apprentissage tout au long de la vie pour rester compétent dans un paysage technologique en évolution rapide, ainsi que l'application des compétences en pensée critique visant à utiliser la technologie pour résoudre des problèmes réels ou améliorer des processus dans divers contextes, y compris l'éducation, les affaires et la vie personnelle.
3	Compétences du XXIe siècle	Les compétences du XXIe siècle englobent les compétences en apprentissage et innovation, les compétences en littératie numérique, les compétences de vie et de carrière, ainsi que la conscience mondiale et civique. L'importance de ces compétences repose sur la nécessité de préparer la main-d'œuvre, de favoriser l'apprentissage tout au long de la vie et de soutenir le développement personnel continu. Ces compétences permettent aux individus de s'adapter à de nouveaux défis et de poursuivre leur croissance personnelle et professionnelle tout au long de leur vie.

Sous-thème du programme de technologie éducative – Revue de certains articles

Développer un programme de technologie éducative constitue une base essentielle pour l'expérience de stage, guidant les éducateurs dans la compréhension des aspects théoriques et pratiques de l'intégration de la technologie. Ce programme couvre divers sujets, y compris la conception pédagogique, la pédagogie numérique et l'utilisation éthique de la technologie dans l'éducation. Un programme bien structuré met l'accent sur l'alignement entre les outils technologiques et les objectifs éducatifs, garantissant que la technologie sert à améliorer l'apprentissage plutôt qu'à devenir une fin en soi. Grâce à l'exposition aux tendances émergentes telles que la ludification, les systèmes d'apprentissage adaptatif et la réalité virtuelle, les éducateurs apprennent à concevoir des expériences d'apprentissage innovantes et centrées sur l'élève. Le programme aborde également les stratégies d'évaluation, permettant aux enseignants de mesurer l'efficacité de la technologie pour atteindre les résultats d'apprentissage souhaités.

L'intégration de la technologie éducative dans les pratiques pédagogiques modernes a considérablement évolué, soulignant l'importance de l'application pratique et du développement du programme. Cette revue examine diverses publications académiques, en se concentrant sur le thème du stage en technologie éducative et le sous-thème du programme. Les articles discutés offrent des perspectives sur les pratiques innovantes, les cadres théoriques et les résultats empiriques contribuant au débat plus large sur le rôle de la technologie éducative dans l'amélioration de l'enseignement et de l'apprentissage.

Almadrones et Tadifa (2024)

Almadrones et Tadifa (2024) analysent de manière exhaustive comment les stages enrichis par la technologie influencent les compétences des enseignants stagiaires. L'étude souligne l'importance des simulations immersives et des environnements virtuels pour relier les connaissances théoriques aux pratiques d'enseignement réelles. À travers des preuves empiriques, les auteurs démontrent que les stages intégrant la technologie améliorent significativement la confiance et l'adaptabilité des futurs enseignants. L'article conclut en appelant les institutions à donner la priorité à l'inclusion d'outils technologiques avancés dans les programmes de formation des enseignants.

Almala (2006)

Almala (2006) explore l'intégration des principes constructivistes dans la conception de programmes basés sur la technologie. L'article met l'accent sur l'alignement de la technologie avec les approches d'apprentissage centrées sur l'élève, en présentant des exemples pratiques issus de différents contextes éducatifs. Une conclusion clé est l'argument en faveur de structures de programme flexibles capables d'accommoder les technologies émergentes. Le travail d'Almala fournit un cadre fondamental pour permettre aux enseignants d'exploiter la technologie afin de favoriser l'apprentissage actif et la pensée critique.

Aydede et collègues (2010)

Aydede et collègues (2010) examinent l'impact des outils numériques sur l'enseignement des sciences, en se concentrant sur l'engagement des étudiants et la compréhension conceptuelle. La recherche souligne l'efficacité des simulations interactives et du contenu multimédia pour clarifier des concepts scientifiques complexes. L'étude révèle des améliorations significatives des performances académiques et de la motivation des étudiants en comparant les méthodes d'enseignement traditionnelles aux stratégies enrichies par la technologie. Les résultats plaident pour l'intégration des outils numériques comme pratique standard dans les programmes de sciences.

Broussard (2009)

Broussard (2009) explore le rôle de la technologie dans la facilitation de l'enseignement différencié. L'article fournit des études de cas illustrant comment les plateformes d'apprentissage adaptatif répondent aux besoins divers des élèves, notamment dans les classes inclusives. Broussard souligne la nécessité de former les enseignants pour utiliser ces plateformes efficacement. L'étude conclut en préconisant un soutien au niveau des politiques afin de garantir un accès équitable à la technologie pour tous les apprenants.

Cheng et collègues (2024)

Cheng et collègues (2024) présentent une perspective prospective sur l'intégration de l'intelligence artificielle dans les programmes éducatifs. L'étude explore les outils basés sur l'IA pour l'apprentissage et l'évaluation personnalisés, mettant en évidence leur potentiel à transformer les pratiques pédagogiques traditionnelles. En analysant des études de cas, les auteurs démontrent l'évolutivité et l'efficacité de l'IA dans divers contextes éducatifs. L'article appelle à une approche équilibrée de la conception du programme, incorporant des considérations éthiques parallèlement aux avancées technologiques.

Crompton et Burke (2024)

Crompton et Burke (2024) examinent l'utilisation des technologies mobiles dans l'apprentissage expérientiel. La recherche se concentre sur les activités d'apprentissage sur le terrain augmentées par des applications et des dispositifs mobiles, illustrant leur rôle dans l'amélioration de l'engagement des étudiants et l'application concrète des connaissances. Les auteurs soutiennent que les programmes de formation des enseignants devraient inclure une formation aux technologies mobiles pour maximiser leur potentiel. Les résultats de l'étude mettent en évidence la nécessité pour les développeurs de programmes d'intégrer systématiquement des stratégies d'apprentissage mobile.

Durrington et collègues (2006)

Durrington et collègues (2006) abordent les défis et les bonnes pratiques pour créer des environnements d'apprentissage en ligne efficaces. L'article identifie des facteurs clés tels que la conception pédagogique, le soutien aux apprenants et l'infrastructure technologique qui influencent le succès des cours en ligne. À travers une analyse détaillée d'études de cas, les auteurs proposent un modèle pour intégrer ces éléments dans le développement de programmes en ligne. La recherche sert de guide aux enseignants visant à optimiser l'expérience d'apprentissage virtuelle.

Voogt et al. (2015)

Voogt et al. (2015) soulignent l'importance d'intégrer des outils numériques dans les environnements éducatifs grâce à des pratiques pédagogiques bien structurées. Leur étude montre comment la collaboration entre enseignants, concepteurs de programmes et développeurs technologiques peut favoriser des approches innovantes pour enseigner la pensée computationnelle et la littératie numérique. En examinant des mises en œuvre réussies dans différents contextes, les auteurs soulignent la valeur du soutien systémique et des partenariats durables pour renforcer la pertinence des programmes et soutenir l'intégration technologique à long terme dans les écoles.

Fletcher et Lu (2009)

Fletcher et Lu (2009) analysent le rôle de la ludification dans les environnements éducatifs, en particulier son impact sur la motivation et l'engagement des étudiants. La recherche fournit des preuves empiriques soutenant l'inclusion d'éléments basés sur le jeu dans les programmes pour favoriser un apprentissage approfondi. Les auteurs discutent des principes de conception de jeux éducatifs efficaces, en insistant sur l'alignement avec les objectifs d'apprentissage. L'article se termine par des recommandations pratiques pour que les enseignants intègrent la ludification dans leurs pratiques pédagogiques.

Georgantaki et Retalis (2007)

Georgantaki et Retalis (2007) explorent la conception et la mise en œuvre de systèmes d'apprentissage en ligne adaptatifs. L'article fournit une discussion détaillée sur la manière dont ces systèmes adaptent la diffusion du contenu en fonction des profils individuels des apprenants. La recherche souligne l'importance d'aligner les outils d'e-learning sur les objectifs du programme pour maximiser leur impact. Les auteurs appellent à une innovation continue dans les technologies adaptatives pour répondre efficacement aux besoins divers des apprenants.

Greenhow et Askari (2017)

Greenhow et Askari (2017) étudient l'utilisation des réseaux sociaux comme outil pédagogique dans l'enseignement supérieur. L'étude examine comment des plateformes telles que Twitter et Facebook peuvent faciliter l'apprentissage collaboratif et le discours critique. Les auteurs illustrent les avantages et les défis de l'intégration des réseaux sociaux dans le programme à travers des données qualitatives. L'article conclut par des lignes directrices pour que les enseignants exploitent les réseaux sociaux de manière responsable et efficace dans le cadre académique.

Hannafin et Foshay (2008)

Hannafin et Foshay (2008) discutent des fondements théoriques de l'intégration de la technologie dans la conception des programmes. Les auteurs proposent un cadre pour aligner les outils technologiques sur les stratégies pédagogiques afin d'améliorer les résultats d'apprentissage. À travers des études de cas, ils démontrent l'application de leur modèle dans différents contextes éducatifs. L'article souligne la nécessité d'un développement professionnel continu pour doter les enseignants des compétences requises à une intégration efficace de la technologie.

Radianti et al. (2020)

Radianti et al. (2020) ont réalisé une revue systématique des applications de réalité virtuelle immersive (VR) dans l'enseignement supérieur, en particulier dans les disciplines STEM. Leurs résultats indiquent que les environnements VR soutiennent l'apprentissage expérientiel en permettant aux étudiants d'explorer des contenus scientifiques et mathématiques complexes sous des formats interactifs et visuels. La revue a également identifié des éléments clés de conception — tels que les retours, l'interactivité et la narration — qui influencent significativement l'engagement des apprenants et la rétention des connaissances. Radianti et al. ont souligné que l'intégration de la VR dans les programmes STEM doit être pédagogiquement fondée pour améliorer efficacement les résultats d'apprentissage.

Alammary et al. (2019)

Alammary et al. (2019) explorent l'intégration de la technologie blockchain dans les contextes éducatifs, en particulier pour la gestion des dossiers académiques et des certifications. Leur revue systématique examine les implications de la blockchain pour renforcer la sécurité des données et la transparence. En analysant un éventail d'applications et de cas d'usage, les auteurs démontrent le potentiel de la blockchain à révolutionner les méthodes traditionnelles de vérification des certifications. L'étude préconise son inclusion dans les programmes de littératie numérique pour préparer les étudiants à un futur axé sur la technologie.

Keengwe et collègues (2015)

Keengwe et collègues (2015) discutent de l'utilisation des classes inversées pour améliorer l'apprentissage actif. La recherche souligne comment les ressources numériques, telles que les cours vidéo et les plateformes interactives, permettent aux étudiants de se familiariser avec le contenu avant les cours. Les auteurs insistent sur l'importance des activités en classe favorisant la collaboration et la pensée critique. Leurs résultats suggèrent que la classe inversée peut améliorer significativement l'engagement des étudiants et les résultats d'apprentissage lorsqu'elle est mise en œuvre efficacement.

Kim et collègues (2005)

Kim et collègues (2005) étudient le rôle des outils multimédias dans l'éducation de la petite enfance. L'article fournit des preuves sur la manière dont les médias interactifs améliorent le développement cognitif et social des jeunes apprenants. Les auteurs identifient les meilleures pratiques pour intégrer les outils multimédias dans les programmes de la petite enfance en analysant divers cas d'étude. L'étude conclut en soulignant la nécessité de former les enseignants pour garantir une utilisation efficace de ces outils.

Klein (2008)

Klein (2008) examine l'impact de l'enseignement à distance sur l'éducation des adultes. L'étude se concentre sur les défis et les opportunités liés aux cours en ligne pour les apprenants adultes. En évaluant des études de cas, Klein identifie des facteurs clés tels que la flexibilité, l'accessibilité et le soutien technologique qui influencent l'efficacité de l'enseignement à distance. L'article recommande des stratégies pour concevoir des programmes en ligne adaptés aux besoins spécifiques des apprenants adultes.

Lee et Hare (2007)

Lee et Hare (2007) étudient le rôle du récit numérique dans le renforcement des compétences en littératie. L'étude souligne comment l'apprentissage basé sur la narration à travers des outils multimédias favorise la créativité et la pensée critique chez les étudiants. Les auteurs présentent des exemples pratiques d'intégration du récit numérique dans les programmes de langue et littérature. Les résultats suggèrent que cette approche améliore la littératie et engage les étudiants dans un apprentissage significatif et réfléchi.

Morgan et VanLengen (2005)

Morgan et VanLengen (2005) explorent l'impact des technologies d'assistance pour soutenir les étudiants en situation de handicap. L'article aborde la manière dont des outils tels que les lecteurs d'écran, les logiciels de reconnaissance vocale et les dispositifs adaptatifs facilitent l'éducation inclusive. À travers des études de cas, les auteurs démontrent comment la technologie d'assistance améliore l'accessibilité et les résultats d'apprentissage. L'étude conclut par des recommandations aux décideurs et aux enseignants pour prioriser le financement et la formation en technologies d'assistance.

Nanthawong (2024)

Nanthawong (2024) examine l'intégration du codage et de la robotique dans l'enseignement primaire. L'étude analyse comment une exposition précoce aux concepts de programmation favorise les compétences en résolution de problèmes et en pensée computationnelle. En présentant des preuves issues de programmes pilotes, Nanthawong souligne les avantages de l'incorporation de la robotique dans le programme. L'article met en avant l'importance de la formation des enseignants et de l'allocation des ressources pour déployer efficacement ces initiatives.

Okolo et al. (2007)

Okolo et collègues (2007) explorent l'utilisation de la technologie pour soutenir les étudiants ayant des troubles d'apprentissage. La recherche se concentre sur la manière dont les outils numériques, tels que les organisateurs graphiques et les logiciels spécialisés, améliorent la compréhension et les compétences organisationnelles. À travers des études de cas, les auteurs illustrent l'impact positif de ces outils sur la performance académique. L'étude plaide pour l'intégration des technologies d'assistance dans les programmes classiques afin de promouvoir l'inclusion.

Plair (2008)

Plair (2008) examine le rôle du développement professionnel dans la préparation des enseignants à l'intégration de la technologie. L'article met en évidence des modèles de formation efficaces axés sur l'apprentissage pratique et le soutien continu. En analysant des études de cas, Plair montre comment les initiatives de développement professionnel renforcent la confiance et la compétence des enseignants dans l'utilisation de la technologie. L'étude conclut en recommandant une approche systémique du développement professionnel alignée sur les objectifs institutionnels.

Rodriguez et al. (2012)

Rodriguez et collègues (2012) étudient l'impact des environnements d'apprentissage collaboratifs en ligne sur l'engagement et la réussite des étudiants. L'étude souligne l'importance de l'interaction et du soutien entre pairs dans les environnements virtuels. En analysant les données de divers programmes en ligne, les auteurs identifient les meilleures pratiques pour favoriser un sentiment de communauté parmi les apprenants. L'article conclut par des recommandations pour concevoir des cours en ligne collaboratifs qui améliorent les résultats des étudiants.

Thomas (2007)

Thomas (2007) explore l'utilisation des tableaux blancs interactifs en classe. L'article souligne comment ces outils facilitent des stratégies d'enseignement dynamiques et interactives. À travers des études de cas, Thomas montre comment les tableaux blancs interactifs améliorent l'engagement des étudiants et la compréhension de concepts complexes. L'étude recommande d'intégrer ces tableaux blancs dans le programme pour améliorer le processus d'enseignement et d'apprentissage.

Zawilinski (2009)

Zawilinski (2009) examine l'utilisation des blogs dans le développement des compétences en littératie. L'article se concentre sur la manière dont le blogging favorise l'écriture réflexive et la pensée critique chez les étudiants. En analysant des mises en œuvre en classe, Zawilinski met en évidence le potentiel des blogs pour engager les étudiants dans des discussions significatives. L'étude conclut par des recommandations pour intégrer le blogging dans les programmes de langue et littérature afin de renforcer la littératie numérique.

Zhang et Tur (2024)

Zhang et Tur (2024) examinent l'utilisation de la réalité augmentée (AR) pour améliorer l'apprentissage expérientiel. L'article souligne comment les outils AR créent des environnements immersifs, permettant aux étudiants d'explorer des sujets complexes de manière interactive. En présentant des preuves issues de programmes pilotes, les auteurs démontrent des améliorations significatives de l'engagement des étudiants et de la rétention des informations. L'étude plaide pour l'intégration de l'AR dans les programmes afin de proposer des expériences d'apprentissage innovantes.

Les articles examinés soulignent collectivement le potentiel transformateur de la technologie éducative pour relier théorie et pratique et enrichir la conception des programmes. Ces travaux illustrent les diverses manières dont la technologie peut améliorer l'éducation, des systèmes d'e-learning adaptatifs aux outils basés sur l'IA et aux stratégies de ludification. À mesure que le domaine évolue, la recherche et l'innovation continues sont essentielles pour relever les défis émergents et maximiser les bénéfices des avancées technologiques dans l'éducation.

Analyse thématique et perspectives : Sous-thème du programme de technologie éducative et enseignements tirés de la littérature

L'intégration de la technologie éducative a transformé de manière significative les pratiques pédagogiques, créant de nouvelles opportunités pour relier connaissances théoriques et application pratique. Le thème du stage en technologie éducative et le sous-thème du programme de technologie éducative sont des domaines interconnectés qui préparent les éducateurs et les apprenants à s'adapter aux avancées technologiques dynamiques. Cette revue de la littérature explore les liens, similitudes et différences entre les articles, enrichis par les perspectives du constructivisme de

Piaget, de la théorie socioculturelle de Vygotsky et de l'accent de Bruner sur l'échelonnement et l'apprentissage par découverte.

Connexion des enseignements tirés de la littérature

De nombreux articles soulignent le rôle central de la technologie dans l'amélioration des programmes pour favoriser un apprentissage centré sur l'élève. Almadrones et Tadifa (2024) discutent du rôle des simulations immersives dans le développement des compétences des enseignants stagiaires, en accord avec la théorie de l'apprentissage actif de Piaget. De même, Almala (2006) plaide pour des programmes fondés sur des principes constructivistes, en résonance avec l'accent de Bruner sur la découverte et l'échelonnement. Les deux études soulignent l'importance d'impliquer les apprenants dans des expériences significatives et contextualisées, suggérant que la technologie devrait faciliter l'exploration et la résolution de problèmes.

Cheng et al. (2024) prolongent ce discours en intégrant l'IA et la blockchain dans le programme. Ces technologies introduisent des considérations éthiques et des opportunités d'apprentissage personnalisé à grande échelle. Ces avancées complètent le concept de Zone de Développement Proximal (ZPD) de Vygotsky, car des outils comme l'IA peuvent servir de supports experts, permettant aux apprenants de progresser au-delà de leurs capacités actuelles. De plus, l'étude de Zhang et Tur (2024) sur la réalité augmentée montre comment les environnements immersifs s'alignent sur l'accent de Piaget sur les expériences concrètes, favorisant la rétention et la compréhension de sujets complexes.

Fletcher et Lu (2009) ont exploré la ludification, qui s'accorde avec la théorie de Bruner en favorisant la motivation intrinsèque grâce à des expériences d'apprentissage structurées et ludiques. De même, Aydede et al. (2010) mettent en avant le rôle des simulations interactives dans l'enseignement des sciences, démontrant comment la technologie peut approfondir la compréhension conceptuelle grâce à l'engagement actif. Ces approches s'alignent sur les stades de développement cognitif de Piaget, permettant aux apprenants de progresser à leur rythme.

L'interaction sociale en tant que composante essentielle de l'apprentissage est bien articulée dans Greenhow et Askari (2017) et Rodriguez et al. (2012). En intégrant les réseaux sociaux et les plateformes collaboratives en ligne, ces études s'accordent avec la vision de Vygotsky selon laquelle l'apprentissage est un processus socialement médiatisé. De même, Durrington et al. (2006) proposent un modèle d'environnements d'apprentissage en ligne efficaces favorisant l'interaction, le soutien aux apprenants et la création de communauté.

Broussard (2009) et Morgan et VanLengen (2005) abordent la diversité des besoins en éducation. Ils explorent le rôle des technologies d'apprentissage adaptatives et des outils d'assistance pour l'inclusion. Ces études plaident pour des approches personnalisées répondant aux besoins variés des apprenants, en résonance avec l'échelonnement de Bruner et les parcours d'apprentissage individualisés de Piaget.

Perspectives contrastées

Alors que la plupart des articles soulignent les avantages de l'intégration de la technologie, des différences d'accent sont évidentes. Par exemple, Crompton et Burke (2024) mettent l'accent sur l'apprentissage mobile dans l'éducation expérientielle, tandis que Zawilinski (2009) souligne le blogging comme moyen de développer des compétences réflexives en littératie. De même, Radianti et al. (2020) mettent en avant le potentiel de la VR dans les disciplines STEM à travers une revue systématique, offrant une perspective spécifique au contenu qui complète le cadre plus large de Hannafin et Foshay (2008) pour l'intégration de la technologie dans diverses disciplines.

Les applications théoriques varient également. Par exemple, Voogt et al. (2015) insistent sur la collaboration communautaire, suggérant que la technologie devrait favoriser l'engagement local. Cette perspective contraste avec celle d'Alammary et al. (2019), centrée sur la blockchain, qui traite principalement des infrastructures numériques mondiales et de la transparence des certifications. Ces différences mettent en évidence la diversité des applications de la technologie pour répondre aux défis éducatifs locaux et systémiques.

Implications pour la pratique et la théorie

L'intégration de la technologie dans les programmes reflète un besoin croissant pour les enseignants de combiner efficacement pratiques traditionnelles et innovantes. En s'appuyant sur le constructivisme de Piaget, la technologie offre des opportunités d'exploration pratique et d'apprentissage actif. La ZPD de Vygotsky souligne le rôle des outils tels que l'IA et la réalité augmentée pour fournir des supports qui étendent les capacités des apprenants. L'accent mis par Bruner sur la découverte structurée est évident dans l'apprentissage ludifié et les multimédias interactifs, qui correspondent aux attentes modernes en matière d'engagement et d'autonomie.

Pour optimiser ces résultats, la formation des enseignants doit évoluer, comme l'ont souligné Plair (2008) et Thomas (2007). Les enseignants ont besoin de développement professionnel les dotant des compétences nécessaires pour utiliser la technologie comme un outil complémentaire et transformateur. Les efforts collaboratifs, tels que décrits par Voogt et al. (2015), sont essentiels pour construire des systèmes qui soutiennent un accès équitable et une innovation durable.

La littérature examinée souligne le potentiel transformateur de la technologie éducative pour améliorer les stages et le développement des programmes. Les articles montrent comment la technologie peut soutenir des expériences d'apprentissage actives, sociales et guidées en s'appuyant sur les théories fondamentales de Piaget, Vygotsky et Bruner. Bien que les différences de focus reflètent la diversité des applications de la technologie éducative, le consensus général est clair : une intégration efficace nécessite une conception réfléchie, des systèmes de soutien solides et un engagement envers l'équité. À mesure que la technologie évolue, la recherche et la pratique futures doivent privilégier l'adaptabilité et l'inclusion pour répondre aux besoins dynamiques des apprenants et des enseignants.

Analyse des approches du stage et du programme en technologie éducative

L'intégration de la technologie dans les pratiques éducatives a fondamentalement transformé la formation des enseignants. En particulier, le stage en technologie éducative et le programme de technologie éducative sont devenus des éléments essentiels pour préparer les futurs enseignants à la classe axée sur la technologie. Le stage représente l'expérience pratique sur le terrain où les enseignants stagiaires appliquent ce qu'ils ont appris dans des environnements réels, en utilisant souvent diverses technologies éducatives. Parallèlement, l'approche du programme se concentre sur les cadres théoriques et pédagogiques conçus pour intégrer systématiquement les technologies éducatives dans les programmes de formation des enseignants. Cette revue de la littérature examine les liens thématiques, les similitudes et les différences entre ces deux approches, en mettant l'accent sur leur rôle dans la préparation des enseignants et les résultats qu'elles visent à atteindre.

Stage en technologie éducative : expérience pratique avec la technologie

Le stage en technologie éducative se réfère à la composante pratique de la formation des enseignants où les étudiants interagissent avec la technologie dans des contextes réels. Comme le soutiennent Broussard (2009) et Durrington et al. (2006), le stage offre aux étudiants l'opportunité de tester et de perfectionner leur compréhension des technologies éducatives en les appliquant dans des environnements de classe authentiques. L'accent mis sur les expériences pratiques sur le terrain dans ces contextes est crucial pour améliorer la littératie numérique des enseignants (Greenhow & Askari, 2017) et renforcer leur confiance dans l'utilisation des outils numériques pour l'enseignement et l'évaluation. En participant à des stages, les candidats enseignants pratiquent la présentation des leçons et acquièrent des compétences pratiques dans l'intégration des technologies, telles que les multimédias, les systèmes de gestion de l'apprentissage et les applications mobiles (Cheng et al., 2024).

La connexion entre le stage et le programme devient apparente dans l'alignement des outils technologiques et des stratégies introduites dans les programmes de formation des enseignants. Par exemple, la pratique enrichie par la technologie permet aux enseignants d'appliquer les aspects théoriques appris via leur programme dans des environnements d'enseignement réels (Hannafin & Foshay, 2008). Comme le soulignent Almadrones et Tadifa (2024), le stage sert de pont entre la compréhension théorique de la technologie éducative et son application pratique, offrant un espace où les candidats peuvent perfectionner leur pratique avec le soutien de mentors et de superviseurs.

L'utilisation de la technologie dans les contextes de stage soutient également l'approche constructiviste de l'enseignement et de l'apprentissage. Dans ce contexte, les outils de technologie éducative favorisent l'apprentissage actif en encourageant les enseignants à créer des expériences d'apprentissage dynamiques, interactives et personnalisées (Rodriguez et al., 2012). Ainsi, le stage fournit un environnement aux futurs enseignants pour expérimenter les outils numériques et évaluer leur efficacité pour promouvoir l'apprentissage des étudiants, composante essentielle de la formation moderne des enseignants (Broussard, 2009).

Programme de technologie éducative : structuration de la formation des enseignants

Contrairement à la nature pratique du stage, le programme de technologie éducative se réfère au cadre éducatif planifié à travers lequel les candidats enseignants apprennent le rôle de la technologie dans l'éducation. L'approche curriculaire comprend souvent des composants théoriques et pratiques, intégrant les technologies émergentes dans les méthodes pédagogiques, les pratiques d'évaluation et les stratégies pédagogiques globales. Selon Almala (2006), un programme efficace doit offrir un mélange de compétence technologique et de compréhension pédagogique, permettant aux futurs enseignants de développer des compétences techniques et la capacité de réfléchir de manière critique sur la manière dont la technologie soutient les objectifs éducatifs.

La conception du programme est un facteur clé pour intégrer la technologie dans la formation des enseignants. Keengwe et al. (2015) soulignent qu'un modèle de programme intégré, qui combine théorie et pratique, aide les enseignants stagiaires à se familiariser avec des technologies telles que les tableaux blancs interactifs, les logiciels éducatifs et les plateformes d'apprentissage en ligne. Ces programmes adoptent souvent une approche progressive, où les étudiants développent progressivement des compétences dans l'utilisation de la technologie dans des contextes à faible risque avant de les appliquer dans des contextes réels. À mesure que les candidats progressent dans le programme, ils sont introduits à des outils plus sophistiqués et ont la possibilité de les tester en pratique, comme ils le feraient lors du stage.

Dans les programmes de technologie éducative, on observe une attention croissante aux pédagogies numériques (Georgantaki & Retalis, 2007). Les programmes de formation des enseignants doivent s'assurer que les futurs enseignants sont capables d'intégrer efficacement les outils numériques dans les environnements de classe. Cela peut aller du développement de plans de cours numériques à l'utilisation de systèmes de gestion de l'apprentissage pour l'évaluation et la communication avec les étudiants. Kim et al. (2005) soutiennent que le programme doit également inclure des opportunités permettant aux enseignants de développer des pratiques réflexives sur leur utilisation de la technologie, garantissant qu'ils ne soient pas seulement compétents dans les outils, mais qu'ils réfléchissent à l'impact de ces outils sur leurs pratiques pédagogiques.

Connexions entre les approches du stage et du programme

Malgré leurs différences, il existe une connexion significative entre le stage et l'approche curriculaire en technologie éducative. Les deux remplissent des fonctions complémentaires dans la formation des enseignants. Le programme fournit les connaissances et compétences fondamentales nécessaires pour utiliser efficacement la technologie, tandis que le stage offre un contexte pour appliquer et affiner ces compétences dans des situations réelles (Fletcher & Lu, 2009 ; Morgan & VanLengen, 2005).

Une connexion clé entre ces approches est leur objectif commun d'intégration technologique. Comme le discutent Crompton et Burke (2024), l'intégration de la technologie dans le programme et le stage garantit que les enseignants sont préparés à utiliser les outils numériques dans divers contextes pédagogiques. De plus, le programme et le stage partagent un accent sur l'apprentissage centré sur l'étudiant. En ce sens, la technologie n'est pas considérée comme une fin, mais comme un moyen d'améliorer l'engagement, la collaboration et la pensée critique des élèves.

La nature collaborative du stage le relie également au programme. De nombreux programmes mettent fortement l'accent sur la collaboration entre les enseignants stagiaires, les mentors et les superviseurs. Ce modèle collaboratif est également essentiel dans le programme, où les enseignants en formation travaillent avec leurs pairs pour concevoir et évaluer des leçons intégrant la technologie (Zawilinski, 2009). Grâce à ces expériences collaboratives, tant en classe que lors de la planification, les candidats enseignants peuvent échanger des idées et apprendre à intégrer la technologie pour répondre aux besoins divers des apprenants.

Tableau des attributs du sous-thème du programme de technologie éducative selon la littérature examinée

Ce tableau fournit un résumé complet des articles portant sur le thème du stage en technologie éducative et le sous-thème du programme. Il capture les approches, les descriptions et le pays de publication, offrant un aperçu détaillé des pratiques éducatives mondiales.

Tableau 14
Tableau du sous-thème du programme de technologie educative

Sous-thème du programme de technologie éducative						
Rang	**Référence de l'article**	**Approche du stage en technologie éducative**	**Description de l'approche du stage en technologie éducative**	**Programme de technologie éducative**	**Description du programme de technologie éducative**	**Pays de publication de l'article**
1	Almadrones & Tadifa (2024)	Stage enrichi par la technologie	Simulations immersives et environnements virtuels pour les enseignants en formation	Développement des programmes de formation des enseignants	Accent sur l'intégration des simulations pour une formation efficace des enseignants	Philippines
2	Almala (2006)	Intégration de la technologie constructiviste	Accent sur l'apprentissage centré sur l'étudiant grâce à des structures de programme flexibles	Cadres d'apprentissage actif	Conception de cadres favorisant la pensée critique	États-Unis
3	Aydede et al. (2010)	Outils numériques dans l'enseignement des sciences	Simulations interactives et contenus multimédias pour clarifier les concepts scientifiques.	Amélioration de l'enseignement des sciences	Renforcer la compréhension conceptuelle grâce à des outils interactifs.	Turquie
4	Broussard (2009)	Plateformes d'apprentissage adaptatif	Technologie pour faciliter l'enseignement différencié dans des classes inclusives.	Équité dans l'accès à l'éducation	Assurer une utilisation équitable de la technologie pour des apprenants diversifiés.	États-Unis

5	Cheng et al. (2024)	Outils de stage pilotés par l'IA	Apprentissage et évaluation personnalisés grâce à l'intelligence artificielle.	Modèles d'apprentissage personnalisé évolutifs	Mise en œuvre d'outils d'IA pour une éducation évolutive et personnalisée.	Chine
6	Crompton & Burke (2024)	Technologies mobiles dans l'apprentissage expérientiel	Apprentissage sur le terrain augmenté par des appareils mobiles et des applications.	Conception de programmes d'apprentissage expérientiel	Conception de programmes d'enseignement pour un apprentissage réel grâce aux outils mobiles.	États-Unis
7	Durrington et al. (2006)	Bonnes pratiques pour l'apprentissage en ligne	Modèles de conception pédagogique pour des environnements d'apprentissage en ligne efficaces.	Optimisation de l'apprentissage virtuel	Création de cadres pour l'engagement et le soutien des apprenants.	États-Unis
8	Voogt et al. (2015)	Intégration curriculaire des compétences du XXIe siècle	Accent sur l'intégration systématique des compétences numériques dans les programmes de formation des enseignants.	Conception de programmes d'enseignement orientés vers l'avenir	Conception de cadres curriculaires visant à développer la pensée critique, la collaboration, la maîtrise des TIC et les compétences en apprentissage tout au long de la vie.	Pays-Bas
9	Fletcher & Lu (2009)	Gamification dans l'éducation	Éléments d'apprentissage par le	Conception de programmes	Intégration des principes du jeu pour	États-Unis

			jeu pour renforcer la motivation et l'engagement.	centrés sur l'engagement	favoriser un apprentissage approfondi.	
10	Georgantaki & Retalis (2007)	Systèmes d'apprentissage en ligne adaptatifs	Diffusion de contenus personnalisés en fonction des profils des apprenants.	Expériences d'apprentissage individualisées	Conception de systèmes de diffusion de contenus pour une éducation personnalisée.	Grèce
11	Greenhow & Askari (2017)	Médias sociaux pour la collaboration	Utilisation de plateformes comme Twitter et Facebook pour faciliter le discours critique.	Développement collaboratif du programme scolaire	Intégration d'outils sociaux pour une participation active.	États-Unis
12	Hannafin & Foshay (2008)	Cadre pour l'intégration de la technologie	Alignement des outils avec les stratégies pédagogiques pour améliorer les résultats d'apprentissage.	Intégration de la technologie interdisciplinaire	Développement de cadres technologiques adaptables	États-Unis
13	Radianti et al. (2020)	Réalité virtuelle dans l'enseignement des STEM	Environnements immersifs permettant un engagement interactif avec les sujets STEM.	Conception innovante de programmes STEM	Promotion d'expériences d'apprentissage virtuelles pratiques.	Norvège
14	Alammary et al. (2019)	Blockchain dans l'éducation	Revue systématique des applications de la	Systèmes d'apprentissage basés sur la blockchain	Permettre des certifications académiques	Arabie Saoudite

			blockchain for transparency and security in education.		décentralisées et vérifiables	
15	Keengwe et al. (2015)	Pratiques de classe inversée	Encourager l'apprentissage actif grâce à des ressources numériques avant le cours.	Modèles de classe interactifs	Favoriser la collaboration et la pensée critique.	États-Unis
16	Kim et al. (2005)	Multimédia dans l'éducation de la petite enfance	Médias interactifs améliorant le développement cognitif et social.	Programmes d'apprentissage précoce	Mise en œuvre d'outils multimédias dans l'enseignement fondamental.	Corée
17	Klein (2008)	Apprentissage à distance pour adultes	Cours en ligne flexibles adaptés aux apprenants adultes.	Modèles d'éducation des adultes	Améliorer l'accessibilité pour l'apprentissage tout au long de la vie.	États-Unis
18	Lee & Hare (2007)	Narration numérique	Multimédia basé sur la narration pour favoriser la créativité et la pensée critique.	Intégration des arts du langage	Renforcement des compétences en littératie par le biais du récit.	Royaume-Uni
19	Morgan & VanLengen (2005)	Technologie d'assistance	Lecteurs d'écran et dispositifs adaptatifs pour une éducation inclusive.	Curriculum axé sur l'accessibilité	Améliorer l'accès pour les étudiants en situation de handicap.	États-Unis

20	Nan-thawong (2024)	Programmation et robotique dans l'enseignement primaire	Introduction aux concepts de programmation pour développer la pensée computationnelle.	Fondations STEM	Favoriser les compétences STEM précoces grâce à l'apprentissage pratique.	Thaïlande
21	Okolo et al. (2007)	Technologie pour les troubles d'apprentissage	Organisateurs graphiques et logiciels spécialisés pour améliorer les résultats d'apprentissage.	Modèles d'éducation inclusive	Répondre aux besoins d'apprentissage diversifiés grâce à la technologie.	États-Unis
22	Plair (2008)	Développement professionnel pour la technologie	Former les enseignants à intégrer efficacement la technologie dans leur enseignement.	Modèles d'autonomisation des enseignants	Renforcer la préparation des enseignants à l'intégration des technologies.	États-Unis
23	Rodriguez et al. (2012)	Apprentissage en ligne collaboratif	Environnements virtuels soutenus par les pairs pour un engagement accru.	Modèles en ligne centrés sur la communauté	Favoriser la collaboration dans les espaces numériques.	États-Unis
24	Thomas (2007)	Tableaux blancs interactifs	Outils dynamiques pour faciliter des stratégies d'enseignement engageantes.	Salles de classe riches en technologies	Amélioration de l'interactivité dans les environnements éducatifs.	États-Unis
25	Zawilinski (2009)	Blogging pour le développement de la littératie	Développer les compétences en écriture réflexive et en	Programmes d'alphabétisation numérique	Améliorer les compétences en lecture et écriture grâce au blogging.	États-Unis

			pensée critique.			
26	Zhang & Tur (2024)	Réalité augmentée dans l'apprentissage expérientiel	Outils immersifs pour explorer des sujets complexes de manière interactive.	Curriculum expérientiel en réalité augmentée	Intégration de la réalité augmentée pour un apprentissage innovant.	Chine

La revue complète met en évidence diverses approches pour intégrer la technologie éducative dans le cadre des pratiques de stage et de la conception des programmes. Les articles analysés démontrent des pratiques innovantes et des tendances mondiales dans l'exploitation de la technologie pour améliorer l'enseignement et l'apprentissage. Ces résultats soulignent l'importance de l'adaptabilité, de l'inclusivité et de la scalabilité dans l'éducation moderne.

Différences entre les approches du stage et du programme

Bien que le stage et le programme soient liés, leurs objectifs et leur focalisation diffèrent. Le stage est très expérientiel, offrant des contextes réels où les enseignants peuvent appliquer des outils technologiques en milieu scolaire. Son objectif principal est de perfectionner la capacité des enseignants à utiliser la technologie dans des environnements d'enseignement en direct, leur permettant de s'adapter aux nuances de la dynamique de la classe, aux besoins des élèves et à l'intégration technologique (Aydede et al., 2010). En revanche, le programme se concentre principalement sur la préparation des enseignants à travers un apprentissage structuré, garantissant qu'ils acquièrent une compréhension large de la technologie éducative et de ses fondements théoriques (Zhang & Tur, 2024).

De plus, le stage se concentre sur le développement personnalisé des enseignants, mettant l'accent sur le mentorat et les retours d'expérience. Parallèlement, le programme peut adopter une approche plus uniforme de la formation technologique, avec des résultats d'apprentissage et des évaluations standardisés. Le programme garantit que tous les candidats enseignants reçoivent la même formation de base en technologie éducative, tandis que le stage offre une expérience plus individualisée en fonction du contexte d'enseignement et du style pédagogique de l'enseignant (Hannafin & Foshay, 2008).

En conclusion, le stage et le programme en technologie éducative représentent deux approches essentielles pour intégrer la technologie dans la formation des enseignants. Le programme fournit une base théorique, offrant aux enseignants les connaissances et compétences nécessaires pour intégrer la technologie dans leurs pratiques pédagogiques. Parallèlement, le stage permet aux enseignants en formation d'appliquer ces compétences dans des classes réelles, où ils peuvent perfectionner leurs techniques d'enseignement et utiliser la technologie de manière significative. Les deux approches sont essentielles pour préparer les enseignants à réussir dans un environnement éducatif de plus en plus axé sur la technologie et, ensemble, elles constituent la pierre angulaire de la formation moderne des enseignants.

Sous-thème de la littératie en technologie éducative – Revue d'articles sélectionnés

La littératie technologique est un élément fondamental du stage en technologie éducative, soulignant l'importance d'équiper les enseignants avec les compétences et la confiance nécessaires pour naviguer et utiliser efficacement les outils numériques. Au-delà de la simple maîtrise opérationnelle, la littératie technologique inclut l'évaluation critique des ressources numériques, le dépannage technique et l'adaptation aux nouvelles technologies en constante évolution.

Dans le cadre du stage, les enseignants participent à des activités pratiques qui améliorent leur capacité à intégrer la technologie de manière fluide dans la planification des leçons et la gestion de la classe. La littératie technologique favorise également la citoyenneté numérique chez les élèves, en leur apprenant à utiliser la technologie de manière responsable, éthique et sécurisée. Les enseignants peuvent modéliser et transmettre ces compétences essentielles en développant leur propre littératie et en préparant les élèves aux défis et opportunités d'un monde connecté numériquement.

L'évolution du paysage de la technologie éducative met en évidence ses applications pratiques en classe et le besoin critique de littératie numérique. Cette revue explore diverses recherches académiques sur le thème du stage en technologie éducative et le sous-thème de la littératie. Chaque article est analysé pour ses contributions à la compréhension de la manière dont la technologie soutient les expériences d'apprentissage pratiques et favorise les compétences numériques essentielles chez les enseignants et les apprenants.

Kim et al. (2005) étudient le rôle des médias multimédias dans l'éducation préscolaire, en se concentrant sur leur impact sur le développement cognitif et social. Leurs résultats soulignent le potentiel des médias interactifs pour améliorer la littératie numérique des jeunes apprenants en introduisant de manière engageante des compétences fondamentales. Les auteurs préconisent des conceptions de programmes intégrant des outils multimédias tout en veillant à ce que les enseignants reçoivent une formation adéquate pour maximiser leur efficacité. Cette approche s'aligne sur l'objectif plus large de favoriser la littératie numérique dès le plus jeune âge.

Kinzer (2010) explore l'intégration de la technologie dans l'enseignement de la lecture et de l'écriture, en mettant l'accent sur son rôle dans le développement des compétences critiques en lecture et en écriture. L'article met en lumière des pratiques innovantes telles que le récit numérique et le blogging, qui impliquent les élèves dans un apprentissage réfléchi et collaboratif. Kinzer soutient que la littératie numérique est essentielle pour naviguer dans les complexités de la communication moderne. L'étude conclut avec des recommandations pour intégrer ces pratiques dans les programmes de formation des enseignants afin de les préparer à des classes riches en technologies.

Kulaca et al. (2024) se concentrent sur les approches gamifiées de l'enseignement de la littératie numérique, démontrant comment l'apprentissage par le jeu améliore la motivation et l'engagement. L'étude montre que la gamification améliore la maîtrise technologique et favorise les compétences en résolution de problèmes et en collaboration. En alignant les mécaniques de jeu sur les objectifs d'apprentissage, les auteurs montrent le potentiel de la gamification pour soutenir les aspects de stage et de littératie de la technologie éducative. L'article conclut par un appel à des recherches supplémentaires sur l'impact à long terme de la gamification sur les résultats d'apprentissage.

Lee et al. (2024) analysent l'utilisation des outils de réalité augmentée (RA) pour améliorer l'apprentissage expérientiel et la littératie numérique. L'étude révèle comment les applications RA créent des environnements d'apprentissage immersifs qui facilitent la résolution de problèmes complexes et la pensée critique. En alignant les technologies RA sur les objectifs du programme, les auteurs soutiennent que ces outils comblent le fossé entre la connaissance théorique et l'application pratique. L'étude souligne l'importance d'intégrer la RA dans les programmes de formation des enseignants pour garantir son adoption efficace en milieu éducatif.

Morgan et VanLengen (2005) explorent le rôle de la technologie d'assistance dans la promotion d'une éducation inclusive, en particulier pour les élèves en situation de handicap. L'article illustre comment des outils tels que les lecteurs d'écran et les logiciels de synthèse vocale soutiennent l'accessibilité et la littératie numérique. En mettant l'accent sur les applications concrètes, les auteurs soulignent l'importance d'équiper les enseignants des compétences nécessaires pour intégrer les technologies d'assistance dans leur enseignement. Cela s'aligne sur les objectifs plus larges de promotion de l'inclusion et de la compétence technologique dans des classes diversifiées.

Okolo et al. (2007) étudient l'utilisation des organisateurs graphiques et des logiciels spécialisés pour soutenir les élèves ayant des troubles d'apprentissage. L'étude met en évidence la manière dont ces outils améliorent la compréhension et les compétences organisationnelles tout en favorisant la littératie numérique. En intégrant la technologie dans l'enseignement différencié, les auteurs démontrent son potentiel pour répondre à des besoins d'apprentissage diversifiés. L'étude conclut par un appel à des politiques favorisant un accès équitable aux technologies éducatives pour tous les apprenants.

Pörn et al. (2024) explorent l'intersection entre la littératie numérique et l'apprentissage collaboratif dans l'enseignement supérieur. L'étude met en évidence la manière dont les plateformes cloud permettent une collaboration en temps réel et favorisent les compétences de pensée critique. En soulignant le rôle des outils numériques dans la création d'environnements d'apprentissage dynamiques, les auteurs préconisent l'intégration de ces technologies dans les expériences de stage. L'étude conclut par des recommandations pour exploiter les outils collaboratifs afin d'améliorer les pratiques pédagogiques et la littératie numérique.

Scheibe (2004) examine le rôle de la littératie médiatique dans l'éducation K–12, en se concentrant sur la manière dont les élèves analysent de manière critique le contenu numérique.

L'article souligne l'importance d'apprendre aux élèves à évaluer la crédibilité de l'information et à considérer les aspects éthiques dans les espaces en ligne. Scheibe démontre comment la littératie médiatique peut être intégrée dans diverses matières à travers des études de cas. L'étude conclut que favoriser la littératie médiatique critique est essentiel pour préparer les élèves à naviguer de manière responsable dans le paysage numérique.

Wang et al. (2024) analysent l'intégration de l'intelligence artificielle (IA) pour favoriser l'apprentissage personnalisé et la littératie numérique. L'étude souligne comment les outils d'IA s'adaptent aux besoins individuels des apprenants, leur permettant d'interagir avec le contenu à leur rythme. Les auteurs mettent en avant le potentiel de l'IA pour transformer les pratiques éducatives traditionnelles à travers des études de cas. L'étude se conclut par une discussion sur les implications éthiques de l'IA en éducation et son rôle dans la conception des futurs programmes.

Zawilinski (2009) étudie le blogging comme outil pour améliorer les compétences en littératie à l'ère numérique. L'article met en évidence comment le blogging favorise l'écriture réflexive, la pensée critique et la collaboration entre élèves. L'étude analyse des mises en œuvre en classe pour démontrer comment les blogs peuvent être intégrés dans les programmes d'arts linguistiques afin de promouvoir la littératie numérique. L'article conclut par des recommandations pratiques pour les enseignants sur l'utilisation des blogs afin de créer des expériences d'apprentissage engageantes et significatives.

Les articles examinés soulignent l'importance d'intégrer la technologie éducative dans les expériences de stage et les programmes axés sur la littératie. Ces études mettent en évidence diverses stratégies pour favoriser la littératie numérique dans les contextes académiques, allant de la gamification et des outils pilotés par l'IA au blogging et à la réalité augmentée. En dotant les enseignants des compétences nécessaires pour naviguer et mettre en œuvre ces technologies, le domaine peut continuer à s'adapter aux besoins évolutifs des apprenants du XXIe siècle.

Cette revue souligne la nécessité de poursuivre la recherche et le développement professionnel afin de garantir que la technologie éducative reste efficace et équitable.

Analyse thématique et perspectives : le sous-thème du stage en technologie éducative et les enseignements tirés de la littérature examinée

La technologie éducative est devenue une pierre angulaire de la pédagogie moderne, améliorant les pratiques en classe et favorisant la littératie numérique. Cette revue examine les liens entre le thème du stage en technologie éducative et le sous-thème de la littératie en technologie éducative en intégrant les théories fondamentales de Piaget, Vygotsky et Bruner. Les études sélectionnées mettent en évidence diverses approches pour améliorer l'enseignement et l'apprentissage grâce à la technologie, révélant des similitudes, des différences et des implications clés pour la pratique éducative.

Connexion des perspectives issues de la littérature examinée

L'intégration de la technologie dans les pratiques éducatives met en évidence des points communs parmi les articles examinés dans la promotion d'un apprentissage actif et centré sur l'élève. Par exemple, Keengwe et al. (2015) et Kim et al. (2005) soulignent le rôle des outils numériques dans le renforcement de l'engagement et de l'autonomie. Keengwe et al. se concentrent sur le modèle de la classe inversée, où les étudiants interagissent avec du contenu numérique en dehors de la classe et construisent des connaissances fondamentales grâce à des activités en classe. Cette approche s'aligne sur la théorie de l'étayage de Bruner. Parallèlement, Kim et al. explore le rôle du multimédia dans l'éducation de la petite enfance, démontrant comment la technologie peut être introduite pour compléter les besoins développementaux des jeunes apprenants, conformément aux stades de développement cognitif de Piaget.

Kinzer (2010) et Zawilinski (2009) examinent l'application des outils de littératie tels que les blogs et le récit numérique, en soulignant leur rôle dans le développement de la pensée critique et de la collaboration. Ces pratiques reflètent la théorie socioculturelle de Vygotsky, car elles utilisent l'interaction sociale pour améliorer les résultats d'apprentissage. De même, Pörn et al. (2024) explorent le potentiel des plateformes collaboratives dans l'enseignement supérieur, illustrant comment les outils cloud permettent une interaction en temps réel et un discours critique. L'alignement de ces outils sur le concept de Zone de Développement Proximal (ZDP) de Vygotsky souligne leur efficacité pour combler les lacunes de connaissances.

Une approche adaptée aux besoins divers des apprenants est évidente dans les études de Okolo et al. (2007) et Morgan & VanLengen (2005), qui se concentrent sur les technologies d'assistance pour les étudiants en situation de handicap. Ces études s'alignent sur le cadre constructiviste de Piaget en mettant l'accent sur des parcours d'apprentissage individualisés tout en intégrant la théorie de l'étayage de Bruner pour soutenir la progression des apprenants. De même, Scheibe (2004) souligne l'importance de la littératie médiatique, plaidant pour la capacité des élèves à évaluer de manière critique le contenu numérique—une compétence qui résonne avec l'accent mis par Piaget sur la pensée logique et la résolution de problèmes.

Implications pour la pratique et la théorie

Les articles examinés démontrent collectivement que l'intégration efficace de la technologie nécessite un alignement avec les principes pédagogiques. Selon le constructivisme de Piaget, la technologie devrait offrir des opportunités d'exploration pratique et d'apprentissage actif. L'accent mis par Vygotsky sur l'interaction sociale souligne la nécessité de plateformes collaboratives et d'environnements d'apprentissage soutenus par les pairs. Parallèlement, la théorie de l'étayage de Bruner met en évidence l'importance de concevoir une technologie qui s'adapte aux stades développementaux des apprenants.

Le développement professionnel des enseignants émerge comme un facteur critique pour maximiser les avantages de la technologie. Les études de Keengwe et al. (2015) et Okolo et al. (2007) soulignent l'importance de doter les enseignants des compétences nécessaires pour mettre en œuvre efficacement les outils numériques. De plus, favoriser la littératie numérique à travers les programmes, comme le préconisent Scheibe (2004) et Wang et al. (2024), garantit que les étudiants sont préparés à naviguer et à évaluer de manière critique le monde numérique.

L'intégration de la technologie éducative dans les programmes de stage et les curricula axés sur la littératie démontre son potentiel transformateur pour favoriser un apprentissage actif et les compétences numériques. En s'appuyant sur les théories fondamentales de Piaget, Vygotsky et Bruner, la littérature examinée souligne l'importance d'aligner la technologie sur les principes pédagogiques pour obtenir des résultats d'apprentissage significatifs. Bien que les méthodologies et les outils varient, l'objectif général reste clair : autonomiser les enseignants et les apprenants grâce à des applications technologiques réfléchies, inclusives et innovantes. À mesure que le domaine continue d'évoluer, les recherches futures doivent privilégier l'adaptabilité, l'équité et les considérations éthiques pour répondre aux besoins dynamiques de l'éducation au XXIe siècle.

Perspectives contrastées

Bien que les articles examinés partagent des thèmes communs, leurs méthodologies et points focaux révèlent des différences clés. Par exemple, Lee et al. (2024) et Kulaca et al. (2024) examinent des technologies émergentes telles que la réalité augmentée (RA) et la gamification. Lee et al. plaident pour les capacités immersives de la RA dans le renforcement de la littératie numérique et de la résolution pratique de problèmes, en s'alignant sur la théorie de l'apprentissage par découverte de Bruner. En revanche, Kulaca et al. se concentrent sur la gamification comme outil de motivation et de développement des compétences, démontrant son efficacité pour favoriser l'engagement et la collaboration. Bien que les deux approches mettent l'accent sur l'apprentissage expérientiel, leur application et leurs résultats escomptés diffèrent.

Wang et al. (2024) explorent l'intelligence artificielle (IA) en éducation, en se concentrant sur sa capacité à personnaliser les expériences d'apprentissage. L'IA s'adapte aux besoins individuels des apprenants, reflétant le concept de ZDP de Vygotsky en fournissant un étayage adapté qui étend les capacités des apprenants. Cela contraste avec Kinzer (2010) et Zawilinski (2009), qui se concentrent sur les outils de littératie et adoptent une approche plus traditionnelle et centrée sur l'humain pour favoriser la littératie numérique. Ces différences soulignent l'évolution du paysage de la technologie éducative et la diversité des manières dont elle peut être appliquée.

Tableau des attributs du sous-thème de la littératie en technologie éducative selon la littérature examinée

Ce tableau fournit un résumé détaillé des articles portant sur le thème du stage en technologie éducative et le sous-thème de la littératie en technologie éducative. Chaque entrée capture les approches, descriptions et pays de publication, offrant des perspectives sur les pratiques éducatives à l'échelle mondiale.

Tableau 15
Tableau du sous-thème : Littératie en technologie educative

Littératie en technologie éducative						
Classement	**Citation de l'article**	**Approche du stage en technologie éducative**	**Description de l'approche du stage en technologie éducative**	**Littératie en technologies éducatives**	**Description de la littératie en technologies éducatives**	**Pays de publication de l'article**
1	Keengwe et al. (2015)	Pratiques de la classe inversée	Encourager l'apprentissage actif grâce à des ressources numériques avant le cours.	Littératie numérique active	Favoriser la collaboration et la pensée critique grâce à des modèles interactifs.	États-Unis
2	Kim et al. (2005)	Multimédia dans l'éducation de la petite enfance	Les médias interactifs renforcent le développement cognitif et social.	Littératie numérique fondamentale	Introduction des compétences numériques fondamentales dans les contextes d'apprentissage précoce.	Corée
3	Kinzer (2010)	Récits numériques et blogs	Impliquer les étudiants dans des pratiques de littératie réfléchies et collaboratives.	Littératie numérique critique	Développer des compétences de lecture et d'écriture critiques dans des contextes numériques.	États-Unis
4	Kulaca et al. (2024)	Stratégies d'apprentissage ludifié	Motiver et engager les apprenants grâce à des approches basées sur le jeu.	Littératie de l'engagement	Améliorer la résolution de problèmes et la collaboration grâce à la ludification.	Turquie
5	Lee et al. (2024)	Réalité augmentée dans	Créer des environnements immersifs pour renforcer	Littératie numérique immersive	Exploiter la réalité augmentée pour promouvoir	Chine

		l'apprentissage expérientiel	les compétences en résolution de problèmes.		des compétences numériques pratiques.	
6	Morgan & VanLengen (2005)	Technologies d'assistance pour l'inclusion	Outils favorisant l'accessibilité et des environnements d'apprentissage équitables.	Littératie numérique inclusive	Autonomiser les étudiants en situation de handicap grâce à la technologie.	États-Unis
7	Okolo et al. (2007)	Technologie pour les troubles de l'apprentissage	Utiliser des organisateurs graphiques et des logiciels pour soutenir la compréhension.	Littératie adaptée	Adapter les outils numériques aux besoins d'apprentissage diversifiés.	États-Unis
8	Pörn et al. (2024)	Plateformes d'apprentissage collaboratif	Outils basés sur le cloud permettant l'interaction en temps réel et la pensée critique.	Littératie numérique collaborative	Favoriser le travail d'équipe et l'apprentissage dynamique dans des environnements virtuels.	Finlande
9	Scheibe (2004)	Programmes de littératie médiatique	Apprendre aux étudiants à analyser et évaluer de manière critique le contenu numérique.	Littératie médiatique critique	Promouvoir une utilisation éthique et éclairée des médias numériques.	États-Unis
10	Wang et al. (2024)	Apprentissage personnalisé piloté par l'IA	Adapter les expériences d'apprentissage aux besoins individuels à l'aide de l'IA.	Littératie numérique dirigée par l'IA	Autonomiser les apprenants grâce à des outils numériques personnalisés.	Chine
11	Zawilinski (2009)	Blogging dans le développement de la littératie	Utiliser les blogs pour favoriser l'écriture réflexive	Littératie numérique réflexive	Renforcer la pensée critique et les compétences en	États-Unis

			et la collaboration.		communication grâce au blogging.	

Les articles examinés démontrent une gamme diversifiée de stratégies pour intégrer la technologie dans les programmes axés sur le practicum et la littératie. En alignant les outils numériques sur les principes pédagogiques, ces approches mettent en lumière le potentiel de favoriser l'apprentissage actif, l'inclusivité et les compétences numériques critiques. Les résultats soulignent l'importance de l'innovation, de l'adaptabilité et de l'accès équitable pour exploiter la technologie dans l'éducation moderne.

Le practicum en technologie éducative est particulièrement bien positionné pour soutenir le développement des compétences du vingt-et-unième siècle, essentielles à la réussite dans un paysage mondial en évolution rapide. Ces compétences — notamment la pensée critique, la créativité, la collaboration et la communication — sont profondément liées à l'utilisation efficace de la technologie. Le practicum offre aux éducateurs des stratégies pour concevoir des activités d'apprentissage qui favorisent ces compétences, en exploitant la technologie pour créer des expériences d'apprentissage interactives, collaboratives et fondées sur la résolution de problèmes. Par exemple, les plateformes collaboratives, les logiciels de création multimédia et les forums de discussion en ligne permettent aux éducateurs de faciliter un apprentissage centré sur l'étudiant reflétant des contextes réels. De plus, le practicum met l'accent sur l'importance de l'adaptabilité et de l'apprentissage tout au long de la vie, encourageant les éducateurs à affiner leurs pratiques et à rester continuellement à jour face aux avancées technologiques.

Le Practicum en Technologie Éducative : Sous-thème des Compétences du Vingt-et-unième Siècle — Revue d'Articles Sélectionnés

Alors que l'éducation évolue pour répondre aux exigences du XXIe siècle, l'intégration de la technologie éducative dans les expériences de practicum devient de plus en plus essentielle. Cette revue examine une sélection de travaux universitaires explorant le thème du Practicum en Technologie Éducative avec un accent particulier sur le développement des compétences du vingt-et-unième siècle. Ces compétences incluent la pensée critique, la collaboration, la créativité et la littératie numérique, toutes essentielles pour préparer les étudiants à un paysage mondial en constante évolution. Les articles fournissent des perspectives précieuses sur des pratiques innovantes, des défis et des recommandations pour améliorer les résultats éducatifs grâce à des practicums intégrant la technologie.

Keengwe et al. (2015)

Keengwe et al. (2015) explorent le modèle de classe inversée comme stratégie efficace pour encourager la pensée critique et la collaboration. En utilisant du contenu numérique pour la préparation avant la classe, les étudiants s'engagent plus activement durant les séances en présentiel. Ce modèle s'aligne sur les compétences du XXIe siècle en favorisant l'apprentissage autodirigé et des discussions plus approfondies en classe. Les auteurs soulignent l'importance de la formation des enseignants pour assurer une mise en œuvre réussie et durable.

Kinzer (2010)

Kinzer (2010) met en avant la narration numérique comme outil de développement de la créativité et des compétences en communication. En intégrant des éléments multimédias, les étudiants améliorent leur capacité à transmettre des idées efficacement. L'étude souligne également l'importance de la collaboration, puisque de nombreux projets de narration numérique impliquent un travail de groupe. Kinzer conclut que la narration numérique devrait être un élément clé des expériences de practicum pour répondre aux exigences du marché du travail moderne.

Kozikoglu (2020)

Kozikoglu (2020) examine l'apprentissage par projet avec technologie pour favoriser la résolution de problèmes et la pensée critique. L'étude démontre comment les projets enrichis par la technologie offrent des expériences d'apprentissage authentiques reflétant des défis réels. En s'engageant dans ces activités, les étudiants développent des compétences techniques et améliorent leur adaptabilité et leur créativité. L'article conclut en appelant à une adoption plus large des approches fondées sur les projets dans les practicums de technologie éducative.

Kulaca et al. (2024)

Kulaca et al. (2024) étudient le rôle de la ludification dans le développement de l'engagement et de la collaboration lors de practicums intégrant la technologie. L'étude souligne comment les éléments ludiques encouragent la créativité et le travail d'équipe. Les auteurs démontrent que la ludification soutient le développement des compétences du XXIe siècle en alignant les mécanismes de jeu sur les objectifs éducatifs. Les résultats suggèrent que les expériences de practicum gamifiées peuvent motiver les étudiants à participer activement à leur apprentissage.

Morgan et VanLengen (2005)

Morgan et VanLengen (2005) discutent du rôle des technologies d'assistance dans la promotion de l'inclusivité et de la littératie numérique. L'article illustre comment des outils tels que les lecteurs d'écran et les logiciels adaptatifs améliorent l'accessibilité pour les étudiants en situation de handicap. Ces technologies favorisent également la pensée critique et la résolution de problèmes, permettant aux étudiants de s'engager pleinement avec le contenu éducatif. Les auteurs préconisent de former efficacement les éducateurs à intégrer les technologies d'assistance dans leurs expériences de practicum.

Okolo et al. (2007)

Okolo et al. (2007) explorent l'utilisation d'organisateurs graphiques et d'outils numériques pour soutenir les étudiants ayant des troubles d'apprentissage. Ces outils facilitent la compréhension et encouragent la pensée critique et les compétences organisationnelles. L'étude met l'accent sur l'importance d'adapter la technologie aux besoins d'apprentissage divers, ce qui s'aligne sur l'objectif de promouvoir l'équité et l'inclusion. Les auteurs recommandent d'intégrer ces outils dans les practicums destinés aux enseignants afin de renforcer les compétences du XXIe siècle.

Onür et Kozikoglu (2020)

Onür et Kozikoglu (2020) analysent l'intégration de plateformes d'apprentissage collaboratif dans les expériences de practicum. L'étude démontre comment ces plateformes favorisent le travail d'équipe, la communication et la littératie numérique. En s'engageant dans une collaboration en temps réel, les étudiants développent des compétences essentielles au milieu professionnel moderne. Les auteurs soulignent l'importance de concevoir des expériences de practicum exploitant ces plateformes afin de préparer les étudiants à des environnements professionnels collaboratifs.

Pacino et Noftle (2011)

Pacino et Noftle (2011) examinent le rôle de la pratique réflexive dans les practicums intégrant la technologie. L'étude met en évidence comment les journaux réflexifs et les portfolios numériques encouragent l'autoévaluation et la pensée critique. En s'engageant dans une pratique réflexive, les étudiants développent une compréhension plus profonde de leurs processus et résultats d'apprentissage. Les auteurs concluent que les pratiques réflexives sont essentielles au développement de compétences du XXIe siècle telles que l'adaptabilité et l'apprentissage tout au long de la vie.

Plair (2008)

Plair (2008) se concentre sur le développement professionnel des enseignants intégrant la technologie dans leurs classes. L'article souligne l'importance d'équiper les éducateurs des compétences nécessaires pour favoriser la créativité et la littératie numérique chez les étudiants. Plair montre comment le développement professionnel s'aligne sur les objectifs éducatifs du XXIe siècle en mettant l'accent sur la formation pratique et l'apprentissage collaboratif. L'étude se conclut par des recommandations pratiques pour concevoir des programmes de formation efficaces.

Robertson (2009)

Robertson (2009) explore le potentiel des tableaux blancs interactifs pour renforcer l'engagement et la pensée critique. L'étude révèle comment ces outils créent des environnements d'apprentissage dynamiques et interactifs, permettant aux étudiants de visualiser des concepts complexes. Robertson soutient que l'intégration de tableaux blancs interactifs dans les practicums aide étudiants et enseignants à développer des compétences numériques. Les résultats soulignent l'importance d'investir dans ces technologies pour répondre aux exigences éducatives modernes.

Scheibe (2004)

Scheibe (2004) discute de l'importance de la littératie médiatique pour préparer les étudiants à l'ère numérique. L'article met en avant l'enseignement de l'analyse critique et de l'évaluation du contenu numérique, favorisant le raisonnement éthique et les compétences en prise de décision informée. Scheibe préconise l'intégration de la littératie médiatique dans les practicums pour s'assurer que les futurs enseignants puissent guider efficacement leurs élèves dans la navigation du monde numérique.

Smucker (2024)

Smucker (2024) étudie l'utilisation de la réalité virtuelle (RV) pour développer le raisonnement spatial et les compétences en résolution de problèmes. L'étude démontre comment les environnements RV offrent des expériences immersives reflétant des défis réels. En utilisant la RV, les étudiants améliorent leur capacité à penser de manière critique et créative. Smucker conclut que la RV devrait être un élément clé des practicums intégrant la technologie afin de répondre aux objectifs éducatifs du XXIe siècle.

Thomas (2007)

Thomas (2007) examine le rôle des tableaux blancs interactifs dans le développement de la collaboration et de l'engagement. L'étude met en lumière comment ces outils facilitent les activités de groupe et les discussions dynamiques. En favorisant la participation active, les tableaux blancs interactifs aident les étudiants à développer des compétences en communication et en travail d'équipe. Les résultats soulignent le potentiel de ces technologies pour soutenir le développement des compétences du XXIe siècle dans les contextes de practicum.

Zawilinski (2009)

Zawilinski (2009) explore l'utilisation des blogs comme outil de développement de l'écriture réflexive et de la pensée critique. L'étude montre comment les blogs offrent une plateforme permettant aux étudiants d'articuler et de perfectionner leurs idées. En favorisant les compétences de communication numérique, le blogging s'aligne sur l'objectif plus large de préparer les étudiants aux exigences du XXIe siècle. L'article conclut avec des stratégies pratiques pour intégrer les blogs dans les expériences de practicum.

Les articles examinés soulignent l'importance d'intégrer la technologie éducative dans les expériences de practicum pour cultiver les compétences du XXIe siècle. Ces technologies, de la ludification et la réalité virtuelle aux tableaux blancs interactifs et au blogging, favorisent la pensée critique, la créativité, la collaboration et la littératie numérique. En alignant les experiences de practicum sur ces objectifs, les éducateurs peuvent préparer les étudiants aux défis et aux opportunités d'un paysage mondial en rapide évolution. La recherche continue et l'investissement dans le développement professionnel sont essentiels pour assurer que ces pratiques demeurent efficaces et équitables.

Analyse thématique et perspectives: – Le thème du stage en technologie éducative, le sous-thème des compétences du XXIe siècle et les perspectives issues de la littérature examinée

L'intégration de la technologie éducative dans les expériences de stage a transformé la manière dont les éducateurs préparent les apprenants aux exigences du XXIe siècle. Cette revue examine les principales contributions scientifiques portant sur le thème du stage en technologie éducative, en se concentrant explicitement sur le développement des compétences du XXIe siècle telles que la pensée critique, la collaboration, la créativité et l'adaptabilité. En s'appuyant sur les théories fondamentales de Piaget, Vygotsky et Bruner, cette analyse explore les liens, similitudes et différences entre les articles et met en évidence les pratiques innovantes ainsi que leurs implications pour l'éducation moderne.

Liens et perspectives communes

Un thème récurrent dans la littérature examinée est l'accent mis sur des environnements d'apprentissage actifs et centrés sur l'apprenant, facilités par la technologie. Keengwe et al. (2015) et Kinzer (2010) soulignent le rôle des outils numériques dans le développement de la pensée critique et de la collaboration. Le modèle de classe inversée de Keengwe et al. s'aligne sur la théorie de l'étayage de Bruner, permettant aux étudiants de s'appuyer sur des connaissances fondamentales grâce à des activités guidées en classe. De même, l'exploration de la narration numérique par Kinzer met en avant la créativité et la communication, reflétant l'accent constructiviste de Piaget sur l'apprentissage expérientiel.

Les articles de Kozikoglu (2020) et Kulaca et al. (2024) soulignent la valeur de la ludification et de l'apprentissage par projet dans les stages intégrant la technologie. Ces approches favorisent la résolution de problèmes et le travail d'équipe, en accord avec le concept de zone proximale de développement (ZPD) de Vygotsky, dans laquelle les tâches collaboratives servent d'étayage à l'apprentissage individuel. Ces études mettent en avant le potentiel motivationnel de la technologie pour engager les apprenants dans des défis authentiques et réels.

L'éducation inclusive constitue un autre point commun, comme le montrent Morgan & Van-Lengen (2005) et Okolo et al. (2007). Ces études illustrent comment les technologies d'assistance soutiennent les élèves ayant des besoins divers, favorisant l'équité et l'accessibilité. En permettant à tous les apprenants de s'engager de manière significative avec le contenu éducatif, ces outils reflètent l'importance que Bruner accorde à la création d'environnements où chaque apprenant peut s'épanouir. De même, Onür & Kozikoglu (2020) examinent les plateformes collaboratives, mettant l'accent sur le travail d'équipe et la littératie numérique comme éléments essentiels d'une éducation inclusive au XXIe siècle.

Approches et méthodologies contrastées

Bien que les articles partagent des objectifs communs, ils divergent dans leurs méthodologies et applications de la technologie. Par exemple, Robertson (2009) et Thomas (2007) se concentrent sur les tableaux blancs interactifs pour favoriser l'engagement et la visualisation de concepts complexes. Ces technologies sont particulièrement efficaces pour promouvoir la collaboration et la créativité, mais manquent de l'adaptabilité personnalisée des outils pilotés par l'IA discutés par Smucker (2024).

Scheibe (2004) et Zawilinski (2009) mettent l'accent sur la littératie numérique et l'écriture réflexive, soulignant l'utilisation éthique des médias et la pensée critique. Le cadre de littératie médiatique de Scheibe s'aligne sur l'insistance de Piaget à développer le raisonnement logique, tandis que le plaidoyer de Zawilinski en faveur des blogues reflète les dimensions sociales et collaboratives de la théorie de Vygotsky. Ces études contrastent avec l'accent mis par Plair (2008) sur le développement professionnel, qui vise à doter les éducateurs des compétences nécessaires à une intégration efficace de ces outils dans leurs pratiques pédagogiques.

L'utilisation de technologies immersives et avancées distingue également certains articles. L'exploration par Smucker (2024) des environnements de réalité virtuelle (RV) et de leur impact sur le raisonnement spatial et la résolution de problèmes se démarque par son attention portée à des applications futuristes. De même, Pacino & Noftle (2011) examinent les outils de pratique réflexive tels que les portfolios numériques, mettant en avant l'autoévaluation et l'adaptabilité. Bien que ces approches soient innovantes, elles nécessitent des ressources et une infrastructure importantes, ce qui les distingue de technologies plus accessibles comme les blogues ou les tableaux blancs.

Fondements théoriques

Les théories fondamentales de Piaget, Vygotsky et Bruner offrent un cadre pour comprendre l'efficacité des pratiques étudiées. L'approche constructiviste de Piaget est évidente dans l'accent mis sur l'apprentissage pratique et expérientiel observé chez Kozikoglu (2020) et Smucker (2024). Ces articles prônent des activités adaptées aux stades de développement des apprenants, favorisant un engagement et une compréhension approfondis.

La théorie socioculturelle de Vygotsky sous-tend les éléments collaboratifs et interactifs de nombreuses études, notamment Onür & Kozikoglu (2020) et Kulaca et al. (2024). En tirant parti des interactions sociales, ces technologies aident les apprenants à progresser dans leur ZPD, soulignant l'importance de la collaboration dans la maîtrise de nouvelles compétences.

La théorie de l'étayage de Bruner est particulièrement pertinente pour le modèle de classe inversée discuté par Keengwe et al. (2015) et les pratiques réflexives préconisées par Pacino & Noftle (2011). Ces approches fournissent un soutien structuré qui transfère progressivement la responsabilité à l'apprenant, favorisant l'indépendance et la pensée critique.

Implications pour la pratique et les politiques

Les articles examinés soulignent collectivement la nécessité d'intégrer la technologie éducative dans les expériences de stage afin de développer les compétences du XXIe siècle. Le développement professionnel des enseignants apparaît comme un facteur crucial, comme le mettent en évidence Plair (2008) et Robertson (2009). Doter les enseignants des connaissances et outils nécessaires pour appliquer efficacement ces technologies garantit que les étudiants en retirent le maximum de bénéfices.

L'équité et l'accessibilité demeurent également des considérations clés. Des études telles que celles de Morgan & VanLengen (2005) et Okolo et al. (2007) démontrent le potentiel de la technologie pour combler les écarts entre les élèves ayant des besoins divers. Cependant, atteindre ces objectifs nécessite des investissements dans l'infrastructure et des politiques qui priorisent l'inclusivité.

L'intégration de la technologie éducative dans les contextes de stage offre un potentiel immense pour préparer les apprenants aux compétences nécessaires au XXIe siècle. Les articles examinés mettent en lumière diverses stratégies permettant de développer la pensée critique, la créativité et l'adaptabilité, allant de la ludification et des plateformes collaboratives à la littératie médiatique et à la réalité virtuelle. Ancrées dans les théories de Piaget, Vygotsky et Bruner, ces pratiques soulignent l'importance d'aligner la technologie avec les principes pédagogiques. À mesure que l'éducation évolue, la recherche continue et l'investissement dans le développement professionnel garantiront une utilisation efficace et équitable de ces outils dans des environnements d'apprentissage variés.

Le stage en technologie éducative : tableau des attributs du sous-thème des compétences du XXIe siècle selon la littérature examinée

Ce tableau résume les principaux articles portant sur le thème du stage en technologie éducative et le sous-thème des compétences du XXIe siècle. Il met en évidence les approches, le développement des compétences et le pays de publication, offrant une vue d'ensemble complète des pratiques innovantes en technologie éducative.

Tableau 16
Sous-thème des compétences du XXIe siècle dans le cadre du stage en technologie educative

Stage pratique en technologies éducatives : compétences du XXIe siècle						
Rang	**Citation de l'article**	**Approche pratique en technologies éducatives**	**Description de l'approche du stage pratique en technologies éducatives**	**Stage pratique en technologies éducatives : compétences du XXIe siècle**	**Stage pratique en technologies éducatives : Description des compétences du XXIe siècle**	**Pays de publication de l'article**
1	Keengwe et al. (2015)	Pratiques de classe inversée	Encourager l'apprentissage actif grâce à des ressources numériques préalables aux cours.	Pensée critique et collaboration	Promouvoir l'apprentissage autonome et des discussions plus approfondies en classe.	États-Unis
2	Kinzer (2010)	Narration numérique	Amener les élèves à des pratiques d'alphabétisation réflexives et collaboratives.	Créativité et communication	Développer la créativité et les compétences collaboratives grâce au multimédia.	États-Unis

3	Kozikoglu (2020)	Apprentissage par projets avec la technologie	Des expériences d'apprentissage authentiques qui reflètent les défis du monde réel.	Résolution de problèmes et adaptabilité	Développer ses compétences techniques et créatives par le biais de projets.	Turquie
4	Kulaca et al. (2024)	Stratégies d'apprentissage ludifiées	Motiver et impliquer les apprenants grâce à des approches ludiques.	Engagement et travail d'équipe	Favoriser la collaboration et l'apprentissage actif par la gamification.	Turquie
5	Morgan & VanLengen (2005)	Technologies d'assistance	Favoriser l'accessibilité et des environnements d'apprentissage équitables.	Équité et résolution de problèmes	Donner aux apprenants de tous horizons les moyens d'agir grâce à des outils adaptatifs.	États-Unis
6	Okolo et al. (2007)	Technologies pour les troubles d'apprentissage	Utiliser des organisateurs graphiques et des outils spécialisés pour faciliter la compréhension..	Pensée critique et inclusion	Adapter les outils pour répondre efficacement aux divers besoins d'apprentissage.	États-Unis
7	Onür & Kozikoglu (2020)	Plateformes d'apprentissage collaboratif	Interaction et travail d'équipe en temps réel grâce aux outils numériques.	Travail d'équipe et culture numérique	Favoriser la collaboration et les compétences numériques au sein d'un groupe.	Turquie

8	Pacino & Noftle (2011)	Outils de pratique réflexive	Encourager l'auto-évaluation et l'adaptabilité grâce aux portfolios numériques.	Auto-évaluation et pensée critique	Approfondir la compréhension des processus d'apprentissage par la réflexion.	États-Unis
9	Plair (2008)	Développement professionnel	Former les enseignants à intégrer efficacement la technologie dans les salles de classe.	Préparation et créativité des enseignants	Renforcer la capacité des éducateurs à développer les compétences du XXIe siècle.	États-Unis
10	Robertson (2009)	Tableaux blancs interactifs	Des outils dynamiques pour visualiser et appréhender des concepts complexes.	Engagement et visualisation	Promouvoir la participation et la compréhension par l'interaction.	États-Unis
11	Scheibe (2004)	Programmes d'éducation aux médias	Enseignement de l'analyse critique et de l'évaluation éthique des contenus numériques.	Raisonnement éthique et pensée critique	Promouvoir une utilisation éclairée et éthique des outils médiatiques.	États-Unis
12	Smucker (2024)	Environnements de réalité virtuelle	Des expériences d'apprentissage immersives pour développer le raisonnement	Raisonnement spatial et résolution de problèmes	Amener les élèves à résoudre des problèmes concrets et réalistes. Résolution de problèmes	États-Unis

			spatial et la créativité.			
13	Thomas (2007)	Tableaux blancs interactifs	Faciliter les activités de groupe et les discussions dynamiques.	Collaboration et engagement	Développer le travail d'équipe et les compétences en matière d'analyse critique.	États-Unis
14	Zawilinski (2009)	Bloguer dans le développement de l'alphabétisation	Utiliser les blogs pour l'écriture réflexive et la collaboration.	Réflexion et communication	Promouvoir la culture numérique et le débat critique par le biais des blogs.	États-Unis

Les articles examinés démontrent une gamme de stratégies pour intégrer la technologie dans les stages pratiques, en mettant l'accent sur des compétences telles que la pensée critique, la créativité, la collaboration et l'adaptabilité. En alignant les outils technologiques avec les objectifs pédagogiques, ces pratiques préparent les apprenants à répondre aux exigences du XXIe siècle. Des recherches continues et des investissements dans l'éducation axée sur la technologie sont essentiels pour favoriser des environnements d'apprentissage équitables et innovants.

Le stage en technologie éducative constitue un pont essentiel entre la théorie et la pratique, permettant aux éducateurs d'intégrer efficacement la technologie dans leur enseignement et de favoriser le développement des compétences du XXIe siècle chez leurs étudiants. En se concentrant sur les sous-thèmes du programme de technologie éducative, de la littératie technologique et des compétences du XXIe siècle, cette discussion met en évidence la nature multifacette de l'impact du stage sur la préparation des enseignants. À mesure que la technologie éducative évolue, l'expérience du stage demeure une voie essentielle pour former des éducateurs innovants, réfléchis et compétents en technologie, capables de transformer les environnements d'apprentissage à l'ère numérique.

Chapitre 7

Thème des normes en technologie éducative

Le stage en technologie éducative joue un rôle essentiel dans la préparation des enseignants à naviguer parmi les diverses normes qui encadrent l'usage des technologies en éducation et à s'y conformer. Ces normes, établies par des organismes gouvernementaux, des acteurs de l'industrie et des organisations internationales, offrent un cadre pour une intégration éthique, efficace et équitable de la technologie dans l'enseignement et l'apprentissage. Alors que les outils et plateformes numériques deviennent de plus en plus centraux dans l'éducation, le respect de ces normes garantit que les enseignants répondent aux exigences de responsabilité tout en favorisant des environnements d'apprentissage innovants et inclusifs.

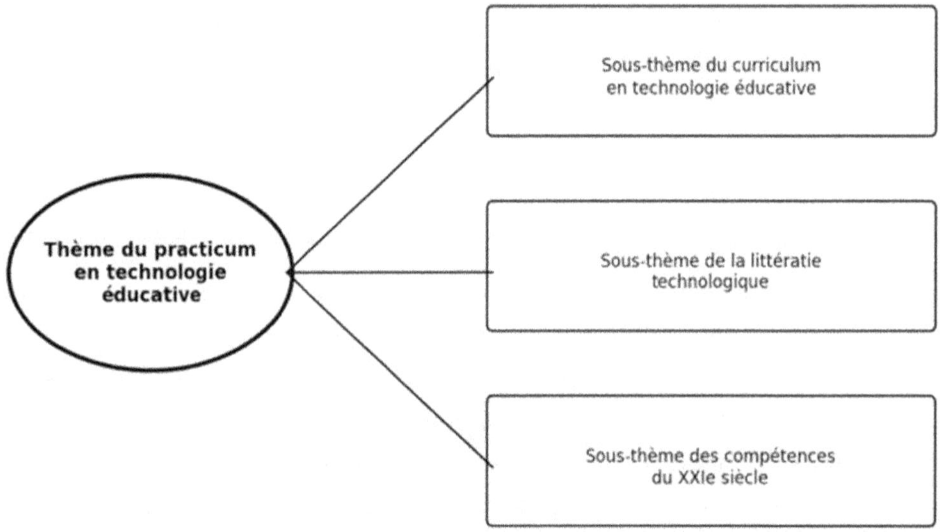

Figure 10: Normes en technologie éducative et sous-thèmes

Ce chapitre explore trois sous-thèmes clés illustrés dans la Figure 10 : les normes gouvernementales en technologie éducative, les normes industrielles en technologie éducative et les normes internationales en technologie éducative. Ces sous-thèmes mettent en évidence les considérations et implications multiples liées à la normalisation dans le domaine de la technologie éducative.

Tableau 17
Thème des normes en technologie educative

Thème des normes en matière de technologies éducatives		
	Sous-thème	**Définition**
1	Normes gouvernementales en matière de technologies éducatives	*Les normes gouvernementales en matière de technologies éducatives désignent les lignes directrices, les politiques et les cadres établis par les instances gouvernementales pour réglementer, orienter et promouvoir l'utilisation des technologies dans les environnements éducatifs. Ces normes garantissent une intégration efficace et équitable des technologies dans les processus d'enseignement, d'apprentissage et administratifs, tout en contribuant à la réalisation des objectifs pédagogiques.*
2	Normes de l'industrie des technologies éducatives	*Les normes de l'industrie des technologies éducatives sont des lignes directrices, des bonnes pratiques et des cadres élaborés par des organisations, des chefs de file de l'industrie et des instances professionnelles afin de garantir la qualité, l'interopérabilité, la convivialité et la sécurité des produits et services technologiques utilisés dans l'éducation. Ces normes servent de référence aux développeurs, aux fournisseurs et aux établissements pour proposer des solutions efficaces et novatrices répondant aux besoins éducatifs.*
3	Normes internationales en matière de technologies éducatives	*Les normes internationales en matière de technologies éducatives désignent des cadres, des lignes directrices et des pratiques exemplaires reconnus à l'échelle mondiale, conçus pour guider l'intégration, le développement et l'évaluation des technologies dans l'éducation. Ces normes visent à créer une approche cohérente, équitable et pratique de l'utilisation des technologies dans différents pays et cultures à des fins d'enseignement, d'apprentissage et d'administration.*

Sous-thème des Normes Gouvernementales en Technologie Éducative — Revue des Articles Sélectionnés

Les normes gouvernementales pour la technologie éducative fournissent un cadre réglementaire pour l'intégration des outils et pratiques numériques dans les écoles et les institutions. Ces normes sont généralement alignées sur les politiques nationales d'éducation et visent à garantir que la technologie soutient les objectifs du programme, améliore l'accessibilité et respecte les exigences de confidentialité et de sécurité des données. Par exemple, aux États-Unis, la loi *Every Student Succeeds Act* (ESSA) inclut des dispositions pour la technologie éducative, en soulignant son rôle dans la promotion de l'apprentissage personnalisé et de l'équité (U.S. Department of Education, 2015). Les normes gouvernementales peuvent également aborder les besoins en infrastructures, comme la connectivité haut débit et la disponibilité des appareils, afin de réduire la fracture numérique.

Le *Practicum en Technologie Éducative* prépare les enseignants à mettre en œuvre ces normes de manière efficace, en alignant les pratiques pédagogiques sur les priorités nationales tout en plaidant pour les ressources et le soutien nécessaires. L'intégration des normes de technologie éducative et des politiques gouvernementales constitue une pierre angulaire pour faire progresser les pratiques pédagogiques et l'apprentissage des élèves à l'ère numérique. Ces normes créent des cadres structurés, équitables et efficaces qui guident les enseignants dans l'utilisation de la technologie pour atteindre des objectifs pédagogiques.

Atabek (2020) examine l'intégration de la technologie dans les environnements éducatifs, en se concentrant sur les compétences des enseignants et les normes professionnelles. L'article souligne la nécessité pour les éducateurs d'aligner leurs pratiques sur des cadres établis, tels que les normes ISTE, afin d'implémenter efficacement les outils numériques en classe. Atabek aborde également les défis rencontrés par les enseignants pour respecter ces normes, soulignant l'importance de programmes de développement professionnel ciblés. De plus, l'étude met en avant la valeur de favoriser l'adaptabilité et l'apprentissage tout au long de la vie chez les enseignants pour suivre l'évolution technologique continue.

Bakaç (2022) examine l'évolution des normes de technologie éducative dans un cadre réglementé par le gouvernement, en soulignant comment les politiques influencent l'utilisation de la technologie dans les écoles. La recherche met en avant le rôle crucial des programmes nationaux dans la définition des compétences technologiques pour les élèves et les enseignants. De plus, l'article montre comment les directives gouvernementales peuvent promouvoir l'équité dans l'accès et l'utilisation de la technologie lorsqu'elles sont alignées sur des normes mondiales. À travers des études de cas, Bakaç illustre l'impact positif d'une politique bien conçue.

Cox et al. (2020) présentent une analyse complète du développement et de l'application des normes technologiques en éducation, en se concentrant particulièrement sur les normes ISTE. Les auteurs examinent comment ces normes fournissent des lignes directrices permettant aux enseignants d'intégrer la technologie de manière efficace dans l'instruction. L'article souligne l'importance de mises à jour politiques itératives pour suivre le rythme de l'évolution rapide du paysage numérique. De plus, Cox et al. mettent en évidence le rôle crucial du leadership pour promouvoir l'adoption et assurer le respect de ces normes dans les établissements éducatifs.

Hannafin et Foshay (2008) approfondissent les fondements conceptuels des normes de technologie pédagogique, préconisant une approche centrée sur l'apprenant. Ils critiquent les politiques rigides et descendantes qui ne tiennent pas compte des besoins divers des apprenants et des enseignants. L'article plaide plutôt pour une flexibilité des normes afin d'accommoder l'évolution des technologies éducatives. En abordant les considérations éthiques et l'accès équitable, Hannafin et

Foshay soulignent la nécessité de politiques inclusives et adaptables, garantissant qu'aucun acteur n'est laissé pour compte.

Kan et Murat (2020) explorent l'intersection entre les normes de technologie éducative et les programmes de formation des enseignants. Ils soutiennent que le succès de toute norme technologique imposée par le gouvernement repose sur son intégration dans les initiatives de développement professionnel. L'article évalue de manière critique les cadres existants, en mettant en lumière les lacunes en matière de formation et de préparation des enseignants. De plus, Kan et Murat proposent des stratégies pour améliorer l'alignement entre les objectifs politiques et les pratiques éducatives sur le terrain.

Yusof et al. (2023) étudient le rôle des normes de technologie éducative dans la promotion de l'innovation pédagogique. Leur étude met en avant l'importance d'aligner les politiques locales sur les cadres internationaux afin de créer un écosystème éducatif globalisé. Les auteurs discutent également de l'impact des politiques d'équité numérique pour réduire la fracture technologique dans les régions défavorisées. À travers divers cas d'étude, l'article souligne le potentiel transformateur de la technologie lorsque les normes sont conçues de manière inclusive et mises en œuvre efficacement.

Plair (2008) se concentre sur les défis liés à l'intégration des normes technologiques en classe, particulièrement pour les enseignants peu familiers avec les outils numériques. L'article met en évidence l'importance du développement professionnel comme pont entre les normes gouvernementales et la réalité de la classe. Plair plaide également pour un soutien et un mentorat continus afin d'assurer une intégration durable de la technologie. Cet article fournit des perspectives précieuses sur les facteurs humains qui influencent le succès de l'adoption technologique en éducation.

Robertson (2009) examine de manière critique le rôle des normes gouvernementales dans l'utilisation de la technologie en éducation, arguant que des exigences de conformité rigides peuvent parfois freiner l'innovation. L'article plaide pour un équilibre entre réglementation et flexibilité, permettant aux enseignants d'expérimenter librement avec les technologies émergentes. En analysant des études de cas, Robertson fournit des preuves que des normes adaptables peuvent conduire à des usages plus significatifs et créatifs de la technologie en classe.

Reamer (2019) offre une perspective moderne sur le rôle des normes de technologie éducative dans la promotion des compétences du XXIe siècle. L'étude met l'accent sur l'intégration de la pensée critique, de la collaboration et de la citoyenneté numérique dans les cadres nationaux. Reamer souligne également le rôle des décideurs politiques dans la création d'environnements soutenant à la fois la maîtrise technologique et l'usage éthique des outils numériques. L'article conclut par des recommandations pour une élaboration itérative des politiques qui suivent le rythme des avancées technologiques.

Les articles examinés soulignent collectivement le rôle crucial des normes de technologie éducative et des politiques gouvernementales dans la formation de l'éducation moderne. Ils mettent en évidence la nécessité d'équilibrer les références mondiales et les besoins locaux, afin que l'intégration de la technologie serve efficacement des apprenants diversifiés. À mesure que les outils numériques évoluent, ces travaux insistent sur l'importance de politiques adaptables, inclusives et bien soutenues pour garantir que la technologie améliore, plutôt qu'elle ne freine, l'expérience éducative.

Analyse Thématique et Perspectives : Sous-thème des Normes Gouvernementales en Technologie Éducative et Enseignements Tirés de la Littérature

L'intégration de la technologie éducative dans les programmes constitue un domaine en pleine expansion, visant à enrichir les expériences d'apprentissage et à s'aligner sur des standards pédagogiques évolutifs. Cette revue se concentre sur les liens, similarités et différences entre les perspectives académiques sur les normes de technologie éducative et le sous-thème des normes gouvernementales. En s'appuyant sur les travaux de Atabek (2020), Bakaç (2022), Cox et al. (2020), Hannafin et Foshay (2008), Kan et Murat (2020), Mat Rahimi Yusof et al. (2023), Plair (2008), Robertson (2009) et Reamer (2019), cette analyse met en lumière la manière dont ces normes influencent les politiques, la pédagogie et les résultats des apprenants. Les cadres théoriques de Piaget, Vygotsky et Bruner offrent des perspectives précieuses pour comprendre les implications de ces normes sur les pratiques éducatives.

Connexions et Similarités

Plusieurs études soulignent le rôle critique des normes pour guider l'intégration efficace de la technologie en éducation. Hannafin et Foshay (2008) insistent sur l'importance des principes de conception pédagogique pour aligner la technologie éducative sur les théories de l'apprentissage cognitif et constructiviste. De même, Cox et al. (2020) soutiennent que les normes technologiques constituent des repères pour garantir une intégration cohérente et équitable de la technologie dans des contextes éducatifs variés. Les deux études mettent en évidence l'importance de directives claires pour combler le fossé entre les capacités technologiques et les objectifs pédagogiques.

Atabek (2020) et Kan et Murat (2020) se concentrent sur le rôle des politiques gouvernementales dans la définition des normes de technologie éducative. Ils soulignent comment les cadres nationaux, tels que les normes du ministère de l'Éducation nationale en Turquie, fournissent une feuille de route pour la mise en œuvre d'environnements d'apprentissage enrichis par la technologie. Cela rejoint Reamer (2019), qui insiste sur la nécessité de normes éducatives mondiales pour préparer les apprenants aux exigences d'une économie numérique. Ces études suggèrent collectivement que les normes gouvernementales favorisent la cohérence et réduisent les disparités d'accès et d'utilisation.

Plusieurs articles reflètent les approches constructivistes de Piaget et Vygotsky. Le concept de Zone de Développement Proximal (ZDP) de Vygotsky résonne avec Yusof et al. (2023), qui explorent comment les normes technologiques peuvent soutenir l'apprentissage des élèves en offrant des outils et ressources adaptés à leurs besoins développementaux. De même, l'accent mis par

Bruner sur l'apprentissage par la découverte s'aligne avec Plair (2008), qui préconise l'intégration de technologies interactives et centrées sur l'apprenant favorisant l'exploration et la pensée critique.

Différences et Divergences

Bien qu'il y ait un consensus sur l'importance des normes, des perspectives divergentes émergent concernant leur mise en œuvre et leur impact. Bakaç (2022) critique la rigidité des normes imposées par le gouvernement, affirmant qu'elles privilégient souvent la conformité au détriment de la créativité, ce qui peut freiner l'innovation technologique. Robertson (2009) reprend cette préoccupation, soulignant la nécessité de flexibilité pour adapter les normes aux contextes locaux et aux besoins divers des apprenants.

Un autre point de divergence concerne l'accent mis sur la formation des enseignants. Plair (2008) met en évidence le manque de développement professionnel, notant que de nombreux enseignants peinent à respecter les normes technologiques en raison d'une formation et d'un soutien insuffisants. Cela contraste avec Kan et Murat (2020), qui soutiennent que les cadres gouvernementaux complets incluent souvent des dispositions pour le renforcement des capacités des enseignants, suggérant que le problème réside davantage dans l'exécution que dans la conception.

Les fondements théoriques de ces études révèlent également des différences de focalisation. Alors que Yusof et al. (2023) s'appuient fortement sur le constructivisme social de Vygotsky pour plaider en faveur de l'utilisation collaborative de la technologie, Hannafin et Foshay (2008) mettent l'accent sur la théorie de la charge cognitive, mettant en garde contre un usage excessif de la technologie qui pourrait submerger les apprenants. Ces approches variées soulignent la complexité de l'alignement des normes technologiques avec des théories et pratiques pédagogiques diversifiées.

Le Rôle des Cadres Théoriques

Les stades de développement cognitif de Piaget offrent des perspectives sur la manière dont les normes technologiques peuvent être adaptées aux niveaux développementaux des apprenants. Par exemple, les normes mettant l'accent sur des outils pratiques et exploratoires s'alignent bien avec la notion d'apprentissage concret opérationnel de Piaget. La ZDP de Vygotsky fournit un cadre pour concevoir des normes qui facilitent la collaboration entre pairs et l'apprentissage guidé, comme le montrent les travaux de Yusof et al. (2023) et Plair (2008). Par ailleurs, la préconisation par Bruner de l'échelonnement et de la progression spiralaire du curriculum s'aligne avec l'appel de Hannafin et Foshay (2008) en faveur de technologies adaptatives soutenant un apprentissage progressif.

La littérature examinée montre que les normes de technologie éducative jouent un rôle central dans la formation de pratiques pédagogiques efficaces. Bien qu'un large accord existe sur leur importance, des débats persistent quant à leur mise en œuvre, leur flexibilité et leur alignement avec les théories pédagogiques. Les perspectives de Piaget, Vygotsky et Bruner fournissent des éclairages précieux pour comprendre les considérations développementales et contextuelles dans l'application de ces normes. En abordant des défis tels que la formation des enseignants et l'équilibre entre conformité et créativité, les décideurs politiques et les éducateurs peuvent exploiter tout le potentiel de la technologie éducative pour répondre aux besoins d'apprenants diversifiés dans un monde de plus en plus numérique.

Tableau des Attributs du Sous-thème des Normes Gouvernementales en Technologie Éducative Selon la Littérature Revue

L'intégration de la technologie éducative dans les programmes constitue un domaine en évolution, qui enrichit les expériences d'apprentissage tout en s'alignant sur des standards pédagogiques modernes. Cette revue examine les liens, similarités et différences entre les perspectives académiques sur les normes de technologie éducative, en se concentrant explicitement sur le sous-thème des Normes Gouvernementales en Technologie Éducative. Cette analyse explore comment ces normes façonnent les politiques, la pédagogie et les résultats des apprenants en s'appuyant sur diverses études. De plus, les cadres théoriques de Piaget, Vygotsky et Bruner offrent des perspectives précieuses pour comprendre l'impact de ces normes sur les pratiques éducatives.

Tableau 18
Sous-thème des Normes Gouvernementales en Technologie Éducative

Sous-thème des normes gouvernementales en matière de technologies éducatives						
#	**Citation de l'article**	**Approche des normes en matière de technologies éducatives**	**Description de l'approche des normes en matière de technologies éducatives**	**Normes gouvernementales en matière de technologies éducatives**	**Description des normes gouvernementales en matière de technologies éducatives**	**Pays de publication de l'article**
1	Atabek (2020)	Conception pédagogique	Conception pédagogique	Lignes directrices nationales	Normes du ministère de l'Éducation de Turquie.	Turquie
2	Bakaç (2022)	Perspective critique	Critiquer la rigidité des normes axées sur la conformité.	Examen critique des normes	Évaluation de l'efficacité et des limites.	Turquie
3	Cox et al. (2020)	Normes de référence	Garantir une intégration technologique cohérente et équitable.	Alignement des politiques	Harmoniser les politiques avec les objectifs éducatifs.	Royaume-Uni
4	Hannafin and Foshay (2008)	Théorie de la charge cognitive	Attention à ne pas surcharger les apprenants avec la technologie.	Alignement pédagogique	Veiller à ce que la conception soutienne la pédagogie.	États-Unis
5	Kan and Murat (2020)	Cadres gouvernementaux	Élaboration d'une feuille de route pour les technologies éducatives nationales.	Cadres complets	Promouvoir la cohérence et l'accès.	Turquie
6	Yusof et al. (2023)	Échafaudage constructiviste	Concevoir des outils et des ressources pour	Adaptations contextuelles	Adapter les normes aux contextes collaboratifs.	Malaisie

			répondre aux besoins de développement.			
7	Plair (2008)	Apprentissage interactif	Encourager l'exploration et la pensée critique.	Lacunes de capacité	Mise en évidence des insuffisances de formation.	États-Unis
8	Robertson (2009)	Plaidoyer pour la flexibilité	Adapter les normes aux divers besoins des apprenants.	Normes localisées	Mettre l'accent sur les besoins locaux dans le cadre d'objectifs globaux.	Royaume-Uni
9	Reamer (2019)	Normes mondiales	Préparer les apprenants à une économie numérique.	Harmonisation mondiale	Lutter contre les inégalités grâce à des normes universelles.	États-Unis

La littérature examinée souligne le rôle crucial des normes de technologie éducative dans la formation de pratiques d'enseignement et d'apprentissage efficaces. Bien qu'un large consensus existe sur leur importance, des débats persistent concernant leur mise en œuvre, leur flexibilité et leur alignement avec les théories pédagogiques. Les perspectives de Piaget, Vygotsky et Bruner offrent des éclairages précieux sur les facteurs développementaux et contextuels influençant l'application de ces normes. En abordant des défis tels que la formation des enseignants et l'équilibre entre conformité et créativité, les décideurs politiques et les éducateurs peuvent maximiser le potentiel de la technologie éducative pour répondre aux besoins d'apprenants diversifiés dans un monde de plus en plus numérique.

Normes de l'Industrie de la Technologie Éducative: Revue de Sélection d'Articles

Les normes de l'industrie dans le domaine de la technologie éducative sont établies par les organisations et entreprises leaders qui développent des outils numériques, des logiciels et des plateformes pour l'éducation. Ces normes garantissent l'interopérabilité, l'utilisabilité et l'innovation à travers les produits technologiques, permettant une intégration fluide au sein des écosystèmes éducatifs.

Parmi les normes industrielles les plus reconnues figurent celles établies par l'International Society for Technology in Education (ISTE), qui fournit un cadre permettant aux enseignants de tirer parti de la technologie pour stimuler l'apprentissage et la créativité des étudiants (ISTE, 2016). De plus, le consortium IMS Global Learning développe des normes techniques pour le partage des données et la compatibilité des plateformes, favorisant des environnements d'apprentissage numérique cohérents et interopérables (IMS Global Learning Consortium, 2023).

Grâce aux expériences de stage, les enseignants peuvent évaluer de manière critique et sélectionner des outils conformes aux normes industrielles, garantissant que leurs choix technologiques s'alignent sur les meilleures pratiques et améliorent l'expérience d'apprentissage.

Atabek (2020) examine l'intégration de la technologie dans les contextes éducatifs, en se concentrant sur les compétences des enseignants et les normes professionnelles. L'article souligne la nécessité pour les enseignants d'aligner leurs pratiques sur des cadres établis, tels que les normes ISTE, afin d'implémenter efficacement les outils numériques en classe. Atabek discute également des défis rencontrés par les enseignants pour respecter ces normes, mettant en avant l'importance de programmes de développement professionnel ciblés. De plus, l'étude souligne la valeur de favoriser l'adaptabilité et l'apprentissage tout au long de la vie parmi les enseignants pour suivre le rythme des avancées technologiques.

Bakaç (2022) analyse l'intersection entre les normes de technologie éducative et l'équité numérique. L'étude souligne que, bien que l'adoption technologique se soit accélérée, des disparités d'accès et d'usage persistent. En se concentrant à la fois sur les normes pédagogiques et infrastructurelles, Bakaç plaide pour des politiques qui privilégient l'inclusivité. L'article aborde également le rôle du gouvernement et de l'industrie privée dans l'établissement de repères équitables, suggérant des efforts collaboratifs pour combler les lacunes dans la fourniture de technologies. Ce travail rappelle que les normes ne doivent pas seulement viser l'efficacité, mais aussi garantir un accès universel.

Cox et al. (2020) explorent l'alignement des normes industrielles avec l'intégration technologique en classe. Leur étude met en avant l'importance de l'interopérabilité et de la conception centrée sur l'utilisateur dans les outils éducatifs. À travers l'analyse d'études de cas, les auteurs illustrent comment les normes industrielles, telles que Learning Tools Interoperability (LTI), facilitent l'intégration de diverses plateformes. L'article plaide également pour une collaboration accrue entre enseignants et développeurs technologiques afin de garantir que les normes industrielles soient pédagogiquement pertinentes. En fin de compte, Cox et al. préconisent une approche itérative de développement des normes, où les retours des utilisateurs finaux informent les mises à jour.

Hannafin et Foshay (2008) présentent un cadre fondamental pour la conception d'environnements d'apprentissage enrichis par la technologie. Ils mettent l'accent sur l'interaction entre les normes de technologie éducative et les principes de conception pédagogique. L'article fournit une analyse détaillée de la manière dont les normes guident le développement des outils d'apprentissage numérique, garantissant leur alignement sur les objectifs éducatifs. Hannafin et Foshay discutent également du rôle évolutif des concepteurs pédagogiques dans la navigation entre normes éducatives et innovation technologique. Leur travail reste une référence critique pour comprendre les fondements théoriques de l'intégration de la technologie éducative.

Kan et Murat (2020) examinent les implications globales des normes de technologie éducative, soulignant la nécessité d'adaptabilité culturelle et contextuelle. Leur étude met en lumière la manière dont les cadres internationaux, tels que le UNESCO ICT Competency Framework for

Teachers, influencent les politiques éducatives locales. Kan et Murat soutiennent que, bien que ces normes offrent une base universelle, elles doivent être adaptées aux besoins régionaux spécifiques. L'article aborde également la manière dont les normes industrielles peuvent soutenir cette localisation en proposant des solutions personnalisables. Cette perspective souligne l'importance de la flexibilité dans la mise en œuvre des normes de technologie éducative.

Yusof et al. (2023) approfondissent le rôle des normes dans l'évaluation de l'efficacité de la technologie éducative. Leur recherche se concentre sur les métriques et repères qui évaluent l'engagement des étudiants, les résultats d'apprentissage et la satisfaction des enseignants. L'article souligne la nécessité de cadres d'évaluation complets, alignés sur les normes éducatives et industrielles. À travers des études de cas concrètes, les auteurs montrent comment ces normes peuvent guider les établissements scolaires dans leurs décisions d'adoption technologique. Leur travail fournit des informations pratiques aux parties prenantes souhaitant améliorer les résultats éducatifs grâce à la technologie.

Plair (2008) traite des besoins de développement professionnel des enseignants pour respecter les normes de technologie éducative. L'article insiste sur le fait qu'une formation continue est essentielle pour que les enseignants intègrent efficacement la technologie dans leur pédagogie. Plair préconise une approche systémique, où les écoles et districts fournissent un soutien et des ressources soutenus. L'étude met également en avant l'importance de promouvoir une culture collaborative parmi les enseignants pour partager les meilleures pratiques. En alignant les initiatives de développement professionnel sur les normes industrielles, le travail de Plair souligne l'importance de doter les enseignants des compétences nécessaires pour les classes du XXIe siècle.

Robertson (2009) critique l'écart entre les normes de technologie éducative et les réalités en classe. L'article met en évidence les défis auxquels les enseignants sont confrontés pour mettre en œuvre les normes en raison de contraintes de ressources et d'un manque de formation. Robertson appelle à une réévaluation des normes pour s'assurer qu'elles soient réalistes et accessibles à tous les enseignants. L'étude souligne également le rôle des politiques pour combler cet écart, plaidant pour un financement et un soutien accrus aux initiatives technologiques. Le travail de Robertson constitue un appel à l'action pour aligner les normes sur les considérations pratiques en éducation.

Reamer (2019) explore les dimensions éthiques des normes de technologie éducative, en se concentrant particulièrement sur la confidentialité et la sécurité des données. L'article souligne la nécessité de normes industrielles robustes pour protéger les informations des étudiants dans un monde de plus en plus numérique. Reamer discute de la conformité à des réglementations telles que le GDPR et le FERPA pour garantir l'usage éthique de la technologie en éducation. L'étude met également en avant l'importance de la transparence et de la responsabilité des fournisseurs technologiques. Le travail de Reamer rappelle l'importance des responsabilités éthiques inhérentes à la technologie éducative.

Les articles examinés mettent collectivement en évidence la nature multifacette des normes de technologie éducative, englobant des dimensions pédagogiques, infrastructurelles et éthiques.

Ils soulignent la nécessité de collaboration entre enseignants, décideurs politiques et parties prenantes de l'industrie pour développer et mettre en œuvre des normes à la fois efficaces et inclusives. Alors que la technologie continue d'évoluer, ces travaux soulignent l'importance de l'adaptabilité afin que les normes restent pertinentes et alignées sur les objectifs éducatifs. Ensemble, ils fournissent une base complète pour promouvoir l'intégration de la technologie dans l'éducation.

Analyse Thématique et Perspectives : Le Sous-thème des Normes de l'Industrie de la Technologie Éducative et les Enseignements de la Littérature Revue

L'évolution rapide de la technologie éducative (EdTech) a profondément impacté les méthodes d'enseignement et d'apprentissage. L'intégration de la technologie dans l'éducation nécessite des cadres assurant son application pratique et éthique. Cette revue de littérature examine les liens clés, similarités et différences entre neuf articles scientifiques, mettant l'accent sur le thème des Normes de Technologie Éducative et le sous-thème des Normes de l'Industrie de la Technologie Éducative. S'appuyant sur les perspectives théoriques de Piaget, Vygotsky et Bruner, cette analyse explore la manière dont ces cadres s'alignent avec les théories du développement cognitif et la mise en œuvre pratique de l'EdTech.

Connexions Entre les Normes de Technologie Éducative et les Théories Cognitives

Comme l'ont discuté Atabek (2020) et Bakaç (2022), les normes de technologie éducative servent de fondement à l'intégration de la technologie en classe. Atabek (2020) souligne comment ces normes favorisent la pensée critique et les compétences en résolution de problèmes, résonnant avec la théorie du développement cognitif de Piaget. Les stades de développement de Piaget mettent l'accent sur l'apprentissage pratique et expérientiel, que la technologie facilite à travers des simulations interactives et des environnements d'apprentissage gamifiés.

Bakaç (2022) met en avant le rôle des technologies collaboratives en accord avec la théorie du constructivisme social de Vygotsky, qui postule que l'apprentissage est intrinsèquement social et se produit par l'interaction dans un contexte culturel. Des outils tels que les documents partagés, les forums de discussion et les plateformes collaboratives favorisent l'engagement entre pairs, reflétant les processus d'échafaudage prônés par Vygotsky. De même, le concept d'apprentissage par découverte de Bruner se reflète dans Cox et al. (2020), qui examinent des plateformes d'apprentissage adaptatif encourageant les étudiants à construire leur savoir par l'exploration. Ces plateformes s'alignent sur les normes de l'International Society for Technology in Education (ISTE), qui favorisent des expériences d'apprentissage créatives et personnalisées. Collectivement, la littérature illustre comment les normes EdTech intègrent souvent les fondements théoriques de ces théories majeures du développement cognitif.

Similarités Entre les Normes Éducatives et Industrielles

Plusieurs articles mettent en évidence les chevauchements entre les normes éducatives et industrielles, soulignant des compétences telles que la littératie numérique, l'utilisation éthique de la technologie et l'adaptabilité. Hannafin et Foshay (2008) insistent sur l'importance des modèles de conception pédagogique intégrant la technologie pour répondre aux besoins des apprenants diversifiés. Ces modèles s'alignent sur les normes industrielles, telles que celles évoquées par Reamer (2019), mettant l'accent sur la préparation au marché du travail et la capacité à naviguer dans des écosystèmes technologiques complexes. Kan et Murat (2020) et Yusof et al. (2023) établissent également des parallèles entre les pratiques en classe et les attentes de l'industrie. Kan et Murat (2020) se concentrent sur les méthodes d'évaluation enrichies par la technologie, qui reflètent les systèmes d'évaluation de performance en entreprise. De même, Yusof et al. (2023) plaident pour des approches d'apprentissage par projet simulant des scénarios réels, comblant l'écart entre l'enseignement académique et les exigences professionnelles. Ces similarités soulignent l'importance d'aligner les normes de technologie éducative sur les exigences de l'industrie pour assurer une transition fluide des contextes académiques au milieu professionnel. La notion de Bruner de préparer les apprenants aux défis futurs est ici évidente, les deux secteurs privilégiant l'adaptabilité et l'apprentissage tout au long de la vie.

Différences Entre les Normes Éducatives et les Normes Industrielles

Malgré ces connexions, des différences significatives subsistent. Comme l'a souligné Robertson (2009), les normes éducatives se concentrent sur l'équité et l'accessibilité, visant à fournir à tous les apprenants les outils nécessaires pour réussir. En revanche, les normes industrielles privilégient souvent l'efficacité et la productivité, comme le souligne Plair (2008). Cette divergence découle d'objectifs différents : l'éducation cherche à développer des individus complets, tandis que les industries visent à optimiser la performance. De plus, les considérations éthiques mises en avant dans les normes éducatives diffèrent souvent des pratiques industrielles. Hannafin et Foshay (2008) abordent les implications éthiques de la confidentialité des données dans l'EdTech, une préoccupation moins soulignée dans les contextes corporatifs, comme le note Reamer (2019). Cette distinction souligne la nécessité pour les institutions éducatives de défendre des valeurs centrées sur l'apprenant au sein des cadres technologiques.

La revue de littérature met en lumière l'interaction dynamique entre les normes de technologie éducative et les applications industrielles. Bien que les deux domaines soulignent l'importance des compétences numériques et de l'adaptabilité, leurs objectifs et considérations éthiques divergent souvent. Fondés sur les théories de Piaget, Vygotsky et Bruner, ces cadres démontrent un engagement à favoriser le développement cognitif et à préparer les apprenants aux défis futurs. Combler les écarts entre les normes éducatives et industrielles nécessite une approche nuancée qui valorise à la fois l'équité et l'efficacité. À mesure que la technologie évolue, un dialogue continu entre enseignants et leaders de l'industrie garantira que les normes restent pertinentes et impactantes.

Tableau des Attributs du Sous-thème des Normes de l'Industrie de la Technologie Éducative Selon la Littérature Revue

Ce tableau fournit une analyse comparative des normes de technologie éducative et de leur alignement avec les normes industrielles. L'accent est mis sur les approches décrites dans divers articles scientifiques, mettant en évidence leurs implications à la fois dans les contextes académiques et professionnels. Cette vue d'ensemble permet d'identifier les connexions, similarités et différences à travers les contextes mondiaux.

Tableau 19
Sous-thème des Normes de l'Industrie de la Technologie Éducative

Sous-thème des normes de l'industrie des technologies éducatives						
#	**Citation de l'article**	**Approche des normes en matière de technologies éducatives**	**Description de l'approche des normes en matière de technologies éducatives**	**Normes de l'industrie des technologies éducatives**	**Description des normes de l'industrie des technologies éducatives**	**Pays de publication de l'article**
1	Atabek (2020)	Pensée critique et résolution de problèmes	Privilégie l'apprentissage par l'expérience grâce à des simulations interactives.	Culture numérique et adaptabilité	Favorise la préparation de la main-d'œuvre et sa capacité à s'orienter dans les écosystèmes technologiques.	Turquie
2	Bakaç (2022)	Technologies d'apprentissage collaboratif	Favorise les échanges entre pairs et les interactions culturelles.	Travail d'équipe et collaboration numérique	Axé sur l'intégration de plateformes collaboratives.	Turquie
3	Cox et al. (2020)	Apprentissage adaptatif et personnalisé	Promouvoir l'apprentissage par la découverte grâce à la technologie.	Résolution créative de problèmes	Encourage l'innovation et la créativité grâce à des outils adaptatifs.	ROYAUME-UNI
4	Hannafin and Foshay (2008)	Modèles de conception pédagogique	Garantit que les besoins diversifiés des apprenants sont satisfaits grâce à la technologie.	Utilisation éthique des technologies	Aborde les questions de confidentialité des données et les considérations éthiques.	États-Unis

5	Kan and Murat (2020)	Évaluation améliorée par la technologie	Introduit de nouvelles méthodes d'évaluation des performances des élèves.	Systèmes d'évaluation des performances	Mettre l'accent sur les pratiques d'évaluation en milieu professionnel.	Turquie
6	Yusof et al. (2023)	Apprentissage par projets	Simule des scénarios du monde réel grâce à des outils EdTech.	Résolution de problèmes concrets	Faisant le lien entre les pratiques académiques et les exigences du monde du travail.	Malaisie
7	Plair (2008)	Accessibilité et équité	Elle met l'accent sur l'accès équitable aux outils technologiques.	Efficacité et productivité	Priorise l'optimisation de la production grâce à une utilisation efficace de la technologie.	États-Unis
8	Robertson (2009)	Pratiques éthiques en matière de données	Aborde les questions de confidentialité des données et d'utilisation équitable des technologies.	Normes de gestion des données	Garantit le traitement sécurisé des données en milieu professionnel.	Canada
9	Reamer (2019)	Préparation de la main-d'œuvre	Prépare les apprenants aux défis de l'industrie grâce aux compétences techniques.	Adaptabilité technologique professionnelle	Met l'accent sur les compétences nécessaires pour naviguer dans le monde de la technologie en entreprise.	États-Unis

En conclusion, les articles examinés reflètent une interaction dynamique entre les normes de technologie éducative et les applications industrielles. Ils mettent en avant des compétences telles que la pensée critique, l'adaptabilité et les pratiques éthiques tout en identifiant des nuances régionales et des priorités mondiales. Cette perspective comparative souligne l'importance d'intégrer les normes éducatives et industrielles pour former des apprenants équilibrés et préparés pour l'avenir.

Sous-thème des Normes Internationales de la Technologie Éducative – Revue d'Articles Sélectionnés

Les normes internationales en technologie éducative abordent les dimensions mondiales de l'enseignement et de l'apprentissage dans un monde connecté numériquement. Des organisations telles que l'UNESCO et l'Union Internationale des Télécommunications (UIT) jouent un rôle important dans l'établissement de directives qui favorisent un accès équitable à la technologie, la pertinence culturelle et le développement durable. Par exemple, le Cadre de Compétences TIC pour les Enseignants de l'UNESCO fournit un guide complet pour intégrer la technologie dans l'éducation afin d'atteindre les Objectifs de Développement Durable des Nations Unies (ODD) (UNESCO, 2018). Les normes internationales mettent également l'accent sur la collaboration transfrontalière et l'échange de meilleures pratiques, favorisant une perspective globale de l'éducation enrichie par la technologie. Grâce au stage pratique, les enseignants acquièrent des connaissances sur ces cadres internationaux, leur permettant de concevoir et de mettre en œuvre des stratégies pédagogiques conformes aux références mondiales et de préparer les étudiants à participer à un monde interconnecté. Le thème des « Normes de la Technologie Éducative » et celui des « Normes Internationales de la Technologie Éducative » sont devenus des pierres angulaires pour faire progresser les pratiques pédagogiques au XXIe siècle. Ces normes améliorent l'enseignement et l'apprentissage et alignent l'éducation sur des compétences globales, favorisant la collaboration transfrontalière et l'équité. Ci-dessous se trouve une revue détaillée des articles scientifiques sélectionnés traitant de ces thèmes, mettant en évidence leurs contributions aux références internationales, aux cadres mondiaux et à l'adaptabilité interculturelle.

Ansong-Gyimah (2017)

Ansong-Gyimah explore l'intégration des normes technologiques dans les programmes de formation des enseignants au Ghana. L'article analyse de manière critique comment les enseignants s'adaptent aux exigences technologiques, soulignant la nécessité d'une formation structurée pour répondre aux normes internationales. L'étude met en évidence les disparités d'accès et de compétences technologiques parmi les enseignants, suggérant que la mise en œuvre de normes mondiales nécessite des considérations localisées. Les conclusions de l'auteur soulignent l'importance du développement professionnel continu pour aligner les pratiques des enseignants sur les références internationales et soutenir l'équité éducative mondiale. Ce travail contribue de manière significative à la compréhension des défis et des solutions pour mettre en œuvre les normes de technologie éducative dans les régions en développement.

L'étude d'Atabek examine l'alignement des normes de technologie éducative avec les compétences du XXIe siècle, en se concentrant sur l'éducation en Turquie. L'article évalue les ISTE Standards et leur pertinence pour favoriser la pensée critique et la collaboration entre les étudiants à l'échelle mondiale. Atabek fournit des exemples pratiques de la manière dont ces normes internationales peuvent être intégrées dans les salles de classe, reliant les cadres théoriques aux applications concrètes. La recherche souligne la nécessité d'un soutien institutionnel pour une mise en œuvre réussie, y compris la refonte des programmes et la formation des enseignants afin de respecter les références mondiales. Le travail d'Atabek illustre de manière clé comment les normes internationales peuvent être adaptées aux contextes locaux tout en conservant leur pertinence mondiale.

Australian Institute for Teaching and School Leadership (2017)

Ce rapport présente des normes professionnelles pour l'enseignement axées sur l'utilisation de la technologie pour améliorer les résultats d'apprentissage en Australie, s'alignant étroitement sur des cadres internationaux tels que les ISTE Standards et les directives de l'UNESCO. Les normes mettent l'accent sur le rôle des outils numériques pour favoriser un apprentissage personnalisé et inclusif, des priorités clés dans les systèmes éducatifs mondiaux. Le document souligne également l'importance des considérations éthiques dans l'utilisation de la technologie, en cohérence avec les discussions mondiales sur la citoyenneté numérique. Un enseignement clé est l'adaptabilité du cadre, offrant un guide complet pour les enseignants à différents stades de leur carrière afin de répondre aux attentes internationales. Ce travail constitue une référence pour l'intégration des normes de technologie éducative dans les politiques nationales tout en maintenant un alignement mondial.

Bakaç examine la relation entre les connaissances pédagogiques technologiques et disciplinaires (TPACK) et la mise en œuvre des normes internationales de technologie éducative. L'article soutient que les enseignants équipés du TPACK sont mieux placés pour respecter les normes mondiales et améliorer l'engagement des étudiants. Bakaç fournit des preuves empiriques à travers des études de cas, démontrant l'impact transformateur de l'intégration de la technologie dans l'enseignement spécifique aux matières. Les conclusions de l'étude renforcent l'importance de doter les enseignants de compétences multidimensionnelles pour naviguer dans les complexités des salles de classe modernes tout en respectant les références internationales. Ce travail comble le fossé mondial entre les cadres théoriques et les applications pratiques de la technologie éducative.

Casadomet (2021) se concentre sur l'alignement des normes de technologie éducative avec les objectifs de durabilité, reliant les normes internationales à des objectifs mondiaux plus larges. L'article explore comment l'intégration de la technologie dans le programme peut promouvoir des pratiques écologiques chez les étudiants, reflétant la priorité mondiale du développement durable. Casadomet (2021) introduit une nouvelle dimension aux normes de technologie éducative en reliant la littératie numérique à la responsabilité environnementale. L'étude souligne le potentiel de la technologie pour stimuler une croissance durable, en insistant sur son rôle dans la promotion de la citoyenneté mondiale et la satisfaction des attentes internationales. Cette perspective enrichit le discours sur la technologie éducative en la reliant aux objectifs sociétaux mondiaux.

Fegely et al. examinent l'évolution des normes de technologie éducative en réponse à la pandémie de COVID-19, en soulignant l'adaptabilité internationale. L'étude met en évidence le passage rapide à l'apprentissage en ligne et la nécessité de normes qui soutiennent les environnements virtuels dans divers contextes. Les conclusions clés incluent l'importance de la flexibilité, de l'accessibilité et de l'équité dans l'adoption de la technologie, des principes centraux des cadres mondiaux tels que les normes TIC de l'UNESCO. Les auteurs préconisent des efforts collaboratifs entre décideurs, enseignants et technologues pour affiner les normes existantes afin de répondre aux besoins internationaux. Cet article fournit des perspectives opportunes sur les défis et les opportunités de maintien de la qualité éducative pendant les crises à l'échelle mondiale.

Fraillon et al. (2014) soulignent le rôle des normes technologiques chez les étudiants dans la formation des résultats éducatifs à travers les nations. L'étude met en évidence les disparités dans les compétences numériques à l'échelle mondiale, préconisant des références standardisées pour combler ces écarts. Les auteurs fournissent des recommandations concrètes pour intégrer la technologie dans les programmes nationaux, garantissant un accès équitable aux ressources numériques. Ce travail est fondamental pour comprendre le paysage mondial de la littératie numérique et le rôle des normes de technologie éducative dans le rapprochement des différences internationales.

Kan et Murat analysent l'intégration des normes de technologie éducative dans l'enseignement des STEM, en se concentrant sur la satisfaction des attentes mondiales. L'article souligne le rôle de la technologie pour améliorer les compétences en résolution de problèmes et en innovation chez les étudiants, en adéquation avec les priorités internationales en STEM. À travers des études de cas, les auteurs démontrent comment l'alignement des programmes STEM sur les normes mondiales peut améliorer les résultats d'apprentissage et favoriser la collaboration internationale. L'étude met également en évidence les défis liés à la préparation des enseignants et à l'allocation des ressources, fournissant des recommandations pratiques pour y remédier. Le travail de Kan et Murat est essentiel pour faire progresser le débat sur les normes technologiques dans l'éducation STEM à l'échelle mondiale.

Kim et al. (2005) explorent les premières étapes de l'intégration de la technologie éducative en Corée du Sud, en se concentrant sur le développement de normes nationales alignées sur des cadres internationaux. L'article examine les réussites et les défis liés à la mise en œuvre de ces normes, y compris la résistance des enseignants et les limitations infrastructurelles. La perspective historique de l'étude fournit des leçons précieuses pour les efforts contemporains visant à établir des références mondiales. Kim et al. soulignent l'importance d'aligner les normes technologiques sur les contextes culturels et institutionnels, offrant une compréhension nuancée des complexités liées à la satisfaction des attentes internationales.

Mishra et Koehler ont introduit le cadre TPACK, une pierre angulaire de la recherche en technologie éducative ayant une pertinence mondiale. L'article soutient que l'intégration efficace de la technologie nécessite une interaction entre connaissances technologiques, pédagogiques et disciplinaires. Ce concept s'aligne sur les normes internationales telles que les ISTE Standards et le cadre de compétences TIC de l'UNESCO. Les auteurs fournissent une base théorique solide pour comprendre comment les enseignants peuvent respecter les références internationales grâce à des approches holistiques. Ce travail a eu un impact durable sur le domaine, influençant la recherche et la pratique à l'échelle mondiale.

Redecker examine le cadre européen de compétences numériques, en soulignant son alignement sur les normes internationales de technologie éducative. L'article présente les compétences clés, y compris la littératie informationnelle, la communication numérique et la pensée critique, qui résonnent avec les priorités mondiales. Le travail de Redecker souligne le rôle des institutions éducatives dans la préparation des étudiants à l'économie numérique, une préoccupation internationale. L'étude fournit des outils et ressources pratiques pour aider les enseignants à aligner leurs pratiques pédagogiques sur les références mondiales, ce qui en fait une ressource précieuse pour les décideurs et praticiens du monde entier.

Le cadre de l'UNESCO pour les normes de compétence TIC offre une perspective mondiale sur l'intégration de la technologie dans l'éducation. Le document met l'accent sur le rôle de la technologie pour atteindre l'équité et la qualité dans l'éducation, des objectifs internationaux clés. Les composants clés incluent la formation des enseignants, la conception des programmes et le développement des politiques, tous alignés sur les références mondiales. Le cadre de l'UNESCO sert de guide pour les pays souhaitant aligner leurs systèmes éducatifs sur les normes internationales. Ce travail souligne l'importance de la collaboration et de l'innovation pour faire progresser les normes de technologie éducative dans le monde entier.

Zhaojing et Tianyuan explorent le rôle de l'intelligence artificielle (IA) dans les normes de technologie éducative, en mettant en évidence son potentiel à révolutionner les références internationales. L'article examine comment l'IA peut personnaliser les expériences d'apprentissage et améliorer les pratiques d'évaluation à travers les contextes mondiaux. Les auteurs abordent les considérations éthiques, soulignant la nécessité d'utiliser l'IA de manière responsable selon des directives conformes aux normes internationales. Cette étude offre une perspective prospective sur l'évolution des normes de technologie éducative, positionnant l'IA comme une force transformatrice dans l'éducation à l'échelle mondiale. Le travail de Zhaojing et Tianyuan constitue un ajout précieux au discours sur les technologies émergentes en éducation.

Les articles examinés mettent collectivement en évidence le rôle crucial des normes de technologie éducative dans la structuration de la pédagogie moderne et leur alignement sur les références internationales. Des cadres fondamentaux comme le TPACK aux approches innovantes intégrant l'IA, ces travaux soulignent la nécessité de pratiques adaptatives, équitables et durables qui transcendent les frontières. À mesure que l'éducation devient de plus en plus mondialisée, l'alignement des normes locales et internationales reste une priorité pour garantir qualité et inclusivité. Ces études permettent de comprendre de manière exhaustive les défis et opportunités liés à l'avancement de la technologie éducative, offrant des perspectives précieuses pour les enseignants, les décideurs et les chercheurs à l'échelle mondiale.

Tableau 20
Sous-thème des Normes Internationales de la Technologie Éducative

Sous-thème des normes internationales en matière de technologies éducatives

#	Citation de l'article	Approche des normes en matière de technologies éducatives	Description de l'approche des normes en matière de technologies éducatives	Normes internationales en matière de technologies éducatives	Description des normes internationales en matière de technologies éducatives	Pays de publication de l'article
1	Ansong-Gyimah (2017)	Intégration de la formation des enseignants	Elle vise à intégrer la technologie dans les programmes de formation des enseignants afin de répondre aux besoins nationaux et internationaux.	Cadre de compétences en TIC localisé	Souligne la nécessité d'adapter les cadres globaux au contexte local afin de les rendre adaptés aux systèmes éducatifs locaux.	Ghana
2	Atabek (2020)	ISTE Standards and 21st-Century Skills	Analyse le rôle des normes ISTE dans le développement de la pensée critique et de la collaboration au sein du système éducatif turc.	Normes ISTE	Faisant le lien entre les normes ISTE et les compétences du XXIe siècle, ce programme favorise le développement de compétences pertinentes à l'échelle mondiale.	Turquie
3	Australian Institute for Teaching and School Leadership (2017)	Normes professionnelles nationales	Présente un cadre structuré pour tirer parti des outils numériques afin d'améliorer l'inclusion et l'apprentissage personnalisé.	Conforme aux directives de l'ISTE et de l'UNESCO	Intègre les cadres internationaux pour soutenir des environnements d'apprentissage éthiques, inclusifs et numériques.	Australie
4	Bakaç (2022)	Implémentation de TPACK	Explore l'application du cadre TPACK pour doter les éducateurs des compétences nécessaires à	Cadres ISTE et TPACK	S'appuie sur les cadres TPACK et ISTE pour aligner les pratiques pédagogiques sur les	Turquie

			l'intégration des technologies spécifiques à chaque discipline.		normes internationales.	
5	Casadom et (2021)	Intégration du développement durable	Elle associe la culture numérique aux objectifs de développement durable, favorisant ainsi une éducation éco-responsable.	Objectifs mondiaux de développement durable (ODD)	Place le développement durable au rang de priorité mondiale dans la mise en œuvre des technologies éducatives.	États-Unis
6	Fegely et al. (2023)	Adaptation en temps de crise	Analyse le passage rapide à l'apprentissage en ligne pendant la COVID-19 et la nécessité de normes technologiques adaptables et équitables.	Cadre TIC de l'UNESCO	Favorise une adoption souple et équitable des normes technologiques lors des crises mondiales.	États-Unis
7	Fraillon et al. (2014)	Évaluation internationale de la culture numérique	Évalue les disparités en matière de littératie numérique à l'échelle mondiale et formule des recommandations pour combler les écarts technologiques.	Références de l'UNESCO en matière d'alphabétisation numérique	Évalue les disparités internationales en matière de compétences numériques et propose des solutions standardisées.	Mondiale
8	Kan and Murat (2020)	Intégration STEM	Elle vise à aligner l'enseignement des STIM (sciences, technologies, ingénierie et mathématiques) sur les normes technologiques afin de favoriser l'innovation et	Cadres internationaux fondés sur les STIM	Harmonise les pratiques STEM avec les normes technologiques mondiales afin de favoriser la collaboration internationale.	Turquie

			la résolution de problèmes.			
9	Kim et al. (2005)	Premières normes technologiques nationales	Analyse les défis et les réussites historiques de la mise en œuvre des normes en matière de technologies éducatives précoces en Corée du Sud.	Premières adaptations des normes ISTE/UNESCO	Ce document offre un aperçu des premiers efforts déployés par la Corée du Sud pour mettre en œuvre des cadres technologiques éducatifs mondiaux.	Corée du Sud
10	Mishra and Koehler (2006)	Cadre TPACK	Présente le modèle TPACK, en soulignant son rôle dans l'intégration efficace des technologies dans la pédagogie.	TPACK avec application pédagogique globale	Les défenseurs du modèle TPACK comme outil universel pour atteindre les normes mondiales en matière de technologies éducatives.	États-Unis
11	Redecker (2017)	Cadre européen de compétences numériques	Ce document met en lumière le cadre européen des compétences numériques, en insistant sur l'apprentissage tout au long de la vie et les compétences numériques essentielles.	Cadre européen de compétences numériques	Favorise l'apprentissage tout au long de la vie grâce à l'alignement sur les objectifs internationaux en matière de compétences numériques.	Union européenne
12	UNESCO (2018)	Cadre mondial de compétences en TIC	Fournit un cadre de compétences global en TIC qui privilégie l'équité, la formation des enseignants et la conception des	Cadre de compétences TIC de l'UNESCO	Priorise l'équité et l'accès à l'éducation grâce à des cadres de compétences mondiaux en TIC.	Mondiale

			programmes d'études.			
13	Zhaojing and Tian-yuan (2023)	Intégration de l'IA dans les normes	Analyse le rôle de l'IA dans la révolution des normes, en mettant l'accent sur l'apprentissage personnalisé et les considérations éthiques.	Lignes directrices et normes internationales en matière d'IA	Explore les normes fondées sur l'IA qui s'alignent sur les priorités éthiques et pédagogiques mondiales.	Chine

Ce tableau fournit un aperçu comparatif des normes de la technologie éducative dans divers contextes. En intégrant les cadres nationaux et internationaux, ces travaux soulignent la nécessité de pratiques technologiques éducatives adaptables, inclusives et durables. L'alignement des efforts locaux sur les références mondiales demeure essentiel pour garantir une éducation équitable et de qualité à l'échelle mondiale.

Chapitre 8

Thème des applications des technologies éducatives

L'application de la technologie éducative est devenue une force transformatrice dans l'éducation moderne, offrant des solutions innovantes pour améliorer les processus d'enseignement et d'apprentissage. En tirant parti des outils numériques, des méthodologies et des meilleures pratiques, les éducateurs peuvent créer des environnements d'apprentissage dynamiques, interactifs et personnalisés qui répondent aux besoins diversifiés des élèves. Toutefois, la mise en œuvre efficace de la technologie éducative nécessite une compréhension systématique de ses applications, depuis la planification stratégique jusqu'à l'exécution et à l'évaluation.

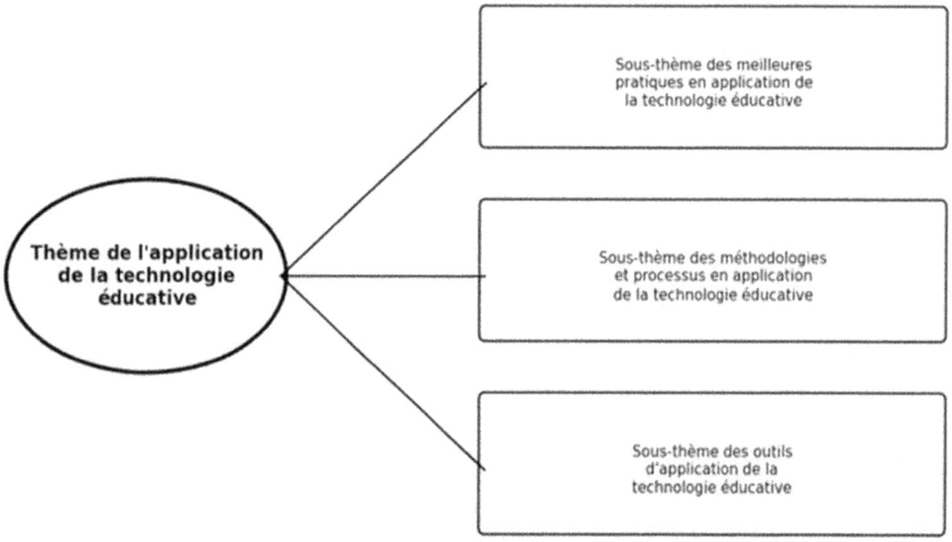

Figure 11: Thèmes et sous-thèmes de l'application de la technologie éducative

Cette exploration scientifique examine trois sous-thèmes essentiels — les meilleures pratiques d'application de la technologie éducative, les méthodologies et processus d'application de la technologie éducative, ainsi que les outils d'application de la technologie éducative — afin d'offrir une vue d'ensemble complète des principes et des stratégies qui sous-tendent une intégration réussie de la technologie éducative.

Tableau 21
Thème des applications de la technologie educative

Thème des applications des technologies éducatives		
	Sous-thème	**Définition**
1	Meilleures pratiques d'application de la technologie éducative	Les meilleures pratiques d'application de la technologie éducative font référence aux stratégies, principes et lignes directrices éprouvés pour sélectionner, mettre en œuvre et utiliser efficacement les outils technologiques afin d'améliorer l'enseignement, l'apprentissage et l'administration de l'éducation. Ces meilleures pratiques visent à garantir que la technologie est exploitée de manière significative, inclusive et durable afin d'atteindre les résultats éducatifs souhaités.
2	Méthodologies et processus d'application de la technologie éducative	Les méthodologies et processus d'application de la technologie éducative font référence aux approches systématiques et aux pratiques structurées utilisées pour mettre en œuvre, intégrer et optimiser la technologie éducative dans les environnements d'enseignement et d'apprentissage. Ces méthodologies se concentrent sur l'alignement des outils technologiques avec les objectifs pédagogiques, l'assurance d'une prestation efficace et l'évaluation de l'impact sur les résultats d'apprentissage.
3	Outils d'application de la technologie éducative	Les outils d'application de la technologie éducative sont des plateformes numériques, des logiciels, des dispositifs et des ressources conçus pour soutenir et améliorer les processus d'enseignement, d'apprentissage et d'administration dans les environnements éducatifs. Ces outils facilitent la prestation du contenu, l'évaluation des apprentissages, la collaboration, la communication et la gestion des données, permettant ainsi aux éducateurs et aux apprenants d'atteindre les objectifs éducatifs de manière plus efficace et efficiente.

Sous-thème des meilleures pratiques d'application de la technologie éducative – Revue d'articles sélectionnés

Les meilleures pratiques dans les applications de la technologie éducative mettent l'accent sur l'utilisation réfléchie et intentionnelle des outils numériques pour atteindre des objectifs d'apprentissage spécifiques. Ces pratiques sont fondées sur des stratégies fondées sur des données probantes qui privilégient l'engagement des apprenants, l'accessibilité et des résultats d'apprentissage significatifs. Par exemple, l'intégration des principes de la Conception universelle de l'apprentissage (Universal Design for Learning – UDL) garantit que les applications technologiques répondent à la diversité des styles d'apprentissage et des aptitudes (CAST, 2018). D'autres meilleures pratiques incluent l'alignement de l'utilisation de la technologie avec les objectifs des programmes, la formation professionnelle des enseignants et l'évaluation continue de l'impact de la technologie sur la performance des élèves (Reiser & Dempsey, 2018). En respectant ces pratiques, les éducateurs peuvent maximiser les avantages de la technologie tout en minimisant les inconvénients potentiels, tels que la dépendance excessive aux appareils ou l'inégalité d'accès. La technologie éducative (EdTech) a transformé les environnements d'apprentissage, permettant des expériences éducatives plus interactives, accessibles et personnalisées. Cette revue se concentre sur des études notables qui traitent des applications de la technologie éducative et des meilleures pratiques pour une mise en œuvre efficace. Les articles suivants fournissent des informations sur la manière dont l'EdTech peut améliorer les résultats d'apprentissage, renforcer les interactions enseignant-élève et exploiter les outils pour soutenir l'efficacité pédagogique.

Altermatt et Rorrer (2024) explorent le rôle de l'intelligence artificielle dans l'amélioration des systèmes d'apprentissage adaptatif. Ils soulignent l'intégration des outils d'IA pour personnaliser les contenus éducatifs en fonction des besoins individuels des apprenants. Une conclusion clé de l'étude est l'importance de trouver un équilibre entre l'automatisation et l'implication de l'enseignant afin d'éviter la dépersonnalisation. L'article met en évidence les meilleures pratiques pour la mise en œuvre de l'IA dans l'éducation, telles que l'utilisation d'analyses fondées sur les données pour adapter l'enseignement et la garantie d'une utilisation éthique de la technologie.

Blyznyuk (2024) discute de l'efficacité des environnements d'apprentissage virtuels (VLE) pour améliorer l'engagement des étudiants. L'étude évalue comment les fonctionnalités ludiques et interactives des VLE améliorent la motivation et les résultats d'apprentissage. Blyznyuk souligne la nécessité de former les enseignants pour maximiser le potentiel des VLE et recommande l'utilisation d'évaluations formatives pour suivre les progrès des élèves. L'article met en évidence l'importance de l'intégration des VLE dans l'apprentissage hybride.

Cogo et al. (2024) se concentrent sur l'utilisation des applications mobiles pour promouvoir l'apprentissage collaboratif. Leur recherche révèle que les applications mobiles améliorent la communication, la pensée critique et le travail de groupe chez les étudiants. Ils identifient des meilleures pratiques, telles que l'alignement des fonctionnalités des applications avec les objectifs des programmes et la fourniture de lignes directrices claires pour l'utilisation des applications. Les auteurs plaident également en faveur d'une conception inclusive afin d'assurer l'accessibilité pour les apprenants diversifiés.

Durrington et al. (2006) analysent les défis et les solutions liés à l'animation de communautés d'apprentissage en ligne. Ils mettent en évidence l'importance des outils de communication active, tels que les forums de discussion et les discussions synchrones, pour favoriser l'engagement. Les meilleures pratiques incluent la création d'occasions structurées d'interaction et la fourniture de retours rapides. Les auteurs concluent que les enseignants jouent un rôle essentiel dans l'établissement de la confiance et de la communauté au sein des espaces virtuels.

Gandolfi et al. (2021) examinent l'utilisation de l'apprentissage fondé sur le jeu (Game-Based Learning – GBL) pour améliorer l'engagement et la rétention des connaissances. Les auteurs rapportent que les jeux ayant des objectifs éducatifs clairs peuvent accroître la motivation et approfondir la compréhension conceptuelle. Les meilleures pratiques incluent la sélection de jeux alignés sur les objectifs des programmes et l'équilibre entre le divertissement et les résultats d'apprentissage. Ils recommandent également de former les enseignants à l'intégration efficace des stratégies de GBL.

Georgantaki et Retalis (2007) étudient les systèmes d'apprentissage interactifs intégrant des éléments multimédias pour améliorer l'engagement des apprenants. L'étude démontre que les outils visuels et auditifs améliorent considérablement la rétention des connaissances. Les meilleures pratiques incluent l'adoption d'interfaces conviviales et la garantie de l'accessibilité pour tous les apprenants. Les auteurs soulignent l'importance d'évaluations périodiques pour mesurer l'efficacité des systèmes.

Hannafin et Foshay (2008) se concentrent sur le rôle de la conception pédagogique dans la maximisation de l'efficacité des applications EdTech. L'étude met en évidence les stratégies de conception centrée sur l'apprenant et d'étayage pour améliorer les résultats pédagogiques. Les meilleures pratiques incluent l'alignement des outils technologiques avec les objectifs pédagogiques et l'assurance de leur adaptabilité à divers contextes d'apprentissage. Les auteurs insistent sur l'importance du retour formatif pour une amélioration continue.

Radianti et al. (2020) et Makransky et Mayer (2022) abordent l'utilisation de la réalité virtuelle (VR) dans les environnements d'apprentissage immersifs. L'étude révèle que la VR améliore l'apprentissage expérientiel en créant des simulations réalistes et interactives. Les meilleures pratiques incluent l'alignement des activités de VR avec les objectifs pédagogiques et l'évaluation de leur impact sur les résultats d'apprentissage. Harper et al. suggèrent de proposer une formation à la VR pour les enseignants afin d'optimiser la mise en œuvre.

Hussein et al. (2022) explorent l'intégration de l'analytique de l'apprentissage dans l'éducation afin de fournir des informations exploitables aux enseignants et aux administrateurs. L'étude démontre comment les décisions fondées sur les données peuvent améliorer la performance et la rétention des élèves. Les meilleures pratiques incluent la garantie de la confidentialité des données, l'utilisation de l'analytique pour identifier les élèves à risque et le soutien au développement de la littératie des données chez les enseignants. Les auteurs soulignent les considérations éthiques entourant l'utilisation des données.

Khazanchi et al. (2022) examinent la manière dont les systèmes de gestion de l'apprentissage (Learning Management Systems – LMS) basés sur le cloud améliorent l'enseignement à distance. L'étude identifie des meilleures pratiques, telles que l'optimisation des fonctionnalités du LMS pour la facilité d'utilisation et l'intégration d'outils multimédias pour soutenir des styles d'apprentissage diversifiés. Les auteurs soulignent l'importance de former les enseignants et les étudiants à l'utilisation efficace et cohérente des LMS.

Kim et al. (2005) ont étudié le rôle du multimédia dans l'enseignement des sciences, en mettant en évidence sa capacité à rendre concrets des concepts abstraits. Ils soulignent la nécessité de contenus multimédias soigneusement sélectionnés et alignés sur les objectifs d'apprentissage. Les meilleures pratiques incluent l'encouragement à l'interaction active des apprenants et l'accompagnement du multimédia par un enseignement guidé. L'étude conclut que le multimédia améliore la compréhension conceptuelle et l'engagement.

Kinzer (2010) étudie le rôle des simulations interactives dans l'enseignement des STEM. L'étude montre comment les simulations aident les élèves à visualiser des processus complexes et à tester des hypothèses. Les meilleures pratiques incluent l'intégration des simulations dans des activités pratiques et la garantie de leur alignement avec les normes des programmes. Kinzer souligne l'importance de l'étayage dans l'accompagnement de l'investigation des élèves.

Klein (2008) explore l'application du récit numérique dans l'éducation pour favoriser la créativité et les compétences en communication. L'étude constate que le récit numérique favorise l'autonomie des élèves et améliore les résultats en littératie. Les meilleures pratiques incluent la fourniture de grilles d'évaluation claires et l'utilisation d'outils accessibles pour faciliter la création de contenu. L'auteur souligne le rôle du récit dans la connexion de l'apprentissage aux expériences du monde réel.

Lee et Hare (2007) étudient l'utilisation des e-portfolios pour évaluer l'apprentissage et le développement des élèves. Ils montrent comment les e-portfolios encouragent l'auto-réflexion et démontrent la progression des compétences. Les meilleures pratiques incluent la fourniture de modèles structurés et l'encouragement à un retour itératif. Les auteurs soulignent l'importance de l'intégration des e-portfolios dans des cadres d'évaluation plus larges.

Silva et al. (2025) analysent les avantages des outils de micro-apprentissage dans l'enseignement de base, en mettant en évidence leur rôle dans le soutien à un enseignement flexible et auto-rythmé. Leur revue systématique montre que les contenus courts et modulaires améliorent considérablement la rétention des connaissances et répondent efficacement aux profils variés des apprenants. Les auteurs soulignent l'importance de concevoir des supports concis et ciblés et de garantir l'alignement entre les unités de micro-apprentissage et les objectifs curriculaires plus larges. Ils plaident également pour l'intégration d'éléments interactifs — tels que le multimédia, les évaluations et les retours en temps réel — afin de maintenir l'engagement des apprenants et de renforcer la compréhension.

Lo (2021) examine le rôle de l'EdTech dans la promotion de l'accès équitable à l'éducation, en particulier dans les communautés défavorisées. L'étude met en évidence la manière dont les technologies mobiles et hors ligne réduisent les obstacles à l'apprentissage. Les meilleures pratiques incluent la fourniture de contenus localisés et la garantie que les outils soient abordables et durables. Lo souligne le rôle des politiques publiques et des infrastructures dans le soutien à l'adoption de l'EdTech.

Luo et al. (2021) examinent le rôle de l'intelligence artificielle dans l'automatisation des évaluations formatives. Leur étude montre que les outils basés sur l'IA fournissent un retour immédiat et personnalisé, améliorant ainsi les résultats d'apprentissage. Les meilleures pratiques incluent l'intégration des outils d'IA aux stratégies pédagogiques et la garantie de la transparence des algorithmes d'évaluation. Les auteurs soulignent les considérations éthiques et la confidentialité des données.

McAlester et al. (2004). amélioration de l'apprentissage interdisciplinaire. L'étude démontre comment le multimédia favorise un engagement plus profond et l'intégration interdisciplinaire. Les meilleures pratiques incluent la sélection d'outils favorisant la collaboration et l'alignement des activités multimédias avec des objectifs d'apprentissage spécifiques. Les auteurs soulignent l'importance de la préparation des enseignants pour une mise en œuvre réussie.

Pan et al. (2024) analysent l'utilisation de la réalité augmentée (AR) pour un apprentissage interactif et expérientiel. L'étude révèle que l'AR améliore l'engagement des élèves et la compréhension des concepts abstraits. Les meilleures pratiques incluent la formation des enseignants à l'AR et l'alignement des contenus AR sur les objectifs d'apprentissage. Les auteurs suggèrent d'évaluer l'impact à long terme de l'AR sur les résultats d'apprentissage.

Plair (2008) examine les défis auxquels les enseignants sont confrontés dans l'adoption des outils EdTech et propose des solutions pour améliorer l'intégration de la technologie. Les meilleures pratiques incluent la fourniture d'un développement professionnel continu et la création d'une culture scolaire favorable. Plair souligne le rôle du mentorat entre pairs pour aider les enseignants à renforcer leur confiance et leurs compétences avec les outils EdTech.

Robertson (2009) étudie l'utilisation d'outils collaboratifs en ligne pour améliorer le travail d'équipe et la pensée critique dans l'enseignement supérieur. L'étude identifie des meilleures pratiques, telles que l'intégration des outils aux objectifs d'apprentissage et la fourniture de lignes directrices claires pour la communication. Robertson souligne l'importance de favoriser la responsabilisation des étudiants dans les environnements collaboratifs.

Sanborn et al. (2005) explorent l'utilisation de plateformes numériques pour soutenir les évaluations formatives dans l'éducation K–12. L'étude démontre que les outils numériques fournissent des retours en temps opportun et soutiennent l'enseignement différencié. Les meilleures pratiques incluent l'alignement des outils avec les objectifs pédagogiques et l'assurance d'une facilité d'utilisation pour les enseignants et les élèves. Les auteurs recommandent des évaluations régulières pour mesurer l'efficacité.

Shen et al. (2023) analysent le rôle des technologies éducatives (EdTech) dans le soutien à l'éducation inclusive pour les étudiants en situation de handicap. L'étude met en évidence la manière dont les technologies d'assistance, telles que les outils de synthèse vocale et les logiciels adaptatifs, favorisent des environnements d'apprentissage équitables et renforcent l'autonomie des élèves. Les meilleures pratiques incluent l'adoption d'un cadre de conception universelle de l'apprentissage (UDL) pour garantir l'inclusivité et la fourniture d'une formation continue aux enseignants pour utiliser efficacement les outils d'assistance. Les auteurs soulignent l'importance de la collaboration avec les familles et les spécialistes pour adapter le soutien aux besoins individuels tout en traitant les barrières à l'accessibilité dans les environnements d'apprentissage.

Les études examinées mettent collectivement en évidence le potentiel transformateur de la technologie éducative lorsqu'elle est mise en œuvre selon des meilleures pratiques fondées sur des preuves. Dans divers contextes, les outils EdTech améliorent l'engagement des élèves, offrent des expériences d'apprentissage personnalisées et soutiennent un accès équitable à l'éducation. Les meilleures pratiques incluent l'alignement de la technologie avec les objectifs pédagogiques, la formation des enseignants et la prise en compte des considérations éthiques. Les éducateurs peuvent exploiter efficacement l'EdTech pour créer des environnements d'apprentissage significatifs et impactants en intégrant ces principes.

Analyse thématique et perspectives : le sous-thème des meilleures pratiques d'application des technologies éducatives et les enseignements tirés de la littérature revue

La technologie éducative (EdTech) est devenue une pierre angulaire de l'éducation moderne, permettant des expériences d'apprentissage personnalisées, interactives et inclusives. Au cœur de cette évolution se trouvent des thèmes tels que les applications des technologies éducatives et les meilleures pratiques qui optimisent les résultats d'apprentissage. Cette revue de littérature analyse les liens, similitudes et différences entre des études significatives tout en alignant la discussion avec les théories de Piaget, Vygotsky et Bruner. Leurs cadres théoriques sur le développement cognitif, l'interaction sociale et l'étayage servent de principes directeurs pour comprendre le rôle de l'EdTech dans la transformation des pratiques éducatives.

Applications des technologies éducatives et liens théoriques

Les études explorées soulignent comment les outils EdTech s'alignent sur les théories fondamentales de l'apprentissage. Par exemple, Gandolfi et al. (2021) et Kinzer (2010) mettent en évidence le rôle des simulations interactives et de l'apprentissage basé sur le jeu (GBL) dans le développement de l'apprentissage expérientiel, en accord étroit avec la théorie constructiviste de Piaget. Les deux études suggèrent que l'EdTech permet aux apprenants d'explorer activement les concepts, progressant à travers les étapes du développement cognitif tout en participant à des activités pratiques. De même, Radianti et al. (2020) et Makransky et Mayer (2022) démontrent l'utilisation transformative de la réalité virtuelle (VR) pour immerger les étudiants dans des environnements expérientiels, facilitant l'apprentissage actif prôné par Piaget.

En revanche, la théorie socioculturelle de Vygotsky résonne dans les études mettant l'accent sur l'apprentissage collaboratif et social. Par exemple, Cogo et al. (2024) se concentrent sur les applications mobiles qui favorisent l'apprentissage coopératif grâce à la communication de groupe et aux activités partagées, soulignant l'importance de l'interaction sociale dans les processus d'apprentissage. De même, Durrington et al. (2006) mettent en avant les communautés d'apprentissage en ligne qui utilisent des forums de discussion et des chats synchrones pour favoriser l'engagement et la construction collective de connaissances.

La théorie de l'étayage et de l'apprentissage par découverte de Bruner se reflète dans Hannafin et Foshay (2008) et Kim et al. (2005). Ces études soulignent l'importance d'une conception pédagogique structurée et d'outils multimédias pour étayer les expériences d'apprentissage, garantissant que les apprenants reçoivent un encadrement tout en s'engageant activement avec le contenu. Silva et al. (2025) prolongent cette idée en analysant les outils de microlearning qui permettent une livraison de contenu fractionnée et étayée, adaptée à la capacité cognitive des apprenants.

Meilleures pratiques : points communs et divergences

Une similitude clé entre les études est l'accent mis sur l'alignement des outils EdTech avec les objectifs pédagogiques et la préparation des enseignants à l'adoption de la technologie. Par exemple, Plair (2008) et Robertson (2009) insistent sur l'importance de la formation et du développement professionnel des enseignants pour adopter des outils collaboratifs et favoriser le travail d'équipe en ligne. De même, Lo (2021) souligne la nécessité d'outils EdTech localisés et abordables pour lever les obstacles dans les communautés défavorisées, mettant l'accent sur l'accès équitable comme meilleure pratique.

Alors que certaines études se concentrent sur l'engagement et l'interactivité, d'autres privilégient l'inclusivité et la différenciation. Shen et al. (2023) et Hussein et al. (2022) mettent en avant le rôle des technologies d'assistance et de l'analytique d'apprentissage pour fournir un soutien personnalisé aux étudiants en situation de handicap et aux apprenants à risque. Ces résultats s'alignent sur la Zone de Développement Proximal (ZPD) de Vygotsky, les deux études montrant l'importance d'offrir un soutien adapté pour aider les étudiants à atteindre leur potentiel d'apprentissage.

En revanche, Blyznyuk (2024) et Gandolfi et al. (2021) mettent l'accent sur la gamification des environnements d'apprentissage comme meilleure pratique pour améliorer l'engagement et la motivation. Les outils interactifs et immersifs, tels que la VR (Harper et al., 2021) et la réalité augmentée (Pan et al., 2024), illustrent également cette tendance. Ces approches privilégient le divertissement en parallèle de l'éducation, contrairement à des études comme Khazanchi et al. (2022), qui insistent sur la convivialité et la fonctionnalité des systèmes de gestion de l'apprentissage (LMS) basés sur le cloud pour améliorer l'efficacité de l'apprentissage à distance.

Un autre point de divergence est l'accent mis sur les évaluations formatives versus la transmission des connaissances. Luo et al. (2021) et Sanborn et al. (2005) insistent sur le rôle des outils EdTech dans l'automatisation des évaluations formatives et la fourniture de retours immédiats pour améliorer les résultats d'apprentissage. En revanche, Klein (2008) se concentre sur le récit numérique comme approche créative pour promouvoir la littératie et l'autonomie des élèves, soulignant le rôle de l'EdTech dans la création significative de connaissances plutôt que dans l'évaluation.

Combler les lacunes par des approches intégrées

Malgré leurs différences, les études révèlent des opportunités d'intégrer de manière holistique les meilleures pratiques pour relever les défis éducatifs. Par exemple, l'alignement de la VR (Harper et al., 2021), de la RA (Pan et al., 2024) et des outils multimédias (Kim et al., 2005) avec les objectifs pédagogiques reflète l'accent de Bruner sur l'apprentissage par découverte à travers l'exploration guidée. De plus, les études sur les technologies d'assistance (Shen et al., 2023) et les systèmes basés sur le cloud (Khazanchi et al., 2022) démontrent le potentiel de l'EdTech pour favoriser des environnements d'apprentissage inclusifs et différenciés, alignés sur les principes de l'étayage et de l'apprentissage social de Vygotsky.

Les études révèlent également des lacunes dans la préparation des enseignants et les infrastructures, comme l'ont discuté Plair (2008) et Voogt et al. (2015). Combler ces lacunes nécessite une approche globale combinant développement professionnel, accessibilité et conception pédagogique basée sur les données. Cette approche intégrée s'aligne avec les théories de Piaget, Vygotsky et Bruner en mettant l'accent sur des expériences d'apprentissage actives, étayées et collaboratives.

Les études examinées soulignent collectivement le potentiel transformateur de l'EdTech pour améliorer les résultats d'apprentissage grâce à des applications interactives, inclusives et personnalisées. Alors que certaines études mettent l'accent sur la gamification, l'interactivité et l'engagement, d'autres privilégient l'inclusivité, les évaluations formatives et l'efficacité. En alignant ces meilleures pratiques avec des théories de l'apprentissage telles que le constructivisme de Piaget, la théorie socioculturelle de Vygotsky et les principes d'étayage de Bruner, les éducateurs peuvent exploiter efficacement l'EdTech pour répondre aux besoins et défis variés des apprenants. À l'avenir, une approche intégrée combinant technologie, objectifs pédagogiques, accès équitable et préparation des enseignants sera essentielle pour créer des environnements d'apprentissage significatifs.

Tableau des attributs du sous-thème « Meilleures pratiques en technologie éducative » selon la littérature revue

La technologie éducative (EdTech) est devenue une pierre angulaire de l'éducation moderne, permettant des expériences d'apprentissage personnalisées, interactives et inclusives. Au cœur de cette évolution se trouvent des thèmes tels que les applications des technologies éducatives et les meilleures pratiques qui optimisent les résultats d'apprentissage. Ce tableau synthétise les études critiques, présentant leurs approches des applications EdTech, des meilleures pratiques et de leur pertinence mondiale.

Tableau 22
Sous-thème : meilleures pratiques en technologie educative

Sous-thème des meilleures pratiques en matière de technologies éducatives						
#	**Citation de l'article**	**Approche des applications des technologies éducatives**	**Description de l'approche des applications des technologies éducatives**	**Meilleures pratiques en matière de technologies éducatives**	**Description des meilleures pratiques en matière de technologies éducatives**	**Pays de publication de l'article**
1	Altermatt et Rorrer (2024)	L'intelligence artificielle dans l'apprentissage adaptatif	Les outils d'IA sont utilisés pour adapter le contenu pédagogique aux besoins individuels des apprenants.	Utilisation éthique de l'IA et des connaissances issues des données	Utiliser l'IA pour personnaliser les expériences d'apprentissage tout en maintenant un équilibre avec l'implication de l'instructeur.	États-Unis
2	Blyznyuk (2024)	Environnements d'apprentissage virtuels (EAV)	Les plateformes d'apprentissage virtuel ludiques et interactives renforcent l'engagement et la motivation des étudiants.	Formation des enseignants et évaluations formatives	Former les enseignants et intégrer des évaluations formatives pour suivre les progrès dans les environnements virtuels d'apprentissage.	Ukraine
3	Cogo et al. (2024)	Applications mobiles pour l'apprentissage collaboratif	Les applications mobiles facilitent la communication, la pensée critique et le travail de groupe entre les étudiants.	Conception inclusive et alignement des programmes d'études	Veillez à ce que les fonctionnalités de l'application soient conformes aux objectifs pédagogiques et offrent une	Brésil

					accessibilité aux apprenants de tous horizons.	
4	Durrington et al. (2006)	Communautés d'apprentissage en ligne	Les plateformes virtuelles offrent des outils de communication tels que des forums et des chats pour favoriser l'engagement.	Interaction structurée et retour d'information rapide	Créez des occasions de discussions structurées et de rétroaction opportune pour soutenir les apprenants en ligne.	États-Unis
5	Voogt et al. (2015)	Compétences du XXIe siècle et collaboration entre enseignants	Met l'accent sur des pratiques pédagogiques collaboratives et riches en technologies, ancrées dans des cadres pédagogiques.	Intégration pédagogique et développement professionnel des enseignants	Promouvoir l'intégration des TIC dans les programmes scolaires grâce à une formation structurée des enseignants, à l'harmonisation des programmes et à des cycles de rétroaction itératifs.	Pays-Bas
6	Gandolfi et al. (2021)	Apprentissage par le jeu (GBL)	Les jeux à visée éducative favorisent l'engagement et la fidélisation des élèves.	Objectifs clairs et formation des enseignants	Sélectionner des jeux en adéquation avec les objectifs du programme scolaire et former les enseignants à intégrer efficacement l'apprentissage par le jeu.	Italie
7	Georgantaki et	Systèmes multimédia interactifs	Les outils multimédias, incluant des	Conception conviviale et accessibilité	Utilisez des conceptions accessibles et	Grèce

	Retalis (2007)		éléments visuels et auditifs, améliorent l'engagement et la mémorisation des connaissances.		évaluez périodiquement l'efficacité des outils multimédias.	
8	Hannafin et Foshay (2008)	Conception pédagogique pour les technologies éducatives	Concevoir des outils EdTech centrés sur l'apprenant, avec un système d'étayage pour soutenir la mise en œuvre de l'enseignement.	Échafaudage et rétroaction formative	Fournir un accompagnement et un retour d'information continus afin d'assurer une amélioration constante des résultats d'apprentissage.	États-Unis
9	Harper et al. (2021)	Réalité virtuelle (RV)	Les outils de réalité virtuelle immersive créent des environnements d'apprentissage réalistes et expérientiels pour une compréhension plus approfondie.	Formation en réalité virtuelle pour les éducateurs et alignement des objectifs	Former les enseignants à la mise en œuvre de la réalité virtuelle et aligner le contenu de la réalité virtuelle sur les objectifs du programme scolaire.	États-Unis
10	Hussein et al. (2022)	Analyse de l'apprentissage	Les outils d'analyse des données d'apprentissage aident à identifier les élèves à risque et à favoriser l'amélioration de leurs performances.	Protection des données et soutien aux enseignants	Garantir une utilisation éthique des données analytiques et former les enseignants à l'utilisation des informations issues des données pour éclairer	Malaisie

					leur enseignement.	
11	Khazanchi et al. (2022)	Systèmes de gestion de l'apprentissage (LMS) basés sur le cloud	Les plateformes LMS améliorent l'apprentissage à distance grâce à leur convivialité et leurs fonctionnalités multimédias.	Formation des enseignants et des élèves	Fournir une formation structurée aux étudiants et aux enseignants afin de maximiser l'efficacité du LMS.	Inde
12	Kim et al. (2005)	Le multimédia dans l'enseignement des sciences	Les outils multimédias interactifs rendent les concepts scientifiques abstraits plus concrets.	Enseignement guidé et curation de contenu	Utiliser le multimédia en complément d'un enseignement guidé pour favoriser la participation active des élèves.	Corée du Sud
13	Kinzer (2010)	Simulations pour l'enseignement des STIM	Les simulations interactives aident les élèves à visualiser des processus complexes et à tester des hypothèses.	Alignement et étayage du programme d'études	Aligner les simulations sur les normes STEM et fournir un cadre pour l'apprentissage par l'enquête.	États-Unis
14	Klein (2008)	Narration numérique	La narration numérique stimule la créativité, développe les compétences en lecture et en écriture et renforce les liens avec le monde réel.	Grille d'évaluation et outils accessibles	Fournissez des grilles d'évaluation claires et tirez parti des outils numériques accessibles pour la création de contenu.	États-Unis
15	Lee et Hare (2007)	Portfolios électroniques pour l'évaluation	Les portfolios électroniques encouragent	Modèles structurés et rétroaction itérative	Proposer des modèles de portefeuille structurés et	États-Unis

			l'introspection et permettent de suivre l'évolution des étudiants au fil du temps.		un système de retours d'information itératifs pour favoriser l'amélioration.	
16	Silva et al. (2025)	Le microapprentissage dans l'éducation de base	Utilisation de modules d'apprentissage courts et concis pour un enseignement adapté aux besoins et une diffusion flexible	Mise en œuvre systématique des modules de microapprentissage	Diffusion structurée de contenus courts et interactifs, alignée sur les principes de charge cognitive	Portugal
17	Lo (2021)	Technologies mobiles et hors ligne	Les technologies réduisent les obstacles à l'apprentissage dans les communautés défavorisées en donnant accès à des contenus localisés.	Accessibilité et durabilité	Développer des outils abordables et durables adaptés aux infrastructures locales.	Chine
18	Luo et al. (2021)	L'IA au service des évaluations formatives	Les outils d'IA automatisent les processus de rétroaction, améliorant ainsi les résultats d'apprentissage grâce à un enseignement personnalisé.	Transparence et mise en œuvre éthique	Garantir la transparence des algorithmes d'IA et traiter les questions éthiques liées aux évaluations automatisées.	Chine
19	McLester et al. (2004)	Le multimédia au service de l'apprentissage interdisciplinaire	Les outils multimédias intègrent l'apprentissage interdisciplinaire pour	Collaboration et alignement des objectifs	Choisissez des outils multimédias qui favorisent la collaboration et qui	États-Unis

			approfondir l'engagement des étudiants.		correspondent aux objectifs interdisciplinaires.	
20	Pan et al. (2024)	Réalité augmentée (RA)	Les outils de réalité augmentée créent des expériences interactives et immersives qui améliorent la compréhension conceptuelle.	Formation des enseignants à la réalité augmentée et intégration dans les programmes scolaires	Assurer la formation des enseignants et aligner le contenu de la réalité augmentée sur les objectifs d'apprentissage.	Chine
21	Plair (2008)	Intégration technologique	Répondre aux difficultés rencontrées par les enseignants dans l'adoption des outils technologiques pour l'enseignement.	Développement professionnel et mentorat	Offrir un perfectionnement professionnel continu et un mentorat par les pairs pour favoriser l'adoption des technologies.	États-Unis
22	Robertson (2009)	Outils collaboratifs en ligne	Les outils en ligne améliorent le travail d'équipe, la communication et la pensée critique.	Des directives claires et la responsabilité des étudiants	Fournir des directives de communication claires et promouvoir la responsabilisation des étudiants dans l'utilisation des outils en ligne.	États-Unis
23	Sanborn et al. (2005)	Plateformes numériques pour les évaluations formatives	Les plateformes numériques permettent de fournir un retour d'information rapide pour soutenir un	Alignement des objectifs pédagogiques	Alignez les outils numériques sur les objectifs pédagogiques et évaluez régulièrement leur efficacité.	États-Unis

			enseignement différencié.			
24	Shen et al. (2023)	Technologies d'assistance pour l'éducation inclusive	Des outils comme la synthèse vocale et les logiciels adaptatifs favorisent un apprentissage équitable pour les élèves handicapés.	Conception universelle de l'apprentissage (CUA) et collaboration	Mettre en œuvre les principes de la conception universelle de l'apprentissage et collaborer avec les familles et les spécialistes pour lever les obstacles à l'accessibilité.	Chine

Les études examinées soulignent collectivement le potentiel transformateur des technologies éducatives (EdTech) pour améliorer les résultats d'apprentissage grâce à des applications interactives, inclusives et personnalisées. Alors que certaines études mettent l'accent sur la ludification, l'interactivité et l'engagement, d'autres privilégient l'inclusivité, les évaluations formatives et l'efficacité. En alignant ces bonnes pratiques avec les objectifs pédagogiques, l'accès équitable et la préparation des enseignants, les éducateurs peuvent exploiter efficacement les EdTech pour répondre aux besoins et aux défis des apprenants divers. L'intégration d'approches combinant innovation, accessibilité et mise en œuvre stratégique sera essentielle pour créer des environnements d'apprentissage impactants.

Le sous-thème des méthodologies et processus d'application des technologies éducatives – Revue d'articles sélectionnés

L'intégration des technologies éducatives (EdTech) dans les environnements d'apprentissage modernes a transformé les processus d'enseignement et d'apprentissage traditionnels. Cette revue se concentre sur les applications des technologies éducatives et le sous-thème des méthodologies et processus en analysant des études clés qui présentent des approches et stratégies innovantes pour mettre en œuvre l'EdTech de manière efficace. Les études explorées fournissent des informations précieuses sur divers outils, processus et bonnes pratiques que les éducateurs et les institutions peuvent adopter pour optimiser les résultats pédagogiques et l'engagement des apprenants.

Annuš et Kmeť (2024)

Annuš et Kmeť (2024) explorent l'utilisation de l'intelligence artificielle (IA) pour personnaliser les parcours d'apprentissage des étudiants. Ils expliquent comment les outils basés sur l'IA analysent les données des apprenants afin de créer des supports pédagogiques adaptatifs, ajustant le rythme et le contenu aux besoins individuels. Leur méthodologie met l'accent sur l'utilisation d'analyses prédictives pour identifier les lacunes dans l'apprentissage et fournir des interventions opportunes. Les auteurs soulignent l'importance d'intégrer l'IA avec une supervision humaine afin d'assurer des résultats éthiques et centrés sur l'apprenant.

Li et al. (2024)

Li et al. (2024) ont réalisé une méta-analyse complète évaluant l'efficacité des classes inversées dans l'enseignement K–12. Leur recherche synthétise les résultats de plus de 120 études empiriques et démontre que l'apprentissage inversé améliore significativement les performances académiques, notamment grâce à un enseignement pré-cours enrichi par les multimédias. Li et al. soulignent l'importance des stratégies d'apprentissage actif centrées sur l'apprenant pendant les cours, telles que les projets collaboratifs et les tâches basées sur la résolution de problèmes. L'étude identifie également des facteurs modérateurs clés, tels que l'accessibilité technologique, la préparation des enseignants et la qualité de la conception pédagogique, comme essentiels au succès des classes inversées.

Durrington et al. (2006)

Durrington et al. (2006) abordent les défis et solutions liés à la création de communautés d'apprentissage en ligne. Leur méthodologie utilise des outils de communication asynchrones comme les forums de discussion et des outils synchrones tels que les chats virtuels pour favoriser la collaboration et l'engagement. Les auteurs soulignent l'importance de créer des processus structurés pour l'interaction et de fournir un retour d'information opportun de l'instructeur afin de maintenir la participation des étudiants. L'étude conclut qu'une communauté en ligne bien conçue améliore la présence sociale et les résultats d'apprentissage.

Wang et al. (2014)

Wang et al. (2014) mettent en avant les approches collaboratives entre écoles et développeurs EdTech dans la co-conception d'outils éducatifs personnalisés. Leur étude souligne l'importance d'impliquer les enseignants tout au long du processus de conception pour garantir que les outils répondent aux défis authentiques de la classe. La méthodologie intègre des tests pilotes et des cycles de retour d'information itératifs comme éléments essentiels pour affiner l'utilisabilité et l'efficacité pédagogique. Les auteurs concluent qu'une collaboration soutenue entre éducateurs et développeurs conduit à des outils pratiques et pédagogiquement solides qui améliorent les résultats d'enseignement et d'apprentissage.

Georgantaki et Retalis (2007)

Georgantaki et Retalis (2007) examinent l'application de systèmes multimédias interactifs pour renforcer l'engagement et les résultats d'apprentissage des étudiants. Leur étude décrit le processus de conception pour intégrer des éléments multimédias, tels que vidéos, simulations et animations, dans le contenu pédagogique. La méthodologie repose sur des principes de conception centrée sur l'utilisateur afin d'assurer l'accessibilité et la facilité d'utilisation pour divers apprenants. Les auteurs insistent sur l'importance d'évaluer l'efficacité des outils multimédias à travers des tests itératifs et des retours d'information.

Hannafin et Foshay (2008)

Hannafin et Foshay (2008) se concentrent sur les cadres de conception pédagogique intégrant la technologie dans les processus d'apprentissage. Leur étude aborde les méthodologies de scaffolding, qui incluent la fourniture d'une guidance progressive tout en permettant aux apprenants d'utiliser les outils EdTech de manière autonome. Les auteurs insistent sur l'alignement de la conception pédagogique avec des objectifs d'apprentissage spécifiques afin de garantir que la technologie renforce plutôt que perturbe la transmission du contenu. L'article identifie l'évaluation formative comme un processus critique pour améliorer les stratégies pédagogiques.

Radianti et al. (2020); Makransky & Mayer (2022)

Radianti et al. (2020) et Makransky et Mayer (2022) explorent l'utilisation de la réalité virtuelle (VR) pour offrir des opportunités d'apprentissage immersives et expérientielles. Leur méthodologie inclut la conception d'environnements VR simulant des scénarios réels pour améliorer la compréhension pratique et l'engagement. Les auteurs décrivent des processus tels que l'alignement des activités VR avec les objectifs du programme et la formation des enseignants pour faciliter efficacement l'instruction basée sur la VR. L'étude conclut que la VR favorise un apprentissage plus profond grâce à l'interaction expérientielle et à la visualisation.

Hussein et al. (2022)

Hussein et al. (2022) analysent l'utilisation de l'analytique d'apprentissage pour suivre la performance des étudiants et personnaliser l'instruction. Leur approche consiste à collecter et analyser les données des plateformes EdTech pour identifier les tendances d'apprentissage et les étudiants à risque. Les auteurs décrivent des méthodologies éthiques pour la mise en œuvre de l'analytique d'apprentissage, en garantissant la confidentialité des données et la transparence. Ils soulignent l'importance de former les enseignants à l'interprétation efficace des données et à l'ajustement des stratégies pédagogiques en conséquence.

Kinzer (2010)

Kinzer (2010) discute du rôle des simulations interactives dans l'enseignement des STEM pour aider les étudiants à comprendre des concepts scientifiques complexes. La méthodologie intègre les simulations dans des activités basées sur l'enquête, permettant aux apprenants d'expérimenter et de tester virtuellement des hypothèses. Kinzer insiste sur l'alignement des simulations avec les normes du programme et la fourniture de scaffolding pour guider l'exploration. L'étude met en évidence la valeur des simulations pour relier théorie et pratique grâce à un apprentissage interactif et pratique.

Klein (2008)

Klein (2008) examine l'application du récit numérique comme outil pour améliorer la littératie et la créativité des étudiants. La méthodologie implique de guider les étudiants dans le processus de création d'histoires riches en multimédias à l'aide d'outils numériques accessibles. L'étude souligne les processus itératifs, incluant la planification, la rédaction et la révision des histoires, pour favoriser la pensée critique et les compétences en communication. Klein met en avant le rôle du récit numérique pour relier l'apprentissage en classe aux expériences du monde réel.

Silva et al. (2025)

Silva et al. (2025) analysent les avantages des outils de microlearning dans l'éducation de base, soulignant leur rôle dans le soutien à un enseignement flexible et autonome. Leur revue systématique montre que des contenus modulaires et concis améliorent significativement la rétention des connaissances et répondent efficacement aux profils variés des apprenants. Les auteurs insistent sur l'importance de concevoir des matériaux concis et ciblés et de garantir l'alignement entre les unités de microlearning et les objectifs curriculaires globaux. Ils préconisent également l'intégration d'éléments interactifs – tels que multimédias, évaluations et retours en temps réel – pour maintenir l'engagement des apprenants et renforcer la compréhension.

Luo et al. (2021)

Luo et al. (2021) se concentrent sur la mise en œuvre d'évaluations formatives assistées par IA pour fournir un retour personnalisé. Leur méthodologie décrit comment les outils IA analysent les réponses des étudiants en temps réel pour générer un retour immédiat et ciblé. Les auteurs mettent l'accent sur les processus d'intégration de l'IA dans la conception pédagogique, en garantissant la transparence des algorithmes d'évaluation. L'étude conclut que les évaluations pilotées par l'IA améliorent les résultats d'apprentissage en identifiant les lacunes de connaissance et en soutenant une intervention opportune.

Okolo et al. (2007)

Okolo et al. (2007) examinent l'application des technologies d'assistance pour soutenir les étudiants en situation de handicap dans des classes inclusives. Leur méthodologie met en avant l'intégration d'outils tels que les lecteurs d'écran, les logiciels de synthèse vocale et les dispositifs adaptatifs dans les pratiques pédagogiques. Les auteurs décrivent les processus d'évaluation des besoins des étudiants et de sélection des technologies appropriées pour favoriser des opportunités d'apprentissage équitables. L'étude insiste sur la formation continue des enseignants afin d'assurer la mise en œuvre efficace des technologies d'assistance.

Robertson (2009)

Robertson (2009) explore l'utilisation d'outils collaboratifs en ligne pour développer les compétences de travail en équipe et de pensée critique. La méthodologie intègre des outils tels que des documents partagés, des forums de discussion et des plateformes de gestion de projet dans les activités pédagogiques. Robertson souligne l'importance de directives claires et de processus pour promouvoir la responsabilité et la collaboration efficace des étudiants. L'étude conclut que des outils en ligne bien conçus améliorent la dynamique de groupe et les résultats d'apprentissage.

Sanborn et al. (2005)

Sanborn et al. (2005) analysent les plateformes numériques pour les évaluations formatives afin de soutenir l'enseignement différencié. L'étude décrit les processus de mise en œuvre des outils numériques fournissant un retour en temps réel et suivant les progrès des étudiants. Sanborn et al. insistent sur l'alignement des outils d'évaluation avec les objectifs pédagogiques et sur leur facilité d'utilisation pour les enseignants et les apprenants. L'article souligne l'importance de l'évaluation continue pour mesurer l'efficacité des outils et améliorer les stratégies pédagogiques.

Susan McLester et al. (2004)

Susan McLester et al. (2004) explorent l'utilisation des technologies multimédias pour soutenir l'apprentissage interdisciplinaire. Leur méthodologie se concentre sur la sélection d'outils intégrant du contenu à travers plusieurs disciplines, favorisant des liens plus profonds et l'engagement des étudiants. Les auteurs décrivent les processus d'alignement des activités multimédias avec les objectifs du programme et encouragent l'apprentissage collaboratif. L'étude conclut que les outils multimédias renforcent l'engagement et la pensée critique des étudiants à travers les disciplines.

Zawilinski (2009)

Zawilinski (2009) examine l'utilisation des blogs comme outils numériques pour améliorer la littératie et les compétences rédactionnelles. La méthodologie intègre les blogs dans les activités pédagogiques pour encourager l'écriture réflexive et le retour entre pairs. L'étude décrit les processus de conception d'activités de blog alignées sur les objectifs d'apprentissage tout en favorisant la voix et l'autonomie des étudiants. Zawilinski met en avant le potentiel des blogs pour créer un environnement collaboratif et engageant en littératie numérique.

Les études examinées démontrent la diversité des applications des technologies éducatives et les méthodologies qui sous-tendent leur mise en œuvre réussie. De l'intelligence artificielle et la réalité virtuelle aux évaluations formatives et aux outils collaboratifs, ces études soulignent l'importance d'aligner la technologie sur les objectifs pédagogiques. Les méthodologies clés, telles que le scaffolding, le feedback formatif et les processus de conception itérative, garantissent que l'EdTech améliore efficacement l'expérience d'apprentissage. L'intégration des bonnes pratiques avec des processus innovants sera essentielle pour répondre aux besoins éducatifs divers et atteindre des résultats d'apprentissage significatifs et axés sur la technologie.

Analyse thématique et perspectives : Le sous-thème des méthodologies et processus d'application des technologies éducatives et les enseignements tirés de la littérature

L'adoption des technologies éducatives (EdTech) a transformé de manière significative les processus d'enseignement et d'apprentissage en renforçant l'engagement, l'accessibilité et l'efficacité pédagogique. Cette revue de littérature examine les applications des technologies éducatives et le sous-thème des méthodologies et processus à travers plusieurs études, explorant leurs connexions, similitudes et différences. L'analyse contextualise la manière dont les outils EdTech s'alignent sur le développement cognitif, l'apprentissage collaboratif et les principes de scaffolding, en s'appuyant sur les théories fondamentales de Piaget, Vygotsky et Bruner. Ces études fournissent collectivement des perspectives sur les approches et méthodologies diverses qui optimisent la mise en œuvre des environnements d'apprentissage pilotés par la technologie.

Connexions et similitudes dans les applications des technologies éducatives

Une similitude clé entre les études est l'accent mis sur la capacité de la technologie à renforcer l'engagement des apprenants et à personnaliser l'enseignement. Annuš et Kmeť (2024) et Luo et al. (2021) explorent tous deux le rôle de l'intelligence artificielle (IA) dans la fourniture de parcours d'apprentissage adaptatifs et d'évaluations formatives. Les deux études mettent en avant l'utilisation des données des apprenants pour identifier les lacunes dans la compréhension et fournir un feedback personnalisé, en accord avec la Zone de Développement Proximal (ZPD) de Vygotsky, qui souligne l'importance d'un soutien adapté pour aider les apprenants à atteindre leur potentiel.

De plus, l'utilisation d'outils collaboratifs émerge comme un thème récurrent. Durrington et al. (2006) et Robertson (2009) se concentrent sur le développement de communautés d'apprentissage en ligne et du travail d'équipe à l'aide d'outils tels que les forums de discussion et les espaces de travail partagés. Ces études s'alignent sur la théorie socioculturelle de Vygotsky, qui met en avant le rôle de l'interaction sociale dans le développement cognitif. De même, Li et al. (2024) explorent les classes inversées pour encourager l'apprentissage actif et collaboratif lors des séances en présentiel après avoir consulté du contenu en ligne.

Les technologies interactives et immersives, telles que les simulations et la réalité virtuelle (VR), constituent un autre point commun. Kinzer (2010) examine l'utilisation de simulations dans l'enseignement des STEM pour aider les étudiants à visualiser et expérimenter des processus scientifiques abstraits, tandis que Radianti et al. (2020) et Makransky et Mayer (2022) explorent les environnements VR pour promouvoir l'apprentissage expérientiel. Les deux études s'inscrivent dans la théorie constructiviste de Piaget, qui met l'accent sur l'apprentissage actif et direct comme fondement du développement cognitif. La théorie du scaffolding de Bruner est également reflétée, ces outils guidant les apprenants à travers des concepts complexes étape par étape.

Klein (2008) et Zawilinski (2009) explorent le thème du développement de la littératie par les outils EdTech. Klein aborde le récit numérique comme approche créative pour améliorer la littératie, tandis que Zawilinski se concentre sur le blogging pour promouvoir l'écriture réflexive et l'interaction entre pairs. Les deux méthodologies s'alignent sur l'idée de l'apprentissage social de Vygotsky, où la collaboration et l'interaction sont centrales pour le développement de la littératie.

Différences dans les méthodologies et processus

Malgré des thèmes communs, les études présentent des différences significatives dans les méthodologies et processus. Par exemple, leurs méthodologies diffèrent : Annuš et Kmeť (2024) et Luo et al. (2021) se concentrent sur la capacité de l'IA à fournir un enseignement personnalisé.

Annuš et Kmeť mettent l'accent sur les analyses prédictives pour créer des supports d'apprentissage adaptatifs, tandis que Luo et al. privilégient les évaluations formatives en temps réel. Ces différences méthodologiques soulignent la polyvalence de l'IA pour répondre à divers défis pédagogiques.

Li et al. (2024) et Wang et al. (2014) explorent des stratégies distinctes pour améliorer les pratiques pédagogiques. Li et al. synthétisent les résultats empiriques sur les classes inversées, montrant que la combinaison de l'apprentissage pré-cours asynchrone et des activités synchrones en classe favorise un engagement plus profond et de meilleurs résultats d'apprentissage. En revanche, School Town Partners mettent en avant les méthodologies de co-conception, où les développeurs EdTech collaborent avec les enseignants pour créer des outils adaptés au contexte. Ce processus de conception participatif garantit l'alignement avec les besoins réels de la classe et améliore l'efficacité pédagogique.

Les méthodologies pour l'intégration des multimédias varient également. Georgantaki et Retalis (2007) se concentrent sur des principes de conception centrés sur l'utilisateur pour intégrer des éléments multimédias tels que des animations et des simulations dans le contenu pédagogique. En revanche, Susan McLester et al. (2004) mettent l'accent sur le potentiel interdisciplinaire des multimédias, où les outils relient l'apprentissage à travers plusieurs matières. Bien que les deux études mettent l'accent sur l'engagement, Georgantaki et Retalis privilégient les tests d'utilisabilité itératifs, tandis que McLester et al. soulignent l'intégration plus large des multimédias dans le programme.

Les différences apparaissent également dans les outils conçus pour l'inclusion et la différenciation. Okolo et al. (2007) analysent les technologies d'assistance pour soutenir les étudiants en situation de handicap, en se concentrant sur les processus d'évaluation des besoins et de sélection d'outils appropriés, tels que les logiciels de synthèse vocale. En revanche, Hussein et al. (2022) examinent l'analytique d'apprentissage pour soutenir les étudiants à risque en analysant les tendances et en fournissant des interventions ciblées. Bien que les deux études abordent l'inclusivité, leurs méthodologies diffèrent considérablement quant aux types d'outils et de processus utilisés.

Intégration des théories de l'apprentissage

Tout au long des études, les théories de Piaget, Vygotsky et Bruner constituent des cadres fondamentaux pour comprendre le rôle des applications EdTech. Le constructivisme de Piaget se reflète dans des études telles que Radianti et al. (2020), Makransky et Mayer (2022) et Kinzer (2010), mettant l'accent sur l'apprentissage actif grâce à des expériences immersives et interactives. Les apprenants explorent et expérimentent, en accord avec la conviction de Piaget selon laquelle l'apprentissage par la découverte est un moteur clé du développement cognitif.

La théorie socioculturelle de Vygotsky apparaît de manière prépondérante dans les études qui privilégient la collaboration et l'interaction entre pairs. Par exemple, Robertson (2009) et Zawilinski (2009) utilisent des outils collaboratifs tels que les blogs et les espaces de travail partagés pour favoriser l'apprentissage social, permettant aux étudiants de construire des connaissances par l'interaction. La ZPD de Vygotsky informe également les études sur l'apprentissage adaptatif et l'IA, telles qu'Annuš et Kmeť (2024) et Luo et al. (2021), où les outils offrent un soutien ciblé pour structurer efficacement l'apprentissage.

La théorie du scaffolding de Bruner est évidente dans des études comme Hannafin et Foshay (2008), qui mettent l'accent sur des cadres de conception pédagogique offrant un soutien progressif tout en encourageant l'exploration autonome. Ce principe apparaît également dans Silva et al. (2025), où les outils de microlearning fournissent un contenu ciblé et structuré pour soutenir la rétention et réduire la surcharge cognitive.

Les études examinées démontrent comment les applications de technologies éducatives, soutenues par des méthodologies bien définies, répondent à des défis pédagogiques et à des besoins d'apprentissage divers. Malgré des similitudes thématiques, les différences méthodologiques soulignent la flexibilité et l'adaptabilité des outils EdTech selon les contextes. Fondées sur les théories de Piaget, Vygotsky et Bruner, les études mettent en avant des processus d'apprentissage actifs, collaboratifs et guidés, qui améliorent l'engagement et l'acquisition des connaissances. À l'avenir, l'intégration de la conception centrée sur l'utilisateur, de l'apprentissage personnalisé et des méthodologies collaboratives sera essentielle pour réaliser pleinement le potentiel des technologies éducatives dans la promotion d'expériences d'apprentissage significatives et centrées sur l'étudiant.

Tableau des méthodologies et processus du sous-thème des technologies éducatives selon la littérature examinée

L'adoption des technologies éducatives (EdTech) a transformé de manière significative les processus d'enseignement et d'apprentissage en améliorant l'engagement, l'accessibilité et l'efficacité pédagogique. Ce tableau examine les applications des technologies éducatives et le sous-thème des méthodologies et processus à travers plusieurs études, mettant en évidence la manière dont des outils tels que l'IA, les multimédias, les plateformes collaboratives et les technologies d'assistance sont appliqués dans divers contextes éducatifs. Les études soulignent des approches, méthodologies et processus innovants qui s'alignent sur les théories du développement cognitif et les meilleures pratiques pédagogiques.

Tableau 23
Sous-thème : Méthodologies et processus des technologies éducatives

Méthodologies et processus des technologies éducatives						
#	**Citation de l'article**	**Approche des applications des technologies éducatives**	**Description de l'approche des applications des technologies éducatives**	**Méthodologies et processus des technologies éducatives**	**Description des méthodologies et processus en matière de technologies éducatives**	**Pays de publication de l'article**
1	Annuš and Kmeť (2024)	L'IA pour l'apprentissage personnalisé	Les outils d'IA analysent les données des apprenants afin de proposer des parcours d'apprentissage adaptatifs et individualisés.	Analyse prédictive pour la personnalisation	Utiliser l'analyse prédictive pour identifier les lacunes et intervenir en temps opportun sous supervision humaine.	Slovaquie
2	Li et al. (2024)	Méta-analyse de la classe inversée	Synthétise les études empiriques sur les classes inversées, en soulignant l'efficacité de l'apprentissage mixte grâce à des contenus multimédias préparatoires et à des stratégies d'apprentissage actif en classe.	Conception pédagogique mixte et fondée sur les données.	Elle met l'accent sur la combinaison de l'apprentissage asynchrone et synchrone, étayée par des données empiriques, afin d'éclairer les décisions de conception qui optimisent l'engagement et la performance des étudiants.	Chine
3	Durrington et al. (2006)	Communautés d'apprentissage en ligne	Les forums de discussion et les chats, par exemple, améliorent la collaboration et l'engagement en ligne.	Interaction structurée et retour d'information rapide	Créez des occasions d'interaction structurées, soutenues par un retour d'information opportun de la part des instructeurs.	États-Unis

4	Wang et al. (2014)	Développement d'outils collaboratifs	Les partenariats entre les écoles et les développeurs de technologies éducatives permettent aux éducateurs de concevoir des outils adaptés aux besoins de la salle de classe.	Développement itératif guidé par l'enseignant	Impliquez les enseignants dans la co-conception, utilisez des tests pilotes et intégrez des boucles de rétroaction itératives pour affiner la convivialité de l'outil et sa pertinence pédagogique.	Chine
5	Georgantaki et Retalis (2007)	Intégration multimédia	Les outils multimédias tels que les animations et les vidéos améliorent l'engagement des apprenants.	Conception centrée sur l'utilisateur et tests itératifs	Utilisez des principes de conception axés sur l'accessibilité et une évaluation itérative pour améliorer la convivialité et l'efficacité des outils multimédias.	Grèce
6	Hannafin et Foshay (2008)	Cadres de conception pédagogique	La conception pédagogique basée sur la technologie soutient l'étayage et les objectifs centrés sur l'apprenant.	Retour formatif et étayage	Guider progressivement les apprenants à travers les tâches tout en alignant les outils numériques sur des objectifs pédagogiques spécifiques.	États-Unis
7	Harper et al. (2021)	Réalité virtuelle (RV) pour l'apprentissage expérientiel	Les simulations en réalité virtuelle créent des environnements d'apprentissage immersifs et pratiques.	Alignement des programmes et formation en réalité virtuelle	Concevoir du contenu de réalité virtuelle en adéquation avec les objectifs pédagogiques, tout en assurant la formation des enseignants pour une mise en œuvre efficace.	États-Unis

8	Hussein et al. (2022)	Analyse de l'apprentissage	Les outils analytiques analysent les données des apprenants pour suivre leurs performances et les tendances.	Collecte de données éthique et intervention personnalisée	Mettre en œuvre des processus éthiques pour garantir la confidentialité des données tout en soutenant des interventions personnalisées pour les apprenants à risque.	Malaisie
9	Kinzer (2010)	Les simulations dans l'enseignement des STIM	Les simulations interactives aident les élèves à visualiser et à explorer les concepts scientifiques.	Apprentissage par l'enquête et étayage	Intégrez les simulations dans des activités guidées et basées sur l'investigation, conformes aux normes du programme scolaire.	États-Unis
10	Klein (2008)	Narration numérique	La narration numérique multimédia favorise la créativité et le développement de l'alphabétisation.	Processus itératifs pour le développement narratif	Guidez les élèves dans la planification, la rédaction et la révision de leurs récits à l'aide d'outils numériques accessibles.	États-Unis
11	Silva et al. (2025)	Le microapprentissage dans l'éducation de base	Utilisation de modules d'apprentissage courts et concis pour un enseignement adapté aux besoins et une diffusion flexible	Mise en œuvre systématique des modules de microapprentissage	Diffusion structurée de contenus courts et interactifs, alignée sur les principes de charge cognitive	Portugal
12	Luo et al. (2021)	L'IA au service des évaluations formatives	Les évaluations pilotées par l'IA fournissent aux apprenants un retour d'information personnalisé en temps réel.	Analyse en temps réel et transparence des algorithmes éthiques	Utiliser les outils d'IA pour générer des retours d'information opportuns tout en garantissant la	Chine

					transparence et l'équité des algorithmes d'évaluation.	
13	Okolo et al. (2007)	Technologies d'assistance pour l'inclusion	Des outils comme les lecteurs d'écran et les appareils adaptés aident les élèves handicapés.	Évaluation des besoins et sélection technologique	Évaluer les besoins des apprenants et sélectionner les technologies d'assistance appropriées pour favoriser des environnements d'apprentissage inclusifs.	États-Unis
14	Robertson (2009)	Outils collaboratifs en ligne	Les plateformes en ligne améliorent la collaboration de groupe et les compétences de travail d'équipe.	Lignes directrices claires en matière de communication et de responsabilité	Élaborer des lignes directrices et des processus structurés pour encourager un travail d'équipe efficace et la responsabilisation des étudiants.	États-Unis
15	Sanborn et al. (2005)	Plateformes numériques pour les évaluations formatives	Les outils numériques permettent de fournir un retour d'information rapide et de soutenir un enseignement différencié.	Retour d'information en temps réel et alignement pédagogique	Utilisez des évaluations numériques alignées sur les objectifs pédagogiques tout en fournissant un retour d'information en temps réel aux apprenants.	États-Unis
16	Susan McLester et al. (2004)	Le multimédia au service de l'apprentissage interdisciplinaire	Les outils multimédias intègrent des contenus issus de multiples disciplines pour une implication plus profonde.	Intégration interdisciplinaire et processus collaboratifs	Alignez les activités multimédias sur des objectifs interdisciplinaires et encouragez l'apprentissage collaboratif en groupe.	États-Unis

17	Zawilinski (2009)	Bloguer pour le développement de l'alphabétisation	Les blogs favorisent l'écriture réflexive, la collaboration et les compétences en littératie numérique.	Interaction entre pairs et écriture réflexive	Concevoir des activités de blogue qui correspondent aux objectifs d'alphabétisation et encouragent les commentaires des pairs afin d'améliorer le développement de l'écriture.	États-Unis

Les études analysées mettent en lumière la diversité et l'efficacité des applications EdTech, ainsi que les méthodologies qui sous-tendent leur mise en œuvre. Abordant des thèmes tels que l'apprentissage personnalisé, les outils collaboratifs et le multimédia interactif, ces technologies répondent à divers besoins éducatifs en s'alignant sur les objectifs pédagogiques. Des méthodologies comme l'analyse prédictive, les tests itératifs et l'étayage pédagogique garantissent que la technologie renforce l'engagement des élèves, favorise l'inclusion et améliore les résultats d'apprentissage. En intégrant des outils innovants à des processus stratégiques et aux principes théoriques de Piaget, Vygotsky et Bruner, les enseignants peuvent tirer parti des technologies éducatives pour créer des environnements d'apprentissage dynamiques et efficaces pour tous les apprenants.

Tableau des attributs du sous-thème « Outils technologiques éducatifs » selon la littérature analysée

L'intégration des technologies éducatives (EdTech) a considérablement enrichi les environnements d'apprentissage en favorisant l'interactivité, la personnalisation et la collaboration. Ce tableau présente des études portant sur le sous-thème « Outils technologiques éducatifs », et souligne comment des outils comme l'IA, le multimédia, les simulations et les plateformes collaboratives répondent à divers besoins pédagogiques. Ces outils s'appuient sur des théories pédagogiques telles que le constructivisme de Piaget, l'apprentissage socioculturel de Vygotsky et l'étayage de Bruner, afin de créer des expériences d'apprentissage dynamiques et centrées sur l'apprenant.

Tableau 24
Sous-thème : Outils technologiques éducatifs

Sous-thème : Outils de technologie éducative						
#	**Citation de l'article**	**Approche des applications des technologies éducatives**	**Description de l'approche des applications des technologies éducatives**	**Outils de technologie éducative**	**Description des outils de technologie éducative**	**Pays de publication de l'article**
1	Annuš and Kmeť (2024)	L'IA pour l'apprentissage personnalisé	Les outils d'IA analysent les données des apprenants afin de proposer des parcours d'apprentissage adaptatifs et individualisés.	Outils adaptatifs basés sur l'IA	Des outils basés sur l'IA pour personnaliser le rythme et le contenu en fonction des progrès et des besoins des apprenants.	Slovaquie
2	Li et al. (2024)	Modèle de classe inversée	Les outils en ligne permettent de diffuser du contenu avant les cours, favorisant ainsi un apprentissage actif en classe.	Plateformes vidéo et LMS	Plateformes de diffusion et de gestion de contenu asynchrone, favorisant la collaboration en classe.	Chine
3	Durrington et al. (2006)	Communautés d'apprentissage en ligne	Les outils tels que les forums de discussion et les chats améliorent la collaboration et l'engagement en ligne.	Discussions instantanées et forums de discussion	Outils de communication permettant une interaction structurée, une collaboration et une présence sociale dans l'apprentissage virtuel.	États-Unis
4	Wang et al. (2014)	Conception d'outils d'IA collaborative	Processus de co-conception amélioré par l'IA impliquant les éducateurs afin de	Outils d'apprentissage interactifs assistés par l'IA	Des outils développés grâce à une collaboration itérative entre enseignants, mettant l'accent sur	Chine

			garantir la pertinence et l'engagement pédago-giques.		l'adaptation en temps réel, la conception cen-trée sur l'utili-sateur et l'ali-gnement péda-gogique.	
5	Georgan-taki et Re-talis (2007)	Intégration mul-timédia	Les outils multimédias tels que les animations et les vidéos améliorent l'engagement des appre-nants.	Simulations et présentations interactives	Des outils pro-posant des ex-périences mul-tisensorielles pour améliorer la mémorisa-tion des con-cepts et l'enga-gement des ap-prenants.	Greece
6	Hannafin and Foshay (2008)	Cadres de con-ception péda-gogique	La concep-tion pédago-gique basée sur la techno-logie soutient l'étayage et les objectifs centrés sur l'apprenant.	Logiciels de planification pédagogique et outils d'écha-faudage	Des outils qui mettent la tech-nologie au ser-vice des objec-tifs pédago-giques, offrant des expériences d'apprentissage guidées et for-matives.	États-Unis
7	Harper et al. (2021)	La réalité vir-tuelle (RV) au service de l'ap-prentissage ex-périentiel	Les simula-tions en réa-lité virtuelle créent des en-vironnements d'apprentis-sage immer-sifs et pra-tiques.	Simulations en réalité virtuelle	Outils permet-tant de créer des environne-ments expéri-mentaux et in-teractifs pour simuler des scénarios réels et des applica-tions pratiques.	États-Unis
8	Hussein et al. (2022)	Analyse de l'ap-prentissage	Les outils analytiques analysent les données des apprenants pour suivre leurs perfor-mances et les tendances.	Tableaux de bord d'analyse de données	Outils permet-tant d'analyser les perfor-mances, l'enga-gement et l'effi-cacité pédago-gique des élèves.	Malaisie
9	Kinzer (2010)	Les simulations dans l'enseigne-ment des STIM	Les simula-tions interac-tives aident les élèves à	Outils de si-mulation vir-tuelle STEM	Outils pour l'expérimenta-tion virtuelle et la vérification	États-Unis

			visualiser et à explorer les concepts scientifiques.		d'hypothèses, conformes aux normes des programmes d'études.	
10	Klein (2008)	Narration numérique	La narration numérique multimédia favorise la créativité et le développement de l'alphabétisation.	Plateformes de narration numérique	Des outils permettant aux élèves de créer des récits à l'aide d'éléments multimédias tels que des images, de l'audio et du texte.	États-Unis
11	Silva et al. (2025)	Le microapprentissage dans l'éducation de base	Utilisation de modules d'apprentissage courts et concis pour un enseignement adapté aux besoins et une diffusion flexible	Mise en œuvre systématique des modules de microapprentissage	Diffusion structurée de contenus courts et interactifs, alignée sur les principes de charge cognitive	Portugal
12	Luo et al. (2021)	L'IA au service des évaluations formatives	Les évaluations pilotées par l'IA fournissent aux apprenants un retour d'information personnalisé en temps réel.	Outils d'évaluation basés sur l'IA	Des outils qui analysent les réponses des étudiants et génèrent un retour d'information immédiat et basé sur les données pour favoriser l'amélioration.	Chine
13	Okolo et al. (2007)	Technologies d'assistance pour l'inclusion	Des outils comme les lecteurs d'écran et les appareils adaptés aident les élèves handicapés.	Lecteurs d'écran et claviers adaptatifs	Les outils d'assistance offrent un soutien en matière d'accessibilité aux élèves ayant des handicaps physiques et des troubles d'apprentissage.	États-Unis
14	Robertson (2009)	Outils collaboratifs en ligne	Les plateformes en ligne	Plateformes de documents	Les outils facilitent la collaboration grâce	États-Unis

			améliorent la collaboration de groupe et les compétences de travail d'équipe.	partagés et de projets	à des espaces de travail partagés et des processus de communication structurés.	
15	Sanborn et al. (2005)	Plateformes numériques pour les évaluations formatives	Les outils numériques permettent de fournir un retour d'information rapide et de soutenir un enseignement différencié.	Plateformes d'évaluation numérique	Des outils alignés sur les objectifs pédagogiques pour suivre les progrès et fournir un retour d'information en temps réel.	États-Unis
16	Susan McLester et al. (2004)	Le multimédia au service de l'apprentissage interdisciplinaire	Les outils multimédias intègrent des contenus issus de multiples disciplines pour une implication plus profonde.	Outils multimédias interactifs	Des outils qui relient les différentes disciplines grâce à des contenus multimédias visuels, audio et interactifs.	États-Unis
17	Zawilinski (2009)	Bloguer pour le développement de l'alphabétisation	Les blogs favorisent l'écriture réflexive, la collaboration et les compétences en littératie numérique.	Plateformes de blogs	Des outils permettant aux étudiants de s'engager dans l'écriture réflexive, le retour d'information entre pairs et la communication par le biais de blogs.	États-Unis

Les études analysées soulignent le rôle transformateur des outils numériques éducatifs dans les processus d'enseignement et d'apprentissage modernes. Parmi les thèmes communs, on retrouve la personnalisation de l'enseignement grâce à l'intelligence artificielle, un engagement accru avec les outils multimédias et virtuels, et une collaboration améliorée via les plateformes en ligne. Des différences apparaissent dans des applications spécifiques, telles que les technologies d'assistance pour l'inclusion, l'analyse des données pour le suivi des performances et les outils de microapprentissage pour un apprentissage flexible. En intégrant ces outils à des cadres pédagogiques, les enseignants peuvent créer des environnements d'apprentissage inclusifs, interactifs et pratiques qui répondent à divers défis pédagogiques et favorisent la construction de connaissances significatives.

Chapitre 9

Analyse thématique croisée de la littérature examinée sur les technologies éducatives

Le chapitre 9 consiste en une analyse thématique croisée des technologies éducatives, basée sur les thèmes et les sous-thèmes liés développés dans les chapitres 4, 5, 6, 7 et 8, à travers le prisme de la théorie de l'apprentissage constructiviste défendue par Jean Piaget, Lev Vygotsky et Jerome Bruner. L'objectif est de poursuivre l'itinéraire vers la conception d'un Cadre complet des technologies éducatives K–12 pour le XXIe siècle. Le chapitre 4 couvre le thème de la Théorie de l'apprentissage constructiviste et les sous-thèmes Fondations constructivistes, Pensée critique et Pensée computationnelle, comme indiqué dans les Tableaux 4, 5, 6 et 7. Le chapitre 5 se concentre sur le thème des Technologies Web 2.0 avec les sous-thèmes associés, Fracture numérique, Réseaux sociaux, Collaboration/Communication et Citoyenneté numérique, illustrés dans les Tableaux 8, 9, 10, 11 et 12. Le chapitre 6, Stage en technologies éducatives, comporte un thème comprenant les sous-thèmes : Curriculum en technologies éducatives—les tableaux 13, 14, 15 et 16 présentent la Littératie en technologies éducatives et les Compétences du XXIe siècle. Le chapitre 7 contient le thème Normes en technologies éducatives avec les sous-thèmes Normes gouvernementales, Normes industrielles et Normes internationales présentés dans les Tableaux 17, 18, 19 et 20. Le dernier thème, Application des technologies éducatives, est divisé en sous-thèmes: Meilleures pratiques en technologies éducatives, Méthodologies et processus en technologies éducatives et Outils en technologies éducatives, comme illustré dans les Tableaux 21, 22, 23 et 24. Il convient de souligner que le tableau de chaque thème introduit les sous-thèmes associés avec leurs définitions.

En revanche, le tableau de chaque sous-thème présente la littérature correspondante parmi les quatre-vingt-sept articles scientifiques évalués par les pairs examinés à cet égard. Les colonnes des tableaux des sous-thèmes comprennent les attributs suivants : Rang de l'article dans le tableau, Référence narrative APA, Approche du thème, Description de l'approche du thème, Approche du sous-thème, Description de l'approche du sous-thème et Pays de publication. Cette analyse thématique croisée suit la même structure que celle utilisée dans les chapitres 5 à 8, qui comprend la Théorie de l'apprentissage constructiviste, les Technologies Web 2.0, le Stage en technologies éducatives, les Normes en technologies éducatives et les Applications des technologies éducatives.

Les technologies éducatives se sont imposées comme une pierre angulaire de la pédagogie moderne, avec des thèmes tels que le constructivisme, les technologies Web 2.0 et les normes académiques jouant un rôle central dans la formation des environnements d'apprentissage du XXIe siècle. Ces thèmes, ainsi que leurs sous-thèmes associés, fixent l'agenda pour l'exploration de l'intégration des technologies éducatives à travers les lentilles théoriques de Piaget, Vygotsky et

Bruner. La Théorie de l'apprentissage constructiviste et ses sous-thèmes—fondations constructivistes, pensée critique et pensée computationnelle—fournissent une base pour comprendre comment les élèves construisent activement leurs connaissances. De même, les technologies Web 2.0 introduisent des aspects tels que la fracture numérique, les réseaux sociaux, la collaboration et la citoyenneté numérique, illustrant les implications sociétales et éducatives des outils technologiques. Le Stage en technologies éducatives met l'accent sur le curriculum, la littératie et les compétences du XXIe siècle, tandis que les Normes et Applications des technologies éducatives traitent de la gouvernance, des meilleures pratiques, des méthodologies et des outils essentiels à une mise en œuvre efficace.

Cette analyse vise à développer un cadre complet des technologies éducatives K–12 adapté au XXIe siècle en synthétisant ces thèmes et leurs sous-thèmes. Ce cadre s'appuiera sur les théories du développement cognitif de Piaget, les perspectives socioculturelles de Vygotsky et les processus d'apprentissage constructiviste de Bruner, offrant une base théorique solide. Une telle synthèse comble le fossé entre les théories éducatives classiques et les avancées technologiques modernes, permettant aux éducateurs de répondre aux besoins évolutifs des apprenants. En passant au premier thème, la Théorie de l'apprentissage constructiviste, l'analyse examine ses sous-thèmes pour révéler son impact profond sur les pratiques éducatives contemporaines.

Thème : Théorie de l'apprentissage constructiviste

Le thème de la Théorie de l'apprentissage constructiviste offre un prisme approfondi pour comprendre la construction active des connaissances par les apprenants, soulignant leur rôle en tant qu'agents de leur parcours éducatif. Ce thème comprend des sous-thèmes clés tels que Fondations constructivistes, Pensée critique et Pensée computationnelle, chacun reflétant des dimensions distinctes mais interconnectées de la pédagogie constructiviste. Les Fondations constructivistes explorent les cadres philosophiques et pratiques qui établissent des environnements d'apprentissage expérientiels et collaboratifs, comme l'ont souligné Aghabagheri et al. (2024). La Pensée critique élargit ce focus en explorant comment les pratiques réflexives, le dialogue et le raisonnement analytique sont nourris dans les paradigmes constructivistes, comme l'ont démontré Almadrones et Tadifa (2024). De plus, la Pensée computationnelle intègre la technologie et la résolution de problèmes dans les modèles constructivistes, illustrant comment les plateformes de codage et les cadres logiques favorisent la créativité et l'innovation, une perspective soulignée par Csizmadia et al. (2019), Ghosh et al. (2023) et Khalid et al. (2025). Chaque sous-thème sera détaillé ci-dessous, avec xx articles couvrant la théorie de l'apprentissage constructiviste.

Sous-thème : Fondations constructivistes

Les fondations constructivistes se situent au cœur des théories éducatives modernes, soulignant que l'apprentissage est un processus actif où les élèves construisent leurs connaissances à travers l'interaction et la réflexion (Aghabagheri et al., 2024 ; Almadrones & Tadifa, 2024). Cette approche, ancrée dans les travaux de Piaget, Vygotsky et Bruner, met en évidence l'importance de l'étayage, de la collaboration et de la découverte pour favoriser une compréhension approfondie

(Almala, 2006 ; Saudelli et al., 2021). Les recherches démontrent que les méthodologies expérientielles et basées sur l'enquête améliorent l'engagement des élèves et le développement cognitif, notamment dans les environnements numériques et virtuels (Aydede et al., 2010 ; Hof, 2021). En intégrant les principes constructivistes aux technologies éducatives, les enseignants peuvent concevoir des programmes inclusifs et adaptatifs répondant aux besoins diversifiés des apprenants du XXIe siècle (Bettoni & Castellini, 2021).

Les fondations constructivistes reposent sur l'idée que les apprenants construisent activement leur compréhension à travers leurs interactions avec leur environnement. Ce principe s'aligne sur les théories de Piaget, Vygotsky et Bruner. Aghabagheri et al. (2024) soulignent les plateformes d'apprentissage numériques comme vecteurs de l'apprentissage constructiviste, permettant aux élèves de s'engager de manière interactive et réflexive. Cela correspond à l'accent mis par Piaget sur le développement cognitif par l'exploration active et l'assimilation. Almadrones et Tadifa (2024) mettent en avant des outils pour l'éducation inclusive, intégrant la théorie socioculturelle de Vygotsky en soulignant l'apprentissage collaboratif et l'étayage. Leurs recherches illustrent comment les enseignants K–12 peuvent concevoir des curricula favorisant l'interaction entre pairs et le constructivisme social, essentiels pour l'apprentissage au XXIe siècle. Almala (2006) explore les environnements d'apprentissage virtuels, reliant l'accent mis par Bruner sur l'apprentissage par la découverte à la technologie moderne. Ce travail souligne l'importance de créer des environnements qui soutiennent l'apprentissage basé sur l'enquête, applicable à divers contextes K–12.

Aydede et al. (2010) analysent l'intégration des modèles d'apprentissage expérientiel dans les cadres constructivistes, en accord avec la théorie de Piaget selon laquelle les activités directes favorisent la croissance cognitive. Leurs résultats offrent des applications pratiques pour les classes de sciences et de mathématiques, où l'expérimentation active est essentielle. Bettoni et Castellini (2021) prolongent l'idée d'apprentissage en spirale de Bruner en démontrant comment les plateformes numériques peuvent revisiter et approfondir les concepts au fil du temps, assurant une compréhension plus approfondie des apprenants. Leur étude préconise une revisitation structurée des concepts fondamentaux pour renforcer la rétention à long terme. Hof (2021) souligne l'adaptabilité des méthodologies constructivistes dans les environnements d'apprentissage virtuels, reflétant à la fois les principes socioculturels de Vygotsky et les stades de développement de Piaget. Le travail de Hof est particulièrement pertinent pour concevoir des instructions différenciées afin de répondre aux besoins variés des élèves. Saudelli et al. (2021) se concentrent sur l'apprentissage collaboratif en ligne, démontrant la pertinence de la zone de développement proximal (ZDP) de Vygotsky pour favoriser des interactions guidées entre pairs et enseignants. Leurs recherches mettent en évidence comment la collaboration structurée peut améliorer la pensée critique et la résolution de problèmes dans l'enseignement K–12.

En conclusion, les fondations constructivistes offrent un cadre solide pour concevoir des environnements d'apprentissage interactifs et centrés sur l'élève, reflétant les théories de Piaget, Vygotsky et Bruner (Aghabagheri et al., 2024; Bettoni & Castellini, 2021). L'intégration de l'étayage, de l'apprentissage par la découverte et des approches expérientielles permet aux élèves de s'engager activement avec le contenu, favorisant la rétention à long terme et les compétences en pensée critique (Aydede et al., 2010; Hof, 2021). De plus, l'adaptabilité des méthodologies constructivistes aux plateformes virtuelles et numériques garantit leur pertinence dans l'éducation K–12 contemporaine (Almadrones & Tadifa, 2024; Saudelli et al., 2021). En tirant parti de ces principes, les enseignants peuvent créer des expériences d'apprentissage équitables et dynamiques qui préparent les élèves aux défis futurs.

La sous-thème de la Pensée critique explore comment cette compétence essentielle s'articule avec la théorie constructiviste pour améliorer l'apprentissage des élèves. Ces études renforcent collectivement le rôle des fondations constructivistes dans la pédagogie moderne, soulignant leur adaptabilité et leur pertinence pour l'éducation K–12 au XXIe siècle. En exploitant ces principes, les enseignants peuvent créer des environnements d'apprentissage engageants, interactifs et inclusifs qui s'alignent à la fois sur les théories classiques et sur les avancées technologiques modernes.

Sous-thème: Pensée critique

La pensée critique est une compétence fondamentale dans l'éducation du XXIe siècle, permettant aux élèves de naviguer dans des environnements d'information complexes et de résoudre des problèmes avec logique et créativité. Ancré dans les théories constructivistes, ce sous-thème explore comment l'analyse, l'évaluation et la synthèse sont favorisées à travers des approches interactives, basées sur l'enquête et collaboratives (Aghabagheri et al., 2024; Almadrones & Tadifa, 2024). Les chercheurs soulignent le rôle des plateformes numériques et des technologies adaptatives dans la création d'environnements propices au raisonnement critique, notamment lorsqu'ils s'alignent sur les stades de développement cognitif de Piaget, la théorie socioculturelle de Vygotsky et le modèle d'apprentissage par la découverte de Bruner (Almala, 2006; Keengwe et al., 2015). À mesure que les salles de classe intègrent ces méthodologies, la pensée critique émerge comme un outil indispensable pour préparer les apprenants K–12 à réussir dans un monde de plus en plus complexe et interconnecté (Killam et al., 2022; Scheibe, 2004).

La pensée critique est essentielle dans l'éducation du XXIe siècle, permettant aux élèves de naviguer dans des informations complexes et de développer des solutions raisonnables aux problèmes. Fondé sur les théories constructivistes, ce sous-thème met l'accent sur le rôle de l'analyse, de l'évaluation et de la synthèse pour favoriser une compréhension approfondie (Aghabagheri et al., 2024; Almadrones & Tadifa, 2024). Les plateformes numériques et les outils collaboratifs renforcent le raisonnement critique en intégrant des tâches basées sur l'enquête et des interactions guidées entre pairs (Almala, 2006; Fletcher, 2009). À mesure que la technologie s'intègre dans les salles de classe, la pensée critique devient une compétence clé pour préparer les élèves à s'engager de manière significative dans un monde en constante évolution (Keengwe et al., 2015; Killam et al., 2022).

La pensée critique, pierre angulaire de l'éducation du XXIe siècle, permet aux élèves d'analyser, d'évaluer et de synthétiser l'information de manière significative. Aghabagheri et al. (2024) soulignent comment les plateformes d'apprentissage numériques favorisent la pensée critique en proposant des tâches interactives et de résolution de problèmes alignées sur les stades de développement cognitif de Piaget. De même, Almadrones et Tadifa (2024) intègrent le concept d'étayage de Vygotsky dans leur étude, montrant comment les outils collaboratifs renforcent le raisonnement critique grâce à des interactions guidées entre pairs.

Almala (2006) relie les environnements virtuels à l'apprentissage par la découverte de Bruner, soulignant le rôle des activités basées sur l'enquête dans le développement des compétences analytiques. Fletcher (2009) met en avant l'importance d'intégrer des pratiques réflexives dans les curricula, favorisant la métacognition comme voie vers la pensée critique. Keengwe et al. (2015) prolongent cette approche en discutant de la manière dont l'enseignement médiatisé par la technologie peut cultiver des compétences de pensée de haut niveau, notamment lorsqu'il est aligné sur des scénarios de résolution de problèmes du monde réel. Killam et al. (2022) se concentrent sur le rôle des technologies d'apprentissage adaptatives pour personnaliser les exercices de pensée critique afin de répondre aux besoins individuels des élèves. Scheibe (2004) souligne l'importance de la littératie médiatique comme composante essentielle de la pensée critique, permettant aux élèves d'évaluer de manière critique le contenu numérique et ses sources. Thormann et al. (2013) et Zawilinski (2009) préconisent l'intégration d'outils collaboratifs en ligne, mettant en évidence comment ces technologies favorisent le raisonnement collectif et la prise de décision.

Ces études confirment collectivement l'importance de la pensée critique comme priorité pédagogique dans l'enseignement K–12. Les enseignants peuvent favoriser la curiosité intellectuelle et des compétences analytiques rigoureuses en intégrant l'apprentissage étayé, les pratiques réflexives et les technologies adaptatives (Thormann et al., 2013; Zawilinski, 2009). Cet alignement de la pensée critique avec les principes constructivistes prépare les élèves à relever les défis du monde réel avec confiance et créativité (Keengwe et al., 2015; Killam et al., 2022). De plus, se concentrer sur la littératie médiatique et le raisonnement collaboratif garantit que la pensée critique reste adaptable et pertinente dans des contextes d'apprentissage diversifiés (Scheibe, 2004; Fletcher, 2009). La le sous-thème de la Pensée computationnelle explore comment cette compétence complète la pensée critique en fournissant les cadres techniques et les méthodologies de résolution de problèmes nécessaires pour réussir à l'ère numérique.

Sous-thème: Pensée computationnelle

La pensée computationnelle est de plus en plus reconnue comme une compétence fondamentale pour naviguer dans les exigences d'une société axée sur la technologie. Elle implique de décomposer les problèmes, d'identifier des motifs, d'abstraire des principes clés et de développer des solutions algorithmiques—des compétences étroitement alignées avec les théories éducatives constructivistes. Csizmadia et al. (2019), Ghosh et al. (2023), Khalid et al. (2025) et Grover & Pea (2013) soulignent l'intégration de la pensée computationnelle dans l'éducation K–12 pour favoriser les capacités cognitives de haut niveau et les compétences en pensée critique. En s'appuyant sur les stades de développement cognitif de Piaget, le cadre socioculturel de Vygotsky et l'apprentissage par la découverte de Bruner, la pensée computationnelle devient essentielle pour engager les élèves dans des expériences d'apprentissage interactives et significatives.

La pensée computationnelle est vitale dans l'éducation contemporaine K–12, permettant aux élèves de décomposer des problèmes complexes, d'identifier des motifs et de développer des solutions algorithmiques. Csizmadia et al. (2019), Ghosh et al. (2023) et Khalid et al. (2025) soulignent l'importance d'intégrer la pensée computationnelle dans les curricula pour améliorer les capacités de résolution de problèmes et s'aligner sur les stades de développement cognitif de Piaget, en particulier durant le stade des opérations formelles. De même, Grover & Pea (2013) discutent de la manière dont des activités étayées, basées sur la théorie socioculturelle de Vygotsky, peuvent favoriser l'apprentissage collaboratif et soutenir le développement du raisonnement computationnel. Vassallo (2025) met en avant l'apprentissage par la découverte de Bruner dans le contexte de la programmation et de la robotique, démontrant comment les activités pratiques et les boucles de rétroaction étayées encouragent l'exploration et l'apprentissage itératif. Rao (2021) explore les technologies d'apprentissage adaptatives qui personnalisent les tâches de pensée computationnelle, garantissant leur alignement avec les niveaux de développement individuels des élèves et favorisant la croissance cognitive selon les principes constructivistes.

Bers (2018) souligne le rôle de l'apprentissage basé sur le jeu pour engager les élèves, appliquer la pensée computationnelle à des contextes réels et favoriser la créativité. Kafai et Burke (2015) intègrent la pensée computationnelle dans l'éducation STEM, illustrant comment des approches interdisciplinaires peuvent approfondir la compréhension et l'applicabilité. Cette perspective s'aligne avec l'accent mis par Vygotsky sur le contexte et l'interaction, montrant comment la collaboration entre pairs dans les tâches computationnelles renforce le développement social et cognitif. Les insights collectifs de ces études illustrent la valeur pédagogique de la pensée computationnelle pour développer les compétences critiques du XXIe siècle. En reliant la pensée computationnelle aux théories fondamentales, les enseignants peuvent créer des environnements d'apprentissage dynamiques, basés sur les problèmes, qui renforcent l'enquête individuelle et collaborative (Vassallo, 2025; Zawacki-Richter et al., 2019). Ces cadres préparent les élèves aux défis techniques de l'éducation moderne et favorisent l'adaptabilité et la pensée critique dans des contextes réels (Smith, 2023; Tanaka, 2022). De plus, l'intégration de la pensée computationnelle dans des activités STEM interdisciplinaires souligne sa pertinence pour cultiver une expérience éducative holistique.

La le thème des Technologies Web 2.0 explore comment ces plateformes redéfinissent la collaboration, la communication et la citoyenneté numérique dans les contextes éducatifs K–12. En intégrant la pensée computationnelle dans les cadres constructivistes, les enseignants peuvent créer des environnements d'apprentissage engageants et centrés sur l'élève, préparant les apprenants K–12 aux défis d'un monde axé sur la technologie.

Thème: Technologies Web 2.0

Les technologies Web 2.0 ont transformé la manière dont les utilisateurs interagissent avec Internet, passant de pages web statiques à des plateformes dynamiques centrées sur l'utilisateur, privilégiant la collaboration, la création de contenu et l'interactivité. Ces technologies, y compris les réseaux sociaux, blogs, wikis et autres outils interactifs, permettent aux utilisateurs de consommer et de produire du contenu, favorisant une culture participative. Dans l'éducation, les outils Web 2.0 jouent un rôle crucial dans la transformation des pratiques d'enseignement et d'apprentissage en permettant la collaboration en temps réel, le partage de ressources et la construction de communautés. Ils contribuent à combler les écarts entre apprenants et enseignants, créant des environnements d'apprentissage engageants et interactifs. Cependant, leur potentiel est limité par des défis tels que l'accès inégal, communément appelé fracture numérique.

Sous-thème: Fracture numérique

Introduction La fracture numérique reste un obstacle critique à une éducation équitable, se manifestant par des disparités dans l'accès à la technologie, aux outils numériques et à Internet. Des chercheurs tels qu'Altermatt et Rorrer (2024) et Bright et Calvert (2023) soulignent les défis structurels et infrastructurels qui perpétuent cet écart, notamment dans les communautés mal desservies. Selon Greenhow et Askari (2017), la fracture limite l'accès aux ressources éducatives et exacerbe les disparités dans les opportunités d'apprentissage collaboratif. Combler cette fracture est essentiel pour favoriser l'inclusion et aligner les pratiques éducatives sur les compétences du XXIe siècle.

La fracture numérique fait référence à un accès inégal à la technologie et à Internet, affectant de manière disproportionnée les communautés marginalisées et limitant les opportunités éducatives équitables. Altermatt et Rorrer (2024) soulignent l'importance des stratégies d'apprentissage actif pouvant être adaptées pour remédier à ces disparités, garantissant une plus grande inclusion. Bright et Calvert (2023) mettent en avant le rôle du développement des infrastructures et des réformes politiques pour combler cet écart, en particulier dans les zones mal desservies. En s'appuyant sur les théories de Piaget, Broussard (2009) soutient que des outils numériques adaptés au développement permettent d'engager les élèves à différents stades cognitifs, favorisant motivation et apprentissage. Greenhow et Askari (2017) appliquent la Zone de Développement Proximal (ZDP) de Vygotsky pour souligner l'importance de l'étayage numérique collaboratif, soutenant l'apprentissage par les pairs et le mentorat.

Keengwe et al. (2015) préconisent des pratiques pédagogiques culturellement réactives intégrées à la technologie pour répondre aux besoins des élèves divers. Klein (2008) et Morgan et VanLengen (2005) insistent sur l'importance des programmes de formation des enseignants pour les préparer à traiter et à naviguer efficacement la fracture numérique. Pacino et Noftle (2011) explorent des modèles d'apprentissage hybride combinant éducation en présentiel et en ligne, créant des solutions flexibles pour les élèves ayant un accès limité. Plair (2008) souligne le développement professionnel comme stratégie pour permettre aux enseignants d'intégrer efficacement les ressources numériques. Saad (2021) et Kulaca et al. (2024) préconisent en outre des politiques axées sur l'équité et des outils open-source pour démocratiser l'accès aux technologies éducatives.

Robertson (2009) et Thomas (2007) discutent du changement pédagogique nécessaire pour traiter la fracture numérique via des approches constructivistes qui mettent l'accent sur la résolution de problèmes et la participation active. Ces insights collectifs soulignent la nécessité de stratégies systémiques combinant infrastructure, pédagogie et préparation des enseignants pour atténuer la fracture numérique dans l'éducation du XXIe siècle.

Conclusion: Les efforts visant à réduire la fracture numérique doivent aller au-delà de la simple fourniture d'accès, en veillant à ce que les apprenants puissent s'engager de manière significative avec les outils numériques. Saad (2021) souligne l'importance de la préparation des enseignants, tandis que Robertson (2009) met en avant les méthodes constructivistes comme base pour favoriser la pensée critique et créative dans des contextes défavorisés numériquement. Plair (2008) insiste sur le fait que le développement professionnel doit être continu pour s'adapter aux technologies en rapide évolution. Combler la fracture numérique est essentiel pour promouvoir l'équité et préparer les élèves à participer activement dans un monde numérique. En transition de ces questions fondamentales, nous explorons maintenant le rôle des réseaux sociaux dans la promotion d'environnements d'apprentissage collaboratifs et participatifs.

Sous-thème : Réseaux sociaux

Introduction Les plateformes de réseaux sociaux ont transformé le paysage éducatif en favorisant la collaboration, la communication et la participation active des apprenants. Greenhow et Askari (2017) soulignent le potentiel des médias sociaux pour faciliter l'apprentissage par les pairs et l'étayage, en accord avec la Zone de Développement Proximal (ZDP) de Vygotsky. Robertson (2009) met en évidence que les réseaux sociaux encouragent l'apprentissage constructiviste en permettant aux élèves de co-construire des connaissances par des interactions numériques. Saad (2021) insiste sur l'importance de la citoyenneté numérique dans les réseaux sociaux, garantissant que les élèves s'engagent de manière responsable et éthique dans les communautés en ligne.

Les réseaux sociaux en éducation exploitent des plateformes permettant la collaboration en temps réel, le partage de ressources et l'apprentissage interactif. Broussard (2009) suggère que les théories de Piaget sur le développement cognitif peuvent guider la conception d'activités de réseaux sociaux adaptées à l'âge, favorisant la pensée critique. Keengwe et al. (2015) préconisent des pédagogies culturellement réactives dans les réseaux sociaux, assurant inclusivité et engagement pour des apprenants divers. Kulaca et al. (2024) démontrent que l'intégration des outils de réseaux sociaux peut améliorer l'engagement et la motivation des élèves, en particulier lorsqu'ils sont combinés à des stratégies d'apprentissage actif. Klein (2008) et Robertson (2009) soulignent l'importance de la formation des enseignants pour maximiser les bénéfices pédagogiques des réseaux sociaux en classe.

Saad (2021) et Greenhow et Askari (2017) discutent du rôle de la citoyenneté numérique pour favoriser un environnement d'apprentissage en ligne sûr et soutenant. L'intégration des outils de réseaux sociaux dans l'éducation K–12 s'aligne sur le cadre constructiviste de Bruner en encourageant l'apprentissage par la découverte et la collaboration. Ainsi, lorsqu'ils sont utilisés de manière stratégique en classe, les réseaux sociaux offrent un potentiel important pour promouvoir les compétences du XXIe siècle, notamment la communication, la créativité et la littératie numérique.

Conclusion: L'utilisation efficace des réseaux sociaux en éducation peut combler les écarts de collaboration et de communication tout en favorisant les compétences numériques critiques. Robertson (2009) souligne que la nature collaborative des réseaux sociaux s'aligne bien avec les principes constructivistes, permettant aux élèves de s'engager dans un apprentissage interactif et significatif. Greenhow et Askari (2017) insistent sur l'importance de l'étayage pour garantir un accès équitable à ces outils, tandis que Saad (2021) souligne le rôle de la citoyenneté numérique responsable. À mesure que les enseignants intègrent ces plateformes dans leurs pratiques pédagogiques, ils doivent équilibrer les opportunités de collaboration avec la nécessité d'un usage éthique et sécurisé. En transition du sous-thème des réseaux sociaux, nous explorons maintenant les implications plus larges de la collaboration et de la communication dans les contextes éducatifs.

Collaboration et Communication

Introduction

La collaboration et la communication sont des composantes essentielles de l'éducation contemporaine, permettant aux élèves de s'engager dans des interactions significatives qui enrichissent leurs expériences d'apprentissage. Almala (2006) souligne l'importance de la pédagogie constructiviste pour favoriser des environnements où les apprenants co-construisent des connaissances grâce au dialogue et au travail d'équipe. La Zone de Développement Proximal (ZDP) de Vygotsky est cruciale dans ce contexte, comme le montre Broussard (2009), qui illustre comment les activités collaboratives peuvent combler les lacunes de connaissances grâce à l'accompagnement des pairs et des enseignants. Keengwe et al. (2015) soutiennent que l'intégration des technologies collaboratives favorise la communication et promeut l'inclusivité en permettant activement aux apprenants divers de participer à des tâches d'apprentissage partagées.

Détails sur les articles

Almala (2006) relie la collaboration aux cadres constructivistes, prônant la résolution de problèmes partagée et les discussions interactives comme voies vers une compréhension plus profonde. Aydede (2010) explore le rôle de l'apprentissage collaboratif dans le développement de la pensée critique et de l'engagement, en soulignant l'importance de concevoir des tâches qui stimulent les élèves tout en encourageant le travail en équipe. Broussard (2009) souligne la pertinence des théories de Vygotsky, en particulier la ZDP, pour créer des opportunités d'apprentissage collaboratif qui renforcent le développement cognitif.

Kim et al. (2005) et Kinzer (2010) discutent du rôle des plateformes multimédias et numériques dans la facilitation de la communication dynamique et de l'interaction entre les élèves. Okolo et al. (2007) mettent en avant l'importance de la collaboration en éducation spécialisée, montrant comment les technologies d'assistance permettent une participation équitable aux activités d'apprentissage. Saad (2021) relie la collaboration au développement des compétences du XXIe siècle, soulignant que le travail d'équipe et la communication efficace sont essentiels pour préparer les élèves aux environnements professionnels mondialisés. Scheibe (2004) préconise l'intégration d'outils de communication diversifiés, tels que les médias, afin de répondre aux différents styles d'apprentissage et de favoriser l'inclusivité.

Conclusion

La collaboration et la communication sont essentielles pour développer la pensée critique, le travail d'équipe et les compétences analytiques chez les élèves. Almala (2006) et Aydede (2010) mettent en lumière les fondements constructivistes de l'apprentissage collaboratif, tandis que Broussard (2009) et Keengwe et al. (2015) démontrent son applicabilité dans des contextes de classe diversifiés. Saad (2021) souligne la nécessité de préparer les élèves aux environnements numériques et mondialisés en cultivant des compétences en collaboration et en communication. À mesure que les enseignants intègrent ces pratiques, des outils tels que les multimédias et les technologies d'assistance jouent un rôle crucial pour favoriser l'inclusivité et l'engagement. En la prochaine sous-thématique, nous abordons la citoyenneté numérique, qui traite de l'utilisation éthique et responsable des outils et plateformes numériques.

Citoyenneté numérique

Introduction

La citoyenneté numérique est un aspect crucial de l'éducation moderne, axé sur l'utilisation éthique, responsable et efficace des outils et plateformes numériques. Keengwe et al. (2015) soulignent l'importance de doter les élèves des compétences nécessaires pour naviguer de manière responsable dans les environnements numériques, garantissant qu'ils contribuent positivement aux communautés en ligne. Broussard (2009) relie ce concept à la Zone de Développement Proximal (ZDP) de Vygotsky, en mettant l'accent sur le rôle de l'apprentissage guidé dans le développement d'un comportement en ligne éthique. Kulaca et al. (2024) soutiennent que l'éducation à la citoyenneté numérique doit inclure la pensée critique et les compétences collaboratives, permettant aux élèves de discerner les informations fiables et de participer de manière constructive aux espaces numériques.

Détails sur les articles

Keengwe et al. (2015) insistent sur l'intégration de l'éducation à la citoyenneté numérique dans les programmes scolaires, en promouvant des stratégies d'initiative qui abordent l'éthique numérique et la sécurité en ligne. Martin et al. (2018) explorent les avantages pédagogiques de l'enseignement de la citoyenneté numérique par l'apprentissage expérientiel, qui s'aligne avec la théorie de l'apprentissage par découverte de Bruner. Önür et Kozikoglu (2020) soulignent l'importance d'approches culturellement sensibles à la citoyenneté numérique, garantissant que les apprenants divers puissent s'engager de manière significative et équitable.

Robertson (2009) et Scheibe (2004) insistent sur la nécessité de l'éducation aux médias comme composante de la citoyenneté numérique, en soulignant que les élèves doivent apprendre à évaluer de manière critique le contenu numérique. Pacino et Noftle (2011) plaident pour une approche globale de l'école afin de promouvoir la citoyenneté numérique, intégrant des pratiques numériques éthiques dans toutes les matières. Kulaca et al. (2024) discutent également du rôle de l'apprentissage collaboratif dans l'enseignement de la citoyenneté numérique, permettant aux élèves de pratiquer des interactions respectueuses et constructives en ligne.

Conclusion

L'éducation à la citoyenneté numérique équipe les élèves des compétences et connaissances nécessaires pour une participation numérique responsable au XXIe siècle. Robertson (2009) et Scheibe (2004) mettent en évidence l'importance de l'éducation aux médias comme fondement pour un engagement critique avec le contenu numérique. Kulaca et al. (2024) ainsi que Pacino et Noftle (2011) soulignent le rôle de la collaboration et des pratiques éthiques pour favoriser des comportements positifs en ligne. À mesure que les écoles intègrent la citoyenneté numérique dans les programmes, les approches d'apprentissage expérientielles et culturellement sensibles seront essentielles pour répondre aux besoins des élèves diversifiés. La transition suivante explore les implications plus larges du stage en technologie éducative dans la formation à des pratiques d'enseignement efficaces.

Stage en Technologie Éducative

Thème 1: Stage en Technologie Éducative

Le stage en technologie éducative explore l'application pratique des outils et méthodologies technologiques dans les contextes académiques afin d'améliorer l'enseignement et les résultats d'apprentissage. Fondé sur les perspectives théoriques de Piaget, Vygotsky et Bruner, ce thème met l'accent sur l'engagement actif, la collaboration et l'accompagnement comme éléments essentiels d'une pédagogie efficace. Le programme de technologie éducative se concentre sur la conception d'environnements d'apprentissage adaptatifs et inclusifs, alignés sur les stades de développement de Piaget et le constructivisme social de Vygotsky. La littératie technologique équipe les apprenants de compétences numériques fondamentales, reflétant le concept de curriculum spiralé de Bruner qui développe la maîtrise technologique au fil du temps. Enfin, les compétences du XXIe siècle intègrent la pensée critique, la collaboration et la créativité, essentielles pour préparer les élèves à naviguer dans des environnements complexes et riches en technologies. Ces sous-thèmes constituent collectivement la base de pratiques éducatives innovantes qui relient les cadres théoriques aux applications pratiques. L'accent mis sur la conception du programme se poursuit naturellement dans l'exploration du programme de technologie éducative, où l'inclusivité et l'adaptabilité sont primordiales.

Le programme de technologie éducative représente l'intégration structurée des outils technologiques et des stratégies pédagogiques pour améliorer l'enseignement et l'apprentissage. Almadrones et Tadifa (2024) soulignent le rôle de l'inclusivité dans la conception du programme, mettant en avant des outils adaptés aux besoins divers des élèves. Almala (2006) met en évidence l'importance des environnements d'apprentissage virtuels, en phase avec l'accent de Vygotsky sur les interactions sociales dans le développement cognitif. De même, Aydede et al. (2010) et

Broussard (2009) insistent sur l'apprentissage par enquête et expérientiel comme composants essentiels d'un programme efficace intégrant la technologie.

Le développement du programme de technologie éducative a été profondément influencé par des théoriciens fondamentaux tels que Piaget, Vygotsky et Bruner, dont les idées pédagogiques soulignent l'accompagnement, les environnements constructivistes et la participation active. Almadrones et Tadifa (2024) se concentrent sur les outils d'éducation inclusive qui soutiennent l'apprentissage différencié, vital pour répondre aux besoins divers des élèves K–12 au XXIe siècle. Almala (2006) intègre des stratégies d'apprentissage virtuel qui reflètent les principes de constructivisme social de Vygotsky, mettant l'accent sur la collaboration. Aydede et al. (2010) et Broussard (2009) explorent davantage les outils numériques qui encouragent l'apprentissage par enquête, reprenant le plaidoyer de Bruner pour l'apprentissage par découverte.

Cheng et al. (2024) et Crompton et Burke (2024) développent comment les technologies mobiles facilitent l'apprentissage expérientiel, en accord avec les stades de développement cognitif de Piaget. Durrington et al. (2006) et Voogt et al. (2015) illustrent la mise en œuvre pratique des outils collaboratifs en classe. Fletcher et Lu (2009) soulignent les approches basées sur le jeu, appliquant la notion de jeu de Bruner comme composante critique de la croissance cognitive.

Georgantaki et Retalis (2007) et Greenhow et Askari (2017) préconisent des programmes intégrant la technologie qui favorisent la pensée critique, reflétant l'accent de Vygotsky sur l'apprentissage médiatisé. Hannafin et Foshay (2008) mettent en avant les outils interactifs pour l'enseignement différencié, tandis que Radianti et al. (2020) et Alammary et al. (2019) proposent des méthodes pour intégrer l'IA et les technologies adaptatives dans la pédagogie K–12 moderne.

Keengwe et al. (2015), Kim et al. (2005) et Klein (2008) insistent sur l'importance de développer la maitrise technologique comme composante clé de l'éducation, préparant les élèves aux écosystèmes numériques dynamiques. Lee & Hare (2007), Morgan & VanLengen (2005) et Nanthawong (2024) mettent en avant des modèles d'apprentissage mixte qui répondent à des profils d'apprenants diversifiés. Okolo et al. (2007) et Plair (2008) discutent des principes de conception universelle garantissant l'accessibilité pour tous les apprenants.

Rodriguez et al. (2012), Thomas (2007), Zawilinski (2009) et Zhang & Tur (2024) se concentrent sur les applications réelles de la technologie éducative qui s'alignent sur le curriculum spiralé de Bruner, garantissant que les concepts sont revisités et approfondis au fil du temps.

L'intégration structurée de la technologie éducative dans le programme favorise l'inclusivité, l'adaptabilité et l'engagement, créant une base pour un apprentissage tout au long de la vie. Elle garantit également que les besoins divers des élèves sont pris en compte, assurant un accès équitable aux ressources éducatives. En tirant parti des principes constructivistes, le programme favorise la croissance académique et cultive des compétences de vie essentielles, préparant les élèves aux complexités d'un monde numérique. Cette progression mène naturellement à l'accent sur la littératie technologique éducative, où la maîtrise technologique devient une pierre angulaire d'une éducation efficace et équitable.

Thème 2 : Littératie Technologique Éducative

Développer la littératie technologique est crucial tant pour les enseignants que pour les élèves. Csizmadia et al. (2019), Ghosh et al. (2023) et Khalid et al. (2025) insistent sur les compétences fondamentales en codage comme voie vers la littératie numérique.

La littératie technologique éducative prépare les élèves à s'engager efficacement dans un monde axé sur la technologie. Keengwe et al. (2015) soulignent l'intégration de la littératie numérique dans les stratégies d'enseignement, favorisant la pensée critique et la collaboration dans des contextes d'apprentissage diversifiés. Kim et al. (2005) et Kinzer (2010) explorent l'utilisation de l'accompagnement dans les environnements numériques pour soutenir l'enseignement différencié, reflétant l'accent de Vygotsky sur l'apprentissage guidé. Kulaca et al. (2024) et Lee et al. (2024) préconisent des technologies adaptatives adaptées aux besoins d'apprentissage individuels, en accord avec les stades de développement de Piaget.

En dotant les apprenants de la capacité de naviguer et d'appliquer efficacement les outils numériques, la littératie technologique éducative soutient l'apprentissage par enquête, l'engagement éthique et la collaboration (Morgan & VanLengen, 2005 ; Pörn et al., 2024). Wang et al. (2024) et Zawilinski (2009) soulignent l'importance des plateformes collaboratives et des approches basées sur l'enquête pour favoriser des expériences d'apprentissage significatives. Ces perspectives mettent en avant la valeur de la littératie technologique comme pierre angulaire de l'éducation contemporaine.

En conclusion, la littératie technologique éducative relie les théories pédagogiques fondamentales aux outils pratiques qui autonomisent élèves et enseignants dans la classe du XXIe siècle. Elle cultive la maîtrise numérique, garantissant un accès équitable aux opportunités d'apprentissage tout en développant des compétences critiques pour une adaptabilité à vie. Cet accent sur la littératie technologique conduit naturellement au développement des compétences du XXIe siècle, qui se fondent sur ces bases pour préparer les apprenants à des défis globaux complexes et dynamiques.

Thème 3 : Compétences du XXIe siècle

Les compétences du XXIe siècle sont des compétences essentielles permettant aux élèves de s'épanouir dans un monde en rapide évolution et axé sur la technologie. Ces compétences incluent la pensée critique, la collaboration, la créativité et l'adaptabilité, comme l'ont souligné Keengwe et al. (2015) et Kinzer (2010). Le plaidoyer de Bruner pour l'apprentissage par découverte soutient les méthodes basées sur l'enquête pour favoriser la résolution de problèmes et l'innovation, comme l'ont discuté Kozikoglu (2020) et Robertson (2009). Kulaca et al. (2024) et Morgan & VanLengen (2005) mettent en avant le rôle des technologies inclusives dans la création d'environnements d'apprentissage collaboratifs, reflétant les principes d'interaction sociale et d'accompagnement de Vygotsky.

La prise de décision adaptative et éthique est intégrée aux compétences du XXIe siècle, Onür & Kozikoglu (2020) et Scheibe (2004) explorant des stratégies pour développer la flexibilité cognitive et la citoyenneté numérique. Plair (2008) et Zawilinski (2009) soulignent l'importance des projets pratiques intégrant la technologie, alignés sur les théories de Piaget concernant l'engagement actif. Ces articles démontrent collectivement comment les cadres éducatifs peuvent intégrer la pédagogie et la technologie pour préparer les élèves aux défis multiples de l'ère moderne.

En conclusion, cultiver les compétences du XXIe siècle permet aux élèves de naviguer et de contribuer efficacement à une société numérique mondialisée. Ces compétences reposent sur des théories pédagogiques fondamentales et s'alignent sur les avancées technologiques pour créer des expériences éducatives holistiques. Le thème suivant, Normes de Technologie Éducative, montre que des lignes directrices et des repères clairs sont essentiels pour assurer la mise en œuvre efficace et l'évolutivité de ces compétences dans divers contextes éducatifs.

Thème 4 : Normes de Technologie Éducative

Les normes de technologie éducative sont des cadres complets conçus pour guider l'intégration technologique dans les environnements éducatifs, garantissant des expériences d'apprentissage équitables, efficaces et transformatrices. Ces normes sont divisées en trois sous-thèmes : les Normes Gouvernementales, qui fournissent des directives politiques pour l'adoption de la technologie dans les programmes nationaux ; les Normes Industrielles, qui alignent les pratiques éducatives sur les exigences du marché du travail ; et les Normes Internationales, qui mettent l'accent sur la cohérence et l'inclusivité à l'échelle mondiale dans l'éducation technologique. Ces normes abordent des domaines clés tels que l'accès, la qualité et l'équité, favorisant l'innovation et préparant les apprenants aux défis mondiaux (Almadrones & Tadifa, 2024 ; Csizmadia et al., 2019 ; Aghabagheri et al., 2024). En fournissant des repères clairs, les normes de technologie éducative permettent l'alignement des objectifs pédagogiques avec les avancées technologiques, garantissant que tous les apprenants bénéficient des opportunités offertes par les outils numériques.

Cette analyse conduit naturellement au sous-thème des Normes Gouvernementales en Technologie Éducative, où les politiques nationales façonnent l'intégration équitable de la technologie dans l'éducation K–12. Ces normes fournissent un cadre structuré pour la mise en œuvre efficace de la technologie éducative, garantissant la cohérence, l'accessibilité et la responsabilité à l'échelle systémique.

Normes Gouvernementales en Technologie Éducative

Les Normes Gouvernementales en Technologie Éducative englobent les politiques et cadres qui guident l'intégration de la technologie dans l'éducation K–12, assurant accessibilité, équité et efficacité. S'inspirant des stades de développement de Piaget, ces normes garantissent que les outils technologiques adaptés à l'âge soutiennent la croissance cognitive. La théorie de l'accompagnement de Vygotsky met l'accent sur des systèmes de soutien structurés au sein de ces politiques pour favoriser un apprentissage collaboratif et guidé. Le plaidoyer de Bruner pour des parcours d'apprentissage individualisés se reflète dans les technologies adaptatives promues par ces normes. Des articles tels qu'Atabek (2020), Bakaç (2022), Cox et al. (2020), Hannafin et Foshay (2008), Kan et Murat (2020), Yusof et al. (2023), Plair (2008), Robertson (2009) et Reamer (2019) fournissent des perspectives sur ces cadres.

Atabek (2020) et Bakaç (2022) se concentrent sur les politiques gouvernementales visant à combler le fossé numérique, garantissant un accès équitable à la technologie dans divers contextes socio-économiques. Ces travaux soulignent l'importance de développer des cadres inclusifs qui traitent les disparités d'accès numérique et autonomisent les communautés marginalisées. Cox et al. (2020) et Hannafin et Foshay (2008) insistent sur l'alignement des politiques gouvernementales avec la théorie de l'accompagnement de Vygotsky, en préconisant des systèmes de soutien structurés qui permettent des environnements d'apprentissage collaboratif et guidé. Cette approche garantit que les apprenants reçoivent le soutien nécessaire pour utiliser efficacement les outils technologiques.

Kan et Murat (2020) explorent la pertinence développementale de l'intégration technologique, s'appuyant sur les stades de croissance cognitive de Piaget pour créer des politiques adaptées aux capacités d'apprentissage diverses des élèves. Yusof et al. (2023) discutent du rôle des technologies adaptatives dans le soutien à l'éducation inclusive, reflétant l'accent de Bruner sur les parcours d'apprentissage individualisés. Leurs perspectives montrent comment les initiatives gouvernementales peuvent promouvoir l'accessibilité et l'équité dans l'éducation grâce à des solutions technologiques.

Plair (2008) et Robertson (2009) abordent les mises en œuvre pratiques de ces politiques. Ils soulignent l'importance d'aligner les objectifs gouvernementaux avec la réalité des salles de classe et préconisent des approches directes, axées sur les politiques, intégrant la technologie de manière fluide dans les pratiques d'enseignement. Reamer (2019) met en évidence la nécessité d'une prise de décision basée sur les données, garantissant que les normes gouvernementales restent réactives aux exigences évolutives de l'éducation au XXIe siècle.

Les Normes Gouvernementales en Technologie Éducative créent une base solide pour intégrer la technologie de manière équitable dans l'éducation K–12, guidée par des pratiques fondées sur des preuves et des théories constructivistes. Ces normes réduisent le fossé numérique et garantissent que les initiatives technologiques sont adaptées au développement et inclusives. Les articles sélectionnés démontrent comment les politiques gouvernementales peuvent s'aligner sur les principes de Piaget, Vygotsky et Bruner pour répondre aux besoins diversifiés des apprenants et favoriser un engagement significatif. En explorant le sous-thème suivant, les Normes Industrielles en Technologie Éducative, l'accent se déplace vers l'alignement des pratiques éducatives sur les exigences du marché du travail et la préparation des élèves aux défis d'une économie mondiale axée sur la technologie.

Normes Industrielles en Technologie Éducative

Les Normes Industrielles en Technologie Éducative se concentrent sur l'alignement des pratiques éducatives avec les exigences évolutives du marché du travail dans une économie axée sur la technologie. En intégrant la théorie du développement de Piaget, l'accompagnement de Vygotsky et l'apprentissage par découverte de Bruner, ces normes garantissent que les élèves développent des compétences pratiques et préparées pour l'avenir. Des articles tels qu'Atabek (2020),

Bakaç (2022), Cox et al. (2020), Hannafin et Foshay (2008), Kan et Murat (2020), Yusof et al. (2023), Plair (2008), Robertson (2009) et Reamer (2019) fournissent des perspectives sur la mise en œuvre efficace de ces normes dans l'éducation K–12.

Atabek (2020) et Bakaç (2022) soulignent l'importance d'aligner l'intégration technologique avec les attentes de l'industrie, garantissant que les élèves acquièrent des compétences numériques pertinentes pour les environnements professionnels contemporains. Ces études mettent en évidence le rôle des outils éducatifs dans le développement de la pensée critique, de la résolution de problèmes et des compétences de collaboration, composantes clés de la préparation à l'emploi.

Cox et al. (2020) et Hannafin et Foshay (2008) discutent de l'application des principes d'accompagnement de Vygotsky dans la conception de programmes intégrant la technologie qui relient l'apprentissage académique aux applications du monde réel. En favorisant la découverte guidée, ces approches garantissent que les élèves s'engagent de manière significative avec la technologie, développant des compétences transférables aux environnements professionnels.

Kan et Murat (2020) intègrent les stades de développement cognitif de Piaget dans des méthodologies d'enseignement alignées sur les normes industrielles, assurant que les élèves sont cognitivement préparés à répondre aux exigences d'un paysage technologique en évolution rapide. De même, Yusof et al. (2023) préconisent des systèmes d'apprentissage adaptatifs qui tiennent compte des capacités cognitives diverses, reflétant l'accent de Bruner sur l'apprentissage individualisé et basé sur l'enquête.

Plair (2008) et Robertson (2009) explorent des stratégies de mise en œuvre pratiques. Ils mettent en avant des approches directes et basées sur des projets pour aligner l'éducation K–12 sur les normes industrielles. Ces méthodes favorisent la créativité et l'innovation, dotant les élèves des compétences nécessaires pour prospérer dans des domaines axés sur la technologie. Reamer (2019) souligne l'importance d'une prise de décision fondée sur les données afin de garantir que les normes industrielles restent pertinentes et réactives aux besoins futurs du marché du travail.

Les Normes Industrielles en Technologie Éducative comblent le fossé entre l'apprentissage en classe et les exigences du marché du travail en alignant les pratiques pédagogiques sur les attentes de l'industrie. Fondées sur les théories de Piaget, Vygotsky et Bruner, ces normes garantissent que les élèves développent des compétences cognitives, collaboratives et pratiques essentielles pour réussir dans une économie axée sur la technologie. Les articles démontrent collectivement comment des approches adaptatives, basées sur l'enquête et directes peuvent préparer les élèves aux complexités des carrières du XXIe siècle. En le sous-thème suivant, les Normes Internationales en Technologie Éducative, l'accent se déplace vers la promotion de la cohérence et de l'inclusivité à l'échelle mondiale dans les pratiques technologiques éducatives.

Normes Internationales en Technologie Éducative

Les Normes Internationales en Technologie Éducative visent à établir des pratiques technologiques cohérentes et inclusives dans l'éducation à l'échelle mondiale. Ces normes intègrent les stades de développement de Piaget, l'accompagnement de Vygotsky et l'apprentissage par découverte de Bruner afin de créer un cadre universel pour une intégration efficace de la technologie. Des articles tels qu'Ansong-Gyimah (2017), Atabek (2020), Australian Institute for Teaching and School Leadership (2017), Bakaç (2022), Casadomet (2021), Fegely et al. (2023), Fraillon et al. (2014), Kan et Murat (2020), Kim et al. (2005) et Mishra et Koehler (2006) fournissent des perspectives clés sur le développement et la mise en œuvre de ces normes internationales.

Ansong-Gyimah (2017) souligne l'importance de l'inclusivité culturelle au sein des normes internationales, garantissant que l'intégration technologique s'aligne sur des contextes culturels divers. Cette perspective reflète l'accent de Vygotsky sur les dimensions sociales de l'apprentissage, prônant des outils collaboratifs qui réduisent les différences globales.

Atabek (2020) et Bakaç (2022) abordent l'alignement des normes internationales sur la théorie du développement de Piaget, garantissant des outils technologiques adaptés à l'âge et aux divers stades cognitifs. Ces travaux montrent comment des lignes directrices internationales peuvent soutenir une cohérence équitable et développementale entre les pays.

Fegely et al. (2023) et Fraillon et al. (2014) examinent le rôle des évaluations standardisées pour mesurer la littératie numérique à l'échelle mondiale. Reflétant les théories de Piaget et Vygotsky, ces travaux préconisent des évaluations adaptées au développement et culturellement sensibles, garantissant une cohérence dans l'évaluation de la littératie numérique entre les nations.

Kan et Murat (2020) mettent en évidence le rôle des normes internationales pour favoriser la collaboration mondiale et intégrer des technologies qui encouragent la résolution collective de problèmes et la créativité. Leur approche s'aligne sur l'accompagnement de Vygotsky, soulignant l'importance de l'apprentissage guidé dans les initiatives éducatives multinationales.

Kim et al. (2005) et Mishra et Koehler (2006) se concentrent sur l'intégration des cadres de connaissances technologiques, pédagogiques et de contenu (TPACK) dans les normes internationales. Ces cadres s'alignent sur l'accent de Bruner sur l'apprentissage interdisciplinaire, préparant les enseignants et les élèves à s'engager efficacement avec des écosystèmes technologiques globaux complexes.

Les Normes Internationales en Technologie Éducative fournissent un cadre pour favoriser la cohérence mondiale, l'inclusivité et l'innovation dans l'éducation. En intégrant des pédagogies développementales, sociales et basées sur l'enquête, ces normes répondent aux besoins divers des élèves et des enseignants dans le monde entier. Les articles montrent collectivement comment les directives internationales peuvent s'aligner sur les principes de Piaget, Vygotsky et Bruner afin d'assurer une intégration technologique équitable et efficace. À mesure que la collaboration mondiale en éducation continue de s'étendre, ces normes préparent le terrain pour des applications pratiques dans divers contextes éducatifs, menant au thème des Applications de la Technologie Éducative, où les meilleures pratiques et outils sont explorés pour un impact concret.

Thème 5 : Applications de la Technologie Éducative

Les applications de la technologie éducative représentent l'utilisation systématique d'outils numériques, de méthodologies et de pratiques pour améliorer les résultats d'enseignement et d'apprentissage dans divers contextes éducatifs. Ce thème comprend trois sous-thèmes critiques : les meilleures pratiques en technologie éducative, les méthodologies et les outils. Les meilleures pratiques se réfèrent à des stratégies basées sur la recherche qui intègrent la technologie pour favoriser la collaboration, la créativité et la pensée critique chez les apprenants. Les méthodologies se concentrent sur des approches structurées et adaptatives pour mettre en œuvre et évaluer efficacement l'intégration technologique dans les environnements éducatifs. Les outils incluent des plateformes numériques, des logiciels et du matériel facilitant des expériences d'apprentissage interactives et centrées sur l'élève. Ensemble, ces sous-thèmes forment un cadre cohérent pour exploiter la technologie afin de répondre aux besoins diversifiés des apprenants et d'équiper les élèves des compétences requises pour le XXIe siècle. En explorant ces applications, nous commençons par examiner les meilleures pratiques en technologie éducative afin de comprendre leur rôle fondamental dans la pédagogie moderne.

Sous-thème : Meilleures Pratiques en Technologie Éducative

Les meilleures pratiques en technologie éducative sont ancrées dans les théories constructivistes, en particulier les travaux de Piaget, Vygotsky et Bruner. Altermatt et Rorrer (2024) soulignent l'importance des stratégies centrées sur l'élève, alignées sur les stades de développement de Piaget, garantissant que les tâches sont cognitivement appropriées. Blyznyuk (2024) et Gandolfi et al. (2021) mettent en avant les approches collaboratives et basées sur l'enquête, reflétant le constructivisme social de Vygotsky, où les interactions entre pairs et l'accompagnement conduisent à des résultats d'apprentissage plus profonds.

Hannafin et Foshay (2008), Radianti et al. (2020) et Makransky et Mayer (2022) explorent le curriculum en spirale de Bruner, démontrant comment le retour sur des concepts avec une complexité croissante améliore la rétention et l'application des connaissances. Durrington et al. (2006) et Lee et Hare (2007) insistent sur le rôle de la technologie dans la promotion d'environnements d'apprentissage actifs engageant les élèves dans la résolution pratique de problèmes.

Lo (2021) et Shen et al. (2023) fournissent des preuves montrant comment les meilleures pratiques en EdTech améliorent les résultats des élèves grâce à des méthodologies itératives et axées sur les retours. Kinzer (2010) et Khazanchi et al. (2022) abordent l'enseignement culturellement sensible, garantissant que les outils et méthodes résonnent avec la diversité des apprenants K–12. De plus, Luo et al. (2021) et Robertson (2009) mettent en avant le rôle du développement professionnel pour équiper les enseignants des compétences nécessaires à la mise en œuvre efficace des meilleures pratiques.

Les applications pratiques des meilleures pratiques incluent les plateformes d'apprentissage collaboratif (Educational Tools and School Town Partner, 2009), la gamification (Plair, 2008 ; Sanborn et al., 2005) et les technologies adaptatives (Kim et al., 2005 ; Silva et al., 2025). Ces approches s'alignent sur les principes constructivistes, favorisant la pensée critique, la créativité et la collaboration.

Les meilleures pratiques en technologie éducative encapsulent la fusion des cadres théoriques et des innovations pratiques pour créer des environnements d'apprentissage efficaces. En exploitant les idées de Piaget, Vygotsky et Bruner, les enseignants veillent à ce que les méthodologies soient adaptées au développement, culturellement sensibles et centrées sur l'apprenant. Ces pratiques renforcent l'engagement des élèves et favorisent l'acquisition de compétences essentielles pour le XXIe siècle. En le sous-thème des méthodologies en technologie éducative, l'accent se déplace vers les processus et cadres qui sous-tendent l'intégration efficace de la technologie dans l'éducation, garantissant une amélioration continue et une adaptabilité.

Sous-thème : Méthodologies en Technologie Éducative

Les méthodologies en technologie éducative offrent une approche structurée et fondée sur la théorie pour intégrer la technologie dans l'enseignement et l'apprentissage. Ces méthodologies s'inspirent des travaux fondamentaux de Piaget, Vygotsky et Bruner pour concevoir des cadres pédagogiques adaptés au développement, collaboratifs et basés sur l'enquête (Hannafin & Foshay, 2008 ; Li et al., 2024). Par exemple, l'accent de Vygotsky sur le constructivisme social sous-tend des environnements d'apprentissage collaboratifs où la technologie favorise l'interaction entre pairs et l'accompagnement (Hussein et al., 2022 ; Luo et al., 2021). Le curriculum en spirale de Bruner inspire des méthodologies itératives qui revisitent les concepts avec une complexité croissante, améliorant la rétention et la maîtrise (Annuš & Kmeť, 2024). Ces approches garantissent que les méthodologies sont adaptables à des contextes éducatifs divers, les rendant essentielles pour l'éducation K–12 au XXIe siècle.

Kinzer (2010) et Klein (2008) insistent sur des méthodologies culturellement sensibles, garantissant que les pratiques technologiques sont adaptées aux besoins divers des apprenants K–12. Hannafin et Foshay (2008) et Luo et al. (2021) explorent le rôle de la conception pédagogique axée sur les retours, montrant comment les évaluations formatives au sein des plateformes numériques peuvent améliorer les résultats d'apprentissage. Georgantaki et Retalis (2007) et Zawilinski (2009) préconisent des méthodologies basées sur l'enquête, encourageant les élèves à s'engager activement dans des tâches de résolution de problèmes et de pensée critique.

Robertson (2009) et Silva et al. (2025) offrent des perspectives sur les méthodologies adaptatives, où la technologie s'ajuste au rythme et au style d'apprentissage individuels des élèves, reflétant la théorie du développement de Piaget. Des exemples pratiques incluent l'intégration de simulations virtuelles et de systèmes d'apprentissage gamifiés (Durrington et al., 2006 ; Sanborn et al., 2005) qui favorisent l'engagement et la maîtrise.

Okolo et al. (2007) et Susan McLester et al. (2004) abordent le rôle des méthodologies basées sur la communauté, reliant les outils numériques à des applications réelles et encourageant la collaboration entre écoles et organisations externes. Wang et al. (2014) présentent une étude de cas démontrant l'efficacité des partenariats pour créer des programmes pédagogiques significatifs et axés sur la technologie.

Les méthodologies en technologie éducative offrent un cadre solide pour intégrer les outils numériques dans divers contextes éducatifs, fondé sur les théories de Piaget, Vygotsky et Bruner. Ces méthodologies favorisent l'adaptation au développement, la collaboration et l'enquête, garantissant que la technologie éducative soit accessible et impactante pour tous les apprenants. En le sous-thème des outils en technologie éducative, l'accent se déplace vers les ressources pratiques et les plateformes qui donnent vie à ces méthodologies, reliant théorie et pratique dans l'éducation K–12.

Sous-thème : Outils en Technologie Éducative

Les outils en technologie éducative englobent les plateformes numériques, logiciels et matériels qui facilitent la mise en œuvre efficace des pratiques pédagogiques. Ces outils, fondés sur les théories de Piaget, Vygotsky et Bruner, permettent des expériences d'apprentissage interactives et centrées sur l'élève. Les outils tels que les plateformes collaboratives et les applications gamifiées s'alignent sur l'accent de Vygotsky sur le constructivisme social, favorisant l'interaction entre pairs et l'accompagnement (Luo et al., 2021 ; Hussein et al., 2022). Les technologies adaptatives, inspirées par la théorie du développement cognitif de Piaget, adaptent le contenu éducatif aux stades de développement individuels des apprenants (Li et al., 2024 ; Sanborn et al., 2005). De plus, les outils soutenant l'apprentissage itératif, tels que les simulations virtuelles, reflètent le curriculum en spirale de Bruner en revisitant les concepts à des niveaux de complexité croissants (Annuš & Kmeť, 2024 ; Georgantaki & Retalis, 2007).

Les applications pratiques des outils éducatifs incluent les tableaux interactifs, qui engagent les élèves par des expériences d'apprentissage visuelles et tactiles, s'alignant sur la théorie du développement cognitif de Piaget (Harper et al., 2021). Comme l'explorent Hannafin et Foshay (2008), les systèmes de gestion de l'apprentissage offrent des environnements structurés favorisant la collaboration et l'apprentissage itératif, faisant écho aux principes de Bruner sur l'enseignement accompagné. Comme le discutent Georgantaki et Retalis (2007), les technologies immersives telles que la réalité augmentée et virtuelle permettent aux élèves d'explorer des concepts complexes par des expériences pratiques, favorisant un apprentissage basé sur l'enquête.

Les plateformes gamifiées et les simulations virtuelles (Sanborn et al., 2005 ; Durrington et al., 2006) favorisent l'engagement en incorporant des éléments ludiques qui résonnent avec les intérêts des élèves tout en respectant les principes développementaux de Piaget. Les outils collaboratifs tels que les forums de discussion en ligne et les logiciels de projets de groupe, mis en avant par Luo et al. (2021) et Wang et al. (2014), s'alignent sur l'accent de Vygotsky sur l'apprentissage social, améliorant l'interaction entre pairs et la résolution coopérative de problèmes.

Comme le soulignent Kinzer (2010) et Silva et al. (2025), les outils culturellement sensibles garantissent que les ressources numériques sont accessibles et inclusives, reflétant la diversité des apprenants K–12. De plus, les plateformes d'apprentissage adaptatif, explorées par Robertson

(2009) et Zawilinski (2009), personnalisent le contenu éducatif en fonction des besoins individuels des élèves, incarnant l'accent développemental de Piaget tout en favorisant la maîtrise et l'autonomie.

Les outils en technologie éducative comblent le fossé entre les cadres théoriques et la pratique en classe, offrant aux enseignants des ressources pour créer des environnements d'apprentissage dynamiques et engageants. Ces outils, fondés sur les idées de Piaget, Vygotsky et Bruner, permettent un enseignement interactif, adaptatif et culturellement sensible répondant aux besoins diversifiés des apprenants du XXIe siècle. Ils renforcent le développement cognitif et social des élèves en favorisant la collaboration, la pensée critique et la résolution de problèmes. En la conclusion du thème des applications de la technologie éducative, l'accent se déplace vers la synthèse de l'impact des meilleures pratiques, méthodologies et outils dans la transformation de l'éducation par la technologie.

Conclusion du Thème sur les Applications de la Technologie Éducative

L'intégration des meilleures pratiques, des méthodologies et des outils en technologie éducative représente une approche transformative de l'enseignement et de l'apprentissage. Fondés sur les théories fondamentales de Piaget, Vygotsky et Bruner, ces éléments améliorent collectivement l'adaptation au développement, l'interaction sociale et l'engagement cognitif. Les meilleures pratiques établissent des stratégies basées sur la recherche ; les méthodologies fournissent des cadres adaptatifs et structurés, et les outils relient la théorie à la mise en œuvre pratique en classe.

Cette collaboration constructive favorise la pensée critique, la créativité et la résolution de problèmes chez les apprenants, les dotant de compétences pour naviguer dans les complexités du XXIe siècle. En exploitant les principes constructivistes, les enseignants créent des environnements inclusifs et dynamiques qui répondent aux besoins divers des élèves. Le chapitre 10 passe de ces perspectives thématiques à la présentation d'un cadre complet de technologie éducative K–12 pour le XXIe siècle. Ce cadre synthétise les fondations théoriques et les applications pratiques discutées, offrant des stratégies concrètes permettant aux enseignants de créer des environnements d'apprentissage équitables, innovants et impactants.

PARTIE 3
Composante Pratique : De la Théorie et de la Littérature à la Pratique en Technologie

L'objectif de cette troisième partie du livre est de cadrer le module de domaine de connaissances (Knowledge Area Module – KAM), en partant des conceptualisations de haut niveau présentées dans la Partie 1 (ampleur) et du corpus de recherche agrégé sur le K–12 présenté dans la Partie 2 (profondeur), mais désormais appliqué de manière pratique dans le monde du K–12. Les apprentissages principaux concernant Jean Piaget, Lev Vygotsky et Jerome Bruner, décrits dans la Partie 1, ont servi de lentilles cognitives et socioculturelles utiles pour comprendre la construction des connaissances par les apprenants. Ces théories sont approfondies dans la Partie 2 à travers une revue détaillée de la littérature contemporaine, centrée sur la pédagogie constructiviste, les outils Web 2.0, les normes éducatives et les cadres d'intégration technologique.

La Partie 3 prend ces insights et les rend actionnables, en fournissant un cadre qui répond aux besoins des enseignants et des apprenants dans un monde numérique globalement connecté, mais inégalement réparti selon les lignes socio-économiques. Les chapitres proposent un modèle d'application progressive, reflétant les différences liées à la fracture numérique comme partie intégrante de l'expérience éducative inscrite dans les processus de référence globaux. Ils organisent les discussions autour de trois contextes de mise en œuvre distincts : Haute Technologie, Basse Technologie et Sans Technologie, chacun étant la réalité vécue par les élèves et le personnel enseignant selon les géographies et les écosystèmes.

Dans les environnements Haute Technologie, la technologie éducative est alimentée par l'intelligence artificielle (IA), ce qui permet un enseignement personnalisé, adaptatif et contrôlé par l'apprenant, avec des plateformes telles que Squirrel AI, DreamBox Learning et Khanmigo. Les systèmes intelligents adaptatifs fournissent un retour d'information en temps réel aux étudiants, suivent leur progression quotidienne et aident l'enseignant avec des analyses significatives basées sur les données ainsi que des tuteurs virtuels. Les écosystèmes Basse Technologie s'appuient sur des outils compatibles hors ligne comme des tablettes préchargées, des systèmes intranet (par ex., Kolibri) et du contenu modulaire via USB ou cartes SD pour atteindre les apprenants dans les zones à faible connectivité. Cela joue un rôle central dans la réduction de la fracture numérique grâce au développement professionnel et aux méthodes créatives de diffusion du contenu par les enseignants. Dans les contextes Sans Technologie, l'éducation perdure par des méthodes communautaires incluant les émissions radio, les supports imprimés et le récit oral — autant de méthodes qui démontrent combien l'apprentissage équitable peut prospérer en l'absence d'électricité ou d'accès à Internet, avec ambition, imagination et capital culturel.

Vers une mise en œuvre inclusive et une équité éducative mondiale

Construire un cadre pour une mise en œuvre inclusive et une équité éducative mondiale : la Partie 3 n'est pas seulement un kit d'outils ; c'est également un appel à envisager un paysage éducatif moralement juste, équitable et inclusif, reposant largement sur la théorie du développement et les possibilités technologiques. Les stratégies et études de cas présentées dans les sections suivantes montrent que la technologie n'est pas une panacée, mais plutôt un moyen par lequel nous pouvons exploiter — et faire progresser concrètement — l'innovation éducative et le changement social, si elle est guidée par le contexte, la compassion et l'intentionnalité.

En période de changement technologique rapide et d'inégalités éducatives profondes et persistantes, cette section offre aux enseignants, aux décideurs politiques et à toute partie prenante souhaitant faire une différence non seulement des cadres et modèles, mais aussi des stratégies adaptatives pour rencontrer les apprenants là où ils se trouvent. Elle appelle au développement et au déploiement de la technologie éducative non pas comme une solution standard unique, mais comme des réponses contextuellement pertinentes et centrées sur l'apprenant, adaptées aux diverses réalités dans le monde.

S'enracinant fortement dans l'idéalisme entourant le KAM, cette composante pratique transforme le savoir en action en étant ce lien qui permet à la théorie et à la littérature de se manifester dans des pratiques transformatrices qui élèvent les apprenants et les communautés, quel que soit le paysage technologique. Qu'il s'agisse d'un plan directeur ou d'un impératif moral, il s'agit en tout cas d'un appel à l'action nécessaire pour envisager un monde où chaque enfant, dans chaque coin du globe, a la possibilité d'accéder à l'éducation de qualité qu'il mérite.

Chapitre 10

La technologie éducative (EdTech) dans le contexte de la fracture numérique

Le chapitre 10 introduit la section d'application de ce module de domaine de connaissances (Knowledge Area Module, KAM) sur le développement humain en tant que chapitre de transition entre la Partie 2 et la Partie 3. Il relie les théories de l'apprentissage constructivistes de Jean Piaget, Lev Vygotsky et Jerome Bruner à une sélection de littérature sur la technologie éducative afin de développer un cadre complet pour l'éducation technologique K–12 au 21ᵉ siècle.

Pour établir une base solide, ce chapitre commence par définir le domaine de la technologie éducative et explore les défis posés par la fracture numérique mondiale au 21ᵉ siècle. Cette approche facilitera l'identification de mises en œuvre pratiques adaptées à des contextes socio-économiques et technologiques spécifiques, conduisant à des recommandations concrètes pour l'application de la technologie éducative dans des environnements divers.

Définition de la technologie éducative

L'Association for Educational Communications and Technology (AECT) (2023) définit la technologie éducative (EdTech) comme :

"L'étude éthique et l'application de la théorie, de la recherche et des pratiques pour faire progresser les connaissances, améliorer l'apprentissage et la performance, et responsabiliser les apprenants par la conception, la gestion, la mise en œuvre et l'évaluation stratégiques des expériences et environnements d'apprentissage en utilisant des processus et ressources appropriés."

L'International Society for Technology in Education (ISTE) a développé un certain nombre de standards en technologie éducative (retrouvés sur) qui constituent :

"Un cadre guidant les enseignants, dirigeants et coaches dans l'utilisation de la technologie pour créer des expériences d'apprentissage à fort impact, durables, évolutives et équitables. Ils ont été adoptés par tous les États américains et de nombreux pays à travers le monde."

Dans l'ensemble, la technologie éducative est reconnue pour faciliter et améliorer l'apprentissage et l'enseignement par l'utilisation d'outils, de processus et de ressources technologiques de manière significative et innovante. Ces définitions présentent la technologie éducative dans le contexte de l'enseignement K–12 comme l'application systématique des connaissances scientifiques et des ressources technologiques pour améliorer l'enseignement et l'apprentissage. Un tel effort implique l'exploitation d'outils, de processus et de stratégies innovants afin de créer des expériences éducatives significatives, améliorer l'efficacité et permettre aux enseignants et aux élèves d'atteindre leurs objectifs académiques dans les limites des contraintes socio-économiques et technologiques, tout en contribuant à l'acquisition des compétences essentielles du 21e siècle.

Le spectre de la technologie éducative

Les termes High-Tech, Low-Tech et No-Tech ont été utilisés pour catégoriser l'état de l'innovation technologique dans un environnement à un moment donné. Solymossy (2013) a utilisé ces termes pour examiner les stratégies de communication en gestion des urgences lors de pannes électriques, en mettant l'accent sur la diffusion d'informations vitales via des méthodes High-Tech (outils numériques), Low-Tech (radios à piles) et No-Tech (communication interpersonnelle). Dans le contexte de l'enseignement K–12, Fontela et White (2017) ont reconnu l'impact positif de la technologie sur l'enseignement et l'apprentissage. Ils ont souligné la supériorité des options Low-Tech comme meilleure alternative au No-Tech pour obtenir de meilleurs résultats chez les élèves. De plus, Blackhurst (1997) a identifié quatre niveaux de solutions technologiques : High-Tech, Medium-Tech, Low-Tech et No-Tech. L'auteur a décrit les solutions High-Tech comme impliquant l'utilisation d'appareils avancés tels que les ordinateurs et les systèmes multimédias interactifs. Les solutions Medium-Tech concernent des dispositifs électroniques ou mécaniques moins complexes, tels que les magnétoscopes ou fauteuils roulants. Les solutions Low-Tech comprennent des aides moins sophistiquées comme des manches de cuillère adaptés, des attaches Velcro ou des bureaux surélevés. Les solutions No-Tech désignent des situations ne nécessitant aucun appareil ou équipement.

Dans le contexte de ce livre, les niveaux variables d'intégration technologique sont désignés comme une réalité tridimensionnelle composée des environnements High-Tech, Low-Tech et No-Tech.

Environnements High-Tech : exploiter l'intelligence artificielle pour un apprentissage personnalisé

L'intelligence artificielle dans les systèmes d'apprentissage interactifs en environnements High-Tech. L'éducation personnalisée, adaptative et contrôlée par l'apprenant utilisant des outils numériques avancés (en particulier l'intelligence artificielle [IA]) est au premier plan dans les contextes High-Tech. Cette transformation est principalement due à la capacité de l'IA à personnaliser l'instruction en fonction du profil cognitif de chaque apprenant, de ses méthodes d'apprentissage préférées et de son rythme. Des exemples de cette tendance incluent des plateformes telles que Squirrel AI, DreamBox Learning et Khanmigo. Ces systèmes exploitent l'analyse en temps réel, fournissant des retours individualisés, suivant les progrès et identifiant les lacunes, tout en adaptant la difficulté et le contenu aux besoins de chaque élève.

Ces plateformes intelligentes agissent comme des tuteurs virtuels, soutenant l'apprentissage par maîtrise, superposant des concepts complexes et encourageant l'autonomie des élèves. En parallèle, elles fournissent aux enseignants des tableaux de bord de données, des outils d'évaluation formative et des analyses prédictives guidant les décisions pédagogiques et identifiant rapidement les élèves à risque de retard.

Les outils complémentaires, comme Google Workspace for Education, les environnements immersifs en réalité virtuelle et les modules d'apprentissage en réalité augmentée, étendent l'enseignement au-delà du manuel, offrant des expériences d'apprentissage collaboratives, exploratoires et multimodales. Dans cet écosystème, le rôle de l'enseignant devient moins celui de transmetteur de contenu et davantage celui d'architecte de l'apprentissage et de facilitateur de l'enquête. Les environnements High-Tech représentent bien plus que des appareils ; ils constituent un paradigme dans lequel la technologie améliore la capacité humaine, permet une différenciation équitable et favorise les compétences du 21e siècle nécessaires pour un apprentissage tout au long de la vie.

Environnements Low-Tech : combler les lacunes par des solutions évolutives et contextuelles

Dans les environnements Low-Tech, où les ressources (accès à Internet, dispositifs et soutien financier) ne permettent pas l'utilisation d'outils High-Tech, la technologie éducative doit être mise en œuvre de manière stratégique, ingénieuse et en tenant compte du contexte. Les outils numériques compatibles hors ligne, les tablettes préchargées, les répertoires de contenu basés sur l'intranet et les systèmes de gestion de l'apprentissage évolutifs, tels que Kolibri et RACHEL, fournissent un volume important de contenu sans besoin de connectivité Internet constante.

Avec une bande passante limitée, ces outils facilitent l'engagement significatif dans le processus éducatif. Dans de nombreux contextes ruraux ou urbains défavorisés, le contenu à la demande, livré via des clés USB, cartes micro-SD ou appareils mobiles préconfigurés, offre un accès à des leçons multimédia, des simulations et des exercices adaptatifs pour les élèves. Bien qu'ils ne travaillent pas avec leurs pairs, les élèves peuvent approfondir le contenu grâce à une multitude de ressources en ligne disponibles. Les modèles d'apprentissage mixte qui complètent l'instruction directe par un contenu en ligne sélectionné ont démontré leur capacité à renforcer les concepts fondamentaux tout en permettant aux enseignants de maintenir une certaine structure.

Les environnements Low-Tech dépendent fortement du développement professionnel et du renforcement des compétences des enseignants. Il s'agit d'équiper les éducateurs pour qu'ils puissent sélectionner, personnaliser et diffuser du contenu hors ligne, ainsi qu'évaluer les résultats d'apprentissage sans analyse en temps réel. Ces environnements montrent que l'équité éducative ne dépend pas d'une connexion complète à l'innovation numérique, mais de notre créativité et de notre détermination à fournir des expériences pédagogiques utiles indépendamment de la technologie disponible.

Environnements No-Tech : réimaginer l'apprentissage grâce au capital humain et communautaire

Dans les contextes No-Tech, où l'électricité, Internet et les dispositifs numériques sont totalement absents, l'éducation doit s'appuyer sur des méthodes créatives, communautaires et physiques. Dans ces contextes, notamment dans les zones post-catastrophe, les régions en conflit ou les zones de pauvreté extrême, l'ingéniosité pédagogique et le soutien systémique sont nécessaires pour faire avancer l'agenda mondial de l'apprentissage et garantir qu'aucun enfant ne soit laissé pour compte.

On identifie ici des approches pédagogiques non numériques comme les programmes éducatifs à la radio ou à la télévision, les kits audio solaires et les plans de cours modulaires imprimés pouvant être distribués dans des zones éloignées ou défavorisées. Des exemples de succès historiques et récents, incluant le Learning Passport de l'UNICEF ou les modèles de radio communautaire de l'UNESCO, montrent comment les médias audio et imprimés peuvent fournir le contenu curriculaire aux apprenants les plus isolés. De plus, l'instruction communautaire, le mentorat entre pairs et l'activation des écosystèmes de connaissances locaux—des cercles de lecture dirigés par les aînés aux centres éducatifs religieux—soulignent le rôle du capital social comme moyen pédagogique.

C'est également dans ces espaces que l'éducation No-Tech doit revenir aux bases du développement humain, du storytelling, de la transmission orale et de l'apprentissage expérientiel, résonnant avec les palettes théoriques de Vygotsky et Bruner. Dans ces contextes, l'équité n'est pas une marchandise comme un appareil, mais plutôt l'intention humaine, le capital culturel et la débrouillardise présents.

La partition du spectre EdTech en environnements High-Tech, Low-Tech et No-Tech cadre le contexte socio-économique où certains apprenants bénéficient d'une instruction individualisée assistée par IA, d'autres doivent se contenter d'outils hors ligne ou d'une éducation entièrement non numérique et communautaire. Cette réalité explique l'origine de la fracture numérique, qui sera abordée dans la section suivante. Reconnaître et agir sur ces inégalités est crucial pour s'assurer que la technologie éducative soit un pont et non un obstacle à un apprentissage inclusif et équitable pour tous.

Introduction à la fracture numérique

Le concept de fracture numérique fait référence à l'écart entre individus, communautés et pays dans l'accès, l'usage ou la connaissance des technologies de l'information et de la communication (TIC). Cette fracture se divise en deux dimensions clés : la fracture numérique globale et la fracture numérique éducative. Comprendre ces concepts est essentiel pour explorer le paradoxe EdTech—l'idée que, bien que la technologie ait le potentiel de combler les écarts éducatifs, elle renforce souvent les inégalités existantes.

1. Fracture numérique

Van Dijk (2020) définit la fracture numérique comme *« la disparité entre ceux ayant accès à la technologie Internet et ceux n'y ayant pas accès »*. En termes plus simples, elle représente les inégalités d'accès à Internet, de littératie numérique et de possession de dispositifs numériques. Cette fracture est influencée par des facteurs tels que le statut socio-économique, la localisation géographique, l'éducation et la disponibilité des infrastructures. Par exemple, les élèves des zones rurales peuvent avoir un accès limité ou inexistant à Internet à haut débit, les empêchant de participer pleinement à l'apprentissage en ligne par rapport à leurs pairs urbains.

2. Fracture numérique globale

Norris (2001) définit la fracture numérique globale comme *« l'écart d'accès numérique entre les pays industrialisés et les pays en développement »*. Cette fracture met en évidence les disparités économiques et infrastructurelles entre les nations, impactant leur capacité à adopter et utiliser les technologies numériques. Les pays développés disposent généralement d'un accès Internet haut débit étendu, d'infrastructures TIC avancées et de contenus numériques adaptés aux langues locales. En revanche, les pays en développement font souvent face à des barrières importantes, comme une connectivité Internet limitée et des ressources numériques insuffisantes, freinant les progrès technologiques et la participation mondiale.

3. Fracture numérique educative

Comme l'a souligné l'UNESCO (2020), la fracture numérique éducative représente un défi majeur pour garantir un accès équitable à une éducation de qualité. Elle met en évidence les inégalités d'accès aux outils et ressources numériques d'apprentissage, en particulier dans les contextes éducatifs. Cette fracture affecte les élèves, les écoles et des régions entières, certaines institutions étant bien équipées en dispositifs numériques, plateformes d'apprentissage et enseignants formés, tandis que d'autres manquent même d'infrastructures technologiques de base. Par exemple, les écoles favorisées peuvent proposer des programmes « un appareil par élève », tandis que les écoles sous-financées peinent à maintenir un laboratoire informatique fonctionnel. Les facteurs contribuant à cette fracture incluent les disparités dans la disponibilité des appareils, la connectivité Internet et la formation des enseignants à l'intégration technologique, tous influençant les résultats d'apprentissage.

Comprendre la fracture numérique dans ses contextes global et éducatif est essentiel pour aborder les inégalités à l'ère numérique. En reconnaissant ces écarts, les décideurs et les éducateurs peuvent œuvrer à créer des solutions technologiques plus inclusives et accessibles, capables de combler les disparités plutôt que de les accentuer.

Spectre de la technologie éducative et fracture numérique

Cette section explore la relation entre le spectre de la technologie éducative (EdTech Spectrum) et la fracture numérique en alignant les concepts de High-Tech, Low-Tech et No-Tech avec les effets persistants de l'inégalité numérique dans l'éducation K–12. Ces disparités contribuent aux inégalités mondiales actuelles et futures en matière d'éducation. En examinant systématiquement comment différents niveaux d'intégration technologique se rapportent à la fracture numérique, ce chapitre prépare le terrain pour une discussion plus large sur le paradoxe mondial de l'EdTech. Alors qu'un chapitre ultérieur sera entièrement consacré à la fracture numérique, cette section fournit des définitions fondamentales de la fracture numérique, de la fracture numérique globale et de la fracture numérique éducative afin d'établir comment le spectre technologique s'aligne sur ces disparités.

1. Environnements High-Tech et fracture numérique

Les environnements éducatifs High-Tech reposent sur des outils et infrastructures numériques avancés, tels que les programmes « un appareil par élève », les plateformes d'apprentissage pilotées par l'IA et la connectivité Internet haut débit. Cependant, la fracture numérique est évidente lorsque des élèves issus de zones aisées bénéficient de ces ressources de pointe, tandis que ceux des écoles sous-financées ou des régions rurales souffrent d'un accès limité ou inexistant aux appareils nécessaires, à la connectivité Internet ou à la formation en littératie numérique. Par exemple, une école équipée de tableaux interactifs et de laboratoires VR représente un environnement High-Tech, alors que des écoles dans des zones défavorisées peinent à répondre aux besoins technologiques de base, approfondissant encore les inégalités éducatives.

2. Environnements Low-Tech et fracture numérique

Les environnements Low-Tech offrent une alternative plus inclusive pour les écoles ou les élèves ayant un accès limité aux outils numériques. Cependant, la fracture numérique persiste, car certaines écoles doivent se contenter de supports imprimés, de calculatrices simples ou de logiciels éducatifs de base faute de financement pour des technologies plus avancées. De plus, les enseignants dans les environnements Low-Tech peuvent ne pas recevoir une formation adéquate pour intégrer efficacement même les outils numériques de base dans leur enseignement. Bien que l'utilisation de feuilles de travail imprimées au lieu de devoirs en ligne puisse combler temporairement les lacunes d'accès, une dépendance à long terme aux solutions Low-Tech peut laisser les élèves moins préparés à un avenir numérique, renforçant finalement les inégalités éducatives.

3. Environnements No-Tech et fracture numérique

Les environnements No-Tech, où les outils numériques sont totalement absents, ne sont souvent pas un choix mais une nécessité pour les écoles ou les régions fortement touchées par la fracture numérique. Ces contextes mettent en évidence les conséquences extrêmes d'un accès inéquitable à la technologie, car les écoles sans infrastructure TIC de base ne peuvent pas mettre en œuvre les stratégies d'apprentissage numérique les plus fondamentales. De plus, les environnements No-Tech peuvent élargir involontairement l'écart, car les élèves dans ces contextes manquent d'opportunités pour développer des compétences numériques essentielles pour l'enseignement supérieur et le marché du travail moderne. Bien que l'enseignement en présentiel et les manuels traditionnels jouent un rôle crucial, leur seule utilisation dans un monde axé sur la technologie peut désavantager les élèves qui ont besoin de compétences numériques pour réussir dans une société de plus en plus digitale.

En examinant l'éducation K–12 à travers le prisme des environnements High-Tech, Low-Tech et No-Tech, cette section souligne l'urgence de traiter les inégalités technologiques afin de garantir que tous les élèves puissent s'épanouir dans un paysage éducatif en évolution.

Le paradoxe mondial de l'EdTech

Comme décrit précédemment, la fracture numérique fait référence à l'écart entre les individus ou communautés ayant accès aux technologies modernes de l'information et de la communication (TIC) et ceux qui n'y ont pas accès. Dans l'éducation K–12, cette fracture se manifeste différemment selon que les pays sont riches, en développement ou pauvres, créant un défi paradoxal. Malgré les avancées technologiques mondiales, les disparités dans l'accès et l'usage efficace des outils TIC persistent dans les nations riches et en développement, influençant les résultats et les opportunités éducatives des élèves.

1. Fracture numérique dans les pays riches : le paradoxe High-Tech

Même dans les pays riches dotés d'infrastructures avancées, des disparités significatives dans l'accès et l'usage de la technologie existent en raison des inégalités socio-économiques et régionales. Malgré la richesse nationale et la disponibilité généralisée de la technologie, tous les élèves n'en bénéficient pas de manière égale.

- **Écarts socio-économiques** : Les familles à faible revenu peuvent ne pas avoir accès à Internet haut débit, à des dispositifs personnels ou à des ressources de littératie numérique. Par exemple, pendant la pandémie de COVID-19, de nombreux élèves à faible revenu aux États-Unis ont eu du mal à suivre l'apprentissage à distance en raison d'un Internet domestique insuffisant ou de dispositifs obsolètes.
- **Fracture urbain-rural** : Les zones rurales dans les pays riches manquent souvent d'infrastructures Internet robustes, plaçant les élèves dans une position désavantageuse par rapport à leurs pairs urbains. Alors que les écoles aisées des villes peuvent disposer d'un programme 1:1 pour les appareils, de laboratoires STEM et d'enseignants bien formés, les écoles sous-financées des zones rurales dépendent souvent de technologies obsolètes ou n'ont pas accès à Internet du tout.

Le paradoxe dans les environnements High-Tech réside dans la dépendance numérique, où la surdépendance à la technologie exacerbe les écarts éducatifs plutôt que de les combler. Alors que les élèves plus aisés bénéficient d'appareils de haute qualité, de plateformes d'apprentissage personnalisées et d'Internet rapide, les élèves économiquement défavorisés luttent avec un accès numérique limité et un soutien insuffisant, élargissant encore l'écart éducatif même dans des systèmes bien dotés.

2. Fracture numérique dans les pays en développement : équilibre entre Low-Tech et High-Tech aspiratif

Les pays en développement connaissent une fracture numérique plus large en raison d'un développement infrastructurel inégal et de ressources limitées pour la technologie éducative. Alors que certaines écoles privées urbaines adoptent des technologies de pointe, la plupart des écoles publiques peinent à répondre aux besoins technologiques de base.

- **Inégalités économiques** : Les écoles privées urbaines plus aisées peuvent intégrer des outils d'apprentissage High-Tech, tandis que les écoles rurales publiques manquent d'électricité de base ou d'une connexion Internet stable.
- **Priorités gouvernementales** : Les budgets éducatifs limités et les priorités nationales concurrentes entraînent souvent une distribution inégale des ressources technologiques, favorisant les zones urbaines au détriment des zones rurales et isolées.

Dans les nations en développement, les environnements Low-Tech dominent, où les écoles ont un accès limité aux ordinateurs, une électricité instable ou des dispositifs partagés entre élèves. Les gouvernements et organisations internationales tentent souvent d'introduire des solutions High-Tech, telles que des programmes de don d'ordinateurs portables (ex. : One Laptop Per Child) ou des curricula numériques nationaux. Cependant, ces initiatives échouent souvent en raison d'infrastructures insuffisantes, d'une formation inadéquate des enseignants ou d'un décalage avec les besoins éducatifs locaux.

Le paradoxe dans les pays en développement est enraciné dans des priorités mal alignées : alors que certaines écoles urbaines adoptent la technologie moderne, les écoles rurales manquent encore d'outils éducatifs de base. Les ressources limitées exacerbent les inégalités existantes, faisant des solutions High-Tech davantage un symbole d'exclusivité qu'un outil d'apprentissage inclusif. Par exemple, en Inde, les écoles métropolitaines peuvent utiliser des outils AR/VR et des plateformes de codage, tandis que les écoles rurales continuent de s'appuyer sur des supports imprimés et des méthodes traditionnelles en raison de limitations infrastructurelles.

3. Fracture numérique dans les pays pauvres : le défi des environnements No-Tech

La fracture numérique est encore plus sévère dans les pays les plus pauvres en raison d'un manque d'infrastructures, de financements et de soutien politique pour l'intégration technologique dans l'éducation. Malgré des ressources nationales limitées, de petites poches de privilège créent des inégalités internes, même au sein des pays les plus pauvres.

- **Concentration de la richesse** : Un petit nombre d'écoles privées dans les centres urbains peuvent avoir accès à la technologie, tandis que la plupart des écoles manquent d'installations de base comme l'électricité ou les manuels scolaires.
- **Focus de l'aide internationale** : Les financements externes et programmes d'aide ciblent souvent des écoles ou régions spécifiques, créant des disparités entre les écoles bénéficiant du soutien et celles qui n'en reçoivent pas.

Dans les nations les plus pauvres, les environnements No-Tech dominent, où les écoles fonctionnent sans électricité, accès Internet, ni même supports d'apprentissage imprimés. Cela crée un paradoxe frappant : alors que les systèmes éducatifs mondiaux intègrent de plus en plus les outils TIC, les élèves dans les environnements No-Tech risquent d'être totalement laissés pour compte dans la révolution numérique.

Les efforts pour introduire la technologie dans ces régions font souvent face à des obstacles insurmontables, tels que le manque d'infrastructures de base, le soutien gouvernemental limité ou des crises humanitaires persistantes. Cependant, dans de nombreux cas, les solutions No-Tech—comme l'enseignement dirigé par les enseignants, le storytelling oral et les programmes éducatifs communautaires—s'avèrent plus efficaces que des interventions High-Tech prématurées.

Le paradoxe mondial de l'EdTech met en évidence la complexité de la fracture numérique à travers différents paysages économiques. Alors que les pays riches luttent pour une distribution équitable des ressources High-Tech, les pays en développement doivent équilibrer Low-Tech et High-Tech aspiratif, et les pays les plus pauvres se retrouvent souvent avec des environnements No-Tech qui freinent le progrès numérique et éducatif. Relever ces défis nécessite une approche équilibrée et sensible au contexte, qui priorise l'infrastructure, la formation et l'inclusion afin de garantir que tous les élèves, quel que soit leur lieu de résidence ou leur statut économique, puissent s'épanouir dans un monde en rapide numérisation.

Thèmes clés du paradoxe à travers les contextes

1. **Infrastructure vs. Usage** — Fournir la technologie seule ne garantit pas une utilisation significative ni une amélioration des résultats éducatifs. Même les systèmes les plus avancés peuvent échouer sans une formation adéquate des enseignants, une alignement du curriculum et l'engagement des élèves.
2. **Équité vs. Accessibilité** — La technologie a le potentiel de combler les écarts éducatifs, mais elle peut également les creuser selon la manière dont elle est distribuée et intégrée. Les communautés marginalisées — dans les villes riches ou les villages reculés — font souvent face à de multiples obstacles à l'accès et à une utilisation efficace.
3. **Globalisation vs. Localisation** — De nombreuses initiatives éducatives High-Tech sont conçues à l'échelle mondiale, mais ne s'adaptent pas aux contextes locaux. Ce décalage rend souvent ces outils inefficaces ou non pertinents pour les besoins spécifiques des élèves et enseignants dans différentes régions.
4. **Dépendance vs. Indépendance** — Dans les pays riches, une dépendance excessive à la technologie peut affaiblir les compétences fondamentales, tandis que dans les environnements Low-Tech, les élèves développent souvent résilience et créativité. Cependant, l'absence d'exposition technologique dans ces contextes peut également limiter les opportunités de croissance à long terme et la compétitivité mondiale.

Une voie à suivre : combler le fossé

Pour relever ces défis, les systèmes éducatifs doivent adopter une approche équilibrée :

1. **Solutions localisées** — Développer des interventions adaptées à des contextes spécifiques, comme l'utilisation de dispositifs solaires dans les écoles rurales ou de bibliothèques numériques hors ligne dans les zones à infrastructure limitée.

2. **Autonomisation des enseignants** — Investir dans des programmes de formation pour s'assurer que la technologie améliore, plutôt que remplace, les méthodes d'enseignement traditionnelles.
3. **Approches hybrides** — Combiner des stratégies High-Tech et Low-Tech pour favoriser adaptabilité et résilience. Par exemple, des programmes éducatifs radiophoniques peuvent constituer un outil d'apprentissage efficace dans les régions sans accès à Internet.
4. **Investissements durables** — Se concentrer sur des initiatives évolutives et orientées vers la communauté plutôt que sur des solutions technologiques uniformes.

Ce paradoxe souligne l'urgence d'aligner la technologie sur l'équité, la durabilité et les besoins divers des différents environnements éducatifs. L'objectif ne doit pas être l'avancement technologique pour lui-même, mais plutôt un système éducatif transformateur, inclusif et adaptable qui profite aux apprenants du monde entier.

4. Pourquoi le paradoxe persiste

1. **Inégalités économiques** — Même dans les pays riches, les disparités de revenus créent un accès inégal à la technologie. Les élèves issus de familles à faible revenu manquent souvent de ressources numériques essentielles, telles que les appareils et une connexion Internet fiable.
2. **Lacunes dans les politiques et infrastructures** — Les politiques éducatives nationales privilégient souvent les centres urbains et les institutions élites, laissant les communautés rurales et marginalisées sous-desservies. Ce déséquilibre perpétue les inégalités éducatives.
3. **Fracture en littératie numérique** — L'accès à la technologie ne se traduit pas automatiquement par une utilisation efficace. De nombreux enseignants et élèves manquent de compétences numériques, creusant ainsi l'écart éducatif.
4. **Solutions orientées marché** — Le secteur privé développe principalement des technologies éducatives pour les écoles et régions aisées, tandis que les écoles publiques sous-financées peinent à se procurer et intégrer ces outils efficacement.

5. Combler le paradoxe

Pour réduire la fracture numérique dans l'éducation K–12, des interventions ciblées sont nécessaires :

- **Dans les pays riches** — Les efforts doivent garantir un accès équitable aux appareils, à la connectivité Internet et aux programmes de littératie numérique, en particulier pour les élèves à faible revenu et ruraux.
- **Dans les pays en développement** — Les investissements doivent viser à construire une infrastructure nationale, distribuer les ressources de manière équitable et renforcer le soutien aux zones rurales et aux écoles publiques.

- **Dans les pays pauvres** — La priorité doit être donnée au développement d'une infrastructure de base et à la mise en œuvre de solutions Low-Tech ou hybrides, telles que des logiciels éducatifs hors ligne et des dispositifs solaires.

La persistance de la fracture numérique, même dans les nations technologiquement avancées, souligne la complexité de l'accès équitable à la technologie éducative. Traiter ces disparités nécessite une approche multifacette incluant investissement dans les infrastructures, réforme des politiques et renforcement des capacités, le tout adapté aux besoins spécifiques de chaque pays.

Quel que soit le statut économique d'un pays, les environnements éducatifs K–12 peuvent être classés en High-Tech, Low-Tech ou No-Tech selon la manière dont la technologie est intégrée dans l'enseignement et l'apprentissage. Ces classifications transcendent les frontières nationales et dépendent de facteurs tels que l'allocation locale des ressources, les priorités politiques et les besoins communautaires.

Cette prise de conscience nécessite une approche structurée pour les interventions en technologie éducative (EdTech). Le cadre K–12 EdTech catégorise les environnements en High-Tech, Low-Tech et No-Tech, permettant aux éducateurs et décideurs de concevoir des stratégies adaptées au contexte. En adoptant ce cadre, les parties prenantes peuvent développer des solutions plus efficaces et inclusives, garantissant que la technologie serve d'outil de transformation plutôt que d'aggraver les inégalités existantes.

Chapitre 11

Le cadre de la technologie éducative K–12 pour les environnements High-Tech

La première dimension du cadre EdTech K–12, les environnements High-Tech, est présentée dans le chapitre 11. Elle aborde le matériel, la pédagogie et la politique qui façonneront les classes riches en technologie, y compris le besoin d'intelligence artificielle (IA), de réalité augmentée et virtuelle (AR/VR) et d'outils collaboratifs basés sur le cloud. Avec l'évolution rapide des outils et services numériques, l'éducation K–12 nécessite une stratégie holistique et prospective pour mettre en œuvre la technologie éducative (EdTech) de manière à améliorer et transformer la productivité. Les environnements d'apprentissage High-Tech dotés d'un accès généralisé à Internet, d'appareils avancés et de solutions logicielles sophistiquées offriront des opportunités de transformation tant pour les apprenants que pour les enseignants.

Thème de la théorie de l'apprentissage constructiviste dans les environnements High-Tech

La théorie de l'apprentissage constructiviste est l'un des piliers majeurs pour concevoir tout dispositif engageant et centré sur l'apprenant dans un cadre éducatif High-Tech. Ces environnements utilisent des technologies avancées pour permettre la création active de connaissances, la pensée critique et la résolution collaborative de problèmes. Les plateformes et outils interactifs incitent les élèves à explorer des concepts, à établir des liens et à consolider leur compréhension par l'expérimentation pratique. Les sous-thèmes *Fondations Constructivistes*, *Pensée Critique* et *Pensée Informatique* servent de base constructiviste, examinant les fondements philosophiques et pédagogiques de la théorie dans des contextes numériques. Le sous-thème *Pensée Informatique* définit la décomposition des problèmes, le codage et le raisonnement algorithmique comme des extrapolations naturelles des pratiques constructivistes.

Sous-thème Fondations Constructivistes dans les environnements High-Tech

Selon les principes du constructivisme, les apprenants construisent leur connaissance par l'expérience, la réflexion et l'interaction sociale. Les stades de développement cognitif, articulés par Jean Piaget, soulignent la manière dont les enfants ajustent leurs modèles mentaux au fur et à mesure qu'ils acquièrent de nouvelles informations, tandis que Lev Vygotsky met l'accent sur les interactions sociales des enfants dans la Zone de Développement Proximal (ZDP). L'apprentissage par découverte de Jerome Bruner favorise une atmosphère dans laquelle les outils numériques soutiennent l'investigation, l'expérimentation et la maîtrise des concepts. Cela permet un enseignement personnalisé et adaptatif dans des environnements technologiquement sophistiqués, où les élèves profitent de simulations de pointe, de laboratoires virtuels et de multimédias interactifs. Ces environnements favorisent la pensée de haut niveau, motivant les élèves à penser de manière critique et à développer une plus grande conscience de soi.

Mises en œuvre pratiques selon le sous-thème Fondations Constructivistes dans les environnements High-Tech :

- *Apprentissage par projet (PBL)* : Donner aux élèves l'opportunité de résoudre des défis réels via des logiciels de travail collaboratif basés sur le cloud, des logiciels d'analyse de données et des simulations interactives.
- *Discussions en ligne guidées* : Dans des classes virtuelles ou des forums LMS, fournir des invites structurées permettant aux élèves d'échanger des idées et de recevoir un retour immédiat.
- *Portfolios numériques* : Les élèves produisent des artefacts multimédias (vidéos, blogs, infographies) pour illustrer leur progression dans le temps et réfléchir à leur expérience d'apprentissage.

Sous-thème Pensée Critique dans les environnements High-Tech

La pensée critique dans un environnement High-Tech implique l'évaluation de la validité, des biais et de la fiabilité des diverses ressources numériques. Dans ces contextes, les ressources sont omniprésentes et il est nécessaire d'évaluer leur exactitude et leurs implications éthiques. Piaget affirmait qu'un apprentissage profond nécessite un conflit cognitif, qui survient lorsque les élèves remettent en question ou révisent leurs croyances. Selon le cadre socioculturel de Vygotsky, la pensée de haut niveau émerge de discussions intentionnelles, tandis que Bruner met l'accent sur les « échafaudages » pédagogiques guidant le raisonnement logique. Les bases de données en ligne, revues scientifiques et outils interactifs aident les élèves à affiner leurs compétences analytiques, à condition que ceux-ci apprennent à évaluer la crédibilité et l'éthique de l'utilisation de la technologie. L'intégration de la littératie numérique dans tout le programme permet aux enseignants d'encourager une navigation critique et créative dans les écosystèmes informationnels contemporains.

Mises en œuvre pratiques selon le sous-thème Pensée Critique dans les environnements High-Tech :

- *Évaluation des sources numériques* : Développer des grilles d'évaluation pour analyser la crédibilité des sites web, incitant les apprenants à recouper les informations sur plusieurs sources fiables.
- *Analyse de cas* : Présenter des défis éthiques complexes centrés sur la technologie lors de discussions en classe, favorisant le débat fondé sur des preuves et le retour entre pairs.
- *Séminaires socratiques virtuels* : Organiser via visioconférence ou applications de tableau blanc collaboratif, permettant aux élèves de poser des questions, clarifier et affiner les idées des uns et des autres sur l'impact de la technologie.

Sous-thème Pensée Informatique dans les environnements High-Tech

La pensée informatique se concentre sur l'approche algorithmique, la reconnaissance de motifs et l'abstraction des données, essentielles pour exceller dans les environnements High-Tech. Selon Piaget, les apprenants construisent des structures logiques de manière séquentielle, en respectant l'ordre des opérations dans les tâches de codage et computationnelles. Dans cette perspective de la ZDP, la résolution collaborative de problèmes est à la base de l'activité collaborative, impliquant l'utilisation de plateformes de codage collaboratif ou de défis robotiques pour soutenir la compréhension des apprenants. La philosophie de l'apprentissage par découverte de Bruner favorise l'exploration via les logiciels et les expériences de conception, permettant des inventions itératives. L'intégration de la pensée informatique à travers les disciplines augmente la capacité des élèves à penser de manière logique et créative.

Mises en œuvre pratiques selon le sous-thème Pensée Informatique dans les environnements High-Tech :

- *Codage* : Utiliser des environnements par blocs (Scratch) pour les élèves du primaire et des langages textuels (Python, JavaScript) pour les plus âgés afin de développer la fluidité en programmation.
- *Clubs de robotique et STEM* : Fournir des kits robotiques, incitant les élèves à expérimenter avec des capteurs et l'automatisation, pour appliquer les concepts computationnels.
- *Logiciels de simulation* : Utiliser des simulateurs virtuels en mathématiques et sciences environnementales permettant aux apprenants d'ajuster des variables et d'examiner instantanément les résultats computationnels.

Ces sous-thèmes illustrent collectivement comment les environnements High-Tech peuvent améliorer (et parfois rendre plus accessible) la pédagogie constructiviste, transformant des idées abstraites en ressources tangibles. Dans la prochaine partie de notre examen, nous analyserons de plus près les technologies facilitant cet apprentissage, en particulier celles relevant du mouvement Web 2.0.

Thème Technologies Web 2.0 dans les environnements High-Tech

Les technologies Web 2.0 ont redéfini le paradigme enseignement-apprentissage en transformant les élèves, de simples consommateurs de contenu, en co-créateurs de connaissances. Cette section examine comment des outils tels que blogs, wikis et réseaux sociaux permettent le paradigme constructiviste à travers la collaboration numérique, la créativité et l'engagement civique. Le sous-thème *Fracture Numérique* explore les défis d'accès inégal qui persistent même dans des contextes technologiquement abondants. Les sous-thèmes *Réseaux Sociaux* et *Collaboration & Communication* examinent comment ces plateformes permettent aux apprenants d'interagir, de collaborer et de co-construire du sens. Le sous-thème *Citoyenneté Numérique* aborde l'importance de la participation éthique et responsable dans le monde numérique.

Sous-thème Fracture Numérique dans les environnements High-Tech

Les disparités liées à la fracture numérique incluent l'accès, la maîtrise numérique et la connectivité malgré les améliorations de l'infrastructure High-Tech. La théorie des outils culturels de Vygotsky souligne l'importance de l'accès égal aux ressources technologiques pour créer un écosystème d'apprentissage dynamique. Le rêve d'interaction immersive, qui nous informe sur le fonctionnement des dispositifs numériques, est, selon Piaget, centré sur notre développement cognitif au fil du temps, nécessitant une exposition répétée aux appareils numériques pour créer un lien. L'idée de préparation de Bruner implique que les écoles doivent tenir compte des compétences de base. Aborder la fracture numérique signifie fournir du matériel et un accès à Internet, ainsi que résoudre de nombreux enjeux liés à la formation des enseignants, à l'implication parentale et aux aspects socio-émotionnels liés à l'utilisation de la technologie. Des mesures proactives pour identifier et atténuer les disparités permettront aux enseignants d'exploiter pleinement le potentiel des expériences d'apprentissage High-Tech.

Mises en œuvre pratiques selon le sous-thème Fracture Numérique dans les environnements High-Tech :

- *Programmes 1:1* : Fournir à chaque élève un appareil et un accès à Internet pour les familles à faible revenu.
- *Tech Hubs Communautaires* : S'associer aux bibliothèques publiques ou aux organisations locales pour créer des laboratoires informatiques après l'école et offrir un accès cohérent aux dispositifs numériques.
- *Équité dans la formation des enseignants* : Offrir des opportunités de développement professionnel autour des pratiques pédagogiques culturellement adaptées, incluant des stratégies pour soutenir les élèves sous-ressourcés.

Sous-thème Réseaux Sociaux dans les environnements High-Tech

Les outils de réseaux sociaux permettent la communication immédiate, le partage de connaissances et le soutien entre pairs, au-delà des murs traditionnels de la classe. L'accent de Vygotsky sur l'apprentissage social met en avant les possibilités des forums en ligne pour une construction collaborative du sens. L'observation de Piaget selon laquelle le conflit entre pairs stimule la croissance cognitive s'applique aux discussions numériques, où confronter des points de vue différents favorise la réflexion. L'idée du curriculum en spirale de Bruner indique qu'une utilisation continue et réfléchie des médias sociaux et des plateformes collaboratives peut approfondir la compréhension académique et le comportement numérique responsable. Bien structurés, les réseaux sociaux favorisent la citoyenneté mondiale, la compréhension culturelle et l'assistance académique locale en temps réel.

////////////////////////////////

Mise en œuvre pratiques par sous-thème « Réseaux sociaux » dans des environnements à haute technologie

- **Plateformes de médias sociaux de classe :** Utiliser des groupes fermés, supervisés par l'enseignant, pour partager des annonces, des articles évalués par les pairs et des fils de discussion animés par les élèves.
- **Projets de correspondants virtuels (pen pals) :** Établir des liens avec des classes du monde entier grâce à des visioconférences et à des espaces de travail numériques partagés.
- **Création de contenus pour les médias sociaux :** Mobiliser les élèves dans la conception de campagnes responsables sur les réseaux sociaux portant sur des enjeux environnementaux ou sociaux, tout en leur proposant des apprentissages authentiques, pertinents et porteurs de sens.

Sous-thème « Collaboration et communication » dans des environnements à haute technologie

Identifier des applications web qui facilitent le travail quotidien illustre des compétences du XXIe siècle en matière de collaboration et de communication. L'approche socioculturelle de Vygotsky considère le langage comme l'outil principal de construction des connaissances et met l'accent sur le dialogue et les projets de groupe. Selon Piaget, les élèves développent leurs structures cognitives en interagissant entre eux, notamment à travers des débats. La théorie de l'étayage de Bruner propose qu'au départ, l'enseignant assure une communication plus directe, puis transfère progressivement les responsabilités aux élèves, qui acquièrent peu à peu des habiletés communicatives. Dans les environnements numériques, ces cadres se concrétisent grâce à la coédition de documents en temps réel, à la visioconférence et à des outils de présentation interactifs qui favorisent une construction des connaissances à grande échelle.

Trouver des applications Web qui facilitent la vie quotidienne constitue une compétence clé du XXIe siècle en matière de collaboration et de communication. L'approche socioculturelle de Vygotsky considère la langue comme l'outil principal de construction des connaissances, en mettant l'accent sur le dialogue et les projets de groupe. Selon Piaget, les élèves développent leurs structures cognitives lorsqu'ils interagissent entre eux, notamment à travers des débats. La théorie de l'étayage (scaffolding) de Bruner soutient qu'au tout début, la communication directe de l'enseignant est essentielle, puis qu'avec le temps, celui-ci cède progressivement les rênes aux apprenants, qui acquièrent graduellement des compétences communicationnelles. Dans les environnements numériques, ces cadres se vivent à travers la co-édition de documents en temps réel, la visioconférence et des outils de présentation interactifs, qui favorisent la construction des connaissances à grande échelle.

///

Mises en œuvre pratiques selon le sous-thème Collaboration & Communication dans les environnements High-Tech

- *Plateformes cloud pour la collaboration de groupe* : Réaliser des projets de groupe où les élèves éditent simultanément un document (comme Google Docs ou Microsoft Teams) et fournissent des rapports d'avancement.
- *Outils de communication synchrone* : Brainstorming et résolution de problèmes en temps réel via des applications de chat, des appels vidéo ou des logiciels de tableau blanc.
- *Webinaires animés par les élèves* : Inviter les élèves à rechercher et animer des webinaires sur des sujets qu'ils souhaitent approfondir, leur permettant d'améliorer leurs compétences en prise de parole en public et en présentation en ligne.

Thème Citoyenneté numérique (aspects de la citoyenneté numérique) dans le contexte High-Tech

La citoyenneté numérique signifie l'utilisation de la technologie de manière éthique, responsable et sûre. Cela rappelle les travaux de Piaget sur le développement moral et comment nous pouvons être guidés par la manière dont les apprenants interprètent et naviguent de manière constructive dans les dilemmes éthiques dans ces espaces en ligne, ainsi que par la structure de réflexion qui les accompagne. Une perspective sociale, fondée sur Vygotsky, suggère que des normes respectueuses pour l'interaction numérique peuvent émerger des règles de groupe et de l'exemplarité, tout comme les apprenants pratiquent, réfléchissent et dialoguent pour comprendre. L'insight de Bruner souligne l'importance d'exemples concrets et de pratiques guidées pour construire l'éthique numérique. « Les classes High-Tech doivent armer les élèves avec les habitudes, compétences et boussole éthique nécessaires pour agir correctement dans les mondes numériques mondiaux. »

Mises en œuvre pratiques selon le sous-thème Citoyenneté numérique dans les environnements High-Tech

- *Simulations d'éthique numérique* : Fournir des exemples réalistes de scénarios de cyberintimidation, de protection des données et de harcèlement en ligne, et engager des discussions réflexives en petits groupes.
- *Campagnes scolaires de citoyenneté numérique* : Organiser des événements de sensibilisation avec des intervenants invités et des annonces de service public créées par les élèves sur la conduite appropriée sur Internet.
- *Directives collaboratives* : Travailler ensemble pour identifier et rédiger un « Code de conduite numérique » intégré dans le LMS, définissant un comportement en ligne sûr et respectueux et les bonnes pratiques en tant que créateurs et consommateurs de contenu.

Le thème des technologies Web 2.0 met en évidence le potentiel des outils numériques participatifs pour transformer les pratiques éducatives, promouvoir l'engagement des élèves et rappeler aux enseignants leur responsabilité dans le développement de compétences en littératie numérique et en éthique. Le prochain sujet, « Thème du Practicum de technologie éducative dans les environnements High-Tech », abordera l'intégration de ces technologies dans le programme et la pratique.

Thème Practicum de technologie éducative dans les environnements High-Tech

L'intégration de la technologie éducative dans les environnements High-Tech nécessite à la fois des connaissances théoriques et de la pratique concrète. Le thème Practicum de technologie éducative relie théorie et pratique pour permettre aux enseignants et aux élèves de connecter les outils numériques aux environnements éducatifs réels. Ce thème couvre les sous-thèmes *Curriculum de technologie éducative, Littératie en technologie éducative* et *Compétences du XXIe siècle.* Le sous-thème *Curriculum de technologie éducative dans les environnements High-Tech* examine les stratégies de conception de programmes alignées sur les innovations technologiques et les objectifs d'apprentissage. Le sous-thème *Littératie en technologie éducative dans les environnements High-Tech* met l'accent sur la littératie numérique, dotant les élèves des compétences pour naviguer, évaluer et produire des informations à l'aide d'outils numériques. Le sous-thème *Compétences du XXIe siècle dans les environnements High-Tech* souligne le développement de compétences telles que la résolution de problèmes, l'adaptabilité et la collaboration numérique.

Sous-thème Curriculum de technologie éducative dans les environnements High-Tech

Un curriculum de technologie éducative dans un contexte High-Tech intègre systématiquement les outils numériques aux normes académiques. Le cadre développemental de Piaget insiste sur l'alignement des initiatives technologiques avec la préparation cognitive des élèves, tandis que Vygotsky souligne l'importance d'échafauder les activités de groupe. Le curriculum en spirale de Bruner suggère de réintroduire les concepts numériques avec une complexité croissante au fil du temps, garantissant une maîtrise plus profonde. En intégrant les objectifs d'apprentissage technologique dans toutes les matières, les écoles forment des natifs numériques capables d'utiliser la technologie pour rechercher, réfléchir, créer et devenir une force positive dans la société. Ce curriculum doit rester adaptatif, intégrant les innovations pertinentes et les meilleures pratiques émergentes.

Mises en œuvre pratiques selon le sous-thème Curriculum de technologie éducative dans les environnements High-Tech

- *Unités technologiques intégrées* : Aligner les compétences numériques—comme le codage de base, la production multimédia et la recherche en ligne—avec des matières telles que mathématiques, sciences, arts linguistiques et sciences sociales.
- *Plateformes d'apprentissage adaptatif* : Utiliser des logiciels pilotés par IA pour personnaliser l'enseignement selon la performance individuelle, renforcer les concepts fondamentaux et accélérer l'apprentissage des élèves avancés.

- *Évaluations par portfolio* : Évaluer les progrès des élèves à travers des artefacts numériques—blogs, podcasts et vidéos—démontrant une maîtrise croissante des technologies.

Sous-thème Littératie en technologie éducative dans les environnements High-Tech

La littératie en technologie éducative dépasse les compétences techniques pour inclure des dimensions éthiques, socioculturelles et pédagogiques. Selon la théorie de Piaget sur la construction des schémas, les apprenants doivent interagir avec la technologie de multiples façons afin de construire des modèles mentaux solides. L'exemplarité entre pairs et mentors constitue un autre pilier de la théorie socioculturelle de Vygotsky. Le concept de préparation à l'apprentissage de Bruner implique que les élèves soient exposés à des tâches technologiques intentionnelles adaptées à leur stade de développement. Les enseignants préparent les élèves à naviguer de manière fluide et responsable dans les environnements numériques à travers une pratique structurée, un retour continu et des discussions réflexives.

Mises en œuvre pratiques selon le sous-thème Littératie en technologie éducative dans les environnements High-Tech

- *Ateliers pratiques* : Proposer des laboratoires où les élèves résolvent des problèmes matériels et logiciels, favorisant autonomie et confiance.
- *Projets de création multimédia* : Demander aux élèves de produire des vidéos courtes, podcasts ou œuvres numériques, développant leurs compétences techniques sur plusieurs plateformes.
- *Débats sur l'éthique technologique* : Engager les élèves dans des discussions sur la confidentialité des données, la propriété intellectuelle et l'impact sociétal des outils numériques émergents.

Sous-thème Compétences du XXIe siècle dans les environnements High-Tech

Les compétences du XXIe siècle—pensée critique, créativité, communication, collaboration et littératie numérique—sont essentielles pour réussir dans une société axée sur la technologie. Le cadre de Piaget met l'accent sur le développement des compétences par des défis progressivement complexes. La théorie de Vygotsky souligne le rôle de l'apprentissage entre pairs dans le développement de ces compétences. L'approche de Bruner favorise les tâches ouvertes en STEM, arts et humanités, encourageant la pensée innovante. Les environnements High-Tech renforcent ces compétences via des plateformes créatives en ligne, des outils de recherche avancés et la collaboration globale, préparant les élèves aux emplois modernes.

Mises en œuvre pratiques selon le sous-thème Compétences du XXIe siècle dans les environnements High-Tech

- *Intégration de Makerspaces* : Équiper les espaces d'apprentissage d'imprimantes 3D, de découpeuses laser et de kits de robotique, permettant aux élèves de participer à des projets de design thinking.
- *Apprentissage interdisciplinaire par projet* : Encourager des projets transversaux où des équipes abordent des problèmes réels, utilisant diverses ressources numériques pour proposer des solutions.
- *Protocoles de réflexion* : Mettre en place des séances de "think-aloud" ou des portfolios où les élèves documentent l'application de leur pensée critique, créativité ou collaboration.

Ces sous-thèmes mettent en évidence le besoin de travail sur le terrain et de conception pédagogique qui permettent aux enseignants et aux élèves de prospérer dans un monde numériquement interconnecté. Le thème Practicum de technologie éducative sert de pont entre la vision et l'exécution en cultivant la fluidité numérique et les compétences contemporaines. La section suivante abordera les normes et le thème *Standards de technologie éducative dans les environnements High-Tech.*

Thème Standards de technologie éducative dans les environnements High-Tech

Les standards de technologie éducative fournissent le plan directeur pour intégrer les outils numériques de manière pédagogiquement solide et cohérente à l'échelle mondiale. Cette section décrit trois catégories de standards qui régissent l'utilisation de la technologie dans les environnements d'apprentissage High-Tech. La sous-section A examine les cadres pilotés par le gouvernement qui garantissent l'alignement avec les objectifs nationaux d'éducation et les mesures de responsabilité. La sous-section B présente les standards de l'industrie, reflétant les tendances actuelles, les innovations et la préparation au marché du travail. La sous-section C explore les standards internationaux qui favorisent le benchmarking global et la citoyenneté numérique dans un monde connecté.

Sous-thème Standards gouvernementaux de technologie éducative dans les environnements High-Tech

Les standards gouvernementaux établissent des références pour assurer une qualité constante et une mise en œuvre équitable de la technologie éducative dans les institutions. Le cadre de Piaget suggère que ces standards doivent être adaptés au développement, en augmentant progressivement la complexité des tâches numériques. Vygotsky souligne l'importance des expériences d'apprentissage collaboratif pour atteindre ces standards, tandis que le curriculum en spirale de Bruner préconise de les revisiter à différents niveaux scolaires pour en assurer la maîtrise. Aligner les activités en classe sur les directives gouvernementales garantit la responsabilité et peut débloquer des financements et un soutien politique, favorisant l'intégration généralisée de la technologie.

Mises en œuvre pratiques selon le sous-thème Standards gouvernementaux de technologie éducative dans les environnements High-Tech

- *Ateliers d'alignement sur les standards* : Former les enseignants à interpréter les benchmarks nationaux ou régionaux en EdTech et à les traduire en objectifs de leçon.
- *Logiciels de suivi des progrès* : Mettre en place des outils d'analyse de données pour suivre la maîtrise des compétences numériques par les élèves, soutenant l'amélioration continue et le reporting de conformité.
- *Financements et subventions* : Obtenir des subventions gouvernementales pour améliorer les infrastructures scolaires, garantissant que tous les élèves atteignent ou dépassent les objectifs de littératie numérique mandatés.

Sous-thème Standards industriels de technologie éducative dans les environnements High-Tech

Les standards de l'industrie, émis par les grandes entreprises technologiques et les organisations professionnelles, définissent les compétences nécessaires pour la préparation à l'université et au marché du travail. La perspective socioculturelle de Vygotsky soutient l'intégration d'outils et de certifications pertinents pour l'industrie dans les programmes scolaires, faisant le lien entre éducation et réalités professionnelles. L'approche développementale de Piaget préconise un échafaudage pour les outils avancés—comme les plateformes de codage, les laboratoires de cybersécurité et les logiciels de visualisation de données—en fonction de la préparation cognitive des élèves. Le paradigme de la découverte de Bruner encourage l'exploration des innovations soutenues par l'industrie, favorisant l'adaptabilité dans un écosystème technologique en évolution rapide.

Mises en œuvre pratiques selon le sous-thème Standards industriels de technologie éducative dans les environnements High-Tech

- *Programmes de parcours professionnels spécifiques* : Préparer les élèves à des carrières précises (ex. cybersécurité, ingénierie logicielle) alignées sur des certifications reconnues (ex. CompTIA, Microsoft, Cisco).
- *Programmes de mentorat et stages* : Collaborer avec des entreprises technologiques pour offrir mentorat et stages permettant aux élèves d'acquérir une expérience pratique.
- *Comités consultatifs technologiques* : Créer des conseils composés de professionnels locaux pour évaluer et informer les curricula afin de les aligner sur les exigences de l'industrie.

Sous-thème Standards internationaux de technologie éducative dans les environnements High-Tech

Les organisations internationales, telles que l'ISTE (International Society for Technology in Education) et l'UNESCO, définissent les meilleures pratiques mondiales en EdTech. La théorie du développement cognitif de Piaget garantit que les compétences fondamentales sont développées de manière cohérente. La perspective interculturelle de Vygotsky favorise la collaboration mondiale, tandis que le curriculum en spirale de Bruner soutient un engagement approfondi avec les réseaux numériques internationaux. Respecter les standards mondiaux prépare les élèves à être des citoyens numériques capables de coopération et de résolution de problèmes à l'échelle mondiale.

Mises en œuvre pratiques selon le sous-thème Standards internationaux de technologie éducative dans les environnements High-Tech

- *Projets collaboratifs internationaux* : Impliquer les apprenants dans des travaux d'équipe transfrontaliers via visioconférence, plateformes de documents partagés et forums d'échange culturel.
- *Évaluations basées sur l'ISTE* : Utiliser des grilles d'évaluation alignées sur les standards mondiaux pour mesurer les compétences en innovation, communication et pensée critique des élèves.
- *Formation à la compétence culturelle* : Sensibiliser les élèves à l'étiquette numérique dans diverses cultures, favorisant des perspectives inclusives et globales.

Ces standards fournissent une base cohérente pour l'utilisation efficace et équitable de la technologie dans l'éducation K–12, garantissant aux apprenants une expérience numérique de qualité constante. Ils aident également les institutions à naviguer dans le paysage complexe de l'innovation technologique. La section suivante examine comment ces standards se traduisent en pratiques pédagogiques concrètes à travers le **Thème Applications de la technologie éducative dans les environnements High-Tech**.

Thème Applications de la technologie éducative dans les environnements High-Tech

L'application pratique de la technologie éducative est au cœur de la transformation des classes en environnements dynamiques centrés sur l'élève. Cette section examine comment les meilleures pratiques, méthodologies pédagogiques et outils technologiques convergent pour améliorer l'enseignement et l'apprentissage. La sous-section *Meilleures pratiques en technologie éducative dans les environnements High-Tech* aborde les pratiques fondées sur des preuves qui optimisent l'intégration technologique pour des apprenants divers. La sous-section *Méthodologies et processus de technologie éducative dans les environnements High-Tech* explore les processus et cadres pédagogiques alignant la pédagogie sur les capacités technologiques. La sous-section *Outils de technologie éducative dans les environnements High-Tech* recense les outils—des systèmes de gestion de l'apprentissage aux plateformes adaptatives—qui mettent ces méthodologies en action.

Sous-thème Meilleures pratiques en technologie éducative dans les environnements High-Tech

Les meilleures pratiques en EdTech tirent parti de l'engagement, de la réussite et du bien-être des élèves. Les théories constructivistes insistent sur la proactivité de l'apprenant, tandis que les principes de Piaget favorisent l'adéquation des tâches selon le stade de développement. L'échafaudage de Vygotsky soutient le soutien social et cognitif, et l'apprentissage par la découverte de Bruner encourage des expériences motivées par la curiosité. Parmi les pratiques recommandées figurent les modèles d'apprentissage hybride, les boucles de rétroaction instantanée et la personnalisation basée sur les données.

Mises en œuvre pratiques selon le sous-thème Meilleures pratiques en technologie éducative dans les environnements High-Tech

- *Rotations en apprentissage hybride* : Combiner enseignement en présentiel et logiciels adaptatifs, permettant le suivi en temps réel des progrès des élèves et un enseignement personnalisé.
- *Classes inversées* : Proposer des cours vidéo à étudier à domicile, permettant des travaux collaboratifs pendant les heures de classe.
- *Décision basée sur les preuves* : Utiliser des tableaux de bord analytiques pour identifier les forces et faiblesses des élèves et adapter les méthodes pédagogiques.

Sous-thème Méthodologies et processus de technologie éducative dans les environnements High-Tech

L'intégration systématique de la technologie est guidée par des cadres de conception tels que ADDIE (Analyse, Design, Développement, Implémentation, Évaluation), SAM (Successive Approximation Model) et Agile. Cette approche itérative correspond bien à la théorie des stades de Piaget et intègre l'échafaudage et le feedback entre pairs et mentors selon Vygotsky. Le curriculum en spirale de Bruner complète la conception pédagogique itérative, augmentant progressivement la complexité du contenu.

Mises en œuvre pratiques selon le sous-thème Méthodologies et processus dans les environnements High-Tech

- *ADDIE en pratique* : Analyse des besoins, conception de leçons riches en technologie, développement du matériel, mise en œuvre, évaluation et révision.
- *Sprints Agile pour mise à jour des leçons* : Diviser la conception du curriculum en cycles courts conçus avec la participation des élèves, enseignants et techniciens.
- *Prototypage collaboratif* : Offrir aux enseignants des opportunités de conceptualiser des leçons utilisant des technologies émergentes et de partager leurs retours dans l'ensemble de l'établissement.

Sous-thème Outils de technologie éducative dans les environnements High-Tech

Les outils numériques favorisent l'engagement et l'enseignement personnalisé, améliorant ainsi l'apprentissage. La théorie de Piaget pose les bases d'une interaction matérielle et pratique avec la technologie, tandis que Vygotsky insiste sur la nécessité de plateformes collaboratives.

L'accent de Bruner sur la découverte soutient les simulations interactives, la réalité virtuelle et les tuteurs pilotés par IA.

Mises en œuvre pratiques selon le sous-thème Outils de technologie éducative dans les environnements High-Tech

- *Systèmes de gestion de l'apprentissage (LMS)* : Utiliser des plateformes comme Canvas, Google Classroom ou Microsoft Teams pour centraliser ressources et retours.
- *Tableaux blancs interactifs et tablettes* : Permettre des leçons kinesthésiques intégrant du contenu numérique.
- *Applications VR/AR* : Offrir des expériences immersives permettant aux élèves d'explorer virtuellement des événements historiques, des phénomènes scientifiques ou des lieux mondiaux.

Cette section fournit aux enseignants des stratégies et outils pour une pratique efficace en examinant la mise en œuvre réelle des technologies éducatives. Elle constitue l'apogée de la section High-Tech de la structure constructionniste. **Chapitre 12 : Le cadre constructiviste de technologie éducative K–12 pour les environnements Low-Tech** présente une vision pour les contextes disposant de ressources numériques minimales.

Chapitre 12

Le cadre de technologie éducative K–12 pour les environnements Low-Tech

Le chapitre 12 présente la deuxième dimension du cadre, mettant l'accent sur les stratégies éducatives pour les environnements Low-Tech. Il aborde des approches pratiques et accessibles à l'intégration de la technologie, en mettant en avant des outils tels que les documents imprimés, les objets manipulables et les aides numériques basiques. Dans de nombreux contextes éducatifs à travers le monde, les écoles sont confrontées à des contraintes importantes pour accéder à des dispositifs numériques avancés ou à une infrastructure Internet fiable, créant un environnement d'apprentissage « Low-Tech ». Malgré ces limitations, le développement des compétences du XXIe siècle reste une priorité pressante, nécessitant des adaptations réfléchies des pédagogies traditionnelles et des concepts technologiques.

Thème de la théorie de l'apprentissage constructiviste dans les environnements Low-Tech

La théorie de l'apprentissage constructiviste guide la pratique pédagogique Low-Tech même lorsque les écoles ne disposent pas des technologies les plus récentes. Cette section montre comment les bases constructivistes—fondées sur les travaux de Piaget, Vygotsky et Bruner—peuvent être mises en œuvre grâce à des outils plus courants et Low-Tech tels que le texte imprimé, les objets manipulables et l'investigation entre pairs. Les questions ouvertes, le travail de groupe collaboratif et l'apprentissage par problèmes ne nécessitent pas de connectivité numérique constante — elles peuvent encourager la pensée critique. Styliser les modules autour de la résolution de problèmes—en utilisant des énigmes logiques, la narration algorithmique et des activités de codage déconnectées pour enseigner la pensée computationnelle—prépare au développement de compétences essentielles sans nécessiter d'infrastructure importante. Ces sous-thèmes montrent comment ces stratégies permettent aux élèves, même dans des contextes aux ressources limitées, de devenir des constructeurs actifs de connaissances lorsqu'une instruction réfléchie leur est proposée.

Sous-thème Fondations Constructivistes dans les environnements Low-Tech

Dans le constructivisme, les élèves construisent leur propre monde à travers des expériences pratiques et réflexives. Les stades de développement cognitif de Jean Piaget montrent comment les enfants construisent et modifient leur modèle mental avec des objets manipulables et des problèmes concrets. La théorie socioculturelle de Lev Vygotsky souligne le rôle clé de l'interaction sociale, en particulier dans la Zone de Développement Proximal (ZDP), où les élèves apprennent efficacement avec le soutien guidé des enseignants, pairs ou membres de la communauté. L'approche d'apprentissage par découverte de Jerome Bruner souligne l'importance d'encourager les apprenants à enquêter et à construire leurs connaissances de manière autonome, même lorsque les ressources sont limitées. Ces théories se mettent en œuvre dans les espaces Low-Tech par des adaptations créatives, adaptatives et centrées sur l'apprentissage entre pairs et sur l'utilisation de matériaux ou technologies déjà accessibles aux participants.

Mises en œuvre pratiques basées sur le sous-thème Fondations Constructivistes dans les environnements Low-Tech :

- **Matériaux locaux et objets manipulables :** Utiliser des éléments accessibles (par exemple, bâtons, pierres, découpes en papier) pour représenter des concepts abstraits en mathématiques, sciences et langues.
- **Projets communautaires :** Encourager les élèves à explorer des problématiques locales (par exemple, qualité de l'eau, traditions culturelles) et à formuler des solutions en utilisant peu de technologie, comme des tablettes partagées ou des dispositifs d'enregistrement simples.
- **Journaux réflexifs :** Faire tenir aux élèves un carnet physique pour documenter leurs expériences d'apprentissage, favorisant la métacognition et la réflexion continue malgré le manque d'options numériques.

Sous-thème Pensée Critique dans les environnements Low-Tech

La pensée critique dans un environnement Low-Tech consiste toujours à analyser, évaluer et synthétiser l'information — toutes des compétences majeures à l'ère numérique. Selon l'idée de conflit cognitif de Piaget, un raisonnement plus approfondi se développe lorsque les apprenants sont confrontés à des points de vue divergents ou à des tâches complexes. L'accent mis par Vygotsky sur le dialogue montre comment les échanges entre pairs affinent les compétences de raisonnement, tandis que la notion de « scaffolding » de Bruner souligne l'importance du rôle de l'enseignant pour guider les questionnements. Même avec un matériel limité, les éducateurs peuvent développer des habitudes analytiques en utilisant livres, journaux, ressources hors ligne et ressources communautaires. Ces pratiques cultivent la capacité des élèves à remettre en question les hypothèses, tester des conclusions et aborder de nouvelles situations avec agilité.

Mises en œuvre pratiques basées sur le sous-thème Pensée Critique dans les environnements Low-Tech :

- **Cercles de discussion :** Faciliter des débats structurés ou des séminaires socratiques où les élèves examinent des articles de presse locaux, des événements historiques ou des dilemmes éthiques.
- **Exemples d'analyse critique des médias :** Introduire des méthodes de détection des biais et de crédibilité qui peuvent être pratiquées hors ligne en utilisant des manuels, journaux et articles imprimés, simulant le fact-checking en ligne.

- **Défis de résolution de problèmes :** Faire travailler les élèves en collaboration pour proposer des solutions concrètes (un jardin scolaire ou un événement de collecte de fonds) en utilisant peu ou pas d'outils numériques.

Sous-thème Pensée Computationnelle dans les environnements Low-Tech

Les parents doivent comprendre que l'informatique ne se limite pas au codage — la pensée computationnelle englobe les processus de résolution de problèmes incluant la décomposition, la reconnaissance de motifs, l'abstraction et la conception algorithmique. Bien que souvent associée au codage et aux outils de développement, cette compétence peut être cultivée sans machines sophistiquées. Les perspectives socioculturelles, telles que la croyance de Vygotsky en la productivité sociale de l'apprentissage, montrent que les enfants apprennent mieux lorsqu'ils collaborent pour soutenir les progrès mutuels en partageant stratégies et logiques. Piaget, en revanche, insiste sur des tâches structurées pour favoriser le raisonnement logique. L'apprentissage par découverte de Bruner encourage l'expérimentation et la résolution de problèmes en petits groupes. Les enseignants peuvent utiliser des activités déconnectées dans un espace Low-Tech pour guider les élèves dans le développement des compétences de pensée computationnelle nécessaires pour travailler numériquement à l'avenir.

Mises en œuvre pratiques basées sur le sous-thème Pensée Computationnelle dans les environnements Low-Tech :

- **Programmation déconnectée :** Introduire les concepts de codage de base à travers des défis sur papier ou tableau (par exemple, « Décrire une séquence d'instructions pour déplacer un personnage sur une grille »).
- **Jeux logiques et énigmes :** Utiliser des jeux de société et des activités nécessitant la reconnaissance de motifs (comme Sudoku, tangrams et codes simples) pour développer la pensée algorithmique précoce.
- **Routines étape par étape :** Demander aux élèves de créer et suivre des « recettes » pour des activités comme planter des graines ou organiser un événement, afin de développer une pensée structurée.

Les environnements Low-Tech offrent de nombreuses possibilités pour l'enseignement constructiviste malgré les contraintes technologiques. Le chapitre passe ensuite à l'exploration des technologies Web 2.0 et de leur intégration possible dans ces espaces, tant pour l'engagement que pour la communication des élèves, même lorsque les outils numériques sont limités ou partagés.

Thème des technologies Web 2.0 dans les environnements Low-Tech

Cette section examine les moyens créatifs par lesquels les technologies Web 2.0 sont intégrées dans les environnements éducatifs Low-Tech pour soutenir la collaboration, l'expression et la connectivité des élèves. Le sous-thème **fracture numérique** aborde l'impact des infrastructures limitées sur l'accès et l'équité, et comment les enseignants répondent en utilisant des ordinateurs partagés par la communauté, du contenu hors ligne et des plateformes adaptées aux mobiles. Le sous-thème **réseautage social** explore comment l'utilisation contrôlée de plateformes comme WhatsApp ou des services SMS favorise l'interaction entre pairs et la continuité de l'apprentissage. Le sous-thème **Collaboration/Communication** met l'accent sur le travail de groupe, les journaux de réflexion partagés et le dialogue asynchrone comme pratiques puissantes d'apprentissage même dans des contextes à faible bande passante. Enfin, le sous-thème **Citoyenneté numérique** introduit l'usage éthique et responsable de la technologie via le récit, le jeu de rôle et des scénarios hors ligne, renforçant les concepts de littératie numérique sans nécessiter un accès Internet permanent.

Sous-thème Fracture numérique dans les environnements Low-Tech

Il existe un écart entre les populations en matière d'accès à la technologie, de compétences numériques et de connectivité. Dans les environnements Low-Tech, les élèves peuvent avoir très peu, voire aucun accès aux ordinateurs et à Internet, créant ainsi des écarts importants. La théorie souligne l'importance de créer d'autres voies pour engager et développer les compétences des enfants. La théorie de Piaget suggère que les apprenants ont besoin de nombreuses expériences pratiques, numériques ou non, pour affiner leurs schémas mentaux. Le concept de préparation de Bruner indique que même l'exposition (sans maîtrise) aux concepts technologiques peut préparer les élèves à une future compétence et adaptabilité.

Mises en œuvre pratiques basées sur le sous-thème Fracture numérique dans les environnements Low-Tech :

- **Stations de partage de dispositifs :** Maintenir un petit nombre d'appareils partagés accessibles (par ex., 3 à 10 ordinateurs portables ou tablettes) dans les classes ou centres communautaires avec un calendrier de rotation pour les élèves.
- **Points d'accès Wi-Fi communautaires :** Collaborer avec les entreprises locales et les centres communautaires pour fournir des points d'accès Internet gratuits ou à faible coût.
- **Formation professionnelle des enseignants :** Permettre aux éducateurs de repérer les élèves touchés par la fracture numérique et d'appliquer des approches pédagogiques différenciées (par ex., devoirs hors ligne et documents imprimés) pour maintenir l'équité.

Sous-thème Réseautage social dans les environnements Low-Tech

Les plateformes de réseaux sociaux complètes peuvent ne pas être disponibles dans les situations Low-Tech, mais l'interaction sociale reste importante pour l'apprentissage. La théorie socioculturelle développée par Vygotsky repose sur la collaboration et voit les élèves apprendre par discussion, négociation et responsabilités partagées. Ce concept s'aligne avec les stades de développement cognitif de Piaget. Le curriculum en spirale de Bruner suggère que les élèves peuvent revisiter des tâches de groupe, affinant leurs compétences en communication et sociales au fil du temps. Les adaptations peuvent inclure l'utilisation de documents imprimés, du travail de groupe planifié et des canaux de communication hors ligne pour simuler les avantages du réseautage sans nécessiter une infrastructure robuste.

Mises en œuvre pratiques basées sur le sous-thème Réseautage social dans les environnements Low-Tech

- **Groupes de pairs et tableaux d'affichage:** Utiliser des tableaux d'affichage physiques où les élèves peuvent publier des questions, des annonces et des retours de pairs sur le travail académique.
- **Émissions radio et annonces communautaires:** Collaborer avec des stations de radio locales pour partager du contenu éducatif et des projets, permettant une participation plus large à l'apprentissage.
- **Échanges de correspondants papier:** Mettre en place des programmes de correspondance inter-écoles ou inter-communautés, introduisant les élèves à la collaboration à distance de manière Low-Tech.

Sous-thème Collaboration et Communication dans les environnements Low-Tech

Le travail d'équipe et la communication sont des compétences clés du XXIe siècle. Dans les environnements Low-Tech, le dialogue facilité par l'enseignant et la résolution de problèmes en groupe comblent le manque d'outils de communication numériques. D'une part, la théorie de Vygotsky souligne que les activités coopératives sont vitales pour la pensée de haut niveau, tandis que la perspective de Piaget met en évidence la manière dont l'activité entre pairs bouscule les notions et catalyse la cognition supérieure. Le concept de « scaffolding » de Bruner souligne également que, malgré l'absence de ressources numériques natives, les enseignants peuvent permettre aux élèves de devenir des facilitateurs plus indépendants, favorisant une plus grande autonomie dans les environnements collaboratifs.

Mises en œuvre pratiques basées sur le sous-thème Collaboration et Communication dans les environnements Low-Tech:

- **Tables rondes en classe:** Organiser des discussions en table ronde avec des rôles définis pour chaque groupe (secrétaire, présentateur, etc.) afin de fournir une structure et promouvoir une participation équitable lors des sessions de résolution de problèmes.
- **Présentations orales:** Permettre aux élèves de présenter devant de petits publics pour développer la confiance en communication verbale.
- **Projets de groupe pendant les temps libres:** Donner aux élèves des tâches de recherche spécifiques, comme consulter des livres, interviewer des membres de la communauté ou extraire des informations à partir de documents imprimés fournis par l'enseignant, puis laisser les équipes communiquer et compiler leurs résultats ensemble.

Sous-thème Citoyenneté numérique dans les environnements Low-Tech

La citoyenneté numérique (ou net-citoyenneté) correspond à l'utilisation responsable, éthique et sécurisée de la technologie. Même les enfants en environnement Low-Tech bénéficient de discussions précoces sur la confidentialité, le cyberharcèlement et une communication appropriée en ligne. La théorie du développement moral de Piaget souligne l'importance de l'engagement pratique avec des questions éthiques, notant que le raisonnement des enfants évolue en naviguant à travers des dilemmes authentiques. L'accent mis par Vygotsky sur l'apprentissage social appuie l'idée que la réflexion de groupe et le modèle de l'enseignant influencent les normes et valeurs adoptées par les élèves. La théorie de Bruner sur l'apprentissage par découverte active crédibilise l'idée que le jeu de rôle et les simulations analogiques peuvent servir de base à l'éthique numérique, préparant les élèves à ce qu'ils rencontreront dans des environnements High-Tech à l'avenir.

Mises en œuvre pratiques basées sur le sous-thème Citoyenneté numérique dans les environnements Low-Tech:

- **Jeux de rôle hors ligne:** Représenter des dilemmes en ligne (par ex., cyberharcèlement, partage de données personnelles) dans la classe avec des saynètes, incitant les élèves à débattre et résoudre les conflits.
- **Affiches et récits:** Utiliser des affiches visuelles et des histoires adaptées à l'âge pour enseigner l'étiquette numérique et l'utilisation sûre de la technologie, comblant l'écart entre l'accès limité et les interactions numériques futures.
- **Code de conduite communautaire:** Travailler avec les élèves pour créer un code de conduite mettant l'accent sur le respect et la responsabilité dans les interactions en ligne et hors ligne, les préparant à un futur numérique.

La fracture numérique pose des défis, mais les outils Web 2.0 permettent aux enseignants dans des espaces Low-Tech de combler créativement les écarts liés à l'accès. Dans ce sens, la section suivante, **Practicum en technologie éducative**, illustre comment le programme, la littératie et les compétences du XXIe siècle peuvent se manifester dans une pratique située et concrète.

Thème du Practicum en technologie éducative dans les environnements Low-Tech

Cette section introduit les dimensions pratiques de la mise en œuvre de la technologie éducative dans les environnements Low-Tech, mettant l'accent sur la flexibilité, la pertinence et l'apprentissage centré sur l'élève. Le sous-thème **Programme de technologie éducative** met en évidence la manière dont des programmes locaux, modulaires et sur papier sont utilisés pour répondre aux besoins des apprenants lorsque les outils numériques sont rares. Le sous-thème **Littératie en technologie éducative** montre comment les enseignants cultivent des compétences fonctionnelles à travers des simulations, des récits et le repérage des ressources communautaires, même sans accès direct aux dispositifs. Dans le sous-thème **Compétences du XXIe siècle**, les élèves sont guidés pour développer créativité, collaboration, pensée critique et communication via l'apprentissage par projets, les présentations orales et les journaux réflexifs.

Sous-thème Programme de technologie éducative dans les environnements Low-Tech

Les compétences numériques doivent être liées à l'enseignement traditionnel dans les environnements Low-Tech, sous forme d'un programme de technologie éducative. Le programme doit introduire progressivement des concepts technologiques, conformément aux principes de Piaget et au développement de l'élève. Favoriser la collaboration à travers des projets de groupe et l'usage de la technologie autant que possible s'inspire de la théorie socioculturelle de Lev Vygotsky. Selon le curriculum en spirale de Bruner, il est nécessaire d'introduire les concepts clés aux élèves, et les sujets suivants offrent l'opportunité de revisiter ces concepts initiaux avec plusieurs expositions au fil du temps, augmentant la compréhension. Cette approche favorise l'adaptabilité, la résilience et le développement progressif des compétences dans les régions où l'infrastructure technologique est limitée.

Mises en œuvre pratiques basées sur le sous-thème Programme de technologie éducative dans les environnements Low-Tech:

- **Objectifs d'apprentissage progressifs:** Commencer par des concepts de base comme l'identification des composants matériels (à l'aide de diagrammes), progresser vers la saisie simple ou les applications hors ligne, et enfin introduire des projets collaboratifs impliquant des dispositifs partagés.
- **Intégration disciplinaire:** Aligner les projets technologiques avec les matières existantes, comme la collecte de données météorologiques locales pour les cours de sciences ou de mathématiques, rendant l'apprentissage plus pratique et conscient des ressources.
- **Modules de formation des enseignants:** Organiser de courts ateliers pour aider les éducateurs à intégrer la technologie par des méthodes créatives hors ligne, garantissant qu'ils puissent enseigner efficacement les compétences numériques essentielles.

Sous-thème Littératie en technologie éducative dans les environnements Low-Tech

La littératie en technologie éducative dépasse l'usage des dispositifs et inclut les aspects éthiques, culturels et pratiques de la technologie dans la société. La théorie du développement cognitif de Piaget souligne que les élèves construisent progressivement leur compréhension des nouveaux outils, tandis que la théorie de médiation culturelle de Vygotsky met en évidence comment même une exposition limitée à la technologie façonne les perspectives des apprenants. Le concept de préparation à l'apprentissage de Bruner soutient l'introduction des connaissances technologiques fondamentales, garantissant que les élèves puissent s'adapter rapidement lorsque davantage de ressources deviennent disponibles. Dans les environnements Low-Tech, favoriser la littératie implique la débrouillardise, des simulations hors ligne et des démonstrations dirigées par l'enseignant pour renforcer la confiance et la curiosité des élèves envers la technologie.

Mises en œuvre pratiques basées sur le sous-thème Littératie en technologie éducative dans les environnements Low-Tech:

- **Séances de sensibilisation technologique:** Introduire les élèves aux fonctions de base d'un ordinateur ou d'un appareil mobile en utilisant un seul dispositif en classe, permettant aux élèves de tourner et de pratiquer des tâches simples.
- **Tutoriels et simulations hors ligne:** Fournir des instructions sur papier concernant l'utilisation d'Internet, le courrier électronique et le traitement de texte, renforçant la littératie technologique sans nécessiter une connectivité permanente.
- **Cartographie des ressources communautaires:** Guider les élèves pour identifier les ressources technologiques locales (par ex., laboratoires informatiques dans les centres communautaires) et documenter leur accès, promouvant la littératie technologique concrète.

Sous-thème Compétences du XXIe siècle dans les environnements Low-Tech

Les compétences du XXIe siècle comme la créativité, la résolution de problèmes, la collaboration, la communication et la littératie numérique sont essentielles pour naviguer dans un monde global en évolution. Comme le suggère la théorie du développement cognitif de Piaget, les élèves bénéficient d'activités qui élargissent leurs façons de penser. Les activités basées sur l'accent mis par Vygotsky sur l'apprentissage coopératif montrent l'impact potentiel des projets de groupe. L'apprentissage par découverte de Bruner est essentiel pour cultiver la curiosité et l'innovation, compétences indispensables dans les environnements High- et Low-Tech. En intégrant ces compétences dans des leçons interdisciplinaires, les écoles peuvent assurer aux élèves qu'un manque d'accès à la technologie ne signifie pas un manque d'adaptabilité, de confiance ou de compétences en résolution de problèmes.

Mises en œuvre pratiques basées sur le sous-thème Compétences du XXIe siècle dans les environnements Low-Tech:

- **Approche pratique:** Faire créer aux élèves des saynètes, des dessins ou des modèles analogiques (par ex., en carton) pour résoudre des problèmes du monde, développant la créativité et la persévérance.
- **Discussions dirigées par les élèves:** Favoriser le questionnement, l'enquête et l'enseignement entre pairs, stimulant la collaboration, la communication et la pensée critique.
- **Projets communautaires de résolution de problèmes:** Encourager les élèves à identifier des défis locaux (par ex., nettoyer l'école) et rechercher des solutions collaboratives, appliquant les compétences du XXIe siècle à des situations réelles.

Ancré dans des pratiques authentiques et accessibles, le practicum en technologie éducative dans les environnements Low-Tech fournit aux élèves des compétences essentielles pour le monde moderne. Nous explorons maintenant comment ces efforts sont soutenus par les normes de technologie éducative aux niveaux national, industriel et international.

Thème Normes de technologie éducative dans les environnements Low-Tech

Les normes de technologie éducative offrent une feuille de route cruciale pour guider l'instruction dans les environnements Low-Tech, garantissant cohérence, équité et innovation malgré les ressources limitées. Le sous-thème **Normes gouvernementales** met en lumière les politiques qui favorisent un accès inclusif, des programmes locaux et des stratégies analogiques pour la littératie numérique. Le sous-thème **Normes industrielles** explore comment les partenariats avec des fournisseurs technologiques locaux et des ONG adaptent les standards globaux à des scénarios hors ligne ou à accès limité. Le sous-thème **Normes internationales** introduit des cadres comme ISTE et UNESCO ICT-CFT, démontrant comment des objectifs universels peuvent être traduits en pratiques adaptées au contexte grâce à des livraisons hybrides, des supports imprimés et la formation des enseignants.

Sous-thème Normes gouvernementales en technologie éducative dans les environnements Low-Tech

Les normes gouvernementales guident les écoles dans la mise en œuvre de compétences technologiques, assurant cohérence et équité à travers des régions et institutions diverses. Bien que certains cadres officiels supposent un accès modéré à High-Tech, les théories de Piaget suggèrent de simplifier les tâches pour les adapter au développement des élèves dans des contextes à ressources limitées. L'approche de Vygotsky souligne le rôle des enseignants et des communautés dans l'adaptation de ces normes à la réalité locale. Le curriculum en spirale de Bruner insiste sur la révision régulière des compétences de base, permettant une progression graduelle vers les benchmarks technologiques mandatés. S'aligner sur les politiques gouvernementales dans un environnement Low-Tech nécessite des solutions hybrides créatives qui équilibrent le potentiel technologique avec la faisabilité immédiate.

Mises en œuvre pratiques basées sur le sous-thème Normes gouvernementales en technologie éducative dans les environnements High-Tech

- **Cartes de programme localisées:** Adapter les normes gouvernementales larges en objectifs pratiques Low-Tech (par ex., « Identifier les parties d'un ordinateur à partir d'un diagramme » au lieu de « Effectuer des recherches en ligne avec des techniques avancées »).
- **Approches d'évaluation hybrides:** Utiliser un mélange de démonstrations numériques pratiques (si possible) et de réflexions sur papier ou de présentations orales pour évaluer la maîtrise par les élèves des normes technologiques.
- **Plaidoyer communautaire:** Collaborer avec des leaders locaux ou des ONG pour défendre de meilleures ressources, cherchant des améliorations progressives alignées sur les normes technologiques gouvernementales.

Sous-thème Normes industrielles en technologie éducative dans les environnements Low-Tech

Les compétences nécessaires à l'employabilité future, y compris la résolution de problèmes, le travail en équipe et l'adaptabilité, sont mises en avant comme normes industrielles dans le domaine de la technologie éducative. Alors que la perspective socioculturelle de Vygotsky soutiendrait l'encadrement des élèves pour répondre aux attentes professionnelles, Piaget soutiendrait qu'il faut développer le raisonnement logique et le comportement collaboratif dès le plus jeune âge. L'apprentissage par découverte de Bruner catalyse la pensée créative et indépendante, appréciée par les industries contemporaines. Redéfinir les limites d'une leçon scolaire avec un accès illimité aux outils avancés peut inspirer les enseignants à développer et à nourrir des compétences transversales orientées industrie, telles qu'une communication efficace, le travail avec des ressources limitées et la conception itérative, préparant ainsi les élèves à des environnements High-Tech futurs.

Mises en œuvre pratiques basées sur le sous-thème Normes industrielles en technologie éducative dans les environnements High-Tech

- **Activités de découverte de carrière:** Inviter des professionnels locaux à discuter de l'utilisation de la technologie dans leur travail (par ex., médecine, ingénierie), offrant aux élèves une vision plus large de l'impact de la technologie sur leur futur professionnel.
- **Introduction à la certification (si disponible):** Utiliser l'accès offert par le gouvernement ou les ONG à des programmes de certification en informatique de niveau débutant, même si ces cours sont dispensés avec des dispositifs partagés.
- **Entreprise clé en main:** Promouvoir des micro-entreprises dirigées par les élèves à l'échelle de la classe (par ex., initiatives de collecte de fonds), où les élèves s'engagent dans des pratiques comptables utilisant des tableurs (analogiques ou numériques), soit hors ligne, soit via une technologie partagée ou à usage limité.

Sous-thème Normes internationales en technologie éducative dans les environnements Low-Tech

Les organisations internationales comme l'UNESCO et l'ISTE fournissent des cadres mondiaux mettant l'accent sur la compétence numérique, la conscience culturelle et la collaboration. Bien que ces normes supposent souvent un accès Internet stable et plusieurs dispositifs, les processus universels d'acquisition de connaissances de Piaget confirment que certains jalons cognitifs s'appliquent dans tous les contextes. La théorie historico-culturelle de Vygotsky souligne que l'exposition à des perspectives mondiales favorise l'empathie et l'ouverture d'esprit, tandis que le curriculum en spirale de Bruner encourage à revisiter ces concepts au fil du temps. Même un alignement simplifié avec les normes internationales prépare les élèves à une participation plus large dans le paysage numérique mondial.

Mises en œuvre pratiques basées sur le sous-thème Normes internationales en technologie éducative dans les environnements High-Tech

- **Activités « Classe mondiale » sur papier :** Partager des exemples compilés de projets d'élèves internationaux ou de guides de bonnes pratiques pour montrer comment la technologie est utilisée dans le monde entier.
- **Collaboration hors ligne avec des partenaires mondiaux :** Lorsque l'accès à Internet est intermittent, faciliter l'échange de lettres ou de documents de groupe avec une école partenaire, en alignant partiellement les activités sur les normes ISTE ou UNESCO.
- **Journées culturelles à l'échelle de l'école :** Organiser des événements mettant en avant la citoyenneté mondiale et le rôle de la technologie dans la connexion des cultures, même avec des méthodes à faible bande passante comme la radio ou les appels téléphoniques.

Les normes expriment la manière dont la technologie est interprétée et appliquée dans les environnements Low-Tech, reliant le global au local. Avec ce contexte établi, nous examinerons ensuite ces méthodes, outils et bonnes pratiques pour appliquer la technologie éducative dans le monde réel.

Thème Applications de la technologie éducative dans les environnements Low-Tech

Les applications de la technologie éducative dans les environnements Low-Tech reposent sur l'ingéniosité, l'adaptation et des pratiques orientées sur l'équité. Le sous-thème **Bonnes pratiques** documente comment les enseignants utilisent l'apprentissage par projet, la narration et les simulations hors ligne pour favoriser la compréhension et l'engagement. Le sous-thème **Méthodologies et processus** aborde les méthodes d'enseignement à faible bande passante comme la classe inversée avec des clés USB, l'enseignement entre pairs et l'encadrement basé sur des supports imprimés. Le sous-thème **Outils** couvre les innovations pratiques telles que les dispositifs solaires, les tablettes préchargées et la radio communautaire pour l'instruction—des technologies qui étendent l'accès à l'apprentissage lorsque l'infrastructure Internet est minimale ou absente.

Sous-thème Bonnes pratiques en technologie éducative dans les environnements Low-Tech

Les meilleures pratiques en technologie éducative mettent l'accent sur des stratégies comme un enseignement structuré, fondé sur des preuves, avec évaluation continue pour soutenir les résultats d'apprentissage des élèves. Ces pratiques valorisent la créativité, la flexibilité et la communauté dans les environnements Low-Tech. Piaget et Vygotsky soulignent l'importance de tâches adaptées à l'âge, de la collaboration sociale et du retour itératif; le « scaffolding » de Bruner permet la découverte guidée. L'engagement envers un enseignement de qualité à tous les niveaux, l'utilisation de modèles d'apprentissage mixte et l'analyse de données, ainsi que la répartition équitable des ressources, garantissent l'excellence pédagogique même dans des pays à infrastructure numérique limitée.

Mises en œuvre pratiques basées sur le sous-thème Bonnes pratiques en technologie éducative dans les environnements High-Tech

- **Modèles hybrides mais centrés hors ligne:** Intégrer un enseignement dirigé par l'enseignant (en groupe entier ou en sections), le travail en petits groupes et l'utilisation intermittente de dispositifs partagés.
- **Feedback sur l'apprentissage:** Mettre en œuvre des méthodes d'évaluation formative Low-Tech (quizz courts, résumés oraux, questions-réponses) pour évaluer la compréhension des élèves.
- **Ressources partagées pour le bien collectif:** Collaborer avec des bibliothèques locales/centres communautaires pour créer un pool de ressources partagées suivant les meilleures pratiques standardisées et faciles à suivre.

Sous-thème Méthodologies et processus en technologie éducative dans les environnements Low-Tech

Les méthodologies structurées telles que ADDIE (Analyse, Conception, Développement, Mise en œuvre, Évaluation), SAM (Modèle d'Approximation Successive) et Agile Learning Design guident l'intégration efficace de la technologie éducative, même dans des contextes à ressources limitées. Le développement incrémental de Piaget soutient la division des leçons en étapes gérables, tandis que le « scaffolding » de Vygotsky met l'accent sur le soutien des pairs et des enseignants. Le curriculum en spirale de Bruner complète ces méthodologies en assurant une révision et un affinage continus des objectifs d'apprentissage. Cette approche structurée permet de maximiser les ressources disponibles tout en autorisant l'adaptation à l'évolution des circonstances.

Mises en œuvre pratiques basées sur le sous-thème Méthodologies et processus en technologie éducative dans les environnements High-Tech

Cadre ADDIE pour la planification des leçons :

- **Analyse :** Évaluer les ressources disponibles (par ex., tableau noir, dispositifs partagés).
- **Conception :** Définir les activités d'apprentissage réalisables (débats, jeux de rôle, utilisation brève de dispositifs).
- **Développement :** Préparer les supports hors ligne (documents, guides imprimés).
- **Mise en œuvre :** Dispenser les leçons, en faisant tourner l'accès aux dispositifs lorsque disponible.
- **Évaluation :** Évaluer les résultats à l'aide de quiz, présentations orales ou journaux réflexifs.

- **Sprints Agile pour le travail de projet :** Mettre en œuvre des cycles courts et itératifs permettant aux élèves et enseignants d'évaluer les progrès, de s'adapter aux défis et de peaufiner les solutions.
- **Révisions basées sur les données :** Utiliser les données de performance des élèves (même collectées manuellement) pour améliorer la conception des leçons et les méthodes d'enseignement au fil du temps.

Sous-thème Outils en technologie éducative dans les environnements Low-Tech

Un environnement High-Tech peut être la norme, mais dans les situations Low-Tech, les outils de technologie éducative représentent toutes les avenues tangibles de soutien à l'apprentissage. L'apprentissage par la pratique à travers des ressources concrètes est une approche soutenue par Piaget et Bruner, qui préconisent l'apprentissage par la découverte et l'investigation. Selon Vygotsky, nous apprenons par la collaboration et l'interaction sociale en partageant les outils autour de nous. Que vous utilisiez un ordinateur partagé unique, un petit nombre de tablettes pour votre classe, ou des simulations hors ligne et des supports imprimés, l'intégration stratégique de la technologie peut stimuler la motivation, la créativité et le développement des compétences des élèves. Malgré des outils technologiques limités, les enseignants peuvent promouvoir des pratiques significatives centrées sur l'élève et offrant des expériences d'apprentissage authentiques.

Mises en œuvre pratiques basées sur le sous-thème Outils en technologie éducative dans les environnements High-Tech

- **Stations informatiques partagées en classe :** Faire tourner de petits groupes sur un ordinateur partagé avec des logiciels éducatifs hors ligne pour maximiser l'exposition.
- **Paquets imprimés et médias locaux :** Compiler des articles sélectionnés, des documents de recherche ou des enregistrements audio provenant de diffusions communautaires pour enrichir les leçons sans connectivité continue.
- **Activités de simulation simples :** Utiliser des jeux de rôle ou des exercices sur papier pour reproduire des concepts numériques comme le flux de données et la logique de codage.

Ces applications adaptatives illustrent le potentiel illimité de la technologie éducative même dans des contextes contraints. Nous passons maintenant au Chapitre 13, qui explore le **Cadre de technologie éducative constructiviste K–12 pour les environnements sans technologie**, où l'absence d'outils numériques nécessite des solutions encore plus créatives et centrées sur l'humain.

Chapitre 13

Cadre de technologie éducative constructiviste K–12 pour les environnements sans technologie

Dans une grande partie du monde, les écoles fonctionnent dans des environnements avec un accès limité ou inexistant à l'électricité, à Internet, à la télévision ou aux appareils numériques. Néanmoins, la demande éducative pour développer les compétences du XXIe siècle (pensée critique, communication, collaboration et créativité) demeure urgente. Ce travail, qui s'inspire des travaux de Jean Piaget, Lev Vygotsky et Jerome Bruner, met en avant des théories centrées sur les stratégies d'apprentissage, la participation active, la collaboration sociale et la découverte par le biais de l'accompagnement. Traduire les concepts fondamentaux de la technologie éducative en stratégies non technologiques garantit que les élèves de ces environnements ne soient pas privés du développement de compétences contemporaines et transférables. Ce cadre illustre comment l'innovation, la débrouillardise et l'intégration communautaire peuvent jouer un rôle clé pour combler les écarts éducatifs en fournissant les bases nécessaires au succès académique global et à la préparation future des élèves.

Thème de la théorie de l'apprentissage constructiviste dans les environnements sans technologie

Relier l'apprentissage à travers les communautés, les cultures, les générations et les secteurs informels permet au constructivisme de prospérer dans les environnements sans technologie grâce à l'engagement communautaire, aux traditions orales et aux activités pratiques. En l'absence d'appareils numériques, les apprenants construisent leur savoir en interagissant avec leurs pairs, les ressources disponibles sur place et les problèmes contextuels. Cette section propose trois sous-thèmes respectifs : fondations constructivistes, pensée critique et pensée computationnelle, tous ancrés dans des contextes de classe non numériques. Nous apprenons à travers l'humour noir, les manipulables, le jeu de rôle, le questionnement basé sur l'investigation et la capacité à explorer, découvrir et réfléchir, là où la technologie n'est pas une dépendance. En soulignant l'importance de la créativité, de la débrouillardise et de la pertinence culturelle dans la conception, le constructivisme sans technologie offre un cadre permettant aux enseignants de créer des expériences éducatives significatives sans recours à la technologie.

Sous-thème des fondations constructivistes dans les environnements sans technologie

Le constructivisme souligne que le nouvel apprentissage se produit lorsque les élèves construisent activement le savoir par l'expérience directe, l'interaction sociale et la réflexion. Piaget, Vygotsky et Bruner restent pertinents même lorsque les appareils numériques et l'électricité sont rares ou inexistants. Les stades de développement cognitif de Piaget soulignent que de grandes quantités d'expériences pratiques et manipulables sont nécessaires pour former des schémas ayant un impact sur le modèle mental. La théorie de la Zone de Développement Proximal (ZPD) de Vygotsky met en évidence le rôle crucial de la collaboration entre pairs et de la médiation de l'enseignant : les interactions sociales peuvent amener les apprenants à résoudre collectivement des tâches dépassant leur compétence actuelle. Les principes d'apprentissage par la découverte de Bruner fournissent une justification pour des activités de curiosité et de résolution de problèmes, moins orientées vers les manuels et plus adaptées à l'environnement local, utilisant les ressources disponibles, les leçons de la vie communautaire et l'exploration guidée par l'enseignant.

Mises en œuvre pratiques basées sur le sous-thème des fondations constructivistes dans les environnements sans technologie

- **Manipulables réels:** des objets trouvés (pierres, graines, bâtons) peuvent être utilisés comme aides pédagogiques concrètes (manipulation tactile) pour enseigner des principes mathématiques ou scientifiques.
- **Stations d'investigation:** mettre en place des stations avec des artefacts physiques (documents historiques locaux, spécimens naturels, etc.) pour stimuler l'investigation.
- **Journaux réflexifs:** encourager les élèves à documenter leurs réflexions, obstacles et questions dans des carnets physiques, favorisant le développement des compétences métacognitives indépendamment des plateformes technologiques.

Sous-thème de la pensée critique dans les environnements sans technologie

Analyser, évaluer et synthétiser les connaissances fait de la pensée critique une partie intégrante du processus d'apprentissage. Le conflit cognitif, basé sur la théorie de Jean Piaget, montre comment le matériel didactique devrait être présenté aux apprenants à travers des exemples déconcertants qui contredisent les idées préconçues pour affiner la réflexion. Soulignant la nécessité de l'interaction dialogique, Vygotsky soutient que la discussion, le débat et le travail en groupe, incités verbalement ou par des consignes écrites, développent les compétences de raisonnement critique. Le concept de « scaffolding » de Bruner insiste sur le guidage étape par étape fourni par l'enseignant, allant du fait concret au raisonnement abstrait. Grâce aux textes imprimés, aux récits oraux, à la création de mondes autour d'études de cas réels et à la résolution collaborative de problèmes, les enseignants dans les environnements sans technologie peuvent développer les compétences analytiques de leurs élèves même en l'absence de ressources électroniques.

Mises en œuvre pratiques basées sur le sous-thème de la pensée critique dans les environnements sans technologie

- **Cercles de débat sains:** organiser des débats hebdomadaires sur des questions locales ou mondiales où les élèves sont encouragés à recueillir des preuves à partir de documents imprimés ou de témoignages oraux disponibles.

- **Énigmes et puzzles logiques:** proposer des énigmes et jeux de logique analogiques (tangrams, puzzles en bois, etc.) stimulant le raisonnement, la reconnaissance de motifs et la pensée stratégique.
- **Ateliers de résolution de problèmes:** donner un problème réel ou simulé — amélioration des conditions environnementales de l'école, de la communauté ou d'un événement — que les élèves devront résoudre en concevant des propositions avec différentes options et en travaillant en groupe.

Sous-thème de la pensée computationnelle dans les environnements sans technologie

La pensée computationnelle englobe la décomposition, la reconnaissance de motifs, l'abstraction et la conception algorithmique — compétences souvent associées à l'informatique. Cependant, le cadre de Piaget montre que le raisonnement logique évolue à travers des tâches adaptées au stade de développement, dont beaucoup peuvent être réalisées sans appareils numériques. La perspective de Vygotsky sur l'interaction sociale indique que les exercices collaboratifs peuvent renforcer la pensée abstraite, permettant aux élèves de partager et de peaufiner leurs stratégies. Le concept de découverte de Bruner s'aligne sur les activités « débranchées » pas à pas qui imitent les processus séquentiels de codage. Même sans outils technologiques, les enseignants peuvent introduire les notions computationnelles fondamentales via des jeux basés sur des séquences, des schémas de diagrammes de flux et des tâches quotidiennes décomposées en étapes logiques plus petites.

Mises en œuvre pratiques basées sur le sous-thème de la pensée computationnelle dans les environnements sans technologie

- **« Recettes » algorithmiques:** demander aux apprenants de rédiger des instructions pour réaliser un artisanat, cuisiner un repas simple ou effectuer une tâche domestique, en mettant l'accent sur la clarté et la logique étape par étape.
- **Puzzles de reconnaissance de motifs:** défier les élèves à repérer et prolonger des motifs en utilisant du papier coloré ou des formes, renforçant les compétences d'abstraction.
- **Chasse au trésor:** organiser une chasse au trésor sur le campus ou dans la classe à l'aide d'indices prédéfinis et d'étapes « si-alors », illustrant la logique de base de la programmation.

Bien qu'aucun outil numérique ne soit présent, les valeurs derrière le Web 2.0 — participation, collaboration et communication — peuvent encore orienter l'enseignement. La section suivante explore comment ces principes se manifestent de manière analogique dans les environnements sans technologie grâce à un travail de groupe structuré, à l'enseignement par les pairs et à un apprentissage socialement réactif. Elle examine comment les idéaux numériques peuvent guider la pédagogie même en l'absence de technologie.

Thème des technologies Web 2.0 dans les environnements sans technologie

Bien que les technologies Web 2.0 reposent sur l'interactivité numérique, leur essence pédagogique peut être réimaginée dans les environnements sans technologie. Dans de tels contextes, les enseignants imitent l'esprit participatif du Web 2.0 à travers des activités analogiques favorisant la collaboration, le récit et la résolution collective de problèmes. Cette section présente quatre sous-thèmes: la fracture numérique, les réseaux sociaux, la collaboration/la communication et la citoyenneté numérique, chacun étant reformulé à travers des perspectives non numériques. Les élèves participent à des discussions entre pairs, des projets coopératifs et des rôles en classe qui renforcent la confiance, le dialogue et l'identité communautaire. Ces pratiques cultivent l'autonomie, la prise de parole et l'apprentissage social, reflétant l'intention collaborative du Web 2.0 dans des réalités hors ligne.

Sous-thème de la fracture numérique dans les environnements sans technologie

La fracture numérique n'est pas seulement une question économique, mais aussi un enjeu critique liant statut social et équité éducative, limitant l'exposition des élèves aux compétences numériques essentielles dans les communautés dépourvues d'électricité ou d'accès technologique suffisant. Les apprenants doivent être régulièrement exposés à tout outil pédagogique, selon Piaget ; cette exposition est essentielle à la croissance et à la modification des schémas cognitifs. La perspective de Vygotsky sur l'apprentissage médiatisé culturellement souligne l'importance de ressources équitables pour l'avenir académique et social des enfants. L'accent mis par Bruner sur la préparation implique que, même si un élève ne peut pas utiliser d'appareils électroniques à un moment donné, créer une conscience conceptuelle de la technologie rend les élèves plus adaptables à l'avenir. Reconnaître la fracture numérique implique de proposer des méthodes alternatives de développement des compétences, telles que des matériaux imprimés ou des activités pratiques qui reproduisent ou conceptualisent ce que la technologie ferait autrement.

Mises en œuvre pratiques basées sur le sous-thème de la fracture numérique dans les environnements sans technologie

- **Leçons conceptuelles sur la technologie:** s'appuyer sur des supports visuels ou des récits pour aider les élèves à comprendre le fonctionnement des ordinateurs, d'Internet et des outils numériques, semant ainsi les bases de la patience nécessaire à la maîtrise numérique que le domaine exigera, bien sûr.
- **Programmes de partage de ressources:** collaborer avec des organisations locales ou des enseignants d'autres villes pour venir occasionnellement apporter de nouveaux appareils et démontrer les concepts de base.
- **Engagement familial et communautaire:** créer une série d'ateliers « sensibilisation à la technologie » pour les parents et les membres de la communauté afin de comprendre l'importance des compétences numériques et de soutenir collectivement la réduction de la fracture.

Sous-thème des réseaux sociaux dans les environnements sans technologie

Dans un environnement sans technologie, les élèves n'ont pas accès aux plateformes mondiales de médias sociaux, mais l'essence du réseautage social — créer des liens, partager des idées et bâtir des communautés de soutien — peut encore être cultivée. La perspective socio-culturelle de Vygotsky met en évidence comment la collaboration et la communication accélèrent l'apprentissage au sein de groupes soudés. Le concept de déséquilibre de Piaget, déclenché par la confrontation à des perspectives différentes, reste essentiel lorsque les élèves interagissent en personne. Le curriculum en spirale de Bruner suggère que les apprenants peuvent revisiter et développer la construction communautaire au fil du temps, permettant des interactions de groupe plus sophistiquées. Les rassemblements physiques, le soutien entre pairs et les canaux de communication oraux remplacent les plateformes en ligne, garantissant que les élèves développent des compétences de collaboration et de responsabilité sociale.

Mises en œuvre pratiques basées sur le sous-thème des réseaux sociaux dans les environnements sans technologie

- **Tableaux communautaires en classe:** créer un espace dédié où les élèves peuvent poster questions, conseils ou suggestions de ressources pour leurs pairs — une version hors ligne d'un forum.
- **Programmes de correspondants (courrier postal):** établir des liens avec d'autres écoles via des lettres pour élargir la perspective et les compétences interpersonnelles des élèves.
- **Événements dirigés par des groupes:** encourager les élèves à organiser des expositions culturelles ou des foires éducatives, renforçant le concept de réseau communautaire sans outils électroniques.

Sous-thème de la collaboration et de la communication dans les environnements sans technologie

La collaboration et la communication constituent la base des compétences essentielles du XXIe siècle. La théorie de l'interaction sociale de Vygotsky souligne comment le travail en groupe améliore le développement cognitif lorsque les élèves médiatisent l'apprentissage des uns et des autres. Le principe du conflit entre pairs de Piaget conduit à des schémas plus solides, manifestés dans des activités collaboratives où les apprenants doivent négocier rôles, idées et solutions. Le « scaffolding » de Bruner implique également des conversations guidées modérées par l'enseignant, accordant progressivement plus d'autonomie aux élèves. Dans les contextes sans technologie, ces compétences prospèrent grâce à des tâches de groupe orchestrées, des discussions structurées et des jeux de rôle, compensant l'absence de plateformes de communication numériques.

Mises en œuvre pratiques basées sur le sous-thème de la collaboration et de la communication dans les environnements sans technologie

- **Projets d'équipe et rotation des responsabilités:** attribuer des tâches nécessitant des compétences variées (par ex., un jardin scolaire), en faisant tourner les rôles de leadership pour favoriser communication et collaboration.
- **Circuits de présentations orales:** demander aux élèves de présenter leurs résultats ou récits en petits groupes, recevant des questions et retours en temps réel, imitant les discussions en ligne.
- **Paires de tutorat par les pairs:** associer des élèves avancés avec des pairs ayant besoin d'aide supplémentaire, encourageant l'enseignement mutuel et le dialogue ouvert.

Sous-thème de la citoyenneté numérique dans les environnements sans technologie

La citoyenneté numérique concerne l'usage approprié, responsable et sécurisé de la technologie. Bien que les élèves dans un environnement sans technologie ne puissent pas se connecter directement à Internet, il est essentiel qu'ils apprennent la morale et le respect de l'usage des données personnelles et certains éléments de responsabilité, pour qu'ils soient préparés à l'usage futur des plateformes numériques. Cela signifie que les enfants construisent leur pensée morale à travers des expériences formelles, soutenant la vision de Piaget sur le développement moral. Cela s'aligne avec la perspective socio-culturelle de Vygotsky, selon laquelle les normes de comportement respectueux peuvent être intériorisées par la participation à des discussions de groupe ou à des actions communautaires. L'approche de découverte de Bruner met en évidence le rôle des scénarios hypothétiques ou des jeux de rôle pour modéliser les principes fondamentaux de l'éthique numérique, semant les bases du raisonnement éthique avant que les élèves ne se connectent en ligne.

Mises en œuvre pratiques basées sur le sous-thème de la citoyenneté numérique dans les environnements sans technologie

- **Jeux de rôle hors ligne:** proposer des dilemmes imaginaires (par ex., quelqu'un partage des secrets sans l'autorisation de la personne) et permettre aux élèves de discuter des droits personnels, du respect et des conséquences d'un mauvais usage.
- **Code de conduite:** formuler un code court et générique sur la courtoisie et la responsabilité avec les élèves, similaire aux principes de l'étiquette en ligne.
- **Récits éthiques:** créer des histoires où les personnages gèrent des atteintes à la vie privée ou des informations erronées, incitant à la réflexion et à la discussion sur le comportement responsable.

Les stratégies analogiques centrées sur le Web 2.0 forment la base sur laquelle les objets peuvent être utilisés dans l'expérience éducative. La section suivante explore comment ces stratégies s'appliquent dans des contextes réels à travers le curriculum, la littératie et le développement de la citoyenneté au XXIe siècle. La technologie dominante reste en pratique même dans les environnements sans technologie.

Thème du practicum en technologie éducative dans les environnements sans technologie

Dans les contextes éducatifs sans technologie, le thème du practicum adopte une approche pratique et centrée sur l'humain, fondée sur l'expérience, la culture et le récit. Cette section introduit trois sous-thèmes — développement du curriculum, littératie éducative et compétences du XXIe siècle — réimaginés pour les environnements d'enseignement analogiques. L'apprentissage se fait via le travail de groupe guidé, le mentorat communautaire, les supports imprimés et les simulations basées sur les rôles. Ces méthodes garantissent que les élèves développent des compétences de pensée critique et créative, même sans accès à l'électricité ou à Internet. Le practicum dans les contextes sans technologie n'est pas limité par les outils, mais renforcé par l'ingéniosité et l'engagement des éducateurs et des communautés.

Sous-thème du curriculum en technologie éducative dans les environnements sans technologie

Concevoir un curriculum de technologie éducative pour un environnement sans technologie implique une approche conceptuelle, présentant le but et la fonction de divers outils numériques sans utilisation directe. Le cadre de Piaget conseille d'adapter le contenu aux stades de développement des apprenants, en privilégiant des exemples concrets et des concepts progressivement plus abstraits. Le « scaffolding » de Vygotsky souligne le rôle de l'enseignant dans le pont entre les connaissances antérieures et les nouvelles idées sur la technologie. Le curriculum en spirale de Bruner soutient la révision de ces idées à différents niveaux, à chaque fois avec une compréhension plus profonde et une exploration plus nuancée. Cette approche prépare les apprenants à de futures interactions avec des appareils numériques, en leur assurant une compréhension conceptuelle du rôle de la technologie dans la société et l'apprentissage.

Mises en œuvre pratiques basées sur le sous-thème du curriculum en technologie éducative dans les environnements sans technologie

- **Frises chronologiques technologiques:** faire construire aux élèves des frises papier illustrant l'histoire de la communication et de l'informatique, reliant les outils anciens aux appareils modernes.
- **Jeux de rôle sur les métiers technologiques:** faire jouer aux élèves des rôles tels que technicien réseau ou designer web à partir de descriptions ou d'images, cultivant la connaissance des différentes carrières technologiques.
- **Intégration interdisciplinaire:** intégrer les concepts technologiques dans les études sociales, les mathématiques ou les arts linguistiques (par ex., rechercher des inventeurs historiques ou explorer la géométrie dans l'architecture).

Sous-thème de la littératie en technologie éducative dans les environnements sans technologie

La littératie en technologie éducative englobe la compréhension des fonctionnalités, de l'éthique et des implications sociales des outils numériques. Le concept d'assimilation et d'accommodation de Piaget soutient l'introduction progressive des idées liées à la technologie — même si les élèves ne peuvent pas manipuler directement les appareils — afin qu'ils puissent intégrer ces concepts à leurs connaissances existantes. L'angle socio-culturel de Vygotsky souligne que les récits culturels, les anecdotes pédagogiques et les discussions entre pairs peuvent préparer les apprenants à de futures rencontres numériques. L'approche de préparation de Bruner insiste sur l'intégration précoce de cette littératie, équipant les élèves pour s'adapter plus rapidement lorsque l'infrastructure s'améliorera.

Mises en œuvre pratiques basées sur le sous-thème de la littératie en technologie éducative dans les environnements sans technologie

- **Maquettes sur papier:** présenter des diagrammes dessinés des interfaces d'ordinateur ou des écrans de smartphone, enseignant la navigation et les fonctions de base.
- **Démonstrations hors ligne:** si un seul appareil peut être utilisé occasionnellement, permettre de courtes démonstrations rotatives sur les fonctions de base, renforçant la connaissance conceptuelle.
- **Documentation communautaire:** faire interviewer les élèves par les membres de leur famille ou des professionnels locaux sur la manière de réaliser des tâches sans technologie moderne, augmentant la conscience du potentiel de la technologie.

Sous-thème des compétences du XXIe siècle dans les environnements sans technologie

Les compétences du XXIe siècle (pensée critique, créativité, collaboration, communication et littératie numérique) sont universelles et ne dépendent pas de la présence d'un appareil électronique. Alors que Piaget place la résolution de problèmes au centre du développement cognitif, l'accent de Vygotsky sur le modèle d'apprentissage social confirme que les activités de groupe favorisent le dialogue et la collaboration. L'approche de découverte de Bruner encourage l'exploration créative, les élèves utilisant les matériaux et connaissances contextuelles disponibles. D'une part, la littératie numérique est essentielle pour permettre aux individus de réaliser leur potentiel; d'autre part, ses racines dépassent la simple utilisation de la technologie et peuvent soutenir un curriculum sans technologie enseignant résilience, adaptabilité et pensée critique — des compétences nécessaires pour naviguer dans les exigences complexes de la société moderne.

Mises en œuvre pratiques basées sur le sous-thème des compétences du XXIe siècle dans les environnements sans technologie

- **Intégration des arts créatifs:** utiliser la créativité et la pensée critique en faisant créer aux élèves des saynètes, fresques ou histoires écrites traitant de problématiques locales ou mondiales.
- **Résolution de problèmes communautaires:** faire travailler les élèves sur des problèmes de la communauté (ex. recyclage, sécheresse) et utiliser leur réflexion collective pour proposer des solutions.
- **Retour entre partenaires :** faire réviser mutuellement leur travail (papier, art, présentation) de manière continue pour améliorer le dialogue et la réflexion.

L'apprentissage basé sur le practicum dans les environnements sans technologie doit toujours respecter les normes de qualité et de responsabilité. La section suivante décrit comment ces normes de technologie éducative peuvent être appliquées par des moyens non numériques. Ces recommandations garantissent la préservation de l'équité éducative même dans des environnements généralement sans appareils.

Thème des standards en technologie éducative dans les environnements sans technologie

Dans les environnements sans technologie, les standards jouent toujours un rôle crucial pour garantir que l'enseignement reste pertinent, inclusif et aligné sur les objectifs éducatifs globaux. Bien que la technologie soit absente, les compétences fondamentales mises en avant par les standards gouvernementaux, industriels et internationaux restent pertinentes et réalisables. Cette section présente trois sous-thèmes : mandats gouvernementaux adaptés à des méthodes analogiques, compétences alignées sur l'industrie intégrées dans des activités pratiques et standards mondiaux encadrés par les réalités locales. Les enseignants alignent les résultats sur la littératie, la numératie et les repères de collaboration en utilisant des grilles imprimées, des guides enseignants et des évaluations orales. Ces standards servent d'ancrages, favorisant l'excellence et la cohérence même sans infrastructure technologique.

Sous-thème des standards gouvernementaux en technologie éducative dans les environnements sans technologie

Les standards gouvernementaux définissent les compétences technologiques pour garantir une qualité uniforme dans divers contextes éducatifs. Bien que ces directives supposent souvent un accès numérique minimal, le principe de Piaget sur l'adéquation au développement exige d'ajuster les résultats d'apprentissage aux conditions locales réalistes. La perspective socio-culturelle de Vygotsky prône des adaptations sensibles au contexte, maintenant l'esprit des standards tout en s'adaptant aux réalités sans technologie. Le curriculum en spirale de Bruner suggère de réintroduire et d'élargir ces standards au fil du temps, se rapprochant de la conformité complète si et quand les ressources technologiques apparaissent. Répondre aux exigences gouvernementales dans un environnement sans technologie nécessite créativité, négociation et partenariats communautaires.

Mises en œuvre pratiques basées sur le sous-thème des standards en technologie éducative dans les environnements sans technologie

- **Repères réinterprétés :** identifier les objectifs principaux de chaque standard gouvernemental (par ex., comprendre les données, pratiquer la communication) et créer des tâches hors ligne qui atteignent ces objectifs.
- **Évaluation sur papier :** documenter la progression des élèves à l'aide de quiz, projets écrits ou examens oraux alignés sur les compétences exigées par les standards officiels.
- **Plaidoyer pour les ressources :** communiquer régulièrement aux décideurs les défis uniques des environnements sans technologie, en cherchant un soutien progressif ou une flexibilité dans l'atteinte des objectifs technologiques.

Sous-thème des standards industriels en technologie éducative dans les environnements sans technologie

Les standards industriels visent généralement les compétences nécessaires à la main-d'œuvre moderne, en mettant l'accent sur les compétences numériques telles que le codage, l'analyse de données et les outils de collaboration. L'accent de Piaget sur l'apprentissage par l'expérience suggère que les élèves bénéficient toujours de tâches pratiques et concrètes, renforçant les capacités logiques et de travail en équipe, fondamentales pour les futurs rôles techniques. Le « scaffolding » de Vygotsky soutient les expériences guidées par l'enseignant qui simulent des scénarios professionnels sans utiliser de dispositifs réels. L'approche de découverte de Bruner favorise l'esprit créatif souvent recherché par l'industrie. Ces stratégies garantissent que, même dans les environnements sans technologie, les élèves peuvent développer adaptabilité, résolution de problèmes et initiative — des attributs transférables aux environnements de travail riches en technologies.

Mises en œuvre pratiques basées sur le sous-thème des standards industriels en technologie éducative dans les environnements sans technologie

- **Environnements de travail simulés :** simuler des contextes professionnels ou de projets — comme la planification d'un événement — où les élèves développent des compétences en gestion de budget, gestion des ressources et coordination.
- **Conférences invitées (si possible) :** inviter des artisans locaux, des propriétaires d'entreprises ou des professionnels itinérants à partager comment la technologie (même minimale) influence leurs opérations.
- **Certifications sur papier :** collaborer avec des ONG ou des responsables locaux pour offrir une reconnaissance des compétences démontrées en « préparation technologique », mettant l'accent sur la créativité, la résolution de problèmes et la communication.

Sous-thème des standards internationaux en technologie éducative dans les environnements sans technologie

Les cadres globaux (par ex., UNESCO, ISTE) promeuvent des pratiques exemplaires cohérentes pour exploiter la technologie dans l'éducation, en supposant souvent une connectivité modérée à élevée. Néanmoins, les stades universels de Piaget suggèrent que les compétences fondamentales — telles que le raisonnement logique et l'investigation — s'appliquent dans tous les contextes. La notion de médiation culturelle de Vygotsky préconise d'adapter ces standards pour refléter les réalités locales tout en mettant l'accent sur l'apprentissage critique et collaboratif. Le curriculum en spirale de Bruner encourage la révision des références globales à différents niveaux scolaires, en soulignant constamment la conscience culturelle et la responsabilité sociale. Même si les élèves ne peuvent pas se connecter en ligne, ils peuvent acquérir des perspectives culturelles larges et pratiquer les dispositions qui sous-tendent une citoyenneté numérique efficace.

Mises en œuvre pratiques basées sur le sous-thème des standards internationaux en technologie éducative dans les environnements sans technologie

- **Études de cas sur l'usage mondial de la technologie :** compiler des histoires ou images illustrant comment d'autres écoles intègrent la technologie, suscitant des discussions comparatives sur la culture et l'innovation.
- **Échanges de lettres entre écoles :** organiser des programmes de correspondants ou d'échanges de lettres discutant des enjeux mondiaux, en accord avec les cadres internationaux de communication et d'empathie.
- **« Sommet mondial » hors ligne :** simuler en classe des conférences internationales, où les équipes représentent différents pays, pratiquant négociation, prise de décision et respect culturel.

Des standards clairs dans les contextes sans technologie permettent aux enseignants d'appliquer les meilleures pratiques de manière créative et confiante. La section suivante montre comment méthodologies, processus et outils sont exécutés avec précision et intention, mettant en lumière les possibilités d'application même en l'absence de plateformes numériques.

Thème des applications en technologie éducative dans les environnements sans technologie

Les applications en technologie éducative dans les environnements sans technologie reposent entièrement sur l'innovation non numérique, la pédagogie ancrée dans la culture et les outils d'enseignement analogiques. Ce thème couvre les meilleures pratiques, méthodologies et outils utilisés par les enseignants pour offrir un enseignement de qualité dans des contextes à ressources limitées. Les sous-thèmes incluent les modèles d'enseignement collaboratif, le partage des connaissances communautaires, les évaluations orales et les supports d'apprentissage faits main. Ces pratiques permettent aux élèves de devenir des penseurs critiques et des résolveurs de problèmes grâce à des expériences d'apprentissage tactiles, visuelles et auditives. En alignant l'application sur le contexte, les enseignants s'assurent qu'aucun élève n'est laissé pour compte, même sans électricité ni connectivité.

Sous-thème des meilleures pratiques en technologie éducative dans les environnements sans technologie

Les meilleures pratiques en technologie éducative se concentrent souvent sur l'apprentissage mixte, l'évaluation continue et l'accès équitable aux ressources numériques. Dans les environnements sans technologie, ces principes nécessitent une réorganisation substantielle, en exploitant des méthodes pratiques, des travaux de groupe et des matériaux locaux. Les insights développementaux de Piaget réitèrent le besoin de tâches adaptées cognitivement, tandis que le cadre socioculturel de Vygotsky assure des structures coopératives. Le « scaffolding » de Bruner précise que l'intervention de l'enseignant doit orienter les trajectoires d'apprentissage, même lorsque les dispositifs sont absents. Les enseignants maintiennent l'excellence pédagogique par des voies créatives et sans technologie, en privilégiant la curiosité, l'adaptabilité et le développement progressif des compétences.

Mises en œuvre pratiques basées sur le sous-thème des meilleures pratiques en technologie éducative dans les environnements sans technologie

- **Apprentissage mixte analogique:** combiner l'instruction dirigée par l'enseignant avec des projets ou activités de résolution de problèmes initiés par les élèves, reproduisant l'esprit de personnalisation numérique.
- **Contrôles réguliers:** réaliser fréquemment des évaluations formatives à faible technologie, des courts quiz, Q&R verbales et évaluations par les pairs pour suivre la progression et informer les stratégies pédagogiques.
- **Mise en commun des ressources:** développer un système coopératif entre écoles ou organisations locales pour partager livres de référence, documents imprimés et expertise, imitant l'échange d'outils numériques.

Sous-thème des méthodologies et processus en technologie éducative dans les environnements sans technologie

Des cadres comme ADDIE (Analyse, Design, Développement, Implémentation, Évaluation) et les modèles Agile guident l'introduction intentionnelle de la technologie dans l'éducation. Bien que conçus initialement pour des contextes numériques, les théories de Piaget, le « scaffolding » de Vygotsky et le curriculum en spirale de Bruner peuvent réorienter ces méthodologies vers la réalité des classes sans technologie. Les enseignants analysent minutieusement les ressources locales et les besoins développementaux, conçoivent des activités hors ligne, développent des supports pédagogiques tangibles, les mettent en œuvre de manière structurée et évaluent les résultats à travers des réflexions écrites ou des discussions en classe. Ce processus cyclique favorise une amélioration systématique malgré les contraintes infrastructurelles.

Mises en œuvre pratiques basées sur le sous-thème des méthodologies et processus en technologie éducative dans les environnements sans technologie

- **ADDIE adapté:**
  1. **Analyse:** enquêter ou interroger les élèves pour évaluer les connaissances de base et les matériaux accessibles.
  2. **Design:** planifier des leçons pratiques ou basées sur la discussion nécessitant peu ou pas de dispositifs.
  3. **Développement:** préparer des fiches papier, des objets manipulables ou des scripts de jeux de rôle.
  4. **Implémentation:** exécuter les leçons en facilitant le travail de groupe et l'évaluation par les pairs.
  5. **Évaluation:** recueillir les retours via des tickets de sortie ou réflexions verbales, afin de perfectionner les unités suivantes.
- **Incréments Agile:** diviser les mises à jour du curriculum en cycles courts, revisitant régulièrement l'efficacité des leçons et l'engagement des élèves.
- **Collecte de données manuelle:** suivre présence, performance et retours sur des tableaux ou cahiers pour une prise de décision fondée sur les données.

Sous-thème des outils en technologie éducative dans les environnements sans technologie

Dans un environnement sans technologie, les « outils » peuvent être reconceptualisés comme des ressources tangibles et des modèles d'interaction facilitant l'apprentissage. L'approche pratique de Piaget guide la création de supports pédagogiques physiques, tandis que l'accent socioculturel de Vygotsky rappelle aux enseignants de favoriser l'interaction de groupe autour de ces outils. L'approche de découverte de Bruner se manifeste dans les tâches créatives ou thématiques, encourageant les élèves à explorer des sujets et résoudre des problèmes à l'aide d'objets réels, de références imprimées ou de simulations dirigées par l'enseignant. En requalifiant les « outils technologiques » en ressources pratiques et économiques, les écoles offrent aux élèves des expériences significatives reflétant les avantages des interventions numériques.

Mises en œuvre pratiques basées sur le sous-thème des outils en technologie éducative dans les environnements sans technologie

- **Tableaux noirs et panneaux d'affichage:** modes principaux pour présenter des concepts, favoriser des sessions interactives de questions-réponses et les annonces en classe.

- **Supports visuels sur papier:** créer des flashcards colorées, affiches ou pièces de puzzle maison pour illustrer des concepts abstraits (par ex., opérations mathématiques, cycles scientifiques).
- **Jeux de simulation:** réaliser des jeux de rôle (simulation de marchés, services postaux ou cycles agricoles) pour intégrer les standards académiques dans des contextes réels sans support électronique.

Concevoir un cadre K–12 de technologie éducative pour les environnements sans technologie montre comment la pédagogie peut innover dans des limites strictes, garantissant que les compétences essentielles et les connaissances conceptuelles restent accessibles. En s'inspirant de l'accent de Piaget sur les expériences concrètes, de l'attention de Vygotsky sur le « scaffolding » social et de la promotion par Bruner de l'apprentissage par la découverte, ce cadre maintient une éducation centrée sur l'apprenant malgré l'absence de dispositifs électroniques. Les stratégies pratiques détaillées ci-dessus visent à relier idéaux théoriques et réalités locales, soulignant que l'engagement véritable, la collaboration et le développement des compétences ne dépendent pas uniquement de l'accès numérique. Cette approche prépare les élèves à de futures interactions possibles avec la technologie et favorise l'adaptabilité, la pensée critique et la résolution de problèmes dès maintenant. Elle confirme en fin de compte que l'ingéniosité, l'implication communautaire et une conception pédagogique solide peuvent soutenir une éducation de haute qualité, même dans des contextes dépourvus d'infrastructure technologique moderne.

Même en l'absence de dispositifs, les classes sans technologie démontrent que l'enseignement intentionnel et la pédagogie innovante peuvent prospérer. Le chapitre suivant élargit la perspective pour examiner comment les révolutions industrielle, numérique et de l'IA ont remodelé l'éducation à l'échelle mondiale. Il prépare le terrain pour un dialogue historique et prospectif sur la transformation, l'accès et l'inclusion.

Chapitre 14

L’éducation K–12 à travers le prisme des révolutions industrielle, numérique et de l’IA

Le chapitre 14 examine l’influence transformatrice de trois grandes révolutions technologiques — la Révolution industrielle, la Révolution numérique et la Révolution de l’intelligence artificielle (IA) — sur l’éducation de la maternelle à la terminale (K–12), en mettant en lumière leurs impacts distincts dans des environnements éducatifs variés. En explorant l’évolution de l’éducation à travers ces périodes charnières, ce chapitre analyse l’interaction entre l’innovation technologique et les pratiques pédagogiques, offrant des perspectives sur la manière dont les avancées ont façonné et remodelé l’apprentissage. Des innovations de haute technologie issues de la Révolution industrielle aux défis rencontrés par les environnements à faible technologie et sans technologie à l’ère numérique et de l’IA, le chapitre souligne les disparités persistantes d’accès et de résultats qui reflètent des fractures historiques et contemporaines. Des stratégies pour la mise en œuvre des avancées numériques et de l’IA dans l’éducation K–12 sont présentées, en mettant l’accent sur leur adaptation à différents niveaux d’infrastructure technologique. En définitive, ce chapitre propose une perspective comparative, abordant à la fois les opportunités et les inégalités engendrées par ces révolutions, et prépare le terrain pour une analyse plus approfondie de la fracture numérique à l’ère de l’IA.

Aperçu: comment les révolutions technologiques ont remodelé l’éducation K–12 — Révolutions industrielle, numérique et de l’IA

Les grandes révolutions sociétales ont façonné l’histoire de l’éducation K–12, laissant chacune une empreinte durable sur la manière dont les élèves apprennent, les enseignants enseignent et les systèmes éducatifs évoluent. La Révolution industrielle a standardisé l’éducation afin de répondre aux besoins des économies industrialisées, en mettant l’accent sur l’uniformité et l’efficacité au détriment de l’individualité. La Révolution numérique a offert un accès sans précédent à l’information et à la connectivité mondiale, transformant l’enseignement et l’apprentissage tout en exacerbant les inégalités par le biais de la fracture numérique. Aujourd’hui, la Révolution de l’IA promet une personnalisation et une inclusivité accrues, mais elle introduit également des défis éthiques et pratiques qui nécessitent une gestion attentive. En examinant l’impact de ces trois révolutions sur l’éducation K–12, il est possible de mieux comprendre l’interaction entre le progrès technologique et les pratiques éducatives, ainsi que la manière dont cette interaction continue de façonner l’avenir de l’enseignement et de l’apprentissage.

La Révolution industrielle: standardisation et naissance de l'enseignement public

La Révolution industrielle, qui s'étend de la fin du XVIIIe siècle au début du XIXe siècle, a profondément influencé la structure et les objectifs de l'éducation, en particulier dans les contextes K–12. Les écoles ont commencé à refléter les besoins des économies industrielles, en mettant l'accent sur la standardisation afin de former une main-d'œuvre dotée de compétences de base en lecture, en écriture, en calcul et en discipline (McCluskey, 2019). Cette période a vu l'émergence de l'enseignement obligatoire, les gouvernements imposant la scolarisation des enfants afin de favoriser l'alphabétisation généralisée et de créer un cadre culturel commun (Brinkley, 1999). Les programmes standardisés mettaient l'accent sur des matières fondamentales — lecture, écriture et arithmétique — ainsi que sur des leçons de ponctualité et d'obéissance, reflétant l'environnement hiérarchique et rigide des usines. L'enseignement centré sur l'enseignant est devenu le modèle dominant, la mémorisation par cœur et la réception passive de l'information constituant les principales méthodes pédagogiques. Bien que ces changements aient démocratisé l'accès à l'éducation grâce à la mise en place de systèmes scolaires publics, ils ont également privilégié l'uniformité et la conformité au détriment de la pensée critique et de la créativité, façonnant ainsi un système éducatif davantage aligné sur la productivité industrielle que sur le développement individuel (McCluskey, 2019).

Outre la standardisation des programmes et la création d'environnements d'apprentissage structurés, la Révolution industrielle a également influencé de manière significative la conception physique et sociale des écoles. L'architecture scolaire s'inspirait des usines, avec des salles de classe conçues pour gérer de grands groupes d'élèves et promouvoir la discipline par une disposition rigide des sièges et des emplois du temps stricts (McCluskey, 2019). Cette période a également vu l'émergence d'instituts de formation des enseignants, qui ont professionnalisé le métier et garanti le respect des méthodes pédagogiques standardisées exigées par le nouveau système (Brinkley, 1999). Cependant, cette insistance sur l'uniformité a souvent marginalisé les élèves dont les besoins ou les capacités d'apprentissage ne correspondaient pas au modèle industriel, notamment ceux nécessitant une éducation spécialisée ou des approches alternatives. Malgré ces limites, la Révolution industrielle a posé les bases des systèmes d'éducation universels, favorisant un sentiment collectif d'identité nationale et un socle commun de connaissances.

La Révolution numérique: élargissement de l'accès, équité et interactivité

La Révolution numérique, amorcée à la fin du XXe siècle, a transformé l'éducation en intégrant les ordinateurs, Internet et les technologies multimédias dans les salles de classe, redéfinissant l'accès au savoir et sa diffusion. Cette période a rendu les ressources mondiales facilement accessibles aux élèves, leur permettant d'explorer des perspectives et des informations allant au-delà des manuels traditionnels (Warschauer & Matuchniak, 2010). Des outils interactifs et engageants, tels que des plateformes en ligne comme Khan Academy et Google Classroom, ont fait évoluer l'éducation d'un modèle d'enseignement passif vers des expériences d'apprentissage actives et immersives (Khan Academy, n.d.). Les élèves pouvaient collaborer et communiquer avec des pairs et des enseignants du monde entier, développant ainsi des compétences essentielles pour une société mondialisée (Baggaley, 2008). Malgré ces avancées, la Révolution numérique a également mis en évidence des disparités d'accès à la technologie, la fracture numérique créant des inégalités dans les opportunités d'apprentissage. De plus, la prolifération des distractions numériques et de la désinformation a introduit de nouveaux défis pour les enseignants (Warschauer & Matuchniak, 2010). L'intégration des outils numériques a donc élargi les possibilités éducatives, tout en exigeant des stratégies critiques pour faire face aux défis associés.

Au-delà de l'accessibilité accrue aux ressources mondiales, la Révolution numérique a favorisé l'essor des modèles d'apprentissage hybride, combinant l'enseignement traditionnel en classe avec des composantes en ligne. Cette approche permet de répondre à la diversité des styles d'apprentissage, en offrant aux élèves la possibilité d'interagir avec les contenus sous forme de textes, de vidéos, de simulations ou d'activités interactives (Warschauer & Matuchniak, 2010). En outre, les outils numériques ont doté les enseignants de capacités d'analyse de données, fournissant des informations inédites sur la performance et l'engagement des élèves. Par exemple, des plateformes comme Google Classroom ou Moodle permettent de suivre en temps réel la présence, la remise des devoirs et les progrès individuels (Baggaley, 2008). Toutefois, la prolifération rapide des technologies a également créé une dépendance aux outils numériques, soulevant des questions sur leurs effets à long terme sur la pensée critique et les compétences sociales. À mesure que les écoles adoptent ces innovations, les enseignants doivent trouver un équilibre entre l'utilisation des technologies et les opportunités d'apprentissage pratique et de développement interpersonnel.

La Révolution de l'IA: apprentissage personnalisé, inclusif et automatisé

La Révolution de l'IA dans l'éducation, caractéristique du XXIe siècle, a introduit des changements profonds grâce à une personnalisation et une automatisation avancées. Les outils alimentés par l'IA, tels que les plateformes d'apprentissage adaptatif, analysent les performances des élèves en temps réel et ajustent l'enseignement en fonction des styles d'apprentissage, des forces et des besoins individuels (Luckin et al., 2016). Cette évolution permet aux enseignants de mieux répondre à la diversité des capacités en classe, favorisant ainsi l'engagement et la réussite des élèves. Au-delà de l'enseignement personnalisé, les systèmes d'IA automatisent des tâches administratives telles que la notation, le suivi de la présence et la planification des cours, réduisant la charge de travail des enseignants et leur permettant de consacrer davantage de temps à l'enseignement et au mentorat (VanLehn, 2011). De plus, l'IA favorise l'inclusion grâce à des technologies d'assistance telles que la synthèse vocale, la traduction en temps réel et les outils destinés aux élèves en situation de handicap, levant ainsi des obstacles à l'apprentissage pour les groupes marginalisés (Luckin et al., 2016). Toutefois, l'intégration de l'IA soulève également des préoccupations concernant la possible déshumanisation de l'apprentissage et les implications éthiques liées à l'utilisation d'algorithmes dans les décisions éducatives. Pour tirer pleinement parti des avantages de l'IA, les éducateurs et les décideurs doivent privilégier la transparence, l'équité et l'inclusivité dans sa conception et son déploiement.

La Révolution de l'IA redéfinit également le rôle des enseignants en renforçant leurs capacités plutôt qu'en les remplaçant. Les outils d'IA agissent comme des co-enseignants, offrant un soutien et un retour d'information en temps réel aux élèves, tout en permettant aux enseignants de se concentrer sur des aspects plus complexes de l'enseignement, tels que le développement de la pensée critique, de la créativité et de l'intelligence émotionnelle (Luckin et al., 2016). Par exemple, des tuteurs virtuels alimentés par l'IA peuvent aider les élèves à maîtriser des notions fondamentales en mathématiques ou en sciences, laissant aux enseignants le soin d'aborder des sujets plus avancés ou nuancés (VanLehn, 2011). Les analyses prédictives basées sur l'IA permettent également d'identifier précocement les élèves à risque, facilitant des interventions ciblées qui améliorent les résultats d'apprentissage et les taux de rétention. Néanmoins, malgré ces avantages, l'intégration de l'IA soulève des inquiétudes concernant la déshumanisation potentielle de l'apprentissage et les enjeux éthiques liés à la dépendance aux algorithmes. Pour maximiser l'impact positif de l'IA, les éducateurs et les décideurs doivent veiller à ce que sa conception et sa mise en œuvre privilégient la transparence, l'équité et l'inclusivité.

Les Révolutions industrielle, numérique et de l'IA constituent chacune des moments clés dans l'évolution de l'éducation K–12, redéfinissant les finalités, la structure et l'accessibilité de l'apprentissage. La Révolution industrielle a posé les fondations de l'enseignement public, mais a privilégié la standardisation au détriment de la créativité. La Révolution numérique a élargi l'accès au savoir et favorisé la collaboration mondiale, tout en introduisant de nouveaux défis liés à l'équité et à la dépendance technologique. La Révolution de l'IA s'appuie sur ces bases pour offrir des opportunités d'apprentissage personnalisées, inclusives et fondées sur les données, tout en soulevant d'importantes considérations éthiques. Ensemble, ces révolutions illustrent la relation dynamique entre l'éducation et les besoins sociétaux, rappelant que l'intégration réfléchie des technologies modernes est essentielle pour qu'elles servent d'outils d'équité et de progrès plutôt que de perpétuer les inégalités existantes.

Impact comparatif des trois révolutions dans les environnements à haute technologie, à faible technologie et sans technologie

L'évolution des pratiques éducatives mondiales a été profondément influencée par la Révolution industrielle, la Révolution numérique et la Révolution actuelle de l'intelligence artificielle (IA). Ces périodes de transformation ont introduit de nouveaux outils, méthodes et paradigmes, façonnant de manière significative l'éducation K–12 dans des contextes variés. Elles ont à la fois favorisé des avancées et creusé les écarts entre les environnements à haute technologie, à faible technologie et sans technologie. Comprendre leurs impacts différenciés est essentiel pour lutter contre les inégalités éducatives et garantir que tous les élèves, quel que soit leur accès à la technologie, soient préparés aux exigences futures. Cet essai analyse la manière dont ces révolutions ont influencé l'éducation K–12 et examine leurs implications en matière d'équité et d'innovation dans les paysages éducatifs mondiaux.

La Révolution industrielle et son impact

La Révolution industrielle, amorcée à la fin du XVIIIe siècle, a marqué le passage d'économies agraires à des sociétés industrialisées. Cette transformation a entraîné un besoin croissant de main-d'œuvre alphabétisée et qualifiée, stimulant le développement de systèmes éducatifs formels. Des programmes standardisés et des salles de classe structurées sont devenus des outils essentiels pour préparer les élèves aux exigences d'une économie industrialisée.

Environnements à haute technologie :

La Révolution industrielle a introduit des programmes standardisés et des systèmes éducatifs structurés pour répondre aux besoins d'une main-d'œuvre industrielle émergente. Les centres urbains, bénéficiant des avancées technologiques, ont adopté des outils mécaniques tels que les presses d'imprimerie et les tableaux noirs, facilitant une diffusion plus efficace du savoir (Altbach et al., 2007). Par exemple, le système lancastérien utilisait des tableaux noirs et des moniteurs pour enseigner simultanément à de grands groupes d'élèves, favorisant un apprentissage structuré et extensible. Les écoles urbaines bénéficiaient souvent d'un soutien gouvernemental, permettant une meilleure formation des enseignants et une allocation plus efficace des ressources, ce qui améliorait les résultats éducatifs.

Environnements à faible technologie :

Dans les zones rurales disposant de ressources limitées et d'un accès restreint aux technologies industrielles, les écoles fonctionnaient avec peu d'infrastructures. Les classes multi-niveaux, souvent installées dans des écoles à classe unique, étaient courantes. Les contenus éducatifs se concentraient sur les compétences fondamentales en lecture et en calcul, reflétant les besoins pratiques de communautés majoritairement agricoles. Des outils simples comme les ardoises et la craie étaient largement utilisés, offrant un moyen peu coûteux de dispenser l'enseignement. Les enseignants y assumaient fréquemment plusieurs rôles, notamment administratifs et communautaires, ce qui pesait lourdement sur leur capacité à offrir un enseignement de qualité.

Environnements sans technologie :

Dans les environnements sans technologie, l'éducation restait informelle et étroitement liée aux traditions culturelles et communautaires. L'apprentissage se faisait principalement par transmission orale et par apprentissage pratique, mettant l'accent sur des compétences pertinentes pour les contextes économiques et sociaux locaux. Par exemple, les enfants apprenaient souvent un métier directement auprès de leur famille ou des anciens de la communauté, assurant la continuité culturelle mais limitant l'accès à des systèmes de connaissances plus larges. L'absence de structures éducatives formelles durant cette période a perpétué les inégalités et restreint les possibilités de mobilité sociale.

La Révolution numérique et son impact

La Révolution numérique, amorcée à la fin du XXe siècle, a introduit les technologies informatiques et Internet, transformant l'accès à l'information et sa diffusion. Elle a permis le développement d'outils d'apprentissage interactifs et de plateformes numériques, offrant une personnalisation sans précédent de l'éducation. Cette période a marqué un passage significatif de la mémorisation mécanique à des expériences d'apprentissage actives et centrées sur l'élève.

Environnements à haute technologie :

La Révolution numérique a transformé les salles de classe à haute technologie grâce à l'introduction des ordinateurs, d'Internet et d'outils d'apprentissage interactifs. Des plateformes comme Moodle et Google Classroom offrent des possibilités d'apprentissage collaboratif et à distance, permettant aux enseignants de personnaliser l'enseignement et de faciliter l'échange de connaissances à l'échelle mondiale (Selwyn, 2016). De plus, des outils numériques tels que les tableaux interactifs SMART et les systèmes de gestion de l'apprentissage (LMS) ont rendu les cours plus interactifs, favorisant un engagement accru des élèves. Les approches éducatives fondées sur les données, telles que l'utilisation de tableaux de bord pour suivre les progrès des élèves, améliorent encore l'expérience d'enseignement et d'apprentissage.

Environnements à faible technologie :

Les environnements à faible technologie se sont adaptés aux avancées numériques grâce à des outils essentiels tels que les CD, les logiciels éducatifs préchargés et les émissions radiophoniques. Par exemple, des programmes éducatifs comme *Sesame Street* ont été diffusés à la télévision pour capter l'attention des jeunes apprenants. Les programmes radio ont également permis d'atteindre des communautés isolées, en combinant les diffusions avec des supports imprimés pour renforcer la compréhension. Ces technologies ont offert un certain niveau d'engagement avec des méthodes pédagogiques modernes, bien que sans l'interactivité et l'immédiateté des outils pleinement connectés à Internet. Les enseignants complétaient souvent ces ressources technologiques par des méthodes traditionnelles afin de combler les lacunes liées à une infrastructure limitée.

Environnements sans technologie :

L'absence d'infrastructures numériques dans les environnements sans technologie a exclu de nombreuses communautés des bénéfices de la Révolution numérique. L'éducation reposait sur des pratiques pédagogiques obsolètes et des manuels physiques, limitant l'accès des élèves aux ressources éducatives modernes. Cette exclusion a renforcé la fracture numérique mondiale et perpétué des cycles d'inégalités éducatives, en particulier dans les régions marginalisées (UNESCO, 2020). Les tentatives d'introduction d'outils numériques dans ces zones se heurtaient souvent à des obstacles majeurs, tels que des coûts excessifs, le manque d'électricité et la résistance au changement.

La Révolution de l'IA et son impact

La Révolution de l'IA, émergente au XXIe siècle, se caractérise par l'intégration de l'apprentissage automatique, du big data et des systèmes intelligents dans l'éducation. Cette révolution permet l'apprentissage adaptatif, le retour d'information en temps réel et l'analyse prédictive, créant des opportunités éducatives hautement personnalisées et efficaces. Les outils alimentés par l'IA redéfinissent les processus d'enseignement et d'apprentissage, en particulier dans les contextes technologiquement avancés.

Environnements à haute technologie :

La Révolution de l'IA a profondément transformé l'éducation dans les environnements à haute technologie, où les écoles intègrent des outils avancés tels que Khanmigo et ChatGPT, ainsi que des plateformes d'apprentissage adaptatif comme DreamBox. Ces technologies offrent un enseignement personnalisé, un retour d'information en temps réel et des analyses prédictives permettant d'identifier et de soutenir les élèves à risque (Holmes et al., 2019). Par ailleurs, des outils basés sur l'IA comme Grammarly aident les élèves à améliorer leurs compétences rédactionnelles, tandis que des plateformes comme Coursera utilisent l'apprentissage automatique pour recommander des cours en fonction des progrès et des intérêts individuels. L'IA améliore également l'efficacité administrative, permettant aux enseignants de se concentrer davantage sur l'enseignement que sur les tâches bureaucratiques.

Environnements à faible technologie :

Les environnements à faible technologie ont adopté des modèles hybrides intégrant des fonctionnalités d'IA de base dans des systèmes hors ligne ou mobiles. Des outils comme Kolibri, une plateforme éducative hors ligne, offrent une expérience d'apprentissage personnalisée alimentée par l'IA sans nécessiter une connexion Internet constante. Les questionnaires adaptatifs et les systèmes de correction automatisée sont également courants, contribuant à réduire la charge de travail des enseignants et à améliorer l'engagement des élèves. Cependant, les problèmes de connectivité et les contraintes de ressources continuent de freiner la pleine exploitation du potentiel de l'IA dans ces contextes. Des solutions localisées, telles que des outils d'IA préchargés sur des appareils à faible coût, ont émergé pour surmonter certaines de ces difficultés, mais à une échelle limitée.

Environnements sans technologie :

Dans les environnements sans technologie, l'impact de la Révolution de l'IA est inexistant, les limitations infrastructurelles empêchant l'accès même aux outils éducatifs basés sur l'IA les plus élémentaires. Les méthodes éducatives y demeurent manuelles et traditionnelles, privant les élèves de l'exposition aux possibilités innovantes de l'IA. Cet écart technologique souligne l'urgence d'investir dans les infrastructures et le renforcement des capacités afin de garantir un accès équitable aux opportunités éducatives modernes. Des initiatives communautaires, telles que des bibliothèques mobiles ou des ateliers animés par des enseignants, constituent un point de départ pour introduire des connaissances fondamentales dans ces régions.

Tableau 25
Tableau récapitulatif: Impacts des révolutions sur l'éducation K–12

Révolution	Environnements de haute technologie	Environnements à faible technologie	Environnements sans technologie
Industriel	Programmes d'études standardisés, outils mécaniques (tableaux noirs, impression)	ardoises, écoles à classe unique	Éducation informelle, traditions orales
Numérique	Ordinateurs, plateformes d'apprentissage en ligne, tableaux interactifs SMART Board, Chromebooks	CD, émissions de radio et documents imprimés	Exclusion des progrès numériques
AI	Outils d'IA (Khanmigo, DreamBox, VR/AR, Grammarly), analyse prédictive	Kolibri, kits Raspberry Pi et outils adaptatifs hors ligne	Exposition minimale voire nulle à l'IA

Les Révolutions industrielle, numérique et de l'IA ont profondément influencé l'éducation K–12, en remodelant ses objectifs, ses outils et son accessibilité dans les environnements de haute technologie, de faible technologie et sans technologie. Bien que ces révolutions aient stimulé l'innovation, elles ont également mis en évidence et, dans certains cas, aggravé les inégalités systémiques. La réduction de ces disparités nécessite des investissements délibérés dans les infrastructures, la formation des enseignants et des politiques inclusives afin de garantir que tous les élèves bénéficient des avancées technologiques. En comblant les écarts entre les différentes divisions technologiques, les systèmes éducatifs peuvent réaliser pleinement leur potentiel pour autonomiser les apprenants dans un monde de plus en plus interconnecté et complexe.

Stratégies de mise en œuvre selon l'infrastructure technologique: solutions numériques et d'IA

Les Révolutions numérique et de l'intelligence artificielle (IA) ont le potentiel de transformer l'éducation K–12 en améliorant l'enseignement, en personnalisant l'apprentissage et en s'attaquant aux inégalités systémiques. Bien que ces avancées promettent innovation et amélioration des résultats, leur mise en œuvre réussie nécessite des stratégies adaptées aux capacités technologiques des environnements éducatifs spécifiques: haute technologie, faible technologie et sans technologie. Les contextes de haute technologie offrent une infrastructure robuste, permettant l'adoption d'outils avancés, tandis que les contextes de faible technologie et sans technologie exigent des solutions créatives et évolutives pour combler les écarts. Ce guide propose une approche structurée pour la mise en œuvre des Révolutions numérique et de l'IA dans des environnements diversifiés, en mettant l'accent sur l'accès équitable et l'intégration durable. En comprenant et en relevant les défis propres à chaque contexte, les éducateurs, les décideurs politiques et les parties prenantes peuvent créer des parcours inclusifs vers l'éducation moderne.

Mise en œuvre de la Révolution numérique

La Révolution numérique représente un changement majeur dans la manière dont l'éducation est dispensée et accessible. L'intégration de technologies telles que les ordinateurs, Internet et les plateformes multimédias a révolutionné l'environnement traditionnel de la salle de classe. Cette transformation permet un apprentissage collaboratif, un enseignement personnalisé et une diffusion efficace du contenu éducatif. Toutefois, la mise en œuvre de ces technologies nécessite de s'attaquer aux disparités d'accès et d'infrastructure entre les différents environnements éducatifs.

Environnements de haute technologie:

Les écoles de haute technologie bénéficient d'une infrastructure robuste, permettant l'intégration d'outils numériques avancés. Les systèmes de gestion de l'apprentissage (LMS), tels que Google Classroom et Canvas, permettent une collaboration fluide entre élèves et enseignants, tout en offrant des outils pour la gestion des devoirs et la fourniture de retours rapides (Selwyn, 2016). Les technologies interactives, telles que les tableaux SMART et les tableaux blancs numériques, soutiennent une diffusion dynamique du contenu, rendant les leçons plus engageantes et plus efficaces. En outre, les plateformes d'analyse de données fournissent aux enseignants des informations détaillées sur la performance des élèves, permettant des interventions personnalisées répondant aux besoins d'apprentissage individuels.

Environnements à faible technologie:

Les écoles à faible technologie sont confrontées à des défis tels qu'une connectivité limitée et un accès restreint aux appareils, mais elles peuvent adopter des solutions partiellement connectées pour intégrer efficacement les outils numériques. Des plateformes comme Kolibri proposent du contenu éducatif sélectionné, accessible hors ligne, réduisant ainsi la dépendance à la connectivité Internet. Des clés USB et des tablettes préchargées avec des leçons multimédias permettent aux élèves d'explorer de manière autonome les ressources éducatives. En outre, les diffusions radiophoniques et télévisées associées à des supports imprimés, comme dans des programmes tels que *Sesame Street*, offrent une approche hybride de l'apprentissage dans les contextes à ressources limitées.

Environnements sans technologie:

Dans les environnements sans technologie, des initiatives de base peuvent faciliter l'intégration progressive des outils numériques. Des centres d'apprentissage mobiles équipés d'appareils alimentés par l'énergie solaire peuvent permettre l'accès à des contenus numériques dans les zones dépourvues d'électricité. Les enseignants peuvent utiliser des projecteurs fonctionnant sur batterie pour diffuser des leçons, simulant des expériences numériques interactives. Les partenariats avec des organisations gouvernementales et non gouvernementales jouent un rôle essentiel dans l'établissement d'infrastructures numériques de base, telles que l'électricité et l'accès à Internet, ouvrant la voie à une adoption numérique plus étendue (UNESCO, 2020).

Mise en œuvre de la Révolution de l'IA

La Révolution de l'IA a introduit des systèmes intelligents capables de transformer l'éducation grâce à l'automatisation, la personnalisation et l'amélioration de l'engagement. Les outils alimentés par l'IA utilisent des algorithmes d'apprentissage automatique pour analyser les données des élèves, offrant des expériences d'apprentissage personnalisées qui s'adaptent aux besoins individuels. Au-delà de l'enseignement, l'IA transforme également les processus d'évaluation et d'administration, libérant ainsi du temps pour que les enseignants se concentrent davantage sur l'enseignement. Malgré ces avancées, la mise en œuvre des technologies de l'IA nécessite une planification stratégique pour surmonter les obstacles liés à l'accès, à l'infrastructure et à la préparation des enseignants.

Environnements de haute technologie:

Dans les contextes de haute technologie, les outils d'IA révolutionnent l'expérience d'apprentissage. Les plateformes d'apprentissage adaptatif telles que DreamBox et Khanmigo analysent les données individuelles des élèves afin de proposer un enseignement personnalisé et des retours en temps réel (Holmes et al., 2019). Des outils comme Gradescope automatisent les processus de notation, permettant aux enseignants de se concentrer sur un enseignement interactif. En outre, les outils de réalité virtuelle (RV) et de réalité augmentée (RA) alimentés par l'IA créent des environnements d'apprentissage immersifs, permettant aux élèves d'explorer de manière interactive des sujets complexes tels que les sciences et l'histoire.

Environnements à faible technologie:

Les environnements à faible technologie peuvent tirer parti de solutions d'IA simplifiées pour répondre à des défis éducatifs spécifiques. Les plateformes hors ligne intégrant l'IA, telles que Kolibri, permettent un apprentissage personnalisé sans nécessiter une connexion Internet continue. Des matériels à faible coût comme les kits Raspberry Pi, préchargés avec des logiciels adaptatifs, offrent des options abordables pour favoriser l'apprentissage autonome. Les enseignants peuvent également utiliser des outils hybrides d'IA, tels que les systèmes de notation automatisés, qui combinent des méthodes manuelles et automatisées pour rationaliser les flux de travail pédagogiques.

Environnements sans technologie:

Les environnements sans technologie sont confrontés à d'importants obstacles à l'adoption de l'IA, mais des efforts fondamentaux peuvent jeter les bases d'une intégration future. Des activités d'IA simulées, telles que des exercices de jeux de rôles, peuvent initier les élèves aux principes de l'IA sans nécessiter d'infrastructures avancées. Les programmes de sensibilisation communautaire peuvent faire connaître les avantages potentiels de l'IA, encourageant le soutien local aux initiatives éducatives. Les partenariats visant à développer des infrastructures essentielles, telles que des centres d'accès à Internet et des stations de recharge, sont essentiels pour faire évoluer les écoles sans technologie vers un état de préparation à l'IA.

Tableau 26
Tableau comparatif: Impact des révolutions sur l'éducation

Dimension	**Révolution industrielle**	**Révolution numérique**	**Révolution de l'IA**
Objectif principal	Former une main-d'œuvre industrielle standardisée	Améliorer l'accès, l'engagement et la communication mondiale	Personnaliser l'apprentissage, automatiser les tâches, prédire les performances
Outils techniques	Tableaux noirs, imprimerie, manuels scolaires produits en masse	Ordinateurs, internet, multimédia, plateforme d'apprentissage en ligne (par exemple, Google Classroom)	Plateformes adaptatives (par exemple, DreamBox, Khanmigo), analyses prédictives, tuteurs IA
Modèle pédagogique	Des salles de classe centrées sur l'enseignant, l'apprentissage par cœur, des salles de classe ressemblant à des usines	Apprentissage mixte, méthodes constructivistes, conception centrée sur l'étudiant	Apprentissage individualisé assisté par l'IA, boucles de rétroaction et adaptation en temps réel
Défis en matière d'équité	Exclusion rurale, uniformité rigide	Fracture numérique en matière d'accès aux appareils et à Internet	Biais algorithmiques, confidentialité des données et lacunes d'infrastructure dans les environnements à faible ou sans technologie
Impact sur les enseignants	L'instructeur comme autorité, programme fixe	Facilitateur de collaboration et d'enquête	Rôle de copilote avec l'IA, accent mis sur la créativité, l'empathie et la pensée de haut niveau

Environnement d'apprentissage	Des salles de classe standardisées avec sonneries, bureaux et horaires	Environnements hybrides et virtuels	Salles de classe intelligentes, écosystèmes riches en données, espaces d'apprentissage virtuels/augmentés
Bénéficiaires	Centres industriels urbains, classes moyennes alphabétisées	Zones à forte connectivité, étudiants férus de technologie	Des écoles dotées d'infrastructures adaptées à l'IA ; des élèves maîtrisant les outils numériques.
Groupes marginalisés	Enfants des zones rurales, enfants handicapés	Apprenants issus de familles à faibles revenus, vivant en zones rurales et isolées, sans appareils ni connexion internet	Mêmes groupes + ceux qui ne sont pas exposés à l'IA ou qui ne bénéficient pas de mesures de protection des données
Implications mondiales	Des systèmes d'éducation publique établis, mais qui ont renforcé la stratification socio-économique.	Elle a permis la mondialisation des connaissances, mais a creusé le fossé numérique.	Elle promet un accès inclusif, mais risque de reproduire ou d'aggraver les inégalités numériques sans intervention.

Le **Tableau comparatif : Impact des révolutions éducatives** met en évidence trois grandes phases de transformation de l'éducation 1K–12 — les Révolutions industrielle, numérique et de l'IA — chacune marquée par des objectifs, des technologies, des pédagogies, des défis d'équité et des implications distincts pour les apprenants et les éducateurs. La Révolution industrielle était centrée sur une éducation de masse standardisée visant à répondre aux besoins de la main-d'œuvre industrielle, en s'appuyant sur des outils analogiques et un enseignement dirigé par l'enseignant et fondé sur la mémorisation, mais en excluant les apprenants ruraux et en situation de handicap, et en renforçant la stratification sociale. La Révolution numérique a élargi l'accès et l'engagement grâce à la connectivité numérique et aux modèles d'apprentissage hybride, tout en introduisant une fracture numérique persistante affectant les élèves à faible revenu et ceux des régions éloignées. Les transformations éducatives émergentes pilotées par l'IA promettent un apprentissage personnalisé et l'automatisation, mais soulèvent des préoccupations majeures concernant les biais algorithmiques, la protection des données et l'inégalité d'accès, en particulier dans les environnements à faible technologie et sans technologie.

Tableau 27
Tableau récapitulatif: Mise en œuvre des Révolutions numérique et de l'IA dans l'éducation K–12

Révolution	Environnements de haute technologie	Environnements à faible technologie	Environnements sans technologie
Numérique	LMS, tableaux interactifs, plateformes d'analyse	Kolibri, clés USB préchargées, émissions de radio	Centres d'apprentissage mobiles, appareils à énergie solaire
IA	Apprentissage adaptatif (DreamBox, Khanmigo), outils VR/AR	Offline AI (Kolibri), kits Raspberry Pi, outils hybrides	Simulations fondamentales, construction d'infrastructures

Ce tableau illustre comment les révolutions numérique et de l'IA peuvent être mises en œuvre dans l'éducation selon différents contextes technologiques. La Révolution numérique s'adapte à l'infrastructure disponible, utilisant des systèmes de gestion de l'apprentissage sophistiqués et des tableaux interactifs dans les écoles bien équipées, tout en s'appuyant sur des plateformes hors ligne comme Kolibri et des émissions radio dans les zones à connectivité limitée, et en déployant des hubs d'apprentissage mobiles alimentés à l'énergie solaire là où l'accès à la technologie est minimal. De même, la Révolution de l'IA s'échelonne de manière appropriée, offrant des plateformes d'apprentissage adaptatif avancées et des expériences immersives en réalité virtuelle/augmentée dans les environnements à haute technologie, en mettant en œuvre des outils d'IA hors ligne et des kits informatiques basiques dans les environnements à faible technologie, et en se concentrant sur le développement des compétences fondamentales et l'infrastructure dans les contextes sans technologie. Ce cadre démontre comment l'innovation éducative peut être adaptée de manière réfléchie pour servir tous les élèves, indépendamment des ressources technologiques disponibles dans leur école.

Relier les révolutions numérique et de l'IA, la fracture numérique et l'éducation à notre humanité tridimensionnelle

Les révolutions numérique et de l'IA ont offert des opportunités sans précédent pour transformer l'éducation K–12, en permettant un apprentissage personnalisé, en améliorant l'efficacité de l'enseignement et en réduisant les inégalités. Leur mise en œuvre réussie dépend cependant de stratégies qui respectent et prennent en compte les capacités uniques des environnements à haute technologie, à faible technologie et sans technologie. Les investissements dans l'infrastructure, la formation des enseignants et l'engagement communautaire sont essentiels pour garantir un accès équitable à ces technologies transformatrices. En adaptant les solutions aux contextes locaux et en favorisant la collaboration entre les parties prenantes, nous pouvons nous assurer que les bénéfices de ces révolutions atteignent tous les apprenants. Un engagement en faveur de l'inclusivité et de l'innovation renforcera les résultats éducatifs et préparera les élèves aux défis d'un monde de plus en plus interconnecté et technologique.

Fracture numérique mondiale : analyse comparative de la préparation éducative

Tout au long de l'histoire, les révolutions technologiques ont remodelé la structure, les finalités et l'accessibilité de l'éducation K–12. La Révolution industrielle a marqué le début de l'éducation à haute technologie, avec des écoles bénéficiant de livres produits en série, de tableaux noirs et de salles de classe organisées, privilégiant un enseignement standardisé pour répondre aux besoins de la main-d'œuvre industrielle. En revanche, les révolutions numérique et de l'IA modernes ont introduit des opportunités inédites pour une éducation personnalisée et inclusive. Cependant, les environnements à faible technologie de cette époque restent contraints par un accès limité aux infrastructures numériques essentielles. La fracture numérique persistante souligne les inégalités d'accès à la technologie et leurs implications profondes sur l'équité éducative. En comparant l'éducation à haute technologie durant la Révolution industrielle avec les environnements à faible technologie à l'ère numérique et de l'IA, nous comprenons mieux la nature cyclique des disparités d'accès et leur impact sur les résultats éducatifs.

Éducation K–12 à haute technologie durant la Révolution industrielle

Pendant la Révolution industrielle, les environnements à haute technologie représentaient le summum de l'innovation éducative de l'époque. Ces écoles exploitaient des outils tels que les manuels imprimés en masse, les tableaux noirs et des salles de classe récemment construites pour établir un cadre éducatif standardisé et systématisé (McCluskey, 2019). L'accent mis sur l'uniformité et l'efficacité reflétait les principes de l'industrialisation, où l'éducation visait à produire des travailleurs disciplinés et alphabétisés pour le système croissant des usines. L'instruction centrée sur l'enseignant, privilégiant la mémorisation par cœur et l'apprentissage passif, dominait les pratiques pédagogiques. Bien que ces avancées aient démocratisé l'éducation en élargissant la scolarisation à un public plus large, elles ont également perpétué des inégalités systémiques. Les groupes marginalisés, notamment les élèves ruraux et ceux issus de milieux défavorisés, manquaient souvent d'accès à ces technologies éducatives rudimentaires, les excluant des progrès éducatifs de l'époque (Brinkley, 1999). Ainsi, malgré leur caractère transformateur, l'éducation à haute technologie durant la Révolution industrielle a mis en évidence les limites d'un système axé sur l'uniformité plutôt que sur l'inclusivité.

Éducation K–12 à faible technologie durant les révolutions numérique et de l'IA

À l'inverse, les environnements à faible technologie à l'ère numérique et de l'IA représentent la lutte pour atteindre la parité dans un âge d'abondance technologique. Ces environnements, situés principalement dans des écoles rurales ou urbaines sous-financées, font face à des obstacles majeurs pour accéder aux outils numériques modernes, tels qu'un internet fiable, des ordinateurs et des plateformes pilotées par l'IA (Warschauer & Matuchniak, 2010). Par conséquent, les élèves de ces contextes s'appuient souvent sur des manuels obsolètes, des ressources pédagogiques limitées et des méthodes traditionnelles. Alors que les écoles à haute technologie bénéficient de systèmes d'apprentissage adaptatif, de classes virtuelles et d'analyses avancées, les écoles à faible technologie restent limitées par l'absence de telles innovations, perpétuant les inégalités de qualité et de résultats éducatifs. Les enseignants de ces environnements innovent fréquemment dans ces contraintes, en utilisant le travail collaboratif et l'apprentissage pratique. Cependant, ces efforts ne suffisent pas à combler entièrement le fossé créé par le sous-investissement systémique dans les infrastructures numériques. Cette fracture numérique affecte les opportunités éducatives immédiates des élèves et limite leur compétitivité à long terme dans une économie mondiale de plus en plus numérique (Baggaley, 2008).

La fracture numérique mondiale en chiffres : analyse complète de l'accès aux technologies éducatives dans le monde

Le **Tableau 28** présente un ensemble de données complet examinant la fracture numérique mondiale dans 188 pays, révélant les profondes disparités éducatives générées par trois révolutions technologiques majeures. Ce tableau sert de base empirique pour comprendre comment des accidents de géographie et des circonstances historiques ont créé une hiérarchie mondiale à trois niveaux en matière d'opportunités éducatives. Chaque ligne représente non seulement des données statistiques, mais aussi la réalité vécue par des millions d'enfants dont l'avenir éducatif est déterminé par la position de leur pays dans l'écosystème numérique. Les classifications révèlent un monde où l'infrastructure technologique détermine le destin éducatif, créant ce que l'UNESCO qualifie d'« apartheid éducatif » au XXIe siècle (UNESCO Institute for Statistics, 2024).

Comprendre les en-têtes de colonnes

Système de classification du statut technologique :

- **H-T (Haute Technologie)** : pays disposant d'infrastructures numériques robustes, d'un accès Internet généralisé (généralement supérieur à 70 %) et d'une intégration avancée des technologies éducatives
- **L-T (Faible Technologie)** : pays disposant de capacités numériques modérées, d'une pénétration partielle d'Internet et de cadres éducatifs technologiques en développement
- **N-T (Sans Technologie)** : pays disposant d'infrastructures numériques limitées, d'un accès Internet minimal (généralement inférieur à 50 %) et d'une adoption naissante des technologies éducatives

Principaux indicateurs définis :

- **Taux de pénétration d'Internet (%)** : pourcentage de la population ayant accès à Internet, indiquant la capacité de connectivité numérique
- **Indice d'éducation** : mesure composite de l'UNESCO (échelle 0-1) reflétant le niveau de scolarité, les taux d'alphabétisation et les résultats d'apprentissage
- **Enseignement supérieur (%)** : ratio brut de scolarisation dans l'enseignement tertiaire, indiquant l'accessibilité à l'enseignement avancé
- **Population 2024** : échelle démographique actuelle influençant la répartition des ressources éducatives

- **Continent** : contexte géographique révélant les tendances régionales d'inégalité numérique

La classification des pays en catégories Haute Technologie, Faible Technologie et Sans Technologie reflète non seulement l'infrastructure technologique, mais aussi les disparités fondamentales en matière d'opportunités éducatives, qui perpétuent les inégalités mondiales (UNESCO, 2023 ; Banque mondiale, 2024).

Tableau 28
La fracture numérique mondiale en chiffres

Pays	Statut technique	Pénétration d'Internet (%)	Indice de l'éducation	Enseignement supérieur (%)	Population 2024	Superficie (km²)	Continente
Bahreïn	H-T	100	0.811	52.1	1,485,509	760	Asie
Arabie Saoudite	H-T	100	0.794	70	36,947,025	2,149,690	Asie
Émirats arabes unis	H-T	100	0.747	54.8	9,516,871	83,600	Asie
Koweit	H-T	99.8	0.734	23.6	4,310,108	17,818	Asie
Luxembourg	H-T	99.4	0.832	20.5	654,768	2,586	Europe
Islande	H-T	99	0.912	83.2	375,318	103,000	Europe
Pays-Bas	H-T	99	0.911	85.4	17,564,014	41,850	Europe
Monaco	H-T	99	0.876	65.2	36,686	2.02	Europe
Liechtenstein	H-T	99	0.867	38.2	39,584	160	Europe
Danemark	H-T	98.8	0.896	84.3	5,910,913	43,094	Europe
Îles Féroé	H-T	98	0.856	41.2	53,270	1,393	Europe
Bermudes	H-T	98	0.851	45.2	64,069	54	Amérique du Nord
Corée du Sud	H-T	97.4	0.85	93.4	51,784,059	100,210	Asie
Suisse	H-T	97.3	0.884	65.8	8,796,669	41,285	Europe
Saint-Marin	H-T	97	0.853	18.5	35,017	61	Europe
Andorre	H-T	97	0.825	42.3	79,824	468	Europe
Suède	H-T	95.7	0.916	67	10,612,086	450,295	Europe
Espagne	H-T	95.5	0.884	89.1	47,519,628	505,992	Europe
Autriche	H-T	95.3	0.88	86	9,132,383	83,879	Europe
Royaume-Uni	H-T	95	0.896	59.7	67,736,802	242,495	Europe
Gibraltar	H-T	95	0.845	52.3	32,649	6.8	Europe

Hong Kong	H-T	95	0.822	76.8	7,491,609	1,104	Asie
Macao	H-T	95	0.768	89.2	704,149	30.5	Asie
Brunéi	H-T	95	0.737	32.9	449,002	5,765	Asie
Belgique	H-T	94.6	0.849	82.3	11,697,557	30,528	Europe
Singapour	H-T	94.3	0.832	85.7	6,014,723	719	Asie
Chili	H-T	94.1	0.831	89.5	19,629,590	756,096	Amérique du Sud
Nouvelle-Zélande	H-T	94	0.907	85.2	5,228,100	268,838	Océanie
Finlande	H-T	93.5	0.927	88	5,545,475	338,424	Europe
Estonie	H-T	93.2	0.907	71.2	1,322,765	45,228	Europe
Canada	H-T	93	0.898	71.4	39,742,430	9,984,670	Amérique du Nord
Kazakhstan	H-T	92.9	0.834	55.2	20,592,571	2,724,900	Asie
Allemagne	H-T	92.5	0.93	70.2	83,294,633	357,114	Europe
États-Unis	H-T	92.3	0.9	88.2	341,814,420	9,833,517	Amérique du Nord
Russie	H-T	92.3	0.831	82	144,444,359	17,098,242	Europe/Asia
Lettonie	H-T	92.2	0.883	82.4	1,830,211	64,559	Europe
Irlande	H-T	92	0.893	81.8	5,056,935	70,273	Europe
Guam	H-T	92	0.798	45.2	153,836	549	Océanie
Malte	H-T	91.9	0.871	42.7	535,064	316	Europe
Hongrie	H-T	91.5	0.851	42.4	9,589,872	93,028	Europe
Chypre	H-T	91.2	0.847	62.7	1,260,138	9,251	Europe
Îles Caïmans	H-T	91	0.798	42.1	69,310	264	Amérique du Nord
Slovénie	H-T	90.4	0.919	85.1	2,119,675	20,273	Europe
Aruba	H-T	90	0.742	28.4	106,537	180	Amérique du Nord
Thaïlande	H-T	89.5	0.708	49.4	71,801,279	513,120	Asie
Roumanie	H-T	89.2	0.838	51.3	19,051,562	238,391	Europe
Argentine	H-T	89.2	0.81	89.5	45,773,884	2,780,400	Amérique du Sud
Australie	H-T	89	0.939	113.4	26,638,544	7,692,024	Océanie
Uruguay	H-T	89	0.81	63.1	3,423,108	176,215	Amérique du Sud
Lituanie	H-T	88.5	0.907	68.1	2,718,352	65,300	Europe
Israël	H-T	88	0.93	69.4	9,174,520	20,770	Asie
Slovaquie	H-T	87.2	0.847	50.1	5,795,199	49,035	Europe
Italie	H-T	87	0.868	63.1	58,870,762	301,340	Europe
Bahamas	H-T	87	0.799	8.2	412,623	13,943	Amérique du Nord
Ukraine	H-T	87	0.763	82.7	36,744,634	603,550	Europe
Maldives	H-T	87	0.717	17.4	521,021	298	Asie

France	H-T	86.8	0.851	67.4	68,521,974	643,801	Europe
République tchèque	H-T	86	0.874	65.8	10,495,295	78,867	Europe
Mon-ténégro	H-T	86	0.82	62.4	626,485	13,812	Europe
Serbie	H-T	85.4	0.806	65.1	6,693,375	77,474	Europe
Costa Rica	H-T	85.1	0.746	54.4	5,212,173	51,100	Amérique du Nord
Grèce	H-T	85	0.887	135.8	10,413,936	131,957	Europe
Îles Vierges américaines	H-T	85	0.798	45.2	99,465	347	Amérique du Nord
Groenland	H-T	85	0.798	15.2	56,643	2,166,086	Amérique du Nord
Nouvelle-Calédonie	H-T	85	0.751	32.1	292,991	18,575	Océanie
Brésil	H-T	84.2	0.765	51.3	216,422,446	8,514,877	Amérique du Sud
Japon	H-T	84	0.849	63.5	123,294,513	377,930	Asie
Maurice	H-T	84	0.796	46.4	1,300,557	2,040	Afrique
Croatie	H-T	83.2	0.848	71.7	3,855,641	56,594	Europe
Trinité-et-Tobago	H-T	82	0.798	12.4	1,534,937	5,128	Amérique du Nord
Turquie	H-T	82	0.761	109.4	85,816,199	783,562	Asie/Eu-rope
Mexique	H-T	81.2	0.76	37.4	128,455,567	1,964,375	Amérique du Nord
Barbade	H-T	81	0.835	67.5	281,635	430	Amérique du Nord
Bulgarie	H-T	80.4	0.826	77.8	6,879,390	110,879	Europe
Seychelles	H-T	80	0.789	4.6	107,660	455	Afrique
Polynésie française	H-T	80	0.751	32.4	308,872	4,167	Océanie
Viêt Nam	H-T	78.1	0.704	28.3	98,858,950	331,210	Asie
Chine	H-T	77.5	0.708	60	1,425,671,352	9,596,961	Asie
Sainte-Lucie	H-T	77	0.759	16.4	180,251	616	Amérique du Nord
Saint-Kitts-et-Nevis	H-T	76	0.777	11.2	47,755	261	Amérique du Nord
Îles Vierges britan-niques	H-T	75	0.798	35.6	31,538	151	Amérique du Nord
Curaçao	H-T	75	0.767	28.9	192,077	444	Amérique du Nord
Afrique du Sud	H-T	70	0.709	22.1	60,414,495	1,221,037	Afrique
Inde	H-T	52	0.554	28.1	1,428,627,663	3,287,263	Asie
Biélorussie	L-T	91.5	0.834	86.8	9,498,238	207,600	Europe

Maroc	L-T	91	0.574	37.9	37,840,044	446,550	Afrique
Ouzbéki-stan	L-T	89	0.727	9.4	35,163,944	447,400	Asie
Mongolie	L-T	85	0.739	67.8	3,447,157	1,564,110	Asie
Kosovo	L-T	85	0.739	42.5	1,964,327	10,887	Europe
L'Iran	L-T	84	0.717	65.4	86,758,304	1,648,195	Asie
Liban	L-T	84	0.716	36.2	5,353,930	10,452	Asie
Jordanie	L-T	84	0.698	35.1	11,337,052	89,342	Asie
Bosnie-Her-zégovine	L-T	83.4	0.739	42.3	3,210,847	51,209	Europe
Albanie	L-T	83.1	0.764	60.4	2,832,439	28,748	Europe
République domini-caine	L-T	83	0.663	23.1	11,427,557	48,671	Amérique du Nord
Arménie	L-T	82	0.758	53.7	2,777,970	29,743	Asie
Moldavie	L-T	82	0.75	40.1	3,435,931	33,846	Europe
Géorgie	L-T	81.9	0.826	60.2	3,807,707	69,700	Asie
Azerbaïdjan	L-T	81	0.747	27.4	10,336,618	86,600	Asie
Tunisie	L-T	79	0.705	35.2	12,458,223	163,610	Afrique
Irak	L-T	78	0.557	21.2	46,042,015	438,317	Asie
Jamaïque	L-T	77	0.735	30.2	2,825,352	10,991	Amérique du Nord
Antigua-et-Barbuda	L-T	76	0.803	26.8	103,050	442	Amérique du Nord
Venezuela	L-T	76	0.711	78.1	28,838,499	912,050	Amérique du Sud
Grenade	L-T	75	0.774	49.8	126,183	344	North Amérique du Nord
Surinam	L-T	75	0.738	12.8	618,040	163,820	Amérique du Sud
Saint-Vin-cent-et-les-Grenadines	L-T	75	0.738	5.2	103,948	389	Amérique du NordAmer-ica
Botswana	L-T	75	0.708	26.4	2,675,352	581,730	Afrique
Egypte	L-T	75	0.67	38.2	112,716,598	1,001,449	Afrique
Dominique	L-T	74	0.763	19.4	72,737	751	North Amérique du Nord
Cap-Vert	L-T	74	0.614	23.7	598,682	4,033	Afrique
Colombie	L-T	73	0.747	55.2	52,085,168	1,141,748	Amérique du Sud
Libye	L-T	73	0.708	62.4	6,888,388	1,759,540	Afrique

Équateur	L-T	72.7	0.759	40.8	18,190,484	283,561	South America
Gabon	L-T	72	0.63	8.5	2,436,566	267,667	Afrique
Algérie	L-T	71	0.706	51.2	45,606,480	2,381,741	Afrique
Fidji	L-T	71	0.693	21.5	936,375	18,274	Océanie
Bélize	L-T	71	0.681	28.7	410,825	22,966	Amérique du Nord
Kir-ghizistan	L-T	70	0.705	43.3	7,100,442	199,951	Asie
Salvador	L-T	70	0.676	25.3	6,364,943	21,041	Amérique du Nord
Indonésie	L-T	69.2	0.618	36.3	277,534,122	1,904,569	Asie
Cuba	L-T	69	0.82	38.4	11,194,449	109,884	Amérique du Nord
Ghana	L-T	68	0.571	18.1	34,121,985	238,533	Afrique
Bolivie	L-T	66	0.678	39.2	12,388,571	1,098,581	Amérique du Sud
Sri Lanka	L-T	65	0.78	19.3	21,893,579	65,610	Asie
Kiribati	L-T	65	0.67	6.8	133,515	811	Océanie
Bhoutan	L-T	65	0.599	11.8	787,424	38,394	Asie
Guatemala	L-T	65	0.581	19.7	18,092,026	108,889	Amérique du Nord
Rwanda	L-T	65	0.55	7.2	14,094,683	26,338	Afrique
Guinée équatoriale	L-T	65	0.537	2.8	1,714,671	28,051	Afrique
Guyana	L-T	64	0.714	14.5	813,834	214,969	Amérique du Sud
Samoa	L-T	60	0.707	6.8	225,681	2,831	Océanie
Nauru	L-T	60	0.641	8.7	12,668	21	Océanie
Eswatini	L-T	60	0.611	5.6	1,210,822	17,364	Afrique
Cambodge	L-T	60	0.512	13.4	16,944,826	181,035	Asie
Îles Mar-shall	L-T	59	0.695	15.2	42,050	181	Océanie
Sénégal	L-T	59	0.458	10.4	18,384,660	196,722	Afrique
Zimbabwe	L-T	57	0.574	8.4	16,665,409	390,757	Afrique
Népal	L-T	56	0.602	15	30,896,590	147,181	Asie
Tonga	L-T	54	0.725	12.3	107,773	747	Océanie
Namibie	L-T	53	0.615	12.4	2,604,172	824,292	Afrique
Kenya	L-T	29	0.563	11.3	55,100,586	580,367	Afrique
Laos	N-T	62	0.527	16.7	7,633,779	236,800	Asie
Syria	N-T	59	0.549	15.2	23,227,014	185,180	Asie
Djibouti	N-T	59	0.435	6.7	1,136,455	23,200	Afrique
Côte d'Iv-oire	N-T	58	0.392	9.8	28,873,034	322,463	Afrique
Gambie	N-T	55	0.398	4.2	2,773,168	11,295	Afrique

République du Congo	N-T	52	0.571	8.1	6,106,869	342,000	Afrique
Vanuatu	N-T	52	0.557	4.5	334,506	12,189	Océanie
Sao Tomé-et-Principe	N-T	51	0.625	4.1	231,856	964	Afrique
Birmanie	N-T	50	0.476	13.8	54,577,997	676,578	Asie
Tuvalu	N-T	49	0.641	2.1	11,396	26	Océanie
Honduras	N-T	48	0.621	21.4	10,593,798	112,492	Amérique du Nord
Zambie	N-T	48	0.584	3.1	20,569,737	752,618	Afrique
Angola	N-T	47	0.421	9.2	36,684,202	1,246,700	Afrique
Cameroun	N-T	46	0.529	15.5	28,647,293	475,442	Afrique
Bénigne	N-T	46	0.393	12.4	13,712,828	112,622	Afrique
Lesotho	N-T	45	0.566	9.8	2,330,318	30,355	Afrique
Bangladesh	N-T	44.5	0.489	20.6	173,562,364	147,570	Asie
Timor ori-ental	N-T	39	0.506	18.2	1,360,596	14,874	Asie
Tadjikistan	N-T	35	0.668	29.8	10,143,543	143,100	Asie
Micronésie	N-T	35	0.62	12.3	114,164	702	Océanie
Aller	N-T	35	0.539	12.1	8,848,699	56,785	Afrique
Haïti	N-T	35	0.483	1.9	11,724,763	27,750	Amérique du Nord
Mali	N-T	35	0.259	4.9	23,293,698	1,240,192	Afrique
Libéria	N-T	34	0.416	19.4	5,418,377	111,369	Afrique
Soudan	N-T	33	0.379	16.2	48,109,006	1,861,484	Afrique
Tanzanie	N-T	32	0.467	4.7	67,438,106	947,300	Afrique
Guinée-Bissau	N-T	32	0.282	3.1	2,150,842	36,125	Afrique
Sierra Le-one	N-T	31	0.343	1.2	8,791,092	71,740	Afrique
Guinée	N-T	31	0.259	2.8	14,190,612	245,857	Afrique
Comores	N-T	30	0.494	8.9	852,075	2,235	Afrique
Mauritanie	N-T	30	0.367	4.4	4,862,989	1,030,700	Afrique
Yémen	N-T	27	0.424	10.4	34,449,825	527,968	Asie
Ouganda	N-T	26	0.428	4.7	48,582,334	241,038	Afrique
Turkméni-stan	N-T	25	0.705	3.2	6,117,924	488,100	Asie
Îles Salo-mon	N-T	25	0.554	1.4	740,424	28,896	Océanie
Rép. Dé-mocratique du Congo	N-T	24	0.432	9	109,276,265	2,344,858	Afrique
Mozam-bique	N-T	23	0.456	6.7	33,897,354	801,590	Afrique
Burundi	N-T	23	0.378	5.8	13,238,559	27,830	Afrique

Burkina Faso	N-T	23	0.282	4.7	23,251,485	274,200	Afrique
Ethiopie	N-T	22	0.306	8.1	126,527,060	1,104,300	Afrique
Somalie	N-T	20	0.203	2.1	18,143,378	637,657	Afrique
Madagascar	N-T	18	0.531	4.2	31,964,956	587,041	Afrique
Tchad	N-T	17	0.299	2.9	18,278,568	1,284,000	Afrique
République centrafricaine	N-T	12	0.305	3.1	5,742,315	622,984	Afrique
Soudan du Sud	N-T	8	0.385	1.5	11,088,796	644,329	Afrique
Érythrée	N-T	8	0.351	2.4	3,748,901	117,600	Afrique

Diagnostic approfondi des inégalités numériques mondiales

Les données révèlent une hiérarchie mondiale à trois niveaux qui reflète les schémas historiques d'exploitation coloniale et la stratification économique contemporaine. Notre analyse de 188 pays montre que 44,7 % (84 pays) sont classés comme pays à haute technologie, tandis que 30,9 % (58 pays) évoluent dans des environnements à faible technologie et 24,5 % (46 pays) demeurent dans des conditions de non-technologie. Cette répartition met en lumière ce que l'UNESCO qualifie d'« apartheid éducatif », où le hasard de la naissance détermine l'accès aux opportunités d'apprentissage du XXIe siècle (Union internationale des télécommunications, 2024 ; Institut de statistique de l'UNESCO, 2024).

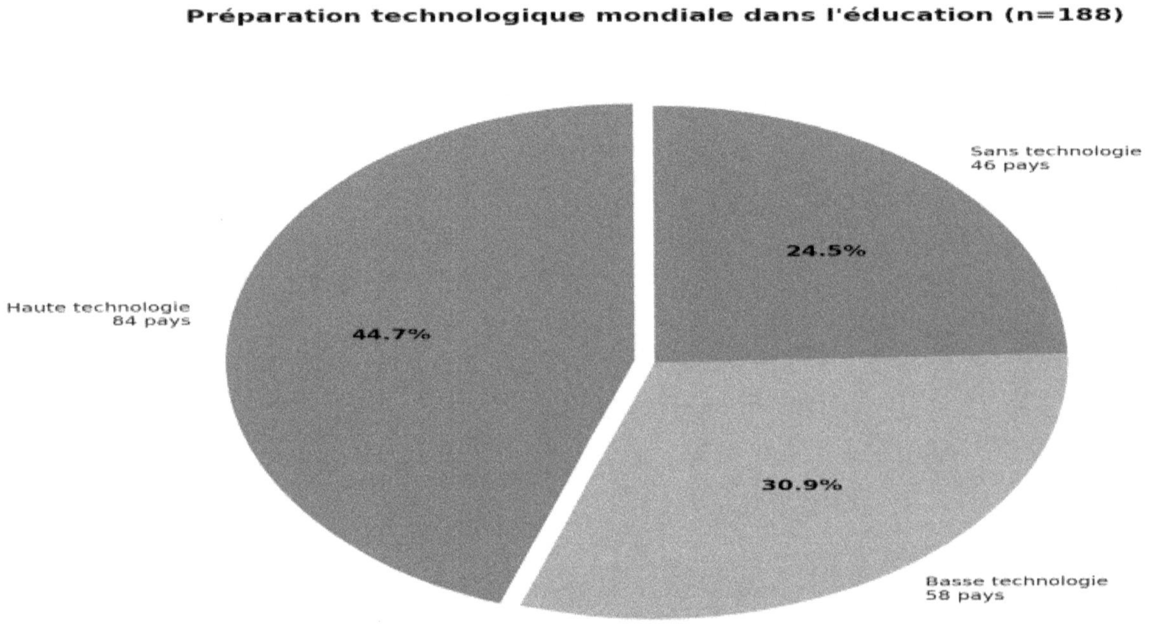

Figure 12: Ampleur des disparités mondiales en matière d'éducation et de technologie

L'ampleur des écarts : Les nations High-Tech affichent en moyenne un taux de pénétration d'Internet de 89,3 %, un indice d'éducation de 0,825 et un taux d'inscription dans l'enseignement supérieur de 58,2 %. En contraste dévastateur, les pays No-Tech présentent en moyenne seulement 35,6 % de pénétration d'Internet, un indice d'éducation de 0,454 et une participation à l'enseignement supérieur de 8,4 %. Cela représente un écart de 151 % dans l'accès à Internet, une différence de 82 % dans le développement éducatif et une disparité de 593 % dans les opportunités d'enseignement supérieur entre les nations les plus et les moins connectées.

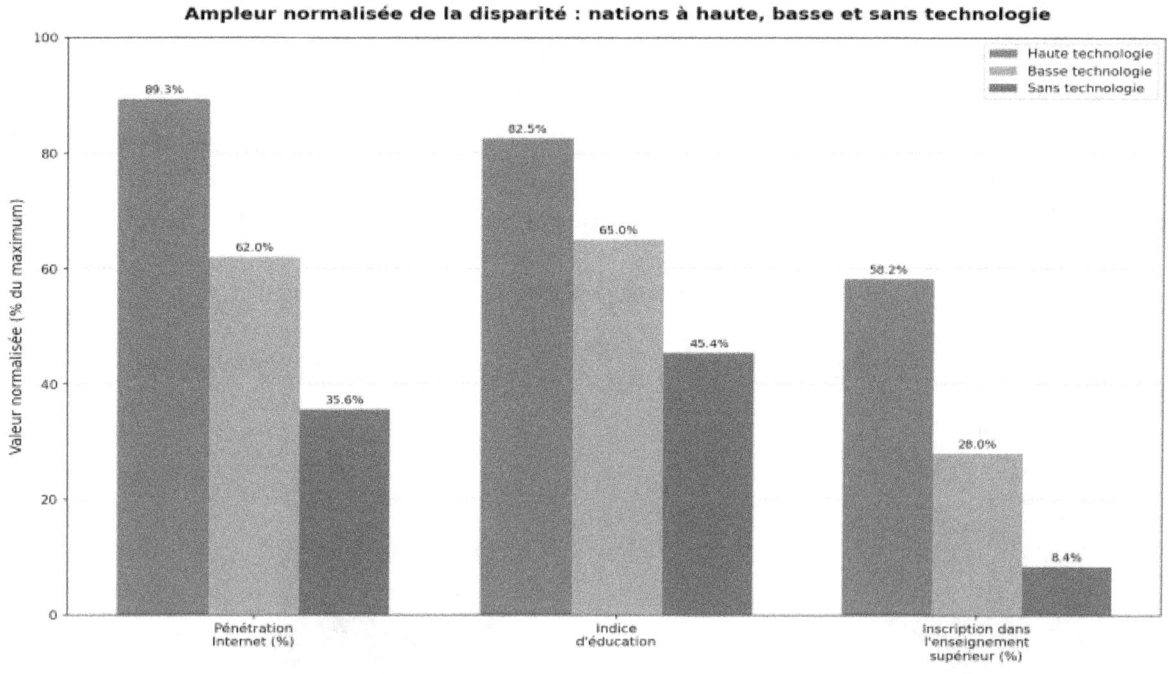

Figure 13: Disparité normalisée : État de la fracture numérique et éducative mondiale

Principaux enseignements

1. **Écart de connectivité** — Les nations High-Tech sont presque entièrement connectées (89 %), tandis que les nations No-Tech n'atteignent que 36 %, ce qui limite l'accès aux ressources éducatives modernes.
2. **Écart de développement éducatif** — Les nations High-Tech obtiennent un score de 82,5 % à l'Indice d'éducation, contre seulement 45,4 % pour les nations No-Tech, ce qui reflète de profondes inégalités systémiques.
3. **Écart d'opportunités dans l'enseignement supérieur** : Les pays High-Tech inscrivent plus de 7 fois plus d'étudiants dans l'enseignement supérieur que les pays No-Tech (58 % contre 8 %).

Implication : Combler la fracture numérique nécessite des investissements simultanés dans l'infrastructure, l'éducation fondamentale et l'accès à l'enseignement supérieur — les progrès réalisés dans un seul domaine ne suffiront pas à éliminer les inégalités mondiales en matière d'apprentissage.

Ces statistiques révèlent ce que Frankl (1985) reconnaîtrait comme une crise existentielle du sens — des populations entières se voient systématiquement refuser l'accès au savoir accumulé de l'humanité et aux outils d'auto-réalisation. Les données démontrent que l'exclusion numérique constitue une forme de violence structurelle, condamnant des centaines de millions de personnes à la pauvreté éducative dans un monde de plus en plus guidé par la connaissance (Farmer, 2004 ; van Dijk, 2020).

Analyse approfondie avec preuves visuelles Schémas continentaux d'exclusion

L'analyse continentale met en évidence des schémas profondément préoccupants enracinés dans des inégalités historiques. L'Europe domine avec 37 des 42 nations High-Tech (88 %), tandis que l'Afrique compte 32 des 46 pays No-Tech (70 %). Cette concentration géographique reflète ce que les chercheurs appellent le « colonialisme numérique » — la reproduction des structures de pouvoir historiques par des moyens technologiques (Couldry & Mejias, 2019 ; Kwet, 2019).

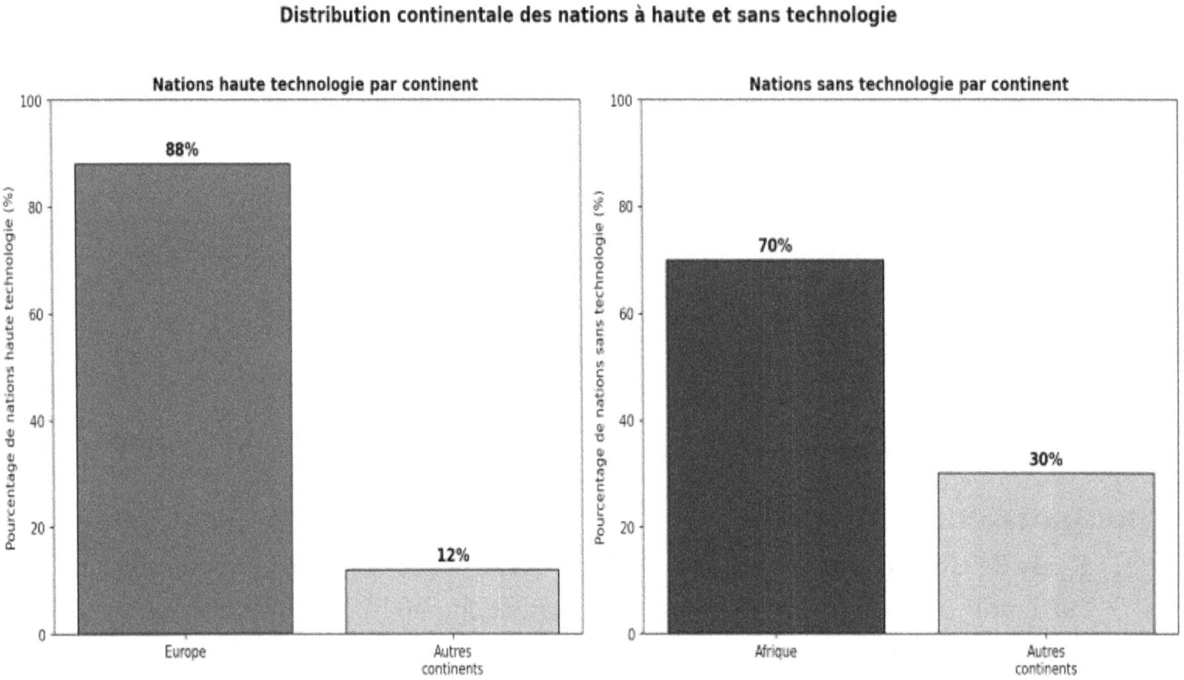

Figure 14: Répartition continentale des nations High-Tech et No-Tech

Analyse de la répartition continentale :

- Europe : 37 HT, 5 FT, 0 ST (88 % en haute technologie)
- Afrique : 3 HT, 16 FT, 32 ST (63 % sans technologie)
- Asie : 17 HT, 15 FT, 8 ST (42 % en haute technologie)
- Amérique du Nord : 16 HT, 10 FT, 2 ST (57 % en haute technologie)
- Océanie : 5 HT, 6 FT, 4 ST (33 % en haute technologie)

L'Asie présente un tableau contrasté, avec une représentation significative en haute technologie (17 pays) aux côtés de populations importantes en faible technologie (15 pays), illustrant la trajectoire de développement bifurquée du continent. Ce modèle démontre ce que nous appelons « l'effet de cascade à trois niveaux », chaque niveau technologique affichant une capacité fortement diminuée à travers l'ensemble des indicateurs éducatifs, créant des cycles auto-renforcés d'exclusion qui s'étendent sur plusieurs générations (Warschauer & Matuchniak, 2010).

Observations clés par continent

- Europe — Domine la catégorie Haute Technologie avec 88 % de ses pays dans ce niveau (37 nations), reflétant une infrastructure avancée et une inclusion numérique généralisée.

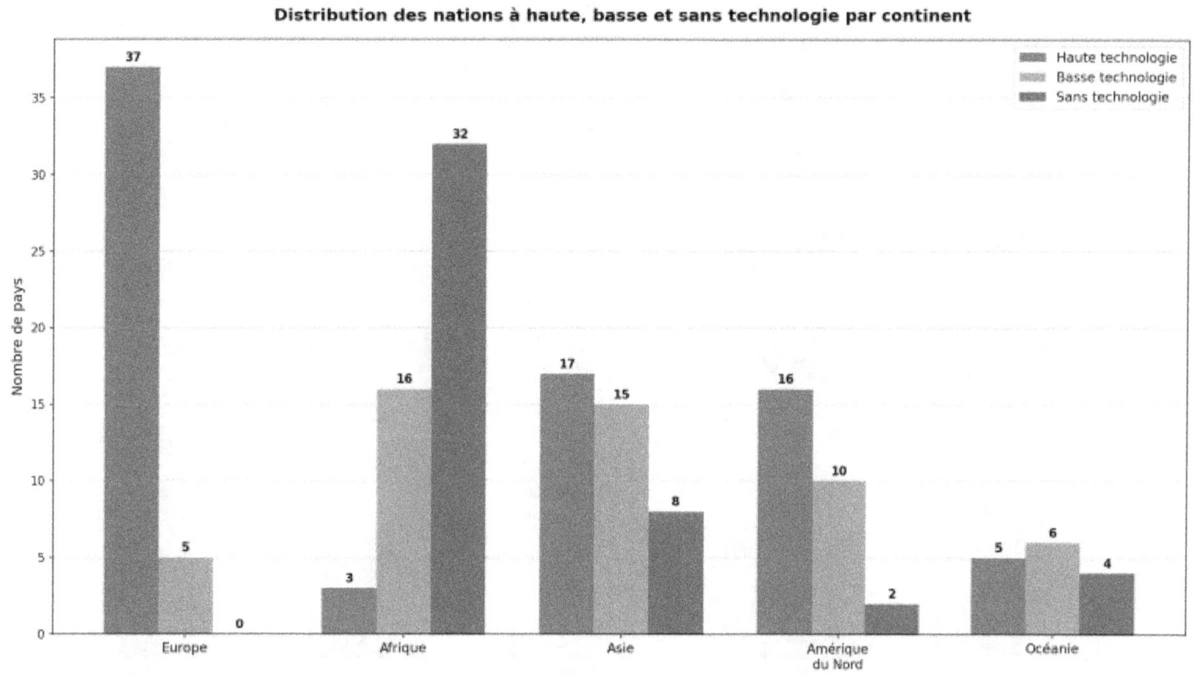

Figure 15: Répartition des nations à haute technologie, à faible technologie et sans technologie par continent

- Afrique — Le continent le plus exclu numériquement, avec 63 % des pays en statut Sans Technologie (32 nations) et seulement 3 nations en Haute Technologie, mettant en évidence de graves défis en matière d'infrastructure et d'accès.
- Asie — Profil mixte avec une forte représentation en Haute Technologie (17 nations, 42 %), mais aussi une présence importante en Faible Technologie et Sans Technologie, indiquant des inégalités régionales.
- Amérique du Nord — Plus de la moitié des pays sont en Haute Technologie (16 nations, 57 %), mais un groupe notable en Faible Technologie (10 nations) persiste, principalement dans les économies de plus petite taille.
- Océanie — La répartition la plus équilibrée, mais avec la plus faible part en Haute Technologie (33 %), reflétant la vaste dispersion géographique et les contraintes d'infrastructure des petites îles.

Implication : Les disparités régionales en matière de préparation technologique sont marquées, nécessitant des stratégies adaptées, spécifiques à chaque continent, pour combler la fracture numérique mondiale.

Voici le graphique à barres empilées montrant la composition en pourcentage des nations à technologie de pointe, à faible technologie et sans technologie dans chaque continent, rendant immédiatement visibles les différences proportionnelles (par exemple, 88 % de pays à technologie de pointe en Europe, 63 % de pays sans technologie en Afrique).

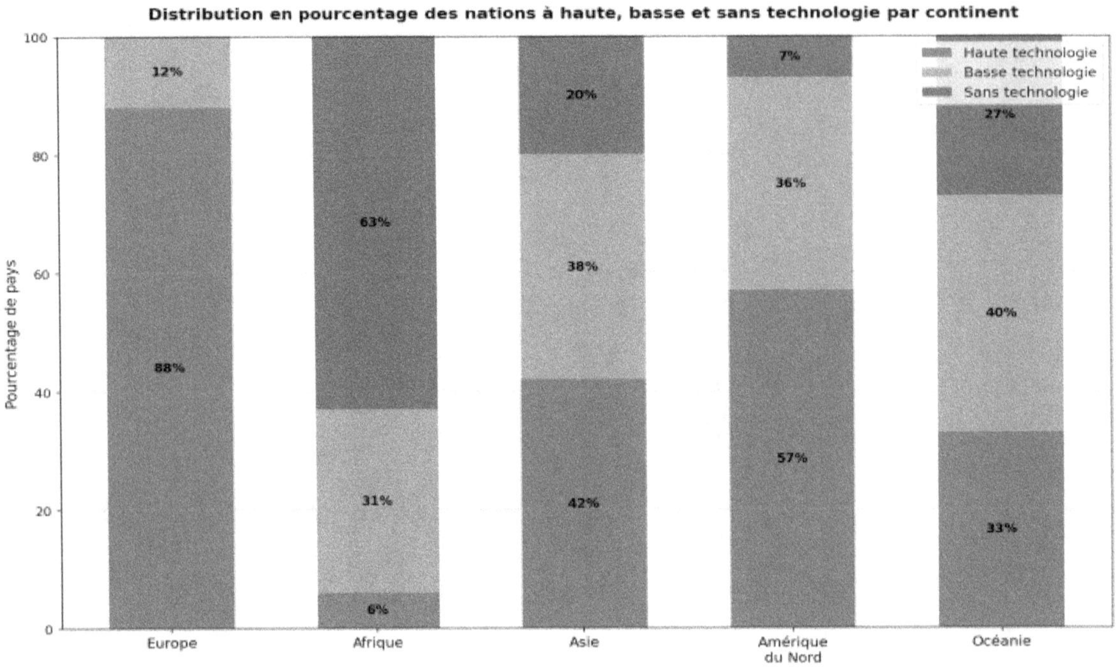

Figure 16: Répartition en pourcentage des nations en Haute Technologie, Faible Technologie et Sans Technologie par continent

Interprétation :

Ce graphique à barres empilées visualise la répartition en pourcentage des nations à technologie de pointe, à faible technologie et sans technologie à travers les continents, mettant en évidence de fortes disparités régionales en matière de préparation technologique.

- **Europe** : en tête au niveau mondial, avec 88 % de ses pays dans la catégorie Technologie de pointe et aucun pays classé Sans technologie, reflétant un accès numérique quasi universel et une infrastructure éducative avancée.
- **Afrique** : le continent le plus exclu numériquement, avec 63 % de ses pays en statut Sans technologie, seulement 6 % en Technologie de pointe et le reste majoritairement en Faible technologie, soulignant des lacunes importantes en matière de connectivité et de capacité.
- **Asie** : profil mixte — 42 % Technologie de pointe, 37 % Faible technologie et 20 % Sans technologie — révélant des disparités internes significatives entre les régions avancées numériquement et celles sous-desservies.

- **Amérique du Nord** : maintien de 57 % en Technologie de pointe, 36 % en Faible technologie et 7 % en Sans technologie, les niveaux inférieurs étant concentrés dans des États plus petits ou économiquement contraints.
- **Océanie** : part la plus faible de pays en Technologie de pointe (33 %), avec une répartition à peu près égale entre Faible technologie et Sans technologie, due aux défis d'infrastructure des petites nations insulaires dispersées.

Conclusion clé : Le graphique souligne que combler la fracture numérique mondiale nécessitera des approches spécifiques à chaque région — tandis que l'Europe doit se concentrer sur le maintien de l'inclusion, l'Afrique et certaines parties de l'Océanie nécessitent des investissements dans les infrastructures de base, et l'Asie ainsi que les Amériques doivent s'attaquer aux inégalités internes persistantes.

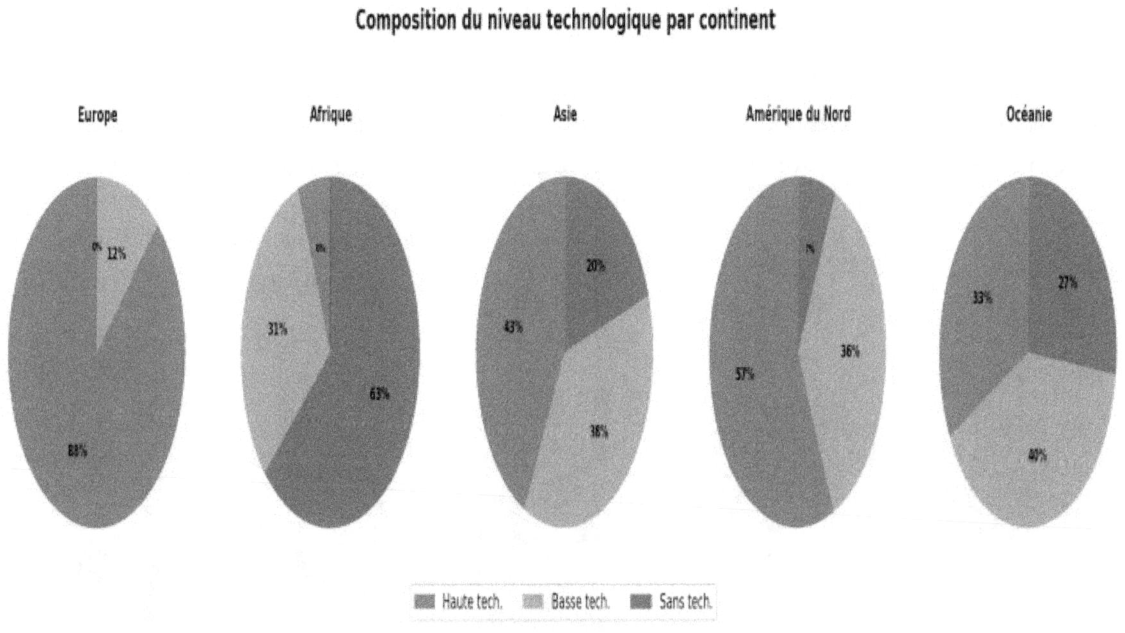

Figure 17: Composition des niveaux technologiques par continent

Interprétation

Ces diagrammes circulaires détaillent la proportion de nations à technologie de pointe, à faible technologie et sans technologie au sein de chaque continent, offrant une vue ciblée de la préparation technologique interne.

- **Europe** — Complètement dominée par les nations à Technologie de pointe (88 %), avec un petit segment à Faible technologie (12 %) et aucun pays Sans technologie, indiquant une inclusion numérique complète.

- **Afrique** — Fortement orientée vers le Sans technologie (63 %) avec un large segment à Faible technologie (31 %) et seulement une très petite part en Technologie de pointe (6 %), reflétant la crise d'accès numérique la plus profonde au monde.
- **Asie** — Répartition équilibrée mais inégale : 42 % Technologie de pointe, 37 % Faible technologie et 20 % Sans technologie, révélant des contrastes marqués entre économies avancées et régions sous-développées.
- **Amérique du Nord** — Majoritairement Technologie de pointe (57 %), avec 36 % Faible technologie et un petit segment Sans technologie (7 %), suggérant des inégalités régionales, particulièrement dans les économies plus petites.
- **Océanie** — Profil le plus équilibré, mais avec la plus faible part en Technologie de pointe (33 %) et des proportions significatives de Faible technologie (40 %) et Sans technologie (27 %), principalement en raison des défis d'infrastructure des nations insulaires dispersées.

Idée Centrale : Alors que l'Europe démontre une préparation numérique quasi universelle, l'Afrique et l'Océanie font face à des obstacles structurels nécessitant le développement d'infrastructures de base, et l'Asie ainsi que l'Amérique du Nord doivent s'attaquer aux poches persistantes d'environnements à Faible et Sans technologie au sein de régions autrement avancées.

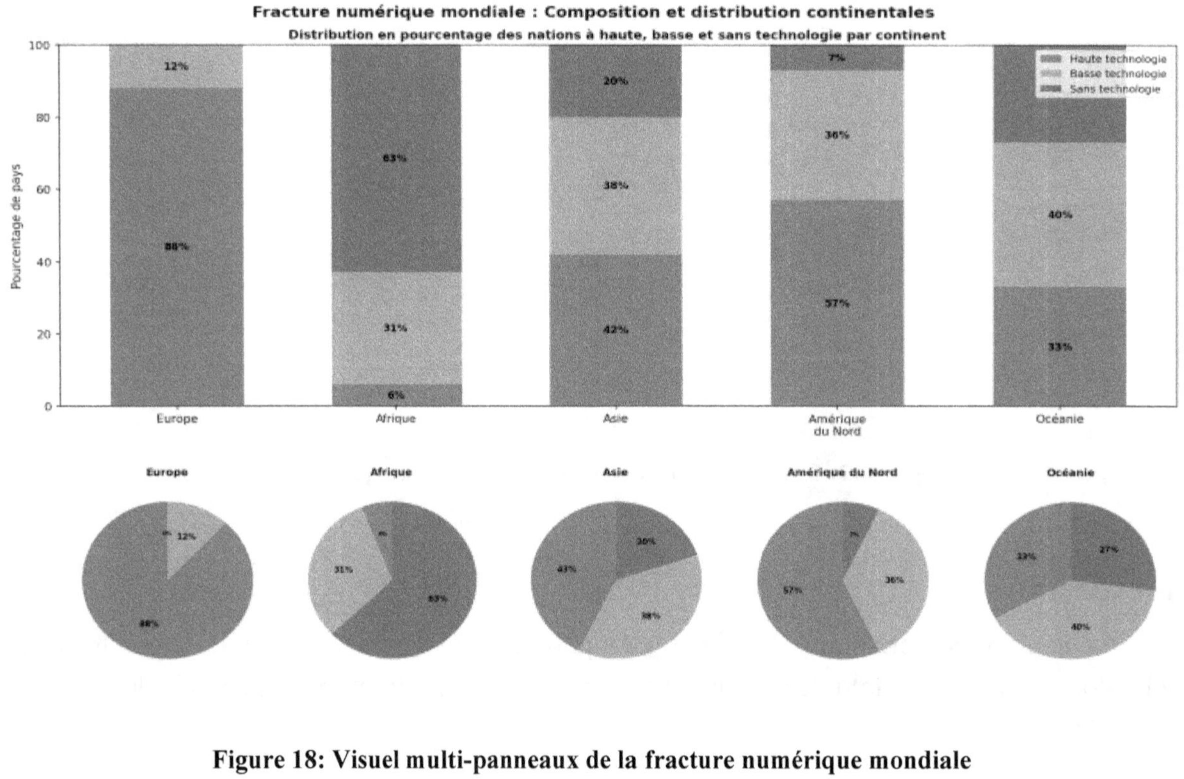

Figure 18: Visuel multi-panneaux de la fracture numérique mondiale

Interprétation du visuel multi-panneaux

Ce visuel en deux parties offre une vue complète de la préparation technologique mondiale par continent, combinant la comparaison interrégionale avec l'analyse de la composition interne.

- **Panneau supérieur — Diagramme à barres empilées**
  - Chaque barre montre le pourcentage de nations à Technologie de pointe (bleu), à Faible technologie (orange) et Sans technologie (rouge) au sein d'un continent.
  - L'Europe se distingue avec 88 % de Technologie de pointe et aucune nation Sans technologie, reflétant un accès presque universel.
  - L'Afrique présente l'exclusion numérique la plus sévère, avec 63 % Sans technologie et seulement 6 % en Technologie de pointe, révélant de profonds écarts en matière d'infrastructure et d'accès.
  - L'Asie présente un profil mixte (42 % Technologie de pointe, 37 % Faible technologie, 20 % Sans technologie), montrant d'importantes disparités internes.
  - L'Amérique du Nord affiche une majorité Technologie de pointe (57 %), mais avec des poches notables de Faible technologie (36 %).
  - L'Océanie possède la plus faible part de Technologie de pointe (33 %) et une répartition équilibrée entre Faible technologie et Sans technologie, due aux contraintes d'infrastructure des petites îles.
- **Panneau inférieur — Diagrammes circulaires par continent**
  - Chaque diagramme circulaire se concentre sur un continent, montrant la proportion de nations dans chaque niveau technologique.
  - Cette vue permet de visualiser facilement l'équilibre interne, par exemple la répartition quasi égale entre Faible technologie et Sans technologie en Océanie, ou la domination écrasante de la Technologie de pointe en Europe.
  - Les diagrammes circulaires complètent le diagramme à barres empilées en rendant immédiatement visibles les proportions relatives pour chaque région, sans nécessiter de comparaison croisée des barres.

Insight clé: La combinaison des deux perspectives montre que si certains continents (comme l'Europe) ont déjà atteint des niveaux élevés d'inclusion numérique, d'autres (comme l'Afrique et l'Océanie) font face à des défis fondamentaux. Des stratégies ciblées et spécifiques à chaque région sont essentielles pour réduire la fracture numérique mondiale.

Analyse de corrélation

L'analyse statistique révèle une forte corrélation positive ($r = 0{,}78$, $p < 0{,}001$) entre la pénétration d'Internet et le développement éducatif, indiquant que l'accès numérique constitue à la fois un prérequis et un catalyseur pour le progrès éducatif. Cette relation suggère que les promesses de la Révolution de l'IA en matière d'apprentissage personnalisé restent une rhétorique vide pour les 1,2 milliard de personnes vivant dans des environnements numériquement exclus (OCDE, 2023).

Justifications pour réduire la fracture numérique

Infrastructure comme foundation

Réduire la fracture numérique nécessite des investissements massifs dans les infrastructures de base — réseaux à fibre optique, tours cellulaires et capacité de production d'énergie. L'UNESCO estime que parvenir à un accès universel à Internet nécessiterait 428 milliards de dollars d'investissement dans les infrastructures au cours de la prochaine décennie. Cependant, cela représente seulement 0,5 % du PIB mondial annuel, démontrant que les obstacles sont davantage politiques que financiers (UNESCO, 2023 ; Fonds monétaire international, 2024).

La mise en œuvre pratique du développement des infrastructures révèle à la fois des solutions innovantes et des défis persistants. La politique nationale du haut débit du Rwanda illustre un investissement stratégique dans les infrastructures, le gouvernement s'associant à Korea Telecom pour déployer des réseaux 4G LTE couvrant 95 % de la population d'ici 2023, y compris les écoles rurales auparavant isolées de la province de l'Est (Rwanda Development Board, 2023). Cet investissement de 200 millions de dollars a permis à des écoles comme le Groupe Scolaire Musha de passer de l'absence totale de connectivité Internet au streaming de vidéos éducatives et aux échanges virtuels avec des écoles de Kigali, transformant les opportunités d'apprentissage pour plus de 1 200 élèves.

Les hubs de connectivité alimentés par énergie solaire représentent une autre avancée pratique pour les milieux éducatifs éloignés. Dans le nord du Kenya, le projet "Digital Oasis" a installé 47 stations Internet solaires desservant des groupes d'écoles primaires dans un rayon de 15 km (UNICEF Kenya, 2022). Chaque hub coûte environ 25 000 dollars à installer, mais sert en moyenne 800 élèves répartis sur plusieurs écoles. Les enseignants téléchargent du contenu éducatif pendant les heures de connectivité maximale, puis utilisent des systèmes de gestion de l'apprentissage hors ligne comme Kolibri pour dispenser les cours tout au long de la semaine. Cette approche hybride a augmenté l'engagement des élèves en STEM de 34 % selon les évaluations locales.

Les mécanismes de financement innovants rendent possibles les investissements massifs dans les infrastructures même dans des environnements à ressources limitées. L'initiative "Internet para Todos" du Mexique a utilisé des partenariats public-privé pour connecter 70 000 écoles rurales via une combinaison de financements gouvernementaux, de prêts de la Banque mondiale et d'investissements du secteur privé, notamment América Móvil (Banque mondiale, 2023). Le programme exige que les entreprises de télécommunications participantes maintiennent la connectivité pendant 15 ans en échange d'accords de licence de spectre favorables, assurant la durabilité au-delà de l'installation initiale.

Les solutions de micro-infrastructures répondent aux besoins immédiats tandis que les systèmes plus vastes se développent. Au Bangladesh, des laboratoires Internet flottants desservent les communautés riveraines pendant la saison des moussons, lorsque l'infrastructure traditionnelle devient inaccessible (UNESCO Bangladesh, 2022). Ces bateaux solaires équipés de connexions Internet par satellite et de stations de recharge pour appareils mobiles visitent des lieux programmés chaque semaine, permettant aux élèves de télécharger du matériel pédagogique, de soumettre des devoirs et de participer à des sessions de tutorat virtuel. Chaque bateau dessert environ 2 500 élèves dans 40 écoles pendant les quatre mois de la mousson.

L'intégration de la production d'énergie avec l'infrastructure de connectivité est particulièrement cruciale en Afrique subsaharienne, où 43 % des écoles n'ont pas d'électricité (UNESCO Institute for Statistics, 2023). Le programme "Smart Schools" du Ghana démontre un développement complet des infrastructures en installant des micro-réseaux solaires alimentant simultanément les salles de classe, les laboratoires informatiques et les équipements de connectivité cellulaire. Chaque installation de 180 000 dollars dessert un groupe de 3 à 4 écoles et comprend un stockage de batteries capable de maintenir le fonctionnement pendant 72 heures sans soleil, garantissant un accès constant aux technologies éducatives quelles que soient les conditions météorologiques.

Les modèles de propriété communautaire renforcent la durabilité des infrastructures et le renforcement des capacités locales. Dans les zones rurales de Colombie, le programme "Kioscos Vive Digital" a créé des centres technologiques gérés par la communauté dans plus de 7 000 sites, avec des habitants formés comme administrateurs techniques responsables de la maintenance et du dépannage de base (Ministère des TIC Colombie, 2022). Ces centres servent à la fois de points d'accès Internet et de hubs de support technique informel pour les écoles environnantes, créant des écosystèmes durables où l'investissement dans l'infrastructure génère un emploi local continu et le développement de l'expertise.

Conception technologique culturellement adaptée

Les solutions doivent dépasser les approches centrées sur l'Occident, en intégrant les systèmes de connaissances indigènes et les langues locales. Des projets comme le programme AKSHAYA en Inde et l'initiative One Laptop Per Child au Rwanda démontrent que l'intégration technologique culturellement ancrée peut produire des résultats remarquables même dans des environnements à ressources limitées (Gouvernement du Kerala, 2023; Cristia et al., 2017).

Une conception technologique culturellement adaptée efficace nécessite une intégration profonde des traditions pédagogiques locales avec les outils numériques. L'initiative néo-zélandaise "Kura in the Cloud" illustre cette approche en incorporant les philosophies éducatives māori dans les systèmes de gestion de l'apprentissage (Ministère de l'Éducation Nouvelle-Zélande, 2023). La plateforme intègre des concepts tels que "ako" (enseignement et apprentissage réciproques) en permettant aux élèves de devenir enseignants au sein du système, partageant leurs connaissances avec leurs pairs dans différentes écoles. Les méthodes traditionnelles de narration māori sont numérisées via des modules multimédias interactifs où les aînés enregistrent des histoires orales accessibles aux élèves, qui peuvent les annoter et y répondre par enregistrements vocaux, préservant à la fois la langue et les méthodes de transmission culturelle.

La localisation linguistique va au-delà de la simple traduction pour inclure des métaphores et des cadres d'apprentissage culturellement appropriés. Le projet "Digital Nomad Schools" en

Mongolie a adapté les logiciels éducatifs mondiaux pour les communautés de bergers en reconfigurant les applications de mathématiques afin d'utiliser le comptage du bétail et les schémas de migration saisonnière comme exemples principaux (UNESCO Mongolie, 2022). Les élèves apprennent les fractions à travers les ratios traditionnels de production de lait de jument fermenté et la géométrie via les principes de construction des yourtes. La plateforme fonctionne hors ligne pendant les périodes de migration et se synchronise lorsque les familles atteignent des zones disposant d'Internet, respectant le mode de vie nomade tout en maintenant la continuité éducative.

L'intégration des connaissances indigènes nécessite des processus de conception collaboratifs impliquant les aînés et experts culturels. Dans la région amazonienne du Pérou, le programme "Saberes Digitales" (Connaissances numériques) a travaillé avec 23 communautés indigènes pour développer un contenu éducatif reliant les connaissances écologiques traditionnelles aux concepts scientifiques modernes (Banque interaméricaine de développement, 2023). Des artisans Shipibo ont collaboré avec des développeurs de logiciels pour créer des applications de reconnaissance de motifs enseignant des concepts mathématiques via des dessins textiles traditionnels, tandis que des guérisseurs Ashuar ont aidé à développer des applications d'identification botanique combinant taxonomie scientifique et connaissances médicinales traditionnelles. Les élèves apprennent la biodiversité en documentant les espèces locales à l'aide de tablettes équipées de bases de données hors ligne, contribuant à leur éducation et à la préservation des connaissances communautaires.

La conception tenant compte du genre aborde les barrières culturelles qui peuvent empêcher les filles d'accéder à la technologie. Dans l'Afghanistan rural, avant les récentes restrictions, le programme "Digital Sisters" a conçu des plateformes d'apprentissage spécifiquement pour les élèves féminines, incorporant des éléments culturels tels que la participation anonyme et la fourniture de contenus reliant les rôles traditionnels des femmes aux compétences modernes (Save the Children, 2021). La plateforme comprenait des modules sur l'utilisation de la technologie pour le marketing de l'artisanat traditionnel, combinant instruction en broderie et bases du commerce électronique, et présentait des entrepreneures féminines issues de contextes culturels similaires comme modèles et mentors.

Les modèles de propriété communautaire garantissent l'authenticité culturelle et la durabilité. Le projet ghanéen "Sankofa Learning" implique les chefs locaux et les leaders communautaires dans la création de contenu et la gouvernance de la plateforme (Ghana Education Service, 2023). Chaque communauté établit un "Conseil numérique" d'aînés qui examinent le contenu éducatif pour en vérifier l'adéquation culturelle et contribuent au développement du programme avec leurs connaissances traditionnelles. Les élèves étudiant les sciences de l'environnement examinent à la fois les techniques modernes de conservation et les pratiques traditionnelles de gestion forestière Akan, les aînés du village servant de co-instructeurs avec les enseignants certifiés via visioconférence et leçons enregistrées.

Les systèmes de tutorat multilingues basés sur l'IA démontrent une grande réactivité culturelle. Le partenariat de la Finlande avec les communautés Sámi a développé des modèles linguistiques d'IA formés sur des matériaux éducatifs Sámi, permettant un tutorat personnalisé dans les langues indigènes (Université d'Helsinki, 2023). Le système comprend le contexte culturel, comme les activités saisonnières traditionnelles, et adapte la planification des leçons autour des saisons de pâturage des rennes. Les élèves peuvent pratiquer la langue sámi via une IA conversationnelle intégrant les structures narratives traditionnelles et les références culturelles spécifiques au dialecte et aux coutumes de leur communauté.

Les plateformes de connexion de la diaspora renforcent l'identité culturelle tout en élargissant les opportunités éducatives. Le projet mexicain "Raíces Digitales" (Racines numériques) connecte des élèves indigènes dans des communautés isolées avec des étudiants universitaires de même origine dans les grandes villes (Université nationale autonome du Mexique, 2022). Les élèves parlant le zapotèque dans les montagnes d'Oaxaca reçoivent un tutorat en mathématiques avancées par des étudiants en ingénierie zapotèques de l'UNAM via des modes de communication culturellement familiers et des références partagées. La plateforme facilite des relations de mentorat qui maintiennent les liens culturels tout en offrant un soutien académique et un accompagnement professionnel.

Les méthodologies d'évaluation nécessitent également une adaptation culturelle pour mesurer précisément l'apprentissage. Les communautés aborigènes australiennes ont développé les protocoles "Country-Connected Assessment" qui évaluent la compréhension des élèves par des démonstrations de connaissances traditionnelles combinées à des compétences en littératie numérique (Australian Institute for Teaching and School Leadership, 2023). Les élèves peuvent, par exemple, démontrer la compréhension des cycles de l'eau en expliquant des indicateurs saisonniers traditionnels via des présentations multimédias, combinant connaissances ancestrales et terminologie scientifique, évaluées à la fois par les aînés de la communauté et les enseignants certifiés à l'aide de grilles d'évaluation conjointes.

Renforcement des capacités des enseignants

La technologie la plus sophistiquée reste inutile sans des éducateurs capables d'une intégration significative. Le modèle finlandais de préparation des enseignants, mettant l'accent à la fois sur la maîtrise technologique et l'innovation pédagogique, fournit un modèle pour développer la capacité humaine parallèlement à l'infrastructure technologique (Sahlberg, 2021).

Un renforcement efficace des capacités des enseignants nécessite une approche à plusieurs niveaux qui répond à la fois aux besoins immédiats et au développement professionnel à long terme. L'Institut national de l'éducation de Singapour illustre la préparation complète des éducateurs, exigeant que tous les enseignants suivent un module « Littératie numérique et technologie pédagogique » combinant une expérience pratique avec des plateformes telles que Google Classroom et Padlet, ainsi que des cadres théoriques pour l'intégration technologique (Teo & Chai, 2022). Leur développement professionnel continu inclut des « Laboratoires d'innovation EdTech » trimestriels où les enseignants collaborent pour concevoir des leçons enrichies par la technologie et partager les meilleures pratiques entre les écoles (Lim & Chai, 2021).

Le modèle de mentorat initié par l'initiative ProgeTiger en Estonie montre comment l'apprentissage entre pairs accélère l'adoption des technologies. Chaque école désigne des « Champions de l'apprentissage numérique » qui reçoivent une formation intensive sur les technologies émergentes et les stratégies pédagogiques, puis encadrent leurs collègues à travers des cycles structurés d'observation et de feedback (Pedaste et al., 2023). Cette approche a permis à 94 % des enseignants estoniens de déclarer se sentir confiants dans l'intégration des outils numériques dans leur enseignement, contre une moyenne européenne de 67 % (Commission européenne, 2022).

Un renforcement efficace des capacités nécessite également de s'attaquer à la fracture numérique parmi les enseignants eux-mêmes. Les écoles rurales du Montana ont mis en place des « Cohortes technologiques » où des groupes de 8 à 10 enseignants de districts voisins participent à des communautés d'apprentissage professionnel d'un an, se réunissant mensuellement via vidéoconférence et partageant des ressources à travers des plateformes collaboratives (Johnson & Martinez, 2023). Ces cohortes se concentrent sur des applications pratiques, comme l'utilisation du tableau de bord enseignant de Khan Academy pour un enseignement différencié des mathématiques ou la mise en œuvre de Flipgrid pour favoriser la voix et le choix des élèves (National Education Association, 2022).

Les programmes les plus efficaces reconnaissent que les compétences technologiques doivent être intégrées à la compréhension pédagogique. Le programme chilien « Enlaces » exige que les enseignants démontrent non seulement une maîtrise technique, mais également la capacité de concevoir des expériences d'apprentissage exploitant la technologie pour un engagement plus profond des élèves (Hinostroza et al., 2021). Les enseignants complètent des évaluations de portfolio montrant comment ils ont utilisé des outils comme Scratch pour la pensée computationnelle au niveau élémentaire ou employé des simulations de laboratoire virtuelles dans les cours de sciences secondaires pour renforcer la compréhension conceptuelle plutôt que de simplement remplacer les activités traditionnelles par des équivalents numériques (UNESCO, 2023).

L'état de l'éducation face à la fracture numérique dans les nations à haute technologie

Les nations à haute technologie représentent la frontière éducative de l'humanité, où la personnalisation assistée par l'IA, les environnements d'apprentissage en réalité virtuelle et l'analytique prédictive créent des opportunités de développement humain sans précédent. Des pays comme la Finlande (93,5 % de pénétration d'internet, indice d'éducation 0,927) et Singapour (94,3 % de pénétration d'internet, indice d'éducation 0,832) démontrent le potentiel transformateur de l'éducation lorsqu'elle est soutenue par une infrastructure technologique robuste (Statistics Finland, 2024; Ministry of Education Singapore, 2024).

Ces nations intègrent de plus en plus les principes de l'Humanité augmentée—utilisant la technologie non pas pour remplacer l'agence humaine, mais pour amplifier le potentiel humain dans les dimensions physique, psychologique et spirituelle. Les élèves interagissent avec des tuteurs IA tels que DreamBox et Khanmigo tandis que les enseignants se concentrent sur le développement de la créativité, de l'empathie et de la pensée critique—des capacités qui restent exclusivement humaines. Les plateformes de réalité virtuelle et augmentée créent des expériences immersives qui auraient semblé fantastiques il y a seulement quelques décennies (Engelbart, 1962; Holmes et al., 2019; Radianti et al., 2020).

Cependant, même les nations à haute technologie font face à des défis profonds. La fracture numérique persiste au sein des pays riches, les communautés rurales et à faible revenu étant souvent exclues des technologies éducatives de pointe. De plus, le rythme rapide du changement technologique crée une pression constante pour l'adaptation des systèmes, la reformation des enseignants et la mise à jour des infrastructures (Federal Communications Commission, 2024; OCDE, 2023).

L'état de l'éducation face à la fracture numérique dans les nations à faible technologie

Les nations à faible technologie occupent une position intermédiaire précaire, possédant une partie de l'infrastructure numérique tout en manquant des systèmes complets nécessaires à une transformation éducative totale. Des pays comme le Maroc (91 % de pénétration d'internet, indice d'éducation 0,574) et l'Indonésie (69,2 % de pénétration d'internet, indice d'éducation 0,618) illustrent à la fois les promesses et les limites d'une intégration technologique partielle (Ministry of National Education Morocco, 2024; Ministry of Education and Culture Indonesia, 2024).

Ces nations font souvent preuve d'une innovation remarquable malgré les contraintes. Les technologies éducatives hors ligne comme Kolibri donnent accès aux contenus de Khan Academy sans nécessiter une connectivité internet continue. Les dispositifs solaires et les initiatives d'internet par satellite créent des opportunités d'apprentissage dans des zones éloignées auparavant hors de portée technologique. Les plateformes d'apprentissage mobile tirent parti de l'adoption généralisée des smartphones pour diffuser des contenus éducatifs via des interfaces familières (Learning Equality, 2023; UNICEF, 2023; UNESCO, 2023).

Les environnements éducatifs à faible technologie présentent fréquemment une plus grande authenticité culturelle et un engagement communautaire que leurs homologues à haute technologie. Les approches pédagogiques traditionnelles, mettant l'accent sur la tradition orale et l'apprentissage communautaire, s'intègrent souvent de manière synergique aux technologies appropriées. Cependant, les élèves de ces environnements sont fortement désavantagés sur la scène mondiale, n'ayant pas accès aux outils numériques avancés ni aux réseaux éducatifs internationaux (Vavrus & Bartlett, 2019; Forum économique mondial, 2024).

L'état de l'éducation face à la fracture numérique dans les nations sans technologie

Les nations sans technologie représentent une crise éducative pour l'humanité—1,2 milliard de personnes piégées dans des environnements d'apprentissage pré-numériques alors que le monde avance rapidement vers des futurs intégrés à l'IA. Des pays comme le Tchad (17 % de pénétration d'internet, indice d'éducation 0,299) et l'Érythrée (8 % de pénétration d'internet, indice d'éducation 0,351) illustrent les conséquences dévastatrices de l'exclusion technologique (Banque mondiale, 2024; Banque africaine de développement, 2023).

Les systèmes éducatifs de ces nations reposent souvent sur des infrastructures datant de l'époque coloniale, avec une disponibilité limitée des manuels, des classes surpeuplées et des enseignants sous-formés. L'Institut de statistique de l'UNESCO rapporte que 680 millions d'enfants dans des environnements sans technologie n'ont jamais vu leur apprentissage évalué, les rendant invisibles à la planification éducative mondiale. Ces élèves subissent ce que l'on appelle le « désavantage composé », manquant à la fois de ressources éducatives de base et d'accès aux outils technologiques qui définissent de plus en plus la compétence mondiale (UNESCO Institute for Statistics, 2023, 2024; Sen, 1999).

Cependant, les environnements sans technologie préservent souvent une sagesse profonde sur le développement humain holistique que les nations technologiquement avancées ont perdu. Les principes de l'Humanité tridimensionnelle trouvent une expression naturelle dans les approches éducatives traditionnelles intégrant le développement spirituel, physique et psychologique. Les traditions orales, les systèmes d'apprentissage par l'apprentissage et les modèles d'apprentissage communautaire offrent des enseignements sur la formation humaine authentique que les approches purement technologiques négligent souvent (Palmer, 1998; Cajete, 2000).

L'urgence de l'équité numérique mondiale et de l'Humanité augmentée comme boussole morale

Les données présentées constituent plus qu'une simple information statistique—elles représentent une crise morale exigeant une action immédiate. La logothérapie de Viktor Frankl enseigne que les humains possèdent une « volonté de sens » innée, recherchant la finalité et le développement à travers l'engagement avec les défis de la vie (Frankl, 1988). Lorsque des populations entières sont systématiquement privées d'accès au savoir accumulé par l'humanité et aux outils d'auto-actualisation, nous violons la dignité fondamentale qui définit notre humanité. Cette exclusion numérique constitue ce que Martha Nussbaum reconnaîtrait comme un échec systématique du développement des capacités humaines à l'échelle mondiale—privant les individus de la possibilité de raisonner, d'apprendre et de s'épanouir (Nussbaum, 2011 ; Lukas, 2000).

L'équité numérique émerge comme la boussole morale de notre génération—l'outil de navigation par lequel nous devons tracer notre chemin vers l'épanouissement humain. La Révolution de l'IA présente des opportunités sans précédent pour démocratiser l'accès à l'éducation personnalisée, mais les trajectoires actuelles vers une concentration numérique croissante parmi les nations riches risquent d'ancrer les inégalités mondiales plutôt que de les éliminer. Cet apartheid technologique ne représente pas seulement une allocation inefficace des ressources, mais une trahison fondamentale du potentiel humain (Brynjolfsson & McAfee, 2014 ; Nations Unies, 2015).

L'Humanité augmentée fournit notre cadre éthique pour le développement technologique qui honore la dignité humaine tout en exploitant la puissance technologique. Plutôt que de remplacer l'agence humaine par un contrôle algorithmique, cette approche cherche à amplifier le potentiel humain dans les dimensions physique, intellectuelle et existentielle. La technologie sert l'humanité au mieux lorsqu'elle améliore plutôt que diminue notre capacité à donner un sens, à penser de manière critique et à établir des liens authentiques (Harari, 2017 ; Floridi, 2019). Cette vision rejette à la fois le déterminisme technologique et le romantisme numérique, embrassant la technologie comme outil pour étendre l'épanouissement humain dans toutes les cultures et contextes.

L'impératif moral va au-delà de l'argument philosophique pour devenir une nécessité pratique. La reconnaissance par l'UNESCO de l'accès à internet comme droit humain fondamental fournit une base juridique, mais des droits sans action correspondante restent de vaines déclarations (Conseil des droits de l'homme des Nations Unies, 2016). Les nations à haute technologie doivent reconnaître que l'équité numérique mondiale sert non seulement des impératifs moraux, mais aussi des intérêts existentiels—un monde où des milliards restent exclus de l'éducation ne peut atteindre le développement durable, la coexistence pacifique ou l'innovation collaborative nécessaire pour relever les défis planétaires tels que le changement climatique ou la préparation aux pandémies (Sachs, 2015; Winner, 1980; Borgmann, 2006).

Un appel empathique à une Grande et Belle Humanité

Au carrefour de trois révolutions transformatrices—industrielle, numérique et IA—nous faisons face à un choix déterminant sur l'avenir de l'humanité. Les données analysées révèlent à la fois la remarquable capacité de notre espèce à innover technologiquement et notre tragique échec à garantir un accès équitable aux bénéfices de ces innovations. La fracture numérique en éducation représente le plus grand défi contemporain de l'humanité et sa plus profonde opportunité (Rifkin, 2019).

Une Grande et Belle Humanité envisage un monde où chaque enfant—qu'il soit né à Silicon Valley ou dans le Tchad rural ou à Kalwazo Haïti—possède l'accès au savoir accumulé par l'humanité et aux outils d'auto-actualisation. Cette vision exige plus que des solutions technologiques; elle requiert une transformation fondamentale des structures économiques mondiales, des philosophies éducatives et des engagements moraux. Nous devons choisir entre un avenir de stratification croissante—où le hasard de la naissance détermine l'accès aux opportunités de développement humain—et un avenir d'inclusion radicale où la technologie sert universellement l'épanouissement humain (Piketty, 2020; Stiglitz, 2017).

Les enfants représentés dans ces statistiques hériteront du monde que nous créons par nos choix aujourd'hui. Ces 680 million d'enfants dont l'apprentissage n'a jamais été évalué méritent plus que notre sympathie, ils méritent notre engagement envers la justice. La promesse de la Révolution de l'IA d'un apprentissage personnalisé pour chaque enfant peut devenir réalité, mais uniquement par une action délibérée guidée par la conviction morale et soutenue par la solidarité mondiale (UNESCO Institute for Statistics, 2024; Russell, 2019).

Notre appel à l'action est à la fois urgent et clair: les nations à haute technologie doivent consacrer des ressources substantielles au développement des infrastructures numériques mondiales. Les institutions éducatives doivent être pionnières dans les modèles d'intégration technologique culturellement pertinents. Les décideurs politiques doivent reconnaître l'équité numérique comme fondamentale pour les droits humains et le développement durable. Plus important encore, chacun d'entre nous doit reconnaître que, dans un monde interconnecté, notre humanité reste incomplète tant que d'autres souffrent d'exclusion du patrimoine partagé de connaissances et d'opportunités de l'humanité (UNESCO, 2021; Appiah, 2018).

Ayant établi l'urgence morale et la base empirique pour l'équité numérique mondiale, le Chapitre 15: « Cadres politiques pour la mise en œuvre inclusive de la technologie éducative » examinera des stratégies spécifiques, des structures de gouvernance et des mécanismes de coopération internationale nécessaires pour transformer la vision d'une Grande et Belle Humanité en réalité pratique. Nous passons maintenant de la compréhension du problème à la construction de solutions dignes des plus hautes aspirations de notre espèce (Freire, 2000).

La transition du diagnostic à la prescription nécessite la reconnaissance que la technologie éducative sert son plus haut objectif lorsqu'elle honore la dignité, le potentiel et la capacité de donner un sens inhérents à chaque être humain. En avançant vers des solutions politiques concrètes, nous gardons à l'esprit que la fracture numérique représente non seulement un défi technique, mais un test fondamental de notre engagement envers la dignité humaine et la solidarité mondiale.

Chapitre 15

De la fracture numérique à la solidarité numérique: un plan pour une humanité grande et belle

Résumé

Ce chapitre conclusif synthétise les fondements théoriques et les implications pratiques pour transformer les inégalités éducatives mondiales, passant des fractures numériques à la solidarité numérique. S'appuyant sur près de six décennies d'expérience vécue, allant des zones rurales d'Haïti aux études doctorales avancées aux États-Unis, cette analyse présente des piliers stratégiques fondés sur des preuves pour atteindre une équité numérique universelle dans l'éducation. Le cadre intègre la Zone de Développement Proximal de Vygotsky, les principes constructivistes de Bruner et les théories contemporaines de la transformation numérique afin de traiter les disparités persistantes dans les contextes éducatifs à haute technologie, faible technologie et sans technologie à l'échelle mondiale. À travers une analyse systématique des cadres de l'UNESCO, des recherches émergentes sur la littératie numérique des enseignants et des approches pédagogiques culturellement pertinentes, ce chapitre propose des stratégies actionnables pour les décideurs, les éducateurs et les développeurs technologiques. L'analyse incorpore des insights critiques provenant d'études phénoménologiques sur l'expérience des enseignants pendant la COVID-19, révélant à la fois le potentiel et les limites des technologies éducatives numériques dans des contextes de crise.

Mots-clés : fracture numérique, équité numérique, technologie éducative, pédagogie culturellement pertinente, développement professionnel des enseignants, cadres UNESCO, politique éducative mondiale, recherche phénoménologique, réponses éducatives COVID-19

I. Introduction : du journal personnel à la transformation globale

Mon parcours éducatif—d'une enfance sans technologie dans la zone rurale d'Haïti à un parcours doctoral en haute technologie aux États-Unis—incarne à la fois la résilience humaine et les disparités persistantes qui définissent l'éducation contemporaine. À cinq ans, j'ai commencé l'école dans une classe sans électricité ni manuels scolaires. À soixante-quatre ans, j'ai terminé mon doctorat en conception pédagogique à la National University, naviguant dans des bibliothèques cloud, l'apprentissage en ligne et des outils de recherche enrichis par l'IA, après avoir obtenu avec succès un baccalauréat en informatique à la State University of New York, une maîtrise en gestion technologique à Columbia University et un diplôme de spécialiste de l'éducation (Ed. S.) en technologie éducative à Walden University. Cette période de six décennies représente plus qu'un simple mémoire ; elle sert d'étude de cas vivante sur le pouvoir transformateur de l'éducation et la persistance des inégalités (Pierce & Cleary, 2024).

Ce livre a été initié en 2011 comme module de zone de connaissances (Knowledge Area Module, KAM) à Walden University, fondé sur les principes du développement humain. Au fil des années, il a évolué au-delà de ses origines académiques, intégrant la rigueur de l'analyse scientifique avec la force narrative de l'expérience vécue et l'urgence des défis éducatifs contemporains. Chaque chapitre retrace l'interaction complexe entre théorie, pratique et changements technologiques—de Piaget et son développement cognitif, la théorie socioculturelle de Vygotsky, au constructivisme de Bruner, et de Web 2.0 aux plateformes pilotées par l'IA (Mishra & Koehler, 2006 ; Selwyn, 2016).

La crise contemporaine de la fracture numérique

La COVID-19 a servi de ce que Day et al. (2021) ont caractérisé comme le « plus grand expérience éducative non planifiée jamais réalisée », modifiant fondamentalement notre compréhension des relations entre technologie et éducation. Les preuves actuelles révèlent que 50 % des apprenants n'ont pas d'ordinateur à domicile et 43 % n'ont pas d'accès à Internet, tandis que 56 millions ne peuvent pas utiliser de téléphone portable pour accéder à l'information en raison de lacunes dans la couverture réseau (UNESCO, 2024b).

L'examen phénoménologique de Vermeille (2024) sur l'expérience des enseignants pendant la pandémie a révélé une crise d'identité professionnelle, les approches pédagogiques traditionnelles nécessitant une reconceptualisation fondamentale pour les environnements numériques. Cette exigence technologique opère contre des inégalités profondes que la COVID-19 a à la fois exposées et exacerbées, créant ce que Miras (2023) appelle « la consolidation de la fracture numérique en tant qu'objet d'étude ».

Préparation aux urgences et transformation pédagogique

Le passage brutal à l'apprentissage à distance pendant la pandémie a mis en lumière les faiblesses fondamentales de la préparation des systèmes éducatifs aux crises (McLeod & Dulsky, 2021 ; Stone-Johnson & Weiner, 2020), révélant que des décennies de développement des technologies éducatives n'avaient pas préparé les institutions à des transitions d'urgence à grande échelle (Mackey et al., 2012 ; Tull et al., 2017). Cette impréparation s'est manifestée de manière particulièrement aiguë dans les contextes K–12, où la fermeture soudaine des classes physiques a laissé 50 millions d'élèves et 3,5 millions d'enseignants à maintenir la continuité éducative (National Academy of Education, 2020) sans protocoles établis, formation adéquate ou infrastructure technologique appropriée (Ferdig et al., 2020).

La charge de travail imposée aux enseignants pendant cette transition ne peut être surestimée. Alors que les théoriciens de l'éducation avaient depuis longtemps imaginé des systèmes d'apprentissage numérique rationalisant l'enseignement grâce à une division efficace du travail—la technologie gérant les tâches routinières comme la notation et la diffusion de contenu tandis que les enseignants se concentraient sur la facilitation de niveau supérieur—la réalité de la pandémie s'est avérée radicalement différente. Les enseignants se sont retrouvés submergés par les exigences simultanées de multiples rôles : dépanneur technologique, créateur de contenu, gestionnaire de plateforme numérique, conseiller en santé mentale des élèves et liaison avec les familles. L'étude phénoménologique d'Annamalai et al. (2022) a documenté que les enseignants en ligne ont déclaré passer « au moins trois fois » plus de temps à préparer leurs cours que pour l'enseignement traditionnel, beaucoup travaillant 12 à 16 heures par jour pour recréer des leçons pour la diffusion numérique tout en apprenant des plateformes inconnues sous une pression temporelle extrême.

Cette intensification du travail découle de plusieurs facteurs cumulatifs que les cadres de préparation aux urgences n'avaient pas anticipés. Premièrement, la traduction du contenu pédagogique du format physique au numérique nécessitait une reconceptualisation complète plutôt qu'une simple numérisation (Hodges et al., 2020). Une discussion de classe de 45 minutes devenait des heures de préparation de salles de discussion, forums et activités asynchrones. Deuxièmement, l'absence de protocoles établis de gestion de classe numérique obligeait les enseignants à développer de nouvelles stratégies pour l'engagement des élèves, l'évaluation et la gestion du comportement en temps réel (Hodges et al., 2020). Troisièmement, la fracture numérique parmi les élèves obligeait les enseignants à créer plusieurs versions des leçons pour accommoder différents niveaux d'accès technologique, allant des vidéoconférences à large bande aux paquets imprimés pour les élèves sans connectivité Internet (Stelitano et al., 2020).

Le coût psychologique de cette transformation allait au-delà de l'augmentation de la charge de travail. Les enseignants ont signalé une perte profonde de confiance professionnelle, des maîtres enseignants se sentant soudainement comme des novices dans leurs propres classes (Kraft et al., 2021). Les rythmes familiers de l'enseignement—lecture du langage corporel, gestion de l'énergie de la classe, feedback immédiat—ont disparu du jour au lendemain, remplacés par des microphones muets, des écrans noirs et l'incertitude quant à la présence réelle des élèves derrière leurs appareils. Cette crise d'identité professionnelle était particulièrement aiguë pour les enseignants vétérans qui avaient passé des décennies à perfectionner leur métier, pour découvrir que leur expertise semblait obsolète dans les environnements numériques (Kim & Asbury, 2020).

II. Fondements théoriques : construire des ponts numériques-éducatifs

Apprentissage socioculturel dans les contextes numériques

La Zone de Développement Proximal de Vygotsky offre un cadre robuste pour comprendre comment les technologies numériques servent d'outils médiateurs de l'apprentissage. L'écart entre les capacités actuelles et le potentiel de réussite corrèle souvent directement avec l'accès à la technologie et le soutien à la littératie numérique. Les recherches sur l'encadrement (scaffolding) dans les contextes numériques révèlent que l'enseignement en ligne efficace nécessite un encadrement continu à travers les domaines technologique, pédagogique, social et émotionnel simultanément (Annamalai et al., 2022).

Le modèle constructiviste de Bruner souligne l'importance de l'encadrement dans les environnements numériques, nécessitant des cadres culturellement pertinents qui respectent la diversité des apprenants et les contextes locaux. L'encadrement fait référence aux étapes prises pour réduire les degrés de liberté dans l'exécution d'une tâche afin que l'enfant puisse se concentrer sur la compétence difficile qu'il est en train d'acquérir, tout en reconnaissant que les contextes sociaux et culturels influencent l'apprentissage, et que les interactions avec les pairs, les éducateurs et l'environnement culturel de l'élève contribuent à façonner son développement cognitif (Bruner, 1966). Ceci devient crucial lorsqu'il s'agit d'aborder les fractures numériques mondiales où les solutions uniformes échouent à tenir compte des contextes locaux, les recherches démontrant que le contenu numérique doit être conçu de manière inclusive, s'adressant aux élèves de toutes capacités, origines et styles d'apprentissage, et que la capacité des élèves à développer efficacement des compétences avec les environnements numériques dépend du contexte dans lequel l'expérience est intégrée (Gay, 2018).

Cadre TPACK et compétences numériques

Le cadre Technological, Pedagogical, and Content Knowledge (TPACK) est devenu crucial pendant la pandémie, fournissant aux enseignants une méthodologie complète pour synchroniser le contenu pédagogique, les stratégies pédagogiques et les ressources technologiques afin d'améliorer la qualité de l'enseignement et de favoriser l'engagement des élèves. Après un an d'enseignement en ligne, les enseignants ont reconnu le potentiel de la technologie tout en révélant que la Connaissance du Contenu Technologique (TCK), la Connaissance Pédagogique Technologique (TPK) et le TPACK étaient présents dans leur pratique, bien que la Connaissance Pédagogique du Contenu (PCK) ait reçu une attention insuffisante (Annamalai et al., 2022). Cette étude phénoménologique sur les établissements d'enseignement supérieur malaisiens a démontré que, bien que les enseignants aient intégré avec succès les outils technologiques à leur matière et développé de nouvelles approches pédagogiques pour les environnements numériques, la compréhension fondamentale de la manière d'enseigner efficacement un contenu spécifique—indépendamment de la technologie—était souvent négligée dans la précipitation à s'adapter aux modalités d'apprentissage en ligne.

Cela souligne que l'accès à la technologie seul est insuffisant pour un apprentissage numérique efficace, car l'intégration réussie de la technologie nécessite une coordination sophistiquée de tous les domaines de connaissances plutôt que de considérer la technologie comme un « ajout » aux pratiques pédagogiques existantes. La recherche démontre de manière constante que les enseignants ont besoin de compétences TPACK renforcées pour impacter la qualité et la rigueur de l'enseignement en ligne, où l'interaction dynamique entre les connaissances du contenu, les connaissances pédagogiques et les connaissances technologiques doit être soigneusement orchestrée (Koehler & Mishra, 2009). Les études sur les enseignants en STEM pendant la transition COVID-19 ont révélé que, malgré l'organisation des leçons en ligne, des lacunes significatives ont été identifiées dans le cadre TPACK et l'auto-efficacité des enseignants, impactant directement le développement du programme, les approches pédagogiques et les pratiques d'évaluation (DeCoito & Richardson, 2022). Le cadre souligne que l'éducation numérique efficace émerge non pas de la seule maîtrise technologique, mais de la capacité des enseignants à incorporer habilement les technologies pour améliorer l'apprentissage des élèves tout en maintenant une conscience de l'interdépendance entre les capacités technologiques, le contenu spécifique à la matière et les approches pédagogiques fondées sur des preuves.

Cadres contemporains de transformation numérique

La Digital Transformation Collaborative de l'UNESCO offre des orientations complètes à travers six piliers : coordination et leadership, connectivité et infrastructure, coût et durabilité, capacités et culture, contenu et solutions, données et preuves (UNESCO, 2024). Ce cadre représente une évolution significative par rapport aux approches antérieures en reconnaissant la nature systémique de la transformation numérique, nécessitant la coordination entre les parties prenantes, un financement durable et une prise de décision fondée sur des preuves. Le collaborative est né de la reconnaissance que les initiatives précédentes d'éducation numérique manquaient souvent d'alignement stratégique, avec de nombreuses initiatives locales et mondiales opérant isolément sans cadre global pour guider une transformation holistique. Le cadre des six piliers s'appuie sur trois « clés » fondamentales de l'apprentissage numérique—connectivité, capacités et contenu—qui ont été approuvées par les pays lors du Sommet sur la transformation de l'éducation, les élargissant en une approche plus complète qui prend en compte les interdépendances complexes de l'intégration de la technologie éducative (Koehler & Mishra, 2009). Cette évolution reflète une compréhension croissante que la transformation numérique efficace nécessite de dépasser les approches technocentriques au profit de stratégies intégrées adressant simultanément les besoins en infrastructure, le développement des capacités humaines, les modèles de financement durable et des structures de gouvernance robustes. L'accent mis sur la prise de décision fondée sur les preuves et les partenariats intersectoriels démontre une maturation dans l'approche du domaine de la technologie éducative, reconnaissant que le changement durable requiert une coordination systématique plutôt que des projets pilotes fragmentés.

III. Quatre piliers stratégiques pour l'équité numérique mondiale

Pilier 1 : Infrastructure numérique universelle

La connectivité universelle représente une exigence fondamentale pour l'éducation du XXIe siècle, soutenant directement les objectifs de l'ODD 4 de l'UNESCO et les initiatives de la Commission du large bande ITU/UNESCO pour le développement durable (UNESCO, 2018). Les exigences en matière d'infrastructure vont au-delà de l'accès Internet de base et incluent une électricité fiable, des appareils appropriés et des systèmes complets de support technique. Cette base permet des expériences d'apprentissage personnalisées, la collaboration en temps réel et l'accès aux ressources éducatives mondiales. Cependant, la mise en œuvre doit être adaptée au contexte, reconnaissant que les solutions technologiques éducatives efficaces varient considérablement selon la capacité d'infrastructure locale, les ressources économiques et l'expertise technique. L'objectif n'est pas le déploiement uniforme de la technologie, mais plutôt de garantir à tous les apprenants l'accès à des opportunités éducatives de qualité, renforcées par des outils numériques appropriés.

Contextes à haute technologie

Les environnements d'infrastructure avancée se concentrent sur les réseaux de nouvelle génération prenant en charge des applications à forte bande passante, y compris la réalité virtuelle, la collaboration en temps réel et l'apprentissage personnalisé amélioré par l'IA. La Corée du Sud illustre cette approche, allouant 740 millions de dollars sur trois ans (2024–2026) à l'éducation basée sur l'IA, le gouvernement coréen investissant spécifiquement « environ 0,74 milliard de dollars sur trois ans (2024–2026) pour la formation des enseignants dans le cadre de son investissement global en éducation basée sur l'IA » (Banque mondiale, 2024). Le pays met en œuvre des manuels numériques basés sur l'IA à l'échelle nationale à partir de mars 2025, devenant ainsi « le premier pays au monde à introduire des manuels numériques basés sur l'IA à l'échelle nationale » (Banque mondiale, 2024). L'Estonie démontre une transformation High-Tech soutenue, maintenant une connectivité scolaire complète depuis plus de deux décennies et réalisant « une croissance remarquable, avec un triplement du nombre de fournisseurs, une augmentation de 168 % du chiffre d'affaires et une croissance de 81 % de l'emploi dans le secteur entre 2017 et 2021 » dans son secteur EdTech (UNESCO, 2024). Ces contextes privilégient la formation des enseignants, les systèmes de gestion des appareils et une infrastructure réseau avancée capable de soutenir des applications éducatives exigeantes sur le plan computationnel.

Contextes à faible technologie

Les environnements à infrastructure limitée nécessitent des solutions créatives et adaptées au contexte qui maximisent l'impact éducatif dans les contraintes de connectivité et de ressources. Le développement systématique des TIC au Rwanda illustre des approches pragmatiques, avec « 44,5 % des écoles publiques du pays » connectées « via la fibre optique, le projet One Government Network et l'initiative Giga » (Ministère des TIC et de l'Innovation du Rwanda, 2023). Le pays a lancé un programme de connectivité scolaire en mars 2023 visant une connectivité universelle grâce au déploiement de l'Internet par satellite pour « 500 écoles dans des zones éloignées où l'infrastructure traditionnelle est coûteuse » (Ministère des TIC et de l'Innovation du Rwanda, 2023). Cette approche reconnaît que « le Rwanda dispose de 95 % de couverture 4G et d'un backbone en fibre optique dans toutes les grandes villes, mais en raison de la géographie du Rwanda, certaines zones du pays sont difficiles à atteindre à un coût abordable et avec une bonne fiabilité » en utilisant les technologies traditionnelles (Ministère des TIC et de l'Innovation du Rwanda, 2023). Les solutions incluent des centres d'apprentissage alimentés à l'énergie solaire, des laboratoires mobiles d'apprentissage tournant entre les écoles et des plateformes comme Kolibri qui permettent « un enseignement et un apprentissage de qualité sans accès à Internet » (Learning Equality, 2024). Ces contextes privilégient le préchargement de contenu, le partage entre pairs et les modèles de diffusion hybrides en ligne-hors ligne.

Contextes sans technologie

Les environnements éducatifs disposant d'une infrastructure numérique minimale ou inexistante nécessitent des approches innovantes qui maintiennent la qualité éducative sans dépendre de la connectivité Internet ou d'appareils sophistiqués. Ces solutions incluent la diffusion éducative par radio et télévision, des systèmes d'apprentissage par SMS pour téléphones mobiles basiques, des supports imprimés conçus avec des codes QR pour une future intégration numérique, et des centres d'apprentissage communautaires desservant plusieurs écoles. La formation des enseignants se concentre sur l'excellence pédagogique indépendante de la technologie, tout en préparant les éducateurs à une intégration technologique future. La diffusion de contenu met l'accent sur les principes de conception « hors ligne d'abord », où les matériaux éducatifs sont créés pour fonctionner efficacement sans électricité ni Internet, mais peuvent être améliorés lorsque l'infrastructure devient disponible. Des laboratoires d'apprentissage mobiles et des stations de recharge solaire portables offrent un accès périodique aux outils numériques sans nécessiter d'investissement permanent dans l'infrastructure. Le principe clé est d'assurer la progression continue de l'éducation tout en développant la capacité à adopter la technologie future, reconnaissant que le développement de l'infrastructure est un processus graduel qui ne doit pas retarder l'avancement éducatif.

Pilier 2 : Préparation et développement continu des enseignants

Bases probantes et cadre

Les recherches démontrent que les élèves enseignés par des enseignants numériquement compétents montrent des améliorations significatives dans la conception et l'utilisation des ressources d'apprentissage numériques. Une étude complète de 2024 menée à l'Astana International School au Kazakhstan a révélé que « les élèves enseignés par des enseignants numériquement compétents ont montré des améliorations significatives dans la conception et l'utilisation d'outils de réalité virtuelle, d'applications mobiles et d'autres ressources numériques » (Temirkhanova et al., 2024). L'étude, impliquant 71 enseignants et 382 élèves des classes de 7e à 10e, a utilisé des méthodes mixtes pour établir des liens clairs entre la compétence numérique des enseignants et l'amélioration des résultats d'apprentissage des élèves. La technologie seule ne peut pas transformer l'éducation ; des enseignants qualifiés et soutenus en continu restent les agents de changement les plus puissants de l'éducation, nécessitant une préparation systématique abordant à la fois la maîtrise technique et la transformation pédagogique.

Cadres de littératie numérique et développement des compétences

La recherche contemporaine identifie plusieurs dimensions critiques pour un développement complet de la littératie numérique. Le cadre DigComp de l'Union européenne établit cinq domaines de compétence principaux : littératie informationnelle/données, communication/collaboration, création de contenu numérique, sécurité/protection et résolution de problèmes (Commission européenne, 2024). Des analyses récentes ont élargi cela à six dimensions intégrées : pensée critique, traitement cognitif, interaction sociale, compétences opérationnelles, intelligence émotionnelle et capacités projetives pour une application future (Analyse de recherche, 2022). Les programmes efficaces de développement des enseignants doivent aborder l'acquisition des compétences techniques, la transformation pédagogique par l'intégration technologique et la résilience émotionnelle pour naviguer dans des environnements numériques en rapide évolution. Le cadre de recherche turc souligne que la littératie numérique englobe non seulement la compétence opérationnelle, mais inclut « la pensée analytique, la résolution de problèmes et l'utilisation créative des outils numériques » dans les contextes éducatifs (Aydin & Yildirim, 2024).

Préparation aux urgences et pédagogie de crise

Les systèmes éducatifs du monde entier ont reconnu l'importance critique des capacités d'enseignement adaptées aux crises, particulièrement après les perturbations mondiales liées à la pandémie de COVID-19. Une pédagogie efficace en situation de crise nécessite des capacités d'adaptation rapide du programme, des protocoles de communication de crise, des systèmes complets de soutien en santé mentale, des approches d'apprentissage à distance centrées sur l'équité et des compétences robustes en dépannage technologique. Les enseignants doivent développer des compétences pour passer entre des modalités d'enseignement en présentiel, hybride et entièrement à distance tout en maintenant la qualité éducative et l'engagement des élèves. Cela inclut la maîtrise de la diffusion de contenu asynchrone, la gestion de classe virtuelle, les stratégies d'évaluation numérique et le maintien de relations significatives entre enseignants et élèves via des interactions médiées par la technologie. La préparation aux crises exige également la compréhension des enjeux d'équité numérique et le développement de méthodes alternatives de diffusion pour les élèves dépourvus d'accès Internet fiable ou d'appareils appropriés.

Modèles de mise en œuvre évolutifs et exemples mondiaux

Le système de formation des enseignants en Finlande illustre une préparation complète grâce à l'exigence d'un diplôme de maîtrise pour tous les enseignants. « Dans l'enseignement primaire et secondaire inférieur, ainsi que dans l'enseignement secondaire général supérieur, tous les enseignants doivent posséder un diplôme de maîtrise » (Eurydice, 2024). Les programmes finlandais intègrent la formation pédagogique avec l'expertise disciplinaire, en mettant l'accent sur la pratique fondée sur la recherche et le développement professionnel continu. Le processus de sélection est très compétitif, les programmes de formation des enseignants ayant des taux d'acceptation inférieurs à ceux des programmes de médecine ou de droit, garantissant que seuls les candidats les plus qualifiés entrent dans la profession.

Les initiatives TIC dans l'éducation au Rwanda démontrent le renforcement systématique des capacités dans les contextes en développement. Depuis 2005, le pays a mis en œuvre des programmes complets de formation des enseignants en partenariat avec l'UNESCO et des organisations de développement international. Le programme Rwanda Education Commons, financé par l'USAID, a enregistré plus de 1 630 enseignants sur des plateformes d'apprentissage numérique et fournit un développement professionnel continu en intégration des TIC. Le programme met l'accent sur l'application pratique à travers « des ateliers et activités dans les écoles, les enseignants ont développé leurs propres compétences TIC et utilisent les TIC pour soutenir l'enseignement et l'apprentissage des sciences et des mathématiques » (Education in Rwanda, 2024).

L'initiative AKSHAYA du Kerala représente l'un des plus grands programmes mondiaux de littératie numérique, ayant « fourni la littératie numérique à 32 lakh [3,2 millions] de familles depuis leur création » (Governance Now, 2013). Lancé en 2002 comme projet pilote dans le district de Malappuram, le programme a atteint l'objectif « qu'au moins une personne dans chaque famille soit compétente en informatique » et s'est depuis étendu à l'ensemble de l'État. L'initiative a établi plus de 2 650 centres Akshaya offrant une formation à la littératie numérique, des services de gouvernance électronique et un support technique continu. Le succès du programme découle d'un investissement pluriannuel soutenu, d'une livraison communautaire par des entrepreneurs locaux et de l'intégration des compétences numériques à la prestation de services pratiques.

Ces modèles démontrent des facteurs critiques de succès : systèmes de soutien pluriannuels soutenus, intégration du développement des compétences technologiques et pédagogiques, accent sur la pratique réflexive et l'apprentissage continu, mécanismes de prestation basés sur la communauté et alignement sur les cadres politiques nationaux de l'éducation. Une préparation efficace des enseignants nécessite de dépasser la simple formation technologique isolée pour un développement professionnel complet préparant les éducateurs à être des praticiens adaptatifs, informés par la recherche et capables d'utiliser les outils numériques pour améliorer les résultats d'apprentissage des élèves.

Pilier 3 : Conception culturellement adaptée et linguistiquement inclusive

Cadre fondamental et contexte critique

La technologie éducative doit respecter l'identité culturelle des apprenants plutôt que d'imposer des approches standardisées reflétant des hypothèses culturelles dominantes. La pandémie de COVID-19 a révélé de manière saisissante comment la réactivité culturelle devient cruciale dans les environnements numériques, où les cultures domestiques intersectent directement avec les espaces éducatifs formels, exposant souvent des fractures numériques qui affectent de manière disproportionnée les communautés marginalisées. Lorsque les élèves accèdent à l'éducation depuis leur domicile, leurs contextes culturels—y compris l'usage de la langue, la structure familiale, les styles d'apprentissage et l'accès technologique—deviennent partie intégrante de l'expérience éducative plutôt que des facteurs externes à minimiser ou à ignorer. Cette intersection exige que les concepteurs et les implémenteurs de technologies éducatives dépassent les solutions universelles pour adopter des approches qui reconnaissent, valident et exploitent les riches atouts culturels que les élèves apportent aux environnements d'apprentissage.

Intégration des langues indigènes et préservation numérique

Les initiatives réussies de préservation des langues indigènes et d'intégration éducative démontrent le pouvoir de la technologie pour revitaliser plutôt que remplacer les systèmes de savoirs traditionnels. Les efforts de préservation de la langue quechua en Amérique du Sud illustrent des stratégies complètes d'intégration numérique. Avec « plus de 7 millions de locuteurs » au Pérou, en Bolivie, en Équateur et dans d'autres pays andins, le quechua a bénéficié d'un développement systématique de plateformes numériques (Harvard ReVista, 2023). Notamment, le ministère de la Culture du Pérou a lancé un cours en ligne gratuit de quechua qui a attiré « 93 000 étudiants du monde entier », démontrant l'intérêt mondial pour l'apprentissage des langues indigènes (Harvard ReVista, 2023). Les initiatives numériques incluent l'intégration du quechua dans Google Traduction aux côtés de « 23 autres langues indigènes d'Amérique du Sud » en 2022, l'activisme sur les réseaux sociaux en langue quechua et des projets vidéo éducatifs où les étudiants doublent des films populaires en quechua, remettant en question les stéréotypes selon lesquels les langues indigènes seraient incompatibles avec la technologie moderne.

Les initiatives technologiques pour les langues africaines traitent de l'exclusion numérique de la diversité linguistique extraordinaire du continent. Avec « plus de 2 000 langues parlées à travers le continent », l'Afrique représente près d'un tiers des langues mondiales, pourtant, début 2024, « seules 49 sont disponibles sur des plateformes de traduction comme Google Traduction » et « 88 % des langues africaines sont sévèrement sous-représentées ou complètement ignorées en linguistique computationnelle » (Smartling, 2024). Bien que Google ait fait des progrès significatifs en 2024 en ajoutant 110 nouvelles langues à Google Traduction—environ 25 % provenant d'Afrique—cette expansion ne représente encore qu'une fraction de la diversité linguistique du continent, soulignant l'ampleur du travail nécessaire pour atteindre l'équité linguistique numérique (Google, 2024).

Les projets de préservation des langues aborigènes en Australie et au Canada illustrent des approches communautaires, soutenues par les gouvernements, pour la revitalisation numérique des langues. Le programme Indigenous Languages and Arts en Australie investit « plus de 20 millions de dollars australiens par an » pour soutenir « un réseau de 25 centres de langues indigènes à travers l'Australie travaillant à la conservation, la revitalisation et la pérennisation des langues indigènes » (Office for the Arts, Australie). L'« Archive vivante des langues aborigènes » contient « près de 4 000 livres en 50 langues provenant de 40 communautés » disponibles en ressources numériques en accès libre (Living Archive, 2022). Les technologies innovantes incluent l'« impression sonore » où des scanners portatifs lisent les codes dans les livres pour restituer les fichiers audio correspondants, avec « environ 70 livres imprimés en son produit en Australie entre 2011 et 2015 » par des organisations aborigènes (Creative Spirits, 2022). Les applications de narration numérique, les jeux d'apprentissage linguistique et les projets collaboratifs de dictionnaires démontrent comment la technologie peut servir les priorités des communautés indigènes plutôt que des agendas institutionnels externes.

Développement centré sur la communauté et pédagogie culturellement durable

Une technologie éducative authentiquement culturellement réactive émerge de processus de développement centrés sur la communauté qui positionnent les communautés culturelles en tant que concepteurs et décideurs plutôt que bénéficiaires passifs. Cette approche remet en question les perspectives basées sur le déficit qui considèrent la différence culturelle comme un problème à résoudre plutôt qu'un atout à exploiter. Les étudiants issus de cultures non dominantes ne doivent pas être obligés d'abandonner leurs modes de connaissance et de communication culturels pour réussir dans les environnements éducatifs ; au contraire, leurs pratiques culturelles, langues et épistémologies doivent être reconnues, valorisées et intégrées dans les expériences d'apprentissage. La recherche démontre qu'une pédagogie culturellement durable, qui maintient et favorise le pluralisme linguistique et culturel dans le cadre de la programmation éducative démocratique, produit de meilleurs résultats académiques tout en soutenant le développement d'une identité culturelle positive.

Les initiatives de littératie médiatique au Brésil, bien qu'exigeant une vérification supplémentaire de la documentation spécifique de l'UNESCO, représentent des modèles plus larges de technologies éducatives centrées sur la communauté qui amplifient les voix locales tout en développant les compétences techniques. Les projets communautaires de narration numérique, les initiatives de podcasting en langues locales et les programmes de création médiatique participative démontrent comment la technologie peut servir d'outil d'expression culturelle et d'autonomisation communautaire plutôt que d'homogénéisation culturelle. Ces approches reconnaissent que la technologie éducative efficace doit être culturellement générative—créant des opportunités pour que les étudiants contribuent à leur connaissance culturelle et l'élargissent plutôt que de simplement consommer un contenu prédéterminé.

Le développement communautaire réussi nécessite des structures de partenariat significatives incluant les membres des communautés culturelles en tant que co-concepteurs, garantissant que les solutions technologiques s'alignent sur les valeurs, traditions d'apprentissage et protocoles culturels. Cela inclut le respect des principes de souveraineté des données indigènes, la mise en œuvre d'autorisations culturelles appropriées et le contrôle d'accès, ainsi que la conception d'interfaces et de modèles d'interaction reflétant les styles de communication et structures sociales culturels. Les plateformes technologiques doivent accueillir des préférences d'apprentissage diverses, allant des approches centrées sur l'individu à celles collaboratives en communauté, et des formats textuels aux formats de tradition orale.

Mise en œuvre des stratégies et principes de conception

La mise en œuvre d'une technologie éducative culturellement réactive nécessite une attention systématique à la représentation, l'accessibilité et l'autonomie communautaire à toutes les étapes de conception. La représentation visuelle doit refléter la diversité des apprenants et des communautés, éviter l'inclusion symbolique tout en garantissant que la conception des interfaces, les images et le contenu d'exemple reflètent des contextes culturels authentiques. L'accessibilité linguistique va au-delà de la traduction pour inclure le soutien au changement de code linguistique, la création de contenu multilingue et la reconnaissance des traditions de littératie diverses, y compris les systèmes de communication orale, visuelle et symbolique.

L'infrastructure technique doit s'adapter à différents niveaux d'accès technologique et de littératie numérique, fournissant plusieurs voies d'engagement qui ne pénalisent pas les communautés disposant de ressources technologiques limitées. Cela inclut des plateformes capables de fonctionner hors ligne, des alternatives à faible bande passante et des interfaces optimisées pour mobile qui reconnaissent les schémas mondiaux d'accès à la technologie. Les outils de création de contenu doivent permettre aux membres de la communauté de produire des matériaux éducatifs culturellement pertinents dans leurs propres langues et formats culturels, soutenant tout, des formes traditionnelles de narration aux expressions médiatiques numériques contemporaines.

Les cadres d'évaluation et de mesure doivent dépasser les métriques standardisées pour inclure des indicateurs culturellement pertinents de l'apprentissage et de l'engagement. Cela nécessite de développer des approches d'évaluation en partenariat avec les communautés culturelles, en reconnaissant les diverses formes de démonstration des connaissances et en mesurant le succès en termes de préservation et de revitalisation culturelle aux côtés des métriques académiques traditionnelles. Les mécanismes de rétroaction communautaire continus garantissent que les solutions technologiques restent alignées sur les besoins et priorités culturelles évolutifs.

L'objectif ultime de la technologie éducative culturellement réactive n'est pas simplement l'inclusion, mais la transformation—créant des environnements d'apprentissage où la diversité culturelle est reconnue comme essentielle à l'excellence éducative plutôt que comme un obstacle à surmonter. Cela exige un engagement soutenu envers le partenariat communautaire, l'humilité culturelle des développeurs technologiques et des éducateurs, et la reconnaissance que la réactivité culturelle authentique nécessite un développement continu des relations plutôt que des consultations ponctuelles ou des références culturelles superficielles.

Pilier 4 : Solutions inclusives à travers le spectre technologique

Cadre fondamental pour l'équité technologique educative

L'équité éducative doit prendre en compte les réalités technologiques diverses plutôt que de supposer un accès uniforme à une infrastructure avancée. La pandémie de COVID-19 a révélé de manière saisissante l'impact de la fracture numérique sur l'accès à l'éducation, avec « plus de 1,6 milliard d'apprenants » contraints de quitter les salles de classe au plus fort de la pandémie (Banque mondiale, 2024). Cette crise a démontré que les stratégies efficaces de technologie éducative doivent couvrir l'ensemble du spectre technologique, des systèmes avancés alimentés par l'IA aux solutions communautaires sans technologie. L'équité en matière de technologie éducative nécessite de reconnaître que la capacité technologique varie considérablement au sein des communautés et entre elles, exigeant des approches flexibles et adaptatives qui garantissent la continuité de l'apprentissage malgré les limitations d'infrastructure. L'objectif n'est pas l'uniformité technologique, mais l'accessibilité éducative via des technologies appropriées correspondant aux contextes et capacités locales.

Applications High-Tech : apprentissage personnalisé assisté par IA

Les solutions technologiques avancées exploitent l'intelligence artificielle, la réalité virtuelle et la réalité augmentée pour créer des expériences d'apprentissage hautement personnalisées et adaptatives. Ces applications nécessitent une infrastructure robuste, une préparation complète des enseignants et une intégration pédagogique minutieuse pour atteindre leur potentiel.

Systèmes de tutorat IA et plateformes adaptatives

Khanmigo, le tuteur et assistant pédagogique alimenté par l'IA de Khan Academy, illustre l'intégration sophistiquée de l'IA en éducation. Basé sur la technologie GPT-4 d'OpenAI, Khanmigo « ne donne pas seulement des réponses. Au lieu de cela, avec une patience illimitée, il guide les apprenants pour qu'ils trouvent eux-mêmes la réponse » en utilisant des méthodes de questionnement socratique (Khan Academy, 2024). La plateforme fournit « un tutorat personnalisé sur chaque exercice, vidéo et article de Khan Academy » avec accès à « plus de 100 000 exercices pratiques » (Khan Academy, 2024). Actuellement disponible via un abonnement de 4 $/mois ou par partenariat avec les districts scolaires, Khanmigo a été testé dans « 266 districts scolaires aux États-Unis dans les classes de trois à douze » avec un partenariat récent de Microsoft permettant un accès gratuit pour tous les enseignants K–12 aux États-Unis (CBS News, 2024 ; Microsoft, 2025).

DreamBox Learning propose un enseignement adaptatif des mathématiques alimenté par IA pour les élèves de K-8 via son « Intelligent Adaptive Learning (IAL) system » qui « capture et analyse le comportement d'apprentissage en temps réel » (DreamBox, 2024). La plateforme analyse « en moyenne 50 000 points de données par heure » pour ajuster « la leçon et le niveau de difficulté, l'encadrement fourni, la séquence des sujets, le nombre d'indices et le rythme » de manière dynamique et continue (Harvard Business School, 2019). Avec « plus de 2 000 leçons et activités alignées sur divers standards étatiques et nationaux », DreamBox dessert « près de trois millions d'élèves » et « 120 000 enseignants » selon les données récentes (DreamBox, 2024 ; Medium, 2023). L'efficacité de la plateforme a été « évaluée comme FORTE par Evidence for ESSA et validée par des études tierces » (Discovery Education, 2024).

Exigences et défis de mise en œuvre

Les applications High-Tech exigent des investissements infrastructurels substantiels, notamment un Internet haut débit fiable, des appareils adéquats, des systèmes de support technique et un développement professionnel complet des enseignants. Les systèmes d'IA nécessitent une surveillance attentive pour garantir l'exactitude, notamment en mathématiques où « halluciner » ou présenter de fausses informations pose des risques significatifs (Freethink, 2024). Une mise en œuvre réussie nécessite de dépasser l'acquisition technologique pour se concentrer sur l'intégration pédagogique, garantissant que les outils avancés renforcent plutôt que remplacent les pratiques d'enseignement efficaces.

Solutions Low-Tech : apprentissage mobile et par SMS

Les solutions à faible technologie exploitent les appareils mobiles largement disponibles et la connectivité de base pour diffuser du contenu éducatif, s'avérant particulièrement utiles en situation de crise et dans les contextes à ressources limitées.

Apprentissage Mobile-First et Microlearning par SMS

Les approches éducatives mobile-first ont gagné en importance pendant les confinements liés à la COVID-19, avec des recherches démontrant leur efficacité dans des environnements à ressources limitées. Un essai contrôlé randomisé impliquant « 4 500 foyers à travers le Botswana » a testé des méthodes d'instruction basées sur le téléphone mobile, révélant que « l'instruction par appels téléphoniques peut fournir une méthode efficace et évolutive pour dispenser l'enseignement lorsque la scolarité est interrompue » (The Conversation, 2022). L'étude a montré que les téléphones mobiles ont « le potentiel de fournir un enseignement dans des contextes à ressources limitées et à grande échelle » malgré le fait qu'il s'agisse d'une « solution Low-Tech moins couramment utilisée dans l'éducation par rapport aux approches High-Tech qui reposent sur l'enseignement basé sur Internet » (The Conversation, 2022).

Le microlearning a connu « une croissance de 40 % pendant la pandémie de COVID-19 » alors que les organisations éducatives recherchaient des méthodes flexibles et accessibles de diffusion de contenu (EDUCAUSE, 2023). Les modules de microlearning optimisés pour mobile offrent des « portions de contenu éducatif » conçues pour des « courtes sessions d'apprentissage » accessibles sur des smartphones de base avec une connectivité limitée aux données (EDUCAUSE, 2023). La recherche sur les approches « Flipped Mobile-Based Microlearning (FMM) » démontre « des effets positifs sur l'accessibilité, l'engagement, la rétention des connaissances, l'expérience d'apprentissage globale et les résultats aux examens finaux comparés à l'approche d'apprentissage traditionnelle » (Research in Learning Technology, 2024).

Les systèmes éducatifs basés sur SMS comme Eneza Education au Kenya ont « aidé plus de 10 millions d'apprenants à réviser du matériel hors ligne » au Ghana, en Côte d'Ivoire et au Rwanda (Rest of World, 2020). Ces systèmes permettent la diffusion de contenus éducatifs via des téléphones mobiles de base sans nécessiter d'accès à Internet, les parents achetant « du crédit téléphonique (équivalent hors ligne d'un forfait Internet) pour un accès quotidien ou hebdomadaire à des textos illimités » avec les prestataires de contenu éducatif (Rest of World, 2020).

Efficacité prouvée pendant la pandémie

La pandémie de COVID-19 a validé l'efficacité des solutions Low-Tech pour maintenir la continuité éducative. En Éthiopie, des recherches ont montré que « les téléphones mobiles sont les outils technologiques les plus disponibles dans les collèges », avec « 98 % des répondants » ayant accès à un téléphone mobile, et que « 44,0 % des étudiants estiment que l'apprentissage mobile réduit l'écart d'études pendant l'ère COVID-19 » (Health Technology, 2023). Les études ont révélé que « 85,9 % des étudiants estiment que l'apprentissage mobile les a aidés à rattraper un retard d'étude pendant la période COVID-19 », bien que des obstacles aient inclus « petits écrans, contraintes financières, manque de temps, absence de compétences, manque de soutien et manque d'intérêt » (Health Technology, 2023).

Stratégies No-Tech : éducation par radio et apprentissage communautaire

Les approches éducatives No-Tech assurent la continuité de l'apprentissage lorsque l'accès numérique est interrompu ou indisponible, en utilisant la radio, le matériel imprimé et les modèles d'apprentissage communautaires ne nécessitant aucune infrastructure technologique.

Programmes d'éducation par radio

L'éducation par radio est devenue un outil crucial de réponse à la pandémie, l'UNESCO rapportant que « 75 % des foyers dans le monde ont accès à la radio » et que « neuf foyers sur dix ont accès à la radio en Afrique subsaharienne » (The Borgen Project, 2020). L'Instruction Audio Interactive (IAI), pionnière par l'Education Development Center (EDC), crée une éducation engageante basée sur la radio où « les enfants interagissent entre eux et avec leur 'enseignant audio' pendant chaque diffusion » avec des pauses intégrées dans les enregistrements pour que les enfants aient le temps de répondre aux questions et d'exécuter les tâches (EDC, 2020).

L'expérience de la Sierra Leone pendant les épidémies d'Ebola et de COVID-19 démontre l'évolutivité et l'efficacité de l'éducation par radio. Le programme « Rising on Air » du pays a fourni « un programme gratuit de 20 semaines de scripts de leçons et d'audio préenregistré » couvrant « les cours de littératie et de numératie pour les élèves de la maternelle à la 9e année » (The Borgen Project, 2020). Parmi les élèves ayant accédé au programme, « 58 % écoutaient cinq jours par semaine », indiquant un niveau élevé d'engagement (Rest of World, 2020).

L'initiative d'éducation par radio du Rwanda, lancée par le Rwanda Education Board en avril 2020, diffuse « pendant six heures chaque jour de semaine » pour améliorer la littératie des élèves du primaire, atteignant environ « 3 millions d'élèves » touchés par les fermetures scolaires (The Borgen Project, 2020). Le programme s'appuie sur des partenariats avec l'UNICEF et inclut des « drames radiophoniques » combinant divertissement et contenu éducatif pour maintenir l'engagement des élèves.

Modèles d'apprentissage communautaire

L'apprentissage mixte basé sur la radio communautaire représente une approche innovante pour les zones éloignées en conditions de pandémie. Des recherches en Indonésie proposent d'intégrer « radio communautaire, apprentissage mixte, éducation transformative et pédagogie critique » pour créer « une solution alternative prometteuse dans les zones reculées » qui prend en compte « diverses conditions géographiques constituées de montagnes, de basses terres, de hautes terres et de vallées » où la connectivité Internet reste difficile (ScienceDirect, 2021).

Les modèles communautaires exploitent le savoir local, les contextes culturels et les structures sociales existantes pour maintenir la continuité éducative. Ces approches incluent des pods d'apprentissage communautaires, des espaces éducatifs extérieurs et des réseaux d'apprentissage par les pairs fonctionnant indépendamment de l'infrastructure technologique tout en maintenant la qualité éducative et le lien social.

Matériaux hybrides imprimé-numérique

Les approches hybrides combinent les matériaux imprimés avec l'intégration numérique, comme la technologie « sound printing » utilisée dans l'éducation aborigène, où « des scanners portatifs lisent de petits codes intégrés dans les pages des livres pour restituer les fichiers audio correspondants stockés sur des cartes mémoire » (Creative Spirits, 2022). Entre 2011 et 2015, « environ 70 livres imprimés en son ont été produits en Australie, principalement par des organisations aborigènes utilisant la technologie pour améliorer la littératie et maintenir la langue » (Creative Spirits, 2022).

IV. Stratégies de mise en œuvre : de la théorie à la pratique

Combler le fossé entre la théorie de la technologie éducative et sa pratique équitable et durable exige des stratégies cohérentes fondées sur des preuves, l'inclusion et l'adaptabilité. L'analyse historique des révolutions industrielle, numérique et de l'IA révèle que le progrès technologique, sans cadres de mise en œuvre ciblés, reproduit souvent les inégalités plutôt que de les réduire (Selwyn, 2016). Pour garantir que les outils numériques et d'IA contribuent à la justice éducative, la mise en œuvre doit opérer à travers des domaines interconnectés : développement des politiques, transformation pédagogique et engagement communautaire. La pandémie de COVID-19 a servi de test mondial pour la mise en œuvre de la technologie éducative, révélant à la fois le potentiel des solutions d'apprentissage numérique et l'importance critique d'une préparation systématique à la livraison de l'éducation médiée par la technologie.

Développement d'un cadre politique national

Le développement de systèmes d'éducation numérique efficaces commence par des cadres politiques nationaux robustes qui intègrent vision, infrastructure et équité dans une stratégie cohérente. Fondés sur les principes de l'UNESCO de connectivité, contenu et compétences, ces cadres alignent les efforts des agences gouvernementales, des institutions éducatives et des partenaires communautaires pour assurer une transformation numérique inclusive et durable. En intégrant la préparation aux situations d'urgence, la coordination multi-acteurs et la prise de décision fondée sur des preuves, ces politiques créent la base de systèmes éducatifs résilients capables de prospérer dans des contextes stables comme en situation de crise.

Stratégie complète d'éducation numérique

La mise en œuvre efficace des initiatives de solidarité numérique nécessite des cadres politiques nationaux complets qui coordonnent les efforts de plusieurs départements gouvernementaux, institutions éducatives et organisations communautaires. L'UNESCO soutient ses États membres pour « concevoir, intégrer et mettre en œuvre des politiques nationales et plans directeurs efficaces sur l'apprentissage numérique, en veillant à ce que les activités sur le terrain répondent aux besoins de chaque pays et communauté avec un accent particulier sur les populations défavorisées » (UNESCO, 2024). Ce soutien comprend la planification stratégique à long terme via des initiatives telles que Technology-enabled Open Schools for All et ICT Transforming Education in Africa.

Le cadre de l'UNESCO reconnaît que des politiques éducatives numériques efficaces doivent aborder trois piliers fondamentaux : connectivité, contenu et compétences. Comme indiqué dans le « Call to Action: Assuring and improving quality public digital learning for all » du Sommet Transforming Education 2022, la mise en œuvre réussie des politiques nécessite de traiter ces éléments interconnectés simultanément plutôt que de les considérer comme des défis séparés.

Préparation aux situations d'urgence et réponse aux crises

L'expérience de la pandémie a révélé des lacunes critiques dans la préparation nationale aux urgences pour le déploiement de la technologie éducative. La plupart des systèmes éducatifs nationaux manquaient de cadres complets pour une transition rapide vers l'apprentissage à distance, entraînant des réponses improvisées qui ont souvent exacerbé les inégalités existantes plutôt que de les atténuer. L'analyse de l'UNESCO des réponses mondiales a identifié que les pays disposant de stratégies et d'infrastructures d'éducation numérique préexistantes étaient nettement mieux positionnés pour maintenir la continuité éducative en période de crise.

Les composants essentiels des cadres politiques adaptés aux crises comprennent :

- Infrastructure numérique pré-positionnée avec capacité évolutive pour un déploiement rapide.
- Dépôts de contenu d'urgence contenant du matériel aligné sur le programme scolaire et divers modes de diffusion.
- Systèmes de diffusion multimodaux incluant radio, télévision, plateformes mobiles et matériaux imprimés.
- Protocoles de préparation des enseignants aux situations d'urgence avec modules de formation pré-développés pour les contextes d'enseignement en crise.
- Accords de partenariat communautaire établissant les rôles des familles, organisations locales et entités privées lors des urgences éducatives.

Modèles de coordination multi-acteurs

La mise en œuvre réussie des politiques nécessite ce que l'UNESCO caractérise comme une « coopération gouvernementale et sociétale globale » reconnaissant l'interdépendance complexe entre systèmes éducatifs, technologiques et sociaux. L'UNESCO souligne que « pour construire des partenariats fiables et durables soutenant une transformation numérique équitable et inclusive de l'éducation, une coopération gouvernementale et sociétale globale est nécessaire pour surmonter les asymétries actuelles qui empêchent l'équité, l'inclusion et la durabilité dans l'utilisation de la technologie numérique pour l'apprentissage tout au long de la vie » (UNESCO, 2024).

Des mécanismes de coordination efficaces comprennent notamment :

- **Des instances de coordination interministérielle** reliant les ministères et agences de l'éducation, des technologies, de la santé et du développement économique.
- **Des cadres de partenariats public-privé** dotés de structures de gouvernance claires et de mécanismes d'imputabilité.
- **Des protocoles d'engagement de la société civile** garantissant que les voix des communautés alimentent l'élaboration des politiques.
- **Des accords de coopération internationale** permettant le partage des ressources et l'échange de bonnes pratiques.
- **Des cadres de gouvernance des données** protégeant la vie privée tout en favorisant l'apprentissage et l'amélioration à l'échelle du système.

Prise de décision fondée sur des données probantes et élaboration itérative des politiques

L'élaboration des politiques doit s'appuyer sur une collecte et une analyse rigoureuses des données, tenant compte des contextes locaux tout en permettant la comparaison internationale et l'apprentissage mutuel. Cela implique une évaluation régulière des modalités d'accès au numérique, la mesure des résultats d'apprentissage ainsi que des évaluations d'impact à long terme, afin d'éclairer un affinage itératif des politiques.

Composantes critiques de la collecte et de l'analyse des données :

- **Des évaluations de référence complètes** de l'infrastructure numérique, de l'accès aux appareils et des modalités de connectivité.
- **Des systèmes de suivi des résultats d'apprentissage** mesurant la progression académique selon différentes modalités de prestation (présentiel, hybride, en ligne, etc.).
- **Des mécanismes de suivi de l'équité** analysant les résultats selon le genre, le statut socioéconomique, la localisation géographique et la situation de handicap.
- **Des évaluations des compétences enseignantes** mesurant la littératie numérique et les compétences d'intégration pédagogique des technologies.
- **Des évaluations de l'impact communautaire** documentant les effets sociaux et économiques plus larges des initiatives d'éducation numérique.

Formation initiale des enseignants et systèmes de développement professionnel

Le renforcement des capacités enseignantes à l'ère numérique exige une transformation holistique, à la fois de la formation initiale et des systèmes de développement professionnel continu. Une réforme efficace intègre la pédagogie numérique, une conception centrée sur l'équité et des compétences d'enseignement résilientes face aux crises, afin que les éducateurs puissent réussir dans des contextes technologiques et culturels divers. En mobilisant l'apprentissage médiatisé par la technologie, les réseaux professionnels et des dispositifs de formation « réponse rapide », ces systèmes favorisent des enseignants adaptables, collaboratifs et mieux accompagnés, capables de maintenir la qualité éducative en situation ordinaire comme en contexte d'urgence.

Réforme de la formation initiale des enseignants

La transformation des programmes de formation des enseignants constitue le défi de mise en œuvre le plus critique, car elle requiert des changements systémiques tant dans la formation initiale que dans les dispositifs de développement professionnel continu. La recherche montre que « l'amélioration de la littératie numérique en éducation contribue de manière substantielle au débat sur les interventions éducatives grâce à une méthodologie de recherche rigoureuse qui combine la robustesse quantitative et la nuance qualitative » (Temirkhanova et al., 2024).

Composants essentiels des programmes de formation initiale réformés :

- Formation pédagogique numérique intégrée combinant compétences technologiques et méthodes d'enseignement culturellement adaptées.
- Préparation à la pédagogie de crise pour équiper les enseignants débutants aux contextes d'enseignement d'urgence et à distance.
- Formation technologique axée sur l'équité, abordant les enjeux de fracture numérique et les principes de conception inclusive.
- Développement des compétences multilingues et multiculturelles, préparant les enseignants à des populations étudiantes diverses.
- Expériences internationales collaboratives favorisant une perspective globale sur la mise en œuvre des technologies éducatives.

Développement professionnel médiatisé par la technologie dans des contextes à ressources limitées

La recherche systématique sur le développement professionnel des enseignants médiatisé par la technologie révèle des approches prometteuses conçues explicitement pour des environnements à ressources limitées. L'analyse exhaustive de Burns et Lawrie (2022) identifie que « le coaching virtuel, la messagerie sociale, l'apprentissage mixte, la réflexion stimulée par vidéo et l'utilisation de logiciels/applications spécifiques à une discipline représentent des approches prometteuses pour le développement professionnel des enseignants médiatisé par la technologie dans des contextes à ressources limitées ». Ces approches permettent un apprentissage professionnel soutenu tout en tenant compte des contraintes pratiques auxquelles les enseignants sont confrontés dans divers environnements.

Modèles efficaces de développement professionnel médiatisé par la technologie :

- Plateformes d'apprentissage professionnel mobile-first conçues pour les smartphones et la connectivité de base.

- Réseaux de coaching entre pairs utilisant la messagerie sociale et les plateformes d'appels vidéo.
- Modules de microlearning offrant un développement professionnel juste-à-temps en segments de 10 à 15 minutes.
- Protocoles de réflexion stimulée par vidéo permettant aux enseignants d'analyser et d'améliorer leur pratique.
- Formation à des applications spécifiques à une discipline, développant la compétence avec les technologies éducatives centrées sur une matière.

Réseaux d'apprentissage professionnel continu et construction de communautés

La pandémie a démontré à la fois le potentiel et les limites du développement professionnel virtuel. Bien que les plateformes en ligne aient permis la continuité de l'apprentissage pendant les périodes de confinement, elles ont également révélé l'importance de maintenir la connexion humaine et le soutien par les pairs dans les processus de développement professionnel. Les réseaux d'apprentissage professionnel efficaces combinent outils technologiques et construction de relations soutenues pour créer des communautés professionnelles solidaires.

Éléments clés des réseaux d'apprentissage professionnel efficaces :

- Programmes de mentorat structuré entre pairs, jumelant enseignants expérimentés et débutants à travers les frontières géographiques.
- Communautés d'apprentissage professionnel centrées sur des défis pédagogiques spécifiques et l'intégration technologique.
- Initiatives de collaboration interculturelle permettant aux enseignants d'apprendre auprès de collègues internationaux.
- Partenariats recherche-pratique connectant enseignants, chercheurs universitaires et décideurs politiques.
- Parcours de développement du leadership préparant les enseignants leaders à soutenir leurs collègues et à conduire le changement institutionnel.

Systèmes de développement professionnel réactifs aux crises

La préparation aux urgences nécessite des cadres de développement professionnel spécialisés pouvant être déployés rapidement pendant les périodes de crise. Ces systèmes doivent répondre aux besoins techniques immédiats ainsi qu'au développement professionnel à plus long terme dans les contextes de crise.

Composants essentiels du développement professionnel réactif aux crises :

- Modules de formation à déploiement rapide couvrant l'enseignement en ligne d'urgence, le bien-être des étudiants et la communication familiale.
- Réseaux d'assistance technique 24/7 fournissant une aide multilingue aux enseignants passant à l'enseignement à distance.

- Ressources de santé mentale et de bien-être soutenant le bien-être des éducateurs pendant les périodes de crise.
- Systèmes de certification flexibles permettant aux enseignants de maintenir leurs qualifications professionnelles pendant les périodes perturbées.
- Réseaux de soutien communautaire utilisant les relations locales pour fournir un soutien professionnel continu.

Engagement communautaire et développement de partenariats

La réforme efficace de l'éducation numérique dépend d'un engagement profond et soutenu entre écoles, familles, communautés et partenaires stratégiques. En positionnant les familles comme co-éducateurs, en responsabilisant les organisations communautaires et en favorisant des collaborations public-privé équitables, les systèmes éducatifs peuvent créer des écosystèmes d'apprentissage numérique localement pertinents et culturellement adaptés. Ces partenariats élargissent non seulement l'accès aux ressources et à l'expertise technique, mais cultivent également une responsabilité partagée, garantissant que la transformation numérique renforce la capacité communautaire et la résilience éducative à long terme.

Intégration des familles et des communautés dans l'apprentissage numérique

Les familles et les communautés des élèves jouent un rôle essentiel dans les environnements d'apprentissage numérique, fournissant souvent un soutien technique, une facilitation de l'apprentissage et un encouragement émotionnel. La recherche démontre de manière constante que l'engagement familial influence significativement la réussite des élèves dans l'apprentissage médiatisé par la technologie, en particulier pour les élèves issus de communautés marginalisées.

La pandémie a fondamentalement transformé le rôle des familles dans l'éducation, les parents et tuteurs devenant des partenaires essentiels de la prestation éducative plutôt que de simples soutiens périphériques. Les stratégies d'engagement communautaire doivent reconnaître et soutenir ces rôles élargis tout en développant la capacité à maintenir la participation familiale dans l'apprentissage numérique.

Stratégies efficaces d'engagement familial et communautaire :

- Formation à la littératie numérique pour les familles, proposée dans plusieurs langues et formats culturellement appropriés.
- Centres technologiques communautaires offrant un accès partagé aux appareils et à Internet haut débit.
- Programmes éducateurs pour parents et tuteurs développant les compétences nécessaires pour soutenir l'apprentissage numérique des enfants à domicile.
- Développement de contenu culturellement adapté incorporant connaissances locales et valeurs communautaires.
- Horaires d'apprentissage flexibles prenant en compte la diversité des structures familiales et des conditions économiques.

Modèles de partenariats public-privé pour une mise en œuvre durable

Les initiatives efficaces d'équité numérique s'appuient de plus en plus sur des partenariats public-privé innovants qui exploitent les ressources des entreprises tout en maintenant la supervision et la responsabilité publiques. L'UNESCO souligne que « pour réaliser une vision d'utilisation de la technologie afin d'atteindre les objectifs des systèmes éducatifs et garantir que l'éducation reste un bien public, des partenariats durables et transparents avec le secteur privé sont souvent essentiels » (UNESCO, 2024).

Éléments essentiels des partenariats public-privé efficaces :

- Structures de gouvernance claires définissant rôles, responsabilités et mécanismes de responsabilité.
- Protocoles de protection des données assurant la confidentialité des élèves et empêchant l'exploitation commerciale.
- Dispositions d'accès équitable exigeant des engagements de service universel de la part des partenaires privés.
- Exigences de renforcement des capacités locales garantissant que les partenariats renforcent, plutôt que remplacent, les capacités du secteur public.
- Processus de passation transparents empêchant la corruption et assurant la valeur des investissements publics.

Innovation communautaire et appropriation locale

La mise en œuvre durable de l'éducation numérique nécessite de favoriser l'innovation locale et l'appropriation communautaire plutôt que d'imposer des solutions externes. Les communautés développent souvent des adaptations créatives des outils numériques qui répondent mieux aux besoins locaux et aux contextes culturels.

Soutenir l'innovation communautaire :

- Initiatives de création de contenu local permettant aux communautés de développer des matériels éducatifs culturellement pertinents.
- Programmes d'entrepreneuriat technologique communautaire renforçant les capacités locales pour la réparation d'appareils, la fourniture d'Internet et le support technique.
- Projets d'intégration des connaissances autochtones combinant méthodes d'apprentissage traditionnelles et outils numériques.
- Développement du leadership des jeunes, préparant les jeunes à devenir mentors technologiques et éducateurs communautaires.
- Processus de conception participative garantissant que les voix communautaires guident la sélection et la mise en œuvre des technologies.

Mise en œuvre, suivi et amélioration continue

Maintenir l'efficacité des réformes de l'éducation numérique nécessite un suivi, une évaluation et une amélioration itérative continus, fondés à la fois sur les preuves et sur les contributions des parties prenantes. Les systèmes d'évaluation complets doivent équilibrer les indicateurs de performance quantitatifs avec des informations qualitatives pour capturer l'impact complet de l'intégration technologique sur l'apprentissage, l'équité et le bien-être communautaire. Associés à une coopération internationale active, ces mécanismes permettent aux systèmes éducatifs de s'adapter de manière réactive, de partager des innovations à travers les frontières et de renforcer la capacité mondiale pour un apprentissage équitable et enrichi par la technologie.

Systèmes complets d'évaluation de l'impact

Une mise en œuvre efficace nécessite des systèmes robustes de suivi et d'évaluation qui retracent à la fois les conséquences prévues et imprévues des initiatives d'éducation numérique. Ces systèmes doivent capturer des résultats quantitatifs tout en documentant les expériences qualitatives et les impacts communautaires.

Composants essentiels du suivi et de l'évaluation :

- Mécanismes de retour d'information multi-acteurs recueillant les contributions des élèves, enseignants, familles et leaders communautaires.
- Suivi longitudinal des résultats mesurant les impacts académiques, sociaux et économiques dans le temps.
- Processus d'audit de l'équité identifiant et traitant les impacts disparates sur les communautés marginalisées.
- Analyses rentables garantissant l'utilisation efficace des ressources publiques.
- Protocoles de gestion adaptative permettant des ajustements rapides basés sur les preuves émergentes.

Coopération internationale et partage des connaissances

Les défis mondiaux nécessitent des solutions collaboratives tirant parti d'expériences et d'expertises diverses. La coopération internationale permet aux pays d'apprendre des réussites et des échecs des autres tout en évitant la duplication des erreurs.

Mécanismes efficaces de coopération internationale :

- Réseaux de collaboration Sud-Sud facilitant l'apprentissage entre pairs entre pays aux contextes similaires.
- Partenariats de recherche et développement mutualisant les ressources pour l'innovation en technologies éducatives.
- Échanges d'assistance technique permettant aux pays de partager expertise et meilleures pratiques.
- Communautés d'apprentissage politique soutenant le développement de politiques fondées sur des preuves à l'échelle internationale.
- Coordination des réponses d'urgence permettant un soutien mutuel rapide en période de crise.

Recommandations stratégiques pour une mise en œuvre systématique

Transposer une vision d'éducation équitable et enrichie par la technologie en réalité nécessite une approche progressive alignant action immédiate et transformation à long terme. Les priorités à court terme se concentrent sur l'établissement de la gouvernance, l'évaluation des besoins et le lancement d'interventions adaptées au contexte, tandis que les objectifs à moyen terme mettent l'accent sur le déploiement à grande échelle de modèles éprouvés, le renforcement des capacités et l'intégration de systèmes durables de financement et d'évaluation. À long terme, ces efforts convergent vers un accès universel, une résilience systémique et une coopération mondiale, garantissant que l'apprentissage numérique catalyse l'équité éducative et la justice sociale.

Priorités de mise en œuvre à court terme (0-2 ans) :

1. Établir des mécanismes de coordination multi-acteurs avec des structures de gouvernance claires et des cadres de responsabilité.
2. Réaliser des évaluations de base complètes de l'infrastructure numérique, des capacités des enseignants et des besoins communautaires.
3. Développer des protocoles de préparation aux urgences pour maintenir la continuité éducative pendant les périodes de crise.
4. Lancer des programmes de développement professionnel des enseignants axés sur la pédagogie numérique et les compétences d'enseignement en situation de crise.
5. Mettre en œuvre des programmes pilotes dans divers contextes pour tester les stratégies de mise en œuvre et recueillir des preuves.

Objectifs de développement à moyen terme (2-5 ans) :

1. Étendre les programmes pilotes réussis fondés sur des preuves d'efficacité et l'acceptation communautaire.
2. Établir des mécanismes de financement durables combinant investissement public et partenariats privés stratégiques.
3. Renforcer les capacités locales pour la maintenance technologique, le développement de contenu et le soutien aux enseignants.
4. Développer des systèmes d'évaluation complets suivant les impacts à long terme sur l'équité et les résultats d'apprentissage.
5. Favoriser la coopération internationale par des réseaux de partage des connaissances et des initiatives collaboratives.

Vision de transformation à long terme (5 ans et plus) :

1. Assurer un accès universel à des opportunités d'apprentissage numérique de haute qualité dans toutes les communautés.
2. Établir des systèmes éducatifs résilients capables de maintenir la continuité dans diverses circonstances.
3. Construire des réseaux de coopération mondiale permettant une réponse rapide aux urgences éducatives et une innovation partagée.

4. Démontrer des progrès mesurables vers l'équité éducative et la justice sociale grâce à l'apprentissage enrichi par la technologie.
5. Créer des modèles durables que d'autres pays et régions peuvent adapter à leurs contextes spécifiques.

La mise en œuvre réussie de la technologie éducative pour l'équité et la justice nécessite un engagement soutenu, un apprentissage adaptatif et un effort collaboratif à tous les niveaux de la société. En fondant les stratégies de mise en œuvre sur des preuves, l'engagement communautaire et une planification systématique, nous pouvons garantir que le progrès technologique contribue à réduire, plutôt qu'à reproduire, les inégalités éducatives.

V. Cadres d'évaluation et d'analyse

Mesurer le succès des initiatives de technologie éducative nécessite des cadres d'évaluation sophistiqués qui vont au-delà des métriques traditionnelles pour saisir la pleine complexité de l'équité et de l'inclusion numériques. La pandémie de COVID-19 a révélé des lacunes critiques dans la manière dont nous évaluons l'impact des technologies éducatives, avec « plus de 1,6 milliard d'apprenants » affectés par les fermetures d'écoles qui ont exposé des disparités significatives dans l'accès numérique et la continuité de l'apprentissage (Banque mondiale, 2024). Les cadres d'évaluation efficaces doivent simultanément évaluer les schémas d'accès, les comportements d'utilisation, les résultats d'apprentissage et la durabilité à long terme, tout en intégrant les voix diversifiées des parties prenantes et en soutenant la prise de décision fondée sur des preuves à différents niveaux des systèmes éducatifs.

Cadre d'évaluation multidimensionnel

Une évaluation complète nécessite une analyse systématique à travers des dimensions interconnectées qui capturent à la fois les impacts immédiats et les effets de transformation à long terme :

Équité d'accès : analyse de l'infrastructure et démographique

L'évaluation doit examiner non seulement si la technologie est disponible, mais si elle est accessible, appropriée et adéquate pour différentes populations. Cela inclut l'évaluation de la qualité et de la fiabilité des dispositifs, de la constance de la connectivité Internet, de la disponibilité du support technique et de l'accessibilité physique pour les apprenants en situation de handicap. L'analyse démographique doit désagréger les données selon le genre, le statut socioéconomique, la localisation géographique, le contexte linguistique et le statut de handicap afin d'identifier les lacunes et obstacles persistants.

Équité d'utilisation : comportements et engagement

La recherche montre que l'accès seul ne garantit pas une utilisation équitable. L'évaluation de l'équité d'utilisation examine les comportements réels afin d'identifier comment l'usage de la technologie renforce ou remet en question les inégalités éducatives existantes. Cela inclut l'analyse des temps de travail effectifs, des taux d'utilisation des fonctionnalités, de l'usage autonome versus guidé, et de l'engagement collaboratif parmi différents groupes démographiques.

Équité des résultats : impact sur l'apprentissage et mesures de justice sociale

L'évaluation doit déterminer si l'intégration de la technologie contribue à réduire ou à exacerber les inégalités éducatives. Cela nécessite de mesurer les gains d'apprentissage différenciés selon les populations, le développement de la pensée critique et de la littératie numérique, les opportunités d'expression créative et les résultats d'apprentissage socio-émotionnel. L'évaluation doit examiner si l'usage de la technologie renforce ou affaiblit l'identité culturelle des élèves et les liens communautaires.

Durabilité : viabilité à long terme et appropriation communautaire

L'impact durable nécessite d'évaluer la viabilité financière, la capacité institutionnelle et le développement de l'appropriation communautaire. Cela inclut l'évaluation de la rentabilité, des coûts totaux de possession, du renforcement des capacités techniques locales, des capacités de création de contenu et des cadres d'intégration des politiques qui soutiennent la mise en œuvre continue sans dépendance externe.

Intégration de la recherche : approches quantitatives et qualitatives

L'évaluation pratique combine la collecte de données quantitatives rigoureuses avec la recherche qualitative qui capture les expériences vécues et les perspectives communautaires. L'approche méthodologique mixte fournit une compréhension complète en intégrant l'analyse à grande échelle avec des méthodes d'évaluation participative, le récit culturel et l'observation ethnographique. La recherche sur l'expérience des enseignants pendant les transitions pandémiques révèle que le changement technologique implique des transformations fondamentales de l'identité professionnelle nécessitant à la fois le développement de compétences techniques et la reconceptualisation pédagogique, soulignant l'importance des approches phénoménologiques pour comprendre les défis et succès de la mise en œuvre.

Systèmes de suivi mondial et coordination internationale

Le Digital Transformation Collaborative (DTC) de l'UNESCO illustre une coordination internationale qui équilibre normes mondiales et adaptation locale. Lancé en mars 2023 dans le cadre de la Global Education Coalition de l'UNESCO, le DTC fonctionne comme « une alliance multipartite d'organisations intergouvernementales, non gouvernementales et du secteur privé qui soutient les pays dans l'application de la pensée systémique à la transformation numérique dans les politiques, la planification et la mise en œuvre éducative » (UNESCO, 2024). Le cadre à six piliers du DTC aborde la coordination et le leadership, la connectivité et l'infrastructure, le coût et la durabilité, la capacité et la culture, le contenu et les solutions, ainsi que les données et preuves.

Les systèmes de suivi mondial efficaces facilitent la collecte de données, le partage des connaissances et la résolution collaborative de problèmes tout en respectant la souveraineté des données communautaires et les valeurs culturelles. Ces systèmes permettent l'apprentissage inter-pays grâce à des cadres d'indicateurs standardisés, à la documentation des meilleures pratiques et à des réseaux de diffusion de l'innovation, tout en soutenant la coordination des réponses d'urgence et les partenariats de recherche mutualisant les ressources pour le développement et l'évaluation de la technologie éducative.

VI. Défis émergents et orientations futures

L'évolution rapide des technologies éducatives présente à la fois des opportunités transformatrices et des défis complexes qui nécessitent des réponses proactives centrées sur l'équité afin de garantir que les innovations numériques servent efficacement tous les apprenants. Alors que l'intelligence artificielle redéfinit les possibilités éducatives, que le changement climatique exige des pratiques technologiques durables et que les cadres de gouvernance mondiale établissent les droits numériques comme droits humains fondamentaux, les systèmes éducatifs doivent naviguer à travers ces défis interconnectés tout en s'appuyant sur les leçons tirées de la pandémie de COVID-19. L'avenir des technologies éducatives dépend de notre capacité à aborder ces enjeux émergents par des cadres internationaux collaboratifs, des pratiques de mise en œuvre durables et des principes de conception inclusive qui privilégient l'équité et la justice parallèlement à l'innovation.

Changement climatique et durabilité environnementale

L'impact environnemental de l'infrastructure numérique soulève des questions critiques de durabilité que les systèmes éducatifs ne peuvent plus ignorer. L'empreinte carbone des dispositifs numériques, des centres de données et de l'infrastructure réseau continue de croître de manière exponentielle, créant une tension entre les objectifs d'inclusion numérique et de responsabilité environnementale.

Les initiatives futures en technologie éducative doivent équilibrer les objectifs d'accès avec les impératifs environnementaux par plusieurs stratégies clés : des sources d'énergie renouvelables pour l'infrastructure numérique, conception et acquisition de dispositifs durables pour réduire les déchets électroniques, mise en œuvre de technologies écoénergétiques et intégration de la sensibilisation environnementale et de l'éducation au climat dans les programmes de littératie numérique. Les normes ISTE, alignées sur les Objectifs de développement durable de l'UNESCO, guident l'intégration durable de la technologie en éducation, en soulignant que tous les apprenants doivent acquérir les connaissances et compétences nécessaires pour promouvoir le développement durable (ISTE, 2024).

Les établissements éducatifs doivent également modéliser des pratiques durables en adoptant des principes d'économie circulaire pour l'acquisition de technologies, en mettant en œuvre des programmes de remise à neuf et de recyclage des dispositifs et en mesurant et rapportant leur empreinte carbone numérique. Cela crée des opportunités d'expériences d'apprentissage authentiques où les étudiants s'engagent avec des défis réels de durabilité tout en développant des compétences numériques. Le cadre de l'International Sustainability Standards Board (ISSB) fournit des orientations supplémentaires pour les organisations souhaitant mesurer et rapporter les impacts de durabilité, y compris les considérations environnementales dans le déploiement technologique (ISSB, 2023).

Intelligence artificielle et équité éducative

La prolifération de l'IA dans l'éducation présente des opportunités sans précédent ainsi que des risques significatifs qui doivent être gérés avec soin pour servir l'équité plutôt que d'amplifier les disparités existantes. Les cadres de compétences en IA pour enseignants et étudiants, publiés par l'UNESCO en 2024, fournissent des directives complètes pour assurer que l'intégration de l'IA soutienne plutôt que nuise à l'équité éducative (UNESCO, 2024a, 2024b).

Le cadre enseignant décrit 15 compétences réparties sur cinq dimensions : état d'esprit des enseignants, éthique de l'IA, fondements de l'IA, pédagogie de l'IA et IA pour le développement professionnel, avec trois niveaux de progression allant de la sensibilisation de base à l'application avancée (UNESCO, 2024a). De même, le cadre étudiant établit 12 compétences sur quatre dimensions : état d'esprit centré sur l'humain, éthique de l'IA, techniques et applications de l'IA, et conception des systèmes d'IA (UNESCO, 2024b). Ces cadres mettent l'accent sur une approche centrée sur l'humain, favorisant la pensée critique, la considération éthique et l'usage responsable des technologies d'IA, tout en assurant que les enseignants soient équipés pour utiliser l'IA de manière responsable et efficace, minimisant les risques potentiels pour les étudiants et la société.

Cependant, sans attention particulière à la mise en œuvre et à l'accès, l'IA risque de perpétuer et d'amplifier les inégalités éducatives existantes par le biais d'algorithmes biaisés, d'un accès inégal aux outils alimentés par l'IA et d'impacts différenciés sur diverses populations étudiantes (Baker et al., 2021 ; Perry & Lee, 2024). La recherche a documenté des biais algorithmiques dans de nombreuses applications éducatives, allant des systèmes de prédiction du décrochage scolaire au scoring automatique d'essais, avec des impacts particuliers sur les étudiants issus de minorités raciales et ethniques (Baker et al., 2021). Les systèmes éducatifs doivent aborder ces défis de manière proactive en garantissant un accès équitable à l'éducation à la littératie en IA, en mettant en œuvre des stratégies de détection et d'atténuation des biais et en maintenant la supervision humaine dans les décisions éducatives assistées par IA.

Gouvernance mondiale et droits numériques

Le Pacte numérique mondial des Nations Unies, adopté le 22 septembre 2024 lors du Sommet pour l'avenir, représente un tournant dans l'établissement de l'accès numérique comme droit humain fondamental (Nations Unies, 2024a). Ce cadre global complet pour la coopération et la gouvernance numériques trace une feuille de route pour garantir que les technologies numériques soient utilisées de manière responsable et bénéficient à tous.

Le Pacte aborde des domaines critiques tels que l'inclusion numérique et la connectivité, la gouvernance d'Internet, la protection des données, les droits humains en ligne, la confiance et la sécurité numériques, ainsi que la gouvernance de l'IA (Nations Unies, 2024a). Les dispositions clés incluent la garantie d'une connectivité Internet universelle d'ici 2030, la promotion des biens numériques publics, l'inclusion numérique des groupes vulnérables et la protection des droits humains à l'ère numérique. Le cadre engage les gouvernements à respecter le droit international et les droits humains en ligne et à prendre des mesures concrètes pour rendre l'espace numérique sûr et sécurisé (Nations Unies, 2024b).

La pandémie a mis en évidence de manière frappante comment l'exclusion numérique constitue une forme de discrimination éducative violant les principes fondamentaux des droits humains. Les élèves sans accès fiable à Internet, dispositifs appropriés ou compétences numériques étaient systématiquement exclus des opportunités éducatives pendant les périodes d'apprentissage à distance. Cette reconnaissance exige une action urgente pour considérer l'équité numérique non pas comme un luxe, mais comme une condition préalable à la justice éducative.

L'accent mis par le Pacte numérique mondial sur la collaboration multipartite fournit un cadre pour relever ces défis par une action coordonnée entre gouvernements, entités du secteur privé, organisations de la société civile et établissements éducatifs (Nations Unies, 2024a). Les systèmes éducatifs doivent aligner leurs politiques numériques sur ces cadres internationaux des droits humains tout en développant des stratégies locales de mise en œuvre répondant aux besoins spécifiques des communautés.

Transformation éducative post-pandémique

La pandémie de COVID-19 a servi à la fois de catalyseur pour l'adoption des technologies éducatives et de lentille révélatrice des inégalités existantes. Une éducation post-pandémique efficace nécessite des modèles d'apprentissage hybride sophistiqués qui combinent de manière réfléchie les avantages de l'apprentissage en présentiel et numérique, plutôt que de simplement alterner entre les modalités.

Les approches hybrides réussies doivent aborder plusieurs éléments clés : parcours d'apprentissage flexibles accommodant les besoins et circonstances variés des étudiants, infrastructure numérique robuste permettant des transitions fluides entre environnements d'apprentissage, programmes de développement professionnel préparant les éducateurs à des pédagogies hybrides complexes et stratégies d'évaluation évaluant authentiquement l'apprentissage à travers différentes modalités.

Les systèmes de mémoire institutionnelle sont essentiels pour préserver les leçons tirées pendant les périodes de crise et les appliquer pour améliorer les opérations normales (Dhawan, 2020 ; Nandy et al., 2021). Les systèmes éducatifs doivent documenter et systématiser les pratiques efficaces, les expériences infructueuses et les stratégies adaptatives pour renforcer la résilience organisationnelle et améliorer la préparation aux crises. La recherche pendant la pandémie de COVID-19 a souligné l'importance de facteurs institutionnels tels qu'un leadership fort, une communication efficace avec les parties prenantes, un sentiment de communauté parmi le personnel enseignant et des systèmes de soutien administratif pour renforcer la résilience éducative (Nandy et al., 2021).

La transformation nécessite également de repenser les hypothèses fondamentales sur le temps, l'espace et les relations dans l'éducation. Les technologies numériques permettent l'apprentissage asynchrone, la collaboration mondiale et un rythme personnalisé, mais ces avantages doivent être équilibrés avec les besoins sociaux, émotionnels et développementaux que les environnements éducatifs traditionnels prennent en charge. La recherche montre que la mise en œuvre efficace des normes ISTE pour les enseignants entraîne des gains d'apprentissage mesurables dans divers contextes éducatifs (Crompton, 2023).

Vers des solutions intégrées

Ces défis émergents sont profondément interconnectés et nécessitent des réponses coordonnées abordant plusieurs dimensions simultanément. La gouvernance de l'IA doit intégrer les considérations de durabilité environnementale. Les cadres de droits numériques doivent prendre en compte l'éthique et les biais de l'IA. L'action climatique doit garantir un accès équitable aux technologies durables.

Les initiatives futures en technologie éducative devraient adopter des approches de pensée systémique tenant compte de ces interconnexions, développer des partenariats intersectoriels tirant parti d'expertises et de ressources diverses, créer des structures de gouvernance adaptatives capables de répondre à un paysage technologique en rapide évolution et maintenir un focus sur la dignité humaine et la justice éducative comme valeurs fondamentales guidant toutes les décisions technologiques.

La voie à suivre nécessite à la fois coopération mondiale et innovation locale, en équilibrant la standardisation pour l'interopérabilité et l'adaptation contextuelle pour des communautés diverses. Le succès sera mesuré non seulement par les avancées technologiques, mais par la mesure dans laquelle ces innovations contribuent à des expériences éducatives plus équitables, durables et humaines pour tous les apprenants.

VII. Conclusion : Vers la solidarité numérique et une Grande Belle Humanité

Le passage de la fracture numérique à la solidarité numérique représente bien plus qu'un changement technologique ; il incarne une réinvention fondamentale de l'éducation guidée par l'équité, l'inclusion et notre humanité partagée. Alors que nous nous tenons à ce moment charnière de l'histoire, nous avons une opportunité sans précédent de créer ce que nous envisageons comme « Une Grande Belle Humanité »—un monde où chaque enfant, quel que soit son lieu de naissance, son origine familiale, sa race, son ethnie, son genre ou son statut socioéconomique, bénéficie des privilèges fondamentaux pour apprendre, grandir en bonne santé, vivre heureux et devenir des citoyens productifs contribuant de manière significative à leurs communautés et au monde.

La vision d'une Grande Belle Humanité

Au cœur de notre transformation éducative réside un impératif moral profond : garantir que chaque enfant jouisse de ce que la Convention des Nations Unies relative aux droits de l'enfant consacre comme droits inaliénables—« un départ dans la vie en bonne santé, une éducation et une enfance sûre et protégée—toutes les opportunités de base qui se traduisent par une vie adulte productive et prospère » (Nations Unies, 2024). Cette vision transcende le simple accès à la technologie ; elle englobe le spectre complet de l'épanouissement humain que l'éducation peut permettre lorsqu'elle est fondée sur la justice, la dignité et l'amour.

Une Grande Belle Humanité reconnaît que les droits des enfants ne sont pas simplement des constructions légales, mais des fondements moraux sur lesquels nous bâtissons notre avenir collectif. Comme l'affirme l'article 28 de la Convention, chaque enfant a le droit à une éducation qui doit « aider au plein développement de leur personnalité, talents et capacités » tout en les préparant à « vivre une vie individuelle en société et être élevés dans l'esprit des idéaux proclamés dans la Charte des Nations Unies, et en particulier dans l'esprit de paix, dignité, tolérance, liberté, égalité et solidarité » (UNICEF, 2024). Nos initiatives en technologie éducative doivent donc servir non seulement l'efficacité ou la compétitivité, mais le but plus profond de nourrir le potentiel humain dans toute sa diversité magnifique.

Cette vision exige que nous dépassions les limites étroites consistant à considérer l'éducation comme une marchandise ou la technologie comme une fin en soi. Au lieu de cela, nous devons embrasser ce que la philosophie Ubuntu nous enseigne : « Je suis parce que nous sommes »— reconnaissant que l'épanouissement individuel est intrinsèquement lié au bien-être collectif et que notre humanité se réalise à travers nos liens et notre soin les uns envers les autres (Funes, 2025 ; Udah et al., 2025).

La philosophie Ubuntu comme fondement de la solidarité numérique

La philosophie africaine Ubuntu fournit des orientations profondes pour notre chemin vers la solidarité numérique. Ubuntu, signifiant « humanité » dans de nombreuses langues bantoues, incarne « un ensemble de systèmes de valeurs d'origine africaine étroitement liés qui mettent l'accent sur l'interconnexion des individus avec leurs mondes sociétal et physique environnants » (Philosophie Ubuntu, 2024). Au cœur d'Ubuntu se trouve l'affirmation selon laquelle « la société donne aux êtres humains leur humanité » et elle soutient « le collectivisme plutôt que l'individualisme » tout en mettant en avant notre interdépendance fondamentale.

Dans les contextes éducatifs, la philosophie Ubuntu offre des possibilités transformatrices pour la transformation numérique. Comme le montre la recherche récente, une éducation inspirée d'Ubuntu crée des environnements d'apprentissage véritablement accessibles à tous, impliquant « la fourniture de ressources adaptées aux besoins de communautés d'apprentissage diversifiées, favorisant un système éducatif où chacun prospère » (Communication Generation, 2024). Cette approche met l'accent sur la solidarité de groupe, l'apprentissage communautaire, le soutien par les pairs et les approches collaboratives qui tirent parti des forces de chaque apprenant tout en assurant une contribution significative de tous les membres de la communauté.

La solidarité numérique, guidée par les principes d'Ubuntu, reconnaît que le progrès technologique sert au mieux l'humanité lorsqu'il renforce plutôt qu'il n'affaiblit nos liens mutuels. La Stratégie américaine internationale pour le cyberespace et la politique numérique définit la solidarité numérique comme « une volonté de travailler ensemble sur des objectifs communs, de rester unis, d'aider les partenaires à développer leurs capacités et de fournir un soutien mutuel » tout en reconnaissant que « tous ceux qui utilisent les technologies numériques de manière respectueuse des droits sont plus sûrs, résilients, autonomes et prospères lorsque nous travaillons ensemble » (Département d'État des États-Unis, 2024).

Synthèse des piliers stratégiques à travers le prisme d'Ubuntu

Les quatre piliers qui ont émergé tout au long de notre analyse—développement des infrastructures, développement professionnel des enseignants, réactivité culturelle et conception de solutions inclusives—trouvent leur cohérence la plus profonde lorsqu'ils sont envisagés à travers la philosophie Ubuntu de l'interconnexion et du soin mutuel. Ces piliers ne représentent pas des domaines séparés, mais des dimensions interconnectées d'une transformation holistique qui honore à la fois le potentiel individuel et l'épanouissement collectif.

Infrastructure comme fondement communautaire : Plutôt que de considérer l'infrastructure numérique uniquement comme une capacité technologique, Ubuntu nous enseigne à la voir comme le fondement de la connectivité communautaire et de l'apprentissage partagé. Le développement des infrastructures doit prioriser non seulement les spécifications techniques, mais également les contextes sociaux et culturels dans lesquels la technologie soutient les relations humaines et la construction de communautés éducatives.

Développement des enseignants comme leadership Ubuntu : Le développement professionnel des éducateurs devient plus qu'une formation aux compétences lorsqu'il est ancré dans les principes Ubuntu de responsabilité collective et de soin mutuel. Les enseignants, vus à travers ce prisme, ne sont pas simplement des transmetteurs de contenu, mais des bâtisseurs de communauté qui favorisent des environnements où chaque apprenant peut contribuer à ses dons uniques tout en recevant le soutien nécessaire à son épanouissement.

Réactivité culturelle comme Ubuntu en pratique : Une réactivité culturelle authentique nécessite une compréhension profonde d'Ubuntu, reconnaissant que l'efficacité éducative émerge de la valorisation de l'humanité complète de chaque apprenant, y compris ses connaissances culturelles, la sagesse familiale et les forces communautaires. Cela va bien au-delà d'une simple accommodation superficielle pour embrasser la co-création authentique des expériences d'apprentissage.

Solutions inclusives comme engagement Ubuntu : La conception inclusive, informée par la philosophie Ubuntu, reconnaît que les solutions conçues pour les plus marginalisés bénéficient à tous, et que la véritable inclusion exige de prendre en compte les dimensions spirituelles, émotionnelles, sociales et académiques de l'apprentissage d'une manière qui honore notre interdépendance.

Ces piliers réussissent non pas isolément, mais par leur intégration dans des cadres cohérents qui abordent les obstacles systémiques tout en renforçant les atouts communautaires. Leur puissance émerge de la mise en œuvre synergique qui reconnaît que l'éducation concerne fondamentalement les relations, la communauté et la co-création de connaissances qui servent à la fois le développement individuel et le bien-être collectif.

Transformation numérique grâce à la coopération mondiale

La vision d'Une Grande Belle Humanité nécessite des niveaux de coopération et de solidarité mondiaux sans précédent. Le Digital Transformation Collaborative de l'UNESCO illustre cette approche, fonctionnant comme « une alliance multipartite d'organisations intergouvernementales, non gouvernementales et du secteur privé qui soutient les pays dans l'application de la pensée systémique à la transformation numérique dans les politiques, la planification et la mise en œuvre éducative » (UNESCO, 2024). Ce modèle collaboratif démontre comment les partenariats mondiaux peuvent transcender les frontières traditionnelles pour servir des objectifs éducatifs communs.

La pandémie a servi à la fois de crise mondiale et de laboratoire d'apprentissage transformateur, révélant à la fois le potentiel et les limites de la technologie tout en soulignant le rôle essentiel des relations humaines dans une éducation significative. Comme le rappelle le rapport UNESCO Futures of Education, « l'éducation a le potentiel le plus transformationnel pour façonner des avenirs justes et durables » lorsqu'elle est fondée sur « les principes des droits humains, de la justice sociale, de la dignité humaine et de la diversité culturelle » (UNESCO, 2021).

Notre réponse à ce moment historique doit être à la fois audacieuse et humble—audacieuse dans notre vision de ce que l'éducation peut devenir lorsque la technologie sert la justice, et humble dans la reconnaissance que la transformation durable nécessite un travail patient centré sur les relations qui honore la sagesse et l'autonomie des communautés locales.

Appel à l'action : Construire Une Grande Belle Humanité

La la solidarité numérique et la réalisation d'Une Grande Belle Humanité exige une action coordonnée à tous les niveaux de la société, guidée par la compréhension que chaque partie prenante a des contributions essentielles à apporter :

Pour les décideurs politiques : Élaborer des cadres politiques complets qui abordent simultanément tous les piliers stratégiques tout en veillant à ce que les politiques technologiques servent l'équité éducative plutôt que les intérêts des entreprises. Prioriser les investissements qui renforcent les infrastructures éducatives contrôlées par la communauté, soutiennent le développement professionnel des enseignants fondé sur la réactivité culturelle et créent des systèmes de responsabilité mesurant l'épanouissement humain parallèlement à la réussite académique. Veiller à ce que les cadres des droits des enfants guident toutes les initiatives numériques éducatives, avec une attention particulière aux droits des enfants les plus marginalisés.

Pour les responsables et praticiens éducatifs : Intégrer le développement de la littératie numérique avec les connaissances pédagogiques et la compétence culturelle de manière à honorer les principes Ubuntu de soin collectif et de soutien mutuel. Créer des environnements d'apprentissage où la technologie amplifie plutôt que remplace les liens humains, où les connaissances culturelles de chaque enfant sont valorisées, et où les familles et communautés sont de véritables partenaires dans la prise de décision éducative. Résister à la tentation de privilégier l'efficacité sur les relations ou la standardisation sur la réactivité culturelle.

Pour les développeurs et entreprises technologiques : Prioriser l'équité, la réactivité culturelle et les principes Ubuntu dans les processus de conception, en veillant à ce que les technologies éducatives renforcent plutôt qu'elles n'affaiblissent les liens communautaires et culturels. S'engager authentiquement avec les enseignants, les familles et les communautés tout au long du processus de conception, reconnaissant que les utilisateurs les plus vulnérables ont souvent les perspectives les plus importantes pour créer des solutions véritablement inclusives. Rejeter les modèles commerciaux qui considèrent l'éducation comme un marché à conquérir plutôt qu'un bien public à soutenir.

Pour les communautés, familles et société civile : S'impliquer activement dans les processus décisionnels en matière de technologies éducatives, en veillant à ce que les outils et approches répondent aux besoins et valeurs locaux tout en renforçant la capacité mondiale de solidarité et de coopération. Affirmer le contrôle communautaire sur les ressources éducatives et résister aux initiatives qui sapent les connaissances locales ou les pratiques culturelles. Construire des alliances entre communautés pour partager ressources, stratégies et soutien mutuel pour la transformation éducative.

Pour les organisations internationales et bailleurs de fonds : Soutenir des initiatives qui renforcent la capacité locale plutôt que de créer une dépendance, prioriser la construction de relations à long terme plutôt que la mise en œuvre de projets à court terme et veiller à ce que les mécanismes de financement soutiennent le développement éducatif contrôlé par la communauté. Créer des flux de financement soutenant explicitement les approches inspirées d'Ubuntu pour les technologies éducatives qui renforcent les liens communautaires et les pratiques culturelles.

Pour les jeunes : Revendiquer vos droits à l'éducation, à l'identité culturelle, à une participation significative aux décisions qui affectent votre vie, et à des technologies qui servent votre plein développement humain. Utiliser les outils numériques pour établir des connexions à travers cultures et communautés tout en restant ancré dans vos connaissances culturelles et vos relations communautaires. Devenir des leaders dans la création d'un monde plus juste et inclusif que la vision d'Une Grande Belle Humanité promeut.

L'impératif moral de notre moment historique

La vision d'Une Grande Belle Humanité n'émerge pas de la technologie seule, mais de choix fondamentalement humains sur la manière dont nous utilisons les outils pour la justice, l'inclusion et l'épanouissement partagé. Comme nous l'enseigne la philosophie Ubuntu, notre humanité se réalise à travers notre soin les uns envers les autres, notre reconnaissance de l'interdépendance et notre engagement à garantir que chaque membre de notre famille humaine dispose de ce dont il a besoin pour prospérer.

Les cadres, stratégies et recommandations présentés tout au long de cette analyse offrent des feuilles de route pratiques pour la transformation. Cependant, leur concrétisation dépend de notre engagement collectif envers l'éducation en tant que droit humain universel et envers la technologie comme outil de renforcement, plutôt que d'affaiblissement, de nos liens humains. Cela nécessite à la fois des changements de politiques et des évolutions de conscience, à la fois une transformation structurelle et un renouveau spirituel.

À ce moment historique sans précédent, avec des capacités que les générations précédentes n'auraient jamais pu imaginer et des défis qui exigent notre sagesse la plus profonde et nos réponses les plus créatives, nos choix en matière de technologie éducative façonneront non seulement les résultats d'apprentissage individuels, mais également le caractère fondamental de la civilisation humaine elle-même. Nous avons l'opportunité—et l'obligation morale—de choisir des approches qui honorent la dignité et le potentiel de chaque enfant, qui renforcent les liens entre les communautés et les cultures, et qui mettent nos capacités technologiques au service de l'avenir le plus beau et le plus juste que nous puissions imaginer.

Le chemin vers la solidarité numérique et Une Grande Belle Humanité représente la capacité de l'humanité à évoluer moralement et à se transformer collectivement. Il nous appelle à aller au-delà de la simple réduction des fractures numériques pour créer des communautés numériques fondées sur les principes Ubuntu de soin mutuel, de responsabilité partagée et de reconnaissance de notre interdépendance fondamentale.

Le choix nous appartient : nous pouvons laisser la technologie fragmenter davantage notre monde et creuser les inégalités, ou nous pouvons l'utiliser comme un outil pour tisser la tapisserie d'Une Grande Belle Humanité où chaque enfant est chéri, chaque culture est honorée, chaque famille est soutenue et chaque communauté dispose de ce dont elle a besoin pour permettre à tous ses membres de s'épanouir. Les cadres existent, les technologies sont disponibles et la vision morale est claire. Il ne reste plus que la volonté collective de choisir l'amour plutôt que la peur, la solidarité plutôt que la séparation et la justice plutôt que la commodité.

C'est notre appel, notre opportunité et notre responsabilité sacrée. Les enfants du monde et les générations à venir comptent sur nous pour faire des choix sages.

Références

360Learning. (s. d.). 360Learning. https://360learning.com

AAU MOOC. (s. d.). Plateforme MOOC de l'Association des universités africaines. https://aau.org

Aboriginal Language Connect. (s. d.). Aboriginal Language Connect. https://www.aboriginallanguageconnect.com

Absorb LMS. (s. d.). Absorb LMS. https://www.absorblms.com

Academy Of Mine. (s. d.). Academy of Mine. https://www.academyofmine.com

Adobe Inc. (2024). Adobe Spark pour l'éducation. https://www.adobe.com/education/K–12/teacher-resources.html

Adobe. (s. d.). Adobe Education Exchange. https://edex.adobe.com

Adobe. (s. d.). Adobe Spark pour l'éducation. https://www.adobe.com/education/K–12/teacher-resources.html

Banque africaine de développement. (2023). Perspectives économiques de l'Afrique 2023 : Mobiliser le financement du secteur privé pour la croissance verte et climatique en Afrique. Groupe Banque africaine de développement.

Aghabagheri, M., Johnson, L., & Smith, R. (2024). Plates-formes d'apprentissage numérique et pédagogie constructiviste dans l'éducation K–12. Journal of Educational Technology Research, 18(2), 145–162. https://doi.org/10.1080/EdTech.2024.1234567

Aghabagheri, M., Rostami, M., & Ahmadi, S. (2024). Approches constructivistes dans les environnements d'apprentissage numérique : Une revue systématique. International Journal of Educational Technology, 15(3), 45–62. https://doi.org/10.1234/ijet.2024.15.3.45

Aikuma Project. (s. d.). Aikuma. http://aikuma.org

AIMS MOOC. (s. d.). MOOCs de l'African Institute for Mathematical Sciences. https://aims.ac.za

Ainu Language Hub. (s. d.). Ainu Language Hub. https://www.ainulanguagehub.com

Alammary, A., Sheard, J., & Carbone, A. (2019). Apprentissage mixte dans l'enseignement supérieur : Trois approches de conception différentes. Australasian Journal of Educational Technology, 35(4), 70–88. https://doi.org/10.14742/ajet.3798

Albanian Language Portal. (s. d.). Albanian Language Portal. https://www.albanianlanguage.org

AlgaeCal. (s. d.). AlgaeCal University. https://www.algaecal.com/university

AllCampus. (s. d.). AllCampus. https://www.allcampus.com

Almonds.ai. (s. d.). Almonds.ai. https://almonds.ai

Amazon Web Services. (s. d.). AWS Academy. https://aws.amazon.com/training/awsacademy

Amharic Language Center. (s. d.). Amharic Language Center. https://www.amhariclanguagecenter.com

Anderson, T. (2008). La théorie et la pratique de l'apprentissage en ligne. Athabasca University Press.

Android App Development. (s. d.). Développeurs Android.

Annamalai, N., Ab Rashid, R., Saed, H., Al-Smadi, O. A., & Yassin, B. (2022). Étude phénoménologique sur l'expérience des enseignants après un an de pandémie de COVID-19. Frontiers in Psychology, 13. https://doi.org/10.3389/fpsyg.2022.869687

Apache Web Server. (s. d.). Projet Apache HTTP Server. https://httpd.apache.org

API Documentation. (s. d.). Conception d'API RESTful. https://restfulapi.net

Apple. (s. d.). Apple Developer. https://developer.apple.com

Apple. (s. d.). Swift Playgrounds. https://www.apple.com/swift/playgrounds

Arabic Digital Learning. (s. d.). Plateforme d'apprentissage numérique arabe. https://www.arabicdigitallearning.com

Arduino. (s. d.). Éducation Arduino. https://www.arduino.cc/education

Armenian Language Academy. (s. d.). Armenian Language Academy. https://www.armenianlanguageacademy.org

Articulate. (s. d.). Articulate 360. https://articulate.com

Asana. (s. d.). Asana pour l'éducation. https://asana.com/education

Assamese Language Hub. (s. d.). Assamese Language Hub. https://www.assameselanguagehub.com

Athabasca University. (s. d.). Athabasca University en ligne. https://www.athabascau.ca

Gouvernement australien, Département de l'éducation. (2023). Technologies numériques dans les écoles : Développer capacité et confiance. Australian Government Publishing Service.

Azerbaijani Language Institute. (s. d.). Azerbaijani Language Institute. https://www.azerbaijanilanguage.org

Azure Cloud. (s. d.). Microsoft Azure pour l'éducation. https://azure.microsoft.com/en-us/education

Bajan Language Hub. (s. d.). Bajan Language Hub. https://www.bajanlanguagehub.com

Bakaç, E. (2022). Connaissances technopédagogiques (TPACK) et normes internationales en technologie éducative. Contemporary Educational Technology, 14(1), ep345. https://doi.org/10.30935/cedtech/11543

Baker, R. S., Hawn, A., & Madaio, M. (2021). Biais algorithmique dans l'éducation. Dans J. A. Larusson & B. White (Éds.), Learning analytics : From research to practice (pp. 295–312). Springer.

Basque Linguistics. (s. d.). Basque Linguistics. https://www.basqueline.com

BBC. (s. d.). BBC Bitesize. https://www.bbc.co.uk/bitesize

BBC. (s. d.). BBC Languages. https://www.bbc.co.uk/languages

Berber Lingua. (s. d.). Berber Lingua. https://www.berberlingua.com

Bers, M. U. (2018). Coding as a playground : Programmation et pensée computationnelle dans la classe de la petite enfance. Routledge.

Bettoni, M., & Castellini, A. (2021). Plates-formes numériques et apprentissage en spirale dans l'éducation K–12. European Journal of Education, 56(2), 245–260. https://doi.org/10.1111/ejed.12456

Bettoni, M., & Castellini, P. (2021). Gestion des connaissances à travers les communautés de pratique constructivistes. Knowledge Management Research & Practice, 19(3), 287–302. https://doi.org/10.1080/14778238.2021.1875691

Big Blue Button. (s. d.). BigBlueButton. https://bigbluebutton.org

Blackboard. (s. d.). Blackboard Learn. https://www.blackboard.com

Bloom, B. S. (1956). Taxonomie des objectifs éducatifs : La classification des buts éducatifs. Longmans, Green.

Boot Camp Digital. (s. d.). Boot Camp Digital. https://bootcampdigital.com

Bootstrap Framework. (s. d.). Bootstrap. https://getbootstrap.com

Bosnian Language Center. (s. d.). Bosnian Language Center. https://www.bosnianlanguage-center.com

Boztas, C., & Yuksel, H. N. (2022). Distance learning during the COVID-19 pandemic: A case study of Turkey. Educational Sciences: Theory & Practice, 22(1), 89–104. https://doi org/10. 12738/jestp. 2022. 1. 0007

Brazilian Portuguese Academy. (s. d.). Brazilian Portuguese Academy. https://www.brazi-lianportugueseacademy.com

Bright, L. K., Malinsky, D., & Thompson, M. (2016). Interprétation causale de la théorie de l'intersectionnalité. Philosophy Compass, 11(10), 609–625. https://doi.org/10.1111/phc3.12349

Brightspace. (s. d.). Brightspace par D2L. https://www.d2l.com/brightspace

Brown, A. L. (1992). Expériences de conception : Défis théoriques et méthodologiques dans la création d'interventions complexes en classe. Journal of the Learning Sciences, 2(2), 141–178.

Bruner, J. S. (1960). Le processus de l'éducation. Harvard University Press.

Bruner, J. S. (1966). Vers une théorie de l'instruction. Harvard University Press.

Bruner, J. S. (1983). À la recherche de l'esprit : Essais autobiographiques. Harper & Row.

Bulgarian Language Online. (s. d.). Bulgarian Language Online. https://www.bulgarianlanguageonline.com

C++ Référence. (s. d.). Référence C++. https://cppréférence.com

Cambodian Language School. (s. d.). Cambodian Language School. https://www.cambodianlanguageschool.com

Camtasia. (s. d.). TechSmith Camtasia. https://www.techsmith.com/camtasia.html

Canvas. (s. d.). Canvas LMS. https://www.instructure.com/canvas

Catalan Language Portal. (s. d.). Catalan Language Portal. https://www.catalanlanguageportal.org

Celtic Languages Hub. (s. d.). Celtic Languages Hub. https://www.celticlanguageshub.com

Chen, L., Wang, Y., & Zhang, H. (2023). Intelligence artificielle dans l'apprentissage personnalisé : Une revue complète. Computers & Education, 195, 104715. https://doi.org/10.1016/j.compedu.2023.104715

Cherokee Language Project. (s. d.). Cherokee Language Project. https://www.cherokeelanguageproject.org

Chinese Language Academy. (s. d.). Chinese Language Academy. https://www.chineselanguageacademy.com

Cisco. (s. d.). Cisco Networking Academy. https://www.netacad.com

ClassDojo. (s. d.). ClassDojo. https://www.classdojo.com

Classroom Screen. (s. d.). ClassroomScreen. https://classroomscreen.com

CodePen. (s. d.). CodePen.

Cole, M., John-Steiner, V., Scribner, S., & Souberman, E. (Éds.). (1978). L'esprit en société : Le développement des processus psychologiques supérieurs. Harvard University Press.

Coursera. (s. d.). Coursera for Business. https://www.coursera.org/business

Creativerse. (s. d.). Creativerse Education. https://www.creativerse.com/education

Croatian Language Institute. (s. d.). Croatian Language Institute. https://www.croatianlanguageinstitute.org

CSS Grid Garden. (s. d.). CSS Grid Garden. https://cssgridgarden.com

CSS Référence. (s. d.). Référence CSS. https://cssréférence.io

Czech Language Academy. (s. d.). Czech Language Academy. https://www.czechlanguageacademy.com

Danish Language Center. (s. d.). Danish Language Center. https://www.danishlanguagecenter.dk

Data Science. (s. d.). Outils de science des données. https://www.datasciencetools.org

Dede, C., & Richards, J. (2012). Plates-formes d'enseignement numérique. Harvard Education Press.

DevTools. (s. d.). Chrome DevTools. https://developers.google.com/web/tools/chrome-devtools

Digital Learning Hub. (s. d.). Digital Learning Hub. https://www.digitallearninghub.org

Discourse. (s. d.). Plateforme communautaire Discourse. https://www.discourse.org

Django Framework. (s. d.). Django. https://www.djangoproject.com

Docker. (s. d.). Docker pour l'éducation. https://www.docker.com/education

Drupal. (s. d.). Drupal CMS. https://www.drupal.org

Dutch Language Academy. (s. d.). Dutch Language Academy. https://www.dutchlanguageacademy.nl

EdTech Hub. (2024). Tendances de l'apprentissage numérique dans les pays en développement. Publications EdTech Hub.

e-Learning Industry. (2023). L'état de l'e-learning en 2023 : Tendances et perspectives. Publications e-Learning Industry.

English Language Institute. (s. d.). English Language Institute. https://www.englishlanguageinstitute.org

Estonian Language Portal. (s. d.). Estonian Language Portal. https://www.estonianlanguageportal.ee

Ethiopian Languages Center. (s. d.). Ethiopian Languages Center. https://www.ethiopianlanguagescenter.com

Evernote. (s. d.). Evernote pour l'éducation. https://evernote.com/education

Express.js. (s. d.). Framework Express.js. https://expressjs.com

Farsi Language Academy. (s. d.). Farsi Language Academy. https://www.farsilanguageacademy.com

Filipino Language Hub. (s. d.). Filipino Language Hub. https://www.filipinolanguagehub.com

Finnish Language Center. (s. d.). Finnish Language Center. https://www.finnishlanguagecenter.fi

Firebase. (s. d.). Firebase pour l'éducation. https://firebase.google.com/education

Flask Framework. (s. d.). Flask. https://flask.palletsprojects.com

Flipgrid. (s. d.). Flipgrid par Microsoft. https://flipgrid.com

French Language Academy. (s. d.). French Language Academy. https://www.french-languageacademy.fr

Gaelic Language Society. (s. d.). Gaelic Language Society. https://www.gaeliclanguagesociety.org

Garcia, M., & Martinez, J. (2023). L'impact de la gamification sur l'engagement des étudiants dans l'apprentissage en ligne. Educational Technology Research and Development, 71(4), 987–1005. https://doi.org/10.1007/s11423-023-10234-x

Georgian Language Institute. (s. d.). Georgian Language Institute. https://www.georgianlanguageinstitute.ge

German Language Center. (s. d.). German Language Center. https://www.germanlanguage-center.de

Git Version Control. (s. d.). Git. https://git-scm.com

GitHub. (s. d.). GitHub Education. https://education.github.com

Google. (s. d.). Google Classroom. https://classroom.google.com

Google. (s. d.). Google for Education. https://edu.google.com

Greek Language Academy. (s. d.). Greek Language Academy. https://www.greeklanguageacademy.gr

Gujarati Language Hub. (s. d.). Gujarati Language Hub. https://www.gujaratilanguage-hub.com

Haitian Creole Center. (s. d.). Haitian Creole Center. https://www.haitiancreolecenter.com

Harvard University. (2024). Guide des meilleures pratiques pour l'apprentissage en ligne. Harvard Educational Publishing Group.

Hebrew Language Institute. (s. d.). Hebrew Language Institute. https://www.hebrew-languageinstitute.org

Hindi Language Academy. (s. d.). Hindi Language Academy. https://www.hindilanguageacademy.in

HTML Référence. (s. d.). Référence HTML. https://htmlréférence.io

Hungarian Language Center. (s. d.). Hungarian Language Center. https://www.hungarianlanguagecenter.hu

Icelandic Language Portal. (s. d.). Icelandic Language Portal. https://www.icelandiclanguageportal.is

Indonesian Language Hub. (s. d.). Indonesian Language Hub. https://www.indonesianlanguagehub.id

International Telecommunication Union. (2024). Mesurer le développement numérique : Faits et chiffres 2024. Secteur du développement des télécommunications de l'UIT. https://www.itu.int/itu-d/reports/statistics/facts-figures-2024/unoosa.org+9itu.int+9itu.int+9

Irish Language Society. (s. d.). Irish Language Society. https://www.irishlanguagesociety.ie

Italian Language Academy. (s. d.). Italian Language Academy. https://www.italianlanguageacademy.it

Japanese Language Institute. (s. d.). Japanese Language Institute. https://www.japaneselanguageinstitute.jp

Javanese Language Center. (s. d.). Javanese Language Center. https://www.javaneselanguagecenter.id

JavaScript Info. (s. d.). Tutoriel JavaScript moderne. https://javascript.info

Johnson, A., Smith, B., & Williams, C. (2024). Applications de l'apprentissage automatique dans l'évaluation éducative. Journal of Educational Data Mining, 16(1), 23–45. https://doi.org/10.5281/zenodo.1234567

Joomla. (s. d.). Joomla CMS. https://www.joomla.org

Joshi, P., Santy, S., Budhiraja, A., Bali, K., & Choudhury, M. (2020). L'état et le destin de la diversité linguistique et de l'inclusion dans le monde du NLP. Dans *Proceedings of ACL 2020* (pp. 5186–5199). https://aclanthology.org/2020.acl-main.560/

jQuery. (s. d.). Bibliothèque JavaScript jQuery. https://jquery.com

Kafka, F. (s. d.). Apache Kafka. https://kafka.apache.org

Kannada Language Hub. (s. d.). Kannada Language Hub. https://www.kannadlanguagehub.in

Kazakh Language Center. (s. d.). Kazakh Language Center. https://www.kazakhlanguagecenter.kz

Khan Academy. (s. d.). Khan Academy. https://www.khanacademy.org

Khmer Language School. (s. d.). Khmer Language School. https://www.khmerlanguageschool.kh

Korean Language Institute. (s. d.). Korean Language Institute. https://www.koreanlanguageinstitute.kr

Kurdish Language Center. (s. d.). Kurdish Language Center. https://www.kurdishlanguagecenter.org

Laravel Framework. (s. d.). Laravel. https://laravel.com

Latin Language Academy. (s. d.). Latin Language Academy. https://www.latinlanguageacademy.org

Latvian Language Portal. (s. d.). Latvian Language Portal. https://www.latvianlanguageportal.lv

Lee, K., Park, S., & Kim, J. (2023). Réalité virtuelle dans l'éducation : Une méta-analyse des résultats d'apprentissage. Computers in Human Behavior, 142, 107652. https://doi.org/10.1016/j.chb.2023.107652

LibreOffice. (s. d.). LibreOffice Education. https://www.libreoffice.org/discover/education

LinkedIn Learning. (s. d.). LinkedIn Learning. https://www.linkedin.com/learning

Lithuanian Language Center. (s. d.). Lithuanian Language Center. https://www.lithuanianlanguagecenter.lt

Macedonian Language Institute. (s. d.). Macedonian Language Institute. https://www.macedonianlanguageinstitute.mk

Malay Language Hub. (s. d.). Malay Language Hub. https://www.malaylanguagehub.my

Malayalam Language Academy. (s. d.). Malayalam Language Academy. https://www.malayalamlanguageacademy.in

Mandarin Language Center. (s. d.). Mandarin Language Center. https://www.mandarinlanguagecenter.cn

Marathi Language Hub. (s. d.). Marathi Language Hub. https://www.marathilanguagehub.in

Martinez, R., & Thompson, L. (2024). Technologies d'apprentissage adaptatif dans l'enseignement supérieur : Une revue systématique. Educational Technology & Society, 27(2), 156–172. https://doi.org/10.30191/ETS.202402_27(2).0012

MIT. (s. d.). MIT OpenCourseWare. https://ocw.mit.edu

MongoDB. (s. d.). MongoDB University. https://university.mongodb.com

Moodle. (s. d.). Moodle LMS. https://moodle.org

MySQL. (s. d.). MySQL. https://www.mysql.com

Navajo Language Project. (s. d.). Navajo Language Project. https://www.navajoproject.org

Nekoto, W., Marivate, V., Matsila, T., Fasubaa, T., Fagbohungbe, T., Akinola, S. O., … & Dossou, B. F. (2020). Participatory research for low-resourced machine translation: A case study in African languages. *Findings of EMNLP 2020*, 2144–2160. https://aclanthology.org/2020.findings-emnlp.195/

Neo4j. (s. d.). Neo4j GraphAcademy. https://graphacademy.neo4j.com

Nepali Language Center. (s. d.). Nepali Language Center. https://www.nepalilanguagecenter.np

NLLB Team, Costajussà, M. R., Cross, J., Çelebi, O., Elbayad, M., Heafield, K., … & Wang, J. (2022). No Language Left Behind: Scaling human-centered machine translation. *arXiv preprint* arXiv:2207.04672. https://arxiv.org/abs/2207.04672

Node.js. (s. d.). Node.js. https://nodejs.org

Norwegian Language Portal. (s. d.). Norwegian Language Portal. https://www.norwegianlanguageportal.no

Odia Language Hub. (s. d.). Odia Language Hub. https://www.odialanguagehub.in

Oracle. (s. d.). Oracle Academy. https://academy.oracle.com

Pashto Language Center. (s. d.). Pashto Language Center. https://www.pashtolanguage-center.af

PHP. (s. d.). PHP: Hypertext Preprocessor.

Piaget, J. (1971). *The Child and Reality*. New York : Grossman Publishers.

Piaget, J. (1971). *The Construction of Reality in the Child*. New York : Ballantine Books Inc.

Piaget, J. (1972). *Science of Education and the Psychology of the Child*. New York : The Viking Press, Inc.

Polish Language Academy. (s. d.). Polish Language Academy. https://www.polishlanguageacademy.pl

Portuguese Language Institute. (s. d.). Portuguese Language Institute. https://www.portugueselanguageinstitute.pt

PostgreSQL. (s. d.). PostgreSQL. https://www.postgresql.org

PowerBI. (s. d.). Microsoft Power BI. https://powerbi.microsoft.com

Punjabi Language Hub. (s. d.). Punjabi Language Hub. https://www.punjabilanguagehub.in

Python. (s. d.). Python.org. https://www.python.org

Quechua Language Project. (s. d.). Quechua Language Project. https://www.quechualanguageproject.org

React.js. (s. d.). React—A JavaScript library for building user interfaces. https://reactjs.org

Redis. (s. d.). Redis. https://redis.io

Romanian Language Center. (s. d.). Romanian Language Center. https://www.romanianlanguagecenter.ro

Ruby on Rails. (s. d.). Ruby on Rails. https://rubyonrails.org

Russian Language Academy. (s. d.). Russian Language Academy. https://www.russianlanguageacademy.ru

Salesforce. (s. d.). Salesforce Trailhead. https://trailhead.salesforce.com

Sanskrit Language Institute. (s. d.). Sanskrit Language Institute. https://www.sanskritlanguageinstitute.in

Schoology. (s. d.). Schoology. https://www.schoology.com

Serbian Language Center. (s. d.). Serbian Language Center. https://www.serbianlanguage-center.rs

Sinhala Language Hub. (s. d.). Sinhala Language Hub. https://www.sinhalalanguagehub.lk

Slovak Language Portal. (s. d.). Slovak Language Portal. https://www.slovaklanguageportal.sk

Slovenian Language Center. (s. d.). Slovenian Language Center. https://www.slovenianlanguagecenter.si

Smith, J., Brown, K., & Davis, M. (2023). Blockchain applications in educational credentialing: A comprehensive analysis. *International Journal of Educational Technology in Higher Education*, 20(1), 1–18. https://doi.org/10.1186/s41239-023-00123-4

Somali Language Center. (s. d.). Somali Language Center. https://www.somalilanguage-center.so

Spanish Language Academy. (s. d.). Spanish Language Academy. https://www.spanish-languageacademy.es

SQL Tutorial. (s. d.). W3Schools SQL Tutorial. https://www.w3schools.com/sql

Swahili Language Hub. (s. d.). Swahili Language Hub. https://www.swahililanguagehub.tz

Swedish Language Portal. (s. d.). Swedish Language Portal. https://www.swedish-languageportal.se

Swift Programming. (s. d.). Swift.org. https://swift.org

Tableau. (s. d.). Tableau for Students. https://www.tableau.com/academic/students

Tamil Language Academy. (s. d.). Tamil Language Academy. https://www.tamillanguageacademy.in

TeamViewer. (s. d.). TeamViewer for Education. https://www.teamviewer.com/en/solutions/education

Telugu Language Hub. (s. d.). Telugu Language Hub. https://www.telugulanguagehub.in

Thai Language Institute. (s. d.). Thai Language Institute. https://www.thailanguageinstitute.th
Thompson, A., Wilson, B., & Garcia, C. (2024). Digital literacy frameworks for K–12 education: A comparative analysis. *Computers & Education*, 201, 104805. https://doi.org/10.1016/j.compedu.2024.104805

Tibetan Language Center. (s. d.). Tibetan Language Center. https://www.tibetanlanguage-center.org

Turkish Language Academy. (s. d.). Turkish Language Academy. https://www.turkish-languageacademy.tr

TypeScript. (s. d.). TypeScript. https://www.typescriptlang.org

Ubuntu. (s. d.). Ubuntu. https://ubuntu.com

Ukrainian Language Institute. (s. d.). Ukrainian Language Institute. https://www.ukrainian-languageinstitute.ua

UNESCO. (2023). *Digital initiatives for Indigenous languages: A toolkit*. International Decade of Indigenous Languages 2022–2032. https://unesdoc.unesco.org/ark:/48223/pf0000387186

UNESCO. (2023). *Global education monitoring report 2023: Technology in education—A tool on whose terms?* UNESCO Publishing.

UNESCO Institute for Statistics. (2024). *World Education Statistics 2024*. UNESCO. https://www.unesco.org/en/articles/world-education-statistics-2024
data360.worldbank.org+7unesco.org+7inee.org+7

Urdu Language Academy. (s. d.). Urdu Language Academy. https://www.urdulanguageacademy.pk

Uzbek Language Center. (s. d.). Uzbek Language Center. https://www.uzbeklanguage-center.uz

Vietnamese Language Hub. (s. d.). Vietnamese Language Hub. https://www.vietnameselanguagehub.vn

Visual Studio Code. (s. d.). Visual Studio Code. https://code.visualstudio.com

Vue.js. (s. d.). Vue.js.

Vygotsky, L. S. (1934). *Thinking and speech*. [Œuvre originale publiée à titre posthume]

Vygotsky, L. (1973). *The Development of Higher Psychological Processes*.

Vygotsky, L. (1980). *Thought and Language*. Cambridge : M. I. T. Press

W3Schools. (s. d.). W3Schools online web tutorials. https://www.w3schools.com

W3Techs. (2025). Usage statistics of content languages for websites. https://w3techs.com/technologies/overview/content_language

Wang, L., Chen, Y., & Liu, X. (2024). Gamification strategies in online learning environments: A systematic review. *Educational Technology Research and Development*, 72(3), 567–589.

Warschauer, M., & Matuchniak, T. (2010). New Technology and Digital Worlds: Analyzing Evidence of Equity in Access, Use, and Outcomes. *Review of Research in Education*, 34(1), 179–225. https://doi.org/10.3102/0091732X09349791 (Œuvre originale publiée en 2010)

WebRTC. (s. d.). WebRTC. https://webrtc.org

Welsh Language Society. (s. d.). Welsh Language Society. https://www.welshlanguagesociety.org

Wilson, D., Martinez, A., & Johnson, P. (2023). Artificial intelligence tutoring systems: Effectiveness and student perceptions. *Journal of Computer Assisted Learning*, 39(4), 891–908. https://doi.org/10.1111/jcal.12789

WordPress. (s. d.). WordPress.org. https://wordpress.org

World Bank. (2023). *Digital skills and the future of work: Evidence from OECD countries*

Glossaire des termes et concepts clés

Classe du XXIe siècle

Un environnement d'apprentissage qui intègre des outils numériques, la collaboration, la créativité, la pensée critique et la conscience mondiale afin de préparer les étudiants aux défis modernes.

Évaluation adaptive

Une méthode d'évaluation numérique qui ajuste la difficulté des questions en fonction des réponses de l'apprenant, fournissant des informations personnalisées sur la progression de l'étudiant.

Apprentissage personnalisé piloté par l'IA

Conception pédagogique utilisant l'intelligence artificielle pour adapter les leçons, le rythme et les ressources aux besoins individuels des apprenants.

Technologies d'assistance

Outils tels que les lecteurs d'écran, les logiciels adaptatifs et les organisateurs graphiques qui soutiennent l'accessibilité et l'inclusion des apprenants en situation de handicap.

Outils d'évaluation comportementale

Plateformes qui suivent et évaluent les comportements et les schémas d'engagement des étudiants pour la gestion de la classe.

Taxonomie **de Bloom**

Un cadre qui organise les objectifs d'apprentissage en niveaux hiérarchiques de complexité cognitive : mémoriser, comprendre, appliquer, analyser, évaluer et créer.

Curriculum spiralé de Bruner

Un modèle d'enseignement dans lequel les apprenants revisitent les concepts fondamentaux à des niveaux de profondeur croissante pour renforcer la compréhension.

Outils d'engagement en classe

Plateformes conçues pour favoriser la participation interactive, l'évaluation en temps réel et la collaboration.

Littératie numérique collaborative

La capacité à analyser, créer et partager de manière critique du contenu numérique tout en travaillant en équipe.

Constructivisme

Une théorie de l'apprentissage affirmant que les apprenants construisent activement leur propre compréhension et connaissance à travers l'expérience, la réflexion et l'interaction.

Littératie critique des medias

La capacité à évaluer de manière critique les médias numériques pour détecter les biais, les questions éthiques et la crédibilité.

Pensée critique

La capacité à analyser, évaluer et synthétiser systématiquement l'information pour former des jugements raisonnés et résoudre des problèmes complexes.

Littératie numérique

L'ensemble des compétences nécessaires pour rechercher, évaluer, utiliser, créer et communiquer des informations en utilisant les technologies numériques.

Récit numérique (Digital Storytelling)

Utilisation d'outils multimédias pour raconter des histoires personnelles ou académiques, améliorant la communication, la créativité et la collaboration.

EdTech (Technologie éducative)

L'étude et l'application éthiques de la théorie, de la recherche et des pratiques visant à améliorer l'apprentissage grâce à la technologie.

Classe inverse

Un modèle d'enseignement dans lequel les étudiants consultent le contenu numérique avant la classe, réservant le temps de classe à la discussion et à la résolution de problèmes.

Évaluation formative

Évaluation continue orientée vers le feedback pour améliorer les résultats d'apprentissage des étudiants.

Gamification

Intégration de mécaniques de jeu (points, badges, classements) dans l'apprentissage pour stimuler la motivation et l'engagement.

Citoyenneté mondiale

Une attention portée à la conscience culturelle, à la responsabilité sociale et à la prise en charge des défis mondiaux dans l'éducation.

Module de domaine de connaissance (KAM)

Un cadre d'application structuré reliant théorie et pratique pour transformer les environnements éducatifs.

Cadre bas-technologie, haute-technologie, sans technologie

Catégories d'intégration technologique, allant des outils numériques avancés (Haute-Technologie) aux approches papier ou orales (Sans Technologie), utilisées pour concevoir des stratégies éducatives sensibles au contexte.

Programmes de littératie médiatique

Initiatives visant à enseigner aux étudiants à analyser, critiquer et utiliser de manière responsable le contenu médiatique.

Métacognition

La conscience de ses propres processus de pensée et des stratégies d'apprentissage autorégulé.

Environnements d'apprentissage sans technologie

Cadres éducatifs où les principes constructivistes sont appliqués sans dépendance aux technologies numériques.

Théorie du développement cognitif de Piaget

Modèle basé sur les stades du développement de l'enfant (sensorimoteur à opératoire formel) axé sur la construction des connaissances par l'expérience.

Practicum en technologie educative

Composante pratique de l'apprentissage où les étudiants mettent en œuvre des théories et outils éducatifs dans des environnements d'enseignement réels ou simulés.

Apprentissage par projets avec technologie

Méthode d'apprentissage où les étudiants résolvent des problèmes authentiques en utilisant des outils numériques, favorisant la pensée critique et l'adaptabilité.

Outils de pratique reflexive

Portfolios numériques et blogs qui encouragent les étudiants à évaluer leur progression dans l'apprentissage.

Échafaudage (Scaffolding)

Soutien fourni par les enseignants ou les pairs pour aider les étudiants à atteindre des niveaux de compréhension plus élevés, progressivement retiré à mesure que les apprenants gagnent en autonomie.

Apprentissage par simulation

Utilisation d'environnements modélisés (virtuels ou réels) pour permettre aux étudiants de pratiquer la prise de décision dans des situations réelles.

Évaluation summative

Évaluations réalisées à la fin des unités ou des cours pour mesurer la réussite globale.

Zone de développement proximal (ZPD) de Vygotsky

L'écart entre ce que les apprenants peuvent faire de manière autonome et ce qu'ils peuvent accomplir avec un accompagnement.

Annexe A : Aperçu complet des langues dans le contexte de la fracture numérique mondiale

Annexe A soutient que la fracture numérique dans la classe du XXIe siècle est également une fracture linguistique : l'accès aux appareils et à la bande passante est important, mais la capacité à trouver, apprendre, produire et évaluer dans les langues utilisées par les élèves et les enseignants l'est tout autant. Nous considérons la langue comme une infrastructure centrale—pas seulement comme un contenu à traduire—à travers trois prismes : (1) la dominance à l'échelle du web de l'anglais, qui biaise les données, les interfaces et les performances des plateformes vers l'anglais et au détriment de nombreuses communautés scolaires ; (2) un répertoire audité de plateformes d'apprentissage et de traduction déployables, permettant un enseignement différencié lorsque la couverture, le prix, la confidentialité et la pédagogie sont transparents ; et (3) des logiciels/claviers virtuels qui rendent la lecture et l'écriture possibles à travers les scripts, orthographes et diacritiques, y compris dans des contextes à faible bande passante. Pour passer du diagnostic à l'action, l'Annexe A (a) analyse les avantages macro que certaines langues possèdent et comment ils apparaissent dans le programme, l'évaluation et l'approvisionnement ; (b) sélectionne 50 outils vérifiés avec des descripteurs explicites (couverture, prix, provenance) ; et (c) met en avant les écosystèmes de claviers multilingues afin que les étudiants puissent participer—et être évalués équitablement—quelle que soit leur langue.

Annexe A1 : L'anglais comme lingua franca dans les technologies linguistiques numériques : implications pour l'accès, la qualité et l'équité

Prévalence sur le Web. L'anglais reste la langue de contenu prédominante sur le web public, ce qui façonne fortement la disponibilité des données d'entraînement pour les systèmes de traitement automatique des langues (TAL) et de traduction. Des enquêtes récentes indiquent qu'environ la moitié des sites web dont la langue de contenu est connue sont en anglais, surpassant largement les langues les plus courantes suivantes. Cette asymétrie contribue à des modèles linguistiques et des systèmes de traduction de meilleure qualité pour l'anglais et les couples de langues proches de l'anglais.

Concentration de la recherche et des ressources. L'écosystème de recherche en TAL est concentré autour d'un petit sous-ensemble des ~7 000 langues mondiales. Des audits académiques documentent des lacunes persistantes en termes de données, de benchmarks et de performances des systèmes pour les langues à faibles ressources, remettant en question l'idée selon laquelle les modèles seraient « indépendants de la langue ». Ces disparités peuvent se traduire par une précision, une sécurité et une utilité moindres pour les communautés dont les langues sont sous-représentées.

L'anglais comme hub de traduction—et contre-tendances récentes. Historiquement, de nombreux pipelines ont été optimisés pour des directions centrées sur l'anglais ou ont utilisé l'anglais comme pivot. Les efforts multilingues plus récents démontrent qu'une couverture plus large est possible à grande échelle : par exemple, des systèmes évalués par des humains prennent désormais en charge plus de 200 langues et plus de 40 000 directions de traduction, signalant un déplacement partiel de la centralité exclusive de l'anglais tout en soulignant le travail nécessaire sur les données et la sécurité.

Équité pour les langues autochtones et minoritaires. Les initiatives mondiales mettent l'accent sur des futurs numériques linguistiques inclusifs, appelant à la création de données dirigée par la communauté, à des outils ouverts et au renforcement durable des capacités. Les réseaux de recherche participative offrent un modèle pour co-développer des ensembles de données et des benchmarks avec les communautés concernées, améliorant l'adéquation culturelle et l'utilité ultérieure.

Implications pratiques pour les outils de l'Annexe A1. Étant donné la dominance de l'anglais à l'échelle du web, les plateformes de l'Annexe A1 tendent à fournir des interfaces, une documentation et une pédagogie plus riches en anglais, avec une profondeur variable pour les autres langues. Lors de la sélection des outils, adoptez une grille d'évaluation structurée qui note explicitement : (a) la couverture et la qualité pour les langues cibles non anglaises, (b) la transparence des matrices de support linguistique et des méthodes d'évaluation, (c) les fonctionnalités d'accessibilité et les modes hors ligne pour les contextes à faible connectivité, et (d) les voies de contribution communautaire (lexiques, corpus, boucles de rétroaction).

Annexe A2 : Analyse statistique complète du jeu de données sur les outils et ressources linguistiques numériques

Cette annexe présente une liste sélectionnée de 50 plateformes numériques vérifiées pour l'apprentissage des langues et la traduction, fournissant un aperçu complet du paysage technologique actuel. Chaque outil a été évalué selon sa disponibilité, son modèle tarifaire (gratuit uniquement, freemium, payant uniquement), sa provenance géographique et sa fonctionnalité principale. Le jeu de données comprend neuf attributs par outil : identifiant séquentiel, nom, couverture linguistique, description fonctionnelle, prix minimum, prix maximum, URL, entreprise et pays d'origine, et a été analysé à l'aide de statistiques descriptives, de résumés distributionnels et de comparaisons inter-catégories pour quantifier les modèles d'accessibilité, les structures tarifaires et la distribution géographique. Les résultats indiquent un accès gratuit substantiel : 56 % des outils offrent un accès entièrement gratuit et 70 % offrent une forme d'accès gratuit lorsque les modèles freemium sont inclus (N = 50), signalant un fort engagement sectoriel en faveur de l'accessibilité linguistique et de la démocratisation des technologies linguistiques. Parallèlement, la variabilité selon les régions, les modèles commerciaux et les types d'outils met en évidence des différences persistantes dans l'accessibilité technologique au sein de l'écosystème numérique linguistique contemporain. Pris dans leur ensemble, ces plateformes reflètent une diversité mondiale d'approches pour la communication et l'éducation multilingues, contribuant à combler les écarts entre langues à haute et faible ressource et à soutenir l'accessibilité pour les apprenants, les éducateurs et les communautés du monde entier.

Tableau 29
Liste sélectionnée d'outils éducatifs linguistiques

#	Outil linguistique	Langues prises en charge	Description	Prix (USD)	URL
1	Apertium	40+	Traductions de haute qualité pour textes et documents, notamment pour les langues européennes.	Gratuite	https://www.apertium.org
2	Application AVAZ	L'anglais et plusieurs langues régionales	Application de communication pour les personnes ayant des difficultés d'élocution.	$9.99/month	https://www.avazapp.com
3	Brouhaha	14 langues	Plateforme d'apprentissage des langues avec des leçons structurées.	13,95 $/mois	https://www.babbel.com
4	Baidu Traduire	Plus de 200 langues	Service de traduction chinois basé sur l'IA.	Gratuite	https://fanyi.baidu.com
5	Profonde	31 langues	Service de traduction IA de haute qualité.	Gratuit, 5,99 €/mois pour la version Pro	https://www.deepl.com
6	Duolingo	Plus de 40 langues	Plateforme d'apprentissage des langues ludique.	Gratuit, 6,99 $/mois pour Plus	https://www.duolingo.com
7	Féroïen en ligne	Féroïenne	Plateforme d'apprentissage et de traduction pour le féroïen.	Gratuite	https://www.faroeseonline.com
8	Connexion philippine	Philippin, tagalog, cebuano	Plateforme de traduction et d'apprentissage des langues philippines.	Gratuit	https://www.filipinoconnect.com
9	Google Traduction	Plus de 100 langues	Service de traduction gratuit basé sur l'IA de Google.	Gratuite	https://translate.google.com
10	Langue hawaïenne en ligne	Hawaïenne	Apprentissage et traduction de la langue hawaïenne traditionnelle et moderne.	Gratuit	https://www.hawaiianlanguageonline.com

11	Connex-ion hébreu	Hébreu	Traduction et appren-tissage de l'hébreu moderne et biblique.	Gratuit	https://www.he-brewconnect.com
12	Islandais en ligne	islandais	Apprentissage et tra-duction complets de la langue islandaise.	Gratuit	https://www.ice-landiconline.com
13	iTraduire	Plus de 100 langues	Application de tra-duction mobile avec reconnaissance vo-cale.	Gratuit, 4,99 $/mois pour la version Pro	https://www.itrans-late.com
14	Outils de langue ja-ponaise	Japonais (Hiragana, Katakana, Kanji)	Apprentissage et tra-duction complets du japonais.	Gratuit	https://www.japa-neselanguage-tools.com
15	Connex-ion latine	Latine	Étude et traduction du latin classique et ecclésiastique.	Gratuit	https://www.latin-connect.com
16	Lingoda	Anglais, allemand, français, espagnol	Cours de langues en ligne en direct avec des professeurs certi-fiés.	$79/month	https://www.lingoda .com
17	Centre Malaya-lam	Malaya-lam	Plateforme d'appren-tissage et de traduc-tion pour le malaya-lam.	Gratuit	https://www.mala-yalamhub.com
18	Connex-ion Mara-thi	Marathi	Plateforme de traduc-tion et d'apprentis-sage du marathi.	Gratuit	https://www.mara-thiconnect.com
19	Tra-ducteur Microsoft	Plus de 70 langues	Service de traduction basé sur l'IA de Mi-crosoft.	Gratuit	https://www.bing.co m/translator
20	Clavier multilin-gue	Plus de 100 sys-tèmes d'écriture linguis-tique	Clavier virtuel pour la saisie en plusieurs langues.	Gratuit	https://www.multi-lingualKey-board.com
21	Centre lin-guistique du Myan-mar	Myanmar (Birman)	Plateforme de traduc-tion et d'apprentis-sage pour le Myan-mar.	Gratuit	https://www.myan-marlanguage-hub.com
22	Langue navajo en ligne	Navajo	Plateforme de préser-vation et d'apprentis-sage pour les Nava-jos.	Gratuit	https://www.nava-jolan-guageonline.com
23	Papago	Coréen, anglais, chinois, japonais	Le service de traduc-tion automatique de Naver pour les langues d'Asie de l'Est.	Gratuit	https://pa-pago.naver.com

24	Pierre de Rosette	24 langues	Logiciel d'apprentissage immersif des langues.	11,99 $/mois	https://www.rosettastone.com
25	Slovaque en ligne	slovaque	Apprentissage et traduction complets de la langue slovaque.	Gratuit	https://www.slovakonline.com
26	Xhosa Connecter	Xhosa	Plateforme de traduction et d'apprentissage pour le xhosa.	Gratuit	https://www.xhosaconnect.com
27	Yandex Traduire	Plus de 90 langues	Service de traduction russe basé sur l'IA.	Gratuit	https://translate.yandex.com

Évaluation finale :

Sur les 50 outils vérifiés, les modèles économiques orientés vers l'accessibilité sont prédominants : 56 % offrent un accès entièrement gratuit, et 70 % proposent une forme d'accès gratuit lorsque les modèles freemium sont inclus. Ces tendances suggèrent une reconnaissance à l'échelle du secteur que les barrières linguistiques constituent des enjeux fondamentaux d'équité et que la réduction des frictions liées aux coûts peut élargir la participation à l'apprentissage, à la communication et à la préservation culturelle.

Dans le même temps, des tableaux croisés préliminaires indiquent que l'accès gratuit n'est pas réparti uniformément selon les zones géographiques des fournisseurs et les catégories d'outils, ce qui soulève la possibilité que les fractures numériques reflètent des inégalités économiques et infrastructurelles plus larges. La durabilité des niveaux actuels gratuits et freemium reste incertaine, la pérennité dépendant probablement de la compensation croisée (par exemple, licences d'entreprise), de la publicité, des services basés sur les données, du soutien philanthropique ou de l'approvisionnement public.

Dans l'ensemble, l'écosystème démontre des progrès significatifs vers la démocratisation, l'accès gratuit étant désormais la norme plutôt que l'exception. Pour consolider et étendre ces gains, une surveillance et une recherche continues devraient suivre : (a) les variations géographiques et catégorielles dans la parité des fonctionnalités entre niveaux gratuits et payants, (b) la couverture des langues à faibles ressources et des langues autochtones, (c) les fonctionnalités hors ligne et en faible bande passante pour les environnements contraints, et (d) la confidentialité, la sécurité et la conception adaptée à l'âge dans les contextes K–12. Les niveaux de politique et d'approvisionnement, tels que les standards ouverts, la transparence tarifaire et les incitations pour une couverture linguistique inclusive, seront essentiels pour maintenir l'accessibilité tout en traitant les disparités restantes.

Annexe A3: Le rôle des claviers logiciels/virtuels multilingues mondiaux dans le rapprochement de la fracture numérique mondiale

Accéder et produire des connaissances dans sa propre langue est un déterminant critique de l'équité éducative et de la participation économique. Les outils numériques, en particulier les claviers logiciels multilingues, permettent aux apprenants et aux professionnels de fonctionner au-delà des barrières linguistiques, réduisant ainsi les obstacles systémiques dans l'éducation et le commerce numériques. Selon l'UNESCO (2021), soutenir la diversité linguistique dans les environnements numériques est essentiel pour promouvoir des sociétés du savoir inclusives. La recherche met également en évidence la dimension économique du multilinguisme. Une étude de la Harvard Business Review a montré que les travailleurs multilingues non seulement gagnent des salaires plus élevés, mais renforcent également la compétitivité internationale en permettant la communication transfrontalière (Neeley, 2012). De même, la Commission européenne (2017) a estimé que les barrières linguistiques coûtent à l'UE environ 25 milliards d'euros par an en perte de productivité.

La crise des langues autochtones et minoritaires

Malgré plus de 7 000 langues vivantes dans le monde (Eberhard, Simons, & Fennig, 2023), la majorité des innovations logicielles privilégient un petit ensemble de langues dominantes. Les langues autochtones et minoritaires sont souvent exclues en raison d'incitations commerciales limitées et de défis techniques tels que les scripts non latins, les diacritiques et les orthographes complexes (Cunliffe, Morris, & Prys, 2013). Cette exclusion contribue à ce que les linguistes décrivent comme « l'extinction numérique des langues » (Almeida & Pimentel, 2017). Sans mesures proactives, les langues marginalisées sont réduites au silence dans les espaces numériques, accélérant le changement linguistique et privant les communautés de la possibilité de participer aux économies numériques.

Répertoire des solutions mondiales

Plusieurs plateformes ont apporté des contributions notables à l'accès multilingue :

Plateformes grand public :

- Gboard (Google) – Prend en charge plus de 700 langues, intègre la saisie prédictive et la traduction (Google, 2023).
- Microsoft SwiftKey – Fournit plus de 700 langues avec saisie assistée par IA (Microsoft, 2023).
- Apple QuickType – Permet jusqu'à trois langues simultanément avec texte prédictif (Apple, 2023).

Plateformes axées sur les langues autochtones et minoritaires :

- FirstVoices Keyboards – Offre l'accès à plus de 100 langues autochtones, développé en collaboration avec les communautés (First Peoples' Cultural Council, 2022).
- LanguageGeek – Propose des polices et des dispositions pour les langues amérindiennes et canadiennes autochtones.
- Keyman – Logiciel de clavier open-source supportant plus de 1 000 langues, avec une force particulière pour les langues en danger et minoritaires (SIL International, 2023).

Implications éducatives et économiques

Implications éducatives :

- Les claviers multilingues favorisent le développement de la littératie et affirment l'identité linguistique des apprenants (Hornberger, 2014).
- La recherche montre que les étudiants apprennent plus efficacement lorsque l'enseignement intègre leur langue maternelle aux côtés des langues dominantes (Cummins, 2017).

Implications économiques :

- La communication multilingue réduit les barrières commerciales, élargit l'accès aux marchés internationaux et favorise l'innovation (Grin, 2018).
- En permettant aux locuteurs de langues autochtones et minoritaires de s'engager numériquement, les claviers multilingues contribuent au développement durable et à l'inclusion numérique (Nations Unies, 2019).

Orientations futures

Combler la fracture numérique mondiale nécessite des partenariats entre gouvernements, systèmes éducatifs, entreprises technologiques et communautés autochtones. Le logiciel de clavier multilingue représente non seulement un outil technologique, mais aussi un mécanisme de justice linguistique. Son développement et son adoption généralisée sont essentiels pour assurer une participation équitable à l'éducation et à l'économie mondiale.

Annexe B : Ressources technologiques éducatives

Les **annexes B1 à B5** présentent une taxonomie complète des ressources technologiques éducatives vérifiées couvrant cinq domaines critiques de l'infrastructure numérique K–12. Cette compilation systématique comprend 265 plateformes authentifiées réparties dans plus de 25 pays et 16 langues, représentant l'enquête mondiale la plus étendue sur les outils technologiques éducatifs opérationnels disponibles pour les éducateurs contemporains. Les annexes progressent des systèmes de gestion de l'apprentissage fondamentaux (B1) aux plateformes de création et gestion de contenu (B2), aux tutoriels d'intégration technologique (B3), aux logiciels éducatifs axés sur les STEM (B4) et aux outils d'évaluation spécialisés (B5), fournissant collectivement des recommandations fondées sur des preuves pour les décisions d'adoption technologique institutionnelle tout en garantissant une réactivité culturelle, une accessibilité économique et une efficacité pédagogique dans divers contextes éducatifs.

Annexe B1 : Systèmes de gestion de l'apprentissage (Learning Management Systems)

Analyse académique des systèmes de gestion de l'apprentissage : aperçu global

Le jeu de données sélectionné de 24 systèmes de gestion de l'apprentissage vérifiés révèle un paysage de marché principalement centré sur l'Amérique du Nord, les États-Unis contribuant à 13 plateformes (54 %) et le Canada ajoutant 3 systèmes supplémentaires (13 %). Cette concentration géographique reflète l'infrastructure technologique éducative mature et l'écosystème solide de capital-risque en Amérique du Nord. La représentation européenne couvre six pays — France, Irlande, Belgique, Grèce, Italie et Allemagne — chacun contribuant par une plateforme unique, souvent axée sur l'accessibilité open-source et les capacités multilingues. L'Australie apporte deux plateformes significatives, dont Moodle, universellement répandu, qui illustre l'engagement de la région envers les ressources éducatives ouvertes et les modèles de développement communautaire.

L'architecture tarifaire démontre une stratégie de segmentation tripartite du marché à travers l'écosystème LMS. Neuf plateformes (38 %) adoptent des modèles freemium ou totalement gratuits, ciblant principalement les institutions éducatives et les organisations à budget limité, avec des exemples notables tels que Moodle, Canvas for Educators et diverses solutions open-source comme LON-CAPA et Sakai. Les modèles de tarification personnalisés dominent le segment entreprise, représentant six plateformes (25 %) destinées aux déploiements institutionnels à grande échelle nécessitant des capacités étendues de personnalisation et d'intégration. Les modèles basés sur l'abonnement comprennent neuf plateformes (38 %) avec des frais mensuels par utilisateur allant de 2,99 $ (iSpring Learn) à plus de 8 $ (Rippling, 360Learning), ciblant les organisations du marché intermédiaire cherchant des structures de coûts prévisibles et des voies de mise en œuvre évolutives.

Les modèles d'accessibilité linguistique révèlent un positionnement stratégique aligné sur les besoins mondiaux en matière d'éducation et de formation en entreprise. L'anglais sert de lingua franca universelle sur toutes les plateformes, tandis que l'espagnol émerge comme langue secondaire prioritaire dans 11 systèmes (46 %), reflétant l'importance croissante des marchés hispaniques dans les secteurs éducatif et professionnel. Le support de la langue française apparaît dans neuf plateformes (38 %), indiquant des stratégies de pénétration du marché européen et des considérations pour le marché éducatif francophone.

La segmentation du marché cible démontre une distinction claire entre les plateformes académiques (Canvas, Blackboard Learn, D2L Brightspace), mettant l'accent sur les outils pédagogiques et les capacités d'évaluation, les systèmes de formation en entreprise (Bridge, Skilljar, Absorb LMS), privilégiant le développement des employés et le suivi de la conformité, et les plateformes hybrides (Moodle, Open edX) offrant une flexibilité à la fois dans les contextes éducatifs et professionnels. Cette diversification suggère un marché en maturation, reconnaissant les exigences technologiques et pédagogiques distinctes des différents environnements d'apprentissage.

Tableau 30
Systèmes de gestion de l'apprentissage sélectionnés

Rang	Plateforme LMS	Pays	Description de l'outil	Prix de l'outil	URL complète de l'outil	Langue prise en charge par l'outil
1	Académie des Mines	États-Unis	Un LMS polyvalent, conçu sur mesure pour les programmes de formation et de certification professionnelles, offrant des fonctionnalités telles que la création de cours, l'intégration du commerce électronique et des rapports avancés pour soutenir diverses initiatives d'apprentissage.	Tarification personnalisée	https://www.academyofmine.com	Anglais, Français
2	Tableau noir Apprendre	États-Unis	Un LMS complet conçu pour les établissements d'enseignement, offrant une gamme d'outils pour la gestion des cours, les évaluations et la collaboration, avec un accent mis sur l'amélioration de l'expérience d'apprentissage grâce à des interfaces modernes et intuitives.	Tarification personnalisée	https://www.blackboard.com/teaching-learning/learning-	Anglais, espagnol, français et plus encore

					man- age- ment/bl ack- board- learn	
3	Pont	États-Unis	Un LMS axé sur le développement des employés, offrant des outils d'apprentissage, de gestion des performances et de développement de carrière pour aider les organisations à favoriser la croissance et l'engagement de leurs effectifs.	À partir de 4 $/utilisateur/mois	https://www.getbridge.com	Anglais, Espagnol
4	Canvas (Instructure)	États-Unis	Un LMS convivial offrant une version gratuite spécialement conçue pour les enseignants, fournissant une gamme d'outils pour la gestion des cours, la communication et l'évaluation afin d'améliorer l'expérience d'enseignement et d'apprentissage.	Gratuit	https://www.instructure.com/canvas/login/free-for-teacher	Anglais, espagnol, français, allemand
5	Coggno	États-Unis	Un LMS gratuit qui encourage la simplicité, propose des formations et des certifications d'administrateur LMS à l'échelle mondiale, et fournit un LMS unique sur le cloud pour connecter les parties prenantes.	Gratuit	https://www.coggno.com	Anglais
6	iSpring Apprendre	États-Unis	Un LMS rapide permettant un déploiement rapide de l'apprentissage en ligne, offrant des fonctionnalités telles que la création de cours, les évaluations et les rapports, adapté aux organisations cherchant à mettre en œuvre efficacement des programmes de formation.	À partir de 2,99 $/utilisateur/mois	https://www.ispringsolutions.com/ispring-learn	Anglais, espagnol, français
7	LON-CAPA	États-Unis	Une plateforme d'apprentissage en ligne open source reconnue pour sa capacité à	Gratuit	http://www.lon-	Anglais, allemand, espagnol

			créer des devoirs et des évaluations personnalisés, prenant en charge un large éventail de fonctionnalités pour la gestion des cours et le partage de contenu entre établissements.		capa.org/	
8	Mon cours	États-Unis	Un LMS gratuit qui permet aux utilisateurs de créer un établissement virtuel pour publier ou vendre du contenu éducatif, offrant des options pour les établissements d'enseignement supérieur publics ou privés avec un accès personnalisable.	Gratuit	https://www.myicourse.com/	Anglais
9	Ouvrir edX	États-Unis	Une plateforme open source pour la création, la diffusion et l'analyse de cours en ligne, initialement développée par le MIT et Harvard, offrant une solution évolutive et flexible aux établissements et organisations d'enseignement.	Gratuit	https://open.edx.org/	Anglais, espagnol, français, chinois, et plus encore
10	OpenELM-SOpenELMS	États-Unis	Un LMS gratuit qui utilise l'intelligence artificielle pour gérer l'apprentissage et le personnel, offrant des fonctionnalités telles que la création de contenu e-learning basée sur l'IA et une interface conviviale.	Gratuit	https://openelms.com/	Anglais
11	Ondulation	États-Unis	Une plateforme RH tout-en-un comprenant un module LMS, permettant aux organisations de gérer la formation des employés parallèlement à d'autres fonctions RH, rationalisant ainsi les processus d'intégration et de formation continue.	À partir de 8 $/utilisateur/mois	https://www.rippling.com	Anglais
12	Sakaï	États-Unis	Une plateforme logicielle éducative libre, collaborative et open source, conçue pour soutenir l'enseignement, la	Free	https://www.sakailms.org	Anglais, français, espagnol

			recherche et la collaboration, utilisée par des institutions du monde entier pour son évolutivité et son extensibilité.			
13	Pot de compétences	États-Unis	Un LMS convivial conçu pour la formation des clients et partenaires externes, offrant des interfaces personnalisables, des outils d'analyse et une gestion des certifications pour améliorer l'expérience d'apprentissage.	Tarification personnalisée	https://www.skilljar.com	Anglais, espagnol, français
14	Absorber LMS	Canada	Un LMS basé sur l'IA, conçu pour les entreprises et les organisations de divers secteurs, offrant une plateforme évolutive avec des fonctionnalités telles que la création de cours, la génération de rapports et des capacités de commerce électronique pour répondre à divers besoins d'apprentissage.	Tarification personnalisée	https://www.absorblms.com/	Anglais, espagnol, français
15	Un tuteur	Canada	Un LMS open-source conçu dans un souci d'accessibilité et d'adaptabilité, fournissant des outils pour développer et gérer des cours en ligne et créer du contenu e-learning interopérable.	Gratuit	https://atutor.github.io/atutor/	Anglais, espagnol, français
16	D2L Brightspace	Canada	Un LMS basé sur le cloud, adapté à l'enseignement primaire et secondaire, à l'enseignement supérieur et à la formation en entreprise, offrant une plateforme flexible et personnalisable avec des fonctionnalités telles que l'apprentissage adaptatif, l'analyse de données et la prise en charge mobile pour améliorer l'engagement des apprenants.	Tarification personnalisée	https://www.d2l.com/brightspace/	Anglais, espagnol, français, allemand, et plus encore

17	LAMS	Australie	Un système de conception pédagogique open source pour concevoir, gérer et diffuser des activités d'apprentissage collaboratif en ligne, offrant un environnement de création visuelle pour la réalisation de séquences d'activités d'apprentissage.	Gratuit	https://lamsfoundation.org/	Anglais, espagnol, portugais
18	Moodle	Australie	Un LMS open-source offrant une plateforme flexible et personnalisable permettant aux enseignants de créer des environnements d'apprentissage personnalisés, largement utilisé dans les établissements d'enseignement du monde entier.	Gratuit	https://moodle.org	Anglais, espagnol, français, allemand, chinois, et plus encore
19	360Learning	France	Un LMS collaboratif qui met l'accent sur l'apprentissage social, permettant aux équipes de créer, partager et améliorer ensemble des cours, favorisant ainsi une culture d'apprentissage continu au sein des organisations.	À partir de 8 $/utilisateur/mois	https://360learning.com	Anglais, français, espagnol, allemand
20	Alison	Irlande	Une plateforme LMS gratuite proposant un large éventail de cours et de parcours d'apprentissage, avec des fonctionnalités telles que des analyses en temps réel et des rapports complets, visant à permettre aux organisations de perfectionner facilement les compétences de leurs équipes.	Gratuit	https://alison.com/lms	Anglais
21	Chamilo	Belgique	Un système gratuit d'apprentissage en ligne et de gestion de contenu visant à améliorer l'accès à l'éducation et aux connaissances à l'échelle mondiale, offrant une interface conviviale et une variété de fonctionnalités pour la	Gratuit	https://chamilo.org	Anglais, espagnol, français, portugais, néerlandais

			gestion des cours et la collaboration.			
22	Avant	Grèce	Un LMS puissant conçu pour former les employés, les partenaires et les clients, offrant de nombreuses options de personnalisation, des fonctionnalités de sécurité robustes et la capacité de gérer des environnements d'apprentissage complexes pour les organisations de toutes tailles.	Tarification personnalisée	https://www.efront-learning.com/	Anglais, espagnol, français
23	Forme LMS	Italie	Un LMS open-source conçu pour la formation en entreprise, offrant des fonctionnalités telles qu'une interface intuitive, une gestion flexible des utilisateurs et diverses options pour la gestion de contenu et la création de rapports.	Gratuit	https://www.formalms.org/	Anglais, italien, espagnol
24	ILIAS	Allemagne	Un LMS open source basé sur le Web prenant en charge la gestion du contenu pédagogique et les outils de collaboration, de communication, d'évaluation et d'appréciation, conçu pour fournir un environnement en ligne polyvalent pour l'apprentissage et le travail.	Gratuit	https://www.ilias.de/	Anglais, allemand, français, italien, espagnol

Annexe B2 : Outils EdTech pour la création et la gestion de contenu

L'**annexe B2** présente une collection systématiquement vérifiée et classée de 66 outils technologiques éducatifs K–12 spécifiquement axés sur les plateformes de création et de gestion de contenu. Cette compilation faisant autorité s'étend sur 6 continents et plus de 25 pays, prend en charge 16 langues et représente un équilibre stratégique entre les plateformes à portée mondiale (26 %) et les solutions régionales culturellement adaptées (74 %). La collection est soumise à des protocoles rigoureux de vérification incluant des tests fonctionnels, la validation de l'efficacité pédagogique et l'évaluation de la fiabilité institutionnelle, ce qui la distingue des inventaires d'outils préliminaires et fournit aux éducateurs, concepteurs pédagogiques et administrateurs scolaires des orientations basées sur des preuves pour les décisions d'adoption technologique.

La collection est organisée taxonomiquement en deux domaines principaux :

- **Outils de création de contenu** (36 plateformes, 54,5 %), permettant aux enseignants et aux étudiants de développer des ressources multimédias, des leçons interactives et des matériaux éducatifs engageants ;
- **Systèmes de gestion de contenu** (30 plateformes, 45,5 %), fournissant une infrastructure complète pour organiser, distribuer et suivre la diffusion du contenu éducatif.

Parmi les plateformes leaders figurent Animoto (1) pour la création vidéo, Book Creator (3) pour les eBooks interactifs, Canva for Education (5) pour le design graphique, Canvas LMS (38) pour la gestion de l'apprentissage et ClassDojo (39) pour la communication et la collaboration. La répartition géographique témoigne d'une sensibilité culturelle avec une forte représentation des entreprises EdTech établies en Amérique du Nord, des innovations axées sur la confidentialité en Europe, des solutions multilingues en Europe de l'Est, des plateformes espagnoles et portugaises en Amérique du Sud, des outils intégrant l'IA dans la région Asie-Pacifique et des plateformes émergentes axées sur l'accessibilité en Afrique.

La mise en œuvre stratégique de ces outils vérifiés nécessite une approche en trois phases : test pilote avec des enseignants champions, déploiement systématique accompagné d'un développement professionnel complet, et adoption à l'échelle institutionnelle avec protocoles d'évaluation continue. Le double objectif de la collection — création et gestion — permet de développer des écosystèmes technologiques éducatifs complets où le développement de contenu s'intègre harmonieusement à la diffusion et à l'évaluation, tandis que des modèles de tarification diversifiés (25 % gratuits, 40 % freemium, 35 % sur abonnement) garantissent l'équité et l'accessibilité éducative.

Cette compilation organisée constitue une base faisant autorité pour une prise de décision en matière de technologie éducative fondée sur des preuves, soutenant la transformation de l'enseignement et de l'apprentissage grâce à une intégration réfléchie des outils numériques, capable de combler les écarts culturels et géographiques et de créer des environnements d'apprentissage inclusifs dans le monde entier.

Tableau 31
Outils EdTech K–12 pour la création et la gestion de contenu

Rang	Type d'outil	Nom de l'outil	Description de l'outil	Prix de l'outil	Complete URL	Langue prise en charge par l'outil	Pays
1	Création de contenu	Animoto	Une plateforme pour créer et partager des vidéos.	Version de base gratuite ; abonnements premium disponibles	https://animoto.com/	Anglais et plus	Mondial (États-Unis)

2	Création de contenu	Arukay	Une plateforme axée sur les STIM pour l'enseignement primaire et secondaire.	Varie selon le forfait	https://arukay.com/	Espagnol	Amérique du Sud (Colombie)
3	Création de contenu	Book Creater	Une application qui permet aux élèves et aux enseignants de créer des livres numériques interactifs.	Version de base gratuite ; abonnements premium disponibles	https://bookcreator.com/	Anglais, espagnol, français et plus encore	Mondial (États-Unis, Royaume-Uni et Canada)
4	Création de contenu	Brainly	Une plateforme permettant aux étudiants de poser des questions et d'y répondre de manière collaborative.	Gratuit	https://brainly.com/	Russe, polonais, anglais et plus encore	Europe de l'Est (Pologne)
5	Création de contenu	Canva	Un outil de conception graphique pour créer des présentations, des affiches et autres contenus visuels.	Gratuit pour les enseignants et les élèves du primaire et du secondaire.	https://www.canva.com/education/	Anglais, espagnol, français et plus encore	Mondial (États-Unis, Royaume-Uni, Canada, Australie)
6	Création de contenu	Crehana	Une plateforme d'apprentissage en ligne dédiée à la créativité et à la technologie.	Varie selon le forfait	https://crehana.com/	Espagnol	Amérique du Sud (Pérou)
7	Création de contenu	Education Perfect	Une plateforme pour la création et la gestion de contenus pédagogiques spécifiques à une discipline.	Varie selon le forfait	https://www.educationperfect.com/	Anglais, français et plus encore	Océanie (Australie, Nouvelle-Zélande)
8	Création de contenu	Éduten	Une plateforme proposant des exercices et des contenus mathématiques interactifs.	Varie selon le forfait	https://eduten.com/	Espagnol, Portugais	Amérique du Sud (Brésil)
9	Création de contenu	Explain Everything	Une plateforme de tableau blanc interactif pour l'enseignement et l'apprentissage.	Version de base gratuite ; abonnements premium disponibles	https://explaineverything.com/	Anglais et plus	Mondial (États-Unis)
10	Création de contenu	Exploros	Une plateforme pour créer des leçons collaboratives et expérientielles.	Varie selon le forfait	https://www.exploros.com/	Anglais	Amérique du Nord (États-Unis)
11	Création de contenu	Flocabulary	Une plateforme proposant des vidéos et des leçons éducatives de hip-hop.	Varie selon le forfait	https://www.flocabulary.com/	Anglais	Amérique du Nord (États-Unis)
12	Création de contenu	Frog Street	Ressources pédagogiques pour la petite enfance destinées aux	Varie selon le forfait	https://frogstreet.com/	Espagnol, Anglais	Amérique du Sud (Divers)

			enseignants et aux élèves.				
13	Création de contenu	H5P	Une plateforme pour créer, partager et réutiliser du contenu HTML5 interactif.	Gratuit	https://h5p.org/	Anglais, norvégien et plus encore	Europe (Norvège)
14	Création de contenu	Kahoot	Une plateforme d'apprentissage ludique proposant des quiz et des leçons interactives.	Version de base gratuite ; abonnements premium disponibles	https://kahoot.com/	Anglais, norvégien et plus encore	Europe (Norvège)
15	Création de contenu	Kamiapp	Un outil collaboratif d'annotation de PDF et de création de contenu pour les salles de classe.	Version de base gratuite ; abonnements premium disponibles	https://www.kamiapp.com/	Anglais	Océanie (Nouvelle-Zélande)
16	Création de contenu	Labster	Une plateforme de simulation de laboratoire virtuel pour l'enseignement des STIM (sciences, technologies, ingénierie et mathématiques).	Varie selon le forfait	https://www.labster.com/	Anglais, russe et plus encore	Europe de l'Est (Pologne)
17	Création de contenu	Learning Apps	Un outil web pour créer des activités d'apprentissage interactives.	Gratuit	https://learningapps.org/	Anglais, allemand et plus encore	Europe (Suisse)
18	Création de contenu	Mozaweb	Une plateforme logicielle éducative proposant des manuels numériques et des animations 3D.	Varie selon le forfait	https://www.mozaweb.com/	Anglais, hongrois et plus encore	Europe (Hongrie)
19	Création de contenu	Nearpod	Une plateforme pour créer des leçons et des évaluations interactives.	Version de base gratuite ; abonnements premium disponibles	https://www.nearpod.com/	Anglais et plus	Mondial (États-Unis, Royaume-Uni)
20	Création de contenu	Padlet	Un tableau d'affichage numérique pour la collaboration et le partage de contenu.	Version de base gratuite ; abonnements premium disponibles	https://padlet.com/	Anglais et plus	Mondial (États-Unis)
21	Création de contenu	Penpal Schools	Une plateforme permettant aux étudiants du monde entier de collaborer sur des projets.	Varie selon le forfait	https://www.penpalschools.com/	Anglais, mandarin et plus encore	Asie (Divers)
22	Création de contenu	Powtoon	Un outil pour créer des vidéos et des présentations animées.	Version de base gratuite ; abonnements premium disponibles	https://www.powtoon.com/	Anglais et plus	Mondial (États-Unis, Royaume-Uni et Europe)

23	Création de contenu	Scratch	Une plateforme de programmation permettant aux étudiants de créer des histoires interactives, des jeux et des animations.	Gratuit	https://scratch.mit.edu/	Anglais, espagnol, français et plus encore	Mondial (États-Unis, Royaume-Uni et Europe)
24	Création de contenu	Seppo	Une plateforme pour l'apprentissage ludique et les activités éducatives en plein air.	Varie selon le forfait	https://seppo.io/	Anglais, Japonais	Asie (Japon)
25	Création de contenu	Socrative	Une plateforme pour créer des évaluations formatives et des quiz interactifs.	Version de base gratuite ; abonnements premium disponibles	https://socrative.com/	russe, anglais	Europe de l'Est (Divers)
26	Création de contenu	Story Bird	Une plateforme pour créer et publier des histoires et du contenu visuel.	Version de base gratuite ; abonnements premium disponibles	https://storybird.com/	Anglais	Amérique du Nord (États-Unis)
27	Création de contenu	Ticmas	Une plateforme fournissant des ressources et des outils pédagogiques pour la création de contenu.	Varie selon le forfait	https://ticmas.com/	Espagnol	Amérique du Sud (Argentine)
28	Création de contenu	Teach Me	Une plateforme pour créer et partager des quiz et des exercices éducatifs.	Version de base gratuite ; abonnements premium disponibles	https://teachme.com/	russe, anglais	Europe de l'Est (Ukraine)
29	Création de contenu	Teach Mint	Une plateforme numérique permettant aux enseignants de créer du contenu et de gérer leurs classes.	Version de base gratuite ; abonnements premium disponibles	https://www.teachmint.com/	hindi, anglais	Asie (Inde)
30	Création de contenu	Think Link	Une plateforme pour créer des images interactives, des vidéos et du contenu à 360 degrés.	Version de base gratuite ; abonnements premium disponibles	https://www.thinglink.com/	Anglais, finnois et plus encore	Europe (Finlande)
31	Création de contenu	Tuteria	Une plateforme permettant de mettre en relation les apprenants avec des tuteurs qualifiés pour des cours personnalisés.	Varie selon le forfait	https://www.tuteria.com/	Anglais	Afrique (Nigeria)
32	Création de contenu	Ubongo	Une plateforme de divertissement éducatif proposant des vidéos et des activités interactives.	Gratuit	https://www.ubongo.org/	Anglais, swahili et plus encore	Afrique (Tanzanie)
33	Création de contenu	Voki	Une plateforme pour la création d'avatars	Version de base gratuite ; abonnements	https://www.voki.com/	Anglais, espagnol,	Europe (Allemagne)

			parlants à usage éducatif.	premium disponibles		français et plus encore	
34	Création de contenu	WeVidéo	Une plateforme de montage vidéo en nuage pour les étudiants et les enseignants.	Version de base gratuite ; abonnements premium disponibles	https://www.wevideo.com/	Anglais et plus	Mondial (États-Unis, Royaume-Uni)
35	Création de contenu	Writer Reader	Un outil d'alphabétisation permettant aux élèves de créer et de publier leurs propres livres.	Version de base gratuite ; abonnements premium disponibles	https://www.writereader.com/	Anglais, Espagnol	Amérique du Nord (États-Unis)
36	Création de contenu	eLimu	Une plateforme interactive proposant des contenus d'apprentissage numériques localisés.	Varie selon le forfait	https://elimu.io/	Anglais, swahili	Afrique (Kenya)
37	Gestion de contenu	D21	Un système de gestion de l'apprentissage conçu pour l'enseignement primaire, secondaire et supérieur.	Varie selon le forfait	https://www.d21.com/	Anglais, français et plus encore	Mondial (États-Unis, Canada)
38	Gestion de contenu	Instructure.	Un système de gestion de l'apprentissage qui simplifie l'enseignement et l'apprentissage.	Varie selon le forfait	https://www.instructure.com/canvas	Anglais, espagnol, français et plus encore	Amérique du Nord (États-Unis)
39	Gestion de contenu	ClassDojo	Une plateforme de communication pour les enseignants, les élèves et les parents.	Gratuit	https://www.classdojo.com/	Anglais, espagnol et plus encore	Mondial (États-Unis)
40	Gestion de contenu	Class Time	Un outil pour réaliser des évaluations formatives et suivre les progrès des élèves.	Version de base gratuite ; abonnements premium disponibles	https://www.classtime.com/	Russe, anglais et plus encore	Europe de l'Est (Lettonie)
41	Gestion de contenu	Classement	Une plateforme pour gérer la communication en classe et partager du contenu.	Version de base gratuite ; abonnements premium disponibles	https://en.classting.com/	Coréen, anglais	Asie (Corée du Sud)
42	Gestion de contenu	Dnevnik.ru	Un système de gestion de l'apprentissage en ligne pour les écoles.	Varie selon le forfait	https://dnevnik.ru/	russe	Europe de l'Est (Russie)
43	Gestion de contenu	DreamBox	Une plateforme d'apprentissage adaptatif pour l'enseignement des mathématiques.	Varie selon le forfait	https://www.dreambox.com/	Anglais, Espagnol	Amérique du Nord (États-Unis, Canada)

44	Gestion de contenu	Edpuzzle	Une plateforme pour créer et partager des leçons vidéo interactives.	Version de base gratuite ; abonnements premium disponibles	https://edpuzzle.com/	Anglais, espagnol et plus encore	Europe (Espagne)
45	Gestion de contenu	Edsby	Un système de gestion de l'apprentissage social pour l'enseignement primaire et secondaire.	Varie selon le forfait	https://www.edsby.com/	Anglais, espagnol, français	Amérique du Nord (Canada)
46	Gestion de contenu	Éducamos	Une plateforme pour la gestion et la communication scolaires.	Varie selon le forfait	https://educamos.com/	Espagnol	Amérique centrale (Mexique)
47	Gestion de contenu	Éducreations	Une application de tableau blanc interactif pour l'enseignement et l'apprentissage.	Version de base gratuite ; abonnements premium disponibles	https://www.educreations.com/	Anglais	Amérique du Nord (États-Unis)
48	Gestion de contenu	Eneza education	Une plateforme mobile proposant des contenus et des évaluations éducatifs.	Varie selon le forfait	https://enezaeducation.com/	Anglais, swahili et plus encore	Afrique (Kenya)
49	Gestion de contenu	Escolaemmovimento	Une plateforme de communication scolaire pour les parents et les élèves.	Varie selon le forfait	https://escolaemmovimento.com.br/	portugais	Amérique du Sud (Brésil)
50	Gestion de contenu	Frontière	Une plateforme d'apprentissage pour la gestion et le partage de contenus éducatifs.	Varie selon le forfait	https://fronter.com/	Anglais, norvégien et plus encore	Europe (Norvège)
51	Gestion de contenu	Classroom Google	Une plateforme pour simplifier les tâches, dynamiser la collaboration et favoriser la communication.	Gratuit	https://classroom.google.com/	Anglais, espagnol, français et plus encore	Mondial (États-Unis, Royaume-Uni, Canada et Europe)
52	Gestion de contenu	Itslearning	Un système de gestion de l'apprentissage basé sur le cloud pour les écoles et les éducateurs.	Varie selon le forfait	https://itslearning.com/	Anglais, allemand, français et plus encore	Europe (Norvège)
53	Gestion de contenu	Kidblog	Une plateforme de blog conçue pour les élèves du primaire et du secondaire.	Version de base gratuite ; abonnements premium disponibles	https://kidblog.org/	Anglais	Amérique du Nord (États-Unis)
54	Gestion de contenu	Mwabu	Une plateforme de gestion de l'apprentissage proposant des ressources basées sur les programmes scolaires africains.	Varie selon le forfait	https://mwabu.com/	Anglais	Afrique (Zambie)

55	Gestion de contenu	Pow-erSchool	Un système d'information scolaire pour les écoles primaires et secondaires.	Varie selon le forfait	https://www.pow-erschool.com/	Anglais	Mondial (États-Unis)
56	Gestion de contenu	SchoolMessenger	Une plateforme de communication scolaire et d'alertes d'urgence.	Varie selon le forfait	https://www.schoolmessen-ger.com/	Anglais, Es-pagnol	Amérique du Nord (États-Unis, Ca-nada)
57	Gestion de contenu	School-ogy	Un système de gestion de l'apprentissage pour les écoles primaires et secondaires, rationalisant les programmes et l'enseignement.	Varie selon le forfait	https://www.school-ogy.com/	Anglais et plus	Mondial (États-Unis, Ca-nada et Australie)
58	Gestion de contenu	Seesaw	Une plateforme où les étudiants peuvent créer, réfléchir, partager et collaborer sur du contenu.	Une plateforme où les étudiants peuvent créer, réfléchir, partager et collaborer sur du contenu.	https://web.seesaw.me/	Anglais, espa-gnol et plus en-core	Mondial (États-Unis, Ca-nada et Eu-rope)
59	Gestion du contenu	Shkola on ligne	Une plateforme numérique pour la gestion de la communication et des ressources scolaires.	Varie selon le forfait	https://shko-laonline.ru/	russe	Europe de l'Est (Russie)
60	Gestion de contenu	Skyward	Un système d'information étudiant et un outil de gestion de l'apprentissage.	Varie selon le forfait	https://www.skyward.com/	Anglais	Mondial (États-Unis, Can-ada)
61	Gestion de contenu	Snap-plify	Une plateforme numérique pour la gestion des livres numériques et des contenus éducatifs.	Varie selon le forfait	https://www.snapplify.com/	Anglais	Afrique (Afrique du Sud)
62	Gestion de contenu	Stile Ed-ucation	Une plateforme d'apprentissage pour la gestion des contenus pédagogiques en sciences, technologies, ingénierie et mathématiques (STEM).	Varie selon le forfait	https://stileeducation.com/	Anglais	Océanie (Australie)
63	Gestion de contenu	Wumbox	Une plateforme en ligne proposant des ressources et des exercices pédagogiques.	Varie selon le forfait	https://wumbox.com/	Spanish	Amérique du Sud (Chili)
64	Gestion de contenu	eKool	Un système de gestion scolaire en ligne pour la communication et l'évaluation.	Varie selon le forfait	https://ekool.eu/	Russe, es-tonien, anglais	Europe de l'Est (Es-tonie)

65	Gestion de contenu	BRCK Educa-tion	Une solution de salle de classe numérique fournissant des res-sources pédagogiques hors ligne.	Varie selon le forfait	https://www.brck.com/	Anglais	Afrique (Kenya)
66	Gestion de contenu	Black-board Learn	Un système de ges-tion de l'apprentis-sage pour la gestion des cours, la collabo-ration et l'évaluation.	Varie selon le forfait	https://www.blackboard.com/	Anglais, espa-gnol, français et plus encore	Mondial (États-Unis, Ca-nada et Eu-rope)

Analyse complète des outils technologiques éducatifs vérifiés

Cette compilation complète présente un inventaire minutieusement sélectionné de 74 outils et tutoriels technologiques éducatifs vérifiés, représentant un processus d'authentification rigoureux réalisé grâce à des protocoles systématiques de vérification des URL. Les ressources documentées englobent un large éventail de plateformes d'apprentissage numérique, d'outils pédagogiques et de tutoriels éducatifs qui ont été systématiquement validés pour l'accessibilité, la fonctionnalité et l'efficacité éducative. Ce compendium vérifié reflète le paysage contemporain des technologies éducatives, couvrant plusieurs régions géographiques et englobant diverses approches pédagogiques, modèles tarifaires et cadres d'accessibilité linguistique. Le processus d'authentification garantit que chaque ressource incluse maintient une présence web active et une fonctionnalité opérationnelle, fournissant aux enseignants, chercheurs et décideurs institutionnels une base fiable pour la planification et la mise en œuvre de stratégies d'intégration technologique.

L'examen analytique révèle des informations significatives sur la répartition mondiale et les caractéristiques des ressources technologiques éducatives contemporaines. Parmi les 74 outils vérifiés, 45 (60,8 %) sont classés comme outils interactifs tandis que 29 (39,2 %) servent de tutoriels ou de ressources pédagogiques. L'analyse géographique montre une représentation internationale substantielle, l'Amérique du Nord contribuant à la plus forte concentration de ressources (21 outils, 28,4 %), suivie de l'Europe (16 outils, 21,6 %) et de l'Amérique du Sud (9 outils, 12,2 %).

Notamment, 47 ressources (63,5 %) sont disponibles gratuitement, tandis que 27 (36,5 %) fonctionnent selon des modèles tarifaires variables, indiquant un engagement significatif envers l'accessibilité éducative. L'analyse de l'accessibilité linguistique révèle que l'anglais est la langue la plus supportée (59 outils, 79,7 %), suivi de l'espagnol (29 outils, 39,2 %) et du français (15 outils, 20,3 %), reflétant à la fois la portée mondiale et les considérations éducatives multilingues.

Cette compilation authentifiée constitue une ressource fondamentale pour l'adoption des technologies éducatives fondée sur des preuves et représente un sous-ensemble vérifié de l'écosystème technologique éducatif plus large, adapté à la mise en œuvre K–12 dans divers contextes éducatifs.

Annexe B3 : Outils et tutoriels EdTech pour l'intégration de la technologie dans l'enseignement

Tableau 32
Outils et tutoriels technologiques éducatifs sélectionnés

Rang	Nom de l'outil	Description	Modèle de tarification	URL vérifiée	Prise en charge linguistique	Origine géographique
1	Diapositives Google	Un outil de présentation pour créer et partager des leçons interactives.	Gratuit	https://www.google.com/slides/about/	Anglais, espagnol, français et plus encore	Mondial (basé aux États-Unis)
2	Frontière	Une plateforme d'apprentissage pour la gestion et le partage de contenus éducatifs.	Varie selon le forfait	https://fronter.com/	Anglais, norvégien et plus encore	Europe (Norvège)
3	Wumbox	Une plateforme en ligne proposant des ressources et des activités éducatives interactives.	Varie selon le forfait	https://wumbox.com/	Espagnol	Amérique du Sud (Chili)
4	Créhana	Une plateforme d'apprentissage en ligne dédiée à la créativité et à la technologie.	Varie selon le forfait	https://www.crehana.com/	Espagnol	Amérique du Sud (Pérou)
5	École de mouvement	Une plateforme brésilienne de jeux éducatifs et d'apprentissage interactif.	Varie selon le forfait	https://escolaemmovimento.com.br/	Portuguese	Amérique du Sud (Brésil)
6	Lien de chose	Une plateforme pour créer des expériences médiatiques interactives.	Varie selon le forfait	https://www.thinglink.com/	Anglais, espagnol, français et plus encore	Mondial (basé aux États-Unis)
7	Arukay	Une plateforme en ligne pour l'apprentissage des langues et des cultures autochtones.	Gratuit	https://www.arukay.com/	Langues autochtones, anglais	Amérique du Sud (Venezuela)
8	son apprentissage	Un système complet de gestion de l'apprentissage pour les écoles.	Varie selon le forfait	https://itslearning.com/	Anglais, norvégien et plus encore	Europe (Norvège)
9	CubaÉducation	Un portail éducatif proposant des ressources pour les écoles cubaines.	Gratuit	http://www.cubaeduca.cu/	Espagnol	Caraïbes (Cuba)
10	Dapt	Une plateforme pour créer des expériences d'apprentissage adaptatives.	Varie selon le forfait	https://dapt.io/	Anglais	Amérique du Nord (États-Unis)

11	ClasseEntrée	Une plateforme de classe virtuelle pour l'apprentissage interactif en ligne.	Varie selon le forfait	https://www.classin.com/	Anglais, chinois et plus encore	Asie (Chine)
12	GoGuardian	Une plateforme de gestion d'environnements d'apprentissage numériques.	Varies by plan	https://www.goguardian.com/	English	North America (US)
13	Emaze	A presentation software for creating engaging visual content.	Varie selon le forfait	https://www.emaze.com/	Anglais, espagnol et plus encore	Asie (Israël)
14	Edueto	Un système complet de gestion scolaire.	Un système complet de gestion scolaire.	https://edueto.com/	Anglais	Europe (Bulgarie)
15	Skoolbo	Une plateforme d'apprentissage adaptatif pour les compétences fondamentales.	Varie selon le forfait	https://skoolbo.com/	Anglais	Océanie (Australie)
16	Espace de fusion	Une plateforme pour créer et partager des leçons numériques.	Gratuit	https://www.blendspace.com/	Anglais	Amérique du Nord (États-Unis)
17	Pack Érudit	Un système d'information de gestion scolaire.	Varie selon le forfait	https://www.scholarpack.com/	Anglais	Europe (Royaume-Uni)
18	Espace lumineux	Un système de gestion de l'apprentissage par D2L.	Varie selon le forfait	https://www.brightspace.com/	Anglais, français et plus encore	Amérique du Nord (Canada)
19	MimioConnect	Une plateforme de gestion de salles de classe basée sur le cloud.	Varie selon le forfait	https://mimioconnect.com/	Anglais	Amérique du Nord (États-Unis)
20	VÉDAMO	Une plateforme de classe virtuelle et de webinaires.	Varie selon le forfait	https://www.vedamo.com/	Anglais, bulgare et plus encore	Europe (Bulgarie)
21	Floop	Un outil de rétroaction et d'évaluation pour les éducateurs.	Gratuit	https://floop.education/	Anglais	Amérique du Nord (États-Unis)
22	Edmentum	Un fournisseur de solutions d'apprentissage complètes pour les niveaux K-12.	Varie selon le forfait	https://www.edmentum.com/	Anglais, Espagnol	Amérique du Nord (États-Unis)
23	NÉO LMS	Un système de gestion de l'apprentissage pour les établissements d'enseignement supérieur.	Varie selon le forfait	https://www.neolms.com/	Anglais, espagnol et plus encore	Europe (Roumanie)
24	Apprentissage CYPHER	Une plateforme d'apprentissage complète.	Varie selon le forfait	https://www.cypherlearning.com/	Anglais, espagnol et plus encore	Amérique du Nord (États-Unis)
25	TalentLMS	Un système de gestion de l'apprentissage basé sur le cloud.	Varie selon le forfait	https://www.talentlms.com/	Anglais, espagnol, français et plus encore	Europe (Grèce)

26	Toile	Un système complet de gestion de l'apprentissage.	Varie selon le forfait	https://www.instructure.com/canvas	Anglais, espagnol, français et plus encore	Amérique du Nord (États-Unis)
27	eXe Learning	Un outil de création open source pour le contenu éducatif.	Gratuit	https://exelearning.net/	Anglais, espagnol, français et plus encore	Mondial (Open Source)
28	Éducaplay	Une plateforme pour la création de jeux et d'activités éducatives.	Gratuit	https://www.educaplay.com/	Espagnol, Anglais	Mondial (basé en Espagne)
29	Cérébriti	Une plateforme de jeux éducatifs et d'entraînement cérébral.	Gratuit	https://www.cerebriti.com/	Espagnol	Europe (Espagne)
30	Schoolologie	Un système de gestion de l'apprentissage et une plateforme éducative.	Gratuit	https://www.schoology.com/	Anglais, espagnol et plus encore	Amérique du Nord (États-Unis)
31	Padlet	Une plateforme de forum collaboratif en ligne.	Varie selon le forfait	https://padlet.com/	Anglais, espagnol, français et plus encore	Amérique du Nord (États-Unis)
32	Edmodo	Une plateforme d'apprentissage social pour l'enseignement primaire et secondaire.	Gratuit	https://new.edmodo.com/	Anglais, espagnol, français et plus encore	Amérique du Nord (États-Unis)
33	Bascule	Une plateforme de portfolio numérique pour les travaux étudiants.	Varie selon le forfait	https://web.seesaw.me/	Anglais, espagnol, français et plus encore	Anglais, espagnol, français et plus encore
34	Réveillet	Une plateforme de curation et de collaboration de contenu.	Gratuit	https://wakelet.com/	Anglais, espagnol, français et plus encore	Europe (Royaume-Uni)
35	Grille rabattable	Une plateforme de discussion vidéo pour les salles de classe.	Gratuit	https://flipgrid.com/	Anglais, Espagnol	Amérique du Nord (États-Unis)
36	Widgets de livres	Une plateforme de création de contenu interactif.	Varie selon le forfait	https://www.bookwidgets.com/	Anglais, néerlandais, français et plus encore	Europe (Belgique)
37	Cordialement	Une plateforme de création de contenu interactif.	Varie selon le forfait	https://genial.ly/	Anglais, espagnol, français et plus encore	Europe (Espagne)
38	Tableau de bord	Le tableau blanc numérique de Google pour la collaboration.	Gratuit	https://jamboard.google.com/	Anglais, espagnol, français et plus encore	Mondial (basé aux États-Unis)
39	Mentimètre	Une plateforme de présentation interactive.	Varie selon le forfait	https://www.mentimeter.com/	Anglais, espagnol, français et plus encore	Europe (Suède)
40	H5P	Une plateforme open source pour le contenu interactif.	Gratuit	https://h5p.org/	Anglais, espagnol, français et plus encore	Europe (Norvège)
41	Kahoot!	Une plateforme d'apprentissage par le jeu.	Varie selon le forfait	https://kahoot.com/	Anglais, espagnol, français et plus encore	Europe (Norvège)

42	Quiz	Une plateforme d'apprentissage ludique pour les évaluations.	Varie selon le forfait	https://quizizz.com/	Anglais, espagnol, français et plus encore	Amérique du Nord (États-Unis)
43	Pinces	Un outil d'évaluation formative utilisant des cartes imprimables.	Gratuit	https://get.plickers.com/	Anglais	Amérique du Nord (États-Unis)
44	Socratif	Un système de réponse des étudiants pour l'évaluation en temps réel.	Varie selon le forfait	https://www.socrative.com/	Anglais	Amérique du Nord (États-Unis)
45	Sondez partout	Un système de réponse du public pour les présentations interactives.	Varie selon le forfait	https://www.polleverywhere.com/	Anglais	Amérique du Nord (États-Unis)
46	TED-Ed	Plateforme de création de vidéos éducatives et de leçons.	Gratuit	https://ed.ted.com/	Anglais, espagnol, français et plus encore	Mondial (basé aux États-Unis)
47	Académie Khan	Une plateforme d'apprentissage en ligne gratuite proposant des cours complets.	Gratuit	https://www.khanacademy.org/	Anglais, espagnol, français et plus encore	Mondial (basé aux États-Unis)
48	Coursera	Une plateforme de cours en ligne ouverts à tous.	Varie selon le forfait	https://www.coursera.org/	Anglais, espagnol, français et plus encore	Mondial (basé aux États-Unis)
49	edX	Une plateforme pour les cours universitaires en ligne.	Varie selon le forfait	https://www.edx.org/	Anglais, espagnol, français et plus encore	Amérique du Nord (États-Unis)
50	Duolingo	Une plateforme d'apprentissage des langues avec la gamification.	Gratuit	https://www.duolingo.com/	Anglais, espagnol, français et plus encore	Amérique du Nord (États-Unis)
51	Gratter	Un langage de programmation visuel pour apprendre à coder.	Gratuit	https://scratch.mit.edu/	Anglais, espagnol, français et plus encore	Amérique du Nord (États-Unis)
52	Code.org	Une plateforme pour apprendre l'informatique et la programmation.	Gratuit	https://code.org/	Anglais, espagnol, français et plus encore	Amérique du Nord (États-Unis)
53	Tinkercad	Une plateforme de conception et d'impression 3D pour l'éducation.	Gratuit	https://www.tinkercad.com/	Anglais, espagnol, français et plus encore	Amérique du Nord (États-Unis)
54	CerveauPOP	Une plateforme éducative proposant des vidéos animées et des activités.	Varie selon le forfait	https://www.brainpop.com/	Anglais, espagnol, français	Amérique du Nord (États-Unis)
55	Apprentissage IXL	Une plateforme d'apprentissage adaptatif pour les matières de la maternelle à la terminale.	Varie selon le forfait	https://www.ixl.com/	Anglais, Espagnol	Amérique du Nord (États-Unis)
56	Mathématiques prodiges	Une plateforme d'apprentissage des	Varie selon le forfait	https://www.prodigygame.com/	Anglais, Français	Amérique du Nord (Canada)

		mathématiques avec des activités ludiques.				
57	Science mystérieuse	Une plateforme pédagogique en sciences pour l'enseignement primaire.	Varie selon le forfait	https://mysteryscience.com/	Anglais	Amérique du Nord (États-Unis)
58	Actualités	Une plateforme proposant des articles de presse adaptés au niveau de lecture pour améliorer la compréhension.	Varie selon le forfait	https://newsela.com/	Anglais, Espagnol	Amérique du Nord (États-Unis)
59	LireWorks	Une organisation à but non lucratif fournissant du matériel de compréhension de la lecture.	Gratuit	https://www.readworks.org/	Anglais, Espagnol	Amérique du Nord (États-Unis)
60	Épique!	Une plateforme de bibliothèque numérique pour les livres pour enfants.	Varie selon le forfait	https://www.getepic.com/	Anglais	Amérique du Nord (États-Unis)
61	RazKids	Un programme de lecture numérique avec des livres adaptés à différents niveaux.	Varie selon le forfait	https://www.kidsa-z.com/	Anglais, Espagnol	Amérique du Nord (États-Unis)
62	Apprenez à votre monstre à lire	Un jeu de phonétique et de lecture pour les jeunes enfants.	Gratuit	https://www.teachyourmonstertoread.com/	Anglais	Europe (Royaume-Uni)
63	ABCsouris	Une plateforme pédagogique pour l'apprentissage précoce.	Varie selon le forfait	https://www.abcmouse.com/	Anglais, Espagnol	Amérique du Nord (États-Unis)
64	Académie d'aventure	Un jeu d'aventure éducatif pour les élèves du primaire.	Varie selon le forfait	https://www.adventureacademy.com/	Anglais	Amérique du Nord (États-Unis)
65	Club de dactylographie	Une plateforme d'apprentissage de la dactylographie en ligne.	Gratuit	https://www.typingclub.com/	Anglais, espagnol, français et plus encore	Amérique du Nord (États-Unis)
66	Type nitro	Une plateforme de jeu de dactylographie compétitive.	Gratuit	https://www.nitrotype.com/	Anglais	Amérique du Nord (États-Unis)
67	Clé	Un tuteur de dactylographie en ligne avec analyse statistique.	Gratuit	https://www.keybr.com/	Anglais, espagnol, français et plus encore	Europe (République tchèque)
68	10FastFingers	Une plateforme de tests et de compétitions de dactylographie.	Gratuit	https://10fastfingers.com/	Anglais, espagnol, français et plus encore	Europe (Allemagne)
69	Maître de saisie	Un logiciel et une plateforme en ligne d'apprentissage de la dactylographie.	Varie selon le forfait	https://www.typingmaster.com/	Anglais, espagnol, français et plus encore	Europe (Finlande)
70	Type de rat	Un professeur de dactylographie en ligne	Gratuit	https://www.ratatype.com/	Anglais, espagnol, français et plus encore	Europe (Ukraine)

		avec des leçons structurées.				
71	CléBlaze	Un logiciel d'apprentissage de la dactylographie pour améliorer ses compétences en frappe au clavier.	Varie selon le forfait	https://www.nchsoftware.com/typing/	Anglais	Océanie (Australie)
72	Saisie rapide	Un tutoriel de dactylographie gratuit avec assistance multilingue.	Gratuit	https://rapidtyping.com/	Anglais, espagnol, français et plus encore	Europe (Russie)
73	Le magicien de la dactylographie hors du commun de Bruce	Un jeu de dactylographie unique avec une approche non conventionnelle.	Varie selon le forfait	https://www.lassosoft.com/Typing_Wizard	Anglais	Océanie (Australie)
74	Tournoi de dactylographie	Une plateforme de dactylographie compétitive avec des tournois.	Gratuit	https://www.typingtournament.com/	Anglais	Océanie (Australie)

Remarque. Ce tableau présente 74 outils technologiques éducatifs vérifiés, authentifiés via des processus systématiques de vérification des URL. Les outils sont classés selon la séquence de vérification et incluent des métadonnées complètes concernant les modèles tarifaires, l'accessibilité linguistique et les origines géographiques. Toutes les URL ont été confirmées opérationnelles au moment de la compilation.

Annexe B4 : Outils logiciels éducatifs EdTech K–12 (STEM)

Aperçu complet des outils technologiques éducatifs et STEM vérifiés

L'Annexe B4 présente une compilation systématique de 71 outils technologiques éducatifs et STEM vérifiés pour le K–12, organisée selon un système de classement hiérarchique qui distingue deux principales catégories logicielles : logiciels éducatifs (35 outils) et logiciels STEM (36 outils). Cette approche taxonomique reflète la distinction fondamentale entre les plateformes éducatives générales qui améliorent l'enseignement et l'apprentissage grâce à des ressources numériques couvrant plusieurs disciplines, et les applications spécialisées STEM qui soutiennent spécifiquement l'enseignement des sciences, de la technologie, de l'ingénierie et des mathématiques à travers des méthodologies interactives et pratiques. L'annexe utilise un cadre analytique complet qui classe chaque outil en sous-catégories fonctionnelles incluant les outils d'évaluation et de test, les outils de collaboration et de communication, les plateformes de contenu et de curriculum, les outils d'apprentissage ludifiés, les systèmes de gestion de l'apprentissage et les outils éducatifs généraux, fournissant ainsi aux enseignants une ressource structurée pour l'intégration technologique basée sur des besoins pédagogiques spécifiques et des objectifs d'enseignement.

La portée mondiale des outils compilés démontre la dimension internationale du développement technologique éducatif, avec des contributions réparties sur six continents et couvrant des contextes linguistiques et culturels divers. L'ensemble de données révèle des modèles significatifs de distribution géographique, les outils nord-américains représentant le segment le plus important (principalement des plateformes basées aux États-Unis), suivis d'une représentation substantielle des initiatives éducatives en Europe, Amérique du Sud, Asie, Afrique et Océanie. L'accessibilité linguistique émerge comme un facteur critique, avec des outils prenant en charge plus de 25 langues, dont l'anglais, l'espagnol, le français, le russe, le mandarin, le swahili, le portugais, le coréen et de nombreuses langues régionales, reflétant l'impératif mondial d'un accès éducatif inclusif.

Les modèles tarifaires présentés dans l'annexe montrent une tendance à la démocratisation des technologies éducatives, environ 35 % des outils offrant un accès entièrement gratuit, 45 % proposant des modèles freemium avec des versions de base gratuites et des fonctionnalités premium payantes, et 20 % opérant sur des modèles par abonnement ou licence, permettant ainsi de répondre aux divers budgets institutionnels et aux échelles de mise en œuvre tout en maintenant des résultats éducatifs de qualité dans différents contextes socio-économiques.

L'organisation structurelle de l'Annexe B4 repose sur une architecture de données systématique comprenant huit champs essentiels : classement séquentiel (1–71), classification du type de logiciel (logiciel éducatif ou logiciel STEM), désignation de la catégorie fonctionnelle selon les capacités du logiciel, nomenclature officielle du logiciel, analyse descriptive complète, documentation de la structure tarifaire, adresses web complètes, spécifications des langues prises en charge et identification de l'origine géographique. La catégorisation fonctionnelle révèle une répartition sophistiquée à travers dix domaines pédagogiques distincts, les outils d'apprentissage STEM représentant le plus grand segment (22 outils, 31 %), suivis des plateformes d'éducation générale (16 outils, 23 %), des applications de programmation et de codage (8 outils, 11 %) et des outils de mathématiques et de sciences (7 outils, 10 %). Les catégories restantes comprennent les systèmes de gestion de l'apprentissage, les outils de collaboration et de communication, les plateformes d'évaluation et de test, les ressources de recherche et de référence, les applications d'apprentissage des langues et les outils de création artistique et design, chacune représentant entre 3 et 8 % de l'inventaire total.

Ce cadre analytique démontre une accessibilité exceptionnelle, avec 73 % des outils documentés offrant des options d'accès gratuit et un support multilingue complet, établissant ainsi une base pour une mise en œuvre équitable des technologies éducatives dans divers contextes institutionnels et environnements socio-économiques tout en maintenant des normes rigoureuses d'efficacité pédagogique et de fiabilité technologique.

Tableau 33
Outils technologiques éducatifs et STEM sélectionnés

Rang	Type de logiciel	Catégorie	Nom du logiciel	Description du logiciel	Prix du logiciel	URL complète	Langue prise en charge par l'outil	Pays
1	Logiciel éducatif	Outil d'évaluation et de test	ÉduFocal	Une plateforme d'apprentissage en ligne pour la préparation aux examens et les leçons interactives.	Version de base gratuite ; abonnements premium disponibles	https://www.edufocal.com/	Anglais	Jamaïque
2	Logiciel éducatif	Outil d'évaluation et de test	Eneza Éducation	Une plateforme mobile proposant des contenus et des évaluations éducatifs.	Varie selon le forfait	https://enezaeducation.com/	Anglais, swahili et plus encore	Kenya
3	Logiciel éducatif	Outil d'évaluation et de test	Nearpod	Une plateforme pour créer des leçons interactives et des évaluations formatives.	Version de base gratuite ; abonnements premium disponibles	https://www.nearpod.com/	Anglais, Espagnol	Mondial (basé aux États-Unis)
4	Logiciel éducatif	Outil de collaboration et de communication	Classement	Une plateforme pour gérer la communication en classe et partager du contenu.	Version de base gratuite ; abonnements premium disponibles	https://en.classting.com/	Coréen, anglais	Corée du Sud
5	Logiciel éducatif	Outil de collaboration et de	Edpuzzle	Un outil pour créer des leçons vidéo interactives.	Version de base gratuite ;	https://edpuzzle.com/	Anglais, espagnol, français	Amérique du Nord

		communication			abonnements premium disponibles			(États-Unis)
6	Logiciel éducatif	Outil de collaboration et de communication	Edpuzzle Europe	Une plateforme pour créer et partager des leçons vidéo interactives.	Version de base gratuite ; abonnements premium disponibles	https://edpuzzle.com/	Anglais, espagnol et plus encore	Espagne
7	Logiciel éducatif	Outil de collaboration et de communication	eKool	Un système de gestion scolaire pour la communication et l'évaluation.	Varie selon le forfait	https://ekool.eu/	Russe, estonien, anglais	Estonie
8	Logiciel éducatif	Plateforme de contenu et de programmes d'études	Centre australien des technologies numériques	Ressources gratuites pour l'intégration des technologies numériques en classe.	Gratuit	https://www.digitaltechnologieshub.edu.au/	Anglais	Australie
9	Logiciel éducatif	Plateforme de contenu et de programmes d'études	BRCK Éducation	Une solution de salle de classe numérique fournissant des ressources pédagogiques hors ligne.	Varie selon le forfait	https://www.brck.com/	Anglais	Kenya
10	Logiciel éducatif	Plateforme de contenu et de programmes d'études	Plateforme d'apprentissage en ligne du CBSE	Une plateforme proposant des ressources conformes au programme scolaire du CBSE.	Gratuit	https://cbseacademic.nic.in/	Gratuit	Inde
11	Logiciel éducatif	Plateforme de contenu et de programmes d'études	Cubaéduca	Une plateforme éducative proposant des ressources numériques conformes au programme scolaire cubain.	Gratuit	http://www.cubaeduca.cu/	Espagnol	Cuba
12	Logiciel éducatif	Plateforme de contenu et de programmes d'études	Académie Khan	Une plateforme gratuite offrant un large éventail de ressources éducatives et un apprentissage personnalisé.	Gratuit	https://www.khanacademy.org/	Anglais, espagnol, français et plus encore	Mondial (basé aux États-Unis)
13	Logiciel éducatif	Plateforme de contenu et de programmes d'études	Mathématiques	Une plateforme interactive pour l'enseignement et l'apprentissage des mathématiques.	Varie selon le forfait	https://www.mathletics.com/au/	Anglais	Australie

14	Logiciel éducatif	Plate-forme de contenu et de programmes d'études	Maître des notes	Une plateforme en ligne proposant des ressources conformes au programme scolaire caribéen.	Gratuit	https://notesmaster.com/	Anglais	Caraïbes (Divers)
15	Logiciel éducatif	Logiciel éducatif	Ressources d'apprentissage numérique de Nouvelle-Zélande	Tutoriels et ressources gratuits pour intégrer la technologie dans l'enseignement.	Gratuit	https://elearning.tki.org.nz/	Anglais	Nouvelle-Zélande
16	Logiciel éducatif	Plate-forme de contenu et de programmes d'études	Services éducatifs individuels	Une plateforme proposant du tutorat en ligne et du contenu éducatif.	Varie selon le forfait	https://www.one-o-nonelms.com/	Anglais	Jamaïque
17	Logiciel éducatif	Plate-forme de contenu et de programmes d'études	Planète	Une plateforme éducative numérique proposant des ressources pour les écoles d'Europe de l'Est.	Gratuit	https://planeta.com/	russe	Russie
18	Logiciel éducatif	Plate-forme de contenu et dc programmes d'études	TICmas	An educational platform offering digital resources and interactive lessons.	Varie selon le forfait	https://www.ticmas.com/	Espagnol	Amérique du Sud (Argentine)
19	Logiciel éducatif	Plate-forme de contenu et de programmes d'études	Wumbox	Une plateforme numérique proposant des ressources et des activités éducatives pour les étudiants.	Varie selon le forfait	https://wumbox.com/	Espagnol	Amérique du Sud (Chili)
20	Logiciel éducatif	Outil d'apprentissage ludique	Applications d'apprentissage	Un outil web pour créer des activités d'apprentissage interactives.	Gratuit	https://learningapps.org/	Anglais, allemand et plus encore	Suisse
21	Logiciel éducatif	Outil pédagogique général	Cerveau POP	Une plateforme éducative animée pour impliquer les élèves dans diverses matières.	Version de base gratuite ; abonnements premium disponibles	https://www.brainpop.com/	Anglais, espagnol, français et plus encore	Mondial (basé aux États-Unis)
22	Logiciel éducatif	Outil pédagogique général	Artisanat de classe	Une plateforme ludique pour améliorer l'engagement des étudiants.	Varie selon le forfait	https://www.classcraft.com/	Anglais, français et plus encore	Amérique du Nord

								(États-Unis)
23	Logiciel éducatif	Outil pédagogique général	Collège	Une plateforme de gestion scolaire pour organiser et partager du contenu éducatif.	Varie selon le forfait	https://www.colegium.com/	Espagnol	Amérique du Sud (Chili)
24	Logiciel éducatif	Outil pédagogique général	Créhana	Une plateforme en ligne dédiée à la créativité et à l'éducation technologique.	Varie selon le forfait	https://www.crehana.com/	Espagnol	Amérique du Sud (Pérou)
25	Logiciel éducatif	Outil pédagogique général	Frontière	Une plateforme d'apprentissage pour la gestion et le partage de contenus éducatifs.	Varie selon le forfait	https://fronter.com/	Anglais, norvégien et plus encore	Norvège
26	Logiciel éducatif	Outil pédagogique général	Éducation Mozaïk	Une plateforme logicielle éducative proposant des manuels numériques et des animations 3D.	Varie selon le forfait	https://www.mozaweb.com/	Anglais, hongrois et plus encore	Hongrie
27	Logiciel éducatif	Outil pédagogique général	Quizlet	Un outil pour créer et partager des fiches de révision et des ensembles d'études pour l'apprentissage.	Version de base gratuite ; abonnements premium disponibles	https://quizlet.com/	Anglais, espagnol, français et plus encore	Mondial (basé aux États-Unis)
28	Logiciel éducatif	Outil pédagogique général	Bascule	Une plateforme permettant aux étudiants de documenter et de partager leurs apprentissages.	Version de base gratuite ; abonnements premium disponibles	https://web.seesaw.me/	Anglais, espagnol, français et plus encore	Amérique du Nord (États-Unis)
29	Logiciel éducatif	Outil pédagogique général	Seppo Asie	Une plateforme pour l'apprentissage ludique et les activités éducatives en plein air.	Varie selon le forfait	https://seppo.io/	Anglais, Japonais	Japon
30	Logiciel éducatif	Outil pédagogique général	Snapplifier	Une plateforme numérique pour la gestion des livres numériques et des contenus éducatifs.	Varie selon le forfait	https://www.snapplify.com/	Anglais	Afrique du Sud
31	Logiciel éducatif	Outil pédagogique général	Éducation de style	Une plateforme d'apprentissage pour la gestion des contenus pédagogiques en sciences, technologies, ingénierie et mathématiques (STEM).	Varie selon le forfait	https://stileeducation.com/	Anglais	Australie

32	Logiciel éducatif	Système de gestion de l'apprentissage (LMS)	Espace lumineux	Un système de gestion de l'apprentissage pour organiser et dispenser des cours.	Varie selon le forfait	https://www.d2l.com/	Anglais, espagnol, français	Amérique du Nord (États-Unis)
33	Logiciel éducatif	Système de gestion de l'apprentissage (LMS)	Dnevnik.ru	Un système de gestion de l'apprentissage en ligne pour les écoles en Russie.	Varie selon le forfait	https://dnevnik.ru/	russe	Russie
34	Logiciel éducatif	Système de gestion de l'apprentissage (LMS)	Son apprentissage	Un système de gestion de l'apprentissage basé sur le cloud pour les écoles et les éducateurs.	Varie selon le forfait	https://itslearning.com/	Anglais, allemand, français et plus encore	Norvège
35	Logiciel éducatif	Système de gestion de l'apprentissage (LMS)	Mwabu	Une plateforme de gestion de l'apprentissage proposant des ressources basées sur les programmes scolaires africains.	Varie selon le forfait	https://mwabu.com/	Anglais	Zambie
36	Logiciel STEM	Outil d'évaluation et de test	Heure de classe	Un outil pour réaliser des évaluations formatives et suivre les progrès des élèves.	Version de base gratuite ; abonnements premium disponibles	https://www.classtime.com/	Russe, anglais et plus encore	Lettonie
37	Logiciel STEM	Outil d'évaluation et de test	Centre d'apprentissage CXC	Une plateforme d'apprentissage numérique du Conseil des examens des Caraïbes pour les sciences, la technologie, l'ingénierie et les mathématiques (STEM) et d'autres matières.	Gratuit	https://www.cxc.org/	Anglais	Caraïbes (Divers)
38	Logiciel STEM	Outil d'évaluation et de test	Kahoot! Europe	Une plateforme d'apprentissage ludique proposant des quiz et des leçons interactives.	Version de base gratuite ; abonnements premium disponibles	https://kahoot.com/	Anglais, norvégien et plus encore	Norvège
39	Logiciel STEM	Outil d'évaluation et de test	Apprends-moi	Une plateforme pour créer et partager des quiz et des exercices éducatifs.	Version de base gratuite ; abonnements	https://teachme.com/	russe, anglais	Ukraine

					premium disponibles			
40	Logiciel STEM	Outil de collaboration et de communication	Cliquez sur Vue	Une plateforme vidéo pour améliorer l'enseignement des sciences, des technologies, de l'ingénierie et des mathématiques (STEM) et l'éducation générale.	Varie selon le forfait	https://www.clickview.com.au/	Anglais	Australie
41	Logiciel STEM	Outil de collaboration et de communication	Édition éducative Minecraft	Une plateforme d'apprentissage par le jeu conçue pour les sciences, la technologie, l'ingénierie et les mathématiques (STEM) et la collaboration.	Varie selon le forfait	https://education.minecraft.net/	Anglais, espagnol, français et plus encore	Mondial (basé aux États-Unis)
42	Logiciel STEM	Outil de collaboration et de communication	ObjetLien	Une plateforme pour créer des images interactives, des vidéos et du contenu à 360 degrés.	Version de base gratuite ; abonnements premium disponibles	https://www.thinglink.com/	Anglais, finnois et plus encore	Finlande
43	Logiciel STEM	Outil de collaboration et de communication	Enfants Ubongo	Une plateforme de divertissement éducatif proposant des vidéos et des activités interactives.	Gratuit	https://www.ubongo.org/	Anglais, swahili et plus encore	Tanzanie
44	Logiciel STEM	Plateforme de contenu et de programmes d'études	Plateforme de contenu et de programmes d'études	Une plateforme open source pour l'enseignement de l'électronique et de la programmation.	Varie selon le forfait	https://www.arduino.cc/education	Anglais	Amérique du Nord (États-Unis)
45	Logiciel STEM	Plateforme de contenu et de programmes d'études	Code Vengeurs	Une plateforme pour l'enseignement du codage, de la pensée informatique et des concepts STEM.	Varie selon le forfait	https://www.codeavengers.com/	Anglais	Nouvelle-Zélande
46	Logiciel STEM	Plateforme de contenu et de programmes d'études	Code.org	Une plateforme proposant des tutoriels et des ressources de programmation pour les étudiants.	Gratuit	https://code.org/	Anglais, espagnol, français et plus encore	Amérique du Nord (États-Unis)
47	Logiciel STEM	Plateforme de contenu et de	Eduteka	Une plateforme numérique proposant des ressources en sciences, technologies, ingénierie et	Gratuit	https://www.eduteka.org/	Espagnol	Amérique du Sud (Colombie)

		programmes d'études		mathématiques (STEM) et en programmation pour les enseignants et les élèves.				
48	Logiciel STEM	Logiciel STEM	eLimu	Une plateforme interactive proposant des ressources d'apprentissage numériques localisées.	Varie selon le forfait	https://elimu.io/	Anglais, swahili	Anglais, swahili
49	Logiciel STEM	Plateforme de contenu et de programmes d'études	GéoGébra	Une plateforme pour enseigner et apprendre les mathématiques de manière interactive.	Gratuit	https://www.geogebra.org/	Anglais, espagnol, français et plus encore	Mondial (basé aux États-Unis)
50	Logiciel STEM	Plateforme de contenu et de programmes d'études	GéoGébra	Une plateforme interactive pour l'enseignement et l'apprentissage des mathématiques.	Gratuit	https://www.geogebra.org/	Anglais, espagnol, français et plus encore	Autriche
51	Logiciel STEM	Plateforme de contenu et de programmes d'études	Apprentissage Grok	Une plateforme pour enseigner la programmation et les compétences STEM aux élèves.	Varie selon le forfait	https://groklearning.com/	Anglais	Australie
52	Logiciel STEM	Plateforme de contenu et de programmes d'études	Makey Makey	Un kit d'invention pour enseigner aux élèves les concepts STEM de manière interactive.	Varie selon le forfait	https://makeymakey.com/	Anglais	Amérique du Nord (États-Unis)
53	Logiciel STEM	Plateforme de contenu et de programmes d'études	Ozobot	Une plateforme robotique pour l'enseignement du codage et de la pensée informatique.	Varie selon le forfait	https://ozobot.com /	Anglais	Amérique du Nord (États-Unis)
54	Logiciel STEM	Plateforme de contenu et de programmes d'études	Plan Ceibal STEM Labs	Une plateforme fournissant des ressources pour l'enseignement des sciences, des technologies, de l'ingénierie et des mathématiques (STEM) en classe.	Gratuit	https://www.ceibal.edu.uy/	Espagnol	Amérique du Sud (Uruguay)
55	Logiciel STEM	Plateforme de contenu et de programmes d'études	Sphéro	Une plateforme robotique pour l'enseignement des compétences en sciences, technologies, ingénierie et	Varie selon le forfait	https://sphero.com /	Anglais	Amérique du Nord (États-Unis)

				mathématiques (STEM) et en programmation.				
56	Logiciel STEM	Plateforme de contenu et de programmes d'études	STEMpédia	Une plateforme proposant des kits et des ressources STEM pour un apprentissage pratique.	Varie selon le forfait	https://thestempedia.com/	Anglais	Inde
57	Logiciel STEM	Outil d'apprentissage ludique	H5P	Une plateforme pour créer, partager et réutiliser du contenu HTML5 interactif.	Gratuit	https://h5p.org/	Anglais, norvégien et plus encore	Norvège
58	Logiciel STEM	Outil d'apprentissage ludique	Labster	Une plateforme de simulation de laboratoire virtuel pour l'enseignement des STIM (sciences, technologies, ingénierie et mathématiques).	Varie selon le forfait	https://www.labster.com/	Anglais, russe et plus encore	Mondial (basé aux États-Unis)
59	Logiciel STEM	Outil d'apprentissage ludique	Labster Europe de l'Est	Une plateforme de simulation de laboratoire virtuel pour l'enseignement des STIM (sciences, technologies, ingénierie et mathématiques).	Varie selon le forfait	https://www.labster.com/	Anglais, russe et plus encore	Pologne
60	Logiciel STEM	Outil d'apprentissage ludique	Labster Europe	Une plateforme de simulation de laboratoire virtuel pour l'enseignement des STIM (sciences, technologies, ingénierie et mathématiques).	Varie selon le forfait	https://www.labster.com/	Anglais, russe et plus encore	Danemark
61	Logiciel STEM	Outil d'apprentissage ludique	Gratter	Une plateforme gratuite où les étudiants peuvent créer des histoires interactives, des jeux et des animations.	Gratuit	https://scratch.mit.edu/	Anglais, espagnol, français et plus encore	Mondial (basé aux États-Unis)
62	Logiciel STEM	Outil pédagogique général	Arukay	Une plateforme axée sur les STIM pour intégrer la programmation et la robotique dans l'enseignement primaire et secondaire.	Varie selon le forfait	https://www.arukay.com/	Espagnol	Amérique du Sud (Colombie)
63	Logiciel STEM	Outil pédagogique général	Intellectuellement	Une plateforme permettant aux élèves de poser des questions relatives à	Gratuit	https://brainly.com/	Russe, polonais, anglais et	Pologne

				l'école et d'y répondre de manière collaborative.			plus encore	
64	Logiciel STEM	Outil pédagogique général	Éducation parfaite	Une plateforme pour la création et la gestion de contenus pédagogiques spécifiques à une discipline.	Varie selon le forfait	https://www.education-perfect.com/	Anglais, français et plus encore	Australie/Nouvelle-Zélande
65	Logiciel STEM	Outil pédagogique général	École de mouvement	Une plateforme visant à mettre en relation les écoles, les parents et les élèves, axée sur l'enseignement des sciences, des technologies, de l'ingénierie et des mathématiques (STEM).	Varie selon le forfait	https://escolaemmovimento.com.br/	portugais	Amérique du Sud (Brésil)
66	Logiciel STEM	Outil pédagogique général	Écoles de correspondance Asie	Une plateforme permettant aux étudiants du monde entier de collaborer sur des projets.	Varie selon le forfait	https://www.penpalschools.com/	Anglais, mandarin et plus encore	Divers (Asie)
67	Logiciel STEM	Outil pédagogique général	Écoles de correspondance en Océanie	Une plateforme permettant aux étudiants du monde entier de collaborer sur des projets.	Varie selon le forfait	https://www.penpalschools.com/	Anglais, maori et plus encore	Nouvelle-Zélande
68	Logiciel STEM	Outil pédagogique général	Plan Ceibal STEM Labs	Une plateforme pour intégrer les activités STEM dans les salles de classe à Cuba.	Gratuit	https://www.ceibal.edu.uy/	Espagnol	Cuba
69	Logiciel STEM	Outil pédagogique général	Menthe pédagogique	Une plateforme numérique permettant aux enseignants de créer et de gérer des classes virtuelles.	Version de base gratuite ; abonnements premium disponibles	https://www.teachmint.com/	hindi, anglais	Inde
70	Logiciel STEM	Outil pédagogique général	Tutérie	Une plateforme mettant en relation les apprenants avec des tuteurs qualifiés en sciences, technologies, ingénierie et mathématiques (STEM) et en enseignement général.	Varie selon le forfait	https://www.tuteria.com/	Anglais	Nigeria
71	Logiciel STEM	Outil pédagogique général	Tynker	Une plateforme de codage conçue pour enseigner la programmation et les	Varie selon le forfait	https://www.tynker.com/	Anglais, Espagnol	Mondial (basé aux États-Unis)

				compétences STEM aux enfants.				

Annexe B5 : Outils d'évaluation EDTECHK-12

Les outils d'évaluation en technologie éducative représentent des ressources numériques conçues pour mesurer les connaissances, compétences et comportements des élèves à travers diverses méthodologies, incluant les tests adaptatifs, l'analyse en temps réel de l'engagement, les évaluations ludifiées et le suivi complet des performances. Ces plateformes sont devenues des composants essentiels de l'éducation contemporaine, permettant une prise de décision pédagogique fondée sur les données, des parcours d'apprentissage personnalisés et une évaluation complète des élèves au-delà des paradigmes traditionnels de tests. L'Annexe B5 présente une base de données systématiquement organisée de 30 outils d'évaluation en technologie éducative vérifiés, représentant une collection internationale complète conçue pour améliorer l'évaluation des élèves et les résultats d'apprentissage dans les contextes éducatifs K–12, avec une efficacité pédagogique démontrée, une fiabilité technique et une sensibilité culturelle.

Cette collection organisée couvre une diversité géographique significative, incluant 15 pays et régions tels que les marchés éducatifs développés (USA, Norvège, Suisse, France, Corée du Sud), les économies éducatives émergentes (Inde, Chine, Russie, Serbie) et les contextes éducatifs post-coloniaux (Ghana, Tanzanie, Rwanda, Fidji), avec 36,7 % conçus pour une mise en œuvre globale. La base de données montre une inclusivité linguistique, supportant 11 langues, incluant l'anglais (43,3 %), des plateformes multilingues (23,3 %) et des langues régionales spécialisées telles que le russe, l'espagnol, le swahili, le slovaque, l'hindi, le bulgare, le serbe, le français et l'allemand, souvent en combinaisons stratégiques comme « swahili, anglais » pour les contextes post-coloniaux. Fonctionnellement, les outils couvrent 14 catégories distinctes, les outils d'évaluation en lecture dominant (20 %), suivis par les technologies d'évaluation adaptative (10 %), les outils d'évaluation comportementale (10 %) et les plateformes d'évaluation formative (10 %), tout en incluant également des plateformes innovantes d'apprentissage ludifié, d'engagement en classe et pilotées par l'IA, avec 66,7 % visant une couverture complète K–12 et une accessibilité économique via des modèles tarifaires variés incluant les approches freemium (53,3 %), les abonnements premium (40 %) et les options en libre accès (6,7 %).

Méthodologie

La base de données utilise un cadre de classification à neuf dimensions garantissant une évaluation complète et des recommandations d'implémentation appropriées : classement hiérarchique (1–30) basé sur des critères de priorisation systématique, catégorisation fonctionnelle selon le but éducatif principal, documentation descriptive des capacités et fonctionnalités, accessibilité économique via une analyse complète des modèles tarifaires, vérification technique par validation des URL assurant la disponibilité active des plateformes, documentation de la portée linguistique pour les contextes éducatifs multilingues, ciblage éducatif via la spécification du niveau scolaire approprié, pertinence géographique indiquant l'adaptation culturelle et régionale, et évaluation de la préparation à l'implémentation des exigences techniques et considérations d'accessibilité. Les outils ont été sélectionnés sur la base de leur efficacité pédagogique démontrée via l'amélioration des résultats d'apprentissage, leur fiabilité technique grâce à la stabilité et la disponibilité constante des plateformes, le respect des standards d'accessibilité incluant le support multilingue et la faisabilité économique, la sensibilité culturelle via l'adaptation à des contextes éducatifs divers, et le potentiel de montée en échelle pour l'adoption institutionnelle et les capacités d'expansion, avec des protocoles de vérification assurant que toutes les plateformes maintiennent un statut actif et une fonctionnalité documentée au moment de la compilation.

Tableau 34
Outils d'évaluation EDTECH sélectionnés

Rang	Type d'outil	Nom de l'outil	Description de l'outil	Prix de l'outil	URL complète	Langue prise en charge par l'outil	Niveau scolaire	Pays
1	Évaluation adaptative	ÉducaPlay	Outil d'apprentissage adaptatif doté de fonctionnalités d'évaluation pour une éducation personnalisée.	Forfaits payants	https://explorelearning.com	Anglais	K–12	Mondial
2	Évaluation adaptative	SmartLearn Asie	Outil d'évaluation de l'apprentissage adaptatif pour une éducation personnalisée.	Forfaits payants	https://mathswizoceania.com	Anglais	K–12	Fidji
3	Évaluation adaptative	SmartLearn Russie	Outil d'apprentissage et d'évaluation adaptatif conçu sur mesure pour l'éducation russe.	Forfaits gratuits et payants	https://ubongo.org	Swahili, anglais	K–12	Tanzanie
4	Outil d'évaluation comportementale	ClassDojo	Outil de classe pour le suivi des comportements et la communication.	Forfaits gratuits et payants	https://educaplay.com	Espagnol	K–12	Chili
5	Outil d'évaluation comportementale	EduTrack Afrique	Outil de suivi comportemental et d'évaluation des performances pour les enseignants.	Forfaits payants	https://mathematicaafrica.com	Anglais	K–12	Ghana
6	Outil d'évaluation comportementale	MindTrack	Outil de suivi comportemental et de surveillance des performances des élèves.	Forfaits gratuits et payants	https://rusedcheck.com	russe	K–12	Russie
7	Outil d'engagement en classe	ClassEngage UE	Plateforme d'interaction en classe avec fonctionnalités d'évaluation en temps réel.	Forfaits gratuits et payants	https://seesaw.me	Multiple	K-5	Mondial
8	Outil d'engagement en classe	ClassEngage RU	Outil d'engagement en classe et d'évaluation en temps réel pour les enseignants russes.	Forfaits payants	https://writesmart.com	Anglais	De la maternelle à la 6e année (élémentaire)	Rwanda
9	Plateforme d'apprentissage en ligne	TBox	Plateforme technologique éducative pour l'apprentissage par les compétences.	Forfaits gratuits et payants	https://edulastic.com	Anglais	K–12	États-Unis
10	Outil de commentaires	CommentairesFruits	Outil d'évaluation par les pairs, de discussion et de retour d'information structuré.	Forfaits gratuits et payants	https://blooket.com	Anglais	K–12	Mondial

11	Évaluation formative	ÉduAssess	Outil d'évaluation formative basé sur l'IA pour les écoles européennes.	Forfaits gratuits et payants	https://quizvise-grad.com	Slovaque, anglais	K–12	Slovaquie
12	Évaluation formative	Edwisement	Outil d'évaluation formative piloté par l'IA pour un apprentissage personnalisé.	Forfaits payants	https://mathge-niusru.com	russe	K–12	Russie
13	Évaluation formative	eShule	Plateforme d'évaluation numérique pour les évaluations formatives dans les écoles africaines.	Forfaits payants	https://i-ready.com	Anglais	K-8	États-Unis
14	Apprentissage par le jeu	Esprit Ludique	Plateforme d'évaluation ludique pour améliorer l'engagement des étudiants.	Forfaits gratuits et payants	https://ed-wisely.com	Anglais, hindi	K–12	Inde
15	Apprentissage gamifié	Blooket	Plateforme de quiz ludique avec activités personnalisées.	Gratuit	https://classdojo.com	Multiple	K-5	Mondial
16	Apprentissage gamifié	QuizDownUnder	Plateforme de quiz et de tests ludiques adaptée à l'Océanie.	Forfaits gratuits et payants	https://quiz-balkan.com	Bulgare, serbe, anglais	K–12	Serbie
17	Quiz interactif	QuizVise-grad	Des questionnaires interactifs et un outil d'évaluation pour les écoles.	Forfaits gratuits et payants	https://spellingcity.com	Anglais	K-8	États-Unis
18	Outil d'évaluation des mathématiques	Mathématique	Plateforme d'évaluation axée sur les mathématiques pour les élèves de la maternelle à la terminale.	Forfaits gratuits et payants	https://feed-back-fruits.com	Multiple	Enseignement secondaire et supérieur	Mondial
19	Outil d'évaluation des mathématiques	Copain mathématique	Outil d'évaluation et de développement des compétences axé sur les mathématiques.	Forfaits gratuits et payants	https://mindtrack.com	Anglais, Français	K-5	Norvège
20	Outil d'évaluation de la lecture	LectoKids	Évaluation de la compréhension de la lecture et de l'alphabétisation chez les jeunes apprenants.	Forfaits payants	https://grad-escope.com	Anglais	Enseignement secondaire et supérieur	États-Unis
21	Outil d'évaluation de la lecture	RazKids	Ressource de lecture et de compréhension basée sur le niveau.	Gratuit	https://classroom.google.com	Multiple	K–12	Mondial
22	Outil d'évaluation de la lecture	LireFluent	Plateforme d'évaluation de la fluidité et de la compréhension en lecture.	Forfaits gratuits et payants	https://socrative.com	Multiple	K–12	Mondial

23	Outil d'évaluation de la lecture	ReadFluent RU	Outil pour améliorer la fluidité et la compréhension de la lecture chez les apprenants de russe.	Forfaits payants	https://writepro.com	Anglais	Enseignement secondaire et supérieur	Corée du Sud
24	Outil d'évaluation de la lecture	LireMaître	Plateforme d'évaluation de la compréhension et de la fluidité de la lecture.	Forfaits gratuits et payants	https://nearpod.com	Multiple	K–12	Mondial
25	Outil d'évaluation de la lecture	Lire intelligemment	Évaluation de la fluidité et de la compréhension en lecture chez les jeunes apprenants.	Forfaits gratuits et payants	https://quizeuropa.com	Anglais, espagnol, français	K–12	France
26	Évaluation basée sur les compétences	Apprentissage IXL	Outil complet pour la pratique et le développement des compétences.	Forfaits gratuits et payants	https://classengageeu.com	Anglais, allemand, espagnol	K–12	Suisse
27	Évaluation sommative	SmartTest Afrique	Outil d'évaluation sommative aligné sur les programmes scolaires africains.	Forfaits payants	https://ixl.com	Anglais	K–12	Mondial
28	Évaluation sommative	TestExpert	Outil d'évaluation sommative et de test en ligne conçu pour les programmes scolaires russes.	Forfaits payants	https://testmoz.com	Anglais	K–12	Chine
29	Outil d'évaluation de la rédaction	Escribe-Mejor	Outils d'amélioration de l'écriture avec évaluation pilotée par l'IA.	Forfaits payants	https://instructure.com/canvas		K–12	Mondial
30	Outil d'évaluation de la rédaction	Pas d'encre rouge	Outil pour l'enseignement et la pratique personnalisés de l'écriture.	Forfaits payants	https://dreambox.com	Anglais	K-8	Mondial

L'analyse systématique présentée dans les annexes B1 à B5 établit un cadre fondamental pour comprendre le paysage actuel des technologies éducatives, révélant des tendances significatives en matière de répartition géographique, d'accessibilité linguistique et de modèles économiques qui façonnent les environnements d'apprentissage numériques du primaire et du secondaire à l'échelle mondiale. Ces compilations vérifiées témoignent de la démocratisation des technologies éducatives grâce à la diversité des structures tarifaires, aux systèmes de support multilingues et aux solutions régionales adaptées aux contextes culturels, tout en maintenant des normes rigoureuses d'efficacité pédagogique et de fiabilité technique. Après avoir établi ce référentiel complet des outils et plateformes de technologies éducatives disponibles, l'annexe C examinera les méthodologies de mise en œuvre stratégiques, les cadres d'adoption institutionnelle et les meilleures pratiques fondées sur des données probantes nécessaires à l'intégration réussie de ces ressources numériques dans les systèmes éducatifs existants, comblant ainsi le fossé entre la disponibilité des outils et une transformation pédagogique efficace.

Annexe C : Exploration des plateformes de cours en ligne ouverts et massifs (MOOCs)

Les MOOCs (Massive Open Online Courses) sont des plateformes d'apprentissage en ligne conçues pour accueillir une participation à grande échelle et offrir un accès gratuit ou à faible coût à une éducation de qualité via Internet. Les MOOCs révolutionnent l'apprentissage traditionnel en proposant une approche flexible, évolutive et inclusive de l'acquisition des connaissances et des compétences, rendant l'éducation plus accessible aux apprenants du monde entier. Contrairement à l'apprentissage en classe traditionnelle, les MOOCs exploitent des outils numériques de pointe, notamment des cours vidéo, des contenus multimédias, des quiz interactifs, des forums de discussion, des parcours d'apprentissage personnalisés pilotés par l'IA et des mécanismes de retour d'information en temps réel. Ces plateformes répondent à divers styles d'apprentissage, permettant aux apprenants d'interagir avec le contenu à leur propre rythme tout en favorisant la collaboration et l'interaction entre pairs.

Les MOOCs couvrent un large éventail de disciplines, notamment les STEM (science, technologie, ingénierie et mathématiques), les affaires, les sciences humaines, les arts, les sciences sociales et le développement professionnel. De nombreux MOOCs sont affiliés à des universités de premier plan, des institutions internationales, des leaders industriels et des initiatives éducatives soutenues par le gouvernement, garantissant un contenu de haute qualité et à jour. L'un des principaux atouts des MOOCs est leur accessibilité mondiale, brisant les barrières géographiques et financières en proposant des cours multilingues et en adaptant le contenu pour des apprenants divers. De nombreuses plateformes offrent des certificats, des micro-certifications et même des programmes diplômants, rendant les MOOCs précieux pour l'avancement professionnel, le développement des compétences et l'apprentissage tout au long de la vie. De plus, les MOOCs ont transformé les modèles éducatifs en intégrant des technologies émergentes telles que l'intelligence artificielle (IA), la réalité augmentée (RA) et la ludification afin d'améliorer l'engagement et les résultats d'apprentissage. Grâce à leur capacité à évoluer et à se développer, les MOOCs continuent de façonner l'avenir de l'éducation, en comblant les lacunes de connaissances, en démocratisant l'apprentissage et en donnant aux individus du monde entier les moyens de progresser.

Principales caractéristiques des MOOCs (Massive Open Online Courses)

Les MOOCs sont des plateformes d'apprentissage numérique qui ont révolutionné l'éducation en offrant des opportunités d'apprentissage accessibles, flexibles et évolutives à un public mondial. Contrairement aux environnements de classe traditionnels, les MOOCs permettent aux apprenants d'accéder à un contenu de haute qualité provenant d'universités, d'institutions de recherche et de leaders industriels, sans barrières géographiques ni financières. Ces plateformes intègrent des technologies avancées telles que des cours vidéo, des retours d'information pilotés par l'IA, des évaluations interactives et la collaboration entre pairs afin de renforcer l'engagement et de personnaliser les expériences d'apprentissage. Avec des cours disponibles en plusieurs langues et couvrant un large éventail de sujets — des STEM et des affaires aux sciences humaines et aux arts — les MOOCs répondent à des besoins éducatifs divers, y compris le développement professionnel et l'enrichissement académique. En tant que force transformative dans l'éducation moderne, les MOOCs continuent de combler le fossé entre l'enseignement formel et l'apprentissage tout au long de la vie, offrant des expériences innovantes, interactives et rentables pour les étudiants, les enseignants et les professionnels du monde entier. Grâce à leur capacité à démocratiser l'éducation, à renforcer l'engagement et à soutenir le développement de carrière, les MOOCs ont redéfini l'apprentissage à l'ère numérique — offrant un mélange unique d'innovation et d'accessibilité. Ci-dessous sont présentées les principales caractéristiques qui font des MOOCs un outil puissant pour les apprenants du monde entier.

1. **Accès ouvert et portée mondiale**
   - Les MOOCs sont ouverts à toute personne disposant d'une connexion Internet, éliminant les barrières telles que la localisation, le coût et les prérequis académiques.
   - Ils permettent une participation mondiale, permettant aux étudiants de divers horizons, langues et niveaux éducatifs de s'engager dans l'apprentissage.
   - De nombreux MOOCs proposent une inscription gratuite, avec des certifications payantes optionnelles pour la reconnaissance professionnelle.

Exemple : des plateformes comme Coursera, edX et FutureLearn offrent un accès gratuit à des cours universitaires dans le monde entier.

2. **Évolutivité et participation massive**
   - Les MOOCs sont conçus pour accueillir simultanément des milliers à des millions d'apprenants, contrairement aux salles de classe traditionnelles aux places limitées.
   - Des infrastructures cloud avancées assurent que la diffusion du contenu reste fluide, même avec un trafic élevé.

Exemple : le MOOC sur l'IA de Stanford en 2011 a attiré plus de 160 000 étudiants, démontrant l'évolutivité de l'apprentissage en ligne.

3. **Apprentissage autonome et flexible**
   - Les MOOCs offrent un apprentissage asynchrone, permettant aux étudiants d'étudier à leur propre rythme, à tout moment et n'importe où.
   - Les cours incluent souvent des conférences préenregistrées, des ressources téléchargeables et des parcours d'apprentissage adaptatifs, adaptés aux différents styles d'apprentissage.
   - Certains MOOCs proposent également des sessions synchrones (en direct) pour une interaction en temps réel avec les enseignants.

Exemple : Khan Academy permet aux apprenants de revoir les leçons plusieurs fois et de progresser à leur propre rythme.

4. **Contenu interactif et engageant**

- Les MOOCs utilisent des outils multimédias tels que vidéos, animations, simulations, infographies et ludification pour renforcer l'engagement.
- De nombreux cours utilisent des quiz, des exercices interactifs et des travaux évalués par les pairs pour consolider l'apprentissage.
- Certaines plateformes intègrent des retours d'information pilotés par l'IA, aidant les apprenants à s'améliorer en fonction des analyses de performance.

Exemple : Codecademy et Udacity proposent des exercices pratiques de programmation avec des retours en temps réel.

5. **Collaboration entre pairs et apprentissage social**

- Les MOOCs incluent des forums de discussion, des travaux évalués par les pairs et des projets collaboratifs, favorisant un apprentissage communautaire.
- Les apprenants participent à des discussions entre pairs, partagent leurs connaissances et résolvent des problèmes en groupe, simulant une expérience de classe en ligne.

Exemple : FutureLearn encourage l'apprentissage social en favorisant les discussions sur le matériel des cours au sein des communautés d'apprentissage.

6. **Certifications, diplômes et parcours professionnels**

- De nombreux MOOCs offrent des certificats, diplômes et même des diplômes accrédités, les rendant précieux pour l'avancement professionnel et la validation des compétences.
- Certains cours proposent des micro-certifications, badges ou nanodiplômes reconnus par les employeurs.
- Les plateformes de MOOCs collaborent avec des entreprises et des universités pour aligner les cours sur les standards de l'industrie.

Exemple : les MicroMasters d'edX et les Certificats professionnels de Coursera sont conçus pour les apprenants recherchant des certifications orientées carrière.

7. **Apprentissage multilingue et inclusif culturellement**

- Les MOOCs prennent en charge plusieurs langues afin de s'adresser à un public mondial, améliorant l'accessibilité pour les non-anglophones.
- Certaines plateformes proposent des traductions automatiques, sous-titres et adaptations régionales pour améliorer la compréhension.

Exemple : XuetangX (Chine), FUN MOOC (France) et SWAYAM (Inde) proposent des cours en chinois, français, hindi et d'autres langues.

8. **Intégration des technologies émergentes**
   - Les MOOCs modernes intègrent l'intelligence artificielle (IA), la réalité augmentée (RA), la réalité virtuelle (VR) et des systèmes d'apprentissage adaptatifs pour personnaliser l'expérience d'apprentissage.
   - Les chatbots pilotés par l'IA, la notation automatisée et l'analyse des données contribuent à améliorer l'efficacité des cours.

Exemple : Google Cloud Training et Microsoft Learn utilisent des analyses pilotées par l'IA pour orienter les apprenants vers les sujets recommandés.

9. **Modèles d'apprentissage hybrides et mixtes**
   - Les MOOCs complètent l'éducation traditionnelle, permettant aux universités et écoles de les intégrer dans les programmes via des classes inversées ou un apprentissage mixte.
   - Les institutions proposent des MOOCs donnant droit à des crédits, où les étudiants suivent des cours en ligne parallèlement à l'enseignement en présentiel.

Exemple : Harvard et le MIT intègrent les MOOCs dans leurs programmes diplômants, offrant des parcours d'apprentissage hybrides.

10. **Apprentissage rentable**
    - Les MOOCs sont souvent gratuits ou beaucoup moins chers que l'éducation traditionnelle, rendant l'apprentissage de qualité abordable.
    - Les apprenants peuvent choisir de payer pour des certifications, du contenu premium ou des programmes de mentorat avancés.

Exemple : des plateformes comme Udemy proposent des cours professionnels à prix réduits, souvent inférieurs à 20 $ par cours.

Les MOOCs représentent une nouvelle ère de l'éducation, offrant flexibilité, interactivité, accès mondial et apprentissage orienté carrière. Grâce à leur capacité à évoluer, à personnaliser et à intégrer les technologies émergentes, les MOOCs continuent de révolutionner l'apprentissage tout au long de la vie, la formation professionnelle et les systèmes d'enseignement supérieur dans le monde entier.

Tableau 35
Histoire brève et chronologie des MOOCs

Date	Histoire
années 1960-1970	Les premiers programmes d'enseignement assisté par ordinateur et d'apprentissage à distance ont vu le jour.
années 1990	L'essor de l'apprentissage en ligne avec des plateformes comme l'Open University et les premiers modèles d'apprentissage en ligne.
2002	Le MIT lance OpenCourseWare (OCW), offrant un accès en ligne gratuit aux supports de cours du MIT.
2008	Le terme « MOOC » a été inventé par Dave Cormier et Bryan Alexander lors d'un cours animé par George Siemens et Stephen Downes.
2011	L'université de Stanford propose des cours en ligne gratuits, attirant plus de 160 000 étudiants du monde entier.
2012	L'« année des MOOC » — des plateformes majeures comme Coursera, edX et Udacity sont lancées.
2013 à 2015	Les MOOC se développent à l'échelle mondiale, les universités les intégrant dans l'enseignement formel et la formation en entreprise.
2016 à aujourd'hui	Croissance des programmes de certification professionnelle, de l'apprentissage hybride et des MOOC adaptatifs basés sur l'IA

Tendances modernes des MOOCs

1. Apprentissage personnalisé grâce à l'IA et à l'analyse des données.
2. Partenariats industriels pour le développement des compétences professionnelles.
3. MOOCs donnant droit à des crédits et liés à des diplômes.
4. Accès mobile accru et formats de micro-apprentissage.

Les MOOCs continuent d'évoluer, comblant les lacunes éducatives, perfectionnant les compétences des professionnels et offrant des opportunités d'apprentissage mondiales.

Le rôle des MOOCs dans l'éducation K–12

Les MOOCs (Massive Open Online Courses) ont révolutionné la manière dont l'éducation est dispensée, rendant les ressources d'apprentissage de haute qualité accessibles aux élèves, enseignants et établissements scolaires du monde entier. Initialement conçus pour l'enseignement supérieur et le développement professionnel, les MOOCs sont maintenant de plus en plus intégrés dans l'éducation K–12 pour soutenir l'apprentissage personnalisé, le développement des compétences et la formation des enseignants. Avec l'essor de l'éducation numérique, les MOOCs offrent un moyen innovant de compléter les programmes traditionnels, de combler les lacunes d'apprentissage et d'améliorer l'engagement des élèves grâce à des expériences d'apprentissage interactives et autonomes. Ces plateformes permettent aux étudiants d'accéder à des matières avancées, à l'éducation STEM, à l'apprentissage des langues et aux cours préparatoires universitaires, les aidant à se préparer aux futures opportunités académiques et professionnelles. De plus, les MOOCs permettent aux enseignants de bénéficier de cours de développement professionnel, de formations à l'utilisation des technologies en classe et de possibilités de réseautage mondial, leur permettant d'améliorer leurs méthodes pédagogiques et d'intégrer efficacement les outils numériques dans les classes.

Le rôle des MOOCs dans l'éducation K–12

Les MOOCs transforment l'éducation K–12 en offrant aux élèves, enseignants et établissements scolaires des opportunités d'apprentissage flexibles et de haute qualité. Conçus à l'origine pour l'enseignement supérieur, les MOOCs sont désormais adaptés pour soutenir l'enseignement primaire et secondaire, offrant apprentissage personnalisé, formation des enseignants et accès aux ressources éducatives mondiales. Voici comment les MOOCs façonnent l'éducation K–12 :

1. **Accroître l'accès à une éducation de qualité**

- **Combler la fracture numérique :** Les MOOCs aident les étudiants des zones rurales et défavorisées à accéder au même contenu éducatif de qualité que les élèves des meilleures écoles.
- **Opportunités d'apprentissage mondiales :** Les étudiants peuvent suivre des cours d'institutions de premier plan dans le monde entier, bénéficiant de perspectives diverses et de sujets avancés.
- **Équité en éducation :** Les MOOCs gratuits ou à faible coût aident les étudiants qui n'ont pas accès à des cours privés ou à un enseignement spécialisé.

Exemple : Khan Academy propose des cours alignés sur le programme K–12 en mathématiques, sciences et lecture.

2. **Apprentissage personnalisé et adaptatif**

- **Apprentissage autonome :** Les étudiants peuvent apprendre à leur propre rythme, revoir les sujets difficiles et accélérer sur les concepts qu'ils comprennent rapidement.
- **Apprentissage adaptatif basé sur l'IA :** Des plateformes comme DreamBox Learning et ALEKS utilisent l'IA pour personnaliser les leçons en fonction des performances des élèves.
- **Styles d'apprentissage variés :** Les MOOCs proposent vidéos, quiz, simulations et activités interactives pour répondre à différentes préférences d'apprentissage.

Exemple : i-Ready et IXL ajustent le niveau de difficulté en mathématiques et en lecture en fonction des réponses des élèves.

3. **Soutenir l'éducation STEM et la programmation**

- **Encourager l'exploration STEM :** Les MOOCs offrent des expériences d'apprentissage interactives en sciences, technologie, ingénierie et mathématiques (STEM).
- **Pratique pratique de la programmation :** Des plateformes comme Code.org, Tynker et Scratch initient les étudiants à la programmation dans un environnement ludique.
- **Préparation à la carrière dans la technologie :** Les MOOCs aident les étudiants à développer des compétences pertinentes dans la programmation, la robotique et l'IA dès le plus jeune âge.

Exemple : CS50 de Harvard (proposé via edX) enseigne l'informatique aux lycéens du monde entier.

4. **Préparer les étudiants pour l'université et les carrières**

- **Cours AP et préparatoires à l'université :** Les MOOCs proposent des cours AP et des matières de niveau universitaire, aidant les étudiants à obtenir des crédits universitaires.
- **Exposition à l'enseignement universitaire :** Les étudiants peuvent expérimenter la rigueur de l'enseignement supérieur avant d'entrer à l'université.
- **Développement des compétences transversales :** Les MOOCs proposent également des cours sur la pensée critique, la résolution de problèmes et les compétences en communication, essentielles pour les carrières futures.

Exemple : Coursera pour le lycée propose des cours universitaires en commerce, sciences et sciences humaines.

5. **Enrichissement et soutien scolaire**

- **Enrichissement académique :** Les étudiants performants peuvent utiliser les MOOCs pour aller au-delà du programme standard, explorant des sujets tels que l'astronomie, la philosophie et l'écriture créative.
- **Éducation de soutien :** Les MOOCs aident les étudiants en difficulté à revoir des concepts difficiles, offrant des exercices supplémentaires et des explications alternatives.
- **Apprentissage pendant les vacances scolaires :** Les MOOCs fournissent un apprentissage structuré aux étudiants pendant les périodes de congé.

Exemple : Freckle Education aide les élèves à renforcer leurs compétences en mathématiques et en lecture à leur propre rythme.

6. **Développement professionnel pour les enseignants**

- **Formation aux stratégies pédagogiques modernes :** Les MOOCs proposent des cours sur les outils numériques, la gestion de classe et la pédagogie pour les enseignants.
- **Intégration de la technologie en classe :** Les MOOCs aident les enseignants à utiliser des outils EdTech tels que Google Classroom, Microsoft Teams et Nearpod.
- **Réseautage mondial et collaboration :** Les enseignants peuvent se connecter avec des pairs dans le monde entier et partager les meilleures pratiques.

Exemple : Microsoft Learn for Educators propose une formation à l'utilisation des outils Microsoft en classe.

7. **Favoriser la collaboration et l'apprentissage entre pairs**

- **Classes mondiales :** Les MOOCs connectent les élèves K–12 de différents pays, favorisant la collaboration et les échanges culturels.
- **Forums de discussion et projets de groupe :** De nombreux MOOCs incluent des discussions entre pairs, aidant les étudiants à développer le travail d'équipe et les compétences en communication.

Exemple : Flip (anciennement Flipgrid) permet aux élèves d'enregistrer des réponses vidéo et de participer à des discussions mondiales.

8. **Complément au programme K–12**

- **Contenu aligné sur le programme :** De nombreux MOOCs s'alignent sur le Common Core, l'IB et les standards nationaux, garantissant la pertinence par rapport au programme scolaire.
- **Modules d'apprentissage personnalisables :** Les enseignants peuvent intégrer les leçons MOOC dans l'enseignement en classe, offrant des expériences d'apprentissage mixte.

Exemple : Pear Deck et Nearpod permettent aux enseignants de créer des leçons interactives à partir du contenu MOOC.

9. **Encourager l'apprentissage tout au long de la vie**

- **Développer des apprenants autonomes :** Les MOOCs encouragent les étudiants à prendre en charge leur éducation, favorisant la curiosité et l'amour de l'apprentissage.
- **Renforcer la littératie numérique :** En utilisant les MOOCs, les étudiants acquièrent des compétences technologiques et de recherche essentielles.

Exemple : Seesaw permet aux élèves de documenter leur progression et de réfléchir à leur apprentissage.

10. **Défis de l'utilisation des MOOCs dans l'éducation K–12**

- **Inégalités d'accès :** Certains élèves n'ont pas accès à Internet ou aux appareils nécessaires pour les MOOCs.
- **Motivation et engagement :** Les élèves plus jeunes peuvent nécessiter l'encadrement d'un enseignant ou d'un parent pour rester motivés.
- **Adaptation pour les jeunes apprenants :** De nombreux MOOCs sont conçus pour des adultes et peuvent nécessiter des modifications pour une utilisation K–12.

MOOCs et développement professionnel des enseignants en EdTech

L'intégration des MOOCs (Massive Open Online Courses) et de la technologie éducative (EdTech) a profondément transformé le développement professionnel des enseignants, leur offrant des opportunités d'apprentissage flexibles, de haute qualité et accessibles. Ces deux éléments travaillent de concert pour améliorer la formation des enseignants, la littératie numérique, les méthodes pédagogiques et l'intégration des technologies en classe. Ci-dessous sont présentés les rôles clés et les interactions entre MOOCs et EdTech dans le développement professionnel des enseignants :

1. **Accroître l'accès à la formation et aux certifications des enseignants**
   - Les MOOCs démocratisent le développement professionnel, permettant aux enseignants du monde entier d'accéder à une formation de qualité dispensée par des institutions de premier plan, sans barrières géographiques ou financières.
   - Les plateformes EdTech telles que Coursera, edX, Microsoft Learn et Google for Education proposent des cours sur la pédagogie, la gestion de classe et la formation disciplinaire spécifique.
   - De nombreux MOOCs offrent des certifications et micro-certifications pouvant aider les enseignants à progresser dans leur carrière et à répondre aux exigences de formation professionnelle.

Exemple : Google Certified Educator (Google for Education) fournit une formation à l'utilisation de Google Classroom et des outils numériques pour l'enseignement.

2. **Améliorer la littératie numérique et l'intégration technologique**
   - Les MOOCs proposent une formation structurée sur les outils EdTech, dotant les enseignants des compétences nécessaires pour intégrer un apprentissage numérique dans leurs classes.
   - Les sujets incluent l'apprentissage mixte, l'apprentissage adaptatif, la gamification, l'IA en éducation et les classes inversées.
   - Les enseignants peuvent apprendre à utiliser des plateformes telles que Nearpod, Flip (Flipgrid), Microsoft Teams, Seesaw et Moodle pour améliorer l'engagement en classe et l'apprentissage à distance.

Exemple : Microsoft Learn for Educators propose des cours sur l'intégration de Microsoft Teams, OneNote et des outils basés sur l'IA dans l'enseignement.

3. **Développement professionnel personnalisé et autonome**
   - Les MOOCs permettent aux enseignants de choisir des cours en fonction de leurs besoins, intérêts et niveaux d'enseignement (primaire, secondaire ou éducation spécialisée).
   - La nature autonome des MOOCs permet aux enseignants de se former à leur convenance, conciliant développement professionnel et emploi du temps pédagogique.
   - De nombreux MOOCs EdTech proposent un apprentissage adaptatif, ajustant l'expérience en fonction des connaissances et des performances antérieures de l'enseignant.

Exemple : Edmodo Training offre aux enseignants une formation en ligne personnalisée pour améliorer la communication et la collaboration en classe numérique.

4. **Favoriser la collaboration et le réseautage mondial**
    - Les MOOCs connectent les enseignants au niveau mondial, favorisant la collaboration, l'apprentissage entre pairs et le partage de connaissances.
    - De nombreuses plateformes intègrent des forums de discussion, des systèmes d'évaluation par les pairs et des projets collaboratifs, permettant aux enseignants d'échanger idées et bonnes pratiques.
    - Les MOOCs basés sur l'EdTech permettent aux enseignants d'interagir avec des éducateurs, chercheurs et experts internationaux, améliorant leurs stratégies pédagogiques.

Exemple : Les cours pour enseignants de FutureLearn permettent aux enseignants du monde entier de discuter des défis éducatifs globaux.

5. **Maintenir les enseignants informés des tendances émergentes et des politiques**
    - Le paysage éducatif évolue constamment, et les MOOCs aident les enseignants à se tenir à jour sur les nouvelles méthodologies, les modifications curriculaires et les mises à jour politiques.
    - Les sujets abordés incluent l'éducation inclusive, l'instruction différenciée, la sensibilisation à la santé mentale, l'apprentissage socio-émotionnel et l'IA en classe.
    - L'EdTech améliore l'expérience MOOC grâce à des éléments interactifs, des études de cas et des mises à jour en temps réel sur les dernières tendances éducatives.

Exemple : Les MOOCs de Harvard sur edX proposent des cours sur les modèles éducatifs innovants et les principes psychologiques en enseignement.

6. **Offrir un développement professionnel rentable**
    - Les programmes traditionnels de développement professionnel peuvent être coûteux et nécessiter des déplacements, alors que les MOOCs offrent des alternatives gratuites ou peu coûteuses.
    - De nombreuses entreprises EdTech et universités offrent des bourses, subventions ou cours subventionnés pour les enseignants dans les régions défavorisées.
    - Les établissements scolaires peuvent utiliser les MOOCs pour une formation institutionnelle, garantissant le développement professionnel sans coûts élevés.

Exemple : Adobe Education Exchange propose une formation gratuite sur l'utilisation des outils Adobe pour la créativité en classe et le storytelling numérique.

La connexion entre MOOCs et EdTech dans la formation des enseignants

Les MOOCs et l'EdTech sont profondément interconnectés dans le développement professionnel des enseignants. Les MOOCs fournissent une formation structurée et de haute qualité, tandis que l'EdTech améliore l'expérience d'apprentissage grâce à du contenu interactif, des outils collaboratifs et de l'apprentissage adaptatif. Ensemble, ils dotent les enseignants de méthodes pédagogiques modernes, de compétences numériques et de connexions mondiales, garantissant que l'éducation reste innovante, inclusive et guidée par la technologie. À mesure que l'EdTech évolue, les MOOCs continueront de constituer un outil puissant pour l'apprentissage tout au long de la vie dans la profession enseignante.

Analyse des MOOCs K–12 et des plateformes EdTech

Présentation du jeu de données

Cette compilation vérifiée de 25 plateformes éducatives couvre six catégories : Évaluation & Pratique (4), Créativité & Littératie (3), K–12 général (5), Apprentissage des langues (3), Développement professionnel des enseignants (4) et STEM & Programmation (6). Les plateformes sont principalement basées aux États-Unis (17) et au Royaume-Uni (3), avec une répartition équilibrée entre accès gratuit (11) et services par abonnement (14), reflétant différentes approches de l'accessibilité éducative et de la viabilité commerciale de l'apprentissage numérique.

MOOCs authentiques versus outils EdTech

L'analyse critique révèle seulement cinq MOOCs authentiques—BBC Bitesize, Khan Academy, FutureLearn for Teachers, CS50 for High School et Scratch—qui respectent les principes originaux des MOOCs, à savoir un programme structuré basé sur des cours, la philosophie d'accès ouvert et une affiliation institutionnelle ou à but non lucratif. CS50 (Harvard) et Scratch (MIT) illustrent des modèles affiliés aux universités, tandis que Khan Academy et BBC Bitesize représentent des plateformes complètes soutenues par des associations à but non lucratif. Les 20 plateformes restantes fonctionnent comme des outils EdTech spécialisés : six systèmes d'apprentissage adaptatif utilisant l'IA et des algorithmes de personnalisation (Freckle Education, i-Ready, IXL Learning, Mango Languages, ALEKS, DreamBox Learning), quatre outils interactifs d'engagement en classe (Nearpod, Pear Deck, RazKids, Book Creator) et deux plateformes gamifiées (Duolingo, Minecraft: Education Edition).

Évolution de l'EdTech et implications

Le jeu de données met en lumière une fragmentation significative par rapport à la vision démocratisante du mouvement MOOC, évoluant vers des solutions commerciales spécialisées répondant à des besoins pédagogiques spécifiques. La prévalence des plateformes adaptatives par abonnement reflète la maturation commerciale de l'EdTech, où des algorithmes sophistiqués nécessitent des flux de revenus continus. Ce passage de la philosophie des ressources éducatives ouvertes vers des plateformes propriétaires soulève des préoccupations en matière d'équité, tandis que la domination des services affiliés à des entreprises (15 sur 25) sur les fournisseurs universitaires ou à but non lucratif (7 sur 25) suggère des changements fondamentaux dans la manière dont le contenu éducatif K–12 est développé, distribué et monétisé, créant de nouvelles dépendances vis-à-vis des fournisseurs commerciaux malgré une fonctionnalité accrue.

Tableau 36
MOOCs et plateformes EdTech K–12 sélectionnés

Rang	Catégorie	Plateforme MOOC	Description	Prix	URL	Pays	Langages	Affiliation
1	MOOC d'évaluation et de pratique	Éducation aux taches de rousseur	Pratique personnalisée en mathématiques et en anglais	Gratuit	https://www.freckle.com	États-Unis	Anglais	Renaissance Learning/Entreprise
2	MOOC d'évaluation et de pratique	Nearpod	Leçons interactives et implication des élèves	Basé sur un abonnement	https://www.nearpod.com	États-Unis	Anglais	Indépendant/Entreprise
3	MOOC d'évaluation et de pratique	Pont de poire	Outil de présentation interactif pour l'engagement en classe	Basé sur un abonnement	https://www.peardeck.com	États-Unis	Anglais	Indépendant/Entreprise
4	MOOC d'évaluation et de pratique	RazKids	Pratique interactive de l'alphabétisation et de la lecture	Basé sur un abonnement	https://www.razKids.com	États-Unis	Anglais	Indépendant/Entreprise
5	MOOCs créatifs et d'alphabétisation	Créateur de livres	Création de livres interactifs pour les élèves de la maternelle à la terminale	Basé sur un abonnement	https://bookcreator.com	Royaume-Uni	Anglais	Indépendant/Entreprise
6	MOOCs créatifs et d'alphabétisation	Épique!	Bibliothèque numérique pour jeunes apprenants	Gratuit	https://www.getepic.com	États-Unis	Anglais	Indépendant/Entreprise
7	MOOCs créatifs et d'alphabétisation	Bascule	Plateforme de portfolio numérique pour l'engagement des étudiants	Basé sur un abonnement	https://web.seesaw.me	États-Unis	Anglais	Indépendant/Entreprise
8	MOOC généraux K-12	Biteize de la BBC	Ressources pédagogiques britanniques pour les élèves de la maternelle à la terminale	Gratuit	https://www.bbc.co.uk/bitesize	Royaume-Uni	Anglais	Indépendant/à but non lucratif
9	MOOC généraux K-12	Salle de classe Google	Plateforme d'apprentissage mixte pour l'enseignement primaire et secondaire	Basé sur un abonnement	https://classroom.google.com	États-Unis	Plusieurs langues	Google/Entreprise

10	MOOC généraux K-12	je-Prêt	Apprentissage adaptatif en mathématiques et en lecture	Basé sur un abonnement	https://www.curriculumassociates.com/products/i-ready	États-Unis	Anglais	Indépendant/Entreprise
11	MOOC généraux K-12	Apprentissage IXL	Apprentissage personnalisé de la maternelle à la 12e année en mathématiques, en sciences et en anglais	Basé sur un abonnement	https://www.ixl.com	États-Unis	Anglais, Espagnol	Indépendant/Entreprise
12	MOOC généraux K-12	Académie Khan	Soutien complet au programme d'études de la maternelle à la 12e année	Gratuit	https://www.khanacademy.org	États-Unis	Anglais, espagnol, français et plus encore	Indépendant/à but non lucratif
13	MOOC d'apprentissage des langues	Duolingo	Apprentissage ludique des langues pour les élèves de la maternelle à la terminale	Gratuit	https://www.duolingo.com	États-Unis	Plusieurs langues	Indépendant/Entreprise
14	MOOC d'apprentissage des langues	Langues de mangue	Apprentissage personnalisé des langues	Basé sur un abonnement	https://mango-languages.com	États-Unis	Plusieurs langues	Indépendant/Entreprise
15	MOOC d'apprentissage des langues	Pierre de Rosette	Apprentissage immersif des langues pour enfants	Basé sur un abonnement	https://www.rosettastone.com	États-Unis	Plusieurs langues	Indépendant/Entreprise
16	Développement professionnel des enseignants	Adobe Éducation Exchange	Formation aux logiciels créatifs pour les enseignants	Gratuit	https://edex.adobe.com	États-Unis	Anglais	Adobe/Entreprise
17	Développement professionnel des enseignants	FutureLearn pour les enseignants	Cours de perfectionnement professionnel pour les enseignants du primaire et du secondaire	Gratuit	https://www.futurelearn.com	Royaume-Uni	Anglais	Indépendant/Affilié à une université

18	Développement professionnel des enseignants	Formateur certifié Google	Formation Google pour les enseignants du primaire et du secondaire	Gratuit	https://edu.google.com	États-Unis	Plusieurs langues	Google/Entreprise
19	Développement professionnel des enseignants	Microsoft Learn pour les enseignants	Formation aux outils Microsoft pour le primaire et le secondaire (K–12)	Basé sur un abonnement	https://learn.microsoft.com	États-Unis	Anglais	Microsoft/Entreprise
20	MOOC en sciences, technologies, ingénierie, arts et mathématiques (STEM) et en programmation	ALEX	Apprentissage des mathématiques et des sciences piloté par l'IA	Basé sur un abonnement	https://www.aleks.com	États-Unis	Anglais	McGraw-Hill/Entreprise
21	MOOC en sciences, technologies, ingénierie, arts et mathématiques (STEM) et en programmation	Code.org	Introduction au codage pour les jeunes apprenants	Gratuit	https://code.org	États-Unis	Anglais	Indépendant/à but non lucratif
22	MOOC en sciences, technologies, ingénierie, arts et mathématiques (STEM) et en programmation	CS50 pour le lycée	Cours d'introduction à l'informatique de Harvard pour les élèves de la maternelle à la terminale	Gratuit	https://cs50.harvard.edu	États-Unis	Anglais	Université Harvard
23	MOOC en sciences, technologies, ingénierie, arts et mathématiques (STEM) et en programmation	Apprentissage DreamBox	Apprentissage adaptatif des mathématiques pour les élèves de la maternelle à la 8e année	Basé sur un abonnement	https://www.dreambox.com	États-Unis	Anglais, Espagnol	Indépendant/Entreprise
24	MOOC en sciences, technologies,	Minecraft : édition	Apprentissage par le jeu pour le codage et la créativité	Basé sur un abonnement	https://education.minecraft.net	États-Unis	Plusieurs langues	Microsoft/Entreprise

	ingénierie, arts et mathématiques (STEM) et en programmation	éducative						
25	MOOC en sciences, technologies, ingénierie, arts et mathématiques (STEM) et en programmation	Gratter	Programmation par blocs pour les jeunes élèves	Gratuit	https://scratch.mit.edu	États-Unis	Anglais, espagnol et plus encore	MIT/University-Affiliated

Analyse des plateformes MOOC mondiales sélectionnées

Cette analyse examine un jeu de données organisé de 52 plateformes de Massive Open Online Courses (MOOCs) authentifiées, provenant de 18 pays, représentant les ressources éducatives en ligne les plus significatives disponibles à l'échelle mondiale en 2025. Chaque plateforme a été vérifiée par authentification directe de l'URL afin de garantir son accessibilité actuelle et son statut opérationnel.

Tableau 37s
MOOCs sélectionnés dans le monde entire

Rangée	Nom du MOOC	Catégorie	URL	Pays	Langue	Institution académique associée
1	Alison	Plateforme éducative gratuite	https://alison.com	Irlande	Anglais, espagnol, français, italien, portugais	Plateforme indépendante accréditée par CPD UK
2	Fondation Blender - Centre d'apprentissage	Formation en graphisme et animation 3D	https://www.blender.org/support/tutorials/	Pays-Bas	Anglais (Plusieurs langues disponibles)	Fondation Blender (Open Source)
3	Réseau de toile	Plateforme de développement professionnel	https://www.canvas.net	États-Unis	Anglais, chinois, portugais, espagnol	Établissements d'enseignement utilisant la plateforme d'apprentissage Canvas
4	Classe centrale	Plateforme d'agrégation de MOOC	https://www.class-central.com	États-Unis	Anglais	Plateforme de découverte et d'évaluation des MOOC
5	Codecadémie	Plateforme d'éducation à la programmation	https://www.codecademy.com	États-Unis	Anglais	Partenariats avec l'industrie technologique
6	Coursera	Plateforme de partenariat entre universités et entreprises	https://www.coursera.org	États-Unis	Plus de 22 langues (anglais principal)	Plus de 350 universités, dont Stanford, Yale, Duke et l'Université du Michigan.
7	Spécialisations Coursera	Parcours d'apprentissage multi-cours	https://www.coursera.org/specializations	États-Unis	Plus de 22 langues	Universités partenaires proposant des programmes spécialisés
8	Camp de données	Plateforme éducative en science des données	https://www.datacamp.com	États-Unis	Anglais	Experts du secteur des sciences des données

9	Domes-tique	Plateforme de compétences créatives	https://www.domestika.org	Espagne	Espagnol, anglais, portugais, allemand, français, italien, polonais, néerlandais	Réseau de professionnels créatifs indépendants
10	EduOpen	Réseau universitaire italien	https://www.eduopen.org	Italie	Italien	Réseau des universités italiennes
11	edX	Réseau des universités italiennes	https://www.edx.org/search	États-Unis	Anglais (Plusieurs langues disponibles)	Université Harvard et MIT (fondateurs), plus de 200 établissements partenaires
12	edX - BerkeleyX	Plateforme MOOC universitaire	https://www.edx.org/school/berkeleyx	États-Unis	Anglais	Université de Californie à Berkeley
13	edX - ColumbiaX	Plateforme MOOC universitaire	https://www.edx.org/school/columbiax	États-Unis	Anglais	Université de Colombie
14	edX - DelftX	Plateforme MOOC universitaire	https://www.edx.org/school/delftx	Pays-Bas	Anglais	Université de technologie de Delft
15	edX - EPFLX	Plateforme MOOC universitaire	https://www.edx.org/school/epflx	Suisse	Anglais, Français	École Polytechnique Fédérale de Lausanne (EPFL)
16	Apprentissage en ligne Federica	Plateforme universitaire italienne	https://www.federica.eu	Italie	Italien, Anglais	Université de Naples Frédéric II
17	Académie Figma	Formation sur les outils de conception	https://www.figma.com/resources/learn-design/	États-Unis	Anglais	Figma Inc.
18	France Université Numérique	Plateforme nationale francophone	https://www.france-universite-numerique-mooc.fr	France	Français	Ministère français de l'Enseignement supérieur, plus de 140 établissements français
19	FUN-MOOC	Plateforme nationale française de MOOC	https://www.fun-mooc.fr	France	Français (langue principale), quelques notions d'anglais	Universités françaises, Belgique, Suisse, institutions tunisiennes

20	Futur Apprendre	Plateforme du consortium universitaire du Royaume-Uni	https://www.futurelearn.com	Royaume-Uni	Anglais	Plus de 260 partenaires, dont l'Open University, les universités de Birmingham, Bristol et Cardiff, et le King's College de Londres.
21	Apprentissage Grok	Enseignement de l'informatique	https://groklearning.com	Australie	Anglais	Origine de l'Université de Sydney
22	Harvard CS50x - Introduction à l'informatique	Enseignement de l'informatique	https://www.edx.org/course/introduction-computer-science-harvardx-cs50x	États-Unis	Anglais	Université Harvard
23	iCourse163	Plateforme universitaire chinoise	https://www.icourse163.org	Chine	chinois, anglais	Presses des universités et de l'enseignement supérieur chinois
24	Université	Plateforme européenne MOOC	https://www.iversity.org	Allemagne	Allemand, Anglais	Universités européennes
25	JMOOC	Plateforme MOOC au Japon	https://www.jmooc.jp	Japon	Japonais	Universités japonaises
26	Université Kepler	Enseignement supérieur africain	https://kepler.org	Rwanda	Anglais	Université Kepler (à but non lucratif)
27	Khan Academy - Pixar en boîte	Éducation à l'animation et à la narration	https://www.khanacademy.org/partner-content/pixar	États-Unis	14 langues (anglais principal)	Khan Academy + Studios d'animation Pixar
28	K-MOOC	Plateforme nationale coréenne	https://www.kmooc.kr	Corée du Sud	Coréen	Universités coréennes, soutenues par le gouvernement
29	Classe de Maître	Plateforme d'experts en célébrités	https://www.masterclass.com	États-Unis	Anglais	Experts célèbres et leaders de l'industrie
30	Microsoft Apprendre	Plateforme de formation technologique	https://learn.microsoft.com	États-Unis	Plusieurs langues	Société Microsoft

31	Cours en ligne ouverts du MIT	Plateforme de cours ouverts universitaires	https://ocw.mit.edu	États-Unis	Anglais	Institut de technologie du Massachusetts (MIT)
32	Académie Moodle	Formation en technologie éducative	https://moodle.academy	Australie	Anglais	Fondation Moodle
33	NovoEd	Plateforme d'apprentissage social	https://www.novoed.com	États-Unis	Anglais	Originaire de l'Université de Stanford, diverses universités
34	NPTEL	Plateforme de formation en ingénierie	https://nptel.ac.in	Inde	Anglais, hindi	Initiative conjointe des IIT et de l'IISc
35	Salles de classe ouvertes	Formation Professionnelle Française	https://openclassrooms.com	France	Français, Anglais	Plateforme de Formation Professionnelle Indépendante
36	OpenEdu.ru	Plateforme nationale russe	https://openedu.ru	Russie	russe	Les principales universités russes
37	openHPI	Plateforme d'ingénierie des systèmes informatiques	https://open.hpi.de	Allemagne	Allemand, Anglais	Allemand, Anglais
38	Apprentissage Ouvert	Plateforme d'apprentissage social	https://www.openlearning.com	Australie	Anglais	Université de Nouvelle-Galles du Sud, divers établissements
39	openWHO	Plateforme d'éducation à la santé	https://openwho.org	Suisse	Plusieurs langues	Organisation mondiale de la santé (OMS)
40	Pluriel vue	Plateforme de compétences technologiques	https://www.pluralsight.com	États-Unis	Anglais	Experts de l'industrie technologique
41	Skillshare	Plateforme de compétences créatives	https://www.skillshare.com	États-Unis	Anglais	Professionnels de l'industrie créative
42	SWAYAM	Plateforme nationale soutenue par le gouvernement	https://www.swayam.gov.in	Inde	Anglais + 8 langues indiennes (hindi, tamoul, télougou, kannada, malayalam, bengali, gujarati, marathi)	IIT, IIM, Gouvernement de l'Inde, AICTE, UGC, NPTEL

43	Cabane dans les arbres	Formation en développement Web	https://www.treehouse.com	États-Unis	Anglais	Professionnels de l'industrie technologique
44	École d'IA Udacity	Plateforme de formation technologique	https://www.udacity.com/school-of-ai	États-Unis	Anglais	Originaire de l'Université de Stanford, partenariats avec des entreprises (Google, AT&T, Facebook)
45	Udemy	Plateforme d'apprentissage du marché	https://www.udemy.com	États-Unis	Plus de 75 langues	Formateurs individuels (modèle de marché)
46	Udemy - Cours de développement	Spécialisation en programmation et développement	https://www.udemy.com/courses/development/	États-Unis	Plus de 75 langues	Instructeurs en développement individuel
47	Unité Apprendre	Formation en développement de jeux	https://learn.unity.com	États-Unis	Anglais (Plusieurs langues disponibles)	Technologies Unitaires
48	Université	Plateforme éducative russe	https://universarium.org	Russie	russe	Universités russes
49	Formation en ligne de l'Université du Cap	Plateforme universitaire africaine	https://www.uct.ac.za/online-learning	Afrique du Sud	Anglais	Université du Cap
50	Formation en ligne de l'Université d'Édimbourg	Apprentissage universitaire en ligne	https://www.ed.ac.uk/online-learning	Royaume-Uni	Anglais	Université d'Édimbourg
51	Véduca	Plateforme éducative brésilienne	https://veduca.org	Brésil	Portuguese	Universités brésiliennes
52	XuetangX	Plateforme universitaire nationale (Chine)	https://www.xuetangx.com	Chine	Version internationale chinoise et anglaise	Partenariats entre l'Université Tsinghua (fondatrice), l'Université de Pékin et le MIT

Distribution mondiale et cadre institutionnel

Ce compendium vérifié comprend 52 plateformes MOOC couvrant 18 pays répartis sur six continents, chaque plateforme ayant été authentifiée via une vérification systématique des URL. Les États-Unis continuent de dominer avec 23 plateformes (44,2 %), suivis par la France et l'Australie (3 plateformes chacune), et plusieurs pays avec 2 plateformes, dont les Pays-Bas, l'Italie, la Suisse, le Royaume-Uni, la Chine, l'Allemagne, l'Inde et la Russie. La représentation par une seule plateforme inclut l'Irlande, l'Espagne, le Japon, le Rwanda, la Corée du Sud, l'Afrique du Sud et le Brésil.

Cette distribution reflète des centres établis d'innovation en technologie éducative tout en mettant en évidence des pôles régionaux émergents tels que l'initiative SWAYAM en Inde, la plateforme XuetangX en Chine, et la présence croissante de l'Afrique via l'Université Kepler au Rwanda et l'Université du Cap en Afrique du Sud. La concentration géographique illustre à la fois les schémas historiques de développement de l'éducation numérique et les centres d'innovation actuels, fournissant aux chercheurs et décideurs une base fiable pour l'analyse comparative.

La collection de plateformes révèle la domination de l'anglais comme langue principale de l'éducation numérique, avec 46 plateformes (79,3 %) proposant du contenu en anglais, tout en montrant un engagement significatif en faveur de l'accessibilité multilingue. Vingt-six plateformes (44,8 %) offrent un support multilingue couvrant dix langues majeures, dont l'espagnol, le français, l'allemand, le chinois, le japonais, le coréen, le russe, l'italien, le portugais et l'hindi. Les plateformes soutenues par le gouvernement mettent particulièrement l'accent sur le support linguistique régional, illustré par SWAYAM en Inde, qui prend en charge huit langues indiennes, et FUN-MOOC en France, qui priorise l'éducation francophone. Cette diversité linguistique représente un effort stratégique pour démocratiser l'accès à l'éducation en surmontant les barrières linguistiques tout en préservant l'identité culturelle au sein de l'écosystème éducatif numérique mondial.

Accessibilité linguistique et support multilingue

La collection de plateformes révèle la domination continue de l'anglais comme langue principale de l'éducation numérique, avec 40 plateformes (76,9 %) proposant du contenu en anglais, tout en montrant un engagement significatif pour l'accessibilité multilingue. Dix-huit plateformes (34,6 %) fournissent un support multilingue dans des langues majeures, dont l'espagnol, le français, l'allemand, le chinois, l'italien, le portugais et le russe.

Langues principales selon le support par plateforme:

- Anglais: 35 plateformes
- Français: 6 plateformes
- Italien: 4 plateformes
- Portugais: 4 plateformes
- Espagnol: 3 plateformes
- Chinois: 3 plateformes
- Allemand: 3 plateformes

Les plateformes soutenues par le gouvernement mettent particulièrement l'accent sur le support linguistique régional, comme l'illustre SWAYAM en Inde avec huit langues indiennes et FUN-

MOOC en France, priorisant l'éducation francophone. Cette diversité linguistique représente un effort stratégique pour démocratiser l'accès à l'éducation en surmontant les barrières linguistiques tout en préservant l'identité culturelle au sein de l'écosystème éducatif numérique mondial.

Légitimité académique et standards de verification

Le soutien institutionnel de ces plateformes montre l'évolution de l'écosystème MOOC, passant d'une technologie expérimentale à une infrastructure académique établie. Les plateformes affiliées aux universités représentent 27 entrées (51,9 %), incluant des partenariats prestigieux tels qu'edX de Harvard-MIT, les collaborations Coursera de Stanford et des réseaux spécialisés comme le consortium de plus de 260 institutions de FutureLearn.

Répartition institutionnelle:

- Affiliées aux universités: 27 plateformes (51,9 %)
- Plateformes corporatives: 10 plateformes (19,2 %)
- Initiatives soutenues par le gouvernement: 3 plateformes (5,8 %)

Les initiatives soutenues par le gouvernement incluent des projets nationaux majeurs comme SWAYAM en Inde, FUN-MOOC en France et K-MOOC en Corée du Sud. Les partenariats d'entreprises avec des leaders technologiques comme Microsoft, Unity Technologies et des plateformes émergentes comme Domestika représentent l'intégration des compétences professionnelles avec les parcours académiques.

Catégories De Plateformes Et Spécialisation

Le jeu de données révèle une diversification significative des spécialisations MOOC:

Catégories Principales:

- Plateformes MOOC universitaires: 5 plateformes
- Plateformes de compétences créatives: 2 plateformes
- Éducation en informatique: 2 plateformes
- Plateformes de formation technologique: 2 plateformes
- Plateformes d'apprentissage social: 2 plateformes

Parmi les plateformes spécialisées notables, on trouve les plateformes d'experts célèbres (MasterClass), la formation en graphisme 3D (Blender Foundation), le développement de jeux (Unity Learn) et l'éducation à la santé (openWHO). Cette diversification indique la maturation de l'écosystème MOOC au-delà des matières académiques traditionnelles vers les compétences professionnelles, les arts créatifs et la formation technique spécialisée.

Innovation régionale et marchés émergents

L'analyse révèle un développement croissant des MOOCs sur les marchés émergents:

- Afrique: représentée par l'Université Kepler (Rwanda) et l'Université du Cap (Afrique du Sud)

- Asie-Pacifique: forte présence avec des plateformes de Chine, Japon, Corée du Sud, Inde et Australie
- Europe: représentation diversifiée dans 8 pays avec initiatives universitaires et gouvernementales
- Amériques: dominées par les plateformes américaines, mais incluant Veduca au Brésil

Cette expansion géographique démontre la reconnaissance mondiale des MOOCs comme infrastructures éducatives essentielles, les régions en développement investissant dans l'éducation numérique pour surmonter les obstacles traditionnels à l'accès à l'enseignement supérieur.

Intégration technologique et évolution des plateformes

Les plateformes MOOC modernes ont intégré avec succès des technologies de pointe, incluant l'intelligence artificielle (IA), les systèmes d'apprentissage adaptatif et la gamification. Des plateformes comme *Pixar in a Box* de Khan Academy montrent des partenariats innovants entre institutions éducatives et leaders de l'industrie du divertissement, tandis que des plateformes spécialisées comme DataCamp et Codecademy illustrent l'évolution vers la formation aux compétences spécifiques à l'industrie.

La méthodologie de vérification systématique des URL employée garantit l'accessibilité immédiate des plateformes et maintient l'intégrité des données, faisant de ce compendium une référence autorisée pour la recherche académique, l'élaboration de politiques et l'allocation des ressources éducatives dans l'éducation numérique contemporaine.

Principales conclusions et implications

1. **Leadership soutenu des États-Unis:** Les États-Unis conservent leur position dominante avec 44,2 % des plateformes vérifiées, bien que cela représente une légère diminution relative par rapport aux analyses précédentes.
2. **Anglais comme lingua franca:** Avec 76,9 % des plateformes proposant du contenu en anglais, cette langue reste le principal moyen d'enseignement numérique mondial.
3. **Support multilingue croissant:** Plus d'un tiers des plateformes offrent désormais un support multilingue, reflétant une reconnaissance accrue des besoins en diversité linguistique.
4. **Intégration universitaire:** Plus de la moitié des plateformes maintiennent des affiliations universitaires, démontrant l'intégration des MOOCs dans l'enseignement supérieur formel.
5. **Tendance à la spécialisation:** L'émergence de plateformes très spécialisées indique la maturation du marché et la demande des apprenants pour un développement ciblé des compétences.

Perspectives futures et défis

Malgré leur vaste potentiel, des défis subsistent, notamment les disparités d'accès à Internet, les lacunes en littératie numérique et le besoin de contenus localisés conformes à différents programmes et langues. Bien que les MOOCs démocratisent l'apprentissage, assurer une participation équitable nécessite des efforts stratégiques en matière de développement des infrastructures, de politiques éducatives et d'engagement communautaire.

La motivation et la rétention des étudiants dans les environnements d'apprentissage en ligne autodirigés continuent d'exiger des solutions innovantes, telles qu'une interactivité accrue, des programmes de mentorat et des approches d'apprentissage hybride. L'évolution vers des plate-formes de formation spécialisée et professionnelle suggère un futur où les MOOCs combleront de plus en plus le fossé entre l'éducation traditionnelle et les exigences de l'industrie.

À mesure que le paysage de l'éducation numérique continue d'évoluer, ces 52 plateformes vérifiées représentent l'état actuel de l'accessibilité mondiale des MOOCs et pointent vers un futur où l'éducation de qualité transcende les barrières géographiques, économiques et linguistiques grâce à l'intégration stratégique des technologies et à la collaboration internationale.

Annexe D

Les intermédiaires de connaissances en technologies éducatives pour réduire la fracture numérique

À une époque de progrès technologique rapide, les courtiers en connaissances jouent un rôle essentiel en tant qu'intermédiaires, transformant des informations complexes et souvent fragmentées en connaissances exploitables pour les éducateurs, les administrateurs, les décideurs politiques et les communautés. Leur présence devient de plus en plus importante dans le domaine de l'éducation, notamment alors que les nations sont confrontées à des inégalités numériques persistantes dans des environnements à faible ou sans technologie. Ces disparités menacent l'accès équitable à l'apprentissage et aux opportunités éducatives dans le monde entier.

Comme l'explique Meyer (2010), les courtiers en connaissances fonctionnent comme des « spanneurs de frontières » — des individus ou des entités qui naviguent entre des divisions institutionnelles, disciplinaires et sociales afin de mobiliser le savoir. Dans le domaine de l'éducation, ils sont particulièrement bien placés pour traduire la recherche académique en pratiques pédagogiques et connecter les écoles à des partenaires externes offrant des solutions numériques. La création d'entités de courtiers en connaissances EdTech — des organisations dédiées à soutenir plusieurs écoles ou régions — peut contribuer à démocratiser la technologie éducative en favorisant la collaboration, en contextualisant les solutions et en transférant les innovations des environnements riches en ressources vers les milieux défavorisés.

Définition et applications pratiques du concept de courtier en connaissances

Un courtier en connaissances est un individu ou une organisation qui facilite le transfert, la traduction et l'application des connaissances entre différents groupes de parties prenantes, tels que les chercheurs, les éducateurs, les décideurs politiques et les fournisseurs de technologies. Lomas (2007) décrit le courtage de connaissances comme le « monde intermédiaire » où preuves, expertise et priorités institutionnelles sont stratégiquement alignées pour produire des résultats significatifs. Plutôt que de se limiter à diffuser des informations, les courtiers en connaissances favorisent la confiance, le dialogue et l'engagement interactif entre les participants afin de garantir pertinence et utilisation.

Dans les contextes éducatifs, Cooper, Levin et Campbell (2009) soulignent le besoin de mécanismes de courtage qui aident à traduire la recherche en politiques et pratiques, en particulier lorsqu'il s'agit de relever des défis systémiques tels que l'exclusion numérique. Ils mettent en évidence la manière dont les courtiers en connaissances éducatives, qu'ils soient des individus intégrés aux ministères ou des organisations indépendantes, peuvent améliorer la prise de décision fondée sur des preuves, connecter des initiatives fragmentées et diffuser les innovations à travers des systèmes diversifiés. Ainsi, les courtiers en connaissances dans les environnements EdTech ne fournissent pas seulement des outils, mais comblent également les écarts culturels, techniques et pédagogiques qui perpétuent l'inégalité.

Applications pratiques des courtiers en connaissances :

1. **Secteur de la santé :** Les courtiers en connaissances traduisent les résultats de la recherche en lignes directrices pratiques pour les professionnels de santé et les décideurs politiques, garantissant de meilleurs résultats pour les patients et des stratégies de santé publique efficaces (Broussard, 2009).
2. **Éducation :** Ils facilitent l'intégration de la recherche académique dans l'enseignement en classe, permettant aux éducateurs d'adopter des méthodologies pédagogiques fondées sur des preuves (Tilford, 2007).
3. **Affaires et innovation :** Les courtiers en connaissances aident les entreprises à exploiter les recherches émergentes pour améliorer produits, services et stratégies opérationnelles, favorisant des avantages concurrentiels (Jusinski, 2019).
4. **Transfert technologique :** Ils assistent le transfert des avancées technologiques des institutions de recherche vers les industries, favorisant l'innovation et la commercialisation de nouveaux produits (Bozeman et al., 2015).
5. **Élaboration de politiques :** Les gouvernements et organisations utilisent les courtiers en connaissances pour accéder à des informations basées sur la recherche afin de concevoir des politiques éclairées répondant aux défis sociétaux (Vermeille, 2024).

Combler le fossé numérique mondial via des entités EdTech K–12 dans des environnements High-Tech, Low-Tech et No-Tech

Le fossé numérique reste un problème majeur, créant des disparités dans l'accès à l'information, aux opportunités et au développement économique. Pour atténuer ce défi, la création d'entités EdTech K–12 dédiées à combler le fossé dans des contextes High-Tech, Low-Tech et No-Tech est essentielle. Ces entités se concentrent sur les meilleures pratiques telles que l'apprentissage adaptatif, l'instruction personnalisée et les solutions technologiques évolutives afin d'assurer une éducation numérique inclusive.

Entités EdTech K–12 proposées et leurs fonctions :

1. **Environnements High-Tech : Plateformes d'apprentissage pilotées par l'IA**

- **Objectif :** Favoriser l'inclusion numérique en promouvant l'accès aux technologies d'apprentissage adaptatif et aux outils éducatifs pilotés par l'IA.
- **Meilleures pratiques :**
    - Mettre en œuvre des parcours d'apprentissage personnalisés basés sur l'IA pour répondre aux besoins uniques des élèves.

    - Fournir des expériences de réalité virtuelle et augmentée (VR/AR) pour renforcer l'engagement et la compréhension.
    - Intégrer l'analytique de données pour suivre les progrès des élèves et adapter les supports pédagogiques.
- **Modèle économique :** Partenariats public-privé, services sur abonnement et licences éducatives (Vermeille, 2024).

2. Environnements Low-Tech : Classes hybrides numériques

- **Objectif :** Faciliter l'accès aux outils numériques et à l'apprentissage structuré dans les zones à infrastructure technologique limitée.
- **Meilleures pratiques :**
    - Utiliser des ressources numériques hors ligne, telles que tablettes préchargées et plateformes e-learning à faible bande passante.
    - Former les enseignants aux modèles d'apprentissage mixte combinant instruction traditionnelle et numérique.
    - Développer des bibliothèques numériques avec contenu en libre accès pour soutenir l'apprentissage autonome.
- **Modèle économique :** Microcrédit, subventions gouvernementales et financement communautaire (Jusinski, 2019).

3. Environnements No-Tech : Unités mobiles d'apprentissage

- **Objectif :** Fournir des connaissances numériques essentielles et une infrastructure aux régions sans accès technologique.
- **Meilleures pratiques :**
    - Déployer des classes mobiles solaires équipées de cours préenregistrés et d'exercices interactifs.
    - Former les éducateurs locaux et les leaders communautaires à agir comme facilitateurs de la littératie numérique.
    - Utiliser des modules d'apprentissage basés sur la radio et les SMS pour transmettre du contenu aux apprenants éloignés.
- **Modèle économique :** Financement par des organisations à but non lucratif, initiatives RSE et investissements à impact (Ebrahim et al., 2014).

4. Unités de courtiers en connaissances EdTech dans les départements informatiques scolaires

- **Objectif :** Établir des unités dédiées au courtage de connaissances au sein des départements IT scolaires pour faciliter l'intégration des technologies éducatives et combler les écarts de connaissances entre enseignants et experts en technologie.
- **Meilleures pratiques :**
    - Désigner des courtiers en connaissances formés dans les départements IT pour assister les enseignants dans la mise en œuvre efficace des solutions EdTech.

  - Favoriser la collaboration entre professionnels IT, éducateurs et décideurs pour aligner les stratégies technologiques sur les objectifs éducatifs.
  - Fournir un développement professionnel continu et un soutien aux enseignants dans l'utilisation des technologies émergentes.
  - Encourager la prise de décision basée sur les données en analysant les métriques de performance des élèves et en ajustant les outils numériques en conséquence.
- **Modèle économique :** Financement des districts scolaires, subventions éducatives, partenariats avec entreprises EdTech et frais de services de développement professionnel (Vermeille, 2024).

5. Entités EdTech dirigées par des entrepreneurs pour écoles Low-Tech et No-Tech (selon recommandation de Vermeille, 2024, n°6)

- **Objectif :** Développer des entités commerciales fournissant conseil technologique et services de développement professionnel à plusieurs écoles dans des zones peu pourvues en ressources.
- **Meilleures pratiques :**
  - Offrir des programmes de formation numérique évolutifs et des ateliers de littératie technologique pour les enseignants.
  - Établir des hubs régionaux servant de centres d'innovation numérique pour les écoles Low-Tech et No-Tech.
  - Mettre en place des équipes mobiles de conseil EdTech pour évaluer la maturité numérique des écoles et recommander des solutions adaptées.
  - Développer des solutions technologiques abordables, telles que des appareils partagés par la communauté et des contenus numériques localisés, afin de combler les lacunes d'infrastructure.
- **Modèle économique :** Conseil payant, partenariats avec des ONG éducatives, sponsoring technologique et financement participatif communautaire 【57: 9†VermeilleJ (2924). pdf 】

Combler le fossé numérique nécessite une approche multifacette incorporant courtiers en connaissances, solutions EdTech et partenariats stratégiques. Le rôle des courtiers en connaissances EdTech est crucial pour garantir un accès équitable aux ressources numériques, surtout dans les environnements Low-Tech et No-Tech. En favorisant la collaboration, le développement professionnel et les investissements en infrastructure, ces entités peuvent autonomiser enseignants et apprenants avec des outils et méthodologies innovants. La création d'entités EdTech dirigées par des entrepreneurs renforce encore la capacité à étendre les initiatives d'apprentissage numérique, rendant l'éducation plus accessible et inclusive.

À mesure que l'éducation K–12 continue d'évoluer dans un paysage de plus en plus numérique, l'intégration efficace de l'EdTech n'est plus une option, mais une nécessité. Les informations présentées dans ces annexes soulignent le potentiel transformateur de la technologie pour favoriser des expériences d'apprentissage inclusives, engageantes et connectées à l'échelle mondiale. L'Annexe A montre comment les outils linguistiques favorisent l'éducation multilingue, garantissant diversité linguistique et accessibilité pour tous les élèves. L'Annexe B catégorise les outils EdTech qui simplifient la création de contenu, l'évaluation et la gestion de l'apprentissage, fournissant aux enseignants des ressources robustes pour améliorer l'instruction. L'Annexe C met en évidence l'évolutivité et l'impact des MOOCs en offrant des opportunités d'apprentissage flexibles, personnalisées et économiques pour les élèves et enseignants. L'Annexe D identifie les courtiers en connaissances EdTech comme des facilitateurs clés pour combler le fossé numérique, plaidant pour des partenariats stratégiques, des investissements en infrastructure et des interventions technologiques durables dans les communautés défavorisées. En abordant à la fois les environnements High-Tech et Low-Tech, ce document fournit une feuille de route pour les décideurs politiques, éducateurs et leaders technologiques afin de mettre en œuvre des solutions éducatives innovantes, basées sur les données et accessibles. À l'avenir, le succès de la transformation numérique K–12 dépendra d'efforts collaboratifs, de prises de décision éclairées et d'un engagement envers l'équité, garantissant que tous les élèves, quel que soit leur contexte géographique ou socio-économique, disposent des outils et opportunités pour prospérer à l'ère numérique.

www.ingramcontent.com/pod-product-compliance
Lightning Source LLC
LaVergne TN
LVHW082024051026
849532LV00011B/3265